GESAMMELTE STUDIEN
ZU JOSEPH UND ASENETH

STUDIA
IN VETERIS TESTAMENTI
PSEUDEPIGRAPHA

EDIDERUNT

A.-M. DENIS, M. DE JONGE

M.A. KNIBB, H.-J. DE JONGE

J.-CL. HAELEWYCK, J. TROMP

VOLUMEN TREDECIMUM

CHRISTOPH BURCHARD

GESAMMELTE STUDIEN ZU JOSEPH UND ASENETH

GESAMMELTE STUDIEN ZU JOSEPH UND ASENETH

VON

CHRISTOPH BURCHARD

BERICHTIGT UND ERGÄNZT HERAUSGEGEBEN MIT UNTERSTÜTZUNG

VON

CARSTEN BURFEIND

E.J. BRILL
LEIDEN · NEW YORK · KÖLN
1996

The paper in this book meets the guidelines for permanence and durability of the Committee on Production Guidelines for Book Longevity of the Council on Library Resources.

Library of Congress Cataloging-in-Publication Data

Burchard, Christoph.
    Gesammelte Studien zu Joseph und Aseneth / von Christoph Burchard ; berichtigt und ergänzt herausgegeben mit Unterstützung von Carsten Burfeind.
        p.   c. — (Studia in Veteris Testamenti pseudepigrapha, ISSN 0929-3523 ; v. 13)
    German and English.
    Articles originally published in various journals between 1961 and 1991.
    Includes bilbiographical references and index.
    ISBN 9004106286 (cloth : alk. paper)
    1. Joseph und Aseneth—Criticism, interpretation, etc.
I. Burfeind, Carsten.   II. Title.   III. Series.
BS1830.J62B79   1996
229'.911—dc20   96-32330
                                                                    CIP

Die Deutsche Bibliothek - CIP-Einheitsaufnahme

Burchard, Christoph:
Gesammelte Studien zu Joseph und Aseneth / von Christoph Burchard. Berichtigt und erg. hrsg. mit Unterstützung von Carsten Burfeind. – Leiden ; New York ; Köln : Brill, 1996
    (Studia in Veteris Testamenti pseudepigrapha ; Vol. 13)
    ISBN 90-04-10628-6
NE: Burfeind, Carsten [Hrsg.]; Burchard, Christoph: [Sammlung]; GT

ISSN   0929-3523
ISBN   90 04 10628 6

PRINTED IN THE NETHERLANDS

JOACHIM JEREMIAS
(20. September 1900 – 6. September 1979)

IN DANKBARER ERINNERUNG

INHALTSVERZEICHNIS

VORWORT

Michael E. Stone hat mit seinen Selected Studies in Pseudepigrapha and Apocrypha (SVTP 9), Leiden 1991, die vorliegende Sammlung angeregt, und sie orientiert sich an diesem Vorbild. Für die Aufnahme in die Reihe haben sich die Herausgeber Albert-Marie Denis und Marinus de Jonge eingesetzt.

Nr. 1, 2, 4, 8-11 und 13 sind photomechanisch nachgedruckt, Nr. 5 und 12 aus technischen Gründen vom Verlag unverändert neu gesetzt; Berichtigungen und Ergänzungen folgen unten auf die Einleitung. Die als Schreibmaschinenmanuskripte veröffentlichten Nr. 3 und 7 sind mit dem Computer neu geschrieben; über die meist nur graphischen Veränderungen informieren die Vorbemerkungen. Auf den letzten Stand gebracht sind Nr. 6 und die Bibliographie, die Nr. 13, 658-667 ersetzt. Neu sind zwei Stellenregister. Im Inhaltsverzeichnis habe ich für Nr. 1, 2, 8 und 10 den Unterabschnitten, die nur numeriert waren, Titel gemacht.

Nachdruck haben freundlich erlaubt die Verlage E.J. Brill, Leiden (Nr. 1, 4, 9, 10), Association de la Revue des Études Arméniennes, Paris (Nr. 5), Cambridge University Press, Cambridge (Nr. 2, 11), Walter de Gruyter & Co., Berlin (Nr. 8, 13), University Press of America, Lanham, MD (Nr. 12) und Bernd Jørg Diebner als Verleger und Herausgeber der Dielheimer Blätter zum Alten Testament (Nr. 3, 7).

Den Band herzustellen haben geholfen vor allem Carsten Burfeind, MA, der auch die Computerarbeit gemacht hat, dann Christina Jeremias-Hofius, Silja Oesch, Alexandra Penninger, MA, Helga Wolf und schließlich Dr. David Orton und Gera van Bedaf mit ihrem Stab im Verlag.

Allen gilt herzlicher Dank.

Heidelberg, Februar 1996   Christoph Burchard

EINLEITUNG

Mit zwei Miszellen in der Edinburgher Expository Times von 1952/52 gewannen G. D. Kilpatrick und J. Jeremias vor fast einem halben Jahrhundert Joseph und Aseneth für die Judaistik und Bibelwissenschaft zurück. Im Frühjahr 1954 drückte Jeremias in Göttingen einer studentischen Aushilfskraft P. Batiffols griechische Ausgabe in die ahnungslose Hand. Der Lehrling wußte nicht, daß er auf einen Acker mit verborgenem Schatz eingeladen wurde. Der Meister wußte nicht, daß er in, mit und unter einem Promotionsthema auch eine Lebensaufgabe stellte. Es ergab sich erst nach und nach, was Joseph und Aseneth bedeutet, aber auch, wie viel zu tun war und ist.

I

Weil ich die Erzählung langweilig fand, aber bei Batiffol von unbenutzten Handschriften und Übersetzungen las, stürzte ich mich auf das Handgreifliche. Das führte zu einer ungefügen Reihe von Untersuchungen zum Umfang der erhaltenen Überlieferung von JosAs, ihrer Geschichte, Wirkung und Herkunft, die ich 1961, im Predigerseminar des Klosters Loccum das 2. theologische Examen vor Augen, mehr abbrach als zu Ende führte. Der genießbare Kern wurde als Dissertation angenommen und 1965 gedruckt, „als Vorarbeit für eine Neuausgabe".[1] Es hatten sich vier Gruppen von Textzeugen ergeben, nämlich der langen Fassungen *a* (≈ Batiffol), *b*, *c* (hört aber in 16,17y auf) und der kurzen Fassung *d*. Der älteste erreichbare Text schien am besten in *b* erhalten zu sein, aber ohne daß *b* die Mutter der übrigen Überlieferung wäre. Ziel einer Neuausgabe sollte deshalb ein eklektischer Text auf der Grundlage von *b* sein.

Schon vorher hatte Marc Philonenko wissen lassen, daß er in Straßburg ebenfalls an JosAs arbeitete (brieflich am 17. August 1961). Er gelangte zu einer anderen Sicht der Textgeschichte: die kurze Fassung *d* steht dem ältesten Text am nächsten, *b*, *c* und *a* sind in dieser Reihenfolge aus ihr entstanden. 1968 gab Philonenko den *d*-Text heraus, mit Übersetzung und Wortindex. Das Buch ist im übrigen die erste Gesamtdarstellung von JosAs und wirkt bis heute stark (dazu unten mehr). Ich blieb auf meiner Spur (vgl. die Rezension unten in Nr. 1), kam aber nur zu weiteren Vorarbeiten (unten Nr. 2-7). Auch der vorläufige griechi-

---

[1] Liegen blieben zwei Exkurse über Die „Anordnung der heiligen Schriften" des Johannes Sarkawag (vgl. unten Nr. 13, 581-583) und Zu den Quellen von Petrus Diaconus von Monte Cassino, Liber de locis sanctis (versucht herauszufinden, wo und wo nicht das Buch auf verlorenen Teilen von Egerias Itinerar fußt und wie Egeria bei Petrus vorkommt, wenn sie vorkommt, nämlich auf ein Fünftel oder weniger zusammengestrichen und kaum je wörtlich; vgl. unten Nr. 13, 554-556 mit Ergänzung dazu). Aus einer sprachlichen Beobachtung wurde eine Miszelle (= unten Nr. 8), aus einer Materialsammlung zu den armenischen Testamenten der zwölf Patriarchen ein Aufsatz (unten in der Bibliographie).

sche Text, den ich dann in JSHRZ und OTP übersetzt habe, ist nicht anders.
Sonst haben bis Ende der achtziger Jahre außer in Einzelbemerkungen nur wenige an der Textgeschichte gearbeitet.[2] Unbekannte Textzeugen sind seither nur
spärlich zu Tage gekommen;[3] vielleicht erlauben neue bibliographische Hilfsmittel weitere Entdeckungen.[4] Eine neue Sicht entwickelte die feministische
Forschung (dazu unten).

II

Was abgesehen vom Text geschah, liest man bei Sänger, Antikes Judentum und
die Mysterien, 11-87, dem ersten Forschungsbericht zu JosAs überhaupt, und
Chesnutt, From Death to Life, 20-93. Chesnutts Buch ist im übrigen die umfassendste und religionsgeschichtlich fundierteste Untersuchung von Aseneths Bekehrung, die bisher erschien. Sie war aber im wesentlichen 1986 fertig, biblio-
graphisch ergänzt bis 1990. Es gibt Neues.[5]
    Schwartz, Tobit, vermutet auf Grund von Berührungen von dessen griechi-
schem Text mit JosAs, daß die Urfassungen der beiden Bücher (im Fall von Tobit der Übersetzung ins Griechische[6]) aus demselben Milieu im ptolemäischen
Ägypten stammen, vielleicht sogar von derselben Hand, wobei JosAs die frühere

---

[2] Holtz, Christliche Interpolationen; Schwartz, Recherches. Forschungsstand z.B. unten Nr.
12, 32-35; 13, 642-644; JSHRZ II 4, 583-589; Chesnutt, From Death to Life, 65-69.

[3] Einige armenische Handschriften (unten in Nr. 6) und eine neue äthiopische Anspielung
(Ergänzung unten zu Nr. 13, 608-613). Weder JosAs noch Aseneth bei Andersen, Pseudepigra-
pha Studies; van Esbroeck, Apocrifi georgiani; Martin McNamara, The Apocrypha in the Irish
Church, Dublin 1975 = 1984; Máire Herbert – Martin McNamara, Irish Biblical Apocrypha. Se-
lected Texts in Translation, Edinburgh 1989 (in beiden Büchern fehlt auch Joseph im Register);
Meščerskij, Apocryphes; Orlandi, Apocrifi copti. Ungenutzt ist weiter der griechische Palimpsest
Wrocław, Biblioteka Uniwersytecka, Rehdig. 26 (nach Mitteilung der Bibliothek sind Infra-
rotaufnahmen auch heute noch nicht möglich).

[4] J. Olivier, Répertoire des bibliothèques et des catalogues de manuscrits grecs de Marcel
Richard, 3ᵉ édition, Turnhout 1995; A. Desreumaux, Répertoire des bibliothèques et des catalo-
gues de manuscrits syriaques (CChr), Turnhout 1991; Bernard Coulie, Répertoire des
bibliothèques et des catalogues de manuscrits arméniens (CChr), Turnhout 1992; Robert Beylot –
Maxime Rodinson, Répertoire des bibliothèques et des catalogues de manuscrits éthiopiens
(CChr), Turnhout 1995; In Principio. Incipit Index of Latin Texts (on CD-Rom), Turnhout 1992-
1993; Kristeller, Catalogus; William J. Chamberlin, Catalogue of English Bible Translations. A
Classified Bibliography of Versions and Editions Including Books, Parts and Old and New Testament Apocrypha and Apocryphal Books (Bibliographies and Indexes in Religious Studies 21),
Westport, CT usw. 1991; Guy Philippart éd., Hagiographies. Histoire internationale de la littérature hagiographique latine et vernaculaire en Occident des origines à 1550 (CChr), Turnhout, I,
1994.

[5] Außer den gleich genannten größeren Neuansätzen vgl. die Bibliographie am Ende des
Bandes. Meine Beiträge (unten Nr. 8-13) entstanden bis 1985, auch wenn später gedruckt. Nr. 12
ist kein Forschungsbericht, sondern hält das m.E. Erreichte fest.

[6] Schwartz' Vorstellungen über die Urfassung von JosAs s. unten in Nr. 12, 35.

ist. Eine neue Gesamtdeutung skizziert O'Neill, What is *Joseph and Aseneth* About? Aseneth, nur nominell das Kind eines ägyptischen Priesters, in Wirklichkeit Dinas Tochter (Gen 34)[7], ist nicht die Mutter der Proselyten, wie bisher fast immer angenommen, auch von Chesnutt, sondern das von Gott abgefallene Israel, das in Gestalt von Joseph der Messias besucht und für Gott zurückgewinnt, wodurch es dann die Zuflucht der Völker wird. Den Ursprung des Buches sucht O'Neill wieder in qumranischen oder therapeutischen[8] Kreisen, u.a. wegen 8,9; 15,13-17,4 usw.[9] Ganz anders Bohak, *Joseph and Aseneth* and the Jewish Temple in Heliopolis: JosAs schrieb um die Mitte des 2. Jh.s v. Chr. ein Jude aus Heliopolis für seine zwischen 170 und 160 v. Chr. mit Onias IV. aus Jerusalem geflohenen Landsleute, um ihren Exodus und den in Ägypten (auf dem Areal von Pentephres' und Aseneths Anwesen in Heliopolis?) errichteten Tempel theologisch zu legitimieren.[10] Schlüsseltext ist die Bienenepisode in JosAs 16 (Philonenkos Text ist gekürzt, S. 251-258): Sie sagt den Auszug von Priestern aus dem Jerusalemer Tempel, den Bau des neuen Tempels in Heliopolis und die Zerstörung des alten voraus. Humphrey, The Ladies and the Cities, 30-56 (Chiasmus and Transformation in Joseph and Aseneth), untersucht in breiterem religionsgeschichtlichem Rahmen Aseneths Funktion als Zufluchtsstadt (15,7; 16,16)[11]; sie bestimmt dabei auch den Aufbau von JosAs 1-21 neu als Ringkomposition mit „Apocalypse 14-17" in der Mitte (S. 47).[12] Wills, Jewish Novel, 158-184, stellt JosAs in den Kreis vergleichbarer jüdischer Erzählungen; er kommt zu einer (nicht bis in die Einzelheiten durchgeführten) Scheidung zwischen „the original narrative", das in JosAs 1 begann und „a national hero romance" mit Mitgliedern von Jakobs Familie einschließlich der eingeheirateten Aseneth als Helden war, und späteren „symbolical additions" vor allem in 2-21.

Noch nicht lange, aber eingehend beschäftigt sich die feministische Forschung mit JosAs, besonders Ross S. Kraemer und jetzt ausführlich Angela Standhartinger, Frauenbild (mit Überblick über die Vorgängerinnen S. 1-5). Sie

---

[7] Vgl. unten Ergänzung zu Nr. 13, 581 Anm. 60.

[8] Daß die Therapeuten philonische Fiktion nach einem Bild der Essener sind, meint jetzt wieder Roland Bergmeier, Die Essener-Berichte des Flavius Josephus. Quellenstudien zu den Essenertexten im Werk des jüdischen Historiographen, Kampen 1993.

[9] Von diesen „Mahl"-Stellen handelten schon Kilpatrick und Jeremias vor mehr als 40 Jahren. Wie sie zu verstehen sind und was sie für das christliche Abendmahl und andere frühchristliche Gemeindemähler bedeuten, ist noch immer das meistbesprochene Einzelthema (s. Ergänzungen unten zu Nr. 11).

[10] Der Gedanke schon bei Bammel, Judentum; er blieb aber unbeachtet.

[11] Vgl. auch Doty, From Ivory Tower to City of Refuge (Standhartinger, Frauenbild, 2-4; nicht gesehen).

[12] Es ist sachlich und sprachlich wohl nicht richtig, die Bezeichnung Chiasmus von einfachen Stilfiguren der Form a-b-b-a auf größere Gebilde a-b-c... o... c-b-a auszudehnen, obwohl das heute oft geschieht.

macht aus der ungeklärten Textlage eine Tugend, nimmt sowohl Philonenkos Text nach der kurzen Fassung *d* als auch den durch *a* (Batiffol), *b* und *c* vertretenen langen Text[13] als alt hin, ohne sich zwischen beiden zu entscheiden, und untersucht jeweils das enthaltene Frauenbild.[14] Im Kurztext erscheint eine starke, ökonomisch unabhängige Frau, die in eine Art weiblichen Henochs (eher slHen als äthHen) verwandelt wird und so Weisheit und Ethik vermitteln kann. Ihre Erfahrungen und Funktionen haben Parallelen in der Darstellung anderer biblischer Frauen in der nachalttestamentlichen jüdischen Literatur. Die Aseneth des Langtextes ist eine arrogante junge Dame, welche durch die Begegnung mit Joseph zu einer sittsamen Hausfrau wird, die dem paganen Ideal der Spätantike, aber auch Sirachs, Josephus' und Philos entspricht, und durch ihre Bekehrung vom Polytheismus zum Gott Israels bleibende Schönheit, einen hervorragenden Mann aus bester Familie und Schutz vor Angriffen auf ihre Integrität erhält. Beide Textfassungen sind jüdisch und spiegeln eine Auseinandersetzung über die Rolle der Frau. Der Kurztext ist älter (1. Jh. v. Chr.?), der Langtext wurde aus ihm entwickelt (1. Jh. n. Chr.?). Die Diskussion muß zeigen, wieweit sich Standhartingers Sicht bewährt.[15] Sie hat jedenfalls deutlich gemacht, daß die bisherigen Argumente für oder wider den Kurztext nicht ausreichen.

Mit anderen Worten: die wesentlichen Fragen sind noch oder wieder offen.[16] Es geht erst richtig los.

III

Die Forschungslage zeigt, daß vierzig Jahre nach der Wiederentdeckung von JosAs die wichtigste Aufgabe immer noch ist, den oder die ältesten erreichbaren Text(e) herzustellen. Falls Philonenko recht hat: sein Text läßt sich verbessern, indem vor allem die serbisch-kirchenslawische Übersetzung genauer ausgewertet wird; was die Vertreter der langen Fassung(en) dazu beitragen können, ist methodisch ungeklärt; der Apparat müßte so aufgefüllt werden, daß man die Entscheidung für den kurzen Text aus ihm selber überprüfen kann. Hat Standhartinger recht, ist für den langen Text eine zweite Ausgabe nötig, im Idealfall synoptisch neben Philonenkos Text[17], dessen Apparat dann knapp bleiben kann. Sie

---

[13] Die Größenverhältnisse unten in der Ergänzung zu Nr. 1, 8 Anm. 11.

[14] Derselbe Ansatz gleichzeitig und unabhängig bei Kraemer (S. 4).

[15] Mögliche Gegenproben: Wie liest sich der kurze Text auf dem Hintergrund des mittelbyzantinischen Frauenbildes, wenn es das gibt? Macht er Sinn als Arbeit eines Klerikers für Kleriker, die die Vereinigung von Joseph und Asenath als christologische oder soteriologische Allegorie verstanden?

[16] Vgl. auch den Katalog von Desiderata Chesnutt, From Death to Life, 265-271.

[17] Frauenbild, 224f. Weil Philonenko, Joseph et Aséneth, 101, die älteste Fassung des Langtextes, *b*, ebenfalls für alt hält (jüdisch oder christlich-gnostisch), ist eine Ausgabe auch in sei-

wäre im wesentlichen die bisher angestrebte, entlastet zwar um *d*, aber man müßte die textkritische Bedeutung des kurzen Textes für den langen neu bedenken. Die grundsätzlichen Schwierigkeiten, insbesondere beim Einzelwortlaut[18], bleiben bestehen.[19] Sie werden sich nicht ohne altphilologische Hilfe überwinden lassen, wenn überhaupt.

BERICHTIGUNGEN UND ERGÄNZUNGEN

1. Zum Text von „Joseph und Aseneth" (1970)

Eine Besprechung von Philonenkos Ausgabe (nicht des ganzen Buches). Mehr zu seiner Behandlung von JosAs Slaw unten in Nr. 3 und dazu als Anhang eine Korrekturliste zu seiner Darstellung der griechischen Handschriften B und D.
• S. 8 Anm. 1: Genauer hat *d* (Philonenko) etwa 8.270 Wörter, A (Batiffol) etwa 11.700, der Vorläufige Text (unten Nr. 7) etwa 13.410 (weitere Schriften zum Vergleich JSHRZ II 4, 592 Anm. 39).

2. JosAs neugriechisch (1977/78)

Zu den Miniaturen in 661 und 671 ausführlich Vikan, Illustrated Manuscripts, und knapp unten Nr. 13, 630-634 (mit verbesserten Einzelheiten). • S. 74 Mitte: Zu dem Zitat (eher ὑφ᾽ ἥλιον statt ἀφ᾽ ἥλιον, entsprechend S. 77 zu Istrin 146, 20?) vgl. unten Nr. 13, 573.

4. JosAs 25-29 armenisch (1979)

Mehr zu JosAs Arm unten in Nr. 5, 6 und 13, 581-588. • S. 2 Anm. 11: Richtig xxiv, 1977/78, 68-84 (= oben Nr. 2), hier 79f. • S. 4ff.: Einige Korrekturen zum Text in Nr. 5, 236 Anm. 95. Michael E. Stone hat mit Recht moniert, daß es überflüssig war, die Auflösung von geläufigen Abkürzungen und die orthographischen Besonderheiten von Erevan 1500 (332) anzuzeigen.

5. Zur armenischen Übersetzung von JosAs (1983)

Fortgeführt und verbessert unten in Nr. 6. • S. 214 unter Nr. 43: Lies Sruanjteanc᾽. • S. 214 Anm. 24: Vgl. Ergänzung unten zu Nr. 13, 588 Anm. 73.

---

nem Sinn, obwohl er sie äußerst schwierig findet. Ein synoptisches Beispiel, in dem der Kurztext und die anderen Fassungen aber ziemlich gleich lang sind, unten in Nr. 1, 30-34.

[18] Eine Kleinigkeit: Strotmann, „Mein Vater bist du!", 267 Anm. 110, fand in 12,15 καὶ τίς μακρόθυμος ἐπὶ ταῖς ἁμαρτίαις ἡμῶν ὡς σὺ κύριε die 1. Pl. ἡμῶν „etwas befremdlich", weil Aseneth sich in K. 11-13 sonst nie mit anderen zusammenschließt. Den Satz bezeugen nur F Syr Arm L2-436, ἐπὶ ταῖς ἁμαρτίαις ἡμῶν nur F L2-436 (anders Arm, om. Syr). Soll man die 1. Sg. konjizieren, oder ist der Plural angesichts der generalisierenden Waisen, Verfolgten und Bedrückten in 12,13 doch nicht so auffällig?

[19] Kurz unten Nr. 12, 33f.; JSHRZ II 4, 587f.

xviii

BERICHTIGUNGEN UND ERGÄNZUNGEN

• S. 219 Anm. 42 vorletzte Zeile: Statt Arm^c lies Arm^e. • S. 236 Zeile 5: Statt 371 lies 331. Im übrigen vgl. die Verbesserungen unten in Nr. 6, Abschnitt 5. • S. 236 Anm. 95: Lies JSJ 10, 1979, 1-10 (= oben Nr. 4).

8. Εἰ nach einem Ausdruck des Wissens oder Nichtwissens (1961)

JosAs ist als JA mit Seite und Zeile der Batiffolschen Ausgabe zitiert, nicht wie heute üblich mit Batiffols Kapiteln und Rießlers Versen, sofern man nicht Philonenkos Text folgt. • S. 74: JA 54,12f. = JosAs 11,12. Mehr zur Stelle in Fußnoten, 170f.; Kubo, I Corinthians VII. 16, 540f.; unten Nr. 11, 106. • S. 76: JA 54,10-15 = JosAs 11,11-13a. • S. 79: JA 69,13-16 = JosAs 19,6f. • S. 81f.: Vgl. auch Act 26,8.22f. • S. 82: Hee-Seong Kim, Die Geisttaufe des Messias. Eine kompositionsgeschichtliche Untersuchung zu einem Leitmotiv des lukanischen Doppelwerks. Ein Beitrag zur Theologie und Intention des Lukas (Studien zur klassischen Philologie 81), Frankfurt a. M. 1993, 233, bestreitet die Nuance „wieder da" mit Recht. Nach seiner erwägenswerten Deutung stellt Lukas in Act 19,1-7 getaufte ephesinische Christen dar, denen bis zu Paulus' Ankunft der Geist fehlte wie den samaritanischen vor Petrus' Kommen (Apg 8) und die sich laut V. 2 wundern, daß heiliger Geist für sie da sein soll; es spiegelt sich hier ein als solcher nicht empfundener Mangel an Geist bei Lukas' Adressaten, den er zu beheben versucht.

9. Joseph et Aséneth. Questions actuelles (1974)

Philonenko hat seine Sicht unter demselben Titel im gleichen Sammelband, S. 73-76, kurz dargestellt. • S. 78 Anm. 3: Vatopedi 83 ist ein Irrtum (ANRW 1987 [= unten Nr. 13], 614 Anm. 114). • S. 84-100: Ausführlicher Der dreizehnte Zeuge, Göttingen 1970, 59-86.

10. A Note on ῥῆμα (1985)

S. 293 oben: Zum Anakoluth in Apg 10,36 vgl. auch Lk 21,6.

11. The Importance of Joseph and Aseneth (1987)

Cf. Piñero Sáenz, José y Asenet y el Nuevo Testamento. • Pp. 109-128: See further Berger, Manna; Chesnutt, Bread of Life; From Death to Life; Dschulnigg, Überlegungen; Hofius, Herrenmahl; Kilpatrick, Eucharist; Klinghardt, Gemeinschaftsmahl; Kollmann, Ursprung; Légasse, Le pain de vie; Lindars, Joseph and Aseneth; Sandelin, Måltidens symboliska betydelse; Wisdom as Nourisher. • Pp. 115f.: The bees of 16.14,17-23 left a long trail in Ethiopian literature (see no. 13, 608-613, with addenda below). Cf. also Bohak, Aseneth's Honeycomb; Joseph and Aseneth; Standhartinger, Frauenbild, 119f. • P. 128 note *: On (sic) ῥῆμα see above no. 10.

12. The Present State of Research (1987)

Wegen der leider nicht wenigen Druckfehler hat sich der Verlag entschlossen, den Aufsatz neu setzen zu lassen. Er ist im übrigen unverändert geblieben.
• Deutsch gekürzt Joseph und Aseneth, TRE 17, 1988, 246-249. Über die Fortschritte seither einiges oben in der Einleitung.

13. Der jüdische Asenethroman und seine Nachwirkung (1987)

Das Literaturverzeichnis S. 658-667 ist durch die Bibliographie am Ende dieses Bandes ersetzt; dort die abgekürzt zitierte Literatur. • S. 545 Anm. 3: UJosAs (die Klammer streichen) ist Burchard, Untersuchungen. • S. 551 Anm. 9: Zur Josephsgeschichte Gen 37-50 zuletzt Ludwig Schmidt, Josephnovelle, TRE 17, 1988, 255-258; Link-Heydemann, Altägyptische Präfigurationen; Paap, Josephsgeschichte. Zur Nachwirkung weiter (z. T. mit mehr Literatur) Daxelmüller, Ester, 435 Anm. 12; Martine Dulaey, Joseph le Patriarche, figure du Christ, in: Figures de l'Ancien Testament chez les Pères (CBiPa 2), Strasbourg 1989, 83-105; Harm W. Hollander, Joseph as an Ethical Model in the Testaments of the Twelve Patriarchs (SVTP 6), Leiden 1981; Hollander – Marinus de Jonge, The Testaments of the Twelve Patriarchs. A Commentary (SVTP 8), Leiden 1985; Isaac, History of Joseph; Alexander Kazhdan – John H. Lowden, Joseph, Oxford Dictionary of Byzantium, Oxford – New York, II, 1991, 1072f.; Brigitte Kern-Ulmer, Zwischen ägyptischer Vorlage und talmudischer Rezeption: Josef und die Ägypterin, Kairos 34/35, 1992/93, 75-90; Siegfried Kreuzer, Josef, BBKL II, 1992, Sp. 661-665; Kugel, In Potiphar's House; Link hg., Paradeigmata, darin besonders Daxelmüller, Ester; Glassen, Josephsgeschichte; Eckhard Heftrich, Mythos – Typus – Psychologie: Thomas Manns Josephs-Romane, II, 723-736; Link, Möglichkeiten; Erträge; Link-Heydemann (s. oben); Martínez, Dead Sea Scrolls; Claudia Nauerth, Joseph, The Coptic Encyclopedia, New York, II, 1991, 387f.; Maren Niehoff, The Figure of Joseph in the Targums, JJS 39, 1988, 234-250; The Figure of Joseph in Post-Biblical Jewish Literature (AGJU 16), Leiden 1992; Poirier, Le sermon pseudo-éphrémien, bes. 109 Anm. 12; 119 Anm. 53; Wills, Jewish Novel. Zur Ikonographie s. Ergänzungen unten zu S. 634-636.
• S. 552: Burchard, Untersuchungen, 96 Anm. 6, zitierte einen Hinweis von Gaster, Studies and Texts, 284f., auf Spuren von JosAs in jüdischen Purimspielen, verfolgte ihn aber nicht. Mehr zu Purimspielen bei Daxelmüller, Ester (weder JosAs noch Aseneth erwähnt); Chone Shmeruk, Jiddische biblische Dramen von 1697-1750, Jerusalem 1979 (hebr., nicht gesehen). • S. 555 Anm. 11: Vgl. oben Einleitung, Anm. 1. Egeria und Petrus Diaconus jetzt zweisprachig von Georg Röwekamp – Dietmar Thönnes, Egeria. Itinerarium. Reisebericht. Mit Auszügen aus Petrus Diaconus. De locis sanctis. Die heiligen Stätten (Fontes Christiani 20), Freiburg usw. 1995; die oben zitierte Stelle S. 346f. • S. 560f.: Zu LJos Poirier, Le sermon pseudo-éphrémien, und dazu oben Nr. 6, Anm. 3. Armeni-

sche Handschriften ebd. und in Nr. 5, 217 Anm. 32; in beiden Aufsätzen noch
einiges mehr zur armenischen Überlieferung. Die griechischen Papyrusreste sind
für Laienaugen kaum lesbar. Wenn der Eindruck stimmt, daß sie alle aus der
Mitte des Werks stammen, sind Spuren von JosAs nicht zu erhoffen. • S. 565f.:
Zu Nikon Christian Hannick, Konstantinopel und Bulgarien als Träger der
schriftlichen Mission in der Kiever Rus', Orthodoxes Forum 2, 1988, 165-176,
hier 172f.; Michael Kohlbacher, Unpublizierte Fragmente des Markianos von
Bethlehem (nunc CPG 3898 a-d), in: Kohlbacher – Markus Lesinski hg., Hori-
zonte der Christenheit. Festschrift für Friedrich Heyer zu seinem 85. Geburtstag
(Oikonomia 34), Erlangen 1994, 137-166, hier 143-151: Der in Konstantinopel
Geborene floh nach der seldschukischen Eroberung Antiochias 1084 ins
Rhoidiou-Kloster, wo chalkedonensische armenische Mönche lebten. Der
Schwarze Berg war im 11. Jh. ein Zentrum auch melkitischen, georgischen und
syrischen Mönchtums. Es wäre kein Wunder, wenn Nikon grade hier JosAs ken-
nengelernt hätte. • Zum Apokryphenindex mehr bei Christfried Böttrich, Welt-
weisheit, Menschheitsethik, Urkult. Studien zum slavischen Henochbuch
(WUNT 2. 50), Tübingen 1992, 58-62 u.ö. • S. 581 Anm. 60: Zu Aseneth und
Dina mehr bei Standhartinger, „Um zu sehen die Töchter des Landes"; Frauen-
bild, 151-169; in JosAs ist Aseneth nicht Dinas Tochter (anders jetzt wieder
O'Neill, s. Einleitung oben). • S. 581-588: Mehr zu JosAs Arm oben in Nr. 4
und 5, ergänzt und verbessert in Nr. 6. • S. 582 Anm. 64: Zu Mxit'ar jetzt E. H.
Harut'yunyan, *Mxit'ar Ayrivanec'i. Kyankk'n u Stełcagorcut'yunə*, Eriwan 1985
(nicht gesehen). • S. 586 Anm. 68: Vgl. oben zu S. 560f. • S. 588, Gedicht
Strophe 1 Zeile 3: Lies *załēk* statt *załēk'*. • S. 588 Anm. 73: Das Buch von
Isahak Tēr Grigorean steht als Nr. 3124 bei Bogharian, Grand Catalogue, IX, Je-
rusalem 1979, 342, Grigor Tat'evac'is Liste samt Verwandten in M. E. Stone,
Armenian Canon Lists V – Anonymous Texts, HThR 83, 1990, 141-161.
• S. 590 Zeile 5f.: Auch 424 (Paris, Bibliothèque Nationale, Lat. 14656) ist
wohl nicht in Frankreich, sondern eher in England entstanden (J. B. Voorbij
brieflich am 2. 3. 1987). • S. 590 unten: Vgl. Robert W. Southern, Robert Grosseteste. The Growth of an English Mind in Medieval Europe, Oxford 1986, 2.
Aufl. 1992. • S. 598 unten: Nach Smits, Contribution, 202, aus Helinand von
Froidmont, Chronicon VII 25 (vgl. S. 600 Anm. 85a und dazu gleich), über-
nommen. *Ex Parua Genesi* war dort Randnotiz. Helinand bezeichnet so Pseudo-
Philos Liber Antiquitatum Biblicarum. Das ist hier falsch und kann sich so erklären, daß Helinand LAB und JosAs aus derselben Handschrift hat. • S. 600 Anm.
85a: Zu Helinand (um 1160 - nach 1229) vgl. Pascale Bourgain, Hélinand de
Froidmont, LMA IV, 1989, Sp. 2120f.; Smits, Contribution. • S. 608-613: Nach
Piovanelli, Aventures, 208, belegen nur a, b, d, e und das Kanonverzeichnis
(London, British Library, Add. 16188, f. 142r; EMML 6954, f. 9v) JosAs Äth si-
cher (er gibt die Texte französisch). Neu dazu nach Piovanelli, Nouvelle citation;

Aventures, 209, in einer Fassung der Akten des Gabra Manfas Qeddus (Paris, Bibliothèque Nationale, Abb. 36, 17. Jh., f. 54v-55r; London, British Library, Or. 701, 18. Jh., f. 104v): Während einer Himmelsreise begegnen dem Heiligen die geistlichen Könige David, Salomo, Konstantin, Honorius, Kēlēb, Gabra Masqal, Lālibāla und „virent encore de leurs yeux, sortant de sa (de Gabra Manfas Qeddus) bouche, une abeille blanche comme la neige, qui descendait du ciel et se posait sur sa bouche, et ces rois s'étonnèrent. [Mais Jésus leur expliqua ce miracle:] 'Une abeille blanche sort de sa bouche: dans les sièges de la lumière elles produisent le miel'" (Aventures, 209; Text und Varianten in Nouvelle citation, 44). Auch hier steht JosAs 16 Pate, vielleicht nicht direkt. • S. 609: Die Zitate jetzt bei Giyorgis di Saglā, Il Libro del Mistero (Maṣḥafa Mesṭir), Parte prima edita da Yaqob Beyene (CSCO 515 [Ae 89]), Louvain 1990, 295; Parte prima tradotta... (516 [90]), Louvain 1990, 185: „e quando lo chiamiamo miele puro, si trova presso Asnēt"; Parte seconda edita... (CSCO 532 [Ae 97]), Louvain 1993, 239; Parte seconda tradotta... (533 [98]), Louvain 1993, 133: „e vieni, Asnēt, figlia di Pēṭfrā, sacerdote pagano di Ilyupolis, che avevi desiderato la bellezza di Giuseppe, per beatificare il figlio di Maria che è il più bello degli uomini". Zu Autor und Werk CSCO 516 (Ae 90), V-XV. • S. 612f. unter f: Vgl. Isaac, History of Joseph (EMML 1939, f. 124r-168r; nach S. 3f. gibt es vielleicht eine weitere Handschrift in Dabra Bizon); hier S. 111-120 der zweite Teil (f. 162r-167v, zwei Kolophone f. 167v-168r), den Isaac für eine selbständige Geschichte hält. Der Text hat eine arabische Vorlage; der Zusammenhang mit JosAs, wenn einer besteht, ist sehr locker (Piovanelli, Aventures, 209 Anm. 43; Nouvelle citation, 43 Anm. 5). • S. 613: Nach Piovanelli, Nouvelle citation, 45, ist eine Übersetzung aus dem Arabischen (die dem 13.-15. Jh. angehören müßte) unwahrscheinlich, weil JosAs damals im monophysitischen Christentum koptisch-arabischer und syrischer Sprache nicht (mehr) bekannt war. „Ce qui nous incite à penser que cette version éthiopienne soit plutôt une ancienne traduction du grec, tombée victime du renouveau de l'église et du canon biblique éthiopiens au XIVe et XVe siècle." Ähnlich Aventures, 209. • S. 614 unter 6: Burchard, JosAs serbisch-kirchenslawisch, s. oben Nr. 3. • S. 617-619: Zum Stoff vgl. Glassen, Josephsgeschichte; ob die Firdausi zugeschriebene Verserzählung wirklich von ihm stammt, ist fraglich. Joseph im Koran: Johann-Dietrich Thyen, Bibel und Koran. Eine Synopse gemeinsamer Überlieferungen (Kölner Veröffentlichungen zur Religionsgeschichte 19), Köln–Wien 1989, 64-99. • S. 620 oben: Zur Nachwirkung in der polnischen Literatur jetzt Adamczyk, Biblijnoapokryficzne narracje. • S. 620 Anm. 143: S. unten zu S. 636 Anm. 202. • S. 622 Anm. 148: Dazu Ilja M. Veldman – H. J. de Jonge, The sons of Jacob: the twelve patriarchs in sixteenth-century Netherlandish prints and popular literature, Simiolus. Netherlands quarterly for the history of art 20 (1985/86), 176-196 (JosAs nicht erwähnt, aber s. unten zu S. 634f.). • S. 623 unter c: S.

auch unten zu S. 636 oben. • S. 626 Anm. 159: Mehr Literatur zu A. K. Emmerick bei Friedrich Wilhelm Bautz, BBKL I, 1976 (?), Sp. 1507f. • S. 630 2. Absatz: Hat Brentano seine Heilige mit Aseneth bekannt gemacht und erhielt die
dann zurückgespiegelt? • S. 634 unter b: Dazu Eriwan 203 (3719), f. 245r (oben
in Nr. 6 unter 3). • S. 634f.: Mentré, Joseph en Égypte, 149 (mit Abb.), beschreibt eine Miniatur in der Handschrift des Miroir Historial Paris, Bibliothèque
Nationale, fr. 312 (14. Jh.), f. 66v: links Josephs Wagen ohne Bespannung (vgl.
JosAs 5,4), in der Mitte Pharao Joseph und Aseneth vermählend (21,4-7), rechts
Aseneth an einem Erkerfenster ihres Turmes, zwei Götzenbilder hinauswerfend
(10,12f.). Die Mittelgruppe paßt besser ins Bild und zum umgebenden Text,
wenn sie Pentephres und Frau darstellt, wie sie Joseph empfangen (5,7). Die
‚Götzenbilder' sehen eher wie Lebewesen als wie Statuen aus. • Veldman–de
Jonge, The sons of Jacob, S. 190 Abb. 30, drucken eine allegorisierende Jo-
sephsdarstellung aus einer Serie der zwölf Patriarchen in der Bilderbibel von
Gerard de Jode, Thesaurus Veteris et Novi Testamentum, Antwerpen 1585, Ent-
wurf Crispijn van der Broeck, Stich Jan Sadeler. Rechts hinten steht eine Frau an
einem Fenster im 1. Stock eines eckigen Gebäudes: Aseneth in ihrem Turm? Die
Zeile *Faemineo e turri conuitio petitur* der lateinischen Unterschrift wäre dann
nicht als „From the towers women abuse him" zu übersetzen (S. 196), sondern
singularisch. Freilich beschimpft Aseneth Joseph nicht aus dem Turm, sondern
im Erdgeschoß vor ihren Eltern, noch bevor er da ist (4,9-11); als sie aus dem
Turm Joseph in den Hof einfahren sieht, bereut sie das (6,1-8). • S. 635f.: Zu
den (gegen S. 635 unten gar nicht so vielen) antiken und frühmittelalterlichen
Jakobssegen kurz Heinrich Krauss – Eva Uthemann, Was Bilder erzählen. Die
klassischen Geschichten aus Antike und Christentum in der abendländischen
Malerei, München 1987, 202f., viel bei Korol, Wandmalereien, 100-129 (mit
Abb.). Auf dem sehr schlecht erhaltenen Bild in Nr. 14 (4. Jh. n. Chr.?) könnte
Aseneth dargestellt gewesen sein, aber zu entscheiden ist das nicht (S. 122).
• S. 636 oben: Zur Wiener Genesis f. 23r außer Korol auch Schubert, Jewish
Pictorial Traditions, 230-232, außerdem 225-227 zu f. 16r, wo strittig ist, ob und
wie Aseneth vorkommt. • Nach Link, Erträge, 886f., hat Rembrandt Aseneth
erst später seinem (auf jüdische Bestellung gemalten?) Bild von 1656 zugefügt;
Einfluß von Zesens Roman (s. oben S. 623f.) ist nicht undenkbar. • S. 636 Anm.
197: Philonenko, EJ X, 1971, Sp. 223, gibt eine Abbildung von Joseph und Aseneth aus einer hebräischen Handschrift des 18. Jh.s (Harrison Miscellany, Italien) wieder; Einfluß von JosAs ist anscheinend nicht spürbar. Aseneth kommt
nicht vor in dem Material von Claudia Nauerth, Bemerkungen zum koptischen
Joseph, RSO 58, 1984 (1987), 135-139, 2 Abb., offenbar auch nicht bei Sta-
nisław Chojnacki, Major Themes in Ethiopian Painting. Indigenous Developments, the Influence of Foreign Models and their Adaptation. From the 13th to
the 19th Century (Äthiopistische Forschungen 10), Wiesbaden 1983. Nicht gese-

hen: Gary Vikan, Joseph Iconography on Coptic Textiles, Gesta 18, 1979, 99-108. • S. 636 unter 2: Nach Friedrich Preisigke, Namenbuch, Heidelberg 1922 = Amsterdam 1967, Sp. 60, steht Ἀσανῆθ in B III 972, 16 (6./7. Jh.), Ἀσενέθ in Lond IV 1419, 99. 100 u.ö. (8. Jh.); Flor III 297, 63 (6. Jh.). • S. 636 Anm. 200: Die weiteren Kolophonsammlungen, die Christian Hannick, Bibelexegese in armenischen Handschriftenkolophonen, in: Armenia and the Bible (UPATS 12), Atlanta, GA 1993, 79-86, hier 79 Anm. 2, nennt, habe ich nicht gesehen. Heute wird Aseneth bei Armeniern nicht gebraucht (Martiros Minassian und B. Levon Zekiyan mündlich). Auch Monique Ekmekdjian, Les prénoms arméniens, Marseille 1992, nennt den Namen nicht. • S. 636 Anm. 202: Wilfried Seibicke, Historisches Deutsches Vornamenbuch, I (im Druck), 214, s.v. Asnath, nennt außer Philipp von Zesen (s. S. 623f.) nur einen Beleg von 1973 (Anfrage des Standesamts Crailsheim) und einen von 1984 aus der ehemaligen DDR (Sprachpflege 35, 1986, 119). Herr Kollege Seibicke teilt freundlicherweise weiter mit (brieflich am 31.1.1996), daß ihm Asnath o.ä. außer in den zitierten englischen Belegen bisher nur in Dänemark als Mädchenname begegnet ist: Lis Weise – Birthe Hjoth Pedersen, Fornavnebogen (Navnestudier 30), Kopenhagen 1989, 75f., notieren 9 Belege für Asnat und 20 für Asnath hauptsächlich aus Grönland, den Färöer und Gebieten außerhalb Zentraldänemarks, überwiegend von 1920-1959. Für das spanische Sprachgebiet müßte man angesichts S. 620 Anm. 143 wohl auch nach *Senec* fragen. • S. 639-642: Mehr Forschungsgeschichte oben in der Einleitung. • S. 642: Weitere Übersetzungen unten in der Bibliographie. Anm. 222 streichen. • S. 642-644: Mehr zum Text in der Einleitung. • S. 644-647: Ob man JosAs einen Roman nennen sollte, bleibt strittig (vorsichtig ja zuletzt z.B. Chesnutt, From Death to Life, 85-92; Ruppert, Liebe und Bekehrung; Standhartinger, Frauenbild, 20-26; Wills, Jewish Novel, 170-184). Zum antiken Roman jetzt u.a. Roderick Beaton ed., The Greek Novel. A.D. 1-1985, London 1988; Egger, Women in the Greek Novel; Hägg, The Novel in Antiquity; Heinrich Kuch (hg.), Der antike Roman. Untersuchungen zur literarischen Kommunikation und Gattungsgeschichte, Berlin 1989; Rolf Kussl, Papyrusfragmente griechischer Romane. Ausgewählte Untersuchungen (Classica Monacensia 2), Tübingen 1991. • S. 647-655: Dazu unten Nr. 11 und oben die Literaturnachträge dazu.

TEIL I

ÜBERLIEFERUNG UND TEXTGESTALTUNG

ZUM TEXT VON „JOSEPH UND ASENETH"

VON

CHRISTOPH BURCHARD

Göttingen

Fast achtzig Jahre nach P. BATIFFOLS *editio princeps* des griechischen Textes von „Joseph und Aseneth" (JA) [1]) hat jetzt M. PHILONENKO erstmals eine kritische Ausgabe vorgelegt, samt Übersetzung und erläuternden Fußnoten, ausführlicher Einleitung, Konkordanz und ausgedehnten Registern [2]). Das Erscheinen der ersten kritischen Ausgabe dieses in den letzten Jahren immer wichtiger gewordenen Textes [3]) fordert Beachtung. Ich beschränke mich im folgenden auf

---

[1]) 'Le livre de la Prière d'Aseneth', in: BATIFFOL, *Studia patristica*, Paris 1889-90, 1-115: 39-87.

[2]) *Joseph et Aséneth. Introduction, texte critique, traduction et notes* (Studia Post-Biblica 13), Leiden 1968. Die Übersetzung ist die erste französische überhaupt.

[3]) Spezielle JA-Bibliographie bei CHR. BURCHARD, *Untersuchungen zu Joseph und Aseneth* (WUNT 8), Tübingen 1965, 153-164. Darüber hinaus: BURCHARD, 'Zur armenischen Überlieferung der Testamente der zwölf Patriarchen', in: CHR. BURCHARD-J. JERVELL-J. THOMAS, *Studien zu den Testamenten der Zwölf Patriarchen* (BZNW 36), Berlin 1969, 1-29; —, *Der dreizehnte Zeuge. Traditions- und kompositionsgeschichtliche Untersuchungen zu Lukas' Darstellung der Frühzeit des Paulus* (FRLANT), Göttingen 1970, § 4, 1; G. DELLING, 'Partizipiale Gottesprädikationen in den Briefen des Neuen Testaments', *StTh* 17 (1963), 1-59: 22-24; 29 A. 1; 31 A. 4; M. VAN ESBROECK, Rez. Burchard, Untersuchungen und Philonenko, Joseph et Aséneth, *AnBoll* 80 (1968), 404-410; E. FRENZEL, *Stoffe der Weltliteratur. Ein Lexikon dichtungsgeschichtlicher Längsschnitte* (Kröners Taschenbuchausgabe 300)², Stuttgart 1963, 320-323 („Joseph in Ägypten"); O. HOFIUS, *Katapausis. Die Vorstellung vom endzeitlichen Ruheort im Hebräerbrief*, Diss. theol. Göttingen 1969 (masch.), 30. 50. 52 f. 67 (im Druck in WUNT, Tübingen); T. HOLTZ, 'Christliche Interpolationen in 'Joseph und Aseneth', *NTS* 14 (1967/68), 482-497; G. LOHFINK, 'Eine alttestamentliche Darstellungsform für Gotteserscheinungen in den Damaskusberichten (Apg 9; 22; 26)', *BZ* 9 (1965), 246-257; —, *Paulus vor Damaskus. Arbeitsweisen der neueren Bibelwissenschaft dargestellt an den Texten Apg 9, 1-19; 22, 3-21; 26, 9-18* (Stuttgarter Bibelstudien 4), Stuttgart 1965 (auch französisch); M. PHILONENKO, 'Initiation et mystère dans Joseph et Aséneth', in: C. J. BLEEKER ed., *Initiation. Contributions to the Theme of the Study-Conference of the International Association for the History of Religions Held at Strasburg, September 17th to 22nd 1964*, Leiden 1965, 147-153; —, *Joseph et Aséneth* (mit Literaturverzeichnis S. 239-249); R. REITZENSTEIN, *Die hellenistischen Mysterienreligionen*², Leipzig 1927, 248 f.; —, *Die Vorgeschichte der christlichen Taufe*, Leipzig-Berlin 1929, 120; R. D. RICHARDSON, Anhang zu H. LIETZMANN, *Mass and Lord's Supper. A Study in the History of the Liturgy*, Leiden 1964, 343-347; P. STUHLMACHER, 'Erwägungen zum ontologischen Charakter der καινὴ κτίσις

eine Besprechung der Textgestaltung als der Grundlage aller weiteren
Forschung, zumal PHILONENKO hier am entschiedensten eigene Wege
geht [1]). Was er darüber hinaus bietet, kann ich nur gelegentlich
streifen [2]); doch sei hervorgehoben, daß er zum ersten Mal die
antiken Romane zum literarischen und religionsgeschichtlichen
Vergleich herangezogen und damit einen Weg eingeschlagen hat,
der sehr weit ins Verständnis des Buches hineinführt.

I

JA ist ein jüdisch-hellenistisches Werk mit zwei Teilen. Es erzählt
breit und mit vielen Wiederholungen von der aus Verachtung auf-
schießenden Liebe der stolzen ägyptischen Priesterfürstentochter
Aseneth zum schönen, frommen Großwesir Joseph, den sie nach
Buße und Bekehrung denn auch zum Mann bekommt (JA 1-21), und
weiter von Aseneths Entführung durch den Erstgeborenen Pharaos
im Bund mit Dan und Gad, die von Simeon, Levi und Benjamin in
letzter Sekunde vereitelt wird (JA 22-29). Diese Geschichte ist in
einem in Wortschatz, Satzbau und Idiomatik an der Septuaginta
orientierten Griechisch geschrieben, in den Rahmen der biblischen
Josephserzählung gespannt [3]) und mit biblischen und jüdischen
Motiven durchsetzt. Die Fabel selber ist aber nicht jüdisch, sondern
aus dem Stoff, aus dem auch die antiken Romane sind [4]). Der Ver-

---

bei Paulus', *EvTh* 27 (1967), 1-35: 17-21; —, *Das paulinische Evangelium I. Vorgeschichte* (FRLANT 95), Göttingen 1968, 191 f. 260 f.; P. TACHAU, „*Einst*"
*und „Jetzt" im Neuen Testament. Beobachtungen zu einem urchristlichen Predigtschema in
der neutestamentlichen Briefliteratur und zu seiner Vorgeschichte*, Diss. theol. Göttingen
1969 (masch.), 45-52. 64f. 91.
  [1]) Das fängt schon bei der Verszählung an. Die übliche Einteilung in Kapitel
und Verse fußt auf BATIFFOLS Text (Kapitel von ihm, Verse von RIESSLER, s.u.
7 A. 5), ohne ihm aber gerecht zu werden. PHILONENKO hat BATIFFOLS Kapitel
beibehalten, mußte aber neue Verse machen. Ich bleibe aus Gründen, die im
folgenden deutlich werden, bei BATIFFOL-RIESSLER (R., soweit nicht selbstverständlich) und gebe PHILONENKOS Zählung (Ph.) nur, wenn sie nötig ist.
  [2]) Vgl. die Rezensionen von ESBROECK (s.o. A. 3); HOLTZ, *OLZ* (im Druck);
BURCHARD, *ThLZ* (im Druck).
  [3]) Vgl. JA 1, 1 mit Gen 41, 46 ff.; 21, 9 mit 41, 50-52; 22, 1 mit 41, 53 f.;
22, 2 mit 45, 26-46, 7.28.
  [4]) Daß Romanmotive JA vom ganz stereotypen Anfang an (mit JA 1, 3-6 vgl.
Chariton I 1; Xenophon I 1, 1-3; Amor und Psyche bei Apuleius, *Met.* IV
28, 1 ff.) durchziehen, hat PHILONENKO, *Joseph et Aséneth*, 43-48 und passim in
den Noten zum Text gezeigt. Doch sind nicht nur romanhafte Einzelzüge
vorhanden, sondern die Fabel selber hat ihre nächsten Parallelen in den antiken
Romanen und erklärt sich traditionsgeschichtlich als Adaption von Stoffen, die
auch dort begegnen (daß PHILONENKO darauf nicht achtet, mag damit zusammen-

fasser ist unbekannt. Er muß zwischen dem ausgehenden 1. Jh. v. Chr. und dem Anfang des 2. Jh.s n. Chr. geschrieben haben, allem Anschein nach in Ägypten ¹).

Wer JA herausgeben will, ist nicht zu beneiden. Die Überlieferung ist reich und zerschrieben. Sie umfaßt bis jetzt 16 griechische Handschriften und 8 Übersetzungen aus dem Griechischen — eine syrische, eine armenische, zwei lateinische, eine serbisch-kirchenslawische, eine rumänische, eine äthiopische und eine neugriechische — mit zusammen an die 70 Handschriften ²). Die Textzeugen lassen sich in vier Familien gruppieren ³):

hängen, daß er die Fabel als ganze auf S. 32-43 vor allem auf der Suche nach Quellen in den Blick faßt, wofür jedenfalls die erhaltenen Romane schon ihrer Entstehungszeit wegen nicht in Betracht kommen). So scheinen in JA 1-21 hauptsächlich zwei Stoffe in- und zum Teil übereinander geschoben zu sein: eine strukturell eng mit Amor und Psyche (Apuleius, *Met.* IV 28, 1-VI 24, 4) verwandte Liebeshandlung in JA 1-9. 19-21 und eine der Erlösung des Lucius durch Isis (Apuleius, *Met.* XI) analoge Bekehrungshandlung in JA 8-18 (BURCHARD, *Der dreizehnte Zeuge*). Eine genaue Analyse steht noch aus.

¹) Zu den Einleitungsfragen vgl. ausführlich *Untersuchungen*, 91-112. 133-151 (wahrscheinlich Ägypten, nicht essenisch oder therapeutisch, Ende des 1. Jh.s v. Chr.); PHILONENKO, *Joseph et Aséneth*, 27-32. 99-109 u.ö. (sicher Ägypten, nicht essenisch oder therapeutisch, sondern wahrscheinlich aus dem Judentum der Provinz abseits Alexandria, Anfang des 2. Jh.s n. Chr.). Doch warten viele Fragen noch auf exaktere Antwort. So ist über das genaue Datum das letzte Wort noch nicht gesprochen; nur die genannten Grenzen stehen fest: als jüdisch-hellenistische Schrift aus Ägypten kann JA nicht nach dem mißglückten Aufstand unter Trajan (um 116 n. Chr.) entstanden sein; aus sprachlichen Gründen kommt kaum eine frühere Zeit als das späte 1. Jh. v. Chr. in Frage. Ebenso offen ist auch noch der genaue geistige Ort innerhalb der ägyptischen Judenschaft; nur soviel ist sicher, daß JA nicht essenisch oder therapeutisch ist. Schließlich ist auch das von HOLTZ, 'Christliche Interpolationen', wieder aufgeworfene Problem christlicher Einschübe und Retuschen noch nicht ausgestanden; es gehört allerdings nicht in die Textkritik.

²) Liste in *Untersuchungen*, 4-17. Indirekte griechische Überlieferung ist nicht bekannt, übrigens bisher auch kein Papyrus. PHILONENKO hat keine neuen Textzeugen genannt.

³) *Untersuchungen*, 18-45; PHILONENKO, *Joseph et Aséneth*, 4 stimmt zu. — Zu den Sigla: In meinen *Untersuchungen*, die sich auf alle bekannten Textzeugen erstrecken sollten, sind alle Handschriften nach einem einheitlichen System mit dreistelligen Zahlen sigliert (Hunderter: Sprache, Zehner: Endziffer des Entstehungsjahrhunderts, Einer: laufende Nummern von Handschriften gleicher Sprache innerhalb eines Jahrhunderts, vgl. S. VIII). PHILONENKO gebraucht Sigla nur für die bei der Textherstellung benutzten griechischen Handschriften und hat dafür die von BATIFFOL begonnene Bezeichnung mit großen lateinischen Buchstaben fortgeführt, leider ohne Lücken für verwandte Handschriften zu lassen. Ich habe auch den griechischen Handschriften Buchstabensigla gegeben, die bei PHILONENKO noch keine haben, und zitiere danach im folgenden. Für nichtgriechische Handschriften bleibt es bei den dreistelligen Zahlen. Die folgende Liste weist in der ersten Spalte meine, in der zweiten PHILONENKOS Sigla (ergänzt) aus.

a

	O	Sinai, Katharinenkloster, Gr. 504, 10. Jh. (JA bis auf Titel und Incipit im Inhaltsverzeichnis verloren)
111	A	Vatikanbibliothek, Vat. Gr. 803, 11./12. Jh.
151	P	Athos, Konstamonitu 14, 15. Jh.
154	Q	Vatikanbibliothek, Pal. Gr. 364, 15. Jh.
153	C	Oxford, Bodleian Library, Barocc. Gr. 148, 15. Jh. (bricht in 10,5 ab)
163	R	Sinai, Katharinenkloster, Gr. 530, 15./16. Jh. (bricht in 5,1 ab, wohl Abschrift von C)
6..		Neugriechische Paraphrase, 16. Jh. oder älter: 2 sehr ver-
Ngr		schiedene Handschriften

b

155	E	Athos, Vatopedi 600, 15. Jh.
162	G	Chillicothe, Ohio, Privatbesitz D. McC. McKell, 16. Jh., illuminiert
171	F	Bukarest, Biblioteca Academiei Republicii Populare Romîne, Gr. 966, 17. Jh. (mit paränetischen Einschüben)
	W	Sinai, Katharinenkloster, Gr. 1976, 17. Jh. (noch nicht untersucht, offenbar mit F verwandt)
2..	syr	Syrische Übersetzung, 6. Jh. (erhalten bei Pseudo-Zacharias
Syr		Rhetor, Kirchengeschichte I 6): 1 Handschrift mit 1 Tochter-abschrift
3..	arm	Armenische Übersetzung, etwa 6./7. Jh.: 6 oder mehr
Arm		Familien mit zusammen mehr als 40 Handschriften [1])
4..	lat	Lateinische Übersetzung I, nicht viel vor 1200: 10 kaum
L I		voneinander abweichende Handschriften [2])
4..		Lateinische Übersetzung II, nicht viel vor 1200: 2 Familien
L II		mit zusammen 5 Handschriften
Äth		Äthiopische Übersetzung, Datum unbestimmt (vielleicht Tochter einer arabischen Version, von der aber nichts erhalten ist): bis auf Zitate verloren [3])
7..		Rumänische Übersetzung, 18. Jh.: 4 teilweise noch nicht
Rum		untersuchte Handschriften [4])

c

172	J	Jerusalem, Griechisch-Orthodoxes Patriarchat, Saba 389, 17. Jh. (bis 16, 10)

---

[1]) Zu den in *Untersuchungen*, 7-13 genannten 40 Handschriften kommen hinzu: Jerusalem, Armenisches Patriarchat, 1927, f. 40b-46b und 1934, f. 44a-52b (M. Stone-Jerusalem brieflich am 3. Oktober 1967).

[2]) Reiche Nachwirkungen in den europäischen Nationalliteraturen, vgl. *Untersuchungen*, 36. 41-45; PHILONENKO, *Joseph et Aséneth*, 16.

[3]) Daß die Vorlage zu *b* gehörte, ist freilich nicht ganz sicher, vgl. *Untersuchungen*, 40.

[4]) Die Vorlage ähnelte F; Rum hat die gleichen paränetischen Zusätze, vgl. *Untersuchungen*, 39.

| 173 | H | Jerusalem, a.a.O., Panhagios Taphos 73, 17. Jh. (bis 16, 17) |
| 191 | K | Jerusalem, a.a.O., Saba 593, beendet am 1. 9. 1802 (bis 16, 17) |

d

112	B	Vatikanbibliothek, Pal. Gr. 17, 11. Jh.
152	D	Oxford, Bodleian Library, Barocc. Gr. 147, 15. Jh.
5..	sl	Serbisch-kirchenslawische Übersetzung, nicht später als
Slaw		15. Jh.: 2 ziemlich übereinstimmende Handschriften

Vorläufig nicht einzuordnen

Breslau, Biblioteka Uniwersytecka, Rehdig. 26, 11. Jh. (untere Schrift eines Palimpsets, noch nicht untersucht, weil nur an Ort und Stelle zu lesen).

Die Handschriften unter *a* ähneln sich stark, wenn man von Ngr absieht, dessen große Abweichungen aber kaum auf die Vorlage zurückgehen. Eine gewisse Entwicklung ist zu beobachten. Die älteste Handschrift A ist textlich in mancher Hinsicht die jüngste, trotzdem die beste der Gruppe, die zweifellos einen gemeinsamen Ahnen hat. *a* ist die Form, in der JA bisher gelesen wurde [1]). Sie hebt sich stilistisch von *b* und *d*, weniger stark auch von *c* ab [2]). Wo *bd* (*c*) Hauptsätze mit καί aneinanderreihen, hat *a* Satzgefüge mit Participia coniuncta und Nebensätzen oder setzt wenigstens Partikel wie δέ und οὖν statt καί; *a* hat Adverbien wie πάνυ, εἶτα, ἄρα, wo *bd*(*c*) keine haben; *a* führt das Prädikat weniger oft am Satzanfang als *bd*(*c*); *a* gebraucht idiomatische Ausdrücke, wo *bd*(*c*) ungriechischer klingen. Kurz: *a* liest sich durchweg glatter und gewandter als *bd*(*c*).

b vereinigt Zeugen verschiedenster Zeit und Herkunft, die stark voneinander abweichen [3]). Von *a* unterscheidet sich *b* außer im Sprachgewand durch manche kleine und zwei große Überschüsse (das Kreuzzeichenmirakel 16,24 f./16,10-12 Ph. [4]) und Aseneths Psalm hinter 21,9) [5]).

Die drei Handschriften unter *c* ähneln sich stark und repräsentieren einen gemeinsamen Ahnen, der kaum viel anders ausgesehen haben dürfte. Zu beachten ist, daß *c* nur in 1,1-16,17/16,13 Ph. [6]) *abd* ent-

---

[1]) S. u. 8f.

[2]) *Untersuchungen*, 19-22; PHILONENKO, *Joseph et Aséneth*, 4-6.

[3]) Auch E, F und G gehen sehr auseinander, vgl. PHILONENKO, *Joseph et Aséneth*, 9 A. 1.

[4]) 16, 24 f. gehört hinter 16, 16. RIESSLER hat das bei BATIFFOL nicht im Text stehende Stück ohne jeden Grund ans Ende des Kapitels angefügt, statt es an seinen Ort zu setzen.

[5]) Vgl. *Untersuchungen*, 49-90.

[6]) PHILONENKO, *Joseph et Aséneth*, 9 irrtümlich 16, 3.

spricht; HK (J bricht mit 16,10 ab) führen dann den ersten Teil von
JA (1-21) in sekundärer Fassung, die u.a. eine Beschreibung des
15,9 angekündigten und 19,9 als geschehen erwähnten, aber nicht
erzählten Besuchs Michaels bei Joseph enthält, zu Ende. Ob *c* je
über 16,17 hinaus vorhanden war, ist nicht zu sagen. Der Text
unterscheidet sich stilistisch von *a* wie oben beschrieben, zeigt aber
einige Eigenheiten, die denen von *a* ähneln (z.B. Satzanfänge mit
τότε). Im Umfang entspricht *c* eher *b*, hat aber wie *a* 16,24 f. nicht.

Die drei Zeugen unter *d* stehen ebenfalls bei vielen kleinen, in
Slaw auch großen individuellen Auslassungen im positiven Text eng
beieinander und haben offenbar auch einen gemeinsamen Ahnen.
Er war aber erheblich kürzer als der von *a*, *b* oder *c* (*a* ist fast um die
Hälfte länger) [1]. Außer einer langen Reihe von Wörtern und von
Sätzen wie 16,16 oder 17,6 sind mehrere längere Abschnitte, die in
abc vorkommen, nicht oder nur viel kürzer vorhanden. *d* hat nicht
Aseneths Selbstermunterung vor ihrer großen Konfession 11,3-14
(11,1 f. 15 lauten viel kürzer), den Psalm nach 21,9 (den hat überhaupt
nur *b*) und die Beschreibung Jakobs mit Aseneths Reaktion darauf
22,6b-9a. Erheblich kürzer sind Aseneths Verwandlung in 18 (18,
3-5a.7.9b-11 fallen ganz aus) und ihre Wiederbegegnung mit Joseph
in 19 (19,3-8.11 fallen aus). Dagegen ist wie in *b* das Kreuzzeichenmirakel 16,24 f. vorhanden.

Es fragt sich nun, wie sich diese vier Überlieferungsstränge
zueinander und zum Urtext verhalten. BATIFFOLS *editio princeps* hatte
über solche Fragen keine Silbe verloren. Die Anlage der Ausgabe
— ein leidlicher Abdruck von A (also *a*) mit einem unvollständigen,
inkonsequent arrangierten und fehlerhaften Apparat aus BD (*d*),
C (Fragment von *a*) und Syr (zu *b*) [2] — läßt erkennen, daß BATIFFOL
A für den relativ besten Text hielt, doch bot der Apparat nicht genug
Material, um diesen Anspruch nachzuprüfen, geschweige denn, um
hinter A zurückzugelangen, was BATIFFOL zumindest hier und da für
möglich und nötig gehalten hat, wie einige im Apparat geäußerte
Zweifel am Text der Handschrift zeigen. Zu einem anderen Ergebnis
kam ein knappes Jahrzehnt später V. M. ISTRIN in der ersten und

---

[1] *d* hat etwa 8 000 Wörter (PHILONENKO, *Joseph et Aséneth*, 28), A etwa 11 900
(*Untersuchungen*, 48 A. 3).

[2] Zur Qualität der Ausgabe vgl. *Untersuchungen*, 23 f.; PHILONENKO, *Joseph
et Aséneth*, 17 f. BATIFFOL hat auch Q gekannt und von P, Arm und Ngr gewußt,
nichts dagegen von L II und Slaw. L I gab er selber im Anschluß an seinen
griechischen Text heraus ('Le livre de la Prière d'Aseneth', 89-115), doch ist
im Apparat zu Gr L I und im Apparat zu L I Gr nicht erwähnt.

lange einzigen textkritischen Untersuchung der Schrift. Er fußte auf den schon BATIFFOL bekannten griechischen Handschriften ABCDQ, bezog darüber hinaus außer Syr aber auch Arm, L I, Slaw und Ngr ein [1]. Die griechischen Handschriften zerfallen nach ihm in zwei „Redaktionen", eine längere (ACQ, also *a*) und eine kürzere (BD, also *d*); Unterscheidungskriterium sind vor allem die oben zu *d* genannten großen Umfangsdifferenzen. Von den Übersetzungen gehört Slaw zur kürzeren Redaktion [2], Syr Arm L I Ngr zur längeren, wobei ISTRIN aber beobachtete, daß Syr Arm L I öfter übereinstimmend von ACQ abweichen, woraus er schloß, daß ACQ die längere Redaktion nicht adäquat wiedergeben. Die kürzere Redaktion, also BD Slaw, ist die ältere, jedenfalls was den Umfang angeht: die Überschüsse der längeren Redaktion erweisen sich als Erweiterungen. Für den gemeinsamen Stoff mochte ISTRIN keine Entscheidung treffen (S. 180). Seine Ausgabe bleibt dann freilich weit hinter seinen Einsichten zurück. Sie besteht aus einem zweispaltigen Abdruck von B neben Ngr (in Gestalt von Oxford, Bodleian Library, Roe 5, 1614, illuminiert) mit einem Apparat aus Q, alles mit reichlichen Fehlern [3]. ISTRIN hat also nicht einmal versucht, hinter BD Slaw zur kürzeren Redaktion zurückzukommen. Trotzdem hätten seine textkritischen Untersuchungen die Forschung anregen können, wenn sie nicht russisch geschrieben und entlegen veröffentlicht worden wären. So aber wurden sie ignoriert, ein Verriß von K. KRUMBACHER mag dazu beigetragen haben [4]. Wer JA las, las BATIFFOL und nahm meist dessen Text als den besten aller möglichen. Auf ihm fußen auch die beiden einzigen Übersetzungen [5].

---

[1] 'Apokrif ob Iosifě i Asenefě', in: *Drevnosti* (Trudy slavjanskoj kommissii imperatorskago moskovskago archeologičeskago obščestva 2), Moskau 1898, 146-199: 179-199. Der Gerechtigkeit halber sei erwähnt, daß B. SARGISEAN in seiner gleichzeitig mit ISTRIN erschienenen Untersuchung von Arm (*Usumnasirut'iwnkʿ hin ktakarani anvaver groç vray*, Venedig 1898, 101-132) auch auf das Verhältnis des armenischen Textes zum griechischen, syrischen und lateinischen eingeht; doch werden seine Ergebnisse dadurch entwertet, daß er BATIFFOL nicht kannte und darum für Gr und L I nur J. A. FABRICIUS, *Codex Pseudepigraphus Veteris Testamenti*², Hamburg-Leipzig 1722, zur Verfügung hatte, d.h. C und den Auszug aus L I in VINZENZ VON BEAUVAIS, *Speculum historiale* II 118-124.

[2] Slaw untersucht und richtig BD zugeordnet zu haben, ist ISTRINS bleibendes Verdienst (*Apokrif*, 190-199).

[3] Aber nach PHILONENKO, *Joseph et Aséneth*, 19 f. weniger, als ich glaubte (*Untersuchungen*, 24).

[4] *Byzantinische Zeitschrift* 8 (1899), 228 f.

[5] E. W. BROOKS, *Joseph and Asenath. The Confession and Prayer of Asenath Daughter of Pentephres the Priest* (Translations of Early Documents II. Hellenistic-Jewish Texts 7), London 1918 (mit einem knappen kritischen Apparat aus Syr,

Erst die Entdeckung neuer Textzeugen, vor allem neuer griechischer Handschriften, führte zu einer Wiederaufnahme der Textkritik. In meiner Dissertation stellte sich mir die Sache so dar [1]): Wir haben nicht zwei „Redaktionen", sondern die oben genannten vier Textfamilien [2]). Sie sind Größen verschiedener Ordnung. *a* ist eine Rezension im engeren Sinn, eine planmäßige Bearbeitung, die auf Gräzisierung und Glättung aus war, älter als das 10. Jh., aber vielleicht nicht sehr viel [3]). Auch *c* (nur 1,1-16,17) ist stilistisch bearbeitet, wenn auch schwächer; diese Fassung dürfte jung sein. *b* und *d* sind dagegen unrezensierte Überlieferungszweige; *b* ist nach Ausweis von Syr und Arm älter als 500 n. Chr. Die vier Familien sind im großen ganzen voneinander unabhängig; keine ist ohne Defekte, keine aber auch für die Wiederherstellung des Urtextes zu entbehren. *a* und *c* sind dank der Bearbeitung im Wortlaut weithin gegenüber *b* und *d* sekundär; BATIFFOL hat A zu Unrecht bevorzugt. Auf der anderen Seite ist *d*, was den Umfang angeht (dessen große Kürze mir allerdings nicht bewußt war), gegenüber *a*, *b* und *c* sekundär; ISTRIN hat *d* zu Unrecht bevorzugt. Die relativ beste Familie ist die, die sowohl lang als auch unrezensiert und dazu die am frühesten bezeugte und verbreiteste ist, nämlich *b*. Dieser Vorrang wird dadurch beeinträchtigt, daß die ältesten Vertreter Übersetzungen, die griechischen Handschriften dagegen jung und schlecht sind und alle Zeugen vor allem im Umfang stark voneinander abweichen. Doch hätte *b* auch bei besserer Überlieferung nur einen relativen Vorrang vor den anderen Familien. Ein kritischer Text von JA wäre auf der Grundlage von *b* aus allen vier Familien eklektisch herzustellen. Dabei ist voller Text, sofern nicht aus inneren Gründen anfechtbar, im allgemeinen älter als kurzer [4]).

Demgegenüber lenkt PHILONENKO zu ISTRIN zurück (S. 3-26, beson-

---

Arm, L I und Slaw sowie einem Anhang aus diesen von Stücken, die bei BATIFFOL nicht im Text stehen); P. RIESSLER, 'Joseph und Asenath. Eine altjüdische Erzählung', *Theologische Quartalschrift* 103 (1922), 1-22. 145-183; ohne Einleitung, aber mit knappen Anmerkungen fast genau so in RIESSLER, *Altjüdisches Schrifttum außerhalb der Bibel*, Augsburg 1928 = Darmstadt 1966, 497-538. 1303 f. (philologisch ungenau, schon wegen des dithyrambischen Stils, der alle Übersetzungen RIESSLERS unerträglich macht).

[1]) *Untersuchungen*, 18-49, besonders 19-22. 45-48.
[2]) ISTRINS kurze Redaktion entspricht *d*; neue Zeugen fanden sich nicht. ISTRINS lange Redaktion spaltete sich in *a* und *b*. *c* ist bei ISTRIN noch nicht vertreten.
[3]) *Untersuchungen*, 22.
[4]) Textproben in *Untersuchungen*, 49-90.

ders 3-11. 20-26). BD Slaw (also *d*) repräsentieren eine „recension courte", die die älteste erreichbare Form von JA ist. JA hätte also ursprünglich erheblich anders ausgesehen und wäre vor allem um fast ein Drittel kürzer gewesen, als man, ISTRIN ausgenommen, bisher annahm. *a*, *b* und *c* sind Stadien der Fortentwicklung des ältesten Textes: *d* wurde erweitert zu *b* („première recension longue"), *b* leicht gräzisiert zu *c* („seconde recension longue"), *c* schließlich gründlich gräzisiert zu *a* („troisième recension longue"). *d* ist nicht einfach mit dem Urtext identisch, steht ihm aber mindestens zeitlich nahe, da diese älteste Rezension noch jüdisch ist (*a* und *c* sind sicher christlich, *b* vielleicht jüdisch oder gnostisch-christlich, S. 101). Das ist ein einfacheres Bild als meines: an die Stelle von vier Handschriftenfamilien, die alle Ursprüngliches bewahrt haben, tritt eine Kette von vier aufeinander folgenden Rezensionen mit *d* als der ältesten. Dementsprechend vereinfacht sich die Arbeit des Herausgebers, soweit er es auf den ältesten Text abgesehen hat. Die gesamte Überlieferung darzustellen ist unnötig, denn *abc* gehören in die Nachgeschichte des *d*-Textes (und sind nach PHILONENKO so verschieden, daß man sie in Parallelspalten herausgeben müßte); hinter *d* zurück zum Urtext gelangen zu wollen ist unmöglich. Nötig und möglich ist allein, *d* wiederherzustellen. Eben das tut PHILONENKOS Ausgabe. Der Text fußt auf B, D (dieser der bessere von beiden) und Slaw, der aus einer Vorlage, die älter als BD war, ziemlich wörtlich übersetzt und deshalb trotz vieler kleiner und mehrerer großer Lücken (z.B. 13,9-14,3/13,8-14,4 Ph.; 15,7-13/15,6-13 Ph.; 18,6-20,2/18,4-20,1 Ph.; 23,3.5-9/23, 4.6-9 Ph.) hoch zu schätzen ist [1]). In einigen wenigen Fällen, in denen BD Slaw alle drei den ursprünglichen *d*-Text nicht erhalten zu haben scheinen, verbannt PHILONENKO sie in den Apparat und folgt anderen Zeugen (S. 25); sonst spielen *abc* nur dann noch eine Rolle, wenn BD Slaw nicht einig sind. Der Apparat enthält alle Varianten von B und D (außer den besonders in B zahlreichen orthographischen Unregelmäßigkeiten, S. 23 f.) und viele von Slaw [2]). Lesarten aus *a*, *b* oder *c* [3]) werden

---

[1]) B und D nach Mikrofilm, Slaw nach S. NOVAKOVIĆ' Druck der 1941 verbrannten Handschrift Belgrad, Narodna Biblioteka, Slaw. 29, 15. Jh. ('Srpskoslovenski zbornik iz vremena despota Stefana Lazarevića', *Starine* 9, 1877, 1-47: 27-42).

[2]) Kleine Lücken sind oft im Text durch Haken markiert und dann im Apparat nicht noch extra angezeigt.

[3]) *a* wird vertreten durch A, *c* durch H, *b* durch EFG (alle nach Mikrofilm), nur selten auch durch Syr (nach der vorzüglichen Ausgabe von E. W. BROOKS,

immer genannt, wenn PHILONENKO ihnen gegen BD Slaw folgt, und
oft, wenn BD Slaw gespalten sind, aber im einen wie im anderen
Fall ist nicht die vollständige Bezeugung notiert [1]). Darüber hinaus
sind gelegentlich noch Varianten von inhaltlichem Interesse vertreten.

II

Akzeptiert man PHILONENKOS Sicht der Textgeschichte, so ist
gegen seine Ausgabe nur wenig einzuwenden. Ein Mangel ist die
Knappheit des Apparats. Sie macht es unmöglich, den Text der
Ausgabe aus ihr selber nachzuprüfen oder sich an ihrer Hand mit
dem über *d* überschießenden Stoff von *abc* zu beschäftigen, der in
der Literatur bisher als Teil von JA behandelt worden ist und, echt
oder nicht, zumindest an einigen Stellen sachlich interessant ist,
wie PHILONENKO selbst vermerkt (z.B. S. 39.84) [2]). Weiter befriedigt
die Verarbeitung von Slaw nicht ganz. So läßt PHILONENKO die zweite
Handschrift (Bukarest, Biblioteca Academiei Republicii Populare
Romîne, Slaw. 306, 15. Jh.) weg, weil sie nur „d'infimes variantes
qu'il est inutile de noter" bietet (S. 11). Immerhin füllt sie aber
einige kleine Lücken aus, die PHILONENKO für Slaw notiert, und hat
gelegentlich auch den besseren slawischen Text [3]). Die Auswahl
slawischer Lesarten ist überhaupt etwas knapp geraten. Der Vergleich
mit einer Liste ISTRINS (S. 195), die allerdings zu reduzieren ist, weil
ISTRIN Slaw nur gegen B kollationiert hat, zeigt, daß PHILONENKO

Historia ecclesiastica Zachariae Rhetori vulgo adscripta I, CSCO 83, Paris 1919 =
1953, 21-55), Arm (nach der völlig unzulänglichen Übersetzung von J. ISSAVER-
DENS, *The Uncanonical Writings of the Old Testament*, Venedig 1900, 91-160, und der
brauchbaren, aber nur JA 22-29 nach einer einzigen Handschrift, Venedig, San
Lazzaro 229, 1655, umfassenden von A. CARRIÈRE, 'Une version arménienne de
l'Histoire d'Asséneth', *Nouveaux Mélanges Orientaux*, Publications de l'Ecole des
Langues Orientales Vivantes II 19, Paris 1886, 471-511) und L I (nach BATIFFOLS
Ausgabe, die im wesentlichen die gute Handschrift Cambridge, Corpus Christi
College 424, 12. Jh.?, wiedergibt). L II hat PHILONENKO nach Einsicht in die
Haupthandschrift Uppsala, Universitetsbiblioteket C 37, 13. Jh., weggelassen
(*Joseph et Aséneth*, 23).

[1]) So setzt PHILONENKO an den in BD nicht erhaltenen Stellen aus JA 21
und in 27, 8 eine Rückübersetzung von Slaw in den Text, zu der *a* und *b* die
Formulierungen beigetragen haben, ohne daß sie im Apparat zitiert werden.

[2]) Deswegen hätte es sich auch gelohnt, RIEßLERS Verszählung am Rand
anzugeben. Daß über den Seiten Kapitel und Verse nicht stehen, ist bei den
kurzen Kapiteln nicht so schlimm.

[3]) Z.B. bezeugt die Bukarester Handschrift folgende Wörter, die nach PHILO-
NENKO in Slaw fehlen: 1, 8/1, 13 Ph. Φαραώ; 14, 10 μεγάλῳ; 24, 2 Ζέλφας παιδισκῶν
Λίας καί. In 15, 5/15, 4 Ph. hat sie *netlěnia*, nicht *iscelěnia*, was PHILONENKO als
ιατρειας für Slaw im Apparat vermerkt.

nicht einmal die slawischen Lesarten vollständig notiert hat, die nach
Ausweis anderer Familien einen anderen griechischen Text als BD
vorauszusetzen scheinen (Beispiele unten unter III). Auch hätte
PHILONENKO die Haken, die Ausfälle von Slaw anzeigen (s.o. 11 A. 2),
häufiger setzen sollen; die angewandte Praxis läßt die Übersetzung
vollständiger erscheinen, als sie ist. Ungenügend ist schließlich
PHILONENKOS Grundlage für Arm [1]).

Fragen an die Textgestaltung [2]) ergeben sich an Stellen, an denen
BD Slaw gespalten sind. Hier neigt PHILONENKO dazu, die Bedeutung,
die *abc* für die Rekonstruktion von *d* haben, zu unterschätzen. *abc*
repräsentieren ja doch auch in seiner Sicht, weil nicht von B, D oder
der Vorlage von Slaw abhängig, einen vierten, wenn auch durch
sukzessive Bearbeitung veränderten Textzeugen für *d*, noch dazu
einen, der dank Syr und Arm um fast ein halbes Jahrtausend älter
ist als der nächstälteste Zeuge B. Daß dieser vierte Zeuge nicht
gegen BD Slaw aufkommt, wenn die sich einig sind, leuchtet nach
PHILONENKOS Sicht der Textgeschichte ein. Anders steht es, wenn
BD Slaw auseinandergehen und *d* also nicht gegeben ist, sondern
rekonstruiert werden muß. An solchen Stellen sollte die von *abc*
oder auch nur *b* gestützte Lesart besonders beachtet werden und
müßte wohl, falls auch innere Gründe für sie sprechen, als *d*-Text
akzeptiert werden. Das tut PHILONENKO aber öfter nicht.

1,4/1,6 Ph. führt Aseneth ein als θυγάτηρ τῷ Πεντεφρί BD: θυγάτηρ
αὐτῷ PQ *c* Arm Slaw: ἀ. θ. ACR (E)G L I (L II): länger unleserlich
F. PHILONENKO folgt BD, keine Varianten. Nun ist Pentephres' Name
grade am Ende von 1,3 gefallen, wobei B und D auseinandergehen
und beide nicht in Ordnung sind (vgl. den Apparat). Man fragt sich
also, ob sie nicht auch mit τῷ Πεντεφρῆ gegenüber dem auch von
Slaw vertretenen αὐτῷ sekundär sind.

---

[1]) S.o. 11 A. 3.
[2]) Ich stütze mich im folgenden vor allem auf JA 1. 14. 15, weil ich für diese
drei Kapitel Kollationen fast aller Handschriften von Gr, Arm, L I und L II
habe (*Untersuchungen*, 4). Syr (JA 13, 15-16, 7 durch Blattverlust nicht erhalten)
ist in BROOKS zuverlässiger Ausgabe (s.o. 11 A. 3) zu benutzen. Ngr und Rum
sind entbehrlich. Textbeispiele außerhalb der drei Kapitel beruhen für Gr auf
ausgewählten Handschriften, für L II auf Uppsala C 37 (436, s.o. ebd.), für Arm
auf der Ausgabe von S. YOVSĒP'EANC, *T'angaran hin ew nor naxneac̣ A. Ankanon
girk' hin ktakaranac̣*, Venedig 1896, 152-198, die im wesentlichen die gute Handschrift Rom, Biblioteca Casanatense 1988, 1598, wiedergibt, für L I auf BATIFFOL.
Slaw ist durchweg nach NOVAKOVIĆ notiert. — Bei Lesartenaufzählung stehen
die Sigla *a, b, c* und *d* nur für die Summe der jeweils zur Familie gehörigen griechischen Handschriften, also unter Ausschluß der Versionen. > bedeutet Auslassung der zitierten Lesart, „Lücke" Auslassung über die zitierte Lesart hinaus.

Nach 1,6/1,9 Ph. freien um Aseneth neben anderen Bewerbern καὶ οἱ τῶν βασιλέων (οἱ τ. β. : βασιλεῖς καὶ Slaw) νεανίσκοι πάντες δυναστῶν (> D) BD Slaw: κ. υἱοὶ (+ *der Großen und* Arm; + *omnium* L I) τῶν βασιλέων (+ *et* Syr L I) νεανίσκοι πάντες (ν. π. : π. ν. Syr; + *und* Arm) δυνατοί *c* Syr Arm (?) L I L II: καὶ οἱ (> F) υἱοὶ πάντων τῶν βασιλέων FG: καὶ τῶν βασιλέων E: οὐ μὴν (+ δὲ P) ἀλλὰ καὶ (+ οἱ P) υἱοὶ τῶν βασιλέων νεανίσκοι πάντες καὶ δυνατοί ACRP: οὐ μὴ δὲ τῶν μεγιστάνων ἀλλὰ καὶ τῶν βασιλέων Q. Philonenko setzt καὶ τῶν βασιλέων, νεανίσκοι πάντες in den Text und verbannt οἱ BD (das Kirchenslawische hat keinen Artikel), δυναστῶν B (Slaw nicht notiert) und καί vor νεανίσκοι Slaw in den Apparat. οἱ BD dürfte aber ein Rest von υἱοί und also nicht zu streichen, sondern zu emendieren sein. Ähnliches gilt für δυναστῶν. Daß D das Wort nicht hat, ist gegenüber B Slaw kaum ursprünglich; die Auslassung des jedenfalls im B-Text schlecht verständlichen Wortes begreift sich leicht. In Ordnung ist δυναστῶν freilich nicht, denn Söhne von solchen sind schon erwähnt; vermutlich ist der Genitiv sekundär aus δυνατοί in Angleichung an die vorhergehenden Genitive entstanden. Schließlich ist auch das καί, das Slaw vor νεανίσκοι voraussetzt, keine Privatlesart, die gegenüber BD nicht ins Gewicht fällt, sondern wird durch Syr Arm (teilweise) L I gestützt (EFG versagen). Dann aber dürften die verschiedenen Lesarten von B, D und Slaw, allesamt korrupt, auf so etwas wie καὶ υἱοὶ τῶν βασιλέων καὶ νεανίσκοι πάντες δυνατοί zurückgehen.

In 5,1 meldet ein Diener, daß Joseph vor dem Tor ἐστί B: ἵσταται A: ἔστηκε F: *stat* Arm L I Slaw (*stoit'*): > D. Philonenko folgt B, im Apparat steht nur D. Der Sinn legt „steht" nahe, das deshalb Erleichterung sein könnte. Doch kann das allein von B gelesene ἐστί (freilich ἐστίν cod.) leicht aus ἔστηκε durch Haplographie entstanden sein (das nächste Wort heißt καί). So ist zumindest sehr zu erwägen, daß B sekundär ist.

14,5 fragt Aseneth: Wer ist, der mich ruft? BD haben hinter τίς keine Kopula, alle übrigen ἐστίν (Bezeugung s.u. S. 33), auch Slaw (*kto jest' v'zvavi me*), was Philonenko nicht notiert. Da die Kopula sprachlich kaum zu entbehren ist, dürfte sie in BD durch Auslassung fehlen.

In 14,6 wird ein Wort des Aseneth erschienenen himmlichen Mannes eingeführt mit καὶ εἶπεν B G: λέγων D *a c* L I L II Slaw: λέγουσα E: *ew asē* Arm (kann sowohl καὶ εἶπεν wie λέγων wiedergeben, letzteres z.B. in 3,2): Lücke F Syr. Philonenko folgt B

(irrtümlich mit Haken für Lücke in Slaw); der Apparat nennt FG [1])
und D. Vermutlich ist B wegen der Parataxe bevorzugt. Aber λέγων
ist JA nicht fremd (z.B. 3,2; 6,5; 7,2). Darum ist doch wohl das von
D Slaw und den übrigen außer B G bezeugte λέγων die ältere Lesart.

Nach 14,9 sehen Hände und Füße des himmlischen Mannes aus
ὥσπερ σίδηρος ἐκ πυρός BD: ὥ. σ. ἐκ π. ἀπολάμπων AP c Slaw (iako
želězo raždeženo ognjem'), vorausgesetzt offenbar auch von Arm L I
L II: ὁμοίως ὡς τὸ πῦρ G: Lücke Q EF Syr. PHILONENKO folgt BD,
keine Varianten. Das Partizip ist kaum zu entbehren. BD haben im
Gegensatz zu Slaw eine Auslassung.

In 15,1 sagt der himmlische Mann zu Aseneth: εἰ παρθένος B:
ἡ παρθενίας σου D: σὺ (> PQ) παρθένος εἰ (> EF) a EF c (Arm)
L I Slaw: Lücke G Syr L II. PHILONENKO folgt B und zitiert im
Apparat EF und D. B steht allein. Die offensichtlich korrupte D-
Lesart geht kaum auf den B-Text zurück, sondern eher auf das auch
von Slaw vorausgesetzte σὺ παρθένος εἰ. Damit dürfte B sekundär
sein [2]).

Hinter 15,2 Ἀσενέθ heißt es ἡ παρθένος (+ ἡ E) ἀγνή B Slaw EF
Arm L II: ἡ π. καὶ ἁ. AP c: ὦ παρθένε G L I: > D Q: Lücke Syr.
PHILONENKO läßt die Worte mit D aus und notiert B Slaw FH [3]) im
Apparat. Aber eine Fehlanzeige in D, der nachweislich manches
ausläßt, dürfte gegenüber einer von anderen Zeugen gestützten
Lesart von B Slaw sekundär sein, zumal D hier nur den lückenhaften
Q auf seiner Seite hat. Analog sind 15,3 und 15,6/15,5 Ph. zu beur-
teilen, wo PHILONENKO ebenfalls den kürzeren Text von D gegenüber
B und anderen bevorzugt.

In 24,2 heißt es von den Söhnen Ballas und Zelphas: ποιήσουσι
κατὰ τὸ θέλημά σου B: ἔσονταί σου (> G) κ. τὸ θ. σου D Slaw G:
ἐ. σοι εἰς πάντα κ. τὸ θ. σου A (Arm): et erunt tibi obaudientes secundum
voluntatem tuam L I: teilweise unleserlich F. PHILONENKO setzt B in
den Text und D Slaw A (ausser εἰς πάντα) G in den Apparat, vermerkt
aber nicht, daß Slaw hinter ἔσονται auch σου (oder σοι) voraussetzt.
ποιήσουσι B ist aber doch deutlich Glättung.

Diese Reihe von Stellen, an denen B D Slaw gespalten sind und dabei
die von außen gestützte Lesart der von PHILONENKO bevorzugten

---

[1]) F ist kaum zu Recht mit BG zusammen für καὶ εἶπεν notiert. F liest
καὶ ἐκάλεσεν αὐτὴν ὁ ἄνθρωπος ἐκ δευτέρου · καὶ εἶπεν Ἀσυνέθ· ἰδοὺ ἐγώ, κύριε.
[2]) Auch 24, 4; 25, 6/25, 7 Ph.; 26, 1.5 scheint Slaw einen anderen, mit b
und/oder a übereinstimmenden Text als BD vorauszusetzen (vgl. ISTRIN, 'Apokrif',
195). Hier hilft die innere Kritik nicht weiter.
[3]) Danach läse H ἡ παρθένος ἀγνή, was ein Versehen ist.

nicht gestützten überlegen ist, beweist natürlich nicht, daß das immer
so ist. Zumindest aber hätte diese Möglichkeit stärker erwogen
werden müssen, was praktisch besagt, dass bei Spaltung innerhalb *d*
abc immer im Apparat hätten zitiert werden sollen, und zwar voll.
Jedenfalls dürfte *d abc* etwas ähnlicher gewesen sein, als es nach
PHILONENKOS Text aussieht. Textgeschichtlich ausgedrückt: *abc*
hätten sich etwas weniger weit von ihrer Basis *d* wegentwickelt —
wenn denn *d* ihre Basis war.

III

PHILONENKO entwickelt seine Sicht, daß sich *b*, *c* und *a* aus *d* gebildet haben, so, daß er zunächst am Gegenüber von A (*a*) und BD (*d*)
das heißt an dem griechischen Material, wie es BATIFFOL und ISTRIN
zur Verfügung stand, eine Ausgangsposition gewinnt (S. 4-8) und sie
dann an Hand von F (für *b*) und H (für *c*) modifiziert (S. 6-8).
Der Vergleich des Langtextes A mit dem Kurztext BD ergibt
Folgendes: da A durch eine starke stilistische und nicht nur stilistische Bearbeitung gegangen ist, wie PHILONEKO noch einmal unterstreicht (S. 4-6), ist diese Textform gegenüber BD sekundär, und
zwar durchweg: A, d.h. *a*, ist die Bearbeitung einer Vorlage vom
Typ BD, d.h. *d*: „On discerne un effort persévérant pour récrire en
un grec recherché un texte jugé trop lourd, vulgaire, voire incorrect
et qui devait être assez proche de celui représenté par B et D" (S. 6).
Das gilt nicht nur für den gemeinsamen Stoff, sondern auch für die
Umfangsdifferenzen, wie die innere Beurteilung der großen Über-
schüsse in *a* gegenüber *d* bestätigt: sie erweisen sich als aus dem
Kontext angeregt oder aus Früherem zusammengestückt. Der
Bearbeiter stilisierte also *d* nicht nur um, er erweiterte auch; mit
16,24 f./16,10-12 Ph. hat er auch einmal ein Stück gestrichen (S. 7 f.).
„Ce schéma simple est-il modifié par l'apport des manuscrits grecs
que Batiffol et Istrin n'ont pas connus?" (S. 8). Das wird es in der
Tat, wie PHILONENKO an F und H exemplarisch zeigt (S. 9 f.). F und
H haben die gleichen großen Überschüsse wie A, sind also insgesamt
wie A gegenüber *d* sekundär. Da F, d.h. *b*, aber gar nicht und H,
d.h. *c*, nur leicht gräzisiert ist, gehören *b* und *c* zwischen *d* und *a*
als zwei Etappen auf dem Weg zu *a* (ob auch der Wortlaut dafür
spricht, untersucht PHILONENKO nicht). Die Modifikation ist also
diese: Der Langtext ist nicht, wie es auf S. 4-8 schien, in Gestalt von
a auf einmal von der Hand eines einzigen Bearbeiters aus einem
Text, „qui devait être assez proche de celui représenté par B et D",

entstanden, sondern stufenweise, wobei die Zusätze zum Stoff der ersten Stufe (*b*), die Gräzisierung der zweiten (*c*) und vor allem der dritten (*a*) angehören.

Diese Argumentation überzeugt nicht. Daß PHILONENKO so beginnt, als ob es nur A und BD gäbe, und über mehrere Seiten hin eine Ansicht erhärtet, die er hernach ändern muß, ist zunächst nur ein Schönheitsfehler, der sich aus der Entstehungsgeschichte seines Buches erklären wird [1]). Er zieht aber eine fatale optische Täuschung nach sich. PHILONENKO gibt zwar angesichts von *b* und *c* mit Recht die These auf, daß *a* eine Vorlage vom Typ *d* hatte (da *bc* im Umfang und oft auch im Wortlaut mit *a* gegen *d* übereinstimmen, andererseits, weil ungräzisiert, nicht von *a* abhängen, muß *a* eine Vorlage gehabt haben, die nicht so lautete und schon gar nicht so kurz war wie *d*); er hält aber daran fest, daß *a* gegenüber *d* gänzlich sekundär und aus *d* entstanden ist, ohne zu beachten, daß er das eben mit der aufgegebenen These begründet hatte. Wenn *a* nicht *d* vorlag, dann kann Abhängigkeit von *d* nicht einfach weiter behauptet werden, sondern ist neu zur Diskussion gestellt, damit aber auch der Schluß, daß *b* und *c* gleichfalls, und zwar als Entwicklungsstufen zu *a* hin, von *d*

---

[1]) Daß PHILONENKO auf S. 4-8 so argumentiert, als ob es nur A und BD gäbe, erklärt sich vermutlich so, daß es für ihn tatsächlich nur A und BD gab, als er diese Seiten schrieb. Sie stammen offenbar aus einer „recension courte" der Einleitung, entworfen und formuliert, bevor PHILONENKO die übrigen griechischen Handschriften kennenlernte. Der ursprüngliche Kurztext ist auch sonst an Hand von Störungen und kleinen Informationsdefiziten hinter dem jetzigen Text nachweisbar. So ist der Satz „Enfin, comme le manuscrit F et la version syriaque, la version arménienne a le psaume d'Aséneth" (S. 13) eine Dublette zur Erwähnung des „hymne d'Aséneth" drei Zeilen höher, offenbar ein Zusatz zu einem fertig geschriebenen Abschnitt. Anschließend notiert PHILONENKO, daß in der von CARRIÈRE (s.o. 11 A. 3) teilweise herausgegebenen und übersetzten Handschrift JA 26-28 nur durch ein Summarium vertreten sind. Das klingt wie eine Ausnahme. Tatsächlich ist das aber in allen armenischen Handschriften so, ausgenommen allein die beste, Erewan, Matenadaran 1500, 1282/83, die den vollen, Gr entsprechenden Text hat (*Untersuchungen*, 30). Die Erwägungen über die Vorlage von Syr, Arm, L I und L II S. 15 waren offenbar bis auf zwei Einschübe schon formuliert, bevor PHILONENKO die entsprechenden griechischen *b*-Handschriften EFG kennenlernte. Sätze wie „quand des variantes sont attestées dans deux ou trois versions, il ne fait pas de doute qu'elles représentent une tradition grecque" oder daß Syr, Arm und L I „possèdent un archétype commun", sind ohne Berücksichtigung von EFG formuliert. S. 16 oben erwähnt die zweite neugriechische Handschrift nicht. Die mittelenglische Versübertragung ist „faite sur le latin", VINZENZ VON BEAUVAIS' Auszug (s.o. 9 A.1) ein „abrégé latin", als ob es nur L I (worauf die beiden fußen) gäbe. Nicht BROOKS hat als erster gesehen, daß JA die Irenelegende beeinflußt hat (S. 112 A. 4), sondern m.W. N. S. TICHONRAVOV (*Untersuchungen*, 135 A. 2).

abhängen, denn dieser Schluß beruht ohne jeden Vergleich des Wortlauts allein darauf, daß *b* und *c* so lang sind wie *a*.

PHILONENKOS Überlegungen beweisen also noch nicht, daß die erhaltene JA-Überlieferung von *d* abhängt, und schon gar nicht, daß sie das in der graden Linie *d-b-c-a* tut, sondern der Beweis wäre aus dem Vergleich von *d* mit *b*, *c* und (der Vorlage von) *a* erst noch zu führen. Macht man sich daran, dann kommt man freilich zu einem anderen Ergebnis als PHILONENKO. Denn es läßt sich so und so oft zeigen, daß *d* aus inneren Gründen gegenüber *a*, *b* oder *c*, einzeln oder kombiniert, sekundär ist. An einigen Stellen nimmt das auch PHILONENKO an; es sind aber viel mehr. Da der geringere Umfang die einschneidendste Neuerung von PHILONENKOS Ausgabe ist, fange ich mit Beispielen von Umfangsdifferenzen an.

a) Verschiedener Umfang

JA beginnt in 1, 1 mit ἐγένετο *d* Slaw CR E L II : καὶ ἐ. G *c* Syr Arm L I : > APQ : Lücke F. PHILONENKO folgt *d* Slaw, keine Varianten. Daß der semitisierende Anfang καὶ ἐγένετο in ἐγένετο geändert wurde (und dann in einem Teil von *a* ganz wegfiel), ist wahrscheinlicher als der umgekehrte Vorgang. *d* Slaw stehen in der Mitte, nicht am Anfang der Entwicklung.

In 1, 9/1,14 Ph. erinnert Pharao seinen Ältesten, der Aseneth haben möchte, daran, daß er mit der Tochter eines Königs verlobt ist. *d* Slaw nennen dessen Namen (Joakim, so auch *a*), aber nicht sein Land. PHILONENKO folgt dem, vermerkt aber im Apparat: „Le manuscrit A fait de Joachim un roi de Moab" (S. 132). Tatsächlich tun das *a*, *b* und *c* insgesamt, nicht nur A [1]). Mir scheint die Annahme leichter zu sein, daß ein vorhandenes Moab, weil unverständlich, ausfiel, als die, daß es zugesetzt wurde [2]). *d* Slaw Slaw sind also lückenhaft.

In 8,9/8, 11 Ph. bittet Joseph für Aseneth : καὶ πιέτω ποτήριον (+ τῆς D)εὐλογίας σου ἣν ἐξελέξω πρὶν γεννηθῆναι *d* Slaw. PHILONENKO folgt B Slaw. Der Relativsatz fällt aber auf. „Erwählen" hat gewöhnlich andere Objekte und „Geschaffenwerden" andere Subjekte bei sich als einen Segen. Nun lesen A und F καὶ συγκαταρίθμησον αὐτὴν τῷ λαῷ σου ὃν ἐξελέξω πρὶν γεννηθῆναι (γενέσθαι A) τὰ πάντα,

---

[1]) Vgl. *Untersuchungen*, 145.
[2]) Vgl. ESBROECK, *Rezension*, 406. Kurios bleibt Moab hier auf jeden Fall. Ein Erklärungsversuch (der mit der Ursprünglichkeit rechnet) *Untersuchungen*, ebd.

wie Philonenko im Apparat notiert. Hier gibt nicht nur der Relativsatz Sinn, sondern der ganze Satz bildet auch einen perfekten Parallelismus zum folgenden. In *d* Slaw sind offenbar καί — σου und τὰ πάντα ausgefallen (Homoioteleuton ?).

In 10, 17/10, 20 Ph. enden Aseneths Bußübungen mit dem Satz: καὶ οὕτως (κ. οὔ. : οὔ. οὖν A Slaw) ἐποίησεν (ἐποίει B) ᾿Ασενὲθ τὰς ἑπτὰ ἡμέρας μηδὲ ὅλως γευσαμένη τινός *d* Slaw A : οὔ. ἐπ. ᾿Ασυνὲθ ταῖς ἑ. ἡμέραις (τ. ἑ. ἡ. : *vii dies* L I) τῆς ταπεινώσεως αὐτῆς F (L I) : οὔ. (καὶ οὔ. Syr Arm) ἐπ. ᾿Ασενὲθ (> 436) ἐν ταῖς ἑ. ἡ. (ἐν τ. ἑ. ἡ. : *septem dies* Syr ; *bis zum siebten Tag* Arm ; *vi diebus* 436) ἄρτον (καὶ ἄ. Syr) οὐκ ἔφαγεν καὶ οἶνον (*aquam* Syr Arm 436) οὐκ ἔπιεν (+ *his septem diebus* Syr ; + *in vi diebus* 436 ; Arm s.u.) τῆς ταπεινώσεως αὐτῆς (τ.τ. αὐ. : *paenitentiae et passionis animae suae et humiliationis suae* Syr ; *sondern folterte und quälte ihre Seele in sieben Tagen* Arm vor ἄρτον ; > 436) H Syr Arm 436. Eine sehr zerschriebene Stelle. Eindeutig dürfte aber sein, daß μηδὲ ὅλως γευσαμένη τινός *d* Slaw A gegenüber ἄρτον οὐκ ἔφαγεν καὶ ὕδωρ (οἶνον H natürlich sekundär) οὐκ ἔπιεν H Syr Arm 436 sekundär ist, weil gräzisiert. Sodann fällt auf, daß *d* Slaw A (vgl. F L I) von „den" sieben Tagen sprechen, obwohl von ihnen vorher nicht die Rede war. Syr Arm erwähnen die sieben Tage zweimal, zunächst zur Angabe, wie lange Aseneth „so tat", dann noch einmal bei ihrem Fasten als die nunmehr bekannten „sieben Tage ihrer Selbsterniedrigung". Es läßt sich vermuten, daß *d* Slaw A mit τὰς ἑπτὰ ἡμέρας diese zweite Erwähnung repräsentieren und also vorher eine Lücke haben (ebenso F L I) : ein Abschreiber sprang von den ersten sieben Tagen auf die zweiten (Homoiarkton) und zog dann die Bemerkung über das Fasten in glattem Griechisch nach. Alle Lesarten mögen also etwa auf καὶ (?) οὕτως ἐποίησεν ᾿Ασενὲθ ἑπτὰ ἡμέρας· ἄρτον οὐκ ἔφαγεν καὶ ὕδωρ οὐκ ἔπιεν ἐν ταῖς ἑπτὰ ἡμέραις τῆς ταπεινώσεως αὐτῆς zurückgehen (ob noch etwas folgte, wie Syr Arm vorauszusetzen scheinen, bleibt ungewiß).

Hinter 15, 6/15, 5 Ph. νυμφίος *d* Slaw haben alle übrigen Familien εἰς τὸν αἰῶνα χρόνον (einen Septuagintismus, den JA liebt). Da Aseneths Ehe mit Joseph in der Tat so lange halten soll (so auch *d* Slaw gemäß 21, 4), sind die Worte bei der feierlichen Ankündigung in 15, 6 kaum zu entbehren. In *d* Slaw ist also eine Lücke.

In 16, 10/16, 5 Ph. wirft der himmlische Mann Aseneth vor, sie habe behauptet, keinen Wabenhonig im Haus zu haben. Nach *d* Slaw hat sie nichts dergleichen gesagt, wohl aber z.B. nach 16, 6 A (vgl. 16, 2). Hier ist deutlich in *d* Slaw etwas ausgefallen, und zwar wohl nicht nur 16, 6, sondern auch die sachlich dazugehörigen Verse 16, 5.7. Zwischen 16, 3 und 4 Ph. wäre also eine Lücke von drei Versen.

Nach PHILONENKOS Text schickt der himmlische Mann in 16, 20/ 16, 15 Ph. die Bienen, die sich auf Aseneth niedergelassen haben, εἰς τοὺς τόπους ὑμῶν ; sie verlassen Aseneth und fallen tot zu Boden (16, 16 Ph.), worauf der Mann sie wiedererweckt und erneut εἰς τὸν τόπον ὑμῶν gehen heißt, was sie tun (16, 22b-23/16, 17 Ph.). Warum die Bienen sterben müssen, ist unersichtlich. Außerdem ist PHILONENKO der Wechsel von εἰς τοὺς τόπους ὑμῶν zu εἰς τὸν τόπον ὑμῶν aufgefallen (S. 189). In A (wenig abweichend F) sieht die Sache logischer aus. Auf den Befehl, an ihren Ort zu gehen (16, 20/16, 15 Ph.) fliegen alle Bienen in den Himmel ; nur die, die Aseneth stechen wollten, fallen tot zu Boden (16, 21-22a) und werden wiedererweckt (16, 22b/16, 16 Ph.). Eine Lücke in *d* hinter 16, 16 Ph. καὶ ἀπῆλθον πᾶσαι ἀπὸ τῆς Ἀσενέθ, in die 16, 21-22a R. gehörte, ist deshalb nicht unwahrscheinlich. In 16, 23/16, 17 Ph. fällt außerdem πρὸς τὴν αὐλὴν τὴν παρακειμένην τῇ Ἀσενέθ *d* Slaw auf ; παρακειμένην sollte einen Ort, nicht eine Person nach sich haben. PHILONENKO übersetzt denn auch „en direction de la cour voisine de celle d'Aséneth" (S. 191), aber „de celle de" steht nicht da. AF haben εἰς τ. αὐ. τ. π. (+ ὡσανεί F) τῇ οἰκίᾳ τῆς (> F) Ἀ. (Ἀσυνέθ F). In *d* Slaw ist τῇ οἰκίᾳ o.ä. ausgefallen.

In 17, 4 bittet Aseneth den himmlischen Mann, auch ihre sieben Jungfrauen zu segnen, „wie du mich gesegnet hast". Der Segen 17, 6/17, 5 Ph. fällt in PHILONENKOS Text mager aus : εὐλογήσει ὑμᾶς ὁ θεὸς (ὁ θ. : > B) ὁ ὕψιστος εἰς τὸν αἰῶνα χρόνον *d* Slaw. *a* und *b* bieten mit Varianten einen Segensspruch, der den sieben Jungfrauen verheißt, sie sollten sieben Säulen der Zufluchtsstadt sein (die Aseneth ist) [1]. Auch PHILONENKO findet die *d*-Form „assez plate", sieht aber nicht, warum ein längerer Segen ausgelassen worden sein sollte. „Il faut vraisemblablement voir dans la bénédiction développée un remaniement, mais un remaniement ancien, fait par un copiste qui avait une réelle intelligence du texte" (S. 191) [2].

---

[1] Zum *a*-Text vgl. *Untersuchungen*, 24 A. 1. Auch F hat nur εὐλογήσει ὑμᾶς κύριος ὁ θεὸς ὁ ὕψιστος, doch zeigen Syr Arm, daß das nicht ursprünglicher *b*-Text, sondern Kürzung ist (F kürzt auch vorher). Zu E s. PHILONENKOS Apparat.

[2] S. 84 scheint er stärker zur Ursprünglichkeit zu neigen.

Daß *d* Slaw kürzen, ist demgegenüber die leichtere Annahme, zumal nur in *a* und *b* die Jungfrauen so gesegnet werden, „wie du mich gesegnet hast".

In 20, 5f./20, 5 Ph. heißt es, nachdem Joseph und Aseneth sich um den Hals gefallen sind: καὶ ἦλθον οἱ γονεῖς 'Ασενὲθ (+ ὅ τε πατὴρ καὶ ἡ μήτηρ B) ἐκ τοῦ ἀγροῦ τῆς κληρονομίας αὐτῶν καὶ εἶδον τὴν 'Ασενὲθ(αὐτὴν Slaw) καθεζομένην μετὰ τοῦ 'Ιωσὴφ καὶ ἐνδεδυμένην γάμου στολήν (γ. σ. : σ. λαμπρὰν καί [*sic*] D) *d* Slaw. PHILONENKO folgt dem nicht eingeklammerten Text und setzt die eingeklammerten Lesarten in den Apparat [1]). A ist am Anfang länger: καὶ εἶθ' οὕτως ἐκάθισεν αὐτὴν ἐκ δεξιῶν αὐτοῦ. ἦλθεν οὖν ὁ πατὴρ αὐτῆς καὶ ἡ μήτηρ καὶ πᾶσα ἡ συγγένεια αὐτῆς ἐκ τοῦ ἀγροῦ τῆς κληρονομίας αὐτῶν καὶ εἶδον αὐτὴν καθεζομένην μετὰ τοῦ 'Ιωσὴφ καὶ ἐνδεδυμένην ἔνδυμα γάμου. Den gleichen längeren Anfang und noch ein weiteres Stück hinter εἶδον hat F, ähnlich Syr Arm L I: καὶ ἐκάθησεν 'Ασυνὲθ ἐκ δεξιῶν αὐτοῦ καὶ ἦλθωσαν ὁ πατὴρ καὶ ἡ μήτηρ αὐτῆς καὶ πᾶσα ἡ συγγένεια αὐτῶν ἐκ τοῦ ἀγροῦ τῆς κληρονομίας αὐτῶν καὶ εἶδον τὴν 'Ασυνὲθ ὡς εἶδος φωτὸς καὶ ἦν τὸ κάλλος αὐτῆς κάλλος οὐράνιον καὶ εἶδον αὐτὴν καθημένην μετὰ τοῦ 'Ιωσὴφ καὶ ἐνδεδυμένην ἔνδυμα γάμου. *d* Slaw berichten, daß Joseph Aseneth neben sich setzte; die herzukommenden Eltern sehen sie sitzen. Nach dem breiten Stil von JA wäre aber ein Satz καὶ ἐκάθισεν ..., wie A und F ihn haben (die F-Form ist die ältere), durchaus zu erwarten. Darf man hier mit einer Lücke in *d* Slaw rechnen, dann wohl auch am Anfang von 20, 6, wo D Slaw mit οἱ γονεῖς kürzer sind als A und F (B ist entweder Kontamination oder der Übergang von AF zu D Slaw).

Neben diesen Beispielen [2]) bleiben freilich die großen Umfangsdifferenzen zwischen *d* und *ab* (*c*) in JA 11. 18. 19. 21. 22 noch ein eigenes Problem, zumal hier PHILONENKO den sekundären Charakter des Langtextes jeweils zu begründen sich bemüht hat, wenn auch nicht tiefgreifend, weil der von ihm hier noch angenommene große Umfang der Bearbeitung, die *d* zu *a* machte, von vornherein auch längere Zusätze denkbar sein läßt. So führt PHILONENKO dafür, daß 11, 3-14 (und die kleinen Überschüsse in 11, 1 f. 15) Zusatz seien, nur noch an, diese „prière secrète" sei

---

[1]) αὐτήν Slaw ist nicht notiert. *v' odeždu bračnu* Slaw ist für γάμου στολήν in Anspruch genommen, doch könnte angesichts von A und F (s.u.) auch die umgekehrte Wortfolge vorausgesetzt sein.

[2]) Weitere Textverderbnisse, deren Ursprung in Kürzung PHILONENKO nicht erkannt hat, finden sich z.B. in 10,8/10, 10 Ph. und 10, 13/10, 14 Ph.

nichts als „un véritable pastiche de la confession orale d'Aséneth"
(JA 12-13), der nichts Neues bringe (S. 7). Jedoch: 11, 3-14 ist
formal keine „prière secrète", wie PHILONENKO hier und später
sagt, sondern ein Selbstgespräch, in dem Aseneth ihr Geschick als
Verlassene und von allen Gehaßte beklagt (11, 3-9), dann sich
erinnert, daß sie von der Güte des Hebräergottes gehört hat (11, 10),
und schließlich sich Mut macht, bei ihm Zuflucht zu suchen (11,
11-13). Es handelt sich also nicht um eine simple Dublette zur
großen Konfession 12 f., sondern um ein formal durchaus verschie-
denes Stück, das seine eigene Funktion im Kontext hat und weder
in sich noch als Vorbereitung zu einem eigentlichen Gebet ungewöhnlich ist, wie Parallelen aus den antiken Romanen zeigen.
So ringt sich bei Apuleius der in einen Esel verwandelte Lucius am
Strand von Kenchreä angesichts des aufgehenden Vollmonds in
(allerdings nicht in wörtlicher Rede berichteten) Erwägungen zu
der Hoffnung durch, ein Gebet zu der als Mond erschienenen
Göttin werde ihm endlich Erlösung bringen, und spricht dann
nach einer Reinigung im Meer das berühmte Bittgebet an die noch
unbekannte *regina caeli* (*Metam.* XI 1 f.) [1]). In Xenophons *Ephesiaka*
macht sich der von Eros gequälte Held Habrokomes nach durch-
wachter Nacht in einem Selbstgespräch seine Lage klar, was allerdings zunächst zu weiterem Aufbegehren gegen den Gott führt,
spricht aber dann, nachdem ihm Eros noch einmal zugesetzt hat,
ein Gebet, das seine Ergebung ausdrückt (I 4, 1-5). JA 11, 3-14
nicht nur funktional, sondern auch inhaltlich ähnlich ist Psyches
Selbstgespräch am Ende ihrer Irrfahrt auf der Suche nach Cupido
(bei Apuleius, *Metam.* VI 5); doch folgt hier kein Gebet, obwohl
Psyche es vorhat (vgl. noch Xenophon I 4, 6). Es bleibt, daß JA
11, 3-14 dem großen Gebet 12 f. inhaltlich in vielen Wendungen
ähnelt, aber das ist sachlich nicht verwunderlich, und der Verfasser
von JA schreibt nun einmal einen breiten, Wiederholungen nicht
scheuenden Stil. Aus inneren Gründen ist gegen den Text also
nichts Ernstes einzuwenden. Da *d* nachweislich kleine Lücken hat,
ist die Annahme auch großer nicht schwer.

Die Überschüsse in 18, wo 18, 3-5a. 7. 9b-11 in *d* ganz fehlen,
wischt PHILONENKO einfach als „mièvreries" beiseite (S. 7 f.). Das
ist keine Begründung. Der lange Text ist nicht anstößig und hat
hier nicht einmal das Argument gegen sich, er wiederhole bloß. Auf

---

[1]) Er wird dann ähnlich wie Aseneth erhört.

der anderen Seite sieht 18, 8 f. in *d* entschieden gekürzt aus. *b* lautete etwa (A ähnlich, aber gräzisiert) : καὶ εἶπε τῇ (τῷ F) συντρόφῳ (*collectanee* 436) αὐτῆς· ἐξένεγκέ μοι ὕδωρ καθαρὸν (> 436) ἀπὸ τῆς πηγῆς (γῆς F) καὶ νίψομαι τὸ πρόσωπόν μου καὶ (*attulit igitur illa aquam de fonte puram et* 436 ; + *tragend* Arm) ἐνέχεεν εἰς τὴν κόγχην (εἰς τ. κ. : ἀπὸ τῆς κόγχης F) καὶ (*cumque* Syr 436) ἐνέκυψεν Ἀσυνὲθ νίψασθαι τὸ πρόσωπον αὐτῆς καὶ (> Syr 436) ὁρᾷ τὸ πρόσωπον αὐτῆς ἐν τῷ ὕδατι (ἐν τ. ὕ.: hinter *tamquam sol* 436; > F) F Arm 436, ähnlich Syr. Im entsprechenden *d*-Text ist mindestens der Satz καὶ ἔκυψεν Ἀσενὲθ ἐν τῷ ὕδατι ἐν τῇ λεκάνῃ [ἐπὶ τῆς κόγχης] BD (Lücke Slaw) sichtlich korrupt. PHILONENKO klammert ἐπὶ τῆς κόγχης, weil sinnlos, als Glosse ein (S. 193). Angesichts des *b*-Textes dürften die Worte aber eher ein nachgezogener Rest des in *b* vor καὶ ἐνέκυψεν stehenden Satzes sein. Auch die Folge καὶ ἔκυψεν Ἀσενέθ / ἐν τῷ ὕδατι ist in *d* auffällig. Sie besagt doch, daß Aseneth sich ins Wasser beugte ; die Szene, die mit Lekanomantie zu tun haben dürfte, obwohl Aseneth sich waschen und nicht etwa weissagen will, verlangt aber, daß sie sich über das Wasser beugt (das ist auch 18, 10 vorausgesetzt) [1]. Das wird eine Lücke anzeigen, in der so etwas wie das von *b* bezeugte, sachlich unanfechtbare νίψασθαι τὸ πρόσωπον αὐτῆς καὶ ὁρᾷ τὸ πρόσωπον αὐτῆς gestanden hat.

Zugunsten des Kurztextes in 19 (19, 3-8. 11 fehlen) hat PHILO-NENKO wieder nur das Argument, daß der Wortwechsel zwischen Joseph und Aseneth 19, 3-8 „n'apporte rien de nouveau. Tous les éléments en ont été empruntés aux chapitres précédents" (S. 8). In der Tat sind 19, 3 (vgl. 5, 6) und 19, 5-8 Wiederholungen (nicht dagegen Josephs Reaktion auf Aseneths Schönheit 19, 4). Aber daß Aseneth von der Erscheinung des himmlischen Mannes berichtet (19, 5-8), fällt durchaus nicht aus dem Rahmen. Auf der anderen Seite läßt sich im *d*-Text von 19, 9/19, 2 Ph. eine Umformulierung nachweisen. In διότι ἐγὼ εὐηγγελίσθη(ν) περὶ σοῦ ἐξ οὐρανοῦ ὅστις εἶπέ μοι πάντα τὰ περὶ σοῦ B (D) [2] fällt das ὅστις auf. Wenn man ὁ γὰρ ἄνθρωπος ἐκεῖνος ἦλθεν ἐξ οὐρανοῦ πρός με σήμερον καὶ εἶπέ μοι περὶ σοῦ τὰ ῥήματα ταῦτα A bzw. ἦλθεν πρός με ὁ ἄνθρωπος σήμερον καὶ εἶπέ μοι περὶ σοῦ κατὰ τὰ ῥήματα ταῦτα F vergleicht, dann läßt sich vermuten, daß B (D) auf einen Text wie A oder ähnlich

---

[1] PHILONENKO, *Joseph et Aséneth*, 193 übersetzt denn auch „sur l'eau", was philologisch m.E. nicht möglich ist.
[2] D fehlt ἐξ οὐρανοῦ — περὶ σοῦ, offenbar durch Homoioteleuton. Slaw hat eine große Lücke (s.o. 11). ·

zurückgehen, wobei ὅστις als Nachklang von ὁ ἄνθρωπος ἐκεῖνος stehen blieb. Warum aber wurde der ἄνθρωπος ἐκεῖνος beseitigt? Vermutlich, weil auch das Vorhergehende gestrichen wurde.

Bei Aseneths Psalm nach 21, 9/21, 8 Ph. ist am ehesten denkbar, daß er Zusatz ist, weil nur *b* ihn hat [1]) und er lose im Kontext sitzt. Doch lassen sich auch Gründe für die Ursprünglichkeit anführen [2]).

Mit dem „surprenant portrait de Jacob" (faktisch mehr als das, auf die Beschreibung von Jakobs Schönheit folgt Aseneths Reaktion darauf und ein Wort Jakobs an Joseph) 22, 6b-9a macht PHILONENKO sich wieder nicht viel Mühe. „Tout ce passage porte la marque du remanieur" (S. 8). Aber das Porträt Jakobs ist an sich nicht ungewöhnlicher als die Beschreibungen Josephs 5, 5/5, 6 f. Ph., des himmlischen Mannes 14, 9, Aseneths 18, 9 (18, 7 Ph. freilich sehr kurz) und Benjamins 27, 1/27, 2 Ph. und trägt so auch den Stempel des Autors von JA, während „la marque du remanieur", der ja nicht, wie PHILONENKO meint, mit dem Bearbeiter, der *a* herstellte, identisch sein kann, kaum faßbar ist. Daß JA kein Wort Jakobs berichtet haben sollte, wie es nach *d* aussieht, ist nach seiner Schreibweise nicht wahrscheinlich. Ein kleiner Anhalt für eine Lücke in *d* ist der nichtbezeichnete Subjektswechsel bei εὐλόγησεν 22, 5. Falls 22, 6b-9a ausgefallen wären, wie ich annehme, dann mußte καὶ εὐλόγησεν so an πρὸς Ἰακώβ anschließen, wie es jetzt in *d* in 22, 5 Ph. zu lesen ist.

Der „Kurztext" *d* ist also an einer ganzen Reihe von Stellen ein gekürzter Text. Wahrscheinlich ist er es sogar durchweg, wo nicht innere Gründe gegen den Langtext sprechen. Handschriftliche Überlieferung ist immer von Stoffschwund begleitet, Ausfällen von Wörtern und Sätzen ohne wesentliche Änderung des Kontextes, wobei sich zur einzelnen Stelle oft kein spezieller Grund nennen läßt, weil abgesehen von Schreiberunlust und -müdigkeit keiner da ist. Ein Teil des Stoffs verdunstet einfach beim Abschreiben, vollends übrigens beim Übersetzen, und zwar zum Ende einer Schrift, u.U. auch zum Ende von Abschnitten hin immer stärker. Zwar sind Texte, die durch Kanonizität, Rücksicht auf einen speziellen Gebrauch o.ä. gehärtet sind, einigermaßen resistent, aber weiche Texte wie die der Erbauungs- oder Heiligenliteratur, wozu

---

[1]) Genauer: nur F Syr Arm L I 436 (Text: *Untersuchungen*, 76-90). Aus PHILO-NENKO, *Joseph et Aséneth*, 9, wo das Urteil fällt, kann man den Eindruck gewinnen, als ob F der einzige Zeuge wäre.

[2]) *Untersuchungen*, 106 f.

JA nach dem Übergang ins Christentum gezählt hat, werden im
Lauf der Überlieferung leicht kürzer, zumal wenn sie breit geschrieben sind. Das läßt sich an allen Zweigen der JA-Überlieferung
studieren, auch an den Textzeugen für *d*. Slaw kürzt gewaltig, B und
D haben jeder für sich eine ganze Reihe kleiner Lücken, und in
beiden zusammen ist JA 21 fast verschwunden. Natürlich können
Texte aus den verschiedensten Gründen, die sich zum Teil ebenfalls
an JA beobachten lassen, auch wachsen, so durch Kontamination
von Handschriften, Paraphrasierung (Ngr), Interpolation (F
Rum), Wucherung (FG und wiederum Ngr), schließlich durch
Bearbeitung (freilich zeigt *a*, daß auch eine planmäßige Rezension
nicht zu wesentlichen Zusätzen zum Stoff führen muß). Doch ist
Wachstum meist gleichzeitig von Ausfällen begleitet, wie deutlich
F Rum, weniger stark auch *a* zeigen. Bei *d* sind die Verhältnisse auf
das Ganze gesehen so : die großen Lücken liegen abgesehen von
der in 11 nach der Erscheinung des himmlischen Mannes, die den
Höhepunkt des Buches bildet, und auch die kleinen scheinen nach
hinten zuzunehmen. Umgekehrt fehlt vom *d*-Stoff in den nach
PHILONENKO abhängigen Familien so gut wie nichts, soweit ich
sehen kann. Das spricht dafür, daß *d* insgesamt ein gekürzter Text
ist. Für die einzelne Lesart bedeutet das, daß voller Text für älter
zu halten ist, sofern nicht innere Gründe gegen ihn sprechen.
Fehlanzeigen in *d* (wie auch in anderen Familien, zumal wenn nur in
einer allein) sind also textkritisch im allgemeinen belanglos.

Jedenfalls kann *d* nicht die Grundlage gewesen sein, aus der sich
abc entwickelt haben, auch wenn *d* weniger gekürzt sein sollte, als
ich annehmen möchte.

b) Verschiedener Wortlaut

Wenn *d* im Umfang weithin gegenüber *ab(c)* sekundär ist, so
gilt das deswegen noch nicht auch vom Wortlaut. Es wäre im
Gegenteil etwa denkbar, daß *d* eine gemeinsame Basis der vier
Familien abgesehen vom Umfang getreu bewahrt hätte, die anderen
dagegen nur im Umfang. Doch ist *d* auch im positiven Wortlaut
oft genug erkennbar sekundär.

1, 3/1, 4 Ph. führt Pentephres so ein : ἦν δὲ ἀνήρ *d* Slaw : ἦν δέ τις
ἀνήρ *a* : καὶ (> F) ἦν (+ τις F) ἀνήρ *b c* Syr Arm [1]) L I L II. PHI-
LONENKO folgt *d* Slaw, keine Varianten. Das semitisierende καὶ ἦν

---

[1]) Arm setzt mit (*ew ēr*) *ayr mi* wohl nicht τὶς ἀνήρ, sondern einfach ἀνήρ
voraus. *mi* „ein" ist wie auch sonst öfter als unbestimmter Artikel zugesetzt.

geht kaum auf ἦν δέ zurück, vielmehr dürfte umgekehrt ἦν δέ dessen Gräzisierung sein. Nicht zufällig liest außer *d* Slaw auch *a* so. Nach 1, 4/1, 6 Ph. war Aseneth εὐπρεπὴς τῷ κάλλει (τὸ κάλλος B) *d* Slaw : καλὴ τῷ εἴδει AP Arm Syr : καλή E *c* L I L II (?) : Lücke CR G : unlesbar F. PHILONENKO folgt D Slaw, im Apparat B. D Slaw haben zwar die lectio difficilior, aber sie ist tautologisch. Wahrscheinlich entstand sie sekundär, weil καλός ersetzt werden sollte, das sich schon im Hellenismus immer mehr zu „gut" hin entwickelt hat und im Neugriechischen nur noch dies bedeutet.

Nach 1, 8/1, 13 Ph. wird der ägyptische Kronprinz dereinst König sein πάσης οἰκουμένης *d* Slaw : π. τῆς γῆς PQ F *c* L I L II : *auf der Erde* Syr : π. τ. (> G) γ. Αἰγύπτου EG Arm [1]): π. τ. γ. (π.τ.γ.: τ.γ. π. CR) ταύτης ACR. PHILONENKO folgt *d* Slaw, keine Varianten. Wenn sein Text primär sein soll, muß man οἰκουμένη hier als „une désignation globale de la Basse et de la Haute Egypte" nehmen, was möglich ist (S. 132). Doch liegt die Annahme näher, daß πάσης οἰκουμένης sekundär als Verstärkung von πάσης τῆς γῆς entstand.

In 5, 1 wird Pentephres Josephs Ankunft gemeldet : καὶ ἰδοὺ νεανίσκος ἐξηπήδησεν (*sic*) ἐκ τῆς θεραπείας (+ αὐτοῦ D) τοῦ Πεντεφρῆ *d* Slaw : καὶ ἰδοὺ νεανίσκος ἀπὸ τῆς θεραπείας τοῦ Πεντεφρῆ εἰσεπήδησε A : *cum subito irruit adolescentulus ex famulatu Putifaris* L I, ähnlich Syr (Arm und τότε μετὰ ταῦτα εἰσπηδᾷ [?] νεανίσκος Πεντεφρὶ ἐκ τῆς θεραπείας αὐτοῦ F offenbar verderbt). PHILONENKO folgt B Slaw und hat nur D im Apparat. ἐξεπήδησεν gibt keinen guten Sinn. PHILONEN-KO übersetzt „abandonna la suite de Pentephrès" (S. 147). Aber θεραπεία ist kaum Pentephres' Suite, sondern seine Dienerschaft allgemein, der zu entspringen heißen würde entfliehen. ἐξεπήδησεν dürfte aus εἰσεπήδησεν (das ursprünglich vor νεανίσκος gestanden haben wird, vgl. *b*) verderbt sein.

Nachdem Aseneth Joseph in Pentephres' Haus einfahren sah, bricht sie in 6, 2-8 in eine Klage aus. Hier hat es im Lauf der Text-geschichte eine Umstellung gegeben. *d* Slaw *a*, darum auch BA-TIFFOL und PHILONENKO haben die Reihenfolge 6, 2-8. Dagegen lesen *b* *c* Syr Arm L I L II 6, 2-4a/6, 2-4 Ph. hinter 6, 7 ; die Klage fängt also mit 6, 4b-7/6, 5-7 Ph. an. Damit dürften sie recht haben.

---

[1]) Arm ist gespalten. Arm ad haben *aller Ägypter*, bce *Ägyptens*, nur Erewan 1500 (s.o. 17 A. 1) hat *des ganzen Landes der Ägypter* und damit wohl den ursprünglichen Text der Version. Die Wiedergabe eines Ländernamens durch seine Bewohner ist in Arm üblich.

6, 4b-7 sind Aseneths Reaktion auf Josephs Erscheinen : er kam wie die Sonne in unser Haus. Das gehört nicht nur sachlich an den Anfang, sondern ist auch Voraussetzung für 6, 2 f., wo Aseneth klagt, sie könne nirgendwohin fliehen, weil Joseph alles sieht. Außerdem schließen im Text von *b* und *c* die beiden Bitten 6, 4a/6, 4 und 6, 8 unmittelbar aneinander an, während sie in *a* und *d* Slaw auseinandergerissen sind. PHILONENKO folgt also der sekundären Fassung. Eine weitere Kleinigkeit aus 6, 2. Aseneth fragt in 6,2a : wo soll ich mich verstecken ? Den nächsten Satz 6, 2b fassen *d* Slaw A mit ἢ πῶς als parallele selbständige Frage (oder wie wird Joseph mich [an]sehen ?), F J Syr Arm L I L II mit ὅπως μή als Finalsatz (damit Joseph mich nicht sieht). Dies stimmt zum Kontext, denn 6, 3 stellt fest : Joseph sieht alles διὰ τὸ φῶς τὸ μέγα τὸ (ὂν ?) ἐν αὐτῷ [1]). ἢ πῶς *d* Slaw A dürfte also sekundär sein. Wenn man es verwirft, dann wird man auch das zweite ποῦ vor ἀποκρυβήσομαι, das die gleichen Zeugen haben, F J Syr Arm L I L II aber nicht, für sekundär halten. Der Anfang von 6, 2 lautete dann dem von 6, 3 ganz parallel. Das zweite ποῦ mag hereingekommen sein, als (oder nachdem) 6, 2-4a an den Anfang rückten, um diesen volltönender zu machen.

In 12, 3/12, 4 Ph. betet Aseneth : πρόσσχες τὴν δέησίν μου D Slaw : πρὸς σὲ (καὶ π. σέ Arm ; *in conspectu tuo domine* 436) ἐκχέω τὴν δέησίν μου H Arm L I 436 : σοὶ προσχέω τ. δ. μ. F : πρὸς σὲ τ. δ. μ. ἐκχέω A : > B. PHILONENKO setzt D Slaw in den Text ; im Apparat steht B. Nun paßt aber πρόσσχες τὴν δέησίν μου nicht zum Kontext ; es ist von parallelen Sätzen in der 1. Person umgeben [2]). πρόσσχες dürfte aus πρὸς σὲ ἐκχέω verderbt sein.

Nachdem Aseneth ihr Bußgewand abgelegt hat, heißt es in 15, 1 : καὶ ἰδὼν αὐτὴν ὁ ἄνθρωπος (ὁ ἄ. : *on'* Slaw) λέγει αὐτῇ *d* Slaw : κ. ἔστη (ἐστάθη HK ; ἔστιν G) ἐνώπιον αὐτοῦ (τοῦ ἀγγέλου E ; τ. ἀνθρώπου F) καὶ εἶπεν (λέγει AP) αὐτῇ ὁ ἄνθρωπος (ἄγγελος E L I ; ἄγγελος κυρίου AP ; ὁ ἄ. > F) AP *b c* Arm L I : κ. λέγει αὐτῇ Q : Lücke Syr L II. PHILONENKO folgt *d*, keine Varianten. Die Partizipialkonstruktion καὶ ἰδών dürfte sekundär sein, zumal auch *a* sie nicht vertritt, der keinen Grund hatte, sie aufzulösen.

Nach 15, 7 hat die Metanoia für die Bußwilligen νυμφῶνα οὐράνιον *d* (Lücke Slaw) bereitet, nach allen übrigen Familien an dieser

---

[1]) Einzige bekannte Parallele zu Mt. 6,23 par.
[2]) Übrigens ist die Konstruktion von προσέχειν mit Akk. im Sinn von „annehmen" möglich, aber selten.

sehr zerschriebenen Stelle den τόπος ἀναπαύσεως im Himmel [1]). Da
Joseph nach 8, 9/8, 11 Ph. für Aseneth den Eingang in die κατάπαυσις erbittet und Levi nach 22, 13/22, 9 Ph. prophetisch Aseneths
τόπος τῆς καταπαύσεως im Himmel sieht, außerdem τόπος ἀνα/-
καταπαύσεως in eine jüdische Schrift gut paßt, während νυμφὼν
οὐράνιος gnostisch klingt [2]), dürfte *d* sekundär sein.

In 16, 5/16, 3 Ph. schickt der himmlische Mann Aseneth εἰς τὸν
θάλαμόν σου *d* Slaw : εἰς τὸ ταμιεῖόν (ταμεῖόν F) σου A F, wo sie ein
wunderbar entstandenes Stück Wabenhonig findet. PHILONENKO
folgt *d* Slaw, keine Varianten. Sein Text hat aber nicht nur gegen
sich, daß nach dem Zusammenhang die Vorratskammer zu erwarten ist, sondern auch, daß Aseneth und ihr Besuch ja in „dem"
θάλαμος (vgl. 2, 2. 7-9) sitzen. So geht denn Aseneth in 16, 8/16, 4
Ph. laut D auch εἰς τὸ ταμιεῖον αὐτῆς (ebenso A ; > F), nach B H
(Lücke Slaw) allerdings auch εἰς τὸν θάλαμον αὐτῆς, was PHILONENKO
als Text herstellt (im Apparat D, H und F). Es besteht kaum ein
Zweifel, daß in 16, 5/16, 3 Ph. B, D und Slaw, in 16, 8/16, 4 Ph.
B und Slaw sekundär sind.

Die leicht zu vermehrenden Beispiele zeigen, daß die lückenhafte
Fassung *d* auch im positiven Wortlaut keineswegs getreu einen
Text repräsentiert, von dem auch *a*, *b* und *c* ausgegangen wären.
Sie zeigen auch, daß die vier Familien keineswegs eine entwicklungs-
geschichtliche Kette bilden. PHILONENKOs Sicht ist deshalb nicht
nur unbewiesen, sie ist unrichtig. *d* ist nicht die Basis der uns
bekannten Textüberlieferung ; das beweisen die vielen großen
und kleinen Lücken. *d* bietet aber auch abgesehen von den Lücken
keineswegs durchgehend einen älteren Text als die übrigen Zweige
der Überlieferung. Ebensowenig gilt das von *b*, *c* oder der Vorlage
von *a*, soweit bisher zu sehen ist. Das soll nicht heißen, daß es
unnütz war, *d* zu rekonstruieren und herauszugeben. Es ist für die
weitere textkritische Arbeit sehr dienlich, diese Fassung kursorisch
vor Augen zu haben.

IV

Die Textkritik von JA ist also noch nicht am Ende, sondern
erst am Anfang. PHILONENKOS Untersuchungen zeigen, kritisch

---

[1]) Überlieferung und Rekonstruktionsversuch *Untersuchungen*, 61 f. 66 f.
PHILONENKO notiert zu v. οὐ. nichts im Apparat. Zur Sache s. HOFIUS, *Katapausis*,
67 u.ö.

[2]) PHILONENKO, *Joseph et Aséneth*, 184.

gelesen, daß weitere Vorarbeiten nötig sind, bevor man daran gehen kann, eine Neuausgabe zu versuchen. Folgende Orientierungspunkte sind gegeben. Erstens : Da JA nicht ein Stück Volksüberlieferung, sondern das literarische Werk eines bestimmten, obgleich unbekannten Autors ist, hat es ein Original gegeben. Es kann und muß also bis zum Beweis der praktischen Unmöglichkeit das Ziel der Textkritik sein, den Text des Originals wiederherzustellen. Zweitens : Nach PHILONENKO ist dieses Ziel freilich nicht zu erreichen, weil die Überlieferung nach dem von H. DELAHAYE klassisch dargestellten Muster der hagiographischen Tradition, die Texte weniger ab- als umschrieb [1]), verlaufen ist [2]): „La tradition de *Joseph et Aséneth* est à ce point embrouillée qu'il n'y a plus d'espoir d'atteindre le texte original" (S. 22). In der Tat ist JA anders überliefert worden als klassische oder kanonische Texte. Die Überlieferung hat sich auch mit der Heiligenliteratur konkret berührt [3]). Auf der anderen Seite ist aber die Variationsbreite innerhalb der einzelnen Textfamilien relativ gering (am stärksten noch bei *b*) ; zumindest streckenweise läßt sich auch ein allen vier Familien zugrundeliegender Text mit ziemlicher Sicherheit erschließen. Die generelle Suche nach dem der erhaltenen Überlieferung zugrundeliegenden Text ist deshalb nicht aussichtslos (PHILONENKO hat ja ebenfalls gesucht und dabei *d* gefunden), wobei freilich noch offenbleiben muß, ob sich das Ergebnis solcher Suche durchlaufend in einem einheitlichen Text mit einheitlichem Apparat darstellen läßt oder nicht. Eine andere Frage ist, ob man auf diese Weise zum Urtext kommt ; aber wenn nicht, dann liegt das nicht daran, daß die Überlieferung so verworren, sondern daran, daß sie unvollständig ist und nicht weit genug zurückreicht. Drittens : Soweit bisher zu sehen ist, läßt sich keiner der vier Überlieferungsstränge ohne weiteres auf einen oder mehrere der anderen zurückführen. Es ist also bis auf weiteres keiner für die Textkritik zu entbehren (es ist darum doppelt schade, daß PHILONENKOS Apparat so knapp ist).

---

[1]) *Les passions des martyrs et les genres littéraires*, Brüssel 1921, 365-423.

[2]) *Joseph et Aséneth*, 21 f. Der Satz: „*Joseph et Aséneth* nous a été transmis en quatre recensions grecques et par de multiples versions, syriaque, arménienne, slave et latines" macht die Sache freilich schlimmer, als sie ist. Die Versionen lassen sich samt und sonders einer der griechischen Textfamilien zuordnen.

[3]) Ich habe selber erwogen, ob *a* etwa „bei der Zusammenstellung eines Menologiums bearbeitet worden" ist (*Untersuchungen*, 22 A. 3). Außerdem vgl. den Einfluß von JA insbesondere auf die Irenelegende (*Untersuchungen*, 134-137; PHILONENKO, *Joseph et Aséneth*, 110-117; ESBROECK, Rezension, 408-410).

Das Hauptaugenmerk sollte *b* als dem am frühesten bezeugten ¹), verbreitetsten und vollsten Zweig gelten ²).

Als textkritische Faustregel scheint sich mir vorläufig zu empfehlen, *b* zu folgen und ihn nach *a*, *c* und *d* zu ergänzen und zu korrigieren, wo innere Gründe das nahelegen. Da *b* aber gedruckt nur in Form von Syr, Arm und L I zugänglich ist, wird dem Benutzer, der sich nicht auf Spezialuntersuchungen einlassen will, fürs erste nichts anderes übrigbleiben, als sich an PHILONENKO zu halten und dessen Lücken aus BATIFFOL zu ergänzen. Ich hoffe, in nicht zu langer Zeit eine Handausgabe auf der Grundlage von *b* vorlegen zu können ³).

V

Als Beispiel für eine Rekonstruktion des Textes auf der Grundlage von *b* folgt JA 14, 1-8 (parallel neben PHILONENKO und BATIFFOL). Die Stelle ist relativ wenig zerschrieben, weil sie zu den Höhepunkten des Buches gehört (sie ist übrigens die engste bekannte formgeschichtliche Parallele zur Christophanie vor Damaskus Apg. 9, 3 ff. ⁴). Die Rekonstruktion beruht auf Kenntnis aller zugänglichen Handschriften. Verarbeitet ist aber nur eine Auswahl: für *a* A ⁵) und selten PQ, für *b* F und abgesehen von den meisten Sonderlesarten EG, für *c* HJK, für *d* BD ; für *b* außerdem Arm (vertreten durch Y : YOVSĒP῾EANC᾽ Ausgabe, s.o. 13 A. 2 ; dazu 331 : Oxford, Bodleian Library, Arm e. 30, 13. Jh. ; 332 : Erewan, Matenadaran 1500, s.o. 17 A. 1), L I (vertreten durch BATIFFOLS Ausgabe, s.o. 11 A. 3) und L II (vertreten durch 436, s.o. ebd., die einzige vollständige Handschrift, die einen Textzweig für sich bildet, und 435 : Vorau, Stiftsbibliothek 136, 13. Jh., den besten Vertreter des zweiten Textzweiges) ⁶) ; für *d* außerdem Slaw (vertreten durch NOVAKOVIĆS Ausgabe (s.o. 11 A. 1).

---

¹) Fast ein halbes Jahrtausend vor *a* und *d*, ein volles vor *c*.

²) Darum ist die Aufarbeitung von Arm eine der dringendsten Aufgaben. Ebenso ist wichtig, an die bisher unzugänglichen griechischen Handschriften Breslau, Biblioteka Uniwersytecka, Rehdig. 26, und Sinai, Katharinenkloster, Gr. 1976, heranzukommen.

³) In den von A.-M. DENIS und M. DE JONGE herausgegebenen *Pseudepigrapha Veteris Testamenti Graece*, Leiden. Eine Übersetzung soll dann in CHR. HABICHT-O. KAISER-W. G. KÜMMEL-O. PLÖGER hg., *Jüdisches Schrifttum aus hellenistisch-römischer Zeit*, Gütersloh, erscheinen.

⁴) BURCHARD, *Der dreizehnte Zeuge*.

⁵) 58, 12-59, 14 BATIFFOL gibt JA 14, 1-8 A korrekt wieder bis auf 59, 12 στρατειᾶς (corr. S. 87 στρατίας) statt στρατιᾶς A.

⁶) In Syr ist 14, 1-8 verloren (s.o.13 A. 2).

Der Text beruht auf *b*, wo dessen Lesart nicht aus inneren Gründen sekundär ist ; Überschüsse aus anderen Familien sind aufgenommen, soweit nicht innere Gründe gegen sie sprechen. Im Apparat stehen abgesehen von orthographischen Varianten (einschließlich des beweglichen ν und der Formen des Namens Aseneth) und den oben gemachten Einschränkungen zu PQ und EG alle Abweichungen vom Text vollständig und mit vollständiger Bezeugung, so daß auf die nichtgenannten Zeugen zurückgeschlossen werden kann. Lesarten aus den Übersetzungen sind großzügig aufgenommen ; wo immer auch nur eine schwache Möglichkeit besteht, daß die Vorlage anders las als eine der erhaltenen griechischen Zeugen, ist das notiert. Ist eine Übersetzung gespalten, so sind auch die mit dem Text gehenden Lesarten mitgeteilt, ausgenommen bei Auslassungen [1]).

Text	ed. PHILONENKO (*d*)	A (ed. BATIFFOL)
14	14	14

1 Καὶ ὡς ἐπαύσατο Ἀσενὲθ	1 Καὶ ὡς ἐπαύσατο Ἀσενὲθ	καὶ ὡς ἐπαύσατο Ἀσενὲθ
ἐξομολογουμένη τῷ κυρίῳ,	ἐξομολογουμένη τῷ κυρίῳ	ἐξομολογουμένη τῷ κυρίῳ,
ἰδοὺ ὁ ἑωσφόρος ἀστὴρ	ἰδοὺ ἀνέτειλεν ὁ ἑωσφόρος	ἰδοὺ ἀνέτειλεν καὶ ὁ ἑωσφόρος
ἀνέτειλεν	ἀστὴρ	ἀστὴρ
ἐκ τοῦ οὐρανοῦ κατὰ	ἐκ τοῦ οὐρανοῦ κατὰ	ἐκ τοῦ οὐρανοῦ κατὰ
ἀνατολάς.	ἀνατολάς,	ἀνατολάς.
καὶ εἶδεν αὐτὸν Ἀσενὲθ	καὶ εἶδεν αὐτὸν Ἀσενὲθ	καὶ εἶδεν αὐτὸν Ἀσενὲθ
καὶ ἐχάρη καὶ εἶπεν·	καὶ ἐχάρη καὶ εἶπεν·	καὶ ἐχάρη καὶ εἶπεν·

a : APQ   b : EFG Arm (331 332 Y [ed. YOVSĒPʿEANÇ S. 173, 11-174, 2]) L I (ed. BATIFFOL S. 101, 21-102, 2) L II (435 436)   c: HJK   d : BD Slaw (ed. NOVAKOVIĆ S. 35, 16-23). Die Siglen a, b, c, d stehen nur für die angegebenen griechischen Handschriften ; die Versionen werden gesondert genannt, und zwar hinter der griechischen Bezeugung.
14, 1   13, 9b-14, 3 τεφραν] > Slaw   καὶ 1°] > 436 : + *elew* Arm   ως]
mox ut L II : > c   ἐξομολογουμενη] *i xostovaneloy* 331 332: *i xōseloy* Y :
confitens 436 : *confiteri* 435   τω κυριω] *tearn* 332 : *ztēr* 331 : *aŕ tēr* Y *ιδου*]
και ι. E D : *ew* Arm   ο 1°] και ο A : > EG   εωσφορος αστηρ] ε. c Arm :
stella lucifer L I   ανετειλεν] hinter ιδου A d   εκ—ανατολας] *versus orientem celi*
L I : > Arm   εκ του ουρανου] εξ ου. c : εν τω ουρανω E L II   κατα ανατολας]
ad orientem versus (> 435) L II : > E   και 2°] *et* (*quam* 435) *cum* L II   ειδεν—και
3°] *teseal Asenetʿa* (*Asanetʿi* 331) *zastłn* 331 332 : *z.t. Asanetʿay* Y   αυτον] τον
αστερα G : *illam* 436 : > E 435   Ασενεθ 2°] > L I   και εχαρη και] και
χαιρουσα c : *in* (> 435) *gaudio exultans* L II   ειπεν] ελεγεν c : *asaç* 332 Y : *asēr*
331

---

[1]) Der Apparat ist also wesentlich ausführlicher, als er sein müßte, sofern nicht Vollständigkeit beabsichtigt ist. In einer *editio minor* könnten die meisten Lesarten der Versionen und ein Teil der griechischen wegbleiben.

Text	ed. Philonenko (*d*)	A (ed. Batiffol)
14	14	14

ἄρα ἐπήκουσε κύριος ὁ θεὸς τῆς προσευχῆς μου, διότι ὁ ἀστὴρ οὗτος ἄγγελος καὶ κῆρυξ τοῦ φωτὸς τῆς μεγάλης ἡμέρας ἀνέτειλεν.	2 ἄρα ἐπήκουσέ μου κύριος ὁ θεός, διότι ὁ ἀστὴρ οὗτος ἄγγελος καὶ κῆρυξ ἐστὶ φωτὸς τῆς μεγάλης ἡμέρας.	ἄρά γε μὴ ἐπακήκοεν κύριος ὁ θεὸς τῆς προσευχῆς μου, διότι ὁ ἀστὴρ οὗτος ἄγγελος καὶ κῆρύξ ἐστιν τοῦ φωτὸς τῆς μεγάλης ἡμέρας, καθότι καὶ ἀνέτειλεν αὖ:
2 καὶ ἔτι ἑώρα Ἀσενέθ, καὶ ἰδοὺ ἐγγὺς τοῦ ἑωσφόρου ἐσχίσθη ὁ οὐρανὸς καὶ ἐφάνη φῶς μέγα καὶ ἀνεκλάλητον.	3 καὶ ἰδοὺ πλησίον τοῦ ἑωσφόρου ἐσχίσθη ὁ οὐρανὸς καὶ ἐφάνη φῶς ἀνεκλάλητον.	καὶ ἰδοὺ πλησίον τοῦ ἑωσφόρου ἐκείνου ἐσχίσθη ὁ οὐρανὸς καὶ ἐφάνη φῶς μέγα καὶ ἀνεκλάλητον.
3 καὶ εἶδεν Ἀσενὲθ καὶ ἔπεσεν ἐπὶ πρόσωπον ἐπὶ τὴν τέφραν· καὶ ἦλθεν ἄνθρωπος	4 καὶ ἔπεσεν Ἀσενὲθ ἐπὶ πρόσωπον ἐπὶ τὴν τέφραν καὶ ἦλθε πρὸς αὐτὴν ἄνθρωπος	καὶ ἰδοῦσα αὐτὸ Ἀσενὲθ ἔπεσεν ἐπὶ πρόσωπον ἐπὶ τὴν τέφραν· καὶ εὐθέως ἦλθεν πρὸς αὐτὴν ἄνθρωπος

αρα] ιδου G : *putasne* L I : *ardeawkʿ* hinter επηκουσε 332 : *a.* hinter κυριος Y : *nempe* 436: *nunc* 435 : νυν εγνω οτι E : + γε c : + γε μη A : > 331   επηκουσε] ηκουσε hinter θεος E : υπηκουσε d : επακηκοε A c : ακηκοε F : *audivit* L I κυριος] > 435   ο θεος] > 331 Y   της προσευχης μου] μ. hinter υπηκουσε d μου] *kʿοϛ* 331   διοτι] *vasn zi* 332 : *zi* 331 Y : +και G   ο αστηρ ουτος] ου. α. F : *hec stella* 435 : *ecce stella ista* 436 : *ahawasik astłn* (*-łs* 332) *Astucoy* (*ays*? 332) *or* (> 331) *ē* (*ēr* Y) Arm   αγγελος και κηρυξ] *ew bariokʿ* 331: + εστιν A d: + ε. hinter φωτος PQ : + *est* hinter stella 435   του φωτος] φ. PQ d 332 : της προσευχης μου F : > 331 Y L II   της μεγαλης ημερας] *diei huius tam magni* 436: *diei* L I 435 : > Arm   ανετειλεν 2°] καθοτι και ανετειλεν αυ A : > 435
14, 2   και 1°—Ασενεθ] > A d   και ετι εωρα] ορα δε c   και 1°] 331 L II   ετι] *adhuc* 436 : > 435 : + ως G   εωρα Ασενεθ] *Asanētʿ tesanēr* 331 : *t. Asenetʿ* (*Asanēt* Y) 332 Y   εωρα] ορα E   Ασενεθ] > L I 435 : + *in celum* 436 εγγυς] πλησιον A d   του εωσφορου] τ. αστερος εκεινου E : *yaruseakn* 331 332 : *yerkinsn* Y : + εκεινου τ. α. c : + εκεινου A G : + *statim* 435 : + *stabat homo* 436   εσχισθη] hinter ουρανος c : *pataŕeçan* 332 : *ew i pataŕel lusoyn lucan* 331 : *pataŕeal lucanēr* Y : *finditur* L I : *fissum est* 435 : *scissumque est* 436   και εφανη] *apparuitque* 435 : *et apparuit* 436   εφανη] hinter μεγα c : ιδου F   φως] *loys* 331 332 : *loysn* Y   μεγα και] > d   και ανεκλαλητον] *et metuendum* 435 : > 436   και 4°] > F 331
14, 3   και ειδεν Ασενεθ] > d   και ειδεν] κ. ευθεως E : ιδουσα δε c : και ιδουσα αυτο A : *ew* (> 331) *etes* 331 332 : *ew zays teseal* Y : *quod cum vidisset* L II Ασενεθ] > E Y   και 2°] > A E c Y L II   επεσεν] + Ασενεθ D   επι προσωπον] *yeress iwr* 332 : *i veray eresaç iwroç* Y : > c 331 : + *suam* L II   επι 2°] *supra* 435 : *super* 436   τεφραν] *cineres* L I   και 3°] (*venit*)*que* 436 : + ευθεως A : + *ecce* L I 435   ηλθεν] *iḷeal* Arm : *descendens* vor εστη L I 435 : + προς αυτην (Ασενεθ D Slaw) A d Slaw   ανθρωπος] ο α. του θεου D : α. φωτος B : φωνη προς αυτην E : ομοιος ανθρωπου c : *i nmanutʿiwn aṙn* hinter ουρανου Arm : *angelus dei* 435 : *homo* 436 : *aggel' svēt'l'* Slaw

Text 14	ed. Philonenko (d) 14	A (ed. Batiffol) 14
ἐκ τοῦ οὐρανοῦ	ἐκ τοῦ οὐρανοῦ.	ἐκ τοῦ οὐρανοῦ, φωτὸς ἀκτίνας ἐκπέμπων,
καὶ ἔστη ὑπὲρ κεφαλῆς Ἀσενέθ.	καὶ ἔστη ὑπὲρ κεφαλῆς αὐτῆς	καὶ ἔστη ὑπὲρ κεφαλῆς αὐτῆς.
4 καὶ ἐκάλεσεν αὐτὴν καὶ εἶπεν· Ἀσενὲθ Ἀσενέθ.	καὶ ἐκάλεσεν αὐτήν· Ἀσενέθ.	τῆς δὲ κειμένης ἐπὶ πρόσωπον εἶπεν αὐτῇ ὁ θεῖος ἄγγελος· Ἀσενὲθ ἀνάστηθι.
5 καὶ εἶπεν· τίς ἐστιν ὁ καλῶν με, διότι ἡ θύρα τοῦ θαλάμου μου κέκλεισται καὶ ὁ πύργος ὑψηλός ἐστιν· καὶ πῶς ἄρα εἰσῆλθεν εἰς τὸν θάλαμόν μου ;	5 καὶ εἶπε· τίς ὁ καλέσας με, διότι ἡ θύρα τοῦ θαλάμου μου κέκλεισται καὶ ὁ πύργος ἐστὶν ὑψηλός; καὶ πῶς εἰσελήλυθεν εἰς τὸν ἐμὸν θάλαμον ;	ἡ δὲ ἔφη· τίς ἐστιν ὁ καλέσας με, διότι ἡ θύρα τοῦ θαλάμου μου κέκλεισται καὶ ὁ πύργος ὑψηλός ἐστιν· καὶ πῶς ἄρα εἰσελήλυθεν εἰς τὸν ἐμὸν θάλαμον;
6 καὶ ἐκάλεσεν αὐτὴν ὁ ἄν- θρωπος ἐκ δευτέρου λέγων· Ἀσενὲθ Ἀσενέθ.	6 καὶ ἐκάλεσεν αὐτὴν ὁ ἄν- θρωπος ἐκ δευτέρου καὶ εἶπεν· Ἀσενέθ, Ἀσενέθ.	καὶ ἐκάλεσεν αὐτὴν πάλιν ἐκ δευτέρου λέγων· Ἀσενὲθ Ἀσενέθ.

ἐκ—Ασενεθ] > E   εκ του ουρανου] απ' ου. c : *i* (> 331 Y) *yerkniç* Arm :
> D 435 : + φωτος ακτινας εκπεμπων A   και 4°] > L I 435   εστη]
kaçeal Arm : +ως c   υπερ] επι c   Ασενεθ] αυτης A d 435 Slaw
14, 4   14, 4] > F   και 1°—αυτην] > G   και 1°—ειπεν] της δε κειμενης επι
προσωπον ειπεν αυτη ο θειος αγγελος A: και κειμενης αυτης επι προσωπον ειπεν
αυτη c (vgl. 436 in 14, 5) : λεγουσα E   και 1°] > 331   αυτην] > Y   και
2°—Ασενεθ 2°] *ex nomine* L I : > D Slaw   και ειπεν] *dicens* L II : > B
Ασενεθ 2°] αναστηθι A : > B 332 Y L II : + αναστηθι c
14, 5   14,5] *illa vero pre timore non respondit* L I   και ειπεν] τοτε αποκριθεισα
ειπε c : και απεκριθη προς την φωνην E : η δε εφη A : *ew na asē* Arm : *respondit-que*
illa ut iacebat in facie dicens 436 : *illa respondit* 435 : > G : + Ασενεθ D Slaw
εστιν 1°] > d : + *hic* 435   ο καλων] ο καλεσα A G d Slaw : *or koçe*
(-*ed* ? 332) 331 332 : *or koçeaçn* Y : *qui vocat* L II   διοτι] οτι D : > 436 : + και
G   η θυρα—μου 1°] ο εμος θαλαμος D   μου 1°] > G c 436   κεκλεισται]
κεκλεισμενη εστιν B Slaw (?): *p'akeal en* Arm   και ο πυργος] *et turris* 436 :
turrisque 435 : +μου B F (vgl. *aštaraks* Arm)   εστιν 2°] *vor* υψηλος D : > B
Slaw   και 3°] > Arm L II Slaw   πως] > G D   αρα] (*ziard*) *ardeōk῾* Y :
(*ziard*) *ok῾* 331 332 : > b d 435 : + τις c : + *aliquis* hinter *introivit* L II
εισηλθεν] εισελυθεν A B : εισηλθες EG D : ηλθεν HK : *mart῾eaç* (*karaç* 331)
mtanel Arm : + ενθαδε D : + ωδε E   εις—μου 2°] αγνοων G : > E   θαλαμον
μου] εμον θ. A d   θαλαμον] *seneaks* (-*k* 331) Arm
14,6   και εκαλεσεν] *et vocavit* 435 : *vocavitque* 436   αυτην] hinter ανθρωπος Y
(332 unklar; s. nächste Anm.)   ο ανθρωπος] hinter δευτερου Arm Slaw : η
φωνη E : *homo ille* 436 : *angelus* 435 : > A B L I   εκ δευτερου] *iterum* L II :
παλιν εκ δ. A G : εκ τριτου E   λεγων—Ασενεθ 2°] > F   λεγων] λεγουσα E :
και ειπεν B G : *ew asē* Arm   Ασενεθ 2°] > EG 332 Y Slaw

Text	ed. Philonenko (d)	(A) ed. batiffol
14	14	14

7 καὶ εἶπεν ·
ἰδοὺ ἐγώ, κύριε ·
τίς εἶ σὺ ἀνάγγειλόν μοι.

καὶ εἶπεν ·
ἰδοὺ ἐγώ, κύριε,
ἀνάγγειλόν μοι τίς εἶ σύ.

καὶ εἶπεν·
ἰδοὺ ἐγώ, κύριε·
ἀνάγγειλόν μοι τίς εἶ σύ.

8 καὶ εἶπεν ὁ ἄνθρωπος ·
ἐγώ εἰμι ὁ ἄρχων
τοῦ οἴκου κυρίου
καὶ στρατιάρχης
πάσης στρατιᾶς τοῦ
           ὑψίστου.
ἀνάστηθι καὶ στῆθι
ἐπὶ τοὺς πόδας σου,
καὶ λαλήσω πρός σε
τὰ ῥήματά μου.

7 καὶ εἶπεν ὁ ἄνθρωπος ·
ἐγώ εἰμι στρατιάρχης
τοῦ οἴκου κυρίου
καὶ ἀρχιστράτηγος
πάσης τῆς στρατιᾶς τοῦ
           ὑψίστου·
ἀνάστηθι
ἐπὶ τοὺς πόδας σου
καὶ λαλήσω πρός σέ.

ὁ δὲ ἔφη ·
ἐγώ εἰμι ὁ ἀρχιστράτηγος
κυρίου τοῦ θεοῦ
καὶ στρατιάρχης
πάσης στρατιᾶς τοῦ ὑψίστο·
ἀνάστηθι καὶ στῆθι
ἐπὶ τοῖς ποσίν σου,
ὅπως λαλήσω πρός σε
τὰ ῥήματά μου.

9 καὶ ἐπῆρεν τὴν κεφαλὴν
αὐτῆς ᾽Ασενὲθ
καὶ εἶδεν . . .

8 καὶ ἦρε τοὺς ὀφθαλμοὺς
αὐτῆς
καὶ εἶδε . . .

ἡ δὲ ἐπάρασα τὸ πρόσωπον
αὐτῆς
εἶδεν . . .

14, 7   καὶ] *que* L II : *illa autem* L I : + αυτη B : + *na* 331 : + *Asanēt*ꜥ Y : +
απεκριθει Ασυνεθ και G   ειπεν] *dixit* 436 : *respondit* 435 : + Ασυνεθ F : +
αυτω G : + *et*ꜥ*ē* Y   ιδου —κυριε] *ahawasik* (*awasik* 331) em *tēr* 331 332 : > Y
συ] > F G B L I   αναγγειλον μοι] vor τις A d Slaw
14, 8   και ειπεν] so auch Q : *dixitque* 435 : ο δε ειπεν P : ο δε εφη A : τοτε λεγει c :
at 436   ειπεν] *asē* 331 Y : *asaç* 332 : + αυτη G B Slaw   ο ανθρωπος] ο αγγελος
H K 435 : η φωνη E : *ille* 436 : > A F G L I   ο αρχων—κυριου] ο αρχιστρατηγος
κ. του θεου A : στρατιαρχης τ. οι. (τ. οι. : της δοξης D) κ. d Slaw : ο αρχων του κ.
G : κ. του θ. c : *ixann tann teărn* 332 : *i. Astucoy* 331 : *i. Israyeli* Y : *princeps domus
dei* L I : *prepositus d.d.* L II   και 2° — υψιστου] > B   στρατιαρχης]
αρχιστρατηγος D Slaw: *zawrawor* (*-rn* 331; *-ravar* 332) Arm: *dux* L II : > L I
πασης στρατιας] π. της σ. G D : *amenayn zawru(n* 331) 331 332 : *kꜥan zamenayn
surbs* Y : *exercitus* L II   του υψιστου] κυριου τ. υ. D : *ουρανιου* F : *barjreloyn*
(*-loy* 331)   Arm : *altissimi* 436 : *domini* 435   αναστηθι] και α. F : αλλ᾽ α. E : *ari*
(> 331) *kangneaç* Arm : + εκ του εδαφους D   και 3° — σου] > D   και στηθι]
> b B Slaw   τοις ποσιν A c : *super pedes*
L I : *pedibus* L II : *na nozĕ* Slaw   σου] > 436   και 4°] οπως A c   λαλησω]
xawseçayç 332 Y : *-çay* 331   τα ρηματα μου] > F d Slaw
14, 9   14, 9-11] > Q F   και 1° — αυτης] κ. αναβλεψασα E   και επηρεν]
και ηρεν d : επαρασα δε c : η δε επαρασα A : *et cum* (*cumque* 436) *allevasset* L II
την κεφαλην] *zglux*(*n* 332) 332 Y : τους οφθαλμους P d Slaw : *zaçs* 331 : το
προσωπον A c   αυτης] > c : προς τον ανθρωπον D   Ασενεθ] hinter επηρεν
Arm : η A. D : > A B Slaw   και ειδεν] > L I   και 2°] > A E c L II

JOSEPH UND ASENETH
NEUGRIECHISCH

Es muß in der griechischen Kirche und einigen ihrer Nachbarn vom 15. Jh. an ein lebendiges, paränetisch gerichtetes Interesse an *Joseph und Aseneth* gegeben haben.[1] 11 der 16 bekannten altgriechischen Handschriften stammen aus dem 15.–17. Jh., dazu eine von 1802 (die übrigen vier aus dem 10.–12. Jh.). Zwei davon, Bukarest, Bibl. Acad. Rom., Gr. 966, 17. Jh. (Sigel F oder 171) und Sinai, Gr. 1976, 17. Jh. (W oder 174)[2] vertreten eine paränetisch interpolierte Form, zu der auch die rumänische Übersetzung gehört. Aus dem 15. Jh. stammen die beiden Handschriften der serbisch-kirchenslawischen Übersetzung, aus dem 15.–18. die Hauptmasse der armenischen Textzeugen. Das genannte Interesse bezeugen nun auch die Spuren von JA im Neugriechischen:[3] der sekundäre Schluß der altgriechischen Gruppe *c* (III), Einschläge in der altgriechischen Handschrift McKell, 16. Jh. (G oder 162) (II) und vor allem eine Übertragung (Ngr) des ganzen Textes (I).

1

Zwei Handschriften von Ngr sind bekannt, Oxford, Bodleian Library, Roe 5, f. 177v–186v, zweispaltig, 1614 (Sigel 671),[4] gedruckt von V. M. Istrin,[5] und

---

[1] Übersicht über Textzeugen und -geschichte: *Untersuchungen zu Joseph und Aseneth. Überlieferung – Ortsbestimmung* (WUNT, VIII) (Tübingen, 1965), 2–49; 'Zum Text von "Joseph und Aseneth"', *Journal for the Study of Judaism*, I (1970), 3–34, hier 5–8; M. Philonenko, *Joseph et Aséneth. Introduction, texte critique, traduction et notes* (Studia Post-Biblica, XIII) (Leiden, 1968), 3–27; A.-M. Denis, *Introduction aux Pseudépigraphes grecs d'Ancien Testament* (Studia in Veteris Testamenti Pseudepigrapha, I) (Leiden, 1970), 40–8. Ich benutze Gr nach einer Kollation aller Handschriften außer Breslau, Bibl. Uniw., Rehdig. 26, für die D. Sänger zu danken ist, Syr nach E. W. Brooks, *Historia ecclesiastica Zachariae Rhetori vulgo adscripta*, I (CSCO, LXXXIII) (Paris, 1919 = 1953), 21–55, Arm nach S. Yovsēp'eanç, *T'angaran hin ew nor naxneaç I. Ankanon girk' hin ktakaranç* (Venedig, 1896), 152–98, und 'Joseph and Aseneth 25–29 armenisch', *Journal for the Study of Judaism*, X (1979), im Druck, Lat I nach P. Batiffol, 'Le livre de la Prière d'Aseneth', in: Batiffol, *Studia Patristica* (Paris, 1889–90), 89–115, Lat II nach einer Kollation aller Handschriften von H. Krüger, Slaw nach S. Novaković, 'Srpsko-slovenski zbornik iz vremena despota Stefana Lazarevića', *Starine*, IX (1877), 1–47, hier 27–42. Kapitel nach Batiffol und Verse nach der Übersetzung von P. Rießler, *Altjüdisches Schrifttum außerhalb der Bibel* (Augsburg, 1928 = Darmstadt, 1966), 497–538. – H. Krüger danke ich außerdem für Hilfe bei Manuskript und Korrektur.

[2] Für einen Mikrofilm ist M. E. Stone-Jerusalem zu danken. Einen Film von Athos, Vatopedi 600, 15. Jh. (E oder 155) hat uns das Patriarchal Institute for Patristic Studies, Vlatadon Monastery, Saloniki, vermittelt.

[3] Ich nenne die Sprache so, obwohl viel Altgriechisches stehengeblieben ist.

[4] J. Pächt–O. Pächt, 'An Unknown Cycle of Illustrations of the Life of Joseph', *Cahiers Archéologiques*, VII (1954), 35–49, hier 49.

[4] 'Apokrif ob Iosifě i Asenefě', in: *Drevnosti* (Trudy Slavjanskoj kommissii Imperatorskago moskovskago archeologičeskago obščestva, II) (Moskau, 1898), 146–99.

Athos, Kutlumusiu 100, f. 37v–43r, einspaltig, 16. Jh. (661).[1] Ich habe Ngr bisher zur altgriechischen Gruppe *a* gerechnet, deren bester Vertreter Vatic. Gr. 803, 11./12. Jh. (A oder 111) P. Batiffols *editio princeps* zugrundeliegt,[2] und zwar als einzige der acht Sekundärversionen; die syrische, die armenische, die beiden lateinischen, die rumänische, wohl auch die verlorene äthiopische, gehören zu *b*, die serbisch-kirchenslawische zu *d*, der von M. Philonenko herausgegebenen, um etwa ein Drittel kürzeren Fassung (*c* ist offenbar nicht übersetzt worden). Als Ableger von *a* war Ngr von vornherein textkritisch uninteressant, denn *a* ist gut überliefert und im übrigen eine gräzisierende Revision. Zwar ist *a* trotzdem für die Textrekonstruktion wertvoll wie überhaupt alle Gruppen, aber die Grundlage muß *b* bilden. Für die Zuordnung von Ngr zu *a* habe ich mich u. a. auf Istrin berufen, zu Unrecht. Er unterschied eine 'kurze Rezension' (*d*), deren Vertreter Vatic. Pal. Gr. 17, 11. Jh.? (B oder 112) er neben 671 druckte, von einer 'langen' (A und Lat I) und schlug 671 zur langen; er trennte also nicht zwischen *a* und *b*.[3] Philonenko zitiert Istrin korrekt, läßt es aber dabei.[4] Auch für ihn gibt Ngr textkritisch nichts her, weil er *d* für die älteste erreichbare Textform hält wie Istrin und *b*, *c* und *a* für sukzessive Umarbeitungen. Ich hätte aber schon aus Istrins Charakterisierung (S. 188 f.) sehen müssen, daß Ngr, wie tatsächlich nicht zu *d*,[5] so auch nicht zu *a* gehört. Ngr gehört zu *b* und darf darum nicht ohne Untersuchung beiseite bleiben.

1. Zunächst zu 661, weil bisher weder gedruckt noch untersucht. Der Text:[6]

(f. 37v) Oben 3 Zeilen hohe Zierleiste

Διήγησις περὶ τοῦ πῶς ἔλαβεν ὁ Ἰωσὴφ τὴν ἀσηνὲθ γυναῖκα

Θέλω (Θ verziert links ausgeworfen) νὰ ἀναφέρω καὶ νὰ διηγηθῶ νὰ ἐγνωρίσητε διὰ τὴν ἀσηνὲθ τὴν ὁποίαν τὴν ἐπῆρεν ὁ Ἰωσὴφ γυναῖκα. ὅτι λέγουσι τινὲς πῶς νὰ ἦτον θυγατέρα τοῦ πεντεφρῆ τοῦ ἀρχιμαγείρου, ὁ ὁποῖος

---

[1] S. P. Lambros, *Catalogue of the Greek Manuscripts on Mount Athos* (neugriechisch), 1 (Cambridge, 1895 = Amsterdam, 1966), 283 f.; S. M. Pelekanidis–P. C. Christou–Ch. Tsioumis–S. N. Kadas, *The Treasures of Mount Athos. Illuminated Manuscripts. Miniatures–Headpieces–Initial Letters*, 1 (Athen, 1974), 456, 458 f. und farbige Abb. 339–41. Miniaturen schwarze Federzeichnungen mit Wasserfarben koloriert, Überschriften und Initialen rot. Auf dem etwa 20 Jahre alten Schwarz-Weiß-Film, den ich benutzt habe (dank M. Richard), sind keine Foliozahlen. Denis, *Introduction*, 42, nannte noch Athos, Vatopedi 83 (früher 78), f. 283r–294r. Diese neugriechische διήγησις ὡραιωτάτη Ἰωσὴφ τοῦ παγκάλου καὶ πῶς ἐπωλήθη ὑπὸ τῶν ἀδελφῶν αὐτοῦ διὰ τριάκοντα ἀργύρια über den entsprechenden biblischen Stoff hat aber mit JA nichts zu tun. Aseneth kommt nicht vor (Mikrofilm ebenfalls vom Institute for Patristic Studies, Saloniki).

[2] S. o. S. 68 A. 1.   [3] 'Apokrif', 188 f.   [4] *Joseph et Aséneth*, 16.

[5] Daß 671 nicht diese Kurztextform voraussetzt, legt schon ein Blick z. B. auf xviii–xxi in Istrins Ausgabe nahe, wo *d* besonders kürzt.

[6] Buchstabentext einschließlich Großbuchstaben wie geschrieben, Abkürzungen aufgelöst. Akzente und Spiritus ebenfalls wie geschrieben, in dubio pro recto: Akut und Gravis sind m. E. oft nicht zu unterscheiden, bei Diphthongen sitzen Akzent und Spiritus oft über der Mitte, manchmal über dem ersten Vokal; Fehlendes nach dem Usus der Handschrift ergänzt. Interpunktion und Absätze wie geschrieben; Kolon und Punkt sind m. E. nicht unterschieden, dafür immer Punkt auf der Linie. – Auf Schwarz-Weiß-Filmen läßt sich nicht immer Schrift von Papierunregelmäßigkeiten oder Dreck unterscheiden und bei Korrekturen nicht immer, was früher und was später ist. Auch ein Farbfilm kann freilich Autopsie nicht ganz ersetzen.

εἶχεν ἀγοράσει τὸν ἰωσὴφ ἀπὸ τοὺς ἰσμαηλίτας. πλὴν δὲν ἦτον ἐκείνου, ἀμὴ
(i. 3)   ἦτον ἄλλου τινὸς| πεντεφρῆ ἱερέως τῶν εἰδώλων καὶ μεγάλου ἄρχοντος. ὁποῦ
ἦτον εἰς τὰ μέρη τῆς αἰγύπτου, εἰς τόπον ὀνομαζόμενον ἡλϊούπολιν. ἡ δὲ
ἀφορμὴ ὁποῦ ἔλαβεν ὁ ἰωσὴφ τὴν θυγατέρα τοῦ πεντεφρῆ ἐκείνου γυναῖκα
εἶναι αὕτη.

i. 1 f.   Ἀφότης (A links ausgeworfen) ἐπῆρε τὴν ἐξουσίαν ὁ ἰωσὴφ νὰ μαζώνῃ τὰ
σιτάρια, ἐπεριπατοῦσε μὲ τὸ ἀλογάμαξον ἐκεῖνο τὸ βασιλικὸν ἀπὸ τόπον εἰς
iii. 2   τόπον, (f. 38 r) καὶ ἐμάζωνε σιτάρι,| θέλωντας δὲ νὰ ὑπάγῃ καὶ εἰς τὸν τόπον
ἐκεῖνον, ἔστειλε δώδεκα στρατιώτας εἰς τὸν πεντεφρῆ ἐκεῖνον ὡς πρῶτον τοῦ
τόπου νὰ τὸν ἑτοιμάσῃ τόπον νὰ καθίσῃ, διότι ἐκεῖ ἐκόνευαν οἱ βασιλικοὶ ὅλοι
ἄνθρωποι:

3 f.   Τότε (T links ausgeworfen) ὁ πεντεφρῆς (Zirkumflex und Gravis) ἑτοίμασεν
ὅλα ὅσα ἔκαμνε χρεία, καὶ εἶχε χαρὰν μεγάλην πῶς ἔρχεται ὁ ἰωσὴφ εἰς τὸ
iv. 3-8   σπῆτῖ του. ὑπῆγε δὲ καὶ εἰς τὴν θυγατέρα του ὁ πεντεφρῆς καὶ εἶπε την ὅτι νὰ
(i. 4 b; ii. 1 f.)   τὴν δώσῃ τὸν ἰωσὴφ εἰς γυναῖκα, καὶ ἐκεῖνον αὐτὴν εἰς ἄνδρα. ὅτι διὰ νὰ εἶτον
πολλὰ εὔμορφη, τὴν εἶχεν εἰς ἕναν ὑψηλὸν πύργον (+ ὑψηλόν durchgestrichen)
9   νὰ μὴν τὴν ἐβλέπῃ πᾶσα ἕνας. καὶ ἐκείνη ὡσὰν ἄκουσε τὰ λόγια τοῦ πατρός
της δὲν τὸ ἐκαταδέχθη νὰ τὸν πάρῃ ἄνδρα. ἀμὴ εἶπε, δὲν θέλω πάρει ἐγὼ
ἐκεῖνον ὁποῦ ἐκοιμᾶτον ἕως ἐχθὲς με τὴν κυρά του διὰ ἄνδρα μου. μόνον σιῶπα
πάτερ μου καὶ μὴ λέγεις τέτοια λόγϊα πλέον:

v. 1   Καὶ (K links ausgeworfen) ἐκεῖ ὁποῦ ἐσυντύχενεν ἡ ἀσυνὲθ αὐτὰ τὰ λόγια,
ἔρχεται ἕνα παλικάρι καὶ λέγει τὸν πατέρα της (f. 38 v) ἀφέντη, νὰ ὁποῦ
3   ἔρχεται ὁ ἄρχων τῆς αἰγύπτου ὁ ἰωσὴφ, τότε ἐσηκώθη ὁ πεντεφρῆς μὲ ὅλην του
2   τὴν φαμελίαν καὶ εὐγῆκε νὰ ἀπαντήσῃ τὸν ἰωσήφ. καὶ ἡ ἀσυνὲθ εἶχε τὸν ἰωσὴφ
ἐξ ἀκοῆς, καὶ ὡς ἤκουσεν ὅτι ἔρχεται εὐγῆκεν εἰς τὰ καφάσια τοῦ πύργου της νὰ
(ii. 3)   τὸν ἰδῇ, ἦτον δὲ ἡ ἀσυνὲθ αὐτὴ εἰδωλωλάτρισα, ἤγουν ἐπροσκυνοῦσε τὰ εἴδωλα:

περὶ τοῦ πῶς εἶδεν ἡ ἀσυνὲθ τὸν ἰωσὴφ καὶ τὴν ἄρεσε καὶ ἐμετάνοσεν εἰς τὰ
λόγια ὁποῦ εἶπε τὸν πατέρα της:

Etwa 6 Zeilen hohe Miniatur (5 : 10 cm): Pentephres mit Familie
empfängt Joseph, der von rechts im Wagen vorfährt, vor seinem Schloß;
Aseneth sieht aus einem Fenster über dem Tor zu.

vi. 1   Καὶ (verziertes K links ausgeworfen) ὡσὰν εἶδεν ἡ ἀσυνὲθ τὸν ἰωσήφ|
(v. 4 f.)   ὁποῦ ἔρχετον μὲ τόσην τιμὴν καὶ μὲ τόσον πολὺν κόσμον καὶ ἦτον τόσον
(vi. 7?)   εὔμορφος, ὁποῦ δὲν εἶδεν ἄλλον εὐμορφότερον (-ττ-?) ἀπὸ ὅλους τοὺς ἀνθρώπους τοῦ καιροῦ ἐκείνου, (f. 39 r) τὸν ἀγάπησεν ἡ καρδία της κατὰ πολλά, καὶ
2   ἐμετάνωσεν εἰς τὰ λόγια ὁποῦ εἶπε τὸν πατέρα της, καὶ ἔλεγε μὲ τοῦ λόγου
της ἔτζη. ἀλήμονον εἰς ἐμένα τὴν ἀθλίαν καὶ ταλαίπωρην, τί ἄνθρωπον ἀποκό-
7   τησα νὰ καταφρονέσω, ὁποῦ θαρρῶ ὡσὰν αὐτὸν ἄλλος νὰ μὴν εἶναι εἰς ὅλον
4 a, 8   τὸν κόσμον. ἀλλὰ ἐσὺ θεὲ τοῦ ἰωσὴφ συμπάθησέ με| καὶ ἀξίωσέ με νὰ γένω
σκλάβα τοῦ ἰωσήφ.

Ἔτζη (E links ausgeworfen) ἔλεγεν ἡ ἀσυνὲθ μοναχὴ της ἀπάνω εἰς τὸν
vii. 1   πύργον,| καὶ ὁ ἰωσὴφ ὡσὰν ἦλθεν ἐκάθισεν εἰς θρόνον χρυσὸν, καὶ ἤφεραν νερὸν
viii. 1   καὶ ἔνιψαν τὰ ποδάριά του καὶ ἐκάθισεν εἰς τὴν τράπεζαν. ἡ δὲ μητέρα τῆς

ἀσυνὲθ ἀνέβη εἰς τὸν πῦργον καὶ εἶπεν τὴν ἀσυνὲθ ἂν θέλη νὰ κατέβη νὰ χαιρετήση τὸν ἰωσὴφ. τότε ἡ ἀσυνὲθ μετὰ χαρᾶς ἐκατέβη καὶ ἦλθε νὰ χαιρετήση
τὸν ἰωσὴφ καὶ εἶπε τον. χαίροις ἀφέντη μου ἰωσὴφ εὐλογημένε ἀπὸ τὸν θεὸν   2
τὸν ὕψιστον τοῦ οὐρανοῦ καὶ τῆς γῆς. θέλουσα δὲ νὰ τὸν φϊλήση, δὲν τὴν   5
ἐδέχθη ὁ (f. 39v) ἰωσὴφ ἀμὴ εἶπεν· δὲν εἶναι δίκαιον καὶ πρέπον νὰ χαιρετηθῶ
μὲ εἰδωλολάτρισαν, ὅτι πιστεύω τὸν θεὸν τοῦ οὐρανοῦ καὶ τῆς γῆς. τότε   8
ἐλυπήθη ἡ ἀσυνὲθ καὶ ἐδάκρυσε. καὶ ὡς τὴν εἶδεν ὁ ἰωσὴφ τὴν ἐλυπήθηκε,|καὶ   9
τὴν εὐλόγησε καὶ εὐχήθηκέ την καὶ τὴν εἶπε. κύριος ὁ θεὸς τοῦ οὐρανοῦ καὶ τῆς
γῆς νὰ σὲ ἀξιώση νὰ γένης δούλη του νὰ τὸν πιστεύσης. καὶ ἐχάρη ἡ ἀσυνὲθ   ix. 1
εἰς τὴν εὐλογίαν τοῦ ἰωσὴφ καὶ ἀνέβη εἰς τὸν πῦργον της, καὶ ἐτζάκισε τὰ   (x. 1–xiii. 15)
εἴδωλα τοῦ πατρός της καὶ ἔβαλλε τρίχινα καὶ στάκτην εἰς τὸ κεφάλϊ της καὶ
ἐνήστευσε καὶ ἔκαμε μετάνοιαις εἰς τὸν θεὸν τοῦ ἰωσὴφ. καὶ ἀρνήθη τοὺς θεοὺς   2
τοὺς ἑλληνϊκοὺς καὶ τοὺς αἰγυπτίους. οἱ ὁποῖοι ἦσαν εἴδωλα κωφὰ καὶ ἀναίσθητα.
ὁ δὲ ἰωσὴφ ὅταν ἐξημέρωσεν ἡ ἄλλη ἡμέρα ἔζευξε τὸ ἀλογάμαξόν του καὶ   3
ὑπῆγε νὰ μαζώνη σιτάρι καθὼς εἶχεν ὁρισμόν:

ἦλθε δὲ ἄγγελος κυρίου πρὸς τὴν ἀσυνὲθ καὶ τὴν εἶπε, πῶς ἤκουσεν ὁ θεὸς τὴν   xiv. 1
δέησίν της. καὶ νὰ ξετινάξη τὴν στάκτην ἀπὸ πάνω (sic) της, καὶ νὰ στολϊ-   12
(f. 40r)σθῇ κατὰ τὴν πρώτην της τάξιν. καὶ ἔκαμεν ἡ ἀσυνὲθ ὡς καθὼς τὴν   14 f.
εἶπεν ὁ ἄγγελος κυρίου.

Καὶ (K links ausgeworfen) εἶπεν ὁ ἄγγελος τὴν ἀσυνὲθ, ἀπὸ τὴν σημερινὴν   xv. 2, 4
ἡμέραν ἐγράφη τὸ ὄνομά σου εἰς τὸ χαρτίον τῆς ζωῆς|καὶ ὁ θεὸς σὲ ἔδωκεν ἀπὸ τὴν   6
σήμερον τὸν ἰωσὴφ διὰ ἄνδρα. τὸ λοιπὸν σῦρε καὶ ἐνδύσου ἐνδύματα γάμου, καὶ   10
ὅταν ἔλθη ὁ ἰωσὴφ νὰ εὐγῆς νὰ τὸν προϋπαντήσης. τότε ἡ ἀσυνὲθ ἐπροσκύνησε   11
τὸν ἄγγελον ἕως τὴν γῆν καὶ εἶπεν ὡς ὁρίζεις ἀφέντη, νὰ κάμω. καὶ ὁ μὲν   xvii. 8
ἄγγελος ἔγίνεν ἀφανὴς. καὶ ἐκείνη ἔκαμε κατὰ τὸν λόγον τοῦ ἀγγέλου καὶ ἔβαλεν   xviii. 5
ἔνδυμα γάμου. καὶ ἐπρόσταξε τοὺς ὑπηρέτας της καὶ ἡτοίμασεν τὰ φαγητὰ τοῦ   2
γάμου. καὶ παρευθὺς ἦλθεν ἄνθρωπος καὶ εἶπεν τὴν ἀσυνὲθ, κυρία, ὁ διαλεκτὸς   xix. 1
τοῦ θεοῦ ὁ ἰωσὴφ ἔρχεται. καὶ ὡσὰν ἤκουσεν ἡ ἀσυνὲθ ὅτι ἔρχεται ὁ ἰωσὴφ   2
ἐπῆρε μὲ τοῦ λόγου της ἑπτὰ κοράσια καὶ εὐγῆκε καὶ τὸν ἐπροϋπάντησε. ὁ δὲ   3–9
ἰωσὴφ ἦλθεν (f. 40v) ὅτι ὑπῆγεν ἄγγελος κυρίου καὶ εἰς ἐκεῖνον καὶ τὸν ἐπρο-
ξένησε τὴν ἀσυνὲθ εἰς γυναῖκα. καὶ ὡσὰν τὴν εἶδεν ὁ ἰωσὴφ ἐχάρηκε, διότι τὸν
εἶπεν ὁ ἄγγελος κυρίου φανερὰ πῶς ἐμετανόησε καὶ ἐνήστευσε καὶ πῶς ἐδέχθηκεν
ὁ θεὸς, τὴν μετάνοιάν της:

περὶ τοῦ πῶς ὑπῆγεν ὁ ἰωσὴφ εἰς τὸ σπῆτι τῆς ἀσυνὲθ καὶ ἐκεῖ ἐχαιρετήθηκαν:
Etwa 6 Zeilen hohe Miniatur (4.5 : 9.5 cm): Aseneth mit zwei Begleite-
rinnen hinter sich trifft im Hof Joseph mit zwei Begleitern hinter sich;
Aseneth hat einen Zweig in der Linken, Joseph in der Rechten.
Τότε (verziertes T links ausgeworfen) ἡ ἀσυνὲθ καταιβαίνοντας ἀπὸ τὸν
πῦργον, καὶ ὁ ἰωσὴφ εἰσεβαίνωντας εἰς τὸ σπῆτι της, ἐχαιρετήθηκαν, καὶ
ἐχάρη ἡ καρδία τοῦ ἰωσὴφ εἰς τὴν ὡραιότητα καὶ τὰ κάλλη τῆς ἀσυνὲθ. καὶ ἡ   xx. 2
ἀσυνὲθ ἀνέβασε τὸν ἰωσὴφ εἰς τὸν πῦργον της τὸν ὁποῖον εἶχεν ἡτοιμασμένον.
(f. 41r) καὶ ἤφερε θρόνον χρυσὸν καὶ ἐκάθισε τὸν ἰωσὴφ|καὶ ἔνιψε καὶ τὰ   5
ποδάριά του. ἐχάρηκαν δὲ καὶ οἱ γονεῖς της χαρὰν μεγάλην βλέποντες τὸν   6 f.

8 Ἰωσὴφ καὶ τὴν ἀσυνὲθ ὁποῦ ὡμοίαζαν εἰς τὴν εὐμορφάδα. τότε εἶπεν ὁ πεντεφρὴς πρὸς τὸν ἰωσὴφ, ἐπειδὴ ἡ ἐκλαμπρότης σου ἐκαταδέχθης νὰ πάρης τὴν θυγατέρα μου τὴν ἀσυνὲθ γυναῖκα καὶ ἐδικήν σου δούλην, αὔριον νὰ καλέσω τοὺς ἄρχοντας καὶ τοὺς μεγιστάνους νὰ κάμω τὴν τράπεζαν τοῦ γάμου νὰ παραδώσωμεν τὴν ἀσυνὲθ εἰς γυναῖκα σου:

9 Ἀπεκρίθη (verziertes A links ausgeworfen) δὲ καὶ ὁ ἰωσὴφ καὶ εἶπε, καὶ ἐγὼ κάμνει χρεία νὰ ἐρωτήσω τὸν βασιλέα φαραὼ ἐπειδὴ ὡσὰν υἰόν του μὲ ἐτίμησε νὰ τὸν συμβουλευθῶ ὡσὰν πατέρα· καὶ μὲ ἐκεινοῦ (oder nach rechts verrutschter
xxi. 1 Akut über ι?) τὸ θέλημα θέλω πάρη τὴν ἀσυνὲθ γυναῖκα. ἐφιλεύθηκαν καὶ ἐχάρηκαν ἐκείνην τὴν νύκτα ὅλην ὁ ἰωσὴφ καὶ ὁ πεντεφρής, καὶ οἱ συντρόφοι τους ὅλοι.

2 καὶ τὸ ταχὺ ὑπῆγεν ὁ ἰωσὴφ εἰς τὸν φαραὼ (f. 41 v) καὶ εἶπε τον νὰ τὸν δώση
3 θέλημα νὰ πάρη τὴν ἀσυνὲθ γυναῖκα. καὶ εἶπεν ὁ φαραὼ ἃς εἶναι ἀπὸ τὰ τώρα καὶ εἰς πολλοὺς χρόνους διὰ γυναῖκα σου:

4 Ἐμήνυσε δὲ καὶ τὸν πεντεφρῆ ὁ φαραὼ νὰ φέρη τὴν ἀσυνὲθ μὲ ἁμάξι βασιλίκον εἰς τὸ παλάτι τοῦ φαραὼ, καὶ ὡσὰν εἶδεν ὁ φαραὼ τὴν εὐμορφάδα τῆς
5 ἐθαύμασε. καὶ τὴν ἐπῆρεν ἀπὸ τὸ δεξιὸν χέρι καὶ τὴν ἐπαράδωκεν τὸν ἰωσὴφ.
8 καὶ ὥρισεν ὅτι νὰ κάμουν τοὺς γάμους τοῦ ἰωσὴφ. καὶ νὰ κρατῆ ἡ τράπεζα γάμων τοῦ ἰωσὴφ. καὶ τινὰς νὰ μὴ δουλεύση ἕως νὰ σωθοῦν αἱ ἑπτὰ ἡμέραι τῶν
9 γάμων τοῦ ἰωσὴφ. καὶ ἐκεῖ ἐσυνάχθηκαν πολλοὶ πασιάδες, καὶ βασιλεῖς καὶ ἄρχοντες καὶ μεγιστάνοι καὶ ἐχάρηκαν κατὰ τὸ πρέπον. ἔτζη ἐπῆρεν ὁ ἰωσὴφ τὴν
xxvi. 4–6 ἀσυνὲθ εἰς γυναῖκα. καὶ ἐκοιμήθη μετ᾽ αὐτῆς νομίμως καὶ συνευφράνθη μεταυτὴν
(xxiii. 1) εἰς πολλοὺς χρόνους. εἰς δὲ ταῖς ἡμέραις ἐκείναις ἐξέβη ἡ ἀσυνὲθ μετὸ ἁμάξι τοῦ ἀνδρός της τοῦ ἰωσὴφ (f. 42 r) διὰ νὰ περιδιαβάση μὲ πεντακόσια παλικάρια,
(2 ff.) καὶ μὲ τοὺς δύο ἀδελφοὺς τοῦ ἰωσὴφ, τὸν λευὶ καὶ τὸν βενιαμὶν. καὶ ὁ υἰὸς τοῦ φαραὼ εἶχεν ἰδῆ ἀρχίτερα τὴν ἀσυνέθ, καὶ ἐτρώθη μετὴν εὐμορφάδα τῆς ἀγάπης της. καὶ ἐγύρευε καιρὸν νὰ σκοτώση τὸν ἰωσὴφ νὰ πάρη τὴν ἀσυνέθ. πλὴν δὲν ἐδύνετο. ἐκεῖ δὲ ὁποῦ ἐξεφάντωνε καὶ ἐπεριδιάβαζεν ἡ ἀσυνέθ, ἔλαχε καὶ αὐτὸς ὁ υἰὸς τοῦ φαραὼ εἰς τὸ κυνῆγϊ.

περὶ τοῦ πῶς ἠθέλησεν ὁ υἰὸς τοῦ φαραὼ νὰ δὺνάστεύση τὴν ἀσυνέθ καὶ τὸν ἐσκότωσεν ὁ βενιαμίν:

Etwa 6 Zeilen hohe Miniatur (5 : 10.5 cm): Aseneth auf ihrem Wagen von Lanzenbewaffneten begleitet (links außen) trifft auf die lanzenbewaffneten Reiter des Sohns des Pharao. Ein groß gemalter Reiter auf Aseneths Seite durchsticht mit überlanger Lanze ein schwertschwingendes Pendant auf der anderen Seite; vor Aseneth im Wagen Benjamin, einen Stein in der wurfbereiten Rechten, im Vordergrund der Sohn des Pharao zu Boden gestürzt, sein Pferd hinter ihm dem rechten Einzelreiter zugewandt.[1]

xxvi. 5, 7 Καὶ (K links ausgeworfen) ὡσὰν εἶδε τὴν ἀσυνὲθ ὁ υἰὸς τοῦ φαραὼ ἔδραμε
6 καταπάνω τῆς συντροφίας της καὶ ἐφό(f. 42 v)νευσε μερικούς. τότε ὁ λευὶς καὶ

---

[1] Pelekanidis etc., Treasures, I, 459, bestimmen die beiden Einzelkämpfer mit Fragezeichen als Benjamin und Sohn des Pharao, der Gestürzte ist 'probably from Asenath's escort', die steinwerfende Gestalt nicht erwähnt. Aber der Gestürzte muß der Sohn des Pharao sein (Krone und offenbar Stirnwunde). Die beiden Einzelkämpfer bleiben fraglich, sofern nicht zwei Episoden im Bild kombiniert sind.

ὁ βενιαμὶν ὡσὰν εἶδαν τὸν φόνον, ἔδωκαν λόγον τὸν ἰωσὴφ, καὶ ἔστειλε καὶ τοὺς   xxvii. 1
ἄλλους ἀδελφούς του εἰς βοήθειαν. ὁ δὲ βενϊαμὶν ἐκάθονταν σιμᾶ εἰς τὴν ἀσυνὲθ,
καὶ ὡσὰν εἶδεν ὅτι σιμώνει ὁ υἰὸς τοῦ φαραὼ ἐπῆρε μίαν πέτραν, καὶ ἔδωκε τὸν   2
υἱὸν τοῦ φαραὼ εἰς τὸ κεφάλϊ | καὶ ἔπεσεν ἡμϊσαπεθαμένος. καὶ ὡσὰν εἶδαν   3, 6
ἔτзη ἡ συντροφία τῆς ἀσυνὲθ, ἐδυναμώθη, καὶ ἐφόνευσαν τὰ ἔξι παλικάρια τῆς
ἀσυνὲθ δύο χιλιάδες λαὸν ἀπὸ τὴν συντροφίαν τοῦ υἱοῦ τοῦ φαραώ. ὁ δὲ   xxix. 1
υἱὸς τοῦ φαραὼ ὡσὰν ἐκείτονταν μὲ πολλὴν κόπον ἐσηκώθη καὶ ἐκάθησε καὶ
ἔπτϋεν αἷμα. ὁ δὲ βενιαμὶν ὡσὰν εἶδεν ὅτι ἀκόμϊ ζωντανὸς εἶναι, ἔδραμε παρευ-   2
θὺς νὰ κόψῃ τὸ κεφάλϊ του,| ἀμὴ ὁ ἀδελφός του δὲν τὸν ἄφησε. καὶ ἔτзη τὸν   3, 5
ἐσήκωσαν οἱ συντρόφοι του καὶ τὸν ὑπῆγαν βασταχτὸν εἰς τὸν πατέρα του,
καὶ τὸν ἐδιηγήθηκαν ὅσα ἔπαθαν,| (f. 43 r) καὶ μετὰ ἡμέρας τρεῖς ἀπέθανε. καὶ   7, 8
τὸν ἔκλαψεν ὁ πατέρας του, καὶ ἀπὸ τὴν πίκραν του τὴν πολλὴν ἀσθένησε καὶ
αὐτὸς καὶ ἀπέθανεν, ἤγουν ὁ φαραώ, καὶ ἦτον χρονῶν (Akzent?) ἑκατὸν
ἐνενήντα. καὶ ἄφησε τὴν βασιλείαν του τὸν ἰωσήφ.| καὶ ἐβασίλευσεν εἰς αὐτὴν   9
τὴν βασιλείαν ὁ ἰωσὴφ χρόνους σαραντаοκτώ. ἔκαμε δὲ ὁ ἰωσὴφ μὲ τὴν ἀσυνὲθ   (xxi. 9)
δύο υἱούς, τὸν μανασσὴ καὶ τὸν ἐφραὶμ. καὶ εἶδε παιδία τῶν παιδίων του.
ὑπὲρ δὲ τούτων ἀπάντων χριστὸν δοξολογήσωμεν σὺν πατρὶ καὶ ἁγίῳ
πνεύματι. (Folgt trichterförmige Zeilenanordnung bis Ende) τῇ ἁγίᾳ τριάδι.
ᾗ πρέπει πᾶσα δόξα τϊμὴ καὶ προσκύνησῖς νῦν καὶ ἀεὶ καὶ εἰς τοὺς ἀτελευτήτους
αἰῶνας τῶν αἰώνων ἀμήν:

Dieser Text ist nur etwa ein Viertel so lang wie 671 und im positiven
Wortlaut sehr verschieden; die Zwischentitel haben weder in 671 noch
m. W. sonst eine Parallele. 661 wirkt weithin weniger wie eine Kurzfassung
der Erzählung denn wie eine Angabe von Teilen der Handlung in neuen
Worten, wie man sie etwa für ein Apokryphenhandbuch anfertigen würde
(man sieht, wie handlungsarm JA ist). Vorlage oder Ahn wird ein Text
ähnlich 671 gewesen sein, nicht ein anderer neu- oder gar ein altgriechischer.
Denn streckenweise geht 661 doch gut mit 671, und zwar auch an Stellen,
die gegenüber der restlichen Überlieferung charakteristisch verändert sind
wie z. B. viii. 2, 5 (V. 3-4 > 661 671) und xx. 8 f. oder ganz neu auftauchen
wie die Erläuterung zu Pentephres' Person in i. 3 oder seine Rolle als
Gastgeber von βασιλικοὶ ἄνθρωποι in iii. 2. Gegen Ende scheinen die Übereinstimmungen zuzunehmen. In xxii–xxix setzt 661 die stark gekürzte und
veränderte Textform von 671 voraus. Von den großen Lücken in 671 (s.
gleich unter 1. 2) füllt 661 keine aus. Die Vorlage von 661 kann aber schon
wegen der Daten (wenn sie stimmen) nicht 671 selber gewesen sein. Auch die
Miniaturen sprechen m. E. nicht dafür.[1] An einigen Stellen scheint 661 der
übrigen Überlieferung näherzustehen als 671, also ursprünglicher zu sein.
Aseneths Mutter steigt viii. 1 εἰς τὸν πῦργον ähnlich εἰς τὸ ὑπερῷον Gr Arm,
lmgdl' Syr, *in cenaculo* Lat I, *in cenaculum* Lat II; 671 gibt das Ziel nicht an.
Mit καὶ ἤφερε θρόνον χρυσόν ist in 661 das Mittelstück von xx. 2 bezeugt, das
671 nicht hat. In xxvii. 3 fällt der Sohn des Pharao ἡμισαπεθαμένος zu

---

[1] Allerdings haben alle drei ihre Parallelen in 671. Zur Bildtradition s. u. S. 76 f.

Boden wie ἡμιθανὴς τυγχάνων *a d* (L I); 671 hat die Vokabel nicht (*b* Syr L II auch nicht, z. T. samt Kontext). Im großen ganzen ist aber 671 der einzige brauchbare Textzeuge.

2. Was er bietet, verdient am wenigsten von allen Versionen den Namen Übersetzung. Vieles fehlt, an längeren Stücken xv. 7 f., Aseneths Psalm nach xxi. 9, xxii. 1–13 und xxvii. 7–xxviii. 17; von x. 8 b–xiii. 15 und xxiii. 1–xxvi. 5 sind nur ein paar z. T. umgestellte Splitter zur Überbrückung da. Aseneths längliche Bußfertigkeiten (x–xiii) und die an ihr versuchte Entführung im 2. Teil (xxii–xxix) sind also nur sehr verkürzt zu lesen. Im laufenden Text fehlen auch immer wieder Sätze und Satzteile. Vieles ist paraphrasiert, wobei christliche Terminologie hereinschlägt; kleine Stoffteile sind umgestellt. Charakteristisch sind Partien, die die übrige Überlieferung nicht hat, wie die beiden oben unter I. 1 genannten Erläuterungen. Hier weitere Beispiele, die Art und Umfang illustrieren.[1] i. 6 *a–b* (6 *c* fehlt) ist so erweitert: καὶ ἐξῆλθεν ἡ φήμη τοῦ κάλλους αὐτῆς εἰς ὅλην τὴν οἰκουμένην (i. 6 *a*). διὰ τοῦτο καὶ κάπιος ποιητὴς ἐγγωμιάζοντάς την ἔλεγεν. Κάλλη παρῆλθεν ἥλιος μὲν ἀστέρας ἡ δ᾽ ἀσυνέθ μοι τὰς ἀφ᾽ ἥλιον (?) κόρας (Schrift des Zitats wirkt kreidig, andere Farbe?). Ἤγουν ὁ μὲν ἥλιος εἰς τὸ περισσόν του κάλλος ἐπερίσσευσεν καὶ ἐπέρασεν τὸ κάλλος τῶν ἀστέρων. ἡ δὲ ἀσυνέθ ἐπέρασεν καὶ ἐπερίσσευσεν εἰς τὴν ὡραιότητα. ὅλας τὰς κόρας καὶ τὰς γυναῖκας ὁποῦ εἶναι ἀπάνω εἰς τὴν γῆν:. τοιοῦτον οὖν κάλλος ἔχουσα ἡ ἀσυνέθ ἅμα δὲ καὶ εὐγένειαν γονέων καὶ πλουσιότητα βίου, εἶχε καὶ πολλοὺς ἄρχοντας καὶ βασιλέων υἱοὺς ὁποῦ τὴν ἐγύρεβαν εἰς γυναῖκα (i. 6 *b*). ἀλλὰ ἐκείνη ἐπειδὴ γυναῖκα ἦτον εἶχεν τὴν πολύπλοκον κενοδοξίαν καὶ ἔπαρσιν τῶν γυναικῶν. ὡς καθὼς το λέγει καὶ κάπιος ποιητὴς Κάλλος ὄλβος τε καὶ γένος δάμαρσι μὲν ὄγκον εἰσάγει πέλωρον δόξης ἄγαν (Schrift wie oben, ab πέλωρον schwer lesbar) (f. 179 r) ἤγουν ὅταν αἱ γυναῖκες ἔχουσιν κάλλος καὶ εὐγένειαν καὶ πλοῦτον. τότ᾽ ἔχουν μεγάλον καὶ πολὺν βάρος τῆς κενοδοξίας. ὅμως ἂν καλὰ ἡ ἀσυνέθ καὶ ἦτον τοιαύτη ἀλλαζωνικὴ καὶ εἰδωλολάτρισσα. ἀλλὰ θέλετε ἀκούση μετὰ ταῦτα τί χαρίτων ἠξιώθηκεν ἀπὸ θεοῦ. ὡς δὲ εἴπωμεν οὐ μόνον οἱ ἀρχόντων καὶ τῶν μεγιστάνων υἱοὶ ἤκουσαν περὶ τοῦ κάλλους αὐτῆς καὶ ἐγύρεβαν αὐτὴν εἰς γυναῖκα (vgl. oben i. 6 *b*), ἀλλὰ καὶ αὐτὸς ὁ τοῦ βασιλέως υἱός... (i. 7). In iv. 10 fügt Aseneth in ihre Bosheiten über Joseph ein: καὶ ἄφησεν τὸ ἀπανοφόριν του καὶ ἔφυγεν (vgl. Gen. xxxix. 12). In ix. 1 werden Aseneths gemischte Gefühle καὶ εἶχε χαρὰν καὶ λύπην erläutert: χαρὰν μὲν δῖὰ τὴν εὐλογίαν, λύπην δὲ διὰ τὴν ἀκαταδεξίαν τοῦ ἰωσὴφ ὅτι πῶς δὲν ἠθέλησε νὰ τὸν φιλήση. Dem Segen des Engels über Aseneths sieben Jungfrauen in xvii. 6 folgt: καὶ αἱ κόραι ἐκεῖνες τὴν μὲν φωνὴν τοῦ ἀγγέλου ἤκουαν, αὐτὸν δὲ τὸν ἄγγελον δὲν τὸν ἔβλεπαν (vgl. Apg. ix. 7). In xviii. 11 mutmaßt Aseneths τροφεύς (zu ihm u. unter I. 3) über ihre neue Schönheit: ἢ μῆνα ἔκαμες θυσίαν τὴν θεάν τὴν ἀφροδίτην. λέγει τον ἡ ἀσυνέθ. δὲν θυσιάζω ἐγὼ πλέον τὴν ἀφροδίτην καὶ τοὺς ἄλλους θεοὺς ὁποῦ δὲν εἶναι θεοὶ ἀληθεινοὶ, ἀμὴ θυσιάζω τὸν θεὸν τῶν ἑβραίων ὅτι ἐκεῖνος εἶναι ποιητὴς οὐρανοῦ

---

[1] Wiedergabe wie bei 661 (s. o. A. 6 auf S. 69). 671 benutzt nur wenig Kommata.

καὶ γῆς καὶ τῶν ἀνθρώπων. In xxi. 1 weiß 671 mehr über die Nacht nach Josephs Rückkehr in Pentephres' Haus: καὶ ἔτʒη εὐφράνθησαν τὴν νύκταν ἐκείνην εὐφραινόμενοι ὅ τε πεντεφρῆς καὶ ἡ γυνὴ καὶ ἡ ἀσυνὲθ μετὰ τῶν παρθένων αὐτῆς σὺν τῷ ἰωσήφ. Bei Kürzungen kann man nicht ganz sicher sein, für die übrigen Eigenheiten wird man im allgemeinen Verfasser oder/ und Abschreiber von Ngr verantwortlich machen dürfen, solange sie nicht auch anderswo belegt sind.

Dafür hat 671 19 meist einspaltige, 9–10 Zeilen hohe Miniaturen: f. 177v vor dem Titel (zweispaltig, Joseph auf seinem Wagen mit Vorreitern), f. 178v/b vor iii. 4 (Pentephres gibt seinem Verwalter Aufträge), f. 179r/a vor iv. 1 (Aseneth zwischen ihren Eltern), f. 179r/b in v. 1 (ein Bote meldet den dreien Josephs Ankunft), f. 179v vor v. 3 (zweispaltig, Pentephres und Familie empfangen Joseph auf seinem Wagen, Aseneth sieht durch ein Fenster über dem offenen Hoftor zu), f. 180r/b in vii. 1 (Pentephres gießt dem sitzenden Joseph Waschwasser über die Füße), f. 180v/b in viii. 5 (Joseph weist Aseneth zurück, s. u. unter 3), f. 181r/a in ix. 4 (Joseph fährt ab, von Pentephres zu Pferde begleitet), f. 181v/a in der Zusammenfassung von x. 8–xiii (Aseneth betet mit erhobenen Händen am Fenster ihres Schlafzimmers[?]), f. 181v/b vor xiv. 1 (Aseneth kniet vor dem Engel), f. 182r/b in xv. 1 (Aseneth steht wieder angekleidet vor dem Engel, der mit ausgestrecktem Zeigefinger auf sie weist), f. 182v/b in xvi. 1 (Aseneth bietet kniend dem sitzenden Engel ein Tablett an), f. 183r/a vor xvi. 13 (der stehende Engel gibt der knienden Aseneth zu essen, im Hintergrund der Wabenhonig auf einem Tischchen), f. 184r/b vor xviii. 11 (der Hofmeister vor der geschmückt dasitzenden Aseneth), f. 184v/a vor xix. 2 (Aseneth mit den Jungfrauen hinter sich begrüßt Joseph am Fuß der Treppe zu ihrem Turm), f. 184v/b vor xix. 10 (Joseph umarmt Aseneth), f. 185r/a vor xx. 5 (Aseneth wäscht Joseph die Füße), f. 185v/a vor xxi. 5 (Pharao setzt Joseph und Aseneth Kränze auf) und f. 186r/a vor xxvi. 7 (der vom Pferd gefallene Erstgeborene des Pharao vor Aseneth auf ihrem Wagen). f. 183v/b vor xvii. 9 und f. 186v/a in xxix. 2 sind zwei Felder leer. Manche Miniaturen sind unfertig, besonders f. 180r/b, 181r/a und 186r/a, viele Zierbuchstaben nicht geschrieben (von Istrin manchmal falsch ergänzt, s. u. unter I. 4).

3. Die Gruppenzugehörigkeit von 671 läßt sich an folgenden Beispielen ablesen. Nach i. 6 ἐξῆλθεν der Ruf von Aseneths Schönheit in die Welt; das paßt zu ἀπῆλθεν (v.l. ἐπ-, ἦλθεν) b d Lat I, nicht zu διέδραμεν a c (unklar Syr Arm Lat II). Im Gebet vi. 2b–8 stehen V. 2b–4a in 671 wie in allen übrigen Zeugen gegen a d Slaw hinter V. 7.[1] In xv. 12 setzt 671 entsprechend b c Arm Lat I II (Blattverlust Syr) Aseneths Frage nach dem Namen des Engels und dessen Antwort voraus, die in a d Slaw fehlen:[2] πλὴν εἰπέ με τί εἶναι τὸ ὄνομά σου ἀφέντη διὰ νὰ σὲ ὑμνῶ καὶ νὰ σὲ δοξάζω. ὁ δὲ ἄγγελος εἶπεν. τὸ ὄνομα τὸ ἐδικόν μου ἐν τοῖς οὐρανοῖς ἐστίν. καὶ πρῶτον εἶναι τῶν

---

[1] *Untersuchungen*, 22.   [2] Aufgearbeitet *Untersuchungen*, 68–73.

ἄλλων ἀγγέλων. In xviii. 1 kommt nach *a d* Slaw ein Bote aus Josephs, nach 671 *b* Syr Arm Lat I II einer aus Pentephres' Dienerschaft. Nach 671 *a d* E Syr Slaw reagiert Aseneth in xviii. 2, indem sie einen Bediensteten ruft, nach G F W Arm Lat II tut sie es eilend (in Lat I fehlt xviii bis auf V. 1). Vorher heißt es aber in 671 noch: καὶ ὡς ἤκουσεν ἡ ἀσυνὲθ ὅτι ἔρχεται ὁ Ἰωσήφ, ἐχάρη χαρᾷ μεγάλη σφόδρα; das paßt zu et *audiuit Asenec* (v. l. *hec audiens Asenech* o. ä.) Lat II. Der Bedienstete, der in xviii noch mehrfach vorkommt, ist nach *a d* Slaw ὁ ἐπάνω τῆς οἰκίας αὐτῆς, nach 671 ὁ τροφεύς bzw. τροφός, wie es auch *b* Syr Arm Lat II haben, z. T. mit der erstgenannten Bezeichnung danach. In xx. 5 hat 671 eine Bemerkung über Aseneths schöne Hände: βλέποντας δὲ ὁ Ἰωσὴφ τὰ χέρια ἐκεῖνα τὰ λαμπρὰ. καὶ τὰ δάκτηλα, τὰ λεπτὰ καὶ ὡραιότατα ἐχαίρετον μέσα του, die ähnlich, nur z. T. länger in H F Syr Arm Lat I (?) II steht, sonst aber fehlt. Mehr Beispiele lassen sich schnell finden. Sie zeigen, daß 671 weder zu *a, d* noch *c* gehört, sondern unter die *b*-Zeugen.[1] Genaueres bleibt zu untersuchen. An einigen Stellen scheint 671 stilistische Änderungen mitzumachen, wie sie *a* kennzeichnen, etwa Auflösung der Parataxe. So hat 671 in xx. 5 [κ]αὶ ἀναγκάζουσα αὐτόν wie καὶ βιασάμενη αὐτόν *a* gegen καὶ ἐβιάσατο αὐτόν *b d* Syr Arm Lat I II Slaw. Doch konnte dergleichen wohl auch selbständig einem Übersetzer, der so frei wie Ngr arbeitete, in die Feder fließen, wie man an xiv. 1 ff.[2] sieht.

Möglicherweise deuten die Miniaturen in die gleiche Richtung. Ihre Untersuchung, die auch die Bilder in 661 und G einschließlich derer in dem vorhergehenden (pseudo-)ephrämischen Josephstext umfassen müßte, ist an sich Sache der Kunstgeschichte.[3] Doch sieht auch der Laie, daß mindestens

---

[1] Dagegen sprechen weder der Titel (anders *Untersuchungen*, 50–4, wo die Titel aufgearbeitet sind) noch daß Ngr die Himmelserscheinung immer ἄγγελος, ἄγγελος κυρίου oder ἄγγελος τοῦ θεοῦ nennt (Übersicht *Untersuchungen*, 21).

[2] Kritischer altgriechischer Text von xiv. 1–9a in 'Zum Text', 30–4. Zu prüfen wäre, ob die Gräzisierung, die *a* kennzeichnet, etwa in Stufen geschah und die Vorlage von Ngr etwa schon etwas in Richtung von *a* entwickelt war.

[3] G. Vikan-Princeton arbeitet an einer Untersuchung über die Bilder der drei Handschriften. Zu G bisher Pächt–Pächt, 'Unknown Cycle': Abkömmling eines im 6. Jh. in Syrien entstandenen Originals, das der Wiener Genesis nahestand (Verzeichnis der Abbildungen 44 f.; auch hier scheint nicht alles zum Text zu passen); zustimmend U. Nilgen, 'Joseph von Ägypten', *Lexikon der christlichen Ikonographie*, II, 1970, Sp. 423–34, hier 428. Die Berichtigungen von O. Pächt, 'Ephraimillustration, Haggadah und Wiener Genesis', in: *Festschrift Karl M. Swoboda zum 28. Januar 1959* (Wien–Wiesbaden, 1959), 213–21 mit Abb. 46–52 (Bildtradition möglicherweise älter als der Text) betreffen JA nicht. Zu 671 Pächt–Pächt, *a. a. O.*, 49: 'The style of the drawings is heavily orientalising, but it is noteworthy that of the 28 illustrations of the first tract [Ps.-Ephrem] 22 agree iconographically with the corresponding scenes in E [162]. Among the drawings illustrating the second tract [JA] there are a few subjects which are not illustrated in E.' Zu Asenethdarstellungen sonst kurz *Untersuchungen*, 133 f. R. Stichel, 'Außerkanonische Elemente in byzantinischen Illustrationen des Alten Testaments', *Römische Quartalschrift*, LXIX (1974), 159–81 mit T. 5–16, hier 176: 'Mehrere illustrierte Oktateuchkatenen zeigen die Erhöhung Josephs unter Hinzufügung eines anderen außerkanonischen Elements: der thronende Pharao überreicht Joseph und einer hinter diesem stehenden Frau ein rotes Objekt, wohl einen Ring. Die Beischrift lautet: ἔνθα φαραὼ ἀποκαθιστῶν ἄρχοντα πάσης Αἰγύπτου τὸν Ἰωσήφ, παρέχων αὐτῷ καὶ τὴν Ἀσενέθ.' Stichel sieht darin eine Anspielung auf JA; aber ein rotes Objekt kommt in JA nicht vor, und reicht zur Erklärung der Beischrift Gen. xli. 41 ff. nicht aus? Abbildung von Joseph neben Aseneth (en face) vor JA in Jerusalem, Armen.

einige der Illustrationen von 671 Dinge zeigen, die im Text und erst recht in 661 nicht (mehr) stehen. Bei viii. 5 scheint Joseph Aseneth die Hand ἀναμέσον τῶν δύο μασθῶν αὐτῆς zu legen, was 671 nicht hat. Der Zeigefinger des Engels auf dem Bild vor xv. 1 scheint auf das θέριστρον zu zeigen, das Aseneth nach xv. 1 f. ablegen soll und ablegt; die Episode fehlt in 671. Vor xviii. 11 hält Aseneth etwas, was das Szepter sein könnte, das sie nach xviii. 6 laut F W Syr Arm Lat II in die Hand nahm, 671 aber wie die übrigen nicht erwähnt. Die Bilder sind also nicht (alle) für 671 entworfen, sondern für einen volleren (altgriechischen?) Text, der auch zu *b* gehörte.

Insgesamt: Wenn der älteste erreichbare JA-Text aus allen Gruppen auf der Grundlage von *b* ausgelesen werden muß (*d* ist der älteste Text jedenfalls nicht),[1] dann ist Ngr textkritisch vielleicht nicht ganz unnütz. Denn *b* ist eine sehr diversifizierte Gruppe, und von den altgriechischen Zeugen ist höchstens E (15. Jh.) älter als Ngr. So wie Ngr aussieht (oder erhalten ist), wird sich der Nutzen freilich in Grenzen halten.

4. Corrigenda zu Istrin:[2]

146, 10 (i. 4) ᾿Ασενέθ *et passim*] ᾿Ασυνέθ *et passim*   146, 10 (i. 4) ὡραιοτάτην] ὡραιότατον   146, 12 (i. 4) ἐχόντων] ἀρχ-   146, 13 (i. 4) σελήνη] +φέγγουσα   146, 15 (i. 5) ὑπερλάμπροσα] ὑπέρλαμπρος   146, 20 (i. 6) ἀφ᾿ ἡλίου] ἀφ᾿ ἥλιον   146, 20 (i. 6) νοῦν] ἤγουν, vgl. 146, 12 (i. 4)   147, 4 (i. 6) τοῦτον] τοιοῦτον   147, 11 (i. 6) πλοῦτος] ὄλβος   147, 12 (i. 6) ἀγών] ἄγαν?   147, 15 (i. 6) καὶ 1°] καλά   147, 17 (i. 6) ἀκοῦσαι] ἀκούση   147, 17 (i. 6) (ποίων)] τί (wohl ohne Akzent cod.)   147, 23 (i. 7) ἀνήγγει(λε) λέγοντας] ἀνήγγειλεν τὸν   147, 31 (ii. 1) τὴν] τὸ   147, 40 (ii. 2) ἤγουν ἡ στέγη μέσα.] ἤγουν ἡ στέγη. [Μ]έσα   147, 45 (ii. 4) στολίδα] -δια   148, 6 (ii. 5) ποτά] ὀπωρικά   148, 9 (ii. 6) εἰ μὴ] wohl ἀμὴ   148, 11 (ii. 6) ἕνας] ἕνα   148, 13 (ii. 7) [λαμπρό]τατος] καὶ(?) ὡραιώτατος   148, 19 (ii. 8) πρόσωπα] κροσωτὰ   148, 19 (ii. 8) μαργαρίτου] -ιτάρι   148, 32 (ii. 12?) ἀλλ᾿] ἄλλο   148, 33 (ii. 11a) αὐλὴ] ἡ αὐ.   148, 40 (iii. 1) συνάγοντος] συνάζοντος   149, 2 f. (iii. 2) ἐκόνευσαν] -ευαν   149, 9 (iii. 2) κληρονομίας] τῆς κ.   149, 12 (iii. 3) ἂν] ἂς   149, 13 (iii. 3) τοῦ] +ἀφεντός   149, 15 (iii. 4) σπιτίου] ὀσπητίου   149, 20 (iii. 4) τοῦ] τῆς   149, 28 (iii. 6) χρυσοφασμένην] -ουφασμένην (Asper über υ cod.)   149, 35 (iv. 1) ὀπαρικὰ] ὀπωρικὰ   150, 3 (iv. 8) εἶναι] εἶσε   150, 7 (iv. 9) διότι] διατί   150, 8 (iv. 9) λόγια] +με   150, 14 (iv. 10) ἀπανωφόριόν] ἀπανοφόριν   151, 8 (v. 2) ἀνέβηνεν] -ηκεν   151, 11 (v. 3) ὅλον] +του   151, 15 (v. 5) ἐκάθεζον] -ετον   151, 20 (v. 5) κεκαλυμμένοι] κεκολ-   151, 23

Patriarchat, 1927, f. 40v, bei M. E. Stone, 'Bible, Translations, Armenian', *Encyclopaedia Judaica*, IV (1971), Sp. 861 f., hier 862 (gibt es auch in anderen armenischen JA-Handschriften). J. C. H. Lebram, 'Jakob segnet Josephs Söhne. Darstellungen von Genesis XLVIII in der Überlieferung und bei Rembrandt', in: J. G. Vink *et al.*, *The Priestly Code and Seven Other Studies* (OTSt, xv) (Leiden, 1969), 145–69, bespricht vor allem Texte (samaritanischer Ursprung 'für die dem Asenetbuch zugrundeliegende Tradition' vermutet, 160 f.) und bringt ikonographisch nichts Neues.
[1] Ausführlich: 'Zum Text'.
[2] 'Apokrif', 146–79. Im allgemeinen nicht notiert sind Differenzen der Orthographie einschließlich Akzente, Spiritus, Jota subscriptum (in 671 unregelmäßig), der Elision, Getrennt- bzw. Zusammenschreibung (z. B. von ὡς αν), Interpunktion und einige Leseschwierigkeiten. Im übrigen Istrin wie gedruckt (runde Klammern seine), 671 wie o. in A. 6 auf S. 69 angegeben. Die Verszahlen treffen bei der paraphrastischen Art von Ngr manchmal nur ungefähr.

(v. 5) γεμάτους] -ον   151, 24 (v. 5) ἐσημάνευε] -άδευε   151, 26 (v. 7) ὅλην] +
του   152, 14 f. (vi. 5) γῆν διοικεῖν (v ruk. διηκήν) μας] ἐδικήν μας γῆν
152, 17 (vi. 7) ὑβριστῆ] -τικὰ   152, 17 f. (vi. 7) κατά του] κατ' αὐτοῦ (1 Wort
cod.)   152, 20 (vi. 3) κατά του] κατ' αὐτοῦ (1 Wort cod.)   152, 29 (vi. 8)
μοναχή] -ή της   152, 34 (vii. 1) ἤφοραν] ἤφεραν   152, 35 f. (vii. 1) τράπεζαν]
τραπέζιν   153, 3 (vii. 3) αἱ] οἱ   153, 6 (vii. 3) μετ' αὐτῶν] μετ' αὐτοῦ
(1 Wort cod.)   153, 22 (vii. 7) εἶδεν] οἶδες   153, 22 (vii. 7) θέλει(ς)] θέλει
153, 29 (vii. 8) τοιοῦτον τρόπον] τοιουτοτρόπως   153, 33 f. (viii. 1) ἔφευρεν
αὐτὴν ὁ πατήρ αὐτῆς] ἔφερεν αὐτὴν   153, 39 (viii. 1) μισεῖς] -σᾶς   153, 41
(viii. 2) εὐλογημένος] -νε   154, 9 f. (viii. 5) μιασμοῦ ὃς λείπει. λοιπόν] μ.· ὃς
λείπη λοιπὸν   154, 18 (viii. 8) ὅτε] [Τ]ότε   154, 21 (viii. 8) ἀνευτράπησεν]
ἀνεντράνησεν   154, 21 (viii. 8) τ' ὀμμάτιά] τἀμμάτια   154, 22 (viii. 8) ἅ]
[Κ]αὶ   154, 24 f. (viii. 8) ἐλυπήθη πένθην] ἐλυπήθηκέν την   154, 29 (viii. 9)
(εἰς)] >   155, 5 f. (ix. 2) ἐλέησον] + με   155, 8 (x. 12) ἀφόντες] -τις   155, 16
(Zusatz) ἐλογέσθαι] -γίσθη   155, 20 (ix. 3) ἐσυνάζει] νὰ συνάζει   155, 28 f.
(x. 1 ff.) τοιοῦτο τρόπος] τοιουτοτρόπως   155, 33 (x. 1 ff.) ἡμέραν] -ρας
155, 35 (x. 1 ff.) οὔτε] οὐδ'   156, 3 (x. 4) ἔκαμαν] -μναν   156, 4 (x. 4)
ἔρχοντα] -ταν   156, 7 (x. 6) βαρυμένη] βαρεμένη   156, 9 (x. 7) σφαλιθῆ]
-ισθῆ   156, 11 (x. 7) αὐτούς] αὐτὲς   156, 13 (x. 8) ἔκαμαν καὶ] κ. ἔ.   156, 15
(xii. 1) προσευχομένη] -χουμένη   156, 26 (xiii. 11) εὐσπλαγχνίας] -νίαν
156, 26 (xiii. 11) με] μου   156, 27 f. (xiii. 11) δείξῃς τράτανϊσην (sic)] δείξη
στράταν ἴσην   160, 6 (xiv. 1) οὐρανούς] τοὺς οὐ.   160, 9 (xiv. 2) διανουμένη]
-νοουμένη   160, 9 (xiv. 2) τὸν] τὸ   160, 22 (xiv. 8) τῆ] τὴν   160, 27
(xiv. 9) ἐφαίνετο] -τον   160, 28 (xiv. 9) παρέξ(ω)] πάρεξ (Ort des Akzents
fraglich)   160, 33 (xiv. 10) φωτα(γω)γίαν] φωταυγίαν   160, 35 (xiv. 11)
ἦ] >   161, 2 (xiv. 12) μάλιστα] μαλία 'Haare'   161, 3 (xiv. 12) πρῶτον]
τὸ π.   161, 16 (xv. 1) τοιοῦτο τρόπος] τοιοτοτρόπως   161, 18 (xv. 1)
ἀφόντες] -της   161, 23 (xv. 4) οὐρανοῦ] -νίου   161, 25 (xv. 5) ἀνακαινουρ-
γωθῇς] -θῆ   161, 26 (xv. 5) φάγῃς] φάγη   161, 30 (xv. 6) χρόνον] -νους
161, 31 (xv. 9) πορεύσομαι] -εύομαι   161, 32 (xv. 9) συντύχω] -χη   161, 34
(xv. 9) εὐφρανθῇ] θέλει εὐφρανθῆ   162, 5 (xv. 12) ἐδοξάζω] δο-   162, 6
(xv. 12) μοι] μου   162, 9 (xv. 13) ἐγίνηκαν] ἐγαίν-   162, 12 (xv. 14) κλίνη]
ἡ κ.   162, 15 (xv. 15) ἄγγελος] ὁ ἄ.   162, 18 (xvi. 1) ἔφορεν] ἔφερεν   162, 29
(xvi. 1) μέλιν ὄν] μέλι νέον   162, 32 (xvi. 2) κελλίον] κελλίν   162, 35 (xvi. 4)
κελλίον] κελλίν   163, 1 (xvi. 5) κελίον] κελίν   163, 3 (xvi. 8) ἐσέβη] -ην
163, 4 (xvi. 8) κελίον] κελλίν   163, 5 (xvi. 8) τράπεζαν αὐτῆς] τράπεζάν της
163, 5 (xvi. 8) ἐν ἀκόμα τι] ἕνα κομάτι   163, 7 (xvi. 8) ἀνασαίμου] ἀνασασμοῦ?
163, 16 (xvi. 11) ἐφοβήθη] -θην   163, 22 f. (xvi. 13) ἀπτόχοντας] ἀπλώνοντας
163, 30 (xvi. 16) ἄγγελος] ὁ ἄ.   163, 33 (xvi. 16) ὡς αὐτοῦ] ὡσὰν τοῦ   163, 37
(xvi. 24 f.?) ἔπλησεν] ἅπλωσεν   163, 37 (xvi. 24 f.?) κέρι] χέρι   164, 2
(xvi. 24 f.?) ἀνηλειπές] ἀνελλ-   164, 6 f. (xvi. 17) ἐβλέπης] -πη   164, 10
(xvi. 18) χρυσοπρασίονες] -πράσινες   164, 11 (xvi. 18) ἐκείνας] εἰς ἐ.   164, 16
(xvi. 23) τρίγυρον] τριγύρου   164, 19 (xvii. 1) πιστεύσεις] -εύεις   164, 22
(xvii. 3) αἱ] οἱ   164, 35 (xvii. 6) ἦλθον] -θαν   164, 39 (xvii. 6) τοῦ 1°] >
165, 1 (xvii. 6) ἤκουσαν] ἤκουαν   165, 5 (xvii. 8) ἀφ'] ἐφ'   165, 5 (xvii. 8)
ἐξευγμένου] ἐζευγμένον   165, 11 (xvii. 9) ἐκεῖναι] ἐκεῖνες   165, 11 (xvii. 9)
ἀφόντες] -της   165, 19 (xviii. 1) κυρία] κυρά   165, 20–22 (xviii. 1) τὸ δὲ – ὁ
Ἰωσὴφ] rund eingeklammert   165, 24 (xviii. 2) χαρὰν μεγάλην] -ᾶ -η   165, 29

(xviii. 2) τράπεζαν] -ʒον   165, 34 (xviii. 3) ἀμορφήν] ἀφορμὴν   166, 6 (xviii. 5) ὅτι] [Τ]ότε   166, 8 (xviii. 5) ὁ] ἡ   166, 8 (xviii. 7) ᾿Ασενὲθ 2°] ἡ ἀσυνὲθ   166, 17 (xviii. 7) τὸν 2°] τοῦ   166, 20 (xviii. 5) στολιασθεῖσα] -λισθεῖσα   166, 22 (xviii. 5) κολοῦραν] κολέρον   166, 23 f. (xviii. 5) (μαρ)- γαριτάρια] μαργαριτάρια   166, 28 (xviii. 11) αὐτῆς] αὐτὴν (falso?)   166, 34 (xviii. 11) θεάτην] θεάν τὴν   166, 44 (xix. 1) κυρία] κυρά   167, 2 f. (xix. 2) ἐκροϋπάντησεν] ἐπροϋπάντησαν   167, 3 (xix. 4) ἐχαιρετήθηκε] -καν   167, 27 (xix. 8) λέγει] λ. την   167, 33 (xix. 9) ἄρα] [Τ]ῶρα   167, 36 (xix. 10) ἔνευσεν] ἔγν-   168, 8 (xx. 1) ἐξαίρετον] πανεξ-   168, 11 (xx. 2) ἔφερεν] ἤφερεν   168, 14 (xx. 3) νὰ] τα   168, 21 (xx. 5) ἀφόντες] -τις   168, 22 (xx. 5) ἐκείνη]+ὁμοίως   169, 1 (xx. 8) εἶναι] >   169, 11 (xxi. 1) παραλίων (?)] παρθένων   169, 13 f. (xxi. 1) τελείαν] τελείως   169, 28 (xxi. 5) σπίτι τοῦ Φαραῶ] σπήτι του ὁ Φαραώ   170, 8 (xxi. 9) τοιουτοτρόπως] τοιοτ- 171, 7 (xxiii. 1) ἡμέρᾳ τῇ] ἡμέρα τῇ ἡμέρα   175, 27 (xxvi. 1) περιβόλαιά] -λιά 175, 41 (xxvi. 7) ὀμπρος [sic]] ἐμπρὸς   178, 14 (xxix. 2) ʒώνταν ὃς] ʒωντανὸς 178, 18 (xxix. 2) ἦλθεν] ἤθελεν   178, 20 (xxix. 3) τὸν] τὸ   178, 23 (xxix. 3) κακοσύνην]+ἐν φόνω   178, 29 (xxix. 4) ἀφῆκέν] ἄφησέν   178, 41 (Doxo- logie) Χριστὸν]+δοξολογήσωμεν

II

Die *b*-Handschrift G (162), deren graphische Ausstattung einen guten, alten Text vermuten läßt,[1] wartet im Gegenteil mit zahllosen, oft neugriechisch beeinflußten Sonderlesarten, Lücken (größere außer der gleich zu besprechenden: xiii. 11–13 λελάληκα 1°, xvi. 8 κηρίον 1°–14 μειδιάσας, xvi. 22– xvii. 2, xviii. 9 καὶ τοὺς ὀφθαλμούς–10, Psalm nach xxi. 9) und Fehlern (besonders Dittographien, zwei Beispiele unten im Text) auf. Am Anfang fehlen ii. 3 καὶ ἐφοβεῖτο–x. i τῆς οἰκίας, d. h. der Hauptteil der Beschreibung von Aseneths Turm und alles weitere bis zum Ende von Josephs erstem Besuch bei Pentephres, der nach G also gar nicht stattfand. Stattdessen:[2] (f. 62v Z. 11) καὶ ἦν ἡ ἀσυνὲθ αὕτη ἐν τῷ αὐτῷ πύργῳ καὶ μετ᾿ αὐτῆς ἑτέραι ἄλλαι νεάνιδαις καὶ δοῦλοι καὶ δουλίδαις, καὶ ἐδούλευαν αὐτῆς. καὶ εἶδε κύριος ὁ θεὸς ὁ πάντα ἄνθρωπον (ἄνον ohne Abkürzungsstrich) θέλων σωθῆναι καὶ εἰς σωτηρίαν ἐλθεῖν (vgl. I Tim. ii. 4). καὶ καθημένης τῆς ἀσυνὲθ ἐν τῷ πύργῳ μετὰ (f. 63r) μετὰ τῶν θυγατέρων τῶν ἑβραίων (kein Spiritus), ἦλθεν πρὸς αὐτὴν (αὐ über -ς τ-) φωνὴ ἐκ τῆς θυρίδος τοῦ πύργου. ὅτι ὁ ἀνήρ σου ὃν σύ ἔχεις ʒευχθῆναι ἀσυνὲθ, ἰωσὴφ ἐστὶν ὁ πάγκαλος. καὶ ἀκούσας ἡ ἀσυνὲθ τὴν τοιαύτην φωνὴν ἔντρομη καὶ (Zeilenwechsel) καὶ ἔμφουη γέγονεν. ὅστε καὶ τὸ

---

[1] S. o. A. 3 auf S. 76. Die Schrift imitiert das 11. oder 12. Jh. (Pächt–Pächt, 'Unknown Cycle', 36). G ist nach dem Tod von D. McK. McKell aus Chillicothe, Ohio, an eine Enkelin in Virginia Beach, Va., gekommen (G. Vikan brieflich 21. 3. 1974). – Auf f. 63r steht oben rechts neben dem Spiegel eine dreizeilige Randnotiz, die ich für kyrillisch geschriebenes Rumänisch halten möchte; die letzte Zeile könnte *la egipet evrei* heißen, den Rest kann ich nicht entziffern. Die Sprache würde dazu passen, daß der Schreiber der Handschrift, Diakon Lukas der Zyprer (Kolophon f. 108r), später offenbar in Rumänien Bischof war (Pächt–Pächt, *ibid.*).

[2] Wiedergabe wie bei 661 (s. o. A. 6 auf S. 69), nur sind die gelegentlichen Majuskeln und vergrößerten Minuskeln (auch im Wortinnern) nicht beachtet. Der zitierte Text hat keine Miniaturen. Mit ii. 3 – x. 1 könnten aber welche weggefallen sein (671 hat hier sieben).

εἶδος αὐτῆς ἡλλιωθῆναι (oder Asper?) ἔχει. καὶ ἐν αὐτῇ τῇ ὥρᾳ αἶνον καὶ ὕμνον ἀνέπεμπεν κυρίῳ τῷ θεῷ τοῦ οὐρανοῦ καὶ γῆς. καὶ λέγων. κύριε, ὁ θεὸς τῶν θεῶν καὶ κύριος τῶν κυρίων. ὁ καὶ πάντα τὰ ὁρατά τε καὶ τὰ ἀόρατα. καὶ πάντα τὰ ἐν τῇ γῇ καὶ τὰ ἐν τοῖς οὐρανοῖς διὰ τοῦ λόγου σου ἐγένοντο. αὐτὸς (kein Akzent) κύριε ὁ θεὸς ὁ ποιήσας τὴν πᾶ(f. 63 v)σαν κτίσιν, οὐρανόν τε καὶ γῆν καὶ τὴν θάλασσαν. τὸν ἥλιον καὶ τὴν σελήνην καὶ τοὺς ἀστέρας[.] γενέτω δὴ ὁ λόγος ὁ ἐρχόμενος ἐπὶ τῆς θυρίδας τοῦ πύργου, ἐν ἔργῳ, καὶ νὰ ἦμε εὐλογημένη μετ' αὐτοῦ. ὃς καὶ τῶ ῥήματι ὑπὸ σοῦ ἤκουσε καὶ παρ' αὐτίκα ἡ ἀσυνὲθ ἐπίστευσε κύριον τὸν θεόν. καὶ τοὺς θεοὺς τοῦ πατρὸς αὐτῆς ἀρνηθῆναι ἔχει. καὶ λέγων καὶ ἐγκατηδεύω εἰς πατέρα καὶ υἱὸν καὶ πνεῦμα ἅγιον. τοῦτο τῷ θεῷ προσκυνῶ καὶ ἀνυμνῶ καὶ δοξολογῶ. τῷ ὁδιγοῦντι πάντα ἄνθρωπον σωθῆναι.

Ob das ad hoc erfunden oder aus einem bestehenden Text (zu dem etwa auch der Schluß von *c* gehörte?) übernommen ist, ahne ich nicht. Jedenfalls verschiebt der Eingriff die Proportionen der Erzählung. Josephs Anteil ist reduziert, das erotische Element ist fast weggefallen. Die Bekehrungshandlung wirkt vor, und zwar ohne den Hintergrund von hybrider Misandrie, der im Original vorhanden ist.

III

Die altgriechische Gruppe *c* besteht aus Jerusalem, Griechisch-Orthodoxes Patriarchat, Panhagios Taphos 73 (JA 17. Jh., Sigel H oder 173), Saba 389 (17. Jh., J oder 172) und Saba 593 (1802, K oder 191). Sie gehen eng zusammen, dürften aber voneinander unabhängig sein.[1] J bricht nach καὶ παρέ[θηκεν]. xi. 10 unten auf der Seite mitten im Wort ab. H, p. 302–7 und K, p. 462–71 gehen nach καὶ οἱ σίμβλοι ἦσαν ἀναρίθμητοι μυριάδες xvi. 17 in einen neuen Schluß des ersten Teils von JA (i–xxi) über (xxii–xxix fehlen), der sich vom Original vor allem dadurch unterscheidet, daß er den in xix. 9 von Joseph nur referierten Besuch des Engels bei ihm ausführlich erzählt, wenn auch keineswegs im Sinn der Referats, und in eine Paränese ausläuft:[2]

..., οἱ ὁποῖοι σύμβλοι τὸ πλῆθος αὐτῶν (αυτον H) ἐσιμένασιν (εσυμ- K) τὴν ἐσχάτην αὔξησιν (-ξισ- H) τοῦ Ἰωσήφ, ἡ δὲ γλυκίτης τοῦ μέλιτος τὴν (τη H) χαρὰν ὁποῦ ἤθελεν (ειχενθελεν, χεν durchgestrichen H) λάβη ὁ πατὴρ τοῦ Ἰωσήφ ἤγουν ὁ Ἰακώβ, ὅταν ἤθελεν λάβει τὰ εὐαγγέλια (-λεια H) ὅτι ζῆ ὁ υἱὸς (ειος H) αὐτοῦ Ἰωσήφ. λοιπόν, λέγοντας ὁ ἄγγελος ταῦτα πάντα τὰ

---

[1] Denkbar ist, daß K von H abstammt (dafür 6 [das ὅτι steht in H fast genau unter dem ὅτι V. 5], 40, dagegen 37 und die erheblich regelrechtere Orthographie und Akzentsetzung von K einschließlich der Namensform Ἀσυνέθ). Wäre das so, dann müßte wohl trotz 'richtigerer' Schreibe meist K statt H in die Klammern. Alle übrigen Beziehungen zwischen H, J und K lassen sich ausschließen.

[2] Buchstabentext wie geschrieben (nur Eigennamen groß), Jota subscriptum nicht ergänzt. Akzente und Spiritus nach den Schulregeln fürs Altgriechische (nur für die Akzentstelle, z. B. bei ὁποῦ, sind die Handschriften maßgebend); Interpunktion, Absätze und Verszählung meine.

λόγια πρὸς τὴν παρθένον καὶ ἁγνὴν Ἀσυνέθ (passim 191, Κ, Ασενεχ passim Η),
ἄφαντος ἐγένετο ἀπ' αὐτῆς.

Ἀσυνὲθ δὲ ἀπὸ τοῦ φόβου αὐτῆς καὶ τῆς χαρᾶς ἔπεσεν ἐπὶ τὴν γῆν ἕως   3
πολλοῦ (πολου Η) διαστήματος. μικρὸν δὲ ἀνηστάσης ἐκάθησεν εἰς τὸν θάλαμον   4
τῆς παρθενίας (-νειας Η) αὐτῆς, ὅτι ἦν κεκμηκεῖα σφόδρα καὶ παρημένη τοῖς
μέλεσι ἐπί τε τῷ πικρῷ (πυκ- Κ) αὐτῆς κλαυθμῷ καὶ τῇ νηστία τῶν ἑπτὰ
ἡμερῶν καὶ ἐπὶ τῇ ὁράσι τοῦ ἀγγέλου, καὶ διελογίζετο ἐν ἑαυτῇ λέγουσα εἰ ἄρα
(αρρα Η) ἀληθεῖ εἰσι (εισυ Η) τὰ ὑπὸ τοῦ ἀνθρώπου ἐπ' αὐτὴν λαληθέντα.
ὡς δὲ ἠγνώει, ἰδοὺ ἀκτής (αὐτῆς Κ) τις θεία (-ᾳ Κ) καὶ ἱλαρὰ ἐν τῇ καρδία   5
Ἀσυνὲθ φωτίζουσα (-τη3- Η) καὶ πληροφοροῦσα αὐτὴν ὅτι εἰσὶν ἀληθῆ πάντα
τὰ ρήματα τὰ εἰς αὐτὴν λαληθέντα παρὰ τοῦ ἀνθρώπου, ὅτι (+εισιν αληθη   6
durchgestrichen, ν fraglich Κ) ὡς ἄνθρωπον ἐνόει αὐτὸν Ἀσυνέθ, οὐκ εἴδη
ὅτι ἄγγελός ἐστιν. πληροφοριθεὶς (-ρηθ- Η) οὖν Ἀσυνὲθ ἐκάθητο εἰς τὸν θρόνον   7
αὐτῆς εὐχαριστοῦσα καὶ μεγαλύνουσα τὸν θεὸν τοῦ δυνατοῦ Ἰωσήφ.

ὁ δὲ ἄγγελος εὐθὺς (-θης Η) πορευθὴς πρὸς τὸν Ἰωσὴφ ἔν τινι (-νη Η) τῶν   8
κομῶν Ἡλιουπόλεως, ὁποῦ ἦν συνάγων τὸν σῖτον τῆς εὐθυνίας, καὶ λέγει
αὐτῷ· χαίροις, Ἰωσήφ, ὁ ἐκλεκτὸς τοῦ θεοῦ τοῦ πατρός σου Ἀβραὰμ καὶ τοῦ   9
πατρός σου Ἰσαὰκ καὶ τοῦ πατρός σου Ἰακώβ. ἰδοὺ εὐλόγεισέ σαι ὁ θεὸς ὡς   10
τὸν Ἀβραὰμ καὶ ἠγάπησέ (υγ- Η) σαι ὡς τὸν Ἰσαάκ. ἰδοὺ κύριόν σε ἐποίησε   11
πάσης (-σαν Κ) γῆς Ἐγύπτου διὰ τὸ τυρεῖν (τυριν Κ) καὶ φυλάττην (φυλ-
λατην Η) τὰ προστάγματα τοῦ θεοῦ τοῦ πατρός σου Ἀβραὰμ καὶ τὰς ἐντολὰς
τοῦ πατρός σου Ἰακώβ· καὶ δέδοκέ σοι εἰς γυναῖκα Ἀσυνὲθ παρθένον καὶ   12
ἁγνὴν οὖσαν ὡς σὺ σήμερον, θυγάτηρ Πεντεφρῆ ἱερέως Ἡλιουπόλεως (-εος Η),
σατράπης καὶ αὐτὸς τοῦ βασιλέως Φαραὼ καὶ πάσης (-σας Κ) γῆς Αἰγύπτου.
θάρσι, Ἰωσήφ, διαλεκτὲ τοῦ θεοῦ τοῦ ὑψίστου, ὅτι καὶ αὐτὸς μετά σου ἐστί   13
(-τη Η) πάσας τὰς ἡμέρας τῆς ζωῆς σου καὶ φυλάξι σε ἀπὸ τοῦ νῦν ἀπὸ πάσαν
ἀδικίαν, καὶ ἔσοι ἀπὸ τὴν σήμερον νυμφίος τῇ Ἀσυνὲθ καὶ αὐτὴ ἔστω σοι
νύμφη. ὁ δὲ Ἰσωὴφ πεσὼν ἐπὶ πρόσωπον δὲν ὑποφέρνοντας τὴν θείαν τοῦ   14
ἀγγέλου λάμψιν (-ψην Η), τότε λέγει πρὸς αὐτὸν ὁ ἄγγελος· ἀνάστα, Ἰωσήφ,   15
μὴ φοβοῦ. ἄγγελος γάρ εἰμι (-μη Η) τοῦ θεοῦ τοῦ πατρός σου Ἀβραὰμ καὶ
Ἰσαὰκ καὶ Ἰακώβ. καὶ ἐκτίνας τὴν χεῖρα αὐτοῦ ὁ ἄγγελος ἀνέστησεν αὐτόν. ὁ   16,
δὲ Ἰσωὴφ προσεκύνησε τὸν ἄγγελον καὶ εἶπε· ἵνα τί, κύριε, τιαῦτα ρήματα
λαλεῖς (λαλλεις Η) πρὸς τὸν δοῦλόν σου; ἡ γὰρ Ἀσυνέθ ἐστιν βδέλιγμα   18
(-λυγ- Η) ἐκ τῆς λατρίας τῶν εἰδώλων (-δολ- Κ) ἐνώπιον (ενοποιον Η) κυρίου
τοῦ θεοῦ ἡμῶν. πῶς ἄρα (αρρα Η) δύναμαι (δυ/υναμαι Seitenwechsel Κ) τοῦτο   19
ποιῆσαι, ἐπειδὴ (επιδει Η) ὁ δοῦλός σου Ἰωσὴφ λατρεύει θεῷ ζῶντι (-τη Η),
ποιητῇ οὐρανοῦ, γῆς καὶ θαλάσσης καὶ πάντα τὰ ἐν αὐτοῖς εὑρισκόμενα (-ρησ-
Η). οὐ μὴ ἁμάρτω ἐνώποιον κυρίου καὶ πατάξη με ἐν ρομφαία καὶ καταδηκάση   20
(-σι Η) με ἐν πυρὶ γεένης. τότε λέγει (-γη Η) πρὸς αὐτὸν ὁ ἄγγελος· μὴ φοβοῦ,   21
Ἰωσήφ. εἶπόν σοι ὅτι ἠγάπησέ (υγ- Η) σαι ὁ Θεός· οὐκέτι (οὐκ ἔτι Κ) πυράσι
σε. ἰδοὺ Ἀσυνέθ, ἑπτὰ ἡμέραι εἰσὶν ἐν αἷς τράπεζαν οὐχ ἱτίμασεν ἐκ τῶν   22
εἰδωλοθύτων (-δολ- Κ) κατὰ τὴν πρώτην (προτ- Η) αὐτῆς συνήθειαν οὔτε
γόνοι ἔκαμψεν ἐπὶ τοῖς εἰδώλοις οὔτε εἰς τὸν θάλαμον αὐτῆς τῶν ἐξ ἱακίνθου

23 τῆς παρθενίας ἔπεσεν, ἀλλ᾿ ὑπῆρχεν ἐν τέφρᾳ καὶ σποδῷ κατεστρωμένοι,
κλαίουσα καὶ μετανοοῦ(σα) (μετανοού Η, μετὰ νόου Κ) ἐπὶ τοῖς πρώτοις
(προτ- Η) σφάλμασιν καὶ ταῖς θυσίαις ταῖς πρὸς τοῖς εἰδώλοις προσφέρουσα
24 πρὶν ἀγνοοῦσα. ἐν δὲ ταῖς ἑπτὰ ἡμέραις ἄρτον οὐκ ἔφαγεν καὶ οἶνον οὐκ ἔπιεν
25 ἐπὶ τῆς ταπυνώσεως αὐτῆς· τὰ δὲ εἴδωλα, τοὺς θεοὺς τῶν Αἰγυπτίων οὓς εἶχεν
εἰς τὸν πύργον αὐτῆς, ἅπαντας κατέστρεψεν καὶ ἀπόλεσεν ἅπαντας ἐπιστρέ-
26 φουσα πρὸς κύριον τὸν θεὸν ἐν πολλοῖ ταπυνώσι. ὁ δὲ πατὴρ καὶ ἡ μήτηρ
αὐτῆς ἐγκατέλειπον αὐτὴν καὶ εἶπον· οὐκ ἔστιν ἡμῶν (υμ- Κ) θυγάτηρ. καὶ
πᾶσα ἡ συγγένια αὐτῆς ἐγκατέλειπον αὐτήν, ὅτι τοὺς θεοὺς αὐτῶν συνέτριψεν
27 καὶ ἐβδελύξατο (-ληξατω Η). νῦν οὖν ἄκουσόν μου, ᾿Ιωσήφ, καὶ πλήρωσον
ἅπαντα τὰ λεχθέντα σοι, ὅτι βουλὴ κυρίου εἰσί.
28 ἀκούσας δὲ ταῦτα ᾿Ιωσὴφ περὶ ᾿Ασυνὲθ λίαν ἐχάρη ἐν τῇ ταπυνώση (-σι Η)
29 αὐτῆς. ἠπῆρχε γὰρ πρῶτον (προτ- Η) ἀλαζὼν καὶ ὑπερήφανος παρὰ πάσας
τὰς παρθένους πάσης γῆς Αἰγύπτου· ἔπειτα (επιτα Η) εἰς τοσαύτην καταν-
30 τήσας ταπύνωσιν, ἠγάπησεν σφόδρα ᾿Ιωσὴφ τὴν ᾿Ασυνὲθ καὶ ἤθελεν αὐτὴν
ἐν ἑαυτῷ εἰς νύμφην. καὶ εἶπεν ᾿Ιωσὴφ τοῖς παισὶν (πεσιν Η) αὐτοῦ τοῦ ζεῦξαι
τοὺς ὕππους εἰς τὰ ἄρματα αὐτῶν τοῦ πορευθῆναι (-θυν- Η) αὐτοὺς εἰς
31 ᾿Ηλιούπολιν (-λην Η) πρὸς Πεντεφρῆ ἱερέως ᾿Ηλιουπόλεως (-εος Η). ἀνέβη
32 δὲ ᾿Ιωσὴφ ἐν τῷ ἄρματι καὶ ἐπορεύοντο τὴν ὁδὸν αὐτῶν χαίρων. ὡς (ος Η) δὲ
προσύγγεισαν τῇ πόλει (-λη Η), ἀπέστειλεν (-τιλ- Η) ᾿Ιωσὴφ ἔμπροσθεν αὐτοῦ
33 ἀγγέλους πρὸς Πεντεφρῆ τὸν ἱερέα λέγων· ἰδοὺ ᾿Ιωσὴφ ὁ δυνατὸς τοῦ Θεοῦ
πρός σε ἥξη· ἐτίμασον καὶ εὐτρέπισον (-πησ- Η) τὸν οἶκόν σου εἰς γάμον
(γαμμον Η), ὅτι ᾿Ασυνὲθ νύμφη μού ἐστι κἀγὼ νυμφίος (-φηος Η) αὐτῆς
34 ὑπάρχω. ταῦτα ἀκούσας Πεντεφρῆς καὶ πᾶσα ἡ συγγένεια (-νηα Η) καὶ ἡ
θεραπία αὐτοῦ καὶ χαρᾶς ἀποιπλησθέντες ἅπαντες ἤρξαντο (-τω Η) ἑτοιμάζειν
(ετιμ- Η) τὰ προστασόμενα ὑπὸ ᾿Ιωσὴφ τοῦ δυνατοῦ τοῦ θεοῦ.
35 ἐγένετο ἐν τῷ ἐγγίζειν τὸν ᾿Ιωσὴφ ἐπὶ τὴν θύραν Πεντεφρῆ πεδίσκη τινὴ
δραμοῦσα ἀνήγγιλεν πρὸς Πεντεφρῆ λέγων· ἤγγικεν (-γεικ- Η) ᾿Ιωσὴφ ὁ
36 δυνατὸς τοῦ θεοῦ. οὗτος οὖν ἐκάλουν αὐτόν. τότε ἐξελθὼν Πεντεφρῆς σὺν πάσι
37 τῇ θεραπείᾳ (-ποια Η) αὐτοῦ εἰς προϋπάντησιν (-σην Η) τῷ ᾿Ιωσήφ. ἐξῆλθεν
δὲ καὶ ᾿Ασυνέθ, καὶ ἰδοῦσα αὐτὸν ἰγαλλιᾶτο (-λ- Η) τὸ (> Η) πνεῦμα αὐτῆς,
38 ὁμοίως (-οιος Η) καὶ τῷ ᾿Ιωσήφ. τότε οὖν ἐπέζευσεν (επευζ- Η) ᾿Ιωσὴφ ἐκ τοῦ
39 ἄρματος. καὶ λαβὼν αὐτὸν ὁ πενθερὸς αὐτοῦ Πεντεφρῆς σὺν πάσι τῇ συγγενείᾳ
(συγγενια Η) καὶ θεραπείᾳ (-ποια Η) αὐτοῦ ἐξῆλθον (-θων Η), ἐν ᾧ ἦν
40 θρόνος ἐτιμασμένος. ἐκάθησεν ᾿Ιωσὴφ ἐπὶ (εποι? Η) τοῦ ἐτιμασμένου αὐτοῦ
θρόνου καὶ πάντες οἱ ἔγκριτοι κύκλῳ καὶ ἐσύντηχαν (Zeilenwechsel zwischen α
41 und ν Η, -χα Κ) τὰ περὶ τοῦ γάμου. καὶ πάντες ηὐφρένοντο (-τω Η) ἐπὶ τὸ
42 τοιοῦτον συνοικέσιον, ἦτα γνωρίζοντες αὐτῷ βασιλέως Φαραώ. μαθὼν δὲ
ταῦτα ὁ βασιλεὺς ἐχάρη λίαν ἐπὶ τοῦτο (-τω Η) καὶ ἐπαίνεσεν τὸν ᾿Ιωσήφ, καὶ
43 ἔστεψεν ὁ βασιλεὺς τὸν ᾿Ιωσὴφ μετὰ τῆς παρθένου καὶ ἁγνῆς ᾿Ασυνέθ. εἰς δὲ
τὴν χαρὰν τοῦ συνοικεσίου τολμῶ εἰπεῖν ὅτι καὶ τὰ ἀνέσθητα καὶ ἀκοίνητα
κτήματα τοῦ θεοῦ νὰ ἐχάρησαν (-ρισ-Η) καὶ πᾶσα ἡ γῆ τῆς (τοις Η) Αἰγύπτου·
45 ὅπου γὰρ βασιλέως παρουσία, καὶ ἡ τάξης παραγίνεται (-τα? Κ). καὶ εἶδεν

(ιδεν H) 'Ιωσήφ υἱοὺς (ειους H) καὶ θυγατέρας ἐκ τῆς θυγατρὸς Πεντεφρῆ ἱερέως (-εος H) Ἡλιουπόλεως (-εος H) σατράπου βασιλέως Φαραὼ καὶ πάσης γῆς Αἰγύπτου 'Ασυνέθ. ἠγάπησαν δὲ αὐτὴν λίαν, ἐπειδὴ (επιδη H) εἰς τὴν ἀρχὴν   46
τὴν ἐμήσησαν (-σισ- H) οἱ γονεῖς (-νης H) αὐτῆς καὶ ἡ συγγενεῖς (-νης H) αὐτῆς διὰ τὴν ἀπόλειαν (-λιαν H) καὶ σύντριμον ὁποῦ εἰς τοὺς θεοὺς αὐτὸν ἐποίησεν, ἐπειδὴ (επιδη H) διὰ μέσου αὐτῆς ἠξιώθησαν (-ιοθ- H) νὰ ἀποκτήσουν τοιοῦτον (τιου- H) συγγεναία. 'Ασυνὲθ δὲ ἑστῶσα ἐν τῶ οἴκω 'Ιωσήφ μετὰ αἰδοῦς καὶ   47
εὐλαβείας καὶ συνέσι πολλοῖ (πολοι H).
     ταῦτα τὰ ἆθλα (τάθλα K) τοῦ πολυάθλου (πολληα- H) 'Ιωσήφ. οὕτως (ουτος   48
K) γὰρ εἶδεν (richtig?) ὁ θεὸς δοξάζει τοὺς αὐτὸν ἀντηδοξάζοντας, οὗτος βοηθῆ τοὺς εἰς αὐτὸν τὴν ἐλπίδα ὁλοψύχως (ολοψυχος H) θεμένων, οὗτος τιμᾶ τοὺς αὐτὸν ἐκ πόθου τιμῶντας. ἐπειδὴ (επιδη H) ὅσα κακὰ ἔπαθεν οὗτος ὁ   50
ἀείμνηστος, ὅλοι τὰ ἠξεύρετε (εἰξ- H). πρῶτον (προτ- H) μὲν οἱ ἀδελφοί του   51
εἰς λάκκον τον ἔρρηψαν, ἔπειτα (επιτα H) ὡς (ος H) ἐχμάλωτον (-λοτ- H) τον ἐπούλησαν, εἶτα (ητα H) μὲ τὴν κυρίαν αὐτοῦ τὴν Αἰγυπτίαν εἰς φόρον κατηνέχθη συκοφαντούμενος καὶ εἰς φυλακὴν (-κιν H) καὶ ἐν φρουραῖς καὶ σιδεροδέσμιος. τὰ ὁποῖα ὅλα (ωλα H) τα ὑπέφερεν (dritter Buchstabe o? HK)   52
διὰ τὴν ἁγίαν σωφροσύνην (σοφ- H), καὶ διὰ νὰ μὴν παρέβη τὸν νόμον τοῦ θεοῦ καὶ τὰς πατρικὰς ἐπαγγελίας (-λει- H). διὰ τοῦτο καὶ ὁ θεὸς τον ἐδόξασεν   53
καὶ εἰς τὴν γῆν καὶ εἰς τὸν οὐρανὸν (-νων H) διὰ τὰ καλά του ἔργα· καὶ ἐπροσ-   54
κύνησαν αὐτὸν πᾶσα ἡ Αἴγυπτος καὶ ὁ πατὴρ καὶ ἡ μήτηρ αὐτοῦ τῆ τοῦ θεοῦ βοηθεία (-θηα H) καὶ τῆ αὐτοῦ καθαρώτητι καὶ ἀγνοία. διὰ τοῦτο (-τω H)   55
ἐὰν θέλωμεν (-λομ- H) καὶ ἡμεῖς νὰ ἀπολαύσωμεν (-σομ- H) τὰ τοιαῦτα (τιαυ-
H) ἀγαθά, ἔτζη ἃς πολυτευθοῦμεν (πολητ- H) αὐτόν, ἃς μημηθοῦμεν τὴν καθαρώτητα, τὴν ἀγνοίαν, τὴν ἀκακίαν, τὴν ὑπομονήν, τὴν ὑπακοήν, τὴν σωφροσύνην (σοφρωσ- H), δι' ὧν ἀξιωθείημεν (-θειμ- H) καὶ ἡμεῖς τῆς   56
βασιλείας τῶν οὐρανῶν τῆ τοῦ θεοῦ χάριτι (-τη H) καὶ φιλανθρωπία, πάντοτε νῦν καὶ ἀεὶ (ἀεὶ K) καὶ εἰς τοὺς ἀπεράντους αἰῶνας (-να H) τῶν αἰώνων. ἀμήν.
(Folgt Kolophon K).
     Dieser nicht grade begnadete, wohl auch nicht überall unbeschädigte Text (vgl. 23, 49) wirkt abgesehen von der Paränese am Schluß weithin wie ein Flickerlteppich von Wendungen aus JA i–xxi (13 scheint auch xxvi. 2 zu kennen). Die Genesis bleibt aufzuklären. Mit Ngr scheint er sich nicht enger zu berühren, auch nicht die Paränese mit den Einschüben in F W. Eine altgriechische Vorlage bezweifle ich vorläufig. Vielleicht darf man annehmen, daß die Redaktion von c und der neue Schluß, oder jedenfalls seine An-fügung, von der gleichen (palästinischen?) Hand stammen (es hätte dann c altgriechisch über xvi. 17 hinaus nie gegeben) und so c im ganzen von der lebendigen Anteilnahme an JA zeugt, von der ich ausging.

Korrekturzusatz zu S. 79 A. 1: Dr. G. Ştrempel, Stellvertretender Direktor der Bukarester Akademiebibliothek, dem ich schon manchen guten Rat verdanke, schrieb am 26. 4. 1976 über die Randnotiz in G, f. 63r: 'II s'agit d'un texte roumain, dont la lecture n'a pas présenté de difficultés. Voilà le texte roumain et sa traduction en français: "N'or fi fost evreice, că încă nu venisă la Eghipet evreii" (Elles n'auraient pas pu être des juives, car les juifs n'étaient pas encore arrivés en Égypte). Cette glose appartient au métropolite-poète Dosoftei de Moldavie (deuxième moitié du XVIIe siècle), grand théologien et très érudit.'

JOSEPH UND ASENETH SERBISCH-KIRCHENSLAWISCH
TEXT UND VARIANTEN

Vorbemerkung 1995: Die Erstveröffentlichung war ein vervielfältigtes Schreibmaschinenmanu-skript, in dem Xerokopien des Textes von Novaković eingeklebt waren und auf den gegenüber-liegenden Seiten die Varianten dazu in Umschrift nach A. Leskien, Handbuch der altbulgarischen (altkirchenslavischen) Sprache. Grammatik – Text – Glossar[8], Heidelberg 1962 [[10]1990], standen (nur th für ⱖ, ü für ⱛ). Durch den Neusatz konnten die alten Seitenzahlen nicht beibehalten werden. Fehler und Unstimmigkeiten sind stillschweigend verbessert; Ergänzungen in eckigen Klammern. Bei der Korrektur hat Alexandra Penninger sehr geholfen.

Die Untersuchung war Max Majer Sprecher (3. Mai 1909 in Warschau – 30. Juli 1980 in Wilhelmsfeld), Überlebendem von Auschwitz, Rabbiner, Arzt und Honorarprofessor an der Theologischen Fakultät der Universität Heidelberg, zum Geburtstag am 3. Mai 1980 gewidmet. Für ausführliche Beratung bei sprachlichen Einzelproblemen hatte ich Herrn Kollegen H.-J. zum Winkel (Heidelberg) zu danken. Eigentlich gehört die ganze Sache nicht in die Hand eines Dilettanten; aber wo unter den Fachleuten jemanden für diese spätmittelalterliche Orchidee finden?

1. Überlieferung

Von der serbisch-kirchenslawischen Übersetzung des griechisch-jüdischen Ase-nethromans sind bisher zwei Handschriften bekannt.[1] Die erste ist Belgrad, Narodna Biblioteka, Slav. 29, f. 141r-160r oder v. Die Handschrift ist mit vielen anderen am 6. April 1941 nach einem deutschen Bombenangriff verbrannt, doch hatte S. Novaković sie 1877 gedruckt (Sigel 551, im folgenden kurz 51).[2] Sie war eine theologische Sammelhandschrift, 1. Hälfte des 15. Jh.s, Serbien, schlecht erhalten und ohne Anfang und Ende, 187 ff. (vor f. 169 eine Lücke), Papier, 28:20 cm, einspaltig, zwei Hände (ff. 1-49.91-187; ff. 50-90), in der Mitte ca. 27 Zeilen je Seite, sonst ca. 22. Die mittlere Hand folgt klar, die andere mit vielen Inkonsequenzen bestimmten Rechtschreibregeln. Novaković hat hinter ihnen die Schreibreform des Konstantin von Kostenec (Ende des 14. - Mitte des 15. Jh.s), des Schützlings und Biographen des serbischen Despoten Stefan Lazarević (1389-1427), vermutet.[3]

Die zweite Handschrift ist Bukarest, Biblioteca Academiei Române, Slav. 306, f. 435(432)r-457(454)v (Sigel 552, im folgenden 52).[4] A. I. Jacimirskij beschrieb

---

[1] A. I. Jacimirskij, Bibliografičeskij obzor apokrifov v južnoslavjanskoj i russkoj pis'mennosti. (Spiski pamjatnikov). I. Apokrify vetchozavětnye, Petrograd 1921, 119f. — Angaben zum Text von Handschriften außer Belgrad, Slav. 29, im folgenden nach schwarz-weißen Mikrofilmen.

[2] Srpsko-slovenski zbornik iz vremena despota Stefana Lazarevića, Starine 9 (1877), 1-47, JosAs hier 27-42. Daß JosAs bemerkt wurde, ist wohl E. Kozak, Bibliographische Uebersicht der biblisch-apokryphen Literatur bei den Slaven, Jahrbücher für Protestantische Theologie 18 (1892), 127-158, hier 136f., zu verdanken.

[3] Srpsko-slovenski zbornik 10-13. Zu Konstantin E. Turdeanu, La littérature bulgare du XIVe siècle et sa diffusion dans les pays roumains (Travaux publiés par l'Institut des Etudes slaves 22), Paris 1947, 155-159.

[4] Höhere Blattnummer gestempelt, niedere handschriftlich; vgl. u. A. 6.

sie schon 1905[5]. Sie ist eine Sammlung von Viten, 15. Jh., Ort unbekannt, trotz Wasserflecken im allgemeinen gut erhalten, 457 ff., Papier, Ledereinband, 21,5:15 cm, einspaltig, bei JosAs 25 Zeilen je Seite, nur f. 435r 24. Als Jacimirskij sie sah[6], war sie noch in Bukarest, Muzeul Naţional de Antichităţi, Nr. 151(162), vorher vielleicht im Kloster Neamţ[7]. f. 435r (JosAs 1,1-4 крдснд) und f. 441r Z. 3-441v Z. 10 erstes Wort (7,2 кс[тъ] - 7,7 д[ѣ]в[и]цд) stammen von einer anderen Hand als der Rest von JosAs, soweit ich mit Laienaugen sehe. Die Schrift ist hakiger, etwas nach rechts geneigt, wirkt nervöser als die andere. ф oder ӡ zum Beispiel sind deutlich verschieden.[8] 52 ist aber durchweg gut lesbar. Schreibfehler sind selten stehengeblieben (aber gleich zwei im Titel). Einige Rasuren sind überschrieben. Der Text ist ungedruckt.

Indirekte Überlieferung gibt es bisher nicht.[9] Zwar existieren Fassungen von JosAs in slawischen Sprachen. Sie gehen aber über Zwischenglieder auf Vinzenz von Beauvais' lateinische Kurzfassung einer lateinischen Übersetzung (L1) des Buches zurück.[10] In russisch-kirchenslawischen Kanonslisten (индексы) findet sich Асенеѳъ o.ä. zwischen der Proseuche Joseph und Eldad und Modad, u.U. durch zwei oder drei Titel getrennt.[11] Die Listen fußen wohl alle auf dem 13. Kapitel der zum Klassiker gewordenen slawischen Übersetzung von Nikon von

---

[5] Slavjanskija i russkija rukopisi rumynskich bibliotek (Sbornik Otdělenija russkago jazyka i slovesnosti Imperatorskoj akademii nauk 79), St. Petersburg 1905, 476-479. Auf Jacimirskij wies hin N. Cartojan, Cărţile populare în literatura românească II. Epoca influenţei greceşti, Bukarest 1938, 57; sonst ist er bis in die sechziger Jahre offenbar niemand aufgefallen.

[6] Nach ihm hat die Handschrift übrigens 474 ff., JosAs steht f. 452-474.

[7] Cartojan ebd.

[8] Die erste Hand schreibt 36mal, die zweite 57mal den harten Halbvokal, einige unsichere Fälle eingerechnet, die Ligatur ⅃ᴼ, die in manchen ersten Zeilen vorkommt, nicht gezählt. Nur 14 Fälle insgesamt sind nicht altkirchenslawisch regelrecht, davon 4 in der zweiten Hand. Von den 57 Vorkommen der zweiten Hand stehen 31 in ersten Zeilen, wobei das ъ einen langen Hals macht. Woher das alles, bleibt zu untersuchen; ornamentale Gesichtspunkte sind mindestens beteiligt. Vielleicht haben die harten Halbvokale Jacimirskij, Slavjanskija i russkija rukopisi 476, urteilen lassen, in der Handschrift hätten „gewisse Abschnitte offensichtlich ein bulgarisches Original"; zwingend ist das nicht.

[9] Daß die Tolkovaja Paleja JosAs benutzt hat (A. de Santos Otero, Die handschriftliche Überlieferung der altslavischen Apokryphen, PTS 20, Berlin-New York 1978, 25), scheint ein Irrtum zu sein.

[10] Chr. Burchard, Untersuchungen zu Joseph und Aseneth (WUNT 8), Tübingen 1965, 43-45, vgl. auch 37 A. 2 [und unten Nr. 13, 614.641].

[11] Texte bei Jacimirskij, Bibliografičeskij obzor 32ff.; P. A. Syrku, Zamětki o slavjanskich i russkich rukopisjach v Bodleian Library v Oksfordě III, Izvěstija Otdělenija russkago jazyka i slovesnosti Imperatorskoj akademii nauk 12 IV (1908), 187.

[12] Text bei V. Jagić, Opisi i izvodi iz nekoliko južno-slovinskih rukopisa IX. Slovenski tekstovi kanona o knjigama staroga i novoga zavjeta podjedno s indeksom lažnih knjiga, Starine 9 (1877), 91-116, hier 105f.; A. I. Jacimirskij, K istorii apokrifov i legend v južno-slavjanskoj pis'mennosti, Izvěstija Otdělenija russkago jazyka i slovesnosti Imperatorskoj akademii nauk 14 II (1909), 286f.;

Rhoidius Taktikon.[12] Aseneth kam aber schon im griechischen Original vor.[13] Der slawische Nikon und die Listen sind also allesamt keine Zeugnisse für JosAs Slaw.

2. Bisherige Arbeit am Text

JosAs Slaw, im wesentlichen in Gestalt von 51, ist nicht unbeachtet geblieben. Allerdings hat bisher nur einer 51 ausführlich behandelt, V. M. Istrin in seiner im übrigen überholten griechischen Ausgabe von JosAs.[14] Er stellte auch schon fest, daß die Vorlage zu demselben griechischen Texttyp gehört wie die griechischen Handschriften B und D, nämlich *d*. Istrin nannte ihn „kürzere Redaktion" und hielt ihn für ursprünglich.[15] M. Philonenko, für den ganz ähnlich *d* den Ausgangspunkt der bekannten Textgeschichte, praktisch den Urtext, bildet, hat in seiner Ausgabe von *d* 51 zwar nicht untersucht, aber textkritisch besonders berücksichtigt.[16] Weniger stark, weil Slaw ihnen weniger bedeutet, tun das auch E. W. Brooks im Apparat und in den Anhängen seiner Übersetzung[17] der griechischen editio princeps von P. Batiffol, die im wesentlichen A, den besten Vertreter der Handschriftengruppe *a*, abdruckt (zugehörig noch CPQR)[18], und ich selber in Übersetzungen, die auf einem auf die Handschriftengruppe *b* (EFGW, zugehörig auch Syr Arm L1 L2 Ngr Rum Äth) gegründeten eklektischen Text fußen[19]. Aber

---

Bibliografičeskij obzor ebd. Vgl. noch W. Lüdtke, Beiträge zu slavischen Apokryphen, ZAW 31 (1911), 218-235, hier 230-235 (5. Zum sogen. Index des Anastasios). — Nikon (um 1025 – nach 1088) hat seinen Beinamen nach dem Kloster der Muttergottes vom Granatapfel (τοῦ ῥοϊδίου) auf dem Schwarzen Berg bei Antiochia, daher russ. Černogorec. [Mehr unten Nr. 13, 565f. mit Ergänzungen.]

[13] M.W. ungedruckt. Einzige bekannte Handschrift Sinai, Katharinenkloster, Gr. 441, f. 98v Z. 8f.: Ισηδωρου· αδαμ· ενωχ· λαμεχ· διαθηκη πατριαρχων: προσευχη ιωσηφ· ασενεθ· ελδαδ· και μοδαδ....

[14] Apokrif ob Iosifě i Asenefě, in: Drevnosti (Trudy Slavjanskoj kommissii Imperatorskago moskovskago archeologičeskago obščestva 2), Moskau 1898, 146-199, hier 189-199.

[15] Ebd. Istrin überblickte aber die Überlieferung noch nicht und unterschied von der „kurzen Redaktion" *d* nur eine lange, die in Wirklichkeit mindestens drei Textgruppen enthält. Übersicht über Überlieferung, Sigla usw. in Untersuchungen 2-45; Zum Text von „Joseph und Asenath", JSJ 1 (1970), 3-34 [= oben Nr. 1], hier 4-12; M. Philonenko, Joseph et Asénéth. Introduction, texte critique, traduction et notes (SPB 13), Leiden 1968, 3-16 u.a.

[16] Joseph et Asénéth (eigene Verszählung, die unten nötigenfalls in Klammern zur üblichen gesetzt ist).

[17] Joseph and Asenath. The Confession and Prayer of Asenath Daughter of Pentephres the Priest (Translations of Early Documents II. Hellenistic-Jewish Texts 7), London 1918.

[18] Le livre de la Prière d'Aseneth, in: Batiffol, Studia Patristica, Paris 1889-90, 1-115.

[19] Ein vorläufiger griechischer Text von Joseph und Aseneth, Dielheimer Blätter zum Alten Testament 14 (Oktober 1979), 2-53 [= unten Nr. 7]; Joseph and Aseneth, in: J. H. Charlesworth ed., The Old Testament Pseudepigrapha, Garden City, NY, II, 1985, 177-247; Joseph und Aseneth (JSHRZ II 4), Gütersloh 1983. — Außer *a*, *b* und *d* gibt es noch *c* mit den Handschriften HJK; die Gruppe bricht aber in 16,17y ab. — Auch C. Lucerna, Assenete. Eine apokryphe Erzählung aus den Werdezeiten des Christentums, Wien 1921 (wohl = Aseneta. Po staroj predaji, Zagreb 1922), hat Slaw benutzt; Frau Lucernas novellistische Textbearbeitung ist aber wissenschaftlich wertlos.

eigentlich ist Slaw dafür noch nicht genug aufbereitet.[20] 52 ist fast nicht ausgewertet. Über den Übersetzungsstil von Slaw, die Vorlage und ihre Stellung innerhalb von *d* und der Textgeschichte insgesamt wissen wir noch nicht genug. Darüber später.[21] Im folgenden habe ich mich um den Text gekümmert. Daraufhin läßt sich vorläufig sagen:

1. 51 ist nur noch indirekt durch Novaković' Druck zugänglich. Er sollte orthographisch vereinfacht (ο, ογ, шт für ω, Ꙁ, ц; ь für ꙋ), sonst buchstäblich sein.[22] Doch sind Novaković' Transkriptionen oder der Druck oder beide nicht ganz einwandfrei, s. 1,5; 2,8; 3,6; 4,8f; 7,2; 8,5.6.9; 12,2.5; 13,5; 14,12; 15,1; 22,13; 23,10.14; 24,10.15.17.19; 28,3. Die Kapiteleinteilung folgt J. A. Fabricius[23], die wenigen textkritischen Fußnoten beziehen sich auf die von Fabricius auch gedruckte schlechte und in 10,5 abbrechende griechische Handschrift C (*a*-Text), die 1877 allein bekannt war; beide sind nicht mehr brauchbar.

2. Was Philonenkos Ausgabe über 51 erkennen läßt, ist nicht immer richtig. Die Haken im griechischen Text, die Lücken in Slaw anzeigen (dazu unten 8), stimmen manchmal nicht (z.B. in 1,8[13]; 4,1[2]), manche Lesarten im Apparat sind falsch (z.B. in 12,15[12]; 13,3[2]). Lücken wie Lesarten sind im übrigen ausgewählt; wonach, ist mir auch nach langer Benutzung nicht deutlich geworden.[24] Auch daß Philonenko Slaw, sofern er nicht griechische Zeugen stützt, in griechischer Rückübersetzung zitiert, ist öfter bedenklich; manchmal entstehen dadurch griechische Varianten, die es vermutlich nie gegeben hat (z.B. in 2,12[20]). Gelegentlich würde ich anders rückübersetzen (z.B. in 21,4[3]; 25,6[7]).

3. Es hat sich bestätigt, daß 52 abgesehen von Schreibvarianten, alternativen Formen usw. im positiven Text wie im Umfang ziemlich wenig und fast nur in Kleinigkeiten von 51 abgeht.[25]

4. Ebenso, daß keiner Vorlage oder Ahn des anderen ist.[26] Zum Beispiel haben 51 wie 52 gelegentlich Überschüsse über den anderen, die nach Vergleich mit der übrigen Überlieferung, besonders BD, ursprünglich sind (z.B. 51 in 1,5.7, 52 in 2,3; 4,5). 51 und 52 haben vielmehr eine gemeinsame Vorlage oder einen gemeinsamen Ahnen.

5. 51 ist textkritisch etwas wertvoller als 52.[27] Nimmt man die Stellen, bei denen ich im Apparat unten eine Entscheidung versucht habe, einschließlich der mit

---

[20] Weniges in Untersuchungen 37f.; Zum Text 12f. u.ö.

[21] [Zu mehr als Vorarbeiten bin ich bisher nicht gekommen.]

[22] Srpsko-slovenski zbornik 13.

[23] Codex Pseudepigraphus Veteris Testamenti[2] II, Hamburg-Leipzig 1722.

[24] Warum wählt Philonenko überhaupt aus, wenn auch nach seiner Meinung Slaw ein von B und D unabhängiger und öfter besserer *d*-Zeuge ist? Bei B und D notiert er alle Varianten außer den orthographischen.

[25] Untersuchungen 37.

[26] Untersuchungen 38.

[27] Gegen Untersuchungen ebd.

Fragezeichen, ist bei Differenzen im positiven Text 51 etwa 60mal, 52 etwa 40mal vorzuziehen, bei Umfangsdifferenzen, oft nur и oder же betreffend, 51 etwa 80mal, 52 etwa 30mal. Sekundäre Zusätze einschließlich Dittographien sind für 51 in 12,8; 29,8 notiert, für 52 in 1,8; 4,7; 6,7; 8,1; 9,3; 10,10; 24,1.8; 25,1, и und же nicht gerechnet.

6. Daß 52 im Vergleich mit 51 nur „d'infimes variantes qu'il est inutile de noter"[28] bietet, stimmt darum nicht ganz. Unsichere Fälle mitgezählt, kann 52 in Titel; 1,4; 2,3; 4,5f.8f.; 8,7.9; 10,1.10; 13,3.7; 14,9.14; 15,1.6; 23,1.15; 24,2.10; 27,1 kleine Lücken auffüllen, in 2,5.6.8; 4,2.5.12; 6,4; 7,1f.; 8,8; 9,1; 12,4f.8.15; 14,7.10; 15,5; 16,15.20; 17,2.4.8; 20,8; 21,4.8; 22,2; 23,1.4.10.14; 24,7.8.10.15.18; 26,7; 27,1.6.11; 28,7; 29,8 Novaković' Text verbessern.

7. Der aus 51 und 52 zu rekonstruierende Text enthält noch Fehler, s. 2,1; 8,9; 10,16; 12,9; 14,5; 16,20; 21,8; 23,14.17; 25,5. Die gemeinsame Vorlage oder der Ahn war also wohl nicht das Original von Slaw.

8. Slaw ist noch einmal erheblich kürzer als der ohnehin kurze Texttyp *d*. Außer laufenden kleinen Auslassungen fehlen 10,14a; 13,9b-14,3a; 15,7b-12; 18,6-20,1; 23,2b-3.5-9; 28,8-29,6. Ob der Übersetzer schuld ist, ein Abschreiber oder die griechische Überlieferung, weiß ich nicht; der Übersetzer ist wohl mindestens mitbeteiligt, Übersetzungen dieser Art kürzen fast immer. Soweit vorhanden, ist die Übersetzung nicht übel, oder genauer, sie läßt sich im allgemeinen rückübersetzen, jedenfalls wenn man die griechische Überlieferung zu Rate zieht. Ob Slaw als ein Stück kirchenslawischer Literatur bestehen könnte, kann ich nicht sagen.

9. Auch abgesehen von möglichen größeren Lücken sah die Vorlage von Slaw erheblich anders aus als B oder D.[29] Im gemeinsamen Text ist Slaw über die von Philonenko belegten Stellen hinaus oft länger oder anders als BD und wird dabei oft von anderen Textzeugen gestützt. An vielen solcher Stellen ist der Text sichtlich BD überlegen. Die Vorlage hat insoweit also ein älteres und besseres Textstadium erhalten. Sie selber könnte trotzdem relativ jung und nicht sehr gut gewesen sein (vgl. 12,15; 16,14; 24,14).

10. Das macht mir Philonenkos Benutzung von Slaw für die Rekonstruktion von *d* noch fraglicher als bisher[30], zumal er das Verhältnis zu BD grundsätzlich so sieht wie ich.[31] Sein *d*-Text müßte in vielen Einzelheiten anders aussehen, wenn er Slaw ernst genommen hätte, s. vorläufig 3,6; 8,9; 11,19; 12,15; 14,10.12; 16,17; 21,4.6.8; 24,2.8; 26,6; 27,1f.3.7.10f.; 28,7.

Slaw ist also ein eminenter Textzeuge, wenn man Philonenkos Auffassung der Textgeschichte teilt, und kein unwichtiger bei anderer Sicht. Das rechtfertigt die

---

[28] Philonenko, Joseph et Aséneth 11.

[29] Nach Philonenko ebd. steht Slaw keiner der beiden griechischen Handschriften näher als der anderen. Das hat sich bisher bestätigt.

[30] Zum Text 12f.

[31] Philonenko, Joseph et Aséneth 11f.

erneute Beschäftigung nachträglich mehr als die pure Tatsache, daß 52 bisher nicht ausgewertet war.

3. Zur Ausgabe

Weil die beiden Handschriften 51 und 52 ziemlich übereingehen, begnüge ich mich mit einem Abdruck von Novaković' Text (eindeutige Druckfehler meist stillschweigend verbessert), erläutert durch Unterstreichungen oder Zeichen und ergänzt um Kapitel- und Verszahlen, einen Apparat und einen Anhang mit Korrekturen zu Philonenko.

Die Unterstreichungen und Zeichen weisen auf das Verhältnis von Slaw zu B und D hin.[32] Durchlaufend unterstrichen sind Wörter, denen weder in B noch in D etwas entspricht, gepunktet die, die nicht genau dasselbe bedeuten wie die entsprechenden Wörter in B und/oder D; zwischen ⸗ ⸎ stehen die Wörter, deren Entsprechungen in B und D in anderer Reihenfolge erscheinen. Ich hatte zunächst, ohne Übersetzungsgewohnheiten und die übrige Überlieferung zu beachten, den Text allein im Vergleich mit Philonenko möglichst extensiv ausgezeichnet, habe dann aber die meisten derjenigen Auszeichnungen rückgängig gemacht, die eindeutig auf Erscheinungen weisen, für die der Übersetzer verantwortlich ist.[33] Wollte man nur die Stellen bezeichnen, wo eine andere Vorlage als B oder D nicht nur denkbar, sondern wahrscheinlich oder sicher ist, müßte noch wesentlich mehr rückgängig gemacht werden. Dazu sind aber weitere Untersuchungen nötig. Jedenfalls folgt Slaw seiner Vorlage treuer, als die Striche und Zeichen anzuzeigen scheinen.

Im Text ist die üblich gewordene Kapiteleinteilung Batiffols zugefügt, mit den Versen, die P. Rießler für seine Übersetzung von Batiffol, also den *a*-Text, abgeteilt hat[34], aber angepaßt an meinen etwas längeren Kunsttext[35]; am Außenrand steht die neue Verszählung, die Philonenko für seine Ausgabe von *d* gemacht hat, deshalb passend auch für Slaw. Novaković' römische Kapitelzahlen sind aus diplomatischem Grund beibehalten, sollten aber nicht zitiert werden. Wegen der Kürzungen in Slaw fehlen nicht nur viele Rießler-, sondern auch viele Philonenkoverse.

---

[32] Anhand von Philonenko mit den unten im Anhang notierten Korrekturen.

[33] Er benutzt zum Beispiel für eine griechische Vokabel oft mehrere kirchenslawische, umgekehrt für mehrere griechische Vokabeln dieselbe kirchenslawische. Für θεοσεβής setzt er immer **БЛАГОYЬСТИВЬ**, was eher εὐσεβής entspricht, für ὑπερῷον **ПОЛАТА**, für κρατεῖν und Akk. der Sache mit Gen. der Person **КТИ** und Akk. der Person mit **ZΛ** und Sache. — Beachten, daß einige Unterstreichungen verschwinden, wenn man die durch 52 ermöglichten Verbesserungen berücksichtigt.

[34] Joseph und Asenath. Eine altjüdische Erzählung, ThQSchr 103 (1922), 1-22.145-183, kaum verändert als Joseph und Asenath, in: Rießler, Altjüdisches Schrifttum außerhalb der Bibel, Augsburg 1928, 497-538.1303f. (Nachdrucke).

[35] 11,1x-y.16-19; 15,12x; 16,16x.17x; 21,10-21 sind neu, 6,2ff.; 13,10; 16,17.17y anders als bei Rießler.

Der Apparat enthält erstens alle Varianten aus 52 außer den meisten der rein graphischen, möglichst mit Entscheidung zwischen den beiden Handschriften[36]; zweitens alle Notierungen von Slaw bei Philonenko[37], die aus Versehen oder wegen der Vernachlässigung von 52 fraglich oder falsch sind; drittens Hinweise, z.B. auf Druckfehler in 51[38]. Bei Lesarten aus 52 stehen ь und ′ (′) wie geschrieben; Akzente usw. sind weggelassen, die Interpunktion ist im allgemeinen nicht beachtet, Ligaturen sind unbezeichnet aufgelöst, graphische Besonderheiten wie gelegentliche Majuskeln nicht bezeichnet (breites є, fast nur am Wortanfang, wie е), weggekürzte Buchstaben in Klammern ergänzt, hochgestellte wie die auf der Linie behandelt. Eigennamen und zugehörige Adjektive fangen nach Novaković' Vorbild groß an. Ordnungszahlen, die die mehrfach in einem Vers vorkommenden Lemmata unterscheiden, beziehen sich nur auf die Rießlerverse. „om." und „add." bedeuten „nicht in" und „zusätzlich in" ohne textkritisches Urteil; stehen sie in runden Klammern, beziehen sie sich nur auf das eine Wort vor der Klammer, sofern nicht anders angegeben. Wo möglich, habe ich zu den besprochenen Textstellen die vermutliche griechische Vorlage genannt, aber der Einfachheit halber nur mit den oben genannten Ausgaben „Phil(onenko)", „Bat(iffol)", „Bur(chard)" belegt; „Edd." meint alle zusammen. „wie" bedeutet, daß Slaw höchstwahrscheinlich den genannten griechischen Text wiedergibt, aber nicht notwendig mechanisch wörtlich. Wenn ich den Verdacht hatte, daß Slaw mit einer griechischen Untergruppe oder einem Einzelzeugen zusammen geht, ist das belegt; ich habe aber nicht zu jeder Lesart alle Kollationen durchgesehen. „Nicht gestützt" und ähnliche quantitative Aussagen beziehen sich aber auf die Menge aller bekannten Textzeugen außer Rum Äth, also auf die griechischen Handschriften ACPQR (=a), EFGW (=b), HJK (=c), BD (=d) und die Übersetzungen Syr Arm L1 L2 Ngr.

Der Anhang gibt Korrekturen zu Philonenkos Wiedergabe von B und D.

---

[36] Wenn der Übersetzungsstil besser untersucht ist, wird sich mehr entscheiden lassen. Aber vieles, besonders Kleinvarianten wie Wechsel zwischen bestimmter und unbestimmter Form des Adjektivs oder zwischen alternativen Deklinations- und Konjugationsformen, für die Vorlage freilich meist unerheblich, kann nur die Fachphilologie beurteilen.

[37] Einerseits die Haken im Text, die ⌐Lücken von Slaw gegen BD¬ anzeigen, andererseits die Lesarten im Apparat.

[38] Einbezogen Fälle wie вьньже 9,5 oder вь нки же 2,7, die auch in anderen Textausgaben vorkommen, aber nach der Schulregel вь нкьже und вь нкиже geschrieben werden.

4. Der Text

Legende

51	Belgrad, Narodna Biblioteka, Slav. 29, 15. Jh.
52	Bukarest, Biblioteca Academiei Române, Slav. 306, 15. Jh.
A	Vatikanstadt, Biblioteca Vaticana, Vat. Gr. 803, 11./12. Jh.
B	Vatikanstadt, Biblioteca Vaticana, Pal. Gr. 17, 11. Jh.
C	Oxford, Bodleian Library, Barocc. Gr. 148, 15. Jh.
D	Oxford, Bodleian Library, Barocc. Gr. 147, 15. Jh.
E	Athos, Vatopedi 600, 15. Jh.
F	Bukarest, Biblioteca Academiei Române, Gr. 966, 17. Jh.
G	Virginia Beach, VA, Privatbesitz H. Greeley (früher Chillicothe, Ohio, Privatbesitz D. M. McKell), um 1580
H	Jerusalem, Gr.-Orthodoxes Patriarchat, Panh. T. 73, 17. Jh.
J	Jerusalem, Gr.-Orthodoxes Patriarchat, Saba 389, 17. Jh.
K	Jerusalem, Gr.-Orthodoxes Patriarchat, Saba 593, 1802
P	Athos, Konstamonitou 14, 15. Jh.
Q	Vatikanstadt, Biblioteca Vaticana, Pal. Gr. 364, 15. Jh.
R	Sinai, Katharinenkloster, Gr. 530, 15./16. Jh.
W	Sinai, Katharinenkloster, Gr. 1976, 17. Jh.

om.	nicht vorhanden in
add.	zusätzlich vorhanden in
wie	wohl Übersetzung von

Bat	griechische Ausgabe von Batiffol (s. A. 18)
Bur	griechische Ausgabe von Burchard (s. A. 19)
Nov	Novaković (s. A. 2)
Phil	griechische Ausgabe von Philonenko (s. A. 15)
Rie	deutsche Übersetzung von Rießler (s. A. 34)
Edd.	Bat Phil Bur gemeinsam
I	Versanfang Phil, wo nicht mit einem angegebenen Versanfang zusammenfallend oder durch Satzzeichen eindeutig erkennbar.

<u>Wörter</u>,   denen weder in B noch in D etwas entspricht.
<u>Wörter</u>,   die nicht genau dasselbe bedeuten wie die entsprechenden Wörter in B und/oder D.
ᶠ Wörter ᒧ,   deren Entsprechungen in B und D in anderer Reihenfolge stehen.

Um Silbentrennung zu vermeiden, hat der Computer manchmal Zeilen mit großen Wortabständen gemacht.

Житïе и исповѣданïе Асенеѳï дьштере Пеньтефрїини
и како покть к Іосїфь прѣкрасни вь женоу себѣ.

I. 1,1 Бысть вь прьвок лѣто седмыхь лѣть гобьзныихь вь   1,1
мѣсець .в.-тори вь .е. мѣсеца: посла Фараонь Іосїфа обити
вьсоу землю егупьтскоую. 1,2 И прїиде Іосифь вь прѣдѣли   2
сльньунаго града, и бѣ сьбирае пшеницоу страни ток гако пѣськь   3
морскы. 1,3 Бѣ же моужь вь градѣ томь, сатрапа Фараоновь, и   4
ть бѣ надь вьсѣми сатрапи и велмоужи Фараоновѣми і и бѣ   5
моужь богать зѣло и моудрь и кротькь. Бѣ же сьвѣтьникь
Фараоновь, име же кмоу бѣ Пендефрїи, бѣ же иереи
сльньуьнаго града. 1,4 Бѣ же дьшти оу нкго гако лѣтомь .иі.-мь   6
дѣва соуштïи и велика и красна и прѣлѣпа добротою зѣло,
паче вьсѣхь дѣвиць соуштиихь на земли; 1,5 ибо никдина бѣ   7
подобна еи оть дьштерїи егупьтьскыихь и жидовьскыихь. Бѣ бо   8
великагакы Сарьра и красна гако Ревека, и добра гако Рахïиль, и
бѣ име дѣвици Асенеѳи. 1,6 Прослоу же се доброта ке по всеи   9
земли онои, и прошахоу ю вси сынове сановитïихь, и вокводи, и
цари на бракь, и юноше вси силныихь. И бѣ завсть 'вь нихь и   10
вражда велика² о нки. И покоушахоу се брати се междоу собою
ке ради. 1,7 Оуслыша же о нки сынь Фараоновь прьвïи, и   11
молгаше отьца свокго дати емоу тоу вь женоу. Глаголаше бо   12
емоу: даждь ми Асенеѳоу, дьштерь Пеньтефрїа іереа

Titel исповѣданïе] ипо- falsch 52. — Асенеѳï] Анесеты falsch 52. — и 2[0] om. 52. 51 wie Gr (Untersuchungen 53). — покть к] ю пок 52. Gr belegt beide Stellungen von αὐτήν (Untersuchungen ebd.). — вь женоу себѣ om. 52. 51 wie εἰς γυναῖκα α. — бл(а)г(о)с(ло)вы о(ть)че add. 52, vgl. εὐ(λόγησον) δέσποτ(α) BD; Gebetsformel für den Vorleser, auch in vielen anderen Zeugen.

1,3 бѣ же 1[0]] бѣше 52. 51 wie ἦν δέ Bat, anders καὶ ἦν Phil Bur. Slaw übersetzt aber oft καί am Satzanfang durch же, kann also auf καὶ ἦν zurückgehen. Vgl. 1,3; 14,12; 16,17; 17,4; 21,2; 27,1; 28,2f.. — бѣ же 2[0]] бѣше 52. 51 wie καὶ ἦν Phil Bur, anders ὑπῆρχε δὲ καί Bat. Vgl. 1,3 u.ö.

1,4 и 1[0] om. 52 wie Edd.

1,5 и жидовьскыихь om. 52. 51 wie καὶ τῶν Ἑβραίων, anders τῶν Ἑβραίων Edd. — великагакы] велика гако 52. Zusammenschreibung Druckfehler? — Рахïиль] и Рахиль 52. 51 wie Edd.

1,6 и 1[0] om. 52. 51 wie καί Phil Bur, anders ὡς ἐκ τούτου Bat. — вси 2[0]] в'се 52. — се 1[0] om. 52 (Zeilenende).

1,7 іереа om. 52. 51 wie τοῦ ἱερέως D Phil Bur, anders τοῦ πρώτου B Bat.

13 илиопольскаго вь женоу. 1,8 Рече же емоу отьць кго Фараонь:
по уьто просиши женоу хоуждьшоу себе, царь си вьсе
14 веселкннык? 1,9 Ни оубо, нь се дьшти ⁵Іоакїма цара² оброучаеть
ти се, и царица ксть добра вельми, сїю оубо поими себѣ вь
2,1 женоу. 2,1 Бѣ же Асенеѳь оуничижаюшти и досаждаюшти
всакомоу уловѣкоу, и грьдѣше оть всакого моужа, и моужь
николиже видѣ ке. Занк бѣ нирь вь дворѣ Пеньтефрїине велеи
2 и высокь зѣло, и на врьсѣ кго бѣ полата имѣюштїи клѣтїи
3 десеть. 2,2 И бѣ прьва клѣть велика и прѣкрасна, каменїемь
багрїимь поставлкна, и стѣни ке каменїемь различныимь и
4 уьстныимь оукрашени. И бѣ покровь клѣти онок злать,
2,3 вьноутрь же ке бѣхоу бози егуптьсции, имь же не бѣ уисла,
5 злати же и сребрьни, I и вьсѣхь онѣхь уьстнѣише Асенеѳь, и
богаше се и ⁵жрѣше имь².

6 II. 2,4 Вьтора же клѣть имаше ризи все, и ковчеги оутвари
7 Асенеѳини. И бѣ ⁵вь нки злато много² и сребро и ризи
8 златокованьныи и платове нароучити. И тоу бѣ вьса оутварь
9 дѣвичьска ке. 2,5 А третїа клѣть имаше вьса блага земли, и бѣ
10 скровиште Асенеѳїно. 2,6 Проче же .з.-мь клѣтїи имѣхоу .з.-мь
11 дѣвь; котороиждо своꙗ клѣть. И тїи бѣхоу слоужеште ꙗи,
Асенеѳи. Бѣхоу бо ки и соуврьстни, вь единоу ношть рождьше
се сь нки. И бѣхоу красни зѣло, ꙗко звѣзды небесные. И

---

¹·⁸ **отьць**] ц(а)рь от(ь)ць 52. 51 wie ὁ πατήρ Phil Bat, hinter Φαραώ Bur. **царь** nirgends gestützt. — **Фараонь**] ⌐Φαραώ⌐ Phil. — **вьсе веселкнныик**] вьсеи вьселкн'нѣи 52. 51 wie πάσης οἰκουμένης Phil, anders πάσης τῆς γῆς Αἰγύπτου (ταύτης Bat) Bat Bur.

¹·⁹ **дьшти**] дьштерь 52. — **и** om. 52. 51 wie καί Edd.

²·¹ **оть**] ота 52. — **нирь**] нирь ·), am Rand rechts ·) **пирь** 52. Die Korrektur (schon **пиргъ** cj. Istrin 198) wie πύργος Edd. **пиргъ** o.ä. ist als Fremdwort für „Turm" belegt, **нирь** m.W. kein slawisches Wort. S. auch 14,5. — **имѣюштїи клѣтїи**] -ти - ти 52.

²·² **оукрашени**] -шен'на 52. Anders πεπλακωμένοι Edd.

²·³ **имь же**] besser **имьже**. — **сребрьни**] -нїи 52. — **уьстнѣише** „vielleicht verderbt aus **уьстиши**" (Istrin 198). Warum? — **богаше се**] ихь add. 52 wie αὐτούς Edd.

²·⁴ **нароучити**] -тыи 52. — **вьса**] в'сака 52.

²·⁵ **А**] и 52 wie καί Edd.; doch ist **а** für „und" nicht unmöglich. — **вьса**] „πάντα τα sl FH : πάντα B τα D" Phil 134 A. 10. Besser stünde Slaw bei B, doch s. folgende A. — **блага**] бл(а)гда 52.

²·⁶ **проче**] **прочеε** 52 wie τοὺς λοιπούς Phil Bur (Bat)? — **ки** 1⁰ om. 52 wie Edd. 52 hat an der Stelle zwischen **слоужеште** und **Асенеѳи** einen leicht linksgeneigten senkrechten Strich. — **и** 2⁰ om. 52. In Gr fehlt ein Äquivalent ebenso wie für das vorhergehende **ки**. — **рождьше**] -шек 52. — **нки**] нкю 52. — **красни**] -не 52.

моужь николиже бесѣдоваше съ ними, или отрокь моужьскы
поль. 2,7 Бѣхоу же ⸢три окьнца⸣ вь великои клѣти, вь нки же 12
хранꙗше се дѣвство Асенефино; ⸢едино окьнце бѣ⸣ зре на дворь 13
кь вьстокоу, вьторое же кь сѣвероу, на прѣдворїе, а третїе на
полоу дне кь вратомь. 2,8 Одрь же ⸢стоꙗше злать⸣ вь клѣти 14
прѣмо окьнцоу зрештомоу на вьстокь, и бѣ настлань 15
багреницею златотканьною и акїитомь и виссомь исткана.
2,9 На томь же одрѣ моужь сь женою николиже сѣде, тьчїю 16
Асенефа едина. 2,10 И бѣ дворь великь окрьсть хлѣвини ток, и 17
стѣна бѣ окрьсть двора высока зѣло, каменїемь велицѣмь
сьздана. 2,11 Врата же бѣхоу двороу четвора желѣзна, и тѣхь 18
стрѣжахоу по .иї. моужїи юни и моштьни, обороужени. И 19
бѣхоу насаждена при стѣнѣ различьна дрѣвеса, красна всака
плодоносна, и бѣ вьсь плодь ихь тогда зрѣль, врѣме бо бѣ
жетви. 2,12 ⸢О десноую же двора бѣ⸣ источникь води обилни, и 20
подь кладенцемь ⸢бѣ корито⸣ мраморено велико, сьбираюштеꙗ
водоу источника оного. Оть тоудоу же исхождаше рѣка,
проходешти по срѣдѣ двора, напаꙗше вса дрѣвеса соуштаа вь
немь.

III. 3,1 Бысть же вь прьвое лѣто седмыхь лѣть гобизньныихь 3,1
вь .д. мѣсець, вь .иі. мѣсеца прїиде Іосифь вь прѣдѣли
сльньчьнаго града, и ⸢бѣ сьбырае⸣ пшеницоу страни ток, ꙗко
пѣськь морскыи. 3,2 И ꙗко приближи се ⸢Іосифь кь градоу оному⸣ 2

2,7 три] трїи 52. — вь нки же] besser вь нкиже. — сѣвероу,] Komma besser weg. — полоу дне] besser полоудне. Vgl. 3,2.

2,8 стоꙗше злать] з. с. 52 wie χρυσῆ ἵστατο Phil Bat, anders ἦν… χρυσῆ ἑστῶσα Bur. — настлань] натрьсть 52. Vgl. ἐστρωμένη Edd. — акїитомь] акꙋн'томь 52. Besser, jedenfalls in н statt и. Vielleicht ꙗк- unter Anziehung des vorhergehenden и? Vgl. 3,6.

2,9 одрѣ] одроу 52. — николиже] никогдаже 52.

2,10 каменїемь] и к. 52. 51 wie λίθοις Edd.

2,11 юни и моштьни, обороужени] юнїи и мошт'нїи обьороуженїи 52. — вьсь om. 52 (s. nächste A.). 51 wie πᾶς Phil, om. Bat Bur. — тогда hinter бѣ 52. — бо] же 52. 51 wie γάρ Edd.

2,12 и om. 52. 51 wie καί Edd. — бѣ корито мраморено велико] „ην μεγαλη ληνος μαρμαρινη sl" Phil 136 A. 43. Aber μεγάλη gehört ans Ende, und ob die Vorlage „marmorn" sagte, ist fraglich. Das Adjektiv ist möglicherweise Zusatz von Slaw. — сьбираюштеꙗ] -те 52. — соуштаа] -та 52.

3,1 вь 4⁰ om. 52. 51 wie εἰς Edd. — бѣ сьбырае] wie ἦν συνάγων Bur, anders σ. Bat, Lücke Phil. Phil 138 A. 3 läßt umgekehrte Wortfolge Slaw vermuten.

3,2 полоу дне] besser полоудне. Vgl. 2,7. — сльньчьны] сльначнїи 52.

посла прѣдь собою ⁵.ві. моужіи² кь Пентефрїю їерею

3 илиополскомоу, глаголк: оу тебе обитати имамь дьньсь, занк
оусь полоу дне ксть и обѣдоу, и варь ⁵слньцьны ксть многь², и

4 да поүію подь кровомь домоу твоего. 3,3 О оуслышавь же
Пентефрїи вьзрадова се радостию великою, и рече: благословень

5 Господь Богь Іосіфовь. 3,4 И призва <u>соуштаго</u> надь домомь его,

6 и рече емоу: потьшти се, и оукраси домь мои, и вечероу
великоу оуготовди, занк Іосіфь силнїи божїи гредеть кь намь

7 дьньсь. 3,5 О оуслыша же Асенеѳь, гако придоста оть дома

8 сельнаго <u>родителга</u> ке и вьзрадова се, и рече: <u>да</u> идоу и виждоу
отьца свокго и матерь свою, гако прїидоста оть села наслѣдїа

9 своего. 3,6 И потьшти се и облѣче се Асенеѳь <u>вь</u> одеждоу
висенноу <u>и</u> акїитомь <u>и</u> златомь истканноую, и прѣпогаса се
погасомь златѣмь, и <u>вьзложи</u> гривноу <u>на</u> роукоу и <u>на</u> ногоу свою

10 и одѣга се вѣнци златими. А <u>на</u> вїю свою вьзложи оутварь ǀ <u>оть</u>
каме<u>на</u> многоцѣннаго, ⁵вьсоудоу имоуште² имена ⁵егуптьскыхь
богь², извагана вьсоудоу на гривнахь и <u>на</u> каменехь, и лица

11 идоломь бѣхоу вьображена вь каменехь. И вьзложи на главоу

4,1 свою дїадимоу, 4,1 и потьштавши се сниде оть полати своке, и

2 приіде кь отьцоу ⁵и матери своки² и цѣлова га. Вьзрадова же се
Пентефрїи и жена кго о дьштери свокі радостїю великою, занк

3 зрѣста ю оукрашеноу гако невѣстоу божїю. 4,2 И изнесоста вса
блага, елика принесла бѣста оть села своего, и даста дьштери

4 своеи. И вьзрадова <u>же</u> се Асенеѳь о благыихь <u>вьсѣхь</u> о вошти

3,4 и 3⁰ om. 52. 51 wie καί Edd. — **силнїи божїи**] **сил'нїи и б(о)жы** 52. 51 wie ὁ δυνατὸς τοῦ θεοῦ Edd. S. zu 4,7; 18,1, anders 18,2.

3,6 **потьшти**] -**та** 52. — **Асенеѳь**] „ασενεθ sl FH : om. BD“ Phil 138 A. 15; „ασενεθ post ενεδυσατο add. D“ A. 16. Besser und logischer zusammenfassen: „ασενεθ FH : post ενεδυσατο D sl om. B“. Phil müßte wohl D sl als *d*-Text akzeptieren. — **висенноу**] **выс'соу** 52. — и **акїитомь**] и (Zeilenende) **акын'томь** 52. Lies **гак**- wie ἐξ ὑακίνθου Edd. (sie haben freilich anders als Slaw auch danach kein „und“)? Vgl. 2,8. — и 5⁰ om. 52. 51 wie καί Edd. — **гривноу**] **грив'ны** 52 wie ψέλια Edd. — **каменехь** 2⁰]-**нохь** 52 (oder verkleckstes **е**?).

4,1 **потьштавши**] -**в'ши** 52. — **же** om. 52. 51 wie καί Phil Bur, anders … δέ Bat. S. zu 1,3. — **занк зрѣста ю**] ⌐διότι ἐθεώρουν αὐτὴν οἱ γονεῖς αὐτῆς⌐ Phil. Besser δ. ἐ. αὐ. ⌐οἱ. γ. αὐ.⌐.

4,2 и 1⁰ om. 52. 51 wie καί Edd. — **блага**] **бл(а)гаа** 52. — **принесла бѣста**] **бѣхоу** -**ли** 52. Dual 51 älter? — **даста**] **даше** 52. S. vorige A. — **же** om. 52 wie Phil Bur, anders Bat? — о **вошти и о грозды и**] о **вошти͡и о грозды и** 52 (die zweiten **и** eng an die ersten gerückt und ohne Spiritus). Die „und“ 51 wie καί… καί Phil bzw. ᾱ… καί Bat Bur.

и о гроздыи и о фїникохь и о смоквахь. 4,3 И рече Пентефрїи кь 5
дьштери своеи: чедо! Она же рече: се азъ Господи! 4,4 Рече же
кь нки: сѣди междоу нама и вьзглаголю кь тебѣ словеса мога.
4,5 И сѣдьши Асенеѳь междоу отьцемь ᶴи матерїю своею², и кть 6. 7
и отьць ᶴдесною роукою² за ᶴдесногю роукоу² ке, и рече ки: чедо!
4,6 И рече Асенеѳь: да вьзглаголкть оубо ᶴотьць мои и господь
мои²! 4,7 Рече же Пентефрїи: се Іосїфь силны божїи гредеть кь 8
намь дьньсь, се ксть кнезь всемоу Егуптоу, и Фараонь постави
кго властелина всеи земли, и тьи прѣкрьмити имать пшеницею
всоу землю и спасеть ю оть гредоуштаго глада. Юсть же Іосїфь 9
моужь благоучьстивь н цѣломоудрьнь, и дѣвьстьвьнь, гакоже и
ты дьньсь, и моужь сильнь вь прѣмоудрости и разоумѣ, и
доухь божїи и благодеть ᶴна нкмь господнга². 4,8 Прїиди оубо, 10
чедо мок, и прѣдамь те емоу вь женоу, и боудеши емоу
невѣста, и тьи боудеть тебѣ женихь вь вѣкы. Врѣме 4,9 бысть 11
гако оуслыша Асенеѳь глаголы отьца своего, облига ю поть
ᶴмногь гако крьвавь², и разгнѣва се гаростїю великою, и вьзрѣ на
отьца своего развраштенома очима, и рече: чесо ради сице 12
глаголкть господь мои и отьць мои, и хоштеть бесѣдами
своими прѣдати ме гако плѣньницоу моужоу иноплеменьникоу и
бѣгоуноу коуплкноу? 4,10 ᶴНѣсть ли сь² Хананеанинь и отьтоудоу 13

4,5 сѣдьши] сѣд'шїи 52. — и 4⁰ om. 52 wie Edd. — чедо] ч. Асенеть 52 ähnlich τέκνον
μου Ἀσενέθ Bur. 51 wie τέκνον Phil, anders τέκνον φίλτατον Bat. S. nächste A.

4,6 и рече - господь мои] она же реч(е) се азъ г(оспод)и и от(ь)че мои 52. 51 ähnlich
καὶ εἶπεν Ἀσενέθ· λαλησάτω δὴ ὁ κύριός μου καὶ πατήρ μου   Phil, 52 ähnlich ἡ δὲ ἔφη αὐτῷ·
Ἰδοὺ ἐγώ, κύριε πάτερ   Bat. Anders καὶ αὐτὴ εἶπεν· ἰδοὺ ἐγὼ κύριε· λαλησάτω δὴ ὁ κύριός μου
καὶ πατήρ μου Bur, in der Annahme, daß Bat und Phil je einen Teil des ältesten Textes
repräsentieren. Wenn man eine ähnliche Spaltung innerhalb Slaw annehmen dürfte, könnte man
rekonstruieren: она же рече: се азь господи (и отьче?) мои; да вьзглаголкть оубо отьць
мои и господь мои. Phil sollte Slaw ausführlich notieren; 142 A. 12 reicht nicht.

4,7 силны божїи] силнїи и б(о)жїи 52. 51 wie τοῦ θεοῦ Edd. S. 3,4; 18,1, anders 18,2. —
сильнь вь] крѣпости и add. 52. Nirgends gestützt.

4,8f Прїиди] и п. 52. „und" nirgends gestützt außer vielleicht in *wbdgwn tj* Syr. — вь вѣкы.
Врѣме] вь вѣкы врѣме; и 52 ähnlich εἰς τὸν αἰῶνα χρόνον. καί   Edd.

4,9 облига] и облїа 52. 51 wie περιεχύθη D Phil Bur, ἐπεχύθη B Bat. — вьзрѣ] -ѣвь 52. 51
wie ἀνέβλεψε D Phil, ἐνέ– Bat Bur, anders ἐβ– B. Doch übersetzt Slaw finite Verben manchmal
partizipial, wobei der folgende Satz trotzdem mit и angeschlossen sein kann. Vgl. 7,1; 10,8.10;
16,23; 17,6; 18,2; 21,2; 22,2; 23,2.15; 26,6; 27,10; 28,1. — господь] г(о)с(поди)нь 52.

4,10 оть тоудоу] оть коуд(оу) 52. Slaw weicht hier stark von Gr ab. — сь ли] сьи ли 52.

14 ПРИВЕДЕНЬ БЫСТЬ СѢМО; НЕ СЬ ЛИ ѤСТЬ ЛЕЖАВИ СЬ ГОСПОЖДЕЮ
СВОЕЮ И ᶠВЬЛОЖЕННИИ ГОСПОДИНОМЬ СВОИМЬˀ ВЬ ТЬМНИЦОⷮ? Фараонь

15 же изеть его ись тьмнице, занк расоⷮди сьнь его. 4,11 Ни оⷮбо!
Нь да припрегоⷮ се ᶠцаревоⷮ сыноⷮ ˀ единородномоⷮ, занк ть ѥсть

16 царь вьсеи земли. 4,12 Си оⷮбо слышавь отьць ѥ, оⷮсрами се
ᶠглаголати кь томоⷮ ˀ дьштери своѥи Асенеѳе, занк сь ꙗростїю и

5,1 гнѣвомь отвѣшта емоⷮ. 5,1 И се юноша вьскочи оть слоⷮгь
Пентеѳрїинѣхь, и реⷱ: се Іосифь прѣдь врати домоⷮ нашего

2 стоить. 5,2 Оⷮслышавьши же ᶠАсенеѳь побѣже ˀ оть лица отьца
своего и матере, и вьниде вь клѣть свою, и ста оⷮ окьнца
зрештаго на вьстокь, видѣти вьходештаго вь домь отьца ѥ.

3 IV. 5,3 Изиде же ᶠПентеѳрїи вь срѣтенїе Іосіфоⷮ ˀ, и жена ѥго, и

4 вьсь родь его. 5,4 И отврьзоше же двери ᶠюже кь вьстокоⷮ
дворниеˀ, и вьниде Іосïфь сѣде на ᶠвтореи колесници ˀ фараоновѣ.

5 И бѣхоⷮ вьпрѣжени кони .д. бѣли ꙗко снѣгь вь златихь

6 оⷮздахь. Колесница же бѣ окована златомь. 5,5 И бѣ Іосïфь
одѣань вь одеждоⷮ бѣлоⷮ; риза же его, юже бѣ облѣⷮень, бѣ
же багрена оть виса и злата оⷮткана, и вѣньць злать на главѣ
ѥго. Окрьсть же вѣнца бѣше .ві. камень изьбраньныхь, и надь
каменїемь бѣше .ві. звѣздь златихь, и скифтро царьско бѣше

7 вь роⷮцѣ ѥго деснои, ꙇ и бѣ надь нимь вѣтьвь маслиньна. На
нки же бѣ множьство плода много, вь нки же бѣ масть масла

8 прѣмнога. 5,6 И вьнïде Іосïфь вь дворь, и затворени быше

4,11 Нь om. 52. 51 wie ἀλλά Edd. — ть] тьи 52.

4,12 си] сык 52. — глаголати кь томоⷮ] ктомоⷮ гла(гола)ти 52 wie ἔτι λαλῆσαι Phil (auch 144 A. 38) Bur. 51 wie λ. ἔ. Bat, 52 wohl besser. — ꙗростїю и гнѣвомь] г. и га. 52. 51 wie μετὰ ἀλαζονείας καὶ ὀργῆς Edd. „ μετα B sl : om. D" Phil 144 A. 40 klingt so, als ob Slaw Präposition hat.

5,1 ce 1⁰ om. 52. 51 wie ἰδού Phil Bat, om. Bur.

5,2 оⷮслышавьши же] оⷮслишав'же 52. — отьца своего] своѥг(о) о(ть)ца 52, о. rechts über Rand hinaus, zunächst vergessen? 51 wie τοῦ πατρὸς αὐτῆς Phil Bat, anders τ. π. Bur. — окьнца] окан'ца 52.

5,4 и 1⁰ om. 52. 51 wie καί Phil Bur, anders κ. ὡς Bat. — втореи] второи 52. Oder о 2⁰ verkleckstes ε? — фараоновѣ] -вы 52. — вьпрѣжени] вьпреженïи 52.

5,5 риза же его, юже бѣ облѣⷮень] р. (а aus и korr.?) же вь нюже бѣ о. 52. Frei für ἡ στολὴ τῆς περιβολῆς αὐτοῦ Edd., 51 besser? — оⷮткана] оⷮкрашена 52. χρυσοϋφής wird ganz verschieden übersetzt, s. 2,4.8; 3,6; 13,3; оⷮкрасити ist nirgends sonst benutzt. — вь нки же] besser вь нкиже.

5,6 и 3⁰ om. 52. 51 wie καί Phil Bat (in eckigen Klammern) Bur. — тоⷮжда om. 52. 51 ähnlich ἀλλότριοι (- ιαι D) Phil Bur, ἀλλότριος Bat. — вратьни] вратнïи 52.

двери, і и или бѣ моүжь или жена тоүжда, осташе вьнѣоүдоү,   9
понкже стражие вратьни затворише двери прѣдь вьсеми
тоүждими. 5,7 Пріиде же Пентефрїи и жена его и вьсь родь его   10
кроме едине дьштере его Асенеѳи, и поклонише се Іосіфоү на
лици земли. И сьниде Іосіфь оть колеснице своке, и поздравова   11
ихь десною роукою своке. 6,1 И видѣ Асенеть Іосіфа, и оумили   6,1
се зѣло доушею, и оумекчи се срьдце ке, и колѣнѣ раслабѣста,
и вьстресе все тѣло ке, и оубоѣ се страхомь велїемь, и
вьздьхноү, и рече: 6,5 камо идоү и гдѣ ськрїю се оть лица его,   2
или како ʼме оузрить ʻ Іосіфь отрокь божїи, понкже глаголахь зла
о нкмь? 6,6 Камо бѣжоү и ськрїю се, ѣко вьса ськрьвеньна сьи   3
зрить, и ниуто же крикть се оть нкго свѣта ради соуштаго вь
нкмь? 6,7 И нынѣ милостивь боуди мнѣ, Боже Іосіфовь, занк   4
глаголахь азь глаголы лоукавы вь невѣдѣнїи! 6,2 Что ʼвидѣхь   5
азь нынѣ ʻ окаданьнаа, не рѣхь ли оубо глаголюштїи ѣко Іосіфь
гредеть сынь пастыревь оть землк Ханаане, и ʼсе нынѣ дьньсь ʻ
сльньце сь небесьнь прїиде кь намь на колесници своеи и вьниде
вь домь нашь, 6,3 азь же несьмысльна и дрьза оуничижихь его и   6
вьзглаголахь глаголы злы о нкмь, и не вѣдѣхь, ѣко Іосіфь
сынь божїи ксть. 6,4 Кто бо оть уловѣкь родить когда сицевоү   7
добротоү, и кога оутроба породить сице вь свѣтѣ? Оувы ʼмнѣ
окаанѣи ʻ и безоумнѣи, ѣко изрекохь отьцоу мокмоу глаголы
злы, 6,8 нынѣ да вьдасть ме отьць мои Іосіфоу вь отроковицоу   8

5,7 едине] кдыни 52. — лици] лицоү 52. — поздравова] про- 52. — ихь om. 52. 51 wie
αὐτούς Edd.

6,1 колѣнѣ] -на 52. Dual 51 älter? — вьстресе] се add. 52. вьздьхноү] -дахноү 52.

6,5 Die Versfolge Bur weicht hier von Phil Bat ab, die sich etwa entsprechen.

6,6 ськрьвеньна] -вен'наа 52. Anders ἀποκρυβήν Edd. — крикть] оүкрикт ' 52.

6,7 Боже Іосіфовь] б(ож)е Іосіфь 52. Vgl. ὁ θεὸς Ἰωσήφ B, ὁ θ. τοῦ Ἰ. D Phil Bat, κύριε ὁ
θ. τ. Ἰ. Bur. — глаголахь] wohl гла(гола)хь 52, wobei гл über radiertes а̑з oder а̑зь
geschrieben. — глаголы лоукавы] гл(агол)ы хоүл'ныѧ и лоукавыѧ. 51 wie ῥήματα πονηρά
Edd., χ. и nirgends gestützt. Zu г. s. 6,7; 8,8; 9,1; 15,2; 23,10.13; 24,19; 27,11.

6,2 окаданьнаа] -н'на 52. 51 wie ἡ ταλαίπωρος Edd. — сь небесьнь] сь н(е)б(е)сь 52. Vgl.
ἐκ τοῦ οὐρανοῦ Edd.

6,4 когда om. 52. 51 wie ποτέ D Phil Bat, om. B Bur.— сице вь свѣтѣ] сицевь свѣть 52
wie τοιοῦτον φῶς Edd. (schon cj. Istrin 198). — Оувы мнѣ окаанѣи и безоумнѣи] ταλαίπωρος
ἐγὼ καὶ ἄφρων Edd. „εγω και αφρων B sl : om. D" Phil 150 A. 20 gibt falschen Eindruck von
Wortstellung und Konstruktion Slaw.

6,8 да om. 52. Kaum zu entbehren. — вь 1⁰ om. 52. 51 wie εἰς Edd.

7,1 и въ рабоу, и послоужоу кмоу въ вѣуно врѣме. 7,1 И вьниде
Іосіфь въ домь Пентефрїинь и сѣде на прѣстоль, и оми ноѕѣ
его **Пентефрїи**, и прѣложи кмоу трапезоу особь, понкже не
гадѣше съ Егуптени, нь гноушаше се ихъ.

2   V. 7,2 Рече же Іосіфь **къ** Пентефрїи и **къ** всемоу родоу его: вто
кстъ жена она, стоештїа оу окьнца прѣмо прозорцоу? Да

3   отидеть оубо оть града того! Боаше бо се Іосіфь, да не како
пострaждеть оть нке, гакоже и оть проучихъ женъ егуптьскыхъ,
7,3 оскрьбѣахоу бо его все жены и дьштере сановитихь и

4   воеводь всего Егупта, гако да више спали съ нимь, і и многы
оть женъ и дьштерїи егуптьскыхъ, елики зрѣхоу Іосіфа, много
страждахоу о лѣпотѣ его 7,4 и молитвьникы свок поуштахоу къ

5   нкмоу **съ** златомь и съ сребромь и дари многоцѣньные. ⌐Іосіфь
же вьспоушташе ихъ⌐ съ прѣштенїемь и досажденїемь, глаголк:

6   не имамь сьгрѣшити прѣдь Богомь Ісраилквѣмь 7,5 И лице
їаковлк прѣдь оучима имаше виноу, и помнѣше заповѣди отьца
свокго, занк глаголаше Іаковь **къ** Іосіфоу и братіамь его:
храните се, уеда **мога**, крѣпцѣ оть жени тоуждее, еже не

7   приучестити се ки, пагоуба бо кстъ и тла. 7,6 Сего ради рече

8   Іосіфь, да отидеть оубо жена она оть храма оного. 7,7 И рече
Пентефрїи: господи, она, юже кси видѣль въ полатѣ, нѣсть
уоужда, нь дьшти наша кстъ дѣвица и ненавидить всакого
моужа, и моужь инь не видѣ ю николиже, тьнию ты дьньсь,

9   і и аште хоштеши да прїидеть и бесѣдоуеть **съ** тобою, гако

10   дьшти наша ⌐кстъ⌐, а ⌐твога сестра⌐. 7,8 Възрадова же се Іосіфь
радостїю великою, занк рече Пентефрїи „ненавидить всакого

11   моужа", і и рече Іосіфь Пентефрїю и женѣ кго: аште дьшти ваю

7,1 **сѣде**] **сѣдь** 52. 51 wie ἐκάθισεν Edd., doch vgl. 4,9 u.ö. — **прѣложи**] **прѣдл**- 52 wohl
eher wie παρέθηκεν B Phil, vgl. -καν D Bat Bur.

7,2 **вто**] **кто** 52 wie τίς Edd. Schreibfehler 51, Druckfehler Nov? — **и** 2⁰ om. 52. Ganze
Wendung nirgends gestützt.

7,3 **бо**] **оубо** 52. — **еликы зрѣхоу Іосіфа**] ⌐ὅσαι ἐθεώρουν τὸν Ἰωσήφ⌐ Phil.

7,4 **Ісраилквѣмь**] dahinter Punkt.

7,5 **виноу**] ⌐πάντοτε⌐ ὁ Ἰωσήφ Phil. Richtig π. ⌐ὁ Ἰ.⌐ — **глаголаше**] **гла(гол)аше** 52. — **оть
жени**] **от(ь) жены** 52, Stern am Rand links vor der mit diesen Worten beginnenden Zeile,
senkrechter Strich zwischen **жены** und dem folgenden **тоуждее**.

7,7 **дьшти** 1⁰] **дьштерь** 52.

7,8 Anführungszeichen sic Nov. — **ваю**] **ваша** 52. Dual 51 älter?

кстъ, да прїидеть оⷡ҇бо, гако сестра ми кстъ, и възлюблю ю ⁵гако
сестроу мою отъ дьньсь². 8,1 И възыде мати Асенетина, и   8,
приведе ю къ Іосіфоу.

VI. И рече Пентефрїи къ дьштери своеи: целоуи брата своего,
занк и тъи дѣвьствьникъ кстъ гакоже и ты, и ненавидить
вьсакоу женоу тоуждоую гакоже и ты всакого моужа уюждаго.
8,2 И рече Асенеѳь къ Іосифоу: радоуи се, господи, благословени   2
⁵вышнимь Богомь². 8,3 И рече кь нки Іосифь: да благословить те
Богь оживлгаки всакого уловека! 8,4 Рече же Пентефрїи къ   3
Асенеѳе: пристоупи и целоуи брата своего! 8,5 Егда же   4
пристоупи целовати Іосифа, прострѣтъ онь ⁵десноую роукоу
свою², и положи на прьси ке, и отриноу ю, глаголѭ: не подоблеть   5
моужоу благоуьстивоу иже благословить оусты своими Бога
живаго и гасть хлѣбь благословень нетлѣнїа целовати женоу
иноплеменноу, иже благословить оусты своими идолы ⁵нѣми же
и мрьтвы² и гасть отъ трапезы хлѣбь оударвлкнїа и піетъ отъ
пива ихь уашоу оуловлкнїа, и мажеть се маст ю пагоубнѫѭ,
8,6 нь моужь благоуьстивь целоуеть матерь свою и сестроу свою   6
соуштоую изъ матере его, и сестроу соуштоую отъ племене и
сьродства его, и женоу единопостелноую емоу, юже
благословить оусти своими Бога живаго; 8,7 такожде же и женѣ   7
благоуьстивѣи не подоблкть цѣловати моужа иноплеменна, занк
мрьзость кстъ предъ Богомь.

VII. 8,8 Егда же оуслиша Асенеѳь гласы сик оскрьбы се зѣло, и   8
възьдьхноу, и бѣ възираюшти нанъ, и напльниста се ⁵очи ки
сльзъ². Видѣвь же ю Іосифь и помилова ю зѣло, занк бѣ Іосифь   9

8,1 своеи] сво (Seitenwechsel) своки 52. — уюждаго] тоу- 52.

8,5 прострѣтъ] простре 52. — не подоблеть] οὐκ ἔστι προσῆκον Edd. „προσηκον sl EFH :
-κειν D προσεγγιζειν B" Phil 154 A. 5 führt irre; Slaw nicht an erster Stelle nennen. — иже 2⁰]
richtig гаже wie ἥτς Edd.? Ähnliche Varianten in 8,6; 9,1.2; 17,2.4; 24,4.11. — пива] вина 52. 51
ähnlich τῆς σπονδῆς Edd.

8,6 юже] richtig гаже? Vgl. αἴτινες Edd., „die bekennt" Arm. Vgl. 8,5 u.ö.

8,7 кстъ] œ add. 52 wie τοῦτο Edd.

8,8 гласы] гл(агол)ы 52 wie τὰ ῥήματα Edd. Falsch aufgelöste Abkürzung 51? Vgl. 6,7 u.ö.
— нанъ] besser на нь. — ю 1⁰ om. 52. 51 wie αὐτήν Edd. — богобогазнивь] φοβούμενος τὸν
κύριον (θεόν Bur) Edd. „σφοδρα - κυριον B sl : om. D" Phil 156 A. 18; aber Slaw könnte θεόν
voraussetzen.

кротькь и милостивь и богобоιазнивь. 8,9 И въздвиже рογкογ
10 своιю надь главоιю своеιю, и рече: Господи Боже оца моего
Iсраилιа вышнïи и силныи, оживлιаки всαчьскαа и призвавы оть
тьмы на свѣть и оть сьмрьти вь животь, самь, Господи,
11 оживотвори и ⁵обнови дѣвицογ сиιю, и благослови² ιю доγхомь
своимь, и ⁵благословенïα твоего да испикть чашογ² ιюже избраль
еси прѣжде родити се ки, и да вьнидеть вь покоиште твое, еже
9,1 оуготова любештимь те. 9,1 И възрадова се Αсенеφь о
благословенïи Iосифовѣ радостïιю великоιю. И потьшта се и
възыде на полатογ своιю, и паде на одрѣ своκмь болешти, занκ
одрьжаше ιю радость и печаль и ⁵страхь и поть многь²,
оуслышавши глаголы сик оть Iосифα, ιюже изьглагола ки о
2 имени Бога вышнιаго. 9,2 И плака се плачемь великмь и
горькомь, и раскαιа се о бозѣхь своихь, еже утѣше, и ожидаше
3 еже быти вечерь. 9,3 Пcть же Iосифь и пить, и рече отрокомь
своимь: вьпрезѣте конκ вь колесницογ. Глаголаше бо: да идογ
4 оубо и обидογ вьсе гради и землικ. 9,4 Рече же Пентеφрïи кь
Iосифογ : да прѣпочикть оубо господинь мои дьньсь, α вь
5 оутрѣи идеши вь поуть свои. 9,5 Рече же Iосифь: ни, нь да
изыдογ дьньсь, понκже сьи ксть дьнь, вьньже начеть Богь
творити дѣла своια, и вь ⁵осми дьнь² прïидογ пакы кь вамь и
вьдворογ се зде.

8,9 надь главоιю своеιю om. 52. 51 wie ἐπάνω τῆς κεφαλῆς αὐτῆς Edd. — оца] от(ь)ца 52
wie τοῦ πατρός Edd. Druckfehler Nov, unaufgelöste oder nichtmarkierte Abkürzung 51? — самь,
Господи] σὺ κύριε Bur, σὺ αὐτὸς κ. Phil, σὺ καί Bat. „συ αυτος κυριε sl : σ. κ. EFH κ. α. D α
B" Phil 158 A. 20; самь entspricht αὐτός, kann vielleicht auch σύ wiedergeben, aber nicht beides.
— доγхомь] с(ве)ты(и)мь add. 52 wie τῷ ἁγίῳ hinter σοῦ D Bat, om. B Phil Bur. Daß D 52
stützt, spricht dafür, daß das Wort in den Text gehört; „heiliger Geist" ist freilich so geläufig, daß es
auch spontan zugesetzt sein könnte. — благословенïα - чашογ] καὶ πιέτω ποτήριον εὐλογίας σου
Edd. Wortstellung 51 52 kaum ursprünglich. — се om. 52. 51 wie γεννηθῆναι Phil, γενέσθαι Bat
Bur. — и 9⁰ om. 52. 51 wie καί Edd.
9,1 глаголы] гл(агол)ы 52. Vgl. 6,7 u.ö. — ιюже] κже 52 wie ὅσα Bur, anders ὅς Phil, καὶ
ὡς Bat. Vgl. 8,5 u.ö
9,2 еже] ιюже 52. 51 wie τοῦ Edd. Vgl. 8,5 u.ö.
9,3 землικ] и реч(е) же Iосифь кь Пен'теφрïи изыдογ от(ь) домογ твоκго add. 52.
Nirgends gestützt.
9,4 кь Iосифογ om. 52. 51 wie πρὸς Ἰωσήφ Edd. — оубо] тογ 52. 51 eher wie δέ Edd.
9,5 изыдογ] идογ 52. 51 wie ἀπελεύσομαι Edd. — вьньже] besser вь ньже. — се om. 52.

VIII. 10,1 **Ѡшьдьшоу же емоу**, ⁵иꙁыде Пентефрїи сь родомь   10,1
своимь² на село, и оста Асенеѳь едина сь дѣвицами и   2
прѣнемагаше се и плакаше, дондѣ же ꙁаиде слньце. И хлѣба
не паде ни води пить, нь всѣмь спештимь та едина бдѣше.
10,2 И отврьꙁши сьниде на врата, и обрѣте двьрницоу спештоу   3
сь чеди своими. И потьштавши се, снѣть ꙁавѣсоу своꙗ, и   4
напльни ю сметлишта. И вьꙁнесе на полатоу и просипа ю на
потонѣ. 10,3 И ꙁаключи врата тврьдо сь ключемь желѣꙁнимь. И   5
вьꙁдыхаше вьꙁдыханїемь велїемь и плачемь. 10,4 И оуслыша   6
дѣвица, юже люблаше паче всѣхь дѣвиць, вьꙁдыханїе
Асенеѳино, и потьшта се и прїиде, и обрѣте двери ꙁаключени,
10,5 и оуслышавши вьꙁдыханїе ке, рече: по что сѣтоуеши,   7
госпожде моꙗ, и что кесть оскрьблаюштек те, отьврьꙁи оубо
намь, и видимь те. 10,6 И рече имь Асенеѳь, иꙁь вьноутрьюдоу   8
ꙁатворена соушти: глава ме болить, и ⁵не могоу нынга отврѣсти²
вамь, ꙁанк иꙁнемогохь всѣми оуды своими, 10,7 нь иди кааждо
вась въ ⁵скою клѣть². 10,8 **Ѡшьдьшимь** же имь вьста Асенеѳь, и   9
отврьꙁе двери своꙗ отаи, и иде вь клѣть свою второую, вь нки
же бѣхоу ковчеꙁи, оутвари ке, и отврьꙁши **единь оть** ковчегь
своихь и иꙁе риꙁоу чрьноу, | гаже бѣ плачевна ки, сию оубо   10
одѣга се и плака, егда оумрѣть брать ке прьви. 10,10 И сьвлѣче   11
Асенеѳь оутварь свою царскоую, и облѣче се въ чрьноую; и

10,1 **иꙁыде**] **и** add. 52 wie καί Bat, anders Phil, anders Bur. — **дондѣ же**] besser **дондѣже**.

10,2 **напльни ю сметлишта**] **напоуни ю сметишта** 52. — **на потонѣ**] **на постелю свою**
52. 51 wie εἰς τὸ ἔδαφος Edd., 52 nicht gestützt.

10,4 **и прїиде** om. 52. 51 wie καὶ ἦλθε Phil, vgl. καὶ ἦλθον Bat Bur. Phil 162 A. 18 klingt so,
als ob es die Varianten καὶ ἦλθε D Slaw und καὶ ἔσπευσεν B gäbe; Slaw bezeugt aber καὶ
ἔσπευσε καὶ ἦλθε, vgl. Bat Bur.

10,6 **своими**] **мо**- 52.

10,7 **кааждо**] **кьждо** 52. 51 wie ἑκάστη Edd. — **скою**] **свою** 52. Druckfehler Nov?

10,8 **ѡшьдьшимь** же имь] **ош(ь)дьшимь** 52. 51 ähnlich καὶ ἀπῆλθον αἱ παρθένοι ἑκάστη
εἰς τὸν θάλαμον αὐτῆς Bur, καὶ ὡς ἀ. αἱ π. ἑ. εἰς τ. ἴδιον θ.   Bat, om. Phil. Der abs. Dativ kann
auf finiten Satz zurückgehen, vgl. 4,9 u.ö. — **и** 2⁰ om. 52. 51 wie καί Edd. — **нки же**] **нкиже** 52?
Dies jedenfalls besser, s. o. A. 38. — **ковчеꙁи**,] Komma unberechtigt. Vgl. **ковчеги** 2,4. — **и** 4⁰
om. 52. 51 wie καί Edd., was ursprünglich sein kann, obwohl Slaw das vorhergehende Verb
partizipial übersetzt, vgl. 4,9 u.ö. — **оумрѣть**] -**ѣ** 52.

10,10 **распоꙇасавши**] -**в'ши** 52. — **ꙁлатїи**] -**ть** 52. 51 wohl eher wie τὴν χρυσῆν Edd. — **и**
add. 52 wie καί Edd., obwohl das vorige Verb partizipial übersetzt ist, vgl. 4,9 u.ö. — **покровь**]
свои add. 52. Nirgends gestützt.

распогасавши погась свои златїи, опогаса се врьвїю; и сьнеть
покровь оть главы своке, и вѣньць и прьстень оть роукоу
12 своею, 10,11 и вьзеть вьсоу одеждоу свою избранноую, и врьже ю
13 окьнцемь ништїимь, 10,12 и вьзеть все богы своке ⁵сребрьнїк и
златїк², имь же не бѣ числа, и, съкроушивши ихь на дробно,
14 поврьже ништїимь и трѣбоуюштимь, 10,13 и прикть ⁵царскоую
вечероу свою². и брашна и ⁵меса и рибы², еште же и вьсе жртвы
богь своихь и сьсоуди вына и треби ихь и поврьже все ⁵псомь
16 скрозѣ окьнце² на снѣдь. 10,14 Сама же облькши се вь врѣтиште
и прѣпогасавши се врьвїю, расплете оуплетны свок, и посыпа
17 прахомь главоу свою, 10,15 и леже на сметишти по земли, и и
бигаше прьси свок често обѣма роукама своима, и плакаше горко
18 всоу ношть сь вьздыханїемь до оутра 10,16 и вида. И бѣ прахь
19 иже подь нкю гако каль, оть сльзь ке, и и паде пакы ⁵на лици
своюмь Асенефь² на сметишти, и лежа, дондеже заиде сльньце.
20 10,17 Сице оубо твораше Асенефь за .з. дни, никакоже
вькоусивши ничесоже.

11,1 IX. 11,1 И бысть вь осмы дьнь, вьспреноу оть землк, на нкиже
12,1 лежаше, бѣ же раслаблкна оуды оть многаго смѣренїа, 11,19 и
2 прострѣ роуцѣ свои ⁵и очи на вьстокь², и рече: 12,1 Господи Боже,
давы вьсемоу дыханїю животь, изведыи невидимаа на свѣть,

10,12 имь же] besser имьже.

10,13 и треби ихь и поврьже все] и трѣбоуюштїих(ь) (wohl V. 12 Ende nachgeschrieben)
п. 52. 51 etwa wie τῆς σπονδῆς αὐτῶν (om. Bat) καὶ ἔρριψε(ν Phil) πάντα Edd. — скрозѣ
окьнце на снѣдь] на снѣд(ь) с. о. 52.

10,14 сама же облькши се] 15. Καὶ μετὰ ταῦτα ἔλαβε ⌜τὴν τέφραν καὶ κατέχεεν αὐτὴν ἐπὶ
τὸ ἔδαφος. 16. καὶ ἔλαβε⌝ Phil. Haken besser auf ganz V. 15 vorziehen. Slaw entspricht offenbar
καὶ ἐβάλετο D („ελαβετο D" falsch Phil 164 A. 51), anders καὶ ἔλαβε B Phil Bur, καὶ εἴθ' οὕτως
ἔλαβε Bat. — врьвїю] „mit Strick", vgl. σχοινοιον (sic) Q, anders περὶ (add. Bur) τὴν ὀσφὺν
αὐτῆς Edd. Falsch darum „την – αυτης D sl EFGH : om. B" Phil 164 A. 53.

10,16 и вида. И бѣ] и выда и бѣ 52. Nov hat вида offenbar als Genitiv von видь „Aussehen,
Gesichtssinn" zu до gezogen, aber eher Fehler für видѣ „sah"; besser Komma als Punkt. — 18.
καὶ ⌜ἀνέστη 'Ασενὲθ τῷ πρωὶ καὶ εἶδε καὶ⌝ ἰδοὺ ἦν Phil. Richtig 18. ⌜Καὶ ... π.⌝ καὶ εἰ. καὶ ⌜ἰ.⌝
ἦν. — каль,] Komma überflüssig.

11,19 очи] ⌜ἐπέβλεψε⌝ τοὺς ὀφθαλμοὺς αὐτῆς ⌜εἰς τὸν οὐρανόν⌝ Phil. Richtig ⌜ἐ.⌝ τ. ὀ. ⌜αὐ. εἰς
τ. οὐ.⌝ — „αυτης B sl : om. D" Phil 166 A. 4. Richtig „αυτης B : om. D sl". Übrigens fehlen
ἐπέβλεψε und εἰς τὸν οὐρανόν in BD wie in Slaw; wieso für d angesetzt, zumal Akk. nach
ἐπέβλεψε nicht paßt?

12,1 невидимаа] -д(и)ма 52. 51 eher wie τὰ ἀόρατα Edd.?

12,2 сътвореи всаүьскаа, и гавлки негавлкннаа, | вьзнесïи нево и   3
основавы землю на водахь; Боже, поставлки каменïе великое въ
бездн̇ водн̇и, еже не погроүзають, нь соүть до конца
творештеи волю твою; 12,3 Господи Боже мои, кь теб̇ вьзовоү,   4
вьнми молкнïе мое; теб̇ испов̇мь, Господи, гр̇хи мок, и
теб̇ открыю безаконïа мога, 12,4 сьгр̇шихь, Господи,   5
сьгр̇шихь, безаконовахь и неүьствовахь и вьзглаголахь лоүкава
пр̇дь тобою, 12,5 осквьрьнише се оүста мога оть жрьтьвь
идолскыхь и оть трапезы богь егуптскыихь; сьгр̇шихь,   6
Господи, пр̇дь тобою и неүьствовахь, поүтши идолы мрьтвы
и н̇мы, и н̇смь достоина отвр̇сти оүсть своихь кь теб̇. Язь
окааннаа | сьгр̇шихь, Господи, пр̇дь тобою, азь дьшти   7
Пентефрïа ïереа грьдаго и высокооүмню 12,6 кь теб̇ приношоү,
Господи, молитвоү мою, и кь теб̇ вьпию: 12,7 избави ме,
Господи, оть гонештихь ме, 12,8 занк азь кь теб̇ приб̇гохь,
гако отроүе кь теб̇ приб̇гохь, гако отроүе кь отцоү своемоү и
матери; | ты же, Господи, простри роүц̇ твои кь мн̇, гако   8
отьць үедолюбивь, исхыти ме изь роүкы вражïе, 12,9 се бо львь   9
ˢстарïи свер̇пь² гонить ме, его же үеда соүть бози и соүдацïи,
иже азь отврьгохь оть себе и погоүбихь ихь, 12,10 отьць же ихь
дïаволь погльтити ме хоштеть, покоүшае се. 12,11 Нь ты,   10
Господи, избави ме оть роүкоү его, и оть оүсть его исхыти ме,

---

12,2 негавлкннаа] -н'на 52. 51 eher wie τὰ ἀφανῆ Phil Bat, anders Bur? — на водахь] ⸢ἐπὶ
τῶν ὑδάτων⸣ Phil. — великое] -о 52. 51 wie τοὺς μεγάλους Phil Bat, anders μ. Bur. Slaw
übersetzt λίθοι Plural öfter durch каменик „Gestein". — водн̇и] вод'н̇е 52. — погроүзають]
-оүжають 52. Schreibfehler 51, Druckfehler Nov?

12,4 лоүкава] -ва 52 eher wie πονηρά Edd.?

12,5 оть трапезы] от(ь) -зь 52. 51 wie ἐκ τῆς τραπέζης Phil, ἀπὸ τ. τ. Bat Bur. —
достоина] -наа 52. 51 eher wie ἄξία Edd. — грьдаго и высокооүмно] грьда и -на 52 wie ἤ
(ποτε add. Bat Bur) σοβαρὰ καὶ ὑπερήφανος Edd. Dahinter Satzzeichen.

12,7 Господи] Phil 170 A. 19 sieht aus, als ob Slaw om. wie B.

12,8 кь теб̇ приб̇гохь, гако отроүе om. 52. 51 nirgends gestützt, offenbar Dittographie. —
роүц̇ твои] роүкоү твою 52 wie τὴν χεῖρα B, Dual 51 wie τὰς χεῖρας D Phil (Bat) Bur. Doch
ist innerhalb b auch der Singular stark belegt. — исхыти] и. (ы aus ь korr.?) 52, letztes Wort der
Zeile, am rechten Rand klein и. Zu lesen и и. wie καὶ ἄρπασον Edd.? Zu korrigieren ы in и? Oder?

12,9 его же] besser егоже. — бози и соүдацïи] бозисо̂ці 52. соүдьци „Richter" sinnlos;
verderbt aus бози егуптсцïи o. ä. wie οἱ θεοὶ τῶν Αἰγυπτίων Phil, anders Bat Bur?

12,10 покоүшак се] покаүшаю се 52, Ende der Zeile, Einsatzzeichen über -ю, rechts am Rand
mit demselben Zeichen darüber а.

да не когда похытить влькь доушоу мою и растрьгнеть ме, и
вьложить вь бездноу огнꙗ и вь боуроу морскоую, и ⸢пожреть ме
11 великы коуть⸣. 12,12 Спаси ме, Господи, поустоую, ꙗко отьць мои
и мати моꙗ отврьгоста се мене, занѥ погоубихь богы ихь,
12,13 нынꙗ сира и поуста, и нѣсть ми иноѥ надежде развѣ тебе,
Господи, занѥ ты еси отьць сирымь и гонимымь заштитникь и
12 скрьбештимь помоштникь; 12,15 и нынꙗ все оузы отьца моего
Пентефрїа маловрѣменны соуть и неꙗвлѥни, дарове же наслѣдїа
13,1 твоего, Господи, нетлѣннаа соуть и вѣчны. 13,1 Посѣти
2 сиротство мое, Господи, ꙗко кь тебѣ прибѣгохь, 13,3 ибо
сьвлѣкохь се сь царскыѥ одежде златотканныѥ и облѣкохь се вь
3 ризоу чрьноу; 13,4 се распоꙗсахь поꙗсь мои златы и прѣпоꙗсахь
4 се врьвїоу и врѣтиштемь; 13,5 се ⸢отложихь вѣньць главы моѥ⸣,
5 и посипахь се прахомь 13,6 се подь клети моѥ, постлани
мраморїемь и различнымь и багрымь и помазаѥмы вонꙗми
всꙗкыми, нынꙗ помазань ѥсть сльзами моими, и прьстию
6 посипань; 13,7 се Господи, отьпраха и оть сльзь моихь каль ѥсть
7 вь клети моеи ꙗко на поути; 13,8 се, Господи, вечероу мою
8 царскоую и брашно дахь псомь чюждимь, 13,9 азь же вь
14,4 седмыхь днехь сихь ни хлѣба ꙗдохь ни вина пихь! 14,3 Прїиде
же кь Асенефи аггель свѣтьль сь небесе, и ста надь главою ѥе

12,13 заштитникь] застоупныкь 52.

12,15 и 1° om. 52. — оузы] „χρηματα B sl : δωματα DFH“ Phil 172 A. 37. Aber оузы heißt „Bande, Fesseln“ (δέματα für δόματα gelesen?). Als *d*-Text ist δόματα wie Bur, allenfalls δώματα wie Bat anzusetzen. — нетлѣнаа] -ѣн'ныи 52, nach дарове wohl richtig.

13,1 посѣти] и п. 52. 51 wie ἐπίσκεψαι Edd.

13,3 ибо] се бо 52 etwa wie ἰδοὺ νῦν Bat, ἰδού Phil Bur. — сьвлѣкохь се] μου add. Phil Bur, später Bat. „μου B sl : om. DG“ Phil 174 A. 2. Richtig „μου B : om. DG sl“.

13,4 златы] -ть 52.

13,5 прахомь] dahinter Semikolon oder wie 52 Punkt.

13,6 подь] по 52. 51 wie τὸ ἔδαφος Edd. (vgl. serbokroat. под „Boden“). — постлани] посланїи 52. 51 wie τὸ (om. Phil) κατεστρωμένον Phil (Bat) Bur. — и багрымь] багромь 52. 51 wie καὶ πορφυροῖς B Edd., aber om. καί D (nach Phil 174 A. 6 auch H, aber richtig om. ποικιλοις και H). — и 4°] καί Edd. „και : και σημερον sl om. BD“ Phil 174 A. 10; aber Slaw bezeugt σ. nicht.

13,7 отьпраха] lies оть п. — каль ѥсть] многь add. 52 wie (πηλός ἐστι) πολύς Phil, (π. γέγονε) π. Bat Bur. — ꙗко] и ꙗ. 52. 51 wie ὡς Edd.

14,3 сь небесе] сь н(е)б(е)сь 52. 51 wie ἐκ τοῦ οὐρανοῦ Edd. Plural 52 nirgends gestützt.

14,4 и вьзва ю. 14,5 | И рече Асенефь: кто ксть вьзвави ме, занк 5
дверь клѣти моке заключена ксть, а нирь високь, како оубо
вьниде вь ⁵клѣть мою²? 14,6 И вьзва ю ⁵вьторицею уловѣкь² 6
глаголк: Асенефь! 14,7 И рече: се азь, господи, вьзвѣсти ме, кто
кси ты. 14,8 Рече же ки уловѣкь, азь ксмь вокнауелникь храма 7
господна и воевода всѣхь вои вышнихь, вьстани на нозѣ свои,
и вьзглаголю кь тебѣ.

X. 14,9 И вьздвиже оуи свои и видѣ. И се подобьнь по всемоу 8
Іосифоу одеждею и вѣньцемь и жьзломь царскымь, тьуию лице 9
его бѣ гако млльнїи и оуи его гако свѣть сльньуныи и власи
главы его пламень огнга, роуцѣ и нозѣ его гако желѣзо
раждежено огнкмь. 14,10 Видѣвши же Асенефь паде на лици 10
своемь на ногоу его страхованїемь, и рече: помилоуи ме,
господи. 14,11 Рече же еи уловѣкь: дрьзаи, Асенефь, не бои се, 11
нь вьстани на ногоу своею, и вьзглаголю кь тебѣ.
14,12 Вьставши же еи, рече: отложи одеждоу ⁵урьноу, юже 12
носиши² и врѣтиште оть себе, и прахь отреси оть главы свокке,
и омы лице свок водою живота, и облѣци се вь ризоу новоу 13
свѣтлоу, и прѣпогаши урѣсла свога погасомь красным
соугоубимь дѣвьства твоего, 14,13 и пакы прїиди кь мьнѣ, и 14

---

¹⁴,⁵ **нирь**] нирь 52, mit Einsatzzeichen, am linken Rand mit demselben Zeichen **пирь** 52. Vgl.
2,1. „Zu lesen **пирь в**." (Istrin 198) wohl Druckfehler; **пирь** „Gelage" (21,8) paßt nicht.

¹⁴,⁶ **глаголк**] ⌐καὶ εἶπεν¬ Phil nach B u.a. wie Bur. Slaw setzt wohl λέγων D Bat voraus.

¹⁴,⁷ **ме** (Akk.)] **ми** (Dat.) 52, wohl besser.

¹⁴,⁸ **ксмь**] ксьмь 52, vgl. serbokroat. **ксам**.

¹⁴,⁹ **вьздвиже**] же add. 52. Dittographie? — **оуи свои и видѣ**] оуи мои 52. 51 wie τοὺς
ὀφθαλμοὺς αὐτῆς καὶ εἶδε B Phil, länger D, anders Bat, anders Bur. — **одеждею**] **и о**. 52. 51 wie
τῇ στολῇ D Phil Bur, 52 wie τῇ τε σ. B Bat. — **бѣ** om. 52. 51 wie ἦν Edd. — **пламень**] гако п.
52 wie ὡς φλόξ Edd.

¹⁴,¹⁰ **страхованїемь**] **страхомь велїемь** 52 wie ἐν φόβῳ μεγάλῳ Phil, anders Bat, anders
Bur. ἐν φόβῳ ⌐μεγάλῳ καὶ τρόμῳ¬ Phil entsprechend ändern. — **рече**] кмоу add. 52. **и р**. -
господи nirgends gestützt.

¹⁴,¹² **же** om. 52. 51 wie καί Phil Bur, anders τότε Bat. Vgl. 1,3 u.ö. — **еи**,] Komma überflüssig. — **оть себе**] ⌐ἀπὸ τῆς ὀσφύος σου¬ Phil. Richtig ἀ. ⌐τ. ὀ.¬ σου. Wie Slaw ἀπό σου B om.
D; Phil hat τῆς ὀσφύος nach FG eingesetzt (178 A. 37), warum?

15 въꙁглаголю ти словеса ⁵посланьна къ тебѣ². 14,14 И вьниде Асенеѳь
вь клѣть свою вь нки же бѣхоу ковьчеꙁи оутвари ке, и отврьꙁе
ковчегь свои и вьꙁе одеждоу новоу и нароучитоу, и сьвлѣче риꙁоу

16 чрьноую, и облѣче се въ свѣтлоую, | и распогасавши врьвь и
врѣтиште оть чрѣслъ своихь и прѣпогаса се погасомь ꙁлатымь
дѣвьства своего, единѣмь по чрѣслохь, а дроуꙁѣмь по прьсѣхь,

17 14,15 и отресе прахъ оть главы свокє, и омы лице свокє водою
чистою, и покри главоу свою прѣвѣсомь добрыимь и

15,1 нароучитимь 15,1 прїиде кь чловѣкоу. Видѣвь же ю онь рече къ
нки: вьꙁми оуброусь оть главы свокє, ꙁанкє ты ⁵дѣвица еси
дьньсь чиста², и глава твога кєсть гако моужоу юноши. 15,2 И

2 вьꙁеть его оть главы свокє. И рече къ нки чловѣкь: дрьꙁаи,
Асенеѳь, дѣвице чистаа, се бо оуслыша Господь глаголы

3 исповѣданїа твоего; 15,4 дрьꙁаи, Асенеѳь, се бо написа се име

4 твокє вь книꙁѣ жиꙁни и не имать потрѣбити се вь вѣкы, 15,5 се
бо оть дьньшнгаго обновиши се и оживотвориши се и сьнѣси

5 хлѣбь жиꙁни, и пикши чашоу исцелѣнїа; 15,6 дрьꙁаи, дѣвице, се
бо дарова те Господь вь невѣстоу, и тьи боудеть ти женихь,

6 15,7 и кь томоу не наречеши се Асенеѳь, нь боудеть име твое
Градь.

12. 14 XI. 15,13 ⁵Рече же Асенеѳь²: | да вьꙁглаголю, господи, аште
обрѣтохь благодѣть прѣдь тобою, 15,14 сѣди мало на одрѣ, и
поставлю трапеꙁоу и хлѣбь да гаси, и принесоу ти вино добро,

16,1 егоже вонга до небесь, и пиеши и идеши въ поуть свои. 16,1 И

2 рече еи чловѣкь: принеси же ми и стрьдь медовны. 16,4 Рече же

14,14 **вь нки же**] besser **вь нкиже**. Phil 180 A. 42 setzt für Slaw ὅπου wie Bur voraus, es könnte aber auch ἐν ᾧ wie Bat sein. — **вьꙁе**] **въꙁеть** 52, in erster Zeile, vgl. o. A. 8. — **сьвлѣче**] **сьврьже** 52. 51 wie ἐξεδύσατο Phil, ἀπεδύσατο Bur, ἐκδυσαμένη Bat. 52 falsche Erinnerung an 10,11? — **риꙁоу**] **одеждоу** 52. — **облѣче**] б- 52. — **чрѣслохь**] **своих(ь)** add. 52 wie αὐτῆς Edd.

15,1 **прїиде**] и п. 52 wie καὶ ἦλθε Phil Bur, anders καὶ εἶθ' οὕτως ἦλθε Bat. Vorher Punkt.

15,2 **оть**] о 52. 51 wie ἐκ Phil Bat, ἀπό Bur. — **дѣвице**] д(ѣ)в(и)ца 52. Vokativ -це 51 älter? — **глаголы**(sic)] гл(аголь)ы 52. Vgl. 6,7 u.ö.

15,5 **исцелѣнїа**] нетл- 52 wie τῆς ἀφθαρσίας Edd. Vorlage offenbar ποτήριον τῆς ἀφθαρσίας wie D(B) ohne die dazwischenstehenden Wörter (s. Edd.), vgl. 8,5. Haken in Phil auf ⌜ἀθανασίας – χρίσματι⌝ vorversetzen. „π. ιατρειας sl" Phil 182 A. 14 (für 51 richtig) sollte nicht als Variante zu ποτήριον τῆς ἀθανασίας notiert werden.

15,6 **Господь**] Ïосифоу add. 52 wie τῷ Ἰωσήφ Phil Bat (Bur).

16,4 **послю**] **пошлю** 52. 51 die ältere Form? — **господи**] ⌜κύριε⌝ Phil.

Асенеѳь: да послю оубо, господи, на село, и принесоу ти стрьдь 3
медовны. 16,5 Рече же еи уловѣкь: вьниди вь клѣть свою и
обрѣштеши медь. 16,8 Вьниде же, и обрѣте стрьдь медовны, 4
ˢлежешть на трапезѣˀ, и бѣше бѣль гако снѣгь, испльнь меда, и
вонга его дыханïе живота. 16,10 И вьзьмши ˢпринесе иˀ моужеви. 5
Рече еи онь: уто гако рече ми, нѣсть сьта медовна вь домоу
моемь, и се принесе ми его? 16,11 И рече Асенеѳь: не имѣхь, 6
господи, вь домѣ моемь стрьда медовна, нь гакоже рече,
бысть, еда оубо изь оусть твоихь изыде, господи, понкже вонга
его гако оуханïе мѵра ксть, гакоже оуста твога.

XII. 16,13 Прострѣть же роукоу свою уловѣкь и кть ю за 7
главоу и рече: 16,14 блажена ˢты есиˀ, Асенеѳь, гако открыше ти
се неизреченна божïа, блажени прилежоуштеи Господоу Богоу вь
покаанïи, гако оть сего меда сьнѣдеть. Медь бо сьи сьтворише 8
пуели раискыѥ пиште, и аггели божïи оть сего гадеть, и вьсь
иже аште сьнѣсть оть нкго, не оумреть вь вѣкы.
16,15 Прострѣть же роукоу свою уловѣкь десноую и оурѣза оть 9
нкго и гасть и вьложи роукоу своею и вь оуста Асенеѳина.

XIII. 16,17 И прострѣ роукоу свою и косноу се прьстомь вь краи 10
меда лежоушти кь вьстокоу, и ˢбысть видѣнïе прьста егоˀ
крьваво, ǀ и прострѣть же роукоу свою вторицею, и положи краи 11
прьста своего на розѣ меда зрештимь кь сѣвероу, и бысть

16,8 снѣгь] снѣхь 52. — испльнь] ипльнь 52. Fehler oder lies и пльнь wie καὶ πλήρης
Edd.?

16,10 принесе - сьта] „καὶ – κηριον B sl : om. D" Phil 186 A. 5. Slaw wäre pedantisch
rückübersetzt ἤνεγκεν αὐτὸ τῷ ἀνθρώπῳ. εἶπεν αὐτῇ οὗτος· τί ὅτι εἶπάς μοι· οὐκ ἔστι κηρίον   ;
nicht B, aber auch sonst nicht gestützt.

16,11 домѣ] домоу 52. Lokativ -оу älter? — оуханïе] бл(а)гоу- 52 (vgl. 17,4). 51 eher wie
πνοή Edd. — мѵра] мира 52.

16,14 прилежоуштеи] -жештеи 52. — покаанïи] -н'ны 52. — пиште] τῆς τρυφῆς Edd.
Slaw setzt offenbar τ. τρυφῆς voraus (Phil 186 A. 14), vgl. L1. — гадеть] сьнѣдають 52. 51 eher
wie ἐσθίουσι Phil Bur (Bat). — вьсь] вьсакь 52, ак aus ? korr. — иже аште] иже 52. 51 wie
ὅστις B oder ὃς ἂν Bat Bur, 52 wie ὃς D Phil.

16,15 уловѣкь] ул(о)в(ѣ)кь vor роукоу свою 52 wie ὁ ἄνθρωπος (τὴν χεῖρα αὐτοῦ)   (Bat)
Bur, 51 wie (τ. χ. αὐ.) ὁ ἄ.   Phil. — роукоу своею] роукою свокю 52 wie τῇ χειρὶ αὐτοῦ Phil
Bur, anders τῇ ἰδίᾳ χειρί   Bat. — и 4⁰ om. 52, wohl zu Recht.

16,17-17xa Von Rießler ohne Textgrundlage als 16,24f. ans Kapitelende gestellt.

16,17 и косноу се прьстомь] καὶ ἐπέθηκεν τὸν δάκτυλον αὐτοῦ   rückübers. Phil Text und
188 A. 21. Slaw entspricht aber et tetigit digito L1, was Phil ebd. zitiert. Die Stelle ist sehr zerschrieben.

12   видѣнїе его крьваво . 16,17x Стоѩше же Ѧсенеѳь о шоую страноу
13   зрешти вса елика творⷶше, 16,17y и възидоше абїе пуели оть
вошⷮинь медоу. 16,18 бѣли ѩко снѣгь, крилѣ же имь бѣхоу багри
ѩко акїньѳь, а главы имь ѩко пазлатни, жела же имь остра,
14   16,19 и приплетоше се все Ѧсенеѳе оть ногоу даже и до главы ⸢и
15   по оустнахь, бѣхоу же великы ѩко стрьшени². 16,20 Рече же
уловѣкь кь пуеламь: идѣте оубо въ мѣста своѩ прочее.
16   16,21 | Ошьдьше же все оть Ѧсенеѳї, 16,22 падоше на землю и
17   измрѣше. И рече уловѣкь: въстанѣте и идѣте на мѣсто свое.
16,23 И въставьше и идоше на дворь прилежешти Ѧсенеѳї.
17,1   17,1 Рече же ⸢кь нки уловѣкь²: видѣ ли глаголь сьи? Рече:
2   ⸢видѣхь азь², господи, си вса. 17,2 Рече же уловѣкь: сице
3   боудоуть и глаголи юже глаголахь кь тебѣ. 17,3 И прикосноу се
вошⷮинамь уловѣкь, и възиде огнь оть трапези и погаде ихь,
17,4 и изиде оть горенїа вошⷮиннаго благооуханїе и испльни
клѣть.
4   XIV. Рече же кь нкмоу Ѧсенеѳь: соуть, Господи, сь мною .z.
дѣвь слоужешⷮеи ми, юже и родище се сь мною въ единоу
ношть, и люблю ихь велми: аще велиши, да и призовоу ихь, и
5   благослови ихь ѩкоже и мене. 17,5 | И рече: призови ихь. 17,6 И
призва же ихь Ѧсенеѳь, и благослови ихь уловѣкь и рече: да

16,17x Стоѩше же] и с. же 52. Vgl. καὶ εἱστήκει Phil, καὶ … εἰ. Bur, Lücke Bat; vgl. 1,3.
16,17y 16,17 Rießler.
16,18 ѩко 2⁰] ѩкоже 52. 51 wie ὡς Edd.
16,19 все om. 52. 51 wie πᾶσαι Edd. — Ѧсенеѳе] кь -ѳи 52. 51 eher wie τῇ ’Ασενέθ Edd.,
aber 52 nicht unmöglich.
16,20 идѣте] -та 52. Dual 52 unberechtigt. — прочее] zum folgenden Satz 52. Das Wort nicht
gestützt; Versuch, unverständlich gekürzten Text zu bessern?
16,22 въстанѣте и идѣте] „ανασητητε δη και απελθατε   D sl : απελθατε δη B" Phil 190
A. 34. Aber δή om. Slaw, und идѣте übersetzt nicht notwendig ἀπέλθατε.
16,23 и 2⁰ om. 52. 51 wie καί Edd., obwohl Slaw das vorherige Verb partizipial übersetzt. Vgl.
4,9 u.ö. — прилежешти] и 2⁰ aus е korr.? 52
17,1 же om. 52. 51 wie καί Edd.
17,2 юже] юже 52. Besser? Vgl. 8,5 u.ö.
17,4 и 1⁰ om. 52. 51 wie καί Phil Bur, anders ὡς δέ Bat. — испльни] се add. 52. 51 wie
ἔπλησε Edd., 52 passivisch. — же om. 52. 51 wie καί Phil Bur, om. Bat (vorheriger Satz subor-
diniert). Vgl. 1,3 u.ö. — юже] и же 52. Besser? Vgl. 8,5 u.ö. — и 5⁰ om. 52. 51 wie δή hinter
καλέσω Edd.? — благослови] бл(аго)с(ло)выши 52 wie εὐλογήσεις Edd. Imperativ allerdings
auch bezeugt.
17,6 призва] -ав' 52. 51 wie ἐκάλεσεν Edd. Doch vgl. 4,9 u.ö. — вы om. 52. 51 wie ὑμᾶς Edd.

благословить вы Богь вышнїи вь вѣкы вѣѵно врѣме. 17,7 И реѵе 6
Ꙗсенеѳї: вьзми трапезоу сию. 17,8 Егда же ˢона обрати сеˀ
положити трапезоу, абїе исѵезе оть оѵїю ке ѵловѣкь, и видѣ
Ꙗсенеѳь ꙗко колесницоу огньноу вьсходеште на небо на
вьстокы. 17,10 И реѵе: милостивь боуди, Господи, рабѣ своеи, 7
занк азь глаголахь дрьзостна ˢпрѣдь тобою вь невѣдѣнїиˀ!

XV. 18,1 Семоу же бывшоу се ˢюноша оть слоугь Іосифовѣхь 18,1
прїидеˀ глаголк: се Іосифь силникь божїи гредеть ˢкь вамь дьньсьˀ.
18,2 Призва же Ꙗсенеѳь соуштаго надь домомь ихь, и реѵе: 2
оуготови ми веѵероу доброу, занк Іосифь силникь божїи гредеть
кь намь дьньсь. 18,5 ˢСама же, вьшьдьшиˀ вь клѣть, отврьзе 3
ковѵегь свои, и изнесе оутварь браѵноую и оукраси се ꙗко
невѣста на ѵрьтогь. 19,3? Прїиде же ˢІосифь 20,2 ǀ и сѣдеˀ на 20,2
прѣстолѣ Пентефрїа отца ке, и принесе Ꙗсенеѳь водоу оумити
нозѣ емоу. 20,3 Реѵе же кь нки Іосифь: да прїидеть оубо ˢедина
оть дѣвицьˀ и омиеть ми нозѣ. 20,4 И реѵе кь нкмоу: ни, 3
господи мои, занк роуцѣ мои роуцѣ твои соуть, и нозѣ твои
нозѣ мои, и не имать ˢти оумитиˀ ина ногоу. 20,5 Приноуди же
его, и оуми нозѣ емоу. Ꙗть же ю ˢІосифь за роукоу десноуюˀ и 4

17,7f Ꙗсенеѳї] -еть 52. 51 wie τῇ Ἀσενέθ Edd. — сию. Егда же она обрати се положити
трапезоу om. 52, Homoioteleuton? 51 ungefähr wie καὶ ὡς (om. Phil Bur) ἐπεστράφη Ἀσενέθ
τοῦ μεταθῆναι τὴν τράπεζαν Edd. S. gleich.

17,8 исѵезе] невыдимь бысть 52 (Lücke vorher). Beides anders als ἀπῆλθεν Edd., doch
„verschwand" o.ä. bei verschiedenen Zeugen belegt. — огньноу] о г'ньн'ноую 52. —
вьсходеште] -та 52. — вьстокы] -кь 52. Besser, vgl. 2,8; 5,2?

17,10 дрьзостна] „πονηρά D sl F : το ρημα τουτο B" Phil 190 A. 13. Slaw geht eher auf
τολμηρά Bat, anders - ρῶς Bur zurück.

18,1 семоу же бывшоу] „τουτων γινομενων B : τουτο ειπων η ασενεθ D sl ταυτα ελαλει
ασενεθ προς εαυτην F" Phil 192 A. 1. Slaw entspricht aber B. ασυνεθ F. — прїиде] прїде 52.
„ηλθε D sl : om. B" Phil 192 A. 3. Slaw hat das Verb hinter „Joseph" wie ἦλθε P, nicht hinter
„siehe" wie D Phil (Bur), om. AQ Bat wie B. — силникь божїи] сил'нїи и б(о)жы 52. 51 wie ὁ
δυνατὸς τοῦ θεοῦ Edd. S. zu 3,4 u.ö.

18,2 призва] -ав' 52 wie 17,6. — силникь божїи] силнїи б(о)жїи 52. Vgl. ὁ δυνατὸς τοῦ
θεοῦ Edd. und s. 18,1.

18,5 - 20,2 на ѵрьтогь. Прїиде же] ; на ѵ. п. 52. Slaw überbrückt Lücke. 51 sinnvoller?

20,4 мои роуцѣ] м ои р. 52, über Rasur. In der Lücke nach м ein в zu erkennen; hatte der
Schreiber gleich твои geschrieben?

20,5 целова] цѣлива 52. 51 wie κατεφίλησεν Edd. — его] кмоу 52. 51 eher wie αὐτοῦ Edd.,
aber Dativ 52 nicht unmöglich.

5 цѣлова ю, и Асенеѳь облобиза главѹ его. 20,6 Прїидоста же родителга кѧ оть села наслѣдїа своего и видѣста ю сѣдештѹ сь Іосифомь и одѣаннѹ вь ⁵одеждѹ браунѹ ², 20,7 и възрадоваше се,

6 и прославише Бога, 20,8 и гадоше и пише вькѹпѣ. | И рече Пентефрїи кь Іосїфѹ: за ѹтра ⁵призовѹ азь ² болгаре и сатрапи землѧ егѵпьтскыѥ, и сьтворѹ вамь бракь, и поимеши Асенеѳѹ

7 вь женѹ. 20,9 Рече же Іосифь: да възвѣштѹ прѣжде Фараонѹ о нѥи, занѥ тьи ѥсть отьць мои и дасть ми Асенеѳѹ вь женѹ.

8 21,1 Прѣбысть же Іосифь вь дьнь тьи ѹ Пентефрїа и не вьниде кь Асенеѳе, занѥ глаголаше: не подоблеть мѹжѹ благоѹьстивѹ

21,1 прѣжде брака спати сь женою своею. 21,2 Вьста же Іосїфь за

2 ѹтра и иде кь Фараонѹ, и повѣда емѹ о Асенеѳе. 21,4 И посла

3 ⁵Фараонь, и призва ² Пентефрїа и дьштерь его. | и поюди се Фараонь добротѣ ѥи, и рече: да благословить те Господь Богь Ісраилѥвь иже избра те вь невѣстѹ емѹ, занѥ ты дьшти вышнгаго наречеши се и Іосїфь бѹдеть ти женикь вь вѣуно

4 врѣме. 21,5 И вьзе Фараонь вѣнце злати и възложи на главы ихь. 21,6 И рече Фараонь: да благословить вы Богь вышнїи и да

5 ѹмножить вы вь вѣуно врѣме, 21,7 И обрати дрѹга кь

---

²⁰,⁶ и 2⁰ om. 52. 51 wie καί Edd. — вь одеждѹ браунѹ] „γαμου στολην B sl : στολην λαμπραν και D" Phil 194 A. 12. Als Vorlage von Slaw auch σ. γ. oder ἔνδυμα γ. wie Bat Bur.

²⁰,⁸ сатрапи землѧ] страпе͞ землѧ 52, hohes з fraglich, є 2⁰ aus и korr.? — Асенеѳѹ] -ть 52. Undeklinierte Form 52 älter? Vgl. 22,3; 23,1.4; 26,7.

²¹,¹ вь om. 52 wie Edd. — брака und своею über Rasur 52.

²¹,² Вьста же... и иде] въстав'же... иде 52. 51 wie καὶ ἀνέστη ... καὶ ἀπῆλθε Phil Bur, 52 wie κ. ἀναστὰς ... ἀ. Bat; vgl. 4,9 u.ö. Zu же für καί vgl. 1,3 u.ö. — повѣда] ἐλάλησεν rückübers. Phil, Lücke BD, anders Bat Bur. Andere Rückübersetzung denkbar.

²¹,⁴ емѹ] αὐτοῦ rückübers. Phil, Lücke BD. Denkbar Dativ wie αὐτῷ Bat, τῷ Ἰωσήφ Bur. Vgl. 20,5. — ты дьшти] ἡ θυγάτηρ rückübers. Phil, Lücke BD Bat. Slaw wie σὺ θ. Bur. — и 6⁰ om. 52 (Zeilenwechsel). 51 wie καί rückübers. Phil, Lücken BD Bat Bur; wohl stilistisch nötig. — ти] σοῦ rückübers. Phil, Lücken BD Bat Bur. σοί möglich, s. eben. — женикь] женыихь(ь) 52 wie aksl. 51 wie serbokroat. женик. — вѣуно] -ок 52. 51 wie sonst: 6,8; 17,6; 21,6.

²¹,⁶ Фараонь] Φαραώ (Bat) Bur, om. rückübers. Phil, Lücke BD.

дроугоу, и целоваста се оба, 21,8 И сьтвори има Фараонь бракь,   6
и вечероу и пирь великь за .з. дни, | и сьзва все земле болгаре   7
егупьтскые, и положи повеленïе глаголе: вьсакь уловѣкь иже
аште сьтворить дѣло вь седмыхь дни брака Іосифова и
Ясенеѳïна или оуработить уто, сьмрьтию горкою оумреть
уловѣкь тьи. 21,9 И бывшоу бракоу и вечери сконьчавши се, и   8
вьниде Іосифь кь Ясенеѳе, и зачьнши оть Іосифа роди Манасïа и
Ефрема брата его вь домоу Іосифовѣ.

XVI. 22,1 И бысть по сихь и прѣидоше .з. лѣть гобизьнныхь,   22,1
и наче .з. лѣть гладныхь, 22,2 и оуслышавь Іаковь о Іосифѣ и   2
вьнидѣ Ісраиль вь Егупть сь всѣмь домомь своимь, и вь втори
мѣсець вь .ка. дьнь мѣсеца того, и вьсели се вь земли Гесемѣ.
22,3 Рече же Ясенеѳь кь Іосифоу: да идоу и виждоу отьца   3
твоего, занк отьць твои Ісраиль отьць мои ксть. 22,4 И рече еи
Іосифь: да идева оба. 22,5 Иде же Іосифь сь Ясенеѳаю вь землю   4
Гесемь. И сретоше ихь братïа Іосифа и поклонише се до землк,
22,6 | прïидоста же сь Іосифомь кь Іаковоу, 22,9 и благослови га, и   5
облобиза, и охоупи се Ясенеѳь отьца ихь, и облобиза его, 22,10 и   6
по семь идоше и пише вькоупѣ. И поиде Іосифь сь Ясенеѳою вь   7

21,8 **има Фараонь бракь**] Φαραὼ γάμους αὐτῶν rückübers. Phil, Φ. γ. τῷ Ἰωσήφ Bat, Φ. γ.
Bur, Lücke BD. Vorlage Slaw? — **за .з. дни**] wie ἐν ἑπτὰ ἡμέραις Bur, anders ἐν ἡ. ἑ. rückübers.
Phil wie Bat, Lücke BD. — **все** (Akk.) **земле болгаре** (Nom.) **егупьтскые**] вьсе з. -ры е. 52.
болгары (Akk.) 52 besser. Aber vor з.?, vgl. πάντας τοὺς ἄρχοντας τῆς γῆς (τ. γ. om. Bat)
Αἰγύπτου rückübers. Phil wie Bat Bur, Lücke BD. — **положи повеленïе**] ἐκήρυξε rückübers.
Phil wie Bur, κηρύξας Bat, ἐπιφωνήθη (sic) D, Lücke BD. Andere Rückübersetzung denkbar. —
вьсакь] вьскь 52, а über к. — **иже аште**] ὅς rückübers. Phil wie Bat Bur. „ος B sl F : οστις G
om. D" Phil 196 A. 12. Slaw könnte ὅς τις (sic) G voraussetzen, vgl. 16,14. — **дни**] д(ь)нехь 52.
Besser? — **сьмрьтию горкою оумреть уловѣкь тьи** (той aus таи korr.? 52)] „θανατω πικρω
αποθανειται D : θ. α. π. ο ανθρωπος εκεινος B sl" Phil 196 A. 14. Setzt Slaw Stellung wie D
voraus?

22,1 **гобизьнныхь**] гобыз'ньнныих(ь) 52.
22,2 **оуслышавь**] оуслиша 52 wie ἤκουσεν Bur, anders ὡς ἤ. Phil Bat. Vgl. 4,9 u.ö. — **и вь**
втори] вь -й 52 wie ἐν τῷ δευτέρῳ D Phil (Bat) Bur, 51 wie και εν τω δ. B, doch fehlt B καί vor
κατῴκησεν, das D Slaw Edd. haben. — **Гесемѣ**] -мъ 52 (s.o. A. 8). Undeklinierte Form älter?
Vgl. 20,8 u.ö.
22,4 **еи** om. 52. 51 wie αὐτῇ Edd.
22,5 **ихь**] и 52. 51 wie αὐτοῖς Edd.
22,9 **и облобиза** 1⁰] „και – αυτους B sl : om. D" Phil 198 A. 11. Slaw gibt αὐτούς nicht
wieder.
22,10 **Іосифь**] dahinter am Zeilenende асе radiert 52.

домь свои, 22,11 и проважаше ихь Сїмеонь и Левїи, 22,12 и ᶠбѣ
Левїи о десною Ꙗсенеѳї, занк завидѣхоу враждоующте ихь², а
8   Іосифь о шою. 22,13 И држаше Ꙗсенеѳь за роукоу Левїа, занк
люблꙗше его, ꙗко моужа пророка и благоуьстива, и бокшта се
9   Бога, и тьи зрѣше словеса написана на небеси и прочиташе ихь,
и сказаше Ꙗсенеѳи отаи. И зрѣше Левїи мѣсто покоиштное вь
вышнихь.
23,1   XVII. 23,1 Бысть же вънкгда мимоходити Іосифоу и Ꙗсенеѳе,
2   видѣ ихь ᶠпрьви сынь Фараоновь², і и видѣ Ꙗсенеѳоу, вьзревнова
еи прѣмногык ради доброты ке. 23,2 И пославь призва Сїмеона и
3   Левїю. і И пришьдьша же ста́ста прѣдь нимь. Рече же кь нимь :
вѣдѣ азь, ꙗко кста моужа силна паче вьсѣхь улове́кь,
5   23,4 нынꙗ оубо сьтворита, да отимоу Ꙗсенеѳоу Іосіфоу и боудоу
10   сь нкю, и сьтвороу вама елико хоштета. 23,10 И рече Левїи кь
нкмоу кроткомь срьдцемь и тихомь гласомь: по уто ты
глаголкши, господи мои, гласи сик прѣдь нама, а мы есмы
сынове моужа благоуьстива и отьць наю гость Бога вышнꙗго, а
11   Іосифь брать наю кսть, и вьзлюблкнь Богомь, 23,11 да како
хоштева мы сьтворити лоукавое се прѣдь Богомь. 23,12 И нынꙗ
послоушаи нась 23,13 и сьхрани се еже не глаголати кь томоу о
12   братѣ нашемь Іосифѣ ᶠглаголь сихь². Ꙗште ли боудеши вь
помыслѣ семь лоукавѣмь, се ороужїа наша изблѣуена прѣдь

22,11 проважаше] провож- 52.

22,13 роукоу] роукоу 52. 51 Druckfehler?

23,1 Ꙗсенеѳе]-ти 52. — и видѣ Ꙗсенеѳоу] и виде Ꙗ̈н̄еть и 52. Vgl. καὶ εἶδεν τὴν
'Ασενὲθ καί Bur, καὶ ἰδὼν τ. 'Α.   Phil Bat. Undeklinierte Namensform (?) 52 älter? Vgl. 20,8 u.ö.

23,2 пославь] dahinter „αγγελους B sl F : om. DG" Phil 200 A. 6. Slaw übersetzt ὁ υἱὸς
Φαραὼ ἀγγέλους nicht. — Левїю] Левїи 52. — ста́ста прѣдь нимь] ᶠκαὶ ἔστησαν ἐνώπιον
αὐτοῦᶦ Phil. — же 2⁰ om. 52. 51 wie καί Phil Bur, om. Bat. Vgl. 4,9 u.ö.

23,4 нынꙗ оубо сьтворита, да] alles, was Slaw von 23,3 ἐπὶ τῆς γῆς - 4 λήψομαι (ἔξω Bur)
Edd. hat. Haken bei Phil entsprechend setzen. — Ꙗсенеѳоу]-ѳь 52. Vgl. 20,8 u.ö.

23,10 гласи] гл(агол)ы 52 wie τὰ ῥήματα Edd. Falsch aufgelöste Abkürzung 51? Vgl. 6,7 u.ö.

23,12 и 1⁰ om. 52. 51 wie καί Edd.

23,13 глаголь] гл(агол)ь 52. Vgl. 6,7 u.ö.

ТОБОЮ **соуть**, 23,14 и истрьгше мьче свок изь ножниць ихь, и 13
рѣше: **видиши** ли мьче сик, симь отмьсти Богь оброуганїе
сыновь Ісраилквь еже сьтворише Сикїмитѣне **надь** сестрою
нашею, **иже еи рекше**, юже осквьрнивы Ихемѣ сынь Еморовь.

23,15 Видѣвь же ꞌороужїа ихь извлечена, сынь Фараоновь² оубога се 14
и вьстрепета и паде на лици **своемь** ꞌподь ногами ихь на земли²,
23,16 и прострѣть Левїи роукоу свою и вьздвиже его, глаголк: не 15
бои се, тьчию сьхрани се, еже не глаголати о братѣ нашемь
глагола злаа. 23,17 Изидоста же оть нкго оставльша го **и вь** 16
страсѣ и **трепетѣ**. 24,1 Прѣнемагаше же се сынь Фараоновь и 24,1
скрьбѣше зѣло о Асенеѳе, и страдаше злѣ. 24,2 И рѣше кь 2
нкмоу отроци его вь оухо, глаголюште: се, **Господи**, сынове
Валїини и Рахилини враждоують Іосифа и Асенеѳоу и ненавидеть
га, и тїи боудоуть **ти** по воли твоеи. 24,3 Посла же сынь 3
Фараоновь и призва ихь, и прїидоше кь нкмоу ноштию и рече **кь**
нимь: вѣдѣ, гако ꞌвы моужи ксте² силни, **и хотѣль бихь решти**
нѣуто кь вамь. 24,4 Рѣста же кь нкмоу Данъ и Гадь, старѣиша 4
братїа: да вьзьглаголкть **оубо** господинь нашь **кь** отрокомь

---

²³,¹⁴ и 1⁰ om. 52. 51 wie καί Phil Bur, anders τότε Bat. — **отмьсти**] **от(ь)мьстить** 52. —
Dahinter: „κυριος B sl FG : om. D" Phil 204 A. 39. Slaw hat wie D κύριος nicht. — **Ісраилквь**]
ис(раи)лквех(ь) 52. — **Сикїмитѣне**] **и сикумитѣне** 52. 51 wohl besser. — **иже еи рекше**]
име ки рек'ше 52. 51 kaum zu konstruieren, 52 wenig sinnvoll. Δῖνα Phil Bat, -αν Bur; sollte
Slaw δεῖνα „(die) so und so" gelesen haben? — **юже осквьрнивы Ихемѣ**] ю. - **ми ви Сихимѣ**
52. Wohl besser, vgl. „εν post εμιανε add. BD sl" Phil 204 A. 11 (was auf 51 nicht zutrifft), ebenso
G. ἐν wohl als d-Text anzusetzen.

²³,¹⁵ **оубога**] и **оу-** 52 wie καί Phil Bur, obwohl Slaw das vorherige Verb wie Bat partizipial
übersetzt, vgl. 4,9 u.ö. — Komma hinter **сынь Фараоновь**, nicht davor, vgl. Edd. — и 1⁰ om. 52.
51 wie καί Edd. — **ногами**] -**ма** 52.

²³,¹⁶ **Левїи**] **Лѣвоую** 52. 51 wohl besser. — **се** 2⁰ om. 52. — **глагола злаа**] г. зла 52.

²³,¹⁷ **го**] lies **кго** wie αὐτόν Phil, Lücke Bat Bur; doch vgl. 24,1.

²⁴,¹ **же** om. 52. 51 wie καί Phil Bur, anders οὖν Bat. — **зѣло о Асенеѳе**] о -**тѣ** з. 52. 51 wie
σφόδρα δι' Ἀσενέθ Phil, anders Bat Bur. — **злѣ**] **зѣло злѣ** 52. 51 wie κακῶς Phil, anders Bat
Bur.

²⁴,² **глаголюште**] **гл(агол)ю** 52. — и 2⁰] **зел'фини работници Лїини и** add. 52 wie
ꝛΖέλφας (τῶν add. Bat) παιδισκῶν Λίας καίꝜ Phil Bat Bur. Die für 51 zutreffenden Haken weg. —
боудоуть ти] „ποιησουσι B : εσονται sl G εσονται σου D εσονται σοι A, ed. Batiffol 76,6" Phil
204 A. 10. Slaw setzt ἐ. σοι wie A Bat Bur voraus; das ist als d-Text anzusetzen.

²⁴,³ **сынь Фараоновь**] dahinter „αγγελους B sl G : om. DF" Phil 204 A. 11. Aber om. Slaw
wie DF. — **моужи**] **моужїи** 52. — **нѣуто** om. 52.

²⁴,⁴ **еже**] **иже** 52. 51 wie ὅ Edd. Vgl. 8,5 u.ö.

5 своимь еже хоштеть и сьтворимь по воли твоеи. 24,5 И
въздрадова се сынь Фараоновь радостїю великою, и рече
отрокомь своимь: отстоупите оть соудоу, тако да изрекоу
6 моужемь симь ᶠслово свое отаи². 24,6 Изидоше же отроци его
вьси. 24,7 И сльга сыновомь їаковлимь глаголк: благословенїе и
сьмрьть прѣдлежеть ви прѣдь лицемь божїимь, прїимѣте оубо
7 вы благословенїе а не сьмрьть, азь бо вѣмь вась моужи силнїи,
да не можѣте измрѣти тако жены, нь моужаите се и вы, и
8 противите се врагомь вашимь. 24,8 Оуслышахь бо азь, рече,
брата вашего Іосифа глаголюшта кь ᶠотьцоу моемоу Фараоноу²,
9 тако чеда рабинь соуть Дань и Гадь и несоуть ᶠми братїа², а
ожидаю сьмрьть отьца ихь, да озлоблю ихь и вьсь родь ихь, да
не когда сьнаслѣдоують сь нами, занк чеда рабинь соуть, 24,9 и
10 ти ме продадоше Исмаилтеномь, и азь вьзьдамь имь такоже
11 лоукавноваше на ме, тьуїю да оумреть отьць мои. 24,10 И
попоусти Іосифоу ᶠФараонь отьць мои², рече: добрѣ, рече, чедо,
тѣмь же поими оть мене сь собою моуже силни и одаждь имь
12 такоже ти сьдѣаше, и азь боудоу ти помоштникь. 24,11 Юже
оуслышаста моужа словеса ᶠФараонова сына², сметоста се зѣло и
опечалиста, и рѣста кь нкмоу: 24,13 моливѣ ти се, господи,
помози намь, и еже аште повелиши рабомь твоимь, сьтворимь.

24,5 **радостїю великою**] ⌈χαρὰν μεγάλην⌉ Phil.

24,7 **прѣдлежеть** -жить 52 wie πρόκειται Phil, om. Bat Bur. — **моужи**] **моуже** 52 wie ἄνδρας Phil, anders konstruiert Bat Bur; aber auch in 52 folgt **силʹнїи**. — (**же**)**ны** - 8 **озлоблю их** f. 453v Z. 1-8 Mitte auf Radiertes geschrieben 52.

24,8 **рече** om. 52. 51 wie φησί Phil, anders Ἰωσήφ Bat Bur. — **рабинь** 1⁰] **рабынина** 52. 51 wörtlich wie παιδισκῶν Phil Bur, τῶν π. Bat. Am Versende **чеда рабинь** auch 52. — **а**] **и** 52 eher wie καί Phil Bur, anders οὖν Bat. — **родь**] **родь** (Zeilenende) **родь** 52. — **сьнаслѣдоють**] **наслѣдоуктьь** 52. 51 wie συγκληρονομήσουσι B Phil, -σωσι D Bur (besser?), doch vgl. κληρονομήσουσι Bat.

24,9 **продадоше**] **продаше** 52. — **такоже**] **тако** 52. 51 wohl wie καθά Phil, anders κατὰ τὴν (πᾶσαν Bur) ὕβριν αὐτῶν ἥν Bat Bur.

24,10 **Фараонь**] hinter **мои** 52 wie D Phil Bat, doch 51 wie Bur, om. B. — **рече** 1⁰] **и р.** 52 wie καί Edd. — **рече** 2⁰] ohne Kommas, vgl. εἴρηκας Edd. Nov hat offenbar 3. Sing. angenommen. — **оть мене**] hinter **собою** 52. 51 wie παρ' ἐμοῦ μετὰ σεαυτοῦ D (μ. σ. om. B Phil, zu Recht?). — **моуже силни**] **моужи силнїи** 52. — **такоже**] **таже** 52. 51 wie καθά Edd.

24,11 **Юже**] **оуже** 52. Sinn? Vgl. 8,5 u.ö. — **оуслышаста**] **оуслишасте** 52. 51 wohl besser, nächste zwei Verben auch 52 -**ста**. — **зѣло**] **азѣло** 52. ⌈σφόδρα⌉ Phil.

24,14 Рече же има сынь Фараоновь: азъ оубию отьца моего вь 13
ношть сию, занк Фараонь отьць мои, гако отьць ⁵Іосифовь ксть²;
тѣмь же оубіита и вы Іосифа. И поимоу азъ Асенефоу вь
женоу. 24,15 И рѣста емоу Данъ и Гадь: мы сьтворимь елика 14
заповѣда намь, сами бо оуслышахомь Іосифа глаголюшта кь
Асенефе: иди за оутра на село наслѣдіа нашего, занк врѣме
ксть и годь вино емати и дасть еи моужіи .s. сьть, моштни на
брань и .и. на проводь. 24,16 И нынга послоушаи нась 24,17 и
даждь намь моуже оть брани и моштни на брань. 24,18 И дасть 15
сынь Фараоновь .д-мь моужемь по .е. сьть моужеи и ⁵постави
к² кнеземь и воквводи. 24,19 Рѣста же емоу Данъ и Гадь: да 16
⁵идемь мы² ноштию, и потаимь се вь оудоли, и ськрикмь се
вьтрьсти, ты же поими сь собою .н. стрѣльць и поиди напрѣдь 17
изь далече, и изидеть Асенефь и вьпадеть вь роуцѣ наши,
⁵моуже же соуштее сь нкю сьсѣчемь². И побѣгнеть Асенефь сь 18
колесницею своею и вьпадеть вь роуцѣ твои, и сьтвориши еи,
гакоже желакть доуша твога, | и по томь оубикмь Іосифа, 19
печалоуюшта о Асенефе, и чеда его избіемь прѣдь очима его.
Вьзрадова же се сынь Фараоновь гако оуслыша глаголы сик, и 20
посла ихь сь двѣма тысоуштама ратникь, 24,20 и пріидоше вь 21
оудоль и ськрыше се вь трьсти, и посадише прѣдь собою .е.
сьть, а по срѣде ихь бѣ поуть широкь.

XVIII. 25,1 ⁵Сынь² же ⁵Фараоновь вьниде² вь ложницоу отьца 25,1
своего оубити его, и вьзбранише емоу стражіе отца его прити

24,14 има] имь 52. Dual 51 wohl älter. — моего] свокго 52. — вь ношть сию] вь сїю н.
52, verschmiert, über Rasur? 51 wie τῇ νυκτὶ ταύτῃ Edd.

24,15 иди] изиди 52. Vgl. πορεύου Phil Bur, πορεύθητι Bat. — .и.] петь десеть 52 wie
πεντήκοντα Phil (nach sl F) Bur, v' hinter προδρόμους Bat, Lücke BD. Nov Druckfehler и (=8) für
н (=50)?

24,17 моуже] моужіи 52. Vorher auch -ïи 51. — Punkt am Versende.

24,18 моужеи] моужіи 52. — к om. 52. 51 wie αὐτούς (vor κατέστησεν) Edd. — кнеземь]
кнеze имь 52 wie ἄρχοντας αὐτῶν Phil Bur, αὐτῶν ἄ. Bat.

24,19 же 1⁰] ж aus ? korr. 52. — вьтрьсти] lies вь трьсти. — соуштее] τοὺς μετ' αὐτῆς
Phil; „τους – αυτης D sl EF : om. B" Phil 208 A. 47. Slaw könnte τοὺς ὄντας Bat Bur voraussetzen. — сь нкю om. 52 (Homoiarkton?). 51 wie μετ' αὐτῆς Edd. — побѣгнеть] погибнѣть 52
(vgl. 26,3). 51 wie φεύξεται Phil Bat (so für ψεύ-) Bur. — глаголы] гл(агол)и 52. Vgl. 6,7 u.ö.

25,1 прити] и вьз'бранише пріити 52, Dittographie. 51 wie εἰσελθεῖν Phil, vgl. τοῦ εἰ. Bat
Bur.

2   кь нкмоу. 25,2 Рече же кь нимь: хоштоу видѣти отьца моего,

3   занк идоу брати виноградь мои новосажденїи. 25,3 И рѣше емоу стражїе: болѣзнїю болить отьць твои, и не спа вьсоу ношть, нынга же оумльнкоу, и повелѣ: да не вьнидеть кь мнѣ ни сынь

4   мои прьвородни. 25,4 Отиде же сь гнѣвомь. И вьзе ⁵.н. моужии стрѣльць на конихь², и поиде сьпрѣди гакоже рѣста емоу Дань и

5   Гадь. 25,5 Рѣста же Нефталимь ї Асирь кь Даноу и Гадоу: по что вы лоукавноуете пакы на отьца вашего Исраилга и на брата

6   вашего Іосифа, а того сьхрангаеть Богь гако зѣницоу ока? Не единою ли продасте его, и ⁵нынга кстьⁿ царь всеи землы,

7   такожде же и спаситель и живодавьць. 25,6 И нынга пакы аште покоусите се еже лоукавновати на нь, вьзыдеть на небо и

8   послкть огнь, и погасть вы. 25,7 И прогнѣваше се на нихь братїа

26,1   ихь старѣиша и рѣста: нь ли гако жены изьмремь? 26,1 Вьста же ⁵за оутра Асенефьⁿ и рече кь Іосифоу: да идоу, гакоже рекль еси, на село наслѣдїа моего, нь страшить ⁵ми се доушаⁿ, занк ты

2   разлоучаеши се оть мене. 26,2 И рече Іосифь: не бои се, занк Господь Богь сь тобою кеть, и тьи те сьхранить ⁵оть всакок

3   вешти злык, гакоже зѣницоу ока², 26,3 понкже азь хоштоу ити на житодаганїе мое и раздати уловѣкомь всѣмь и не погыбнеть

4   оть глада вса землга. 26,4 Отиде же Асенефь вь поуть свои,

5   26,5 и прїиде вь мѣсто оудолное, и ⁵.ѕ. сѣть моужии сь² нкю. ⁵Вьскочище же ловештеиⁿ е и сьставише брань сь моужи соуштими сь Асенефою и сьсѣкоше ихь острїемь мьна и

6   проводик ки ⁵избише все². И ⁵побѣже Асенефьⁿ на колесници своеи.

²⁵,² кь нимь] имь 52 wie αὐτοῖς Edd., doch 51 nach dem Übersetzungsstil nicht unmöglich; vgl. noch προς αυτους PQ.

²⁵,⁴ вьзе] -еть 52.

²⁵,⁵ продасте] прѣдасть 52. 51 wie πεπράκατε Edd. — живодавьць] -в'ць 52. Früher Fehler für житод- wie σιτοδότης Edd.?

²⁵,⁶ еже om. 52. — вьзыдеть на небо] ἐπικαλέσεται τὸν θεὸν 'Ισραήλ Phil; „επικαλεσεται τον θεον Ισραηλ D : ε [richtig επεκ-] τ. θ. ι. λεγων B επικαλεσεται εις τον ουρανον sl αναβησεται εις τον ουρανον EG syr“ Phil 210 A. 17. Aber Slaw wie EG Syr.

²⁶,³ житодаганїе] -данїе 52. — вса землга] ἐν γῇ Αἰγύπτῳ Phil wie Bat; „γη αιγυπτω D : εν [gehört nicht ins Lemma] παση τη γη sl εν [gehört nicht ins Lemma] αιγυπτω εν π. τη γη τη υπ' αυτης B“ Phil 212 A. 7. Slaw aber wie πᾶσα ἡ γῆ Bur (Subjekt statt ἄνθρωπος, das wie in Slaw nicht steht).

²⁶,⁵ ки om. 52. 51 wie αὐτῆς Bat Bur (Dativ für Genitiv wie oft), anders τῆς 'Ασενέθ Phil.

26,6 Левїа же вьзвѣсти братїи своеи бѣдоу Асенефиноу. И вьзеть   7
къждо ихь мьчь свои и прѣпоӷаса се имь, и вьзеше штити и
положише на плешти свок, и вьзьмше копїа своӷа вь десницахь
своихь, и погнаше вь слѣдь Асенефи текомь брьзомь.
26,7 Асенефа же бѣжаше напрѣдь. И се сынь Фараонь срѣте ю и   8
.н. моужи конникь сь нимь. 26,8 Виде же его Асенефь, и
⁵вьстрепета вьсе тѣло ке, и оубоӷа се² страхомь великмь, и
призва име Бога своего.
XIX. 27,1 Вениаминь же сѣдѣше ⁵на колесници² ке о десноую   27,1
Асенефи. Бѣше Вениаминь отроче и еште ⁵.иı-мь лѣтомь², и вѣ   2
великь и сильнь и ⁵моштьнь, доброта же бѣ на нкмь²
неизречення и крѣпость ӷако штедїа львова, и бѣ богобоӷазнивь
зѣло. 27,2 И бысть ӷако сѣдѣше ⁵на колесници, сьскочи², и вьзеть   3
камень ись потока, и напльнивь роукоу свою врьже и прѣмо
⁵Фараоновоу сыноу². И оударивь и за оухо лѣвое, и оуӷазви ӷазвою
великою и тешкою. 27,3 И вьнезапоу спаде сынь Фараоновь сь   4
конӷа на землю. 27,4 И вьзыде на камень, и рече колесниучникоу

---

²⁶,⁶ братїи своеи] братиамь своимь 52. — имь] нимь 52. — и вьзеше... свок] „και τας
ασπιδας αυτων επι τους βραχιονας αυτων   D sl" Phil 212 A. 22, so auch Text wie Bat. Richtig
etwa και ἔλαβον τ. ἀ. και ἔθηκαν ἐπι τ. β. αὐ. ähnlich Bur. So auch   d-Text? — вьзьмше]
вьзеше 52 wie ἔλαβον Bur, om. Phil Bat, doch 51 nicht unmöglich, s. 4,9 u.ö. Vgl. nächste A. — и
вьзьмше [vgl. vorige A.] копїа своӷа] „και τα δορατα αυτων sl EF" Phil 212 A. 23, so auch
Text, vgl. και τὰ δ. Bat. Richtig etwa και ἔλαβον τὰ δ. αὐ. wie Bur; allerdings ist   ἔλαβον
schwach belegt. So d-Text?
²⁶,⁷ Асенефа] -т' 52. Undeklinierte Form 52 älter? Vgl. 20,8 u.ö. — бѣжаше] -ш, darüber е
52 (Zeilenende). — Фараонь] -новь 52 wie üblich.
²⁶,⁸ вьстрепета] in der Vorlage wohl vor ὅλον wie Bur, nicht nach αὐτῆς wie Phil 213 A. 31.
Die Notierung von Slaw bei Phil ist unklar; in der einen oder anderen Form wohl in den Text zu
setzen.
²⁷,¹ на колесници ке] на колѣс- ке hinter Асенети 52. μετ᾽ αὐτῆς ἐπι τοῦ ὀχήματος   Phil,
μ. αὐ. ἐπι τοῦ ὀ. ἐκ δεξιῶν   Bat, ἐξ εὐωνύμων τῆς Ἀσενεθ ἐν τῷ ὀχήματι αὐτῆς   Bur; also 52? —
бѣше] бѣ же 52 wie και ἦν D Phil Bur, vgl. ἦν δέ B Bat. Vgl. 1,3 u.ö. — отроче - моштьнь]
παιδάριον ἰσχυρὸν ὡς ἐτῶν δέκα και ὀκτώ   Phil wie Bat; zu π. ἰ. : „παιδαριον μεγα και ισχυρον
και δυνατον sl" Phil 214 A. 2. Zu Slaw vgl. aber eher   π. ὀκτωκαίδεκα ἐτῶν μ. και ἰ. και
πρυτανικόν (?) Bur. Text Phil ändern? — штедїа] штен'ца 52. — зѣло] дзѣло 52.
²⁷,² колесници] колѣсницѣ 52. — лѣвое, и оуӷазви] τὸν εὐώνυμον και ἐτραυμάτισεν
αὐτόν Edd. „τον – αυτον sl EF : om. BD" Phil 214 A. 8. Slaw belegt αὐτόν nicht. — и 4⁰ om. 52.
²⁷,³ сь конӷа на землю] ἐκ τοῦ ἵππου αὐτοῦ ʽἡμιθανὴς τυγχάνωνʼ Phil; „αυτου DE : om.
BG" Phil 214 A. 11. Slaw belegt wie Bat αὐτοῦ nicht, also Haken verschieben, dafür aber ἐπι τὴν
γῆν wie Bat Bur, also wohl in den d-Text.

5 Ꙗсенеѳіноу : даждь ми ⸂.н. камень иⷭ потока⸃. 27,5 Онь же дасть
емоу, и врьже ихꙖ и поби .м...и...и. моужїи соуштіихь сь
сыномь Фараоновѣмь, и пропадаше вьси камени скрозѣ скранїе
6 ихь. 27,6 Сынове же Лїини Роувїмь и Сїмеонь, Левїи, Іоуда и
Ꙁавоулонь погнаше вь слѣдь ихꙖ моужїи ловештихь и нападоше
на нихь вьнезаапоу и сьсѣкоше ихꙖ всѣхь, ꙗко двѣ тысоушти,
7 и .ѕі. 27,7 Осташе же братїа ихь сынове Валини и Ꙁелфини, и
рѣше: погыбохо(мь) отъ братїи своихь. И оумрѣть сынь
Фарановь отъ роукы Вениаминови, и вьси соуштїи сь нимь
погыбоше отъ роукы его. 27,8 Нынга оубо прїидѣте оубиемь
8 Ꙗсенеѳоу, и побѣгнемь вь гоустиню трьстіа! 27,9 И прїидоше
истрьгше мьѵе свое. 27,10 Видѣвши же ихь Ꙗсенеѳь и рече:
Господи Боже мои, оживотвориви ме отъ сьмрьти иже и рече
ми: вь вѣкы жива боудеть доуша твога, избави ме отъ моужїи
сихь. 27,11 И оуслыша Господь Богь гласъ ке, и вьнезаапоу
испадоше мьѵи ихꙖ ⸂на землю отъ роукы ихь⸃, и быше ꙗко
28,1 прахь. 28,1 Видѣвше же сынове ⸂Ꙁелфини и Валіини⸃ повѣсть сїю
великоую, оубогаше се и рѣше къ себѣ: Господь Богь борить ми

27,5 емоу] ⸀λίθους πεντήκοντα⸀ add. Phil wie (Bat) Bur; „λιθους πεντηκοντα D sl : om. B"
Phil 214 A. 12. Slaw läßt wie B aus, s. Haken im Text. — .м. и .и.] .ми. 52. — пропадаше]
danach vier Buchstaben bis Zeilenende radiert, а 2⁰ aus ? korr. 52. — скранїе] -ни 52.

27,6 Іоуда] ЇЙꙖⷣл 52, lies и Іоуда wie καὶ Ἰούδας Edd. oder Ініоуда, vgl. aksl. Июда? „καὶ B
sl G : om. DF" Phil 214 A. 15 für 51 jedenfalls falsch. — ихꙖ 1⁰ om. 52 wie Edd. — вьнезаапоу]
-запоу 52.

27,7 братїа Nov? — погыбохо(мь)] -хомь 52. — и вьси - его] καὶ πάντες οἱ μετ᾿ αὐτοῦ
ἀπολώλασιν ἐν χειρὶ αὐτοῦ Phil; „και – αυτου sl E : om. BD" Phil 214 A. 25. погыбоше könnte
auch ἀπώλοντο wie Bat voraussetzen, отъ роукы auch ἐκ χειρός.

27,8 гоустиню] поу- 52. 51 wie τὴν ὕλην Edd. Vgl. 28,7.

27,10 Видѣвши же ихь Ꙗсенеѳь и] καὶ εἶδεν αὐτοὺς ᾿Ασενὲθ καί   Phil wie Bur, ἰδοῦσα δὲ
αὐτοὺς ᾿Α. Bat. „και ειδεν αυτους ασενεθ και   BDEG : και ιδουσα αυτους ασενεθ   sl" Phil 214
A. 29. Slaw braucht auf keinen anderen Text als BD zurückzugehen, vgl. 4,9 u.ö. — Господи]
κύριος rückübers. Phil wie EQ Bat, Lücke BD. Slaw besser wie κύριε AP FGW Bur. —
оживотвориви] -ри 52. 51 wie ὁ ζωοποιήσας   rückübers. Phil wie Bat, ὁ ἄναζ– Bur, Lücke BD.
— иже и рече ми] ὁ εἰπών μοι   rückübers. Phil wie Bur, Lücke BD. Möglich auch ὃς καὶ εἰπάς
(oder εἰπέ) μοι, vgl. καθώς μοι εἶπας Bat.

27,11 гласъ] ПꙖ 52, d.h. nach 6,7 u.ö. гл(агол)ь? 51 wie τὴν φωνήν rückübers. Phil wie E oder
τῆς φωνῆς Bat Bur, Lücke BD. — вьнезаапоу] -запоу 52. Slaw mit εὐθέως rückübers. Phil wie
AP Bat Bur, om. EQ, Lücke BD, unlesbar F; könnte aber auch παραχρῆμα GW entsprechen. —
отъ роукы] от(ь) роукоу 52 wie ἀπὸ (ἐκ Bat Bur) τῶν χειρῶν Edd.

28,1 оубогаше се] и оу. се 52 wie καὶ ἐφοβήθησαν D Phil Bur, 51 wie ἐ. B Bat. Slaw vorher
partizipial wie B Bat, vgl. 4,9 u.ö. — о] от(ь) 52. 51 wie ὑπέρ Edd.

о Ӓсенефе. 28,2 И падоше на лици своемь на землю и поклонише

се еи и рѣше: помилоуи ни, госпожде наша, 28,3 мы же

лоукавновахомь на те, зла ı и ⸀Господь Богь вьздасть намь² по

дѣломь нашимь! 28,4 И нынѧ молимь те, помилоуи ны, и

избави ны изь роукоу братїи нашихь, занк они мьстници

оброуганїа твоего прїидоше кь тебѣ, и оружїа ихь ⸀прѣвыше

нась быше². 28,7 Рече же кь нимь: дрьзаите и не боите се отъ

⸀братїи вашихь, занк² соуть моужїе благоуьстивїи и бокште се

Бога, ı нь идѣте вь гоустиню трьстїа, дондеже оумолю ихь о

вась и оутолю гнѣвь ихь; дрьзаите и не боите се нась, соудити

бо имать Богь междоу вами и мною. 29,7 ⸀Сынь² же ⸀Фараоновь

трети дьнь оумрѣть² оть газвы юже прикть. 29,8 Ӑ ⸀Фараонь

плакаше² сына своего и оть многаго плауа разболѣ се и

оумрѣть. Оумрѣть же Фараонь ⸀.рсф. лѣтом² си, и остави

вѣньць сыноу своемоу мьншемоу и Иосифоу, 29,9 и бѣ Iосифь

гако отьць сыноу Фараоновоу. Богоу же нашемоу подобаеть

всака слава, уьсть и покланганїе, нынѧ и прысно и вь вѣкы

вѣкомь, аминь.

2

3

4

5

6

29,8

9

10

11

28,2f. и 2⁰ om. 52. 51 wie καί Phil Bur, 52 om. wie Bat, der aber vorher partizipial formuliert,
was Slaw nicht tut. — госпожде наша, мы же] δέσποινα ἡμῶν ⸢εἰ καὶ βασίλισσα καὶ⸣ ἡμεῖς
Phil ähnlich Bat Bur; „δεσποινα ημων ει και βασιλισσα και ημεις   F : δεσποινα ημων sl om BD"
Phil 216 A. 8. Slaw setzt aber καὶ ἡμεῖς voraus; Haken hinter β.

28,3 зла] зла 52 wie κακά Edd. Komma vorher 51 unberechtigt.

28,7 кь нимь] Ἀσενέθ add. Edd. Nach Phil 216 A. 16 hätte auch Slaw den Namen. — и 1⁰ om.
52. 51 wie καί Edd. — братїи] letzter Buchstabe verkleckst 52. — бокште се] бокште
(Zeilenwechsel) и се 52. — вь гоустиню] вь-ноу 52, vgl. 27,8. — и 4⁰ om. 52. 51 wie καί Phil
Bur, Lücke Bat. — Богь] г(оспод)ь 52 wie κύριος Edd. — и 5⁰ om. 52. 51 wie καί Phil Bur, τε
καί Bat, Lücke BD. — вами и (om. 52) мною] ἐμοῦ (τε add. Bat) καὶ ὑμῶν Edd. „εμου και sl E
: om. BD" Phil 216 A. 22. Slaw eher wie ὑ. καὶ ἐ., vgl. ημων και υμων G? d-Text wie Slaw
anzusetzen?

29,7 газвы] -ви 52, danach zwei bis drei Buchstaben radiert.

29,8 и оумрѣть. Оумрѣть же] оумрѣт' (' fraglich) же 52 wie καὶ ἀπέθανε(ν) Edd.
Dittographie 51? — .рсф.] сто (danach eine Zeile Rasur?) и деветим(ь) 52. — и 4⁰ om. 52.

29,9 сыноу] с(ы)ноу hinter Фараоновоу 52. 51 hat die häufigere Wortstellung, doch die
umgekehrte z.B. 24,11; 27,2.

Doxologie Богоу - аминь] Б(ог)оу нашемоу слав(а) вь вѣкы аминь 52. Anders BD.

5. Anhang: Korrekturliste aus BD zu Philonenkos Ausgabe

Im folgenden die Berichtigungen und Ergänzungen zu Philonenkos Wiedergabe (nicht textkritischer Verwertung) von B und D in Text und Apparat, wie sie sich auf Grund einer Durchsicht der Handschriften nach Mikrofilm im Dezember 1975 (zusammen mit Dr. Dieter Sänger) ergeben haben. Rein orthographische Lesarten, offensichtliche Verschreibungen u.ä. sind wie schon von Philonenko selber nur ausnahmsweise notiert, z.b. wenn Philonenko eine irreguläre Form falsch wiedergibt. Eingeschlossen sind die mir aufgefallenen Versehen in Text und Apparat, die nicht BD betreffen (aber nicht bei Lesarten anderer Zeugen, zu Slaw s. oben). Das Corrigendum ist nur angegeben, wenn es aus der Korrektur nicht zweifelsfrei hervorgeht. Die Korrekturen sind so knapp wie möglich gehalten. „148 A. 8: ἕψωμαι B" bedeutet nicht, daß die ganze Anmerkung, sondern daß die angegebene B-Lesart so heißen muß. Wo Philonenko nach seinen Grundsätzen auf Grund einer Korrektur seinen Text ändern müßte, ist das notiert. Verszahlen (s. o. unter 3) nur nach Philonenko.

1,7 αὕτη: αὐτῇ D. — 132 A. 27; κατεγγυιτεσου B. — 2,13 ἐπιβλέπουσα mit 134 A. 20: εποβλεπουσα (sic) D, also kaum als ἐπιβ- in den Text, sondern ἀποβ- B Bat Bur. — 134 A. 14: ε (fin de ligne) εγενηθησαν τη ασενεθ D. — 3,2: Komma eher hinter 'Ιωσήφ. — 3,6 μέγαν: so BD, lies -α. — 3,9 περιεβάλετο: -βαλλετο BD, Aorist im Text lassen. — 138 A. 3: 1,3. — 138 A. 19: περιεβαλλετο B. — 138 A. 20: εγκεκολαμενα D(E) : ενκεχολασμενα B. — 4,7 χείραν: so D, Lücke B, lies χεῖρα. — 5,1 ἐξηπήδησεν, ebenso 146 unten: ἐξεπ- richtig BD (so Text). — 5,2 ἔστη: εστι B. — 6,1 παρελύθησαν: so BD Bat, aber cj. -θη. — 6,3 αὐτῷ mit 148 A. 5 αυτω D : - ον B: so D und B, aber λέληθεν fordert wohl αὐτόν im Text. — 148 A. 8: ἕψωμαι B. — 6,6 θεοῦ: του θ. D. — 150 A. 5: αὕτη B. — 7,4 ἀπέστειλον mit 152 A. 14 απεστειλον B : εξ- D: απεστελλον B: εξαπεστελον D. Text wohl ἀ. B wie Q, anders ἔπεμπον Bat Bur. — 7,5 οὐκ: so BD, lies nach Schulregel οὐχ. — 7,8 οὐκ 2⁰: ουχ B, nach Schulregel so Text. — 7,9 σοι: so BD, aber Dativ bei προσαγορεύειν? (Dt 23,7 nicht sicher). — 152 A.17: απεστρεφεν B. — 8,2 εὐλογήσῃ: -σαι D. — 8,5 ἥτις: εἴτις B. — 154 A. 3: deutlicher -ποιων D. — 9,1 und 160 A. 6 περιεχυθη αυτην D om. B: lies π. αὐτῇ? — 9,5 ὑμᾶς: η- B. — 10,2 κατελείφθη: -ληφθη D. — αὕτη: αὐτὴ D. — 162 A. 13 η BD: ην BD, also A. überflüssig. — 10,14 σιτιστά: τα σ. BD, so Text. — 10,16 ἀπεβάλετο: -βαλλετο B. — 10,17 νύκταν: so B, -α D, so Text. — 164 A. 46: δ. τ. θ. και εδωκεν παντα B. — 164 A. 51: εβαλετο D, vgl. Slaw. — 164 A. 52: περιεβαλλετο B. — 164 A. 61 om. B: και B. — 12,10 ἐξελοῦ με: ἐξελοῦμαι BD, aber Text richtig, vgl. Slaw. — 172 A. 35 διότι... D: διατί... D. — 174 A. 15: σιτεία B. — 13,11 σοὶ παρατίθημι: συ παρατιθημοι D. — 14,2 ἆρα: ἄρα B. — ἐπήκουσε mit 176 A. 2: ἤπήκουσε B, d.h. wohl ὑπ- wie D. Also in den Text, Anmerkung weg. — κήρυξ ἐστὶ: eher κῆρύξ ἐστι. — 14,4 ἔστη : εστι B. — 14,6 εἶπεν 1⁰: dahinter

Kolon statt Punkt. — 176 A. 32: lies [32-32]. — 178 A. 23: ... κυριου του υψιστου
D. — 15,6 κληθήσει: so BD, aber cj. -ση. — 182 A. 14 sl.: lies sl ohne Punkt. —
15,7 αὕτη 1[0]: αὐτὴ D. — 15,9 νύμφιος : νυμφίος richtig BD. — 186 A. 16:
φαγη BG. — 16,10 αἷμα: ϊöϊ (sic, getilgt?) αιμα D. — 17,5 κάλεσον: Kolon
vor κ- nach links hinter ἄνθρωπος. — 192 A. 15: θεραπένη D. — 194 A. 9 1[0]: κ.
ἠναγκ- τη... D. — 194 A. 12 2[0]: deutlicher στολην λαμπραν και (sic) D. D
hat καί doppelt. — 21,3 κληθήσει : cj. -ση. — 22,3 καὶ εἶπεν 1[0]: ειπε δε D. —
πορευσώμεθα: -σόμεθα B. — 200 A. 15 2 [0] υμας ante: ante υμας. 23,4 ist nicht
sinnvoll rekonstruiert und notiert. — 23,11 und 202 A. 33 ποιήσομεν: -σωμεν D,
vielleicht vorzuziehen. — 202 A. 23: θαρσεῖς B. — 23,12 ἡμῶν : υ- B. — 24,6
λάβετε: Kolon vor λ- nach links hinter ὑμῶν. — 24,7 ἀποθανεῖσθε: -θαι B. —
ἀνδρίζεσθε: -θαι B. — ἀμύνεσθε: -θαι D. — 24,9 ἀναμενῶ: -μένω BD. —
ἡμῶν: υ- B. — 24,11 λαβὲ: λάβε D, besser? — 24,12 ποιήσομεν: - σωμεν D.
— 24,14 ποιήσομεν: -σωμεν D. — 206 A. 18: ασπασασθαι B. — 206 A. 19:
φὴ (ἡ hochgestellt, darunter offenbar Kürzungszeichen) D. — 206 A. 23:
επαινευσεν ο π.... B. — 24,15 ἀνὰ πεντακοσίων ἀνδρῶν : so BD, aber cj. ἀ.
-σίους -ρας? — 24,17 σὺ: σοι BD. — λαβὲ : λάβε D, besser? — ἐφίππους: εφ᾽
ιππους B? — κατακόψομεν: -ψωμεν D. — 24,21 ἐκ -ρύβησαν: lies ἐκρύ-
βησαν. — 208 A. 50: -κτεινωμεν BD. — 208 A. 51: - κτεινωμεν D. — 25,5
ἡμῶν 1[0]: υ- B. — 210 A. 16: πονηρευσησθαι B, d.h. -θε und so in den Text. —
210 A. 17: επεκ. τ. θ.... B. — 212 A. 7 ἐν 1[0] B: streichen, im Text enthalten. —
27,5 ἔδυσαν: εδωσαν D. — 27,7: Eckige Klammer wird nicht begründet. — 27,8
πλήρεις: -ρης D. — Καί 4[0]: lies Καὶ. — 214 A. 26: πολεμησωμεν BD. — 28,4
ὑμῶν: η- B. — 28,5 ἐξιλάσομαι: -σωμαι B. — 28,6 κρινεῖ: κρίνει D. — 216
A. 8: om. mit Punkt. — 216 A. 9: επονηρευσομεθα B. — 216 A. 16: κ. ε.
αυτους α.... D. — 28,11 φείσασθε: -θαι BD. — 28,13 ἡμῶν 1[0]: υ- B. — 28,14
ἀποδώσεις: -σης B. — 218 A. 30:... αυτων ισραηλ B. — 29,4 ἀπὸ: om. D. —
ζήσῃ: ζησει D. — 29,5 τελαμῶνα : -μονη D. — 29,6 διηγήσαντο: - σατο BD,
so Text. Übersetzung ist richtig. — 220 A. 27 μη᾽ D: so D. Weil A. 27 als A. zu
29,11 τεσσαράκοντα ausgebracht ist, sieht es so aus, als ob D μη᾽ οκτω läse.

JOSEPH UND ASENETH 25-29 ARMENISCH

JA 25, 4b-27, 11, fast drei von 29 Kapiteln, las man bisher auf armenisch nicht. An ihrer Stelle haben mit einer Ausnahme alle untersuchten Handschriften, etwa 30 von über 40 heute bekannten [1]), und die Ausgaben ein kurzes, holperiges Pasticcio aus zum Teil umformulierten Stücken von 25, 4, 26, 5.8 (eingefügt ein Satz ohne Parallelen), 28, 10 und 27, 3.6 (26, 6?), die Handschriftengruppe *b* (s. unten) dazu ein Stück des in vielen, auch nichtgriechischen Zeugen vor JA stehenden ps.-ephremischen Leben Josephs [2]). Die Ausnahme ist Eriwan, Matenadaran 1500, eine einbändige Bibliothek, 1282/83 von Mxit'ar von Ayrivank' nach der "Ordnung der heiligen Schriften" des Johannes von Hałbat (1045/55-1129) eingerichtet und selbst geschrieben, eine der interessantesten armenischen Handschriften überhaupt [3]). Der JA-Text f. 239v-244v (Sigel 332) enthält auf f. 244r/a Z. 60 - 244v/a Z. 1 die fehlenden Kapitel. Sie sollten bekannt sein, weil Arm nach Syr der zweitälteste Textzeuge (6./7. Jh.?) [4]) für JA ist und einer der wichtigsten. Um gleichzeitig Ein-

---

[1]) 40 Handschriften in *Untersuchungen zu Joseph und Aseneth. Überlieferung – Ortsbestimmung* (WUNT, 8), Tübingen, 1965, 7-13. Dazu Eriwan, Matenadaran 9303 und 9930 (L. Xačikyan brieflich 26.2.1970), Jerusalem, Armenisches Patriarchat 1927 (M. E. Stone, *The Testament of Levi. A First Study of the Armenian Mss of the Testaments of the XII Patriarchs in the Convent of St. James, Jerusalem*, Jerusalem, 1969, 15 f.; Abb. der ersten Seite bei M. E. Stone, 'Bible, Translations, Armenian', *Encyclopaedia Judaica*, iv, 1971, Sp. 861 f., hier 862) und 1934 (Stone, *Testament of Levi*, 16 f.). Es gibt noch mehr, nach einer Mitteilung von Herrn Stone u.a. in Isfahan (Neu-Djulfa).

[2]) *Untersuchungen*, 26.

[3]) *Untersuchungen*, 9.32-34; L. Xačikyan-A. Mnacakanyan hg., *Ĉuĉak jeřagraç Maštoçi anvan Matenadarani / Katalog rukopisej Matenadarana imeni Maštoca*, I, Eriwan, 1965, 568.

[4]) Das Datum ist nur die Umsetzung eines von niemandem je ausführlich spezifizierten Eindrucks von der Sprache in Zahlen. Das erste sichere Zeugnis ist wohl Johannes von Hałbat. Die in der armenischen Überlieferung mit JA eng verbundenen und oft ebenso datierten TPatr will H. J. de Jonge, 'The Earliest Traceable Stage of the Textual Tradition of the Testaments of the Twelve Patriarchs', in: M. de Jonge hg., *Studies on the Testaments of the Twelve Patriarchs* (Studia in Veteris Testamenti Pseudepigrapha, iii), Leiden, 1975, 63-

blick in die ganze, bislang nicht annähernd ausgewertete Überlieferung zu geben und den individuellen Wert von 332 noch besser
zu bestimmen, nehme ich den vorderen Kontext ab 25, 1 und den
hinteren bis zum Ende in 29, 7 dazu und benutze außer 332 (der in
28, 13 endet) Vertreter der fünf Handschriftengruppen, die sich
bisher neben 332 ergeben haben [5]): für *a* Oxford, Bodleian Library,
Arm. e. 30, 13. Jh. (Sigel 331), für *b* S. YOVSĒP῾EANC (YOVS) [6]), der
auf Venedig, San Lazzaro 812, JA von 1858, einer Abschrift von
Rom, Biblioteca Casanatense 1988, 1589, fußt, und London, British
Museum, Or. 8833, 17. Jh. (371), für *c* Eriwan 1665, 15. Jh.? (M) [7]),
für *d* San Lazzaro 679, 15. Jh.? (352), für *e* San Lazzaro 229, 1655
(376) und Eriwan 347, 1657 (379) [8]). Im übrigen stütze ich mich bei
Gr auf eine Kollation aller Handschriften [9]) außer Breslau, Biblioteka
Uniwersytecka, Rehdig. 26 (zitiert werden für die Gruppe *a* P.
BATIFFOL [Bat] [10]), für *b* Athos, Vatopedi 600, 15. Jh. [Sigel E
oder 155], Ms. McKell, 16. Jh. [G oder 162] [11]), Bukarest, Biblioteca
Academiei Romȃne, Gr. 966, 17. Jh. [F oder 171], Sinai Gr. 1976,
17. Jh. [W oder 174] [12]), für *d* M. PHILONENKO [Phil] [13]), *c* endet

---

86, hier 77, jetzt frühestens im 9. Jh. ansetzen: die Vorlage gehört zu einer
Familie, deren Ahn eine Minuskel war. Der Texttyp von JA Arm ist aber älter,
wie die Verwandtschaft mit Syr zeigt. Auch stammt die Koppelung TPatr-JA
kaum aus der griechischen Vorlage, sondern ist innerarmenisch entstanden
(*Untersuchungen*, 28 f.). Was für TPatr Arm gilt, braucht also nicht für JA Arm
zu gelten.

[5]) *Untersuchungen*, 25-32; 'Zur armenischen Überlieferung der Testamente der
zwölf Patriarchen', in: CHR. BURCHARD-J. JERVELL-J. THOMAS, *Studien zu den
Testamenten der Zwölf Patriarchen* (BZNW, 36), Berlin, 1969, 1-29.

[6]) *T῾angaran hin ew nor naxneac῾ I. Ankanon girk῾ hin ktakaranac῾*, Venedig, 1896,
152-198, hier 195-198.

[7]) Die anderen bekannten Vertreter der Gruppe enden mit 21, 9.

[8]) Gehört nach Ausweis von 25-29 gegen *Untersuchungen*, 26; 'Zur armenischen
Überlieferung', 20 nicht zu *a*.

[9]) Für sie ist D. SÄNGER zu danken. Übersicht über die gesamte Überlieferung
Untersuchungen, 2-49; 'Zum Text von "Joseph und Aseneth"', *Journal for the
Study of Judaism*, i, 1970, 3-34, hier 5-8; M. PHILONENKO, *Joseph et Aséneth.
Introduction, texte critique, traduction et notes* (Studia Post-Biblica, xiii), Leiden,
1968, 3-27; A.-M. DENIS, *Introduction aux Pseudépigraphes grecs d'Ancien Testament*
(Studia in Veteris Testamenti Pseudepigrapha, i), Leiden, 1970, 40-48.

[10]) 'Le livre de la Prière d'Aseneth', in: BATIFFOL, *Studia Patristica*, Paris,
1889-90, 1-87, hier 78-86.

[11]) Neues über die Handschrift: 'Joseph und Aseneth neugriechisch', *New
Testament Studies*, xxiii, 1976/77, im Druck.

[12]) Mikrofilm durch die Freundlichkeit von M. E. STONE. Die Handschrift
ist eine nahe Verwandte von F.

[13]) *Joseph et Aséneth*, 208-220.

schon in 16, 17), bei Syr auf E. W. Brooks [14]), bei Lat I auf
Batiffol [15]), bei Lat II auf Uppsala, Universitetsbiblioteket C 37,
13. Jh. (Sigel 436) [16]). Syr Lat I Lat II gehören wie Arm zu Gr b.

In 25, 4b-27, 11 folge ich in der Regel buchstäblich 332. Ausge-
lassene Buchstaben sind in Klammern ergänzt (Eigennamen immer
wie geschrieben). Das umgedrehte *a* in *a(menayn)* und die Ligatur *ew*
sind nicht bezeichnet. *ē* ist gesetzt, wo es altarmenisch hingehört,
Eigennamen und Satzanfänge sind groß geschrieben (332 unterscheidet *e* und *ē* nicht und benutzt in 25-29 keinen Großbuchstaben)[17]).
Sonst steht bei gespaltener Überlieferung die Lesart im Text, die
von außen gestützt wird (daß mehrere es werden, kommt kaum vor),
bei gleicher Bedeutung in der Regel die Lesart der Mehrheit, bei
Stimmengleichheit die der älteren Zeugen. Im Apparat stehen alle
Lesarten aller benutzten armenischen Zeugen (deren Gesamtheit
außer einer besonders angegebenen heißt rell.), ausgenommen orthographische Varianten und offenkundige Fehler und die meisten der
zahllosen Sonderlesarten und Lücken von M [18]) (er ist immer vermerkt, wenn gestützt). 371 ist nur genannt, wenn Yovs abweicht.
Angaben in Klammern beziehen sich nur auf das vorhergehende
Wort, wenn nicht anders gesagt. Das Pasticcio steht bei 25, 4 (zum
Teil unsicher); auf die Bestandteile wird an ihrer Stelle noch einmal
verwiesen, sie sind nicht ohne textkritischen Wert (s. zu 26, 6;
27, 3). Umschrift und Orthographie (abgesehen von 25, 4b-27, 11)
wie z.B. bei H. Jensen [19]) (abweichende Originalschreibung aber
bei Apparatlesarten, wenn alle Zeugen sie haben), Verse nach P.
Riessler [20]), Interpunktion meine und mit unseren Zeichen.

Der beste, gar der armenische Urtext ist mit diesem mecha-
nischen Verfahren noch nicht erreicht. Aber es zeigt sich, wie verbesserungsfähig Yovs ist und was 332 auch außerhalb von 25, 4b-

---

[14]) *Historia ecclesiastica Zachariae Rhetori vulgo adscripta*, I (Corpus Scriptorum
Christianorum Orientalium, lxxxiii), Paris, 1919 = 1953, 21-55, hier 51-55.

[15]) 'Le livre de la Prière d'Aseneth', 89-115, hier 113-115. Lat I verkürzt und
verändert hier aber stark. Repräsentiert sind 25, 1.3 f.; 26, 1-6; 27, 6-8; 27, 1;
26, 7; 27, 2 f. 5-7; 28, 8-10; 29, 5-9 (in dieser Reihenfolge).

[16]) Kollation durch H. Krüger. Die anderen Handschriften enden mit 21, 9.

[17]) Zur Orthographie von 332 weiter M. E. Stone, *The Armenian Version of
the Testament of Joseph* (Society of Biblical Literature. Texts and Translations
Series 6, Pseudepigrapha Series, 5), Missoula, Montana, 1975, 9.

[18]) M ist trotzdem nicht nutzlos, s. zu 28, 9; 29, 4.7.

[19]) *Altarmenische Grammatik* (Indogermanische Bibliothek, 1. Reihe. Lehr-
und Handbücher), Heidelberg, 1959.

[20]) *Altjüdisches Schrifttum außerhalb der Bibel*, Augsburg, 1928 = Darmstadt,
1966, 497-538, hier 532-538.

27, 11 dafür leistet [21]). 332 ist bei weitem der beste armenische Einzelzeuge, wie übrigens auch bei den Zwölfertestamenten [22]) (und anderswo?). Mehr ist erst möglich, wenn Überlieferung und Sprache von JA Arm besser erforscht sind. Bei vielen Kleinvarianten, z.B. durch das Akkusativzeichen *ẓ*- oder die Demonstrative einschließlich des angehängten Artikels [23]), läßt sich möglicherweise überhaupt nichts entscheiden. Für den begrenzten Zweck, JA 25-29 Arm als Zeugen des griechischen Textes verfügbar zu machen, dürfte das Vorliegende genügen. Arm ist danach die wertvollste Übersetzung und weniger zu entbehren als manche griechische Handschrift. Eine Neuausgabe von JA Arm ist sehr nötig.

---

[21]) Ich nehme bis zum Beweis des Gegenteils an, daß 332 nicht etwa eine Revision nach Gr vertritt. Für Gr bedeutsam wäre er auch dann.

[22]) STONE, *Testament of Joseph.*

[23]) Weitere häufige Arten von Kleinvarianten bei STONE, *Testament of Joseph,* 9 f.

25 *Ew yareaw ordin P῾arawoni i gišerin yaynmik ew ekn i tun hawr iwroy,*
    ẓi spançē na srov ẓhayrn iwr. Ew pahapank῾ hawr nora argelin ẓna mtanel
2   *aṙ hayrn iwr ew asen çna: Zinç hramayes, tēr mer? Ew asē çnosa ordin*
    P῾arawoni: Zi tesiç ẓhayrn im, vasn ẓi ert῾am kt῾el ẓaygin im ẓnoratunk.
3   *Ew asen çna pahapank῾n: Gluxn çaweaç hawrn k῾o ew art῾un ekaç*
    ẓamenayn gišers ew ayẓm dadareaç sakaw mi; ew asaç hayrn k῾o: mi ok῾
4   *merjesçi aṙ is, t῾ēew ordi andranik içē im. Ew gnaç p῾ut῾ov ordin P῾arawoni*
    ew aṙ ənd iwr c ayr jiovk῾ ew aḷeḷamb ew gnaç araji noça, orpēs ew xawseçan

---

25, 1   *i gišerin y.*] hinter *iwro(y)* 32   *ew* 2°] >76 79   *hawr* 1°] *hōrn* 76   *ẓi -*
iwr 1°] > 32   *na*] *ẓna* 52 71, > 31 M   *ẓhayrn*] -*r* 31   *hawr* 2°]   -*rn* 32
argelein 31, -*luin* 52   *hayrn*] -*r* 52 76 79 Yovs   *iwr* 2°] *nora* 52, > 31   *hramaes*
32] *xndres* 31 52 Yovs, *mtanes* M 76 79 71   *mer*] > 32 76 79 71
25, 2   *ordin P῾.*] > 31 M   *ẓi* 1°] *vasn ẓi* 31 52   *ẓhayr* 32 Yovs   *v(a)s(n)*
ẓi 32] *ew* rell.   *kt῾em* M, > 31   *ẓaygi* 32, *yaygin* 31   *im*] > 76 79 Yovs
ẓnoratunkn M Yovs, -*kk῾* 79, *noratunk* 31 52
25, 3   *ew* 1°] > M, + *nok῾a* 52   *çna*] > 31 52 M 76 79   *pahapank῾n*] >
32 31 52   *çaweçaw* M Yovs   *hawrn*] -*r* 52   *dadareçaw* Yovs   *sakawik*
31 52   *asaç*] *ase* 32   *hayrn k῾o*] > 32 31, + *t῾e* 31   *merjenay* 76 79 Yovs
t῾eew - im 32] > rell.
25, 4-27, 11 nur 32] rell.: (25, 4) *Ew gnaç ordin P῾arawoni ew aṙ ẓẓawrs iwr (ew*
g. — iwr: ew aṙ [ēaṙ 52] o. P῾. [> 31] *ẓawrs [n 52] iwr ew gnaç yeto* [> 31] 31 52)
ew (> 31) *i lusanaln eḷew* (*eḷen* 31 52) *daranakal* (*k῾* 31). (26, 5) *Ew aha gayr Asanēt῾*
kaṙawk῾n (-*k῾* 31 M) *ew ẓawrk῾n* (*ẓawrawk῾n* 76 Yovs) *araji ew ẓkni. Ew i* (> 31
52 M) *yarjakel* (-*keal* 31 52 M) *t῾šnameaçn* (+ *ew* 52 71 M 76 79) *Dan ew Gad ew*
ordin P῾arawoni yarjakeçan i veray noça (> 31 52 M 76 79, mit Tilgungszeichen?
71). (26, 8) *Ew etes* (+ *ẓayn* 52) *Asanēt῾ ew kardaç aṙ* (*k. aṙ: kardaçaw* 71) *Astuac*

5 *Dan ew Gad. Ew xawseçan arkʿn or mankagoynkʿ ein, Nepʿtʿalim ew Aser, ew asen çełbarsn çeriçagoynsn, çDan ew Gad : Ǝndēr dukʿ anawrinēkʿ d(ar)j(ea)l i vera(y) hawr mero(y) I(sraje)li ew i vera(y) ełbawr mero(y) Yusepʿa?* ew ẓna pahē t(ē)r ibrew ẓbib akan. Oç̌ apakʿēn vačarečēkʿ ẓna erbemn? ew ē aysawr tʿ(a)g(aw)or a(menayn) erkris ew pʿrkič̌ ew
6 çorenatu. Ew a(y)ẓ̌m d(ar)j(ea)l etʿē pʿorjiçēkʿ anawrinel i vera(y) nora, hanē ẓna A(stua)c yerkins ew aṙakʿiçē hur yerkniç ew keriçē ẓ jeẓ ew
7 hreštakkʿ A(stuco)y paterazmesçin ənd jeẓ v(a)s(n) nora. Ew barkaçan noça ełbarkʿn eriçagoynkʿ ew asen: Ayl orpēs ew ẓkanays meṙanimkʿ?

26 Ew yare(a)w Asenētʿ ayguçn ew asē çYusēpʿ: Gnaçiç, orpēs ew asaçerd yandn ew yagarakn ẓaṙangutʿe(an) imo(y); ew erke(a)w anjn im, v(a)s(n)
2 ẓi du merẓis yinēn. Ew asē Yusēpʿ çna: Kʿajalere(a)ç ew mi erknč̌ir, ayl miayn gna, ẓi t(ē)r ənd kʿeẓ ē ew na inkʿn pahesçē ẓkʿeẓ ibrew ẓbib
3 akan ya(menayn) iraç čare(a)ç; v(a)s(n) ẓi ew es gnam i çorenatrutʿi(w)nn im ew taç a(menayn) mardkan haç, ẓi mi apakanesçin yeresaç t(eaṙ)n
4 a(menayn) erkir. Ew gnaç Asenētʿ i č̌(ana)p(ar)h iwr ew Yusēpʿ gnaç
5 i çorenatrutʿi(w)nn. Ew ekn Asenētʿ i teli hełełatin ew o arkʿn ənd nma. Ew vazeçin i daranaçn iwre(a)nç or daranakalkʿn ein ew xaṙneçan ənd arsn Asanetʿa ew kotoreçin ẓnosa i beran sro(y) suseri ew ẓ yaṙajntʿaçs
6 nora. Ew pʿaxe(a)w Asanētʿ kaṙawkʿn iwrawkʿ. Ew Łewi patme(a)ç ełbarçn iwroç ord(w)oçn Lia ẓvištsn Asanetʿa, ew aṙin ayr iwrakʿanč̌iwr ẓsurs iwre(a)nç ew edin i vera(y) baẓkaç iwre(a)nç ew gnaçin ẓhet

barjrealn (unde?). *Ew aha ayrn Astucoy or (ẓor 76 79, + yaṙaj 52) ekeal ēr* (> 71 79, *e. e.*: ekn M, dahinter 3 Buchst. breit wolkig) *aṙ Asanētʿ ereweçaw* (ekeal — ereweçaw: ereweçaw Asanetʿi ekeal aṙ na 31; + nma i ẓamun yaynmik 52), (28, 10) *ew tēr paštpan ełew nma, ew jardeçan* (+ ew 76) *surkʿ* (srunkʿ 52 M 76 79, srawnkʿ 31) *noça* (tʿšnameaçn 52) *ew amenayn paterazmunkʿ* (-m 31, -mn M 76 79, -mołkʿn 52) *haleçan* (hal aceçan 31) *orpēs ẓmom* (mom 31 M) *aṙaji hroy*. (27, 3) *Ew ankaw ordin Pʿarawoni i* (> 31 52 71 76) *yerkir aṙaji Asanētʿay* (-tʿi 31 52) *ew korçaneçaw ew ełew nman meṙeloy* (s.u. zu 27, 3). (26, 6. 27, 6) *Ew lueal* (luaw Yovs) *ordwoçn* (-oyn 71 79) *Yakobay* (+ hogiov 31, s.u. zu 26, 6) *gayin barkutʿeamb* (+ Šmawon ew Łewi 31).

25, 5 *manga-* 32 Standardform ist *Yovsēpʿ*, vor Endung *-epʿ-*, in 32 selten

25, 6 *hanē — yerkins* "zieht ihn Gott in den Himmel"] vgl. αναβησεται εις τον ουρανον E G W (F länger unlesbar) Syr Lat II Slaw (ed. S. NOVAKOVIĆ, Starine 9, 1877, 40 und Bukarest, Bibl. Acad. Rom., Slaw. 306, anders Phil 210 A. 17) gegen βοησει προς τον υψιστον Bat, επικαλεσεται τον θεον Ισραηλ Phil (> 25, 5-8 Lat I)

25, 8 και εξηλθον εις απαντησιν (συναν- Phil) τω Ιωσηφ και τη Ασενεθ Bat Phil] > Arm wie E G F W Syr Lat II (Lat I s.o.). Mindestens Joseph paßt nicht in den Kontext; sekundär?

26, 1 32 hat teils *Asenetʿ* (als bisher einzige Hs.) wie Gr, teils *Asanetʿ* entsprechend der Standardform *Asanētʿ, -etʿ-* ẓaṙankutʿe(an) 32

26, 5 s.o. zu 25, 4 rell.

26, 6 Am Anfang + τοτε (και Phil) εγνω Λευι(ς Phil) ο υιος Λιας ταυτα παντα τω πνευματι (τ.π. > Phil) ως προφητης Bat Phil] > 32 wie E G F W

7 *Asanetʿa valval əntʿaçawkʿ. Ew pʿaxe(a)w Asanētʿ aṙaǰi noça ew c*
8 *arkʿ jiaw or ənd nma. Ew etes Asenētʿ ew erke(a)w ew xṙoveçaw yoyž ew*
   kardaç zanun t(eaṙ)n A(stuco)y iwro(y).

27   *Ew Beniamin nstēr i jaxē kołmanē Asanetʿa i kaṙs nora. Ew ēr*
   Beniamin əž-amea(y) manuk mec ew hzawr ew ēr yaṙaǰayałtʿ, ew ēr geł
2 *nora anaseli ew zawrutʿi(wn) nora ibrew zkoriwn aṙiwcu. Ew vaze(a)ç*
   Beniamin i kaṙaçn iwroç ew aṙ kʿar mi bolorak i helełatēn ew eliç z jeṙn iwr
   ew jge(a)ç ənddēm ord(w)oyn Pʿarawoni ew ehar zcamelis nora jaxo(y)
3 *ew virawore(a)ç zna viramb canambkʿ. Ew ankaw ordin Pʿarawoni i jioyn*
4 *iwrmē yerkir. Ew vaze(a)ç Beniamin ew el i vēmn ew asē çkaṙavarn*
5 *Asanetʿa: Tur inj kʿarins i helełatēn. Ew et nma ew jge(a)ç i nosa*
   xə kʿarins ew span xə ars or ein isk ənd ord(w)oyn Pʿarawoni, ew mtin
6 *a(menayn) kʿarinkʿn ənd camelis noça. Ew ordikʿn Lia, Šmawon ew Łewi,*
   Isakʿar ew Zabołon, zhet ełen arançn or daranakaln ein ew ankan i vera(y)
   noça yankarcaki ew kotoreçin znosa, zamenese(a)n ars ibrew sv spanin z
7 *arkʿn. Ew pʿaxe(a)n yeresaç noça ordikʿn Balla ew Zelpʿa ew asaçin:*
   Kore(a)kʿ yełbarç meroç, ew meṙaw ordin Pʿarawoni i jeṙaç Beniameni
   mankann, ew amenekʿe(a)n or ənd nmayn ein kore(a)n miov jeṙamb mankann
8 *Beniameni. Ew a(y)žm asen: Ekaykʿ spançukʿ zAsenētʿ ew zBeniamin*
9 *ew pʿaxiçukʿ i xarj ełegaknn aynorik. Ew ein hane(a)lkʿ zsurs iwre(a)nç,*
10 *ew surkʿ noça li ein are(a)mb. Ew etes znosa Asenētʿ ew asaç: T(ē)r, or*
   kendanaçuçer zis i mahuanēn, or asaçer çis tʿē yawite(a)n keççē anjn kʿo,
11 *pʿrkea zis i jeṙaç arançs aysoçik. Ew luaw t(ē)r jayni nora, ew ankan surkʿ*
   noça i jeṙaç noça ew moxreçan.

28   *Ew tesin ordikʿn Ballay ew Zelpʿay zbans zays mec ew erkean ew asen:*

Syr Lat II (Lat I ganz anders). An τω πνευματι erinnert aber *hogiov* 31, s.o. zu 25, 4 rell. Der Satz ist wohl unanfechtbar.

26, 7 *ew c* (= 50) *arkʿ*] nach 26, 5 hatte Aseneth *o* (= 600) Mann mit. In 32 oder einem Ahn ausgefallen: και ιδου ο υιος Φαραω υπηντησεν αυτη o.ä. E G F W Bat Syr Lat II (> 27, 7b Phil, 26, 7 f. > Lat II).

26, 8 s.o. zu 25, 4 rell.

27, 3 *ew ełew nman meṙeloy* "und war ähnlich einem Gestorbenen" rell. o. zu 25, 4; dies oder Ähnliches muß ursprünglich dagewesen sein, vgl. ημιθανης τυγχανων Bat Phil Lat I Ngr ('Joseph und Aseneth neugriechisch', 73f. > 32 wie E G F W Syr Lat II

27, 4 *aseç k.* 32

27, 6 *ew* 1° — *ein* s.o. zu 25, 4 rell. und zu 26, 6   *zamenise(a)n* 32   *sv*] *s* (2000) fraglich und vor *v* (3000) merkwürdig

27, 7 *amenikʿe(a)n* 32

27, 10 *mahwanen* 32

27, 11 *lwaw* 32

28, 1-2 *ankan*] > M   28, 1 *Ew — Balla ew Zelpʿa* 32] *ew Dan* (+ ein Stück des Lebens Josephs Arm *b*, s. oben) *ew* (> 52) *Gad* (*D. ew G.: G. ew D.* 71 76 79; + *ew* 79) *teseal* 31 52 76 79 Yovs   *zbans — mec* 32] *zi* (*etʿe* 31, *tʿē* 52) *tēr*

2 *Tēr paterazmi ənd mez. Ew ankan aṙaǰi Asanetʿay ew asen : Ara ołormutʿiwn*
3 *ənd mez ənd caṙays kʿo, vasn zi tikin mer ew tʿaguhi du es. Ew mekʿ*
4 *anawrinecakʿ aṙ kʿez, ew tēr hatoyc mez əst gorcoc meroc. Ew ayžm*
ałačemkʿ zkʿez mekʿ, caṙaykʿs kʿo : ołormea mez ew pʿrkea zmez i jeṙac
ełbarc meroc, kʿanzi nokʿa vrēžxndirkʿ tʿšnamanacn ekin aṙ kʿez ew surkʿ
7 *noca aṙaǰi mer en. Ew asē cnosa Asenētʿ : Kʿaǰalerecarukʿ ew mi erknčikʿ*
yełbarcn jeroc, vasn zi nokʿa en arkʿ astuacapaštkʿ ew erkiwłackʿ i teaṙnē
ew amačen yamenayn mardoy. Ertʿaykʿ dukʿ i hiwtʿoc ełegann aynorik,
minčew kʿawecic znosa vasn jer ew cacucic zbarkutʿiwn noca, vasn zi dukʿ
mecapēs hamarjakecarukʿ ənddēm noca. Kʿaǰalerecarukʿ ew mi erknčikʿ.
8 *Bayc dat arascē tēr ənd is ew ənd jez. Ew pʿaxean i puraks ełegann Dan*
ew Gad ew ełbarkʿ noca. Ew aha gayin ordikʿn Liay əntʿanalov ibrew
9 *zerams ełǰeruac. Ew ēǰ Asanētʿ i kaṙacn iwroc cackeloc ew ənkalaw znosa*
handerj artasuawkʿ. Ew nokʿa ankeal erkir pagin nma i veray erkri ew
lacin mecajayn ew xndrein zełbarsn iwreanc, zordis ałaxnac hawrn iwreanc.

---

paterazmecaw ənd nosa (ə. n. >76 79 Yovs) 31 52 76 79 Yovs   *ew* 3°] nur 71 76 79
erkean — mez] > 31 52   *ew asen — mez*] > 76
    28, 2   *Ew — mez*] 32 (Homoioteleuton?, s. gleich)   *ew* 1°] > 52   *Asa-
netʿi* 52   *Ara ołormutʿiwn ənd mez*] > Arm. Dies (vgl. 23, 3) oder Ähnliches
dürfte nach ελεησον ημας Gr Syr Lat II (grosse Lücke Lat I) zu ergänzen sein,
denn *ew — asen* rell. (s.o.) und *ənd c. kʿo* 32 (s. nächste Var.) passen so nicht zusammen.   *ənd c. kʿo* 32] > rell.
    28, 3   *tēr*] *A(stua)c* hinter *mez* 31   *gorcocn* 79 Yovs
    28, 4   *ayžm*] > 76 79 Yovs   *zkʿez mekʿ* 32] *zkʿez* 31 52 M, *mekʿ* 76 79 Yovs
caṙaykʿ 32, *zcaṙaykʿs* 76   *ołormeac* 31 M   *ełbarcn* 79 Yovs   *ew nokʿa*
Yovs 71 (ew mit Tilgungszeichen?)   *vrēžxndir* 31 52   *tʿšnamanacn* 32]
-meac(n 52) rell.   *kʿez* 32] *mez* rell. Vgl. διοτι αυτοι (> G) εκδικοι (-ος G)
της υβρεως παραγινονται (-νεται G, παρεγενοντο E) προς σε E G F W gegen
δ. α. γενησονται ε. της σης υ.. o.ä. Bat Phil Syr Lat II (grosse Lücke Lat I)   *aṙaǰi
mer*] *a. ačac meroc* 52
    28, 5-6 Bat (in eckigen Klammern) B (Phil App. z. St.)] > Arm wie E G F
W Syr Lat II (Lat I s. oben).
    28, 7   *znosa* 1°] > Yovs   *Asenētʿ* rell.   *i yełbarcn* 76 79, *yełbarc* 52   *vasn
zi* 1°] *kʿanzi* 31 52   *en*] hinter *erk.* 31   *arkʿ*] > 31 52   *a(stua)capaštkʿ —
t(eaṙn)e* 32] *erk. i. t. ew* (> Yovs) *ast.* 76 79 Yovs, *erk.* (*-ac* 52) *ew ast.* 31 52
ertʿaykʿ] + *ew* 32   *dukʿ*] *mtēkʿ* M   *hiwtʿoc* Yovs]*-oy* 71, *hiwtʿ* 32, *hutʿ* 76 79,
praks M, *teli* 31 52. Von *hiwtʿkʿ* "Dickicht" (?, H. AČAṘEAN, 'Hayerēn nor baṙer
ankanon groc mēǰ', *Bazmavēp* 1925, 200-204, hier 203)? Verderbt aus *niwtʿ*
"Materie" (was hier für υλη freilich falsch wäre)?   *ełegan* 76 79, *-ənd* M Yovs
aydorik 76 79 Yovs, > M; + *ew tʿageriukʿ* 31 52   *cacucic* 32   *dukʿ* 2°] *du*
(Zeilenende) 76, hinter *ham.* 31   *i dem noca* 32   *ənddēm — kʿaǰ.*> 76 79 Yovs
ənd is ew] > Yovs
    28, 8   *ew* 1°] + *nokʿay* 52   *purak* 32, *poraks* M, *pʿoruaks* 76 79, *pʿoł* 31 52
Dan — noca] > 52   *ew* 3°] > 31   *ełbarkʿ*] *ordikʿ* M   *gayin*] *ekin* 32   *Lia*
32, *Liayi* M Yovs, *Liai* 52   *ibrew*] *orp(es)* M   *zerams e.*] *zełǰerus (-ǰiwr-* 31)
bazums 31 52
    28, 9   *kaṙac* 31 52 M, *kaṙucn* 76 79   *cackelocn* 52, *-loy* 31, > M   *handerj*]

10 *Ew asē çnosa Asenēt*ʿ : *Xnayeçēk*ʿ *duk*ʿ *yełbars jer ew mi ařnēk*ʿ *çar p*ʿ*oxanak çari, vasn ẓi tēr paštpan ełew inj i noçanē ew ĵardeaç ẓsurs noça ew haleçan i veray erkri ibrew ẓmom ařaĵi hroy. Ew ē ays bawakan, ẓi tēr*
11 *pateraẓmeçaw ənd nosa. Ew duk*ʿ *xnayeçēk*ʿ *i nosa, ẓi ełbark*ʿ *jer en ew*
12 *ariwn hawr jeroy Israyeli. Ew asē çna Šmawon : Ǝndēr tikin mer xawsi*
13 *bari vasn t*ʿ*šnameaç iwroç? oç̌, ayl kotoresçuk*ʿ *ẓnosa srovk*ʿ *merovk*ʿ*, vasn ẓi nok*ʿ*a xorheçan yałags jer ew yałags hawr meroy Israyeli ew vasn ełbawr*
14 *meroy Yovsep*ʿ*ay aha ays eriçs angam. Tikin mer ew t*ʿ*aguhi du es. Ew jgeaç Asanēt*ʿ *ẓjeřn iwr ew kalaw ẓmawruaç nora ew hambureaç ẓna ew asē çna : Mi erbek*ʿ *ẓayd ařnes, ełbayr im, ew çar p*ʿ*oxanak çari hatuçanes. Teařn taçes t*ʿ*šnamut*ʿ*iwn. Ew nok*ʿ*a ełbark*ʿ *jer en ew cnundk*ʿ *hawr jeroy*
15 *ew p*ʿ*axean i heřust yeresaç jeroç. Ew mateaw ař na Łewi ew hambureaç*

> 32 M   *artasuank*ʿ 32   *anke(a)lk*ʿ 32   *paginein* 31   *xndreçin* M 76 79
Yovs   *ẓełbars* 31 52 M   *iwreanç* 1° (oder 2°, s. nächste Var.)] + *sp(a)n(ane)l*
M, gehört vielleicht in den Text, vgl. του ανελειν αυτους Bat Phil Lat I, >
G F W Syr Lat II (grosse Lücke E). Finaler Infinitiv *spananel* nach *xndrel* z.B.
Apg. 13, 28 (JENSEN 151).   *ẓordis — iwr.* 32] > rell.
28, 10   *çnosa* 32] > rell.   *Asanēt*ʿ rell.   *xnayeçēk*ʿ] *xndreçēk*ʿ 71 76   *duk*ʿ]
> 31 52   *ẓełbars* 71, *yełbarsn* 31 52 Yovs   *tēr — inj*] s.o. zu 25, 4 rell.   *i*
noçanē] >31 52 M   *noçanēn* 76 79   *ew ĵardeaç — hroy*] s.o. zu 25, 4 rell.
ẓsurs] *ẓsusers* 79, *ẓsruns* 52, *ẓsrawns* 31   *i veray erkri*] > 32 M, + *ew ełen* 32 (vgl.
Phil)   *ibrew*] *orpēs* 31 52 79   *mom* 52 79   *ew* 6°] *ẓi* 31, + *asē* 52   *ē*]
hinter *bawakan* 31 52 76 79   *ẓi* 2°] *ẓor* 31 52   *tēr*] hinter *pateraẓmeçaw* 32
pateraẓmeçaw] *ē pateraẓmoł* Yovs ; + *ẓpateraẓmn* 79 Yovs, -*ms* 31, -*m* 52 76   *ənd*
nosa 32] > rell.
28, 11   *xnayeçēk*ʿ] *xndreçēk*ʿ 71 76   *ẓi*] *k*ʿ*anẓi* 32   *ariwn*] *ordik*ʿ 31 52
hawrn 31   *I(sraye)li* 31 52 79
28, 12   *çna*] *çn(o)s(a)* 71, > 32 31   *mer*] > 31 52   *xawsi*] *xndres* 31 52
baris 31 52, *barut*ʿ *i(wn)* 32   *iwroç* 32 wie F W Bat Phil Syr] *meroç* rell. wie
G Lat II (ganz abweichend Lat I, grosse Lücke E)
28, 13   *oç̌*] + *aydpēs* 52, vgl. *hkwt* Syr ; + *aydpēs t*ʿ*(a)g(u)hi* M   *srov* 31 52
merov 31, > 52. + *K*ʿ*(ristos)i p*ʿ*ařk*ʿ *yaw(iteans)* [?]. *barerar A(stua)c gt*ʿ*a i k*ʿ*o*
*mełuçe(a)l ew yanpitan t(ē)r Mx(it*ʿ*ar) v(ar)d(ape)t* explicit 32.   *vasn* 1°] > 31
52   *yałags* 2°] > 76 79 Yovs   *hawrn* Yovs   *meroy* 1°] *merum* 31 52 76 79
I(sraye)li 31 52 79   *ełbawrn* 31   *meroy* 2°] *merum* 31 52 79   *ew aha* 31 52
du es] *du* 52, > 31. Zum Satz vgl. *w*ʿ*ljkj mrtj dmmlk*ʾ ʾ*nt* ʿ*ljn jwmn*ʾ Syr, *et aduersus
te hodie et tu domina regina nostra es* Lat II gegen και κατα σου, δεσποινα και
βασιλισσα (κ. β. > Bat) ημων (δ.-η. > Phil) σημερον Gr.
28, 14   *ew* 1°] >31 52   *Asanēt*ʾ] hinter *iwr* 76 79 Yovs   *ew* 2°] >76 79
Yovs   *ẓmawruaç* 31] *ẓmawruaçn* Yovs, *ẓmor-* 71 79, *ẓmuruaç* 52 M 76   *çna*]
> 31 52 M, *çn(o)s(a)* 71   *erbek*ʿ] > 31 52   *ařner* (letzter Buchst. unlesbar
M) *ẓayd* (>31) 31 52 M   *ew* 5°] + *mi* 31   *p*ʿ.   *çari*] hinter *hatuçanes* 31, > 52
ew t(ear)n 52   *taçen* 76 79, *tayçen* 31   *t*ʿ*šnamut*ʿ*i(wn)n* 76, -*t*ʿ*e(an)* 71, *ẓt*ʿ*šnamut*ʿ*(iwn)* 79   *hawrn* 31 79   *heřust* cj.] *Hrēastanē* 76 79 Yovs, -*n* 31, *heřastanē*
52 (Berichtigungsversuch?).   *i heřust* (auch 24, 19 für απο μακροθεν) vermutet
nach απο μακροθεν G, μηκοθεν Bat Phil (Lücke E F W), *longius* Lat II (frei Syr).
28, 15   *ař na*] > 31 52   *imaçaw*] + *Łewi* 31 52 M 79 ; *imaçeal Ł.* 76   *t*ʿ*ē*
52 M 79   *ẓełbars* 31 52   *iwreanç*] *nora* 31 M

16 ʒjeřs nora ew imaçaw etʿē apreçuçanel kami ʒełbarsn iwreanç. Ew nokʿa
17 ein i puraks hiwtʿoç ełegann. Ew caneaw Łewi, ełbayrn noça, ew oč̣ canoyç
noça, kʿanʒi erkeaw mi guçē barkutʿeamb iwreanç spananiçen ʒnosa.
29   Ew ordin Pʿarawoni yareaw yerkrē ew nstaw, ew xałayr ariwnn ənd
2 akanȷ́s ew ənd berann nora. Ew əntʿaçaw ař na Beniamin ew ař ʒsusern
nora ew jgeaç i pateniç iwroç ew kamēr spananel ʒna ew harkanel i lanȷ́sn
3 ordwoyn Pʿarawoni. Ew əntʿaçaw ař na Łewi ew kalaw ʒ jeřanē nora ew asē :
Ełbayr im, mi ařner ʒgorcd ʒaydosik, vasn ʒi mekʿ emkʿ astuacapaštkʿ,
ew oč̣ vayel ē astuacapašti hatuçanel ç̣ar pʿoxanak č̣ari ew oč̣ umekʿ ankeal
4 i jeřs urukʿ koxel kam nełel ʒtʿšnamin minč̣ew i mah. Ew ayǯm darjo
ʒsur kʿo i teli iwr ew ek awgnea inj ew bǯȷ̌kesçukʿ ʒsa i viraçn nora, ew
keçç̣ē ew ełici mer sireli yet aysorik, ew hayr sora Pʿarawon ē orpēs ʒhayr
5 mer. Ew yaroyç Łewi ʒordin Pʿarawoni ew ȷ́nȷ́eaç ʒariwnn yeresaç nora
ew pateaç varšamakaw ʒeress nora ew ed ʒna i veray jioyn iwroy ew taraw
6 ař hayr iwr Pʿarawon ew patmeaç nma ʒamenayn bans ʒaysosik. Ew yareaw

28, 16   porak 31, praks 76 79, mēȷ́ M   hiwtʿoy 71, hiwtʿaç 76(?), hutʿoç 79,
> M
28, 17   caneaw Ł.] cnawli ew i 71   Łewi] > Yovs, + etʿe 31   ełbayrn noça]
> 52   ełbayrn 79] yełbayrn 71, ełbayr 76, ʒełbayr M, yełbarçn Yovs, ełbayrkʿ 31
noça] + en 31   ew 2°] > Yovs   canoyç] caneaw 71 76 79   noça 2°] ʒnosa Yovs
erkean 31   mi guçē] ʒi mi 31 52   barkutʿeambn 52   iwreanç] > 31   spançen
31   ʒnosa] > Yovs
29, 1   yerkrē] i getnēn 52   ew 2°] > 71   ariwnn xałayr 31 52   ariwn 76
79   yakanȷ́s 76   beran 52 71 76 79
29, 2   na] nma 31   Beniameni 31   ew ař] ařnul 31 52   susern 76, ʒsur 31
52   ew 3°] > 52   spananel] harkanel 52   harkanel i lanȷ́sn] i. l. spananel 52
ew 5°] i 71 76 79   lanȷ́s 31   ordwoyn Pʿ.] > 52
29, 3   ař na] > 31 52   ew 2°] > 52   asēr çnay M wie Syr (> "zu ihm"
Gr Lat II, grössere Lücke Lat I)   im] >31 52   ʒgorcs Yovs, > M   ʒayd
52 M   mekʿ] > 31   a(stua)capašt 52 M (vor emkʿ)   vayel ē] ē part 31 52
ew 5°] + amenekʿean 52   oč̣] > 31 52   umekʿ] > 52   ankeloy 76 Yovs
koxeal 31   ew kam 52 76 79   nełeal 31   tʿšnamin 31 76
29, 4   ʒsurd 31 M   kʿo] > 31 M 76 79. σου nur in F W, sonst nicht; vgl.
Mt. 26, 52   ew 2°] > Yovs   ekn 52, > 31   ew 3°] ʒi 76 79   ʒsa] ʒna
76 79 Yovs   viraç 31 M 76   nora] asti M, > 31 52   mer 1°] meʒ 52
yet aysorik] yaysmhetē 31 52, > M   ew 5° — orpēs] orp(ēs) ew ē hayr s(o)r(a)
Pʿ(a)r(awo)n M, ew Pʿ. ē orpēs rell. Ich habe aus M hayr sora entsprechend ο
πατηρ αυτου Gr Syr Lat II (> 29, 1-4 Lat I) in den Text genommen.   hayr
31 52 M
29, 5   ew 1°] > Yovs   ȷ́nȷ́eaç] srbeaç 52   ʒariwn M 76   varšamakawkʿ 52
jioy 31 M   hayrn 76 79   hayr iwr Pʿ.] Pʿ. hayr(n M) iwr (> M) 31 M
ʒbans M 76 79   ʒaysosik] + ʒařajinn ew ʒyetinn 52
29, 6   yatʿořoy 31, atʿořoyn 76   iwrmē] iwroy 71 76 79, > Y   ew 2°] unleserlich M (ab hier öfter, abgerieben?)   i veray erkri] yerkir 71 76 79, > M
Yovs   ew šno(r)hakal ełew nmay M] > rell. Vgl. και ευλογησεν αυτον B Bat,
et eleuauit filium suum de terra Lat II, 29, 6 Pharao vero gracias egit eis quia non inter-
fecerunt eum Lat I, > E G F W D Syr.

P'arawon yat'oŕoyn iwrmē ew erkir epag Łeweay i veray erkri ew šnorhakal
7 *ełew nma. Ew yerrordum awur meŕaw ordin P'arawoni.*

29, 7 *yerrord* 52, *yerkrord* 31   *awurn* 31   *P'arawoni*] + *or ēr xoçeal harwacov*
i t(eaŕn)ē 52. Eine (verderbte) Spur von 29, 7b?
    29, 8-9 Gr Syr Lat I Lat II] > Arm. + Doxologie 31, + Doxologie, Kolo-
phon? M, + Doxologie, Vollendungsnotiz 76, + Doxologie, Vollendungsnotiz,
Kolophon 79

(Abgeschlossen im April 1976)

5

ZUR ARMENISCHEN ÜBERSETZUNG VON
JOSEPH UND ASENETH

Annelies Findeiß zum 65. Geburtstag[*]

1. EINLEITUNG

Nachdem Pharao Joseph zum Vizekönig gemacht hatte, gab er ihm Aseneth, die Tochter des Priesters Pentephres von Heliopolis[1] zur Frau, sagt die Bibel (Genesis 41,45, vgl. 41,50; 46,20). An diese Stelle knüpft der kleine Roman an, den wir heute Joseph und Aseneth (JosAs) nennen. Er erzählt in zwei Teilen, wie Aseneth sich zum Judentum bekehrte, so daß der fromme Joseph sie heiraten konnte (Kap. 1-21), und wie Jahre später Pharaos erstgeborener Sohn sie zu entführen und seinen Vater zu verdrängen versuchte, was Levi, Benjamin und andere Brüder Josephs knapp vereitelten (Kap. 22-29). Das Buch ist in einem stark biblisierenden Griechisch geschrieben, stammt wohl aus der ägyptischen Diaspora und entstand zwischen 100 v. und 100 n. Chr. Es ist ein wichtiges Zeugnis für das Milieu, aus dem es stammt, besonders für die Auffassung vom Übertritt zum Judentum, und damit gleichzeitig für den Hintergrund des Urchristentums.

Überliefert ist JosAs mehr oder weniger gut und vollständig in 16 griechischen Handschriften (10.-19. Jh.) und durch sieben Übersetzungen ins Syrische (um 550 n. Chr.), Armenische (zum Datum s. unten 4), zweimal ins Lateinische (vor 1200), ins Serbisch-Kirchenslawische (spätestens 15. Jh.), Neugriechische (spätestens 16. Jh.) und Rumänische (spätestens 18. Jh.), die auf ebensoviele weitere griechische Handschriften zurückgehen. Dazu kommt eine äthiopische Übersetzung (vor 1424), die bis auf Anspielungen verloren ist[2].

Die armenische Übersetzung gehört zu den wichtigsten Textzeugen. Zudem war sie sehr verbreitet und fordert auch als ein Stück

---

[*] Ich möchte diese Seiten, die von Bibliotheksschätzen handeln, der langjährigen Leiterin der Bibliothek des Wissenschaftlich-theologischen Seminars der Universität Heidelberg widmen. Lothar Elsner ist für Hilfe bei der Korrektur zu danken.
[1] LXX Ἀσεν(ν)έθ, Πετεφρῆς, Ἡλίου πόλις, hebräisch *As⁽ᵉ⁾nät, Pôtî paerä', 'Ôn.
[2] Überblick über die Überlieferung *UJosAs*, 2-17; *ANRW* II 20 (hier Neues zu Äth); knapp Philonenko, 3-16; Denis, 40-48; *JSHRZ* II 4. – Mit Verfassernamen oder Abkürzung zitierte Literatur siehe im Literaturverzeichnis am Ende.

armenischer Literatur Beachtung. Es ist denn kein Zufall, daß Arm der Wissenschaft eher zu Gesicht kam als die anderen Überlieferungszweige. Die übrigen Übersetzungen wurden ab 1870 erstmals gedruckt, und P. Batiffols ‖ griechische editio princeps erschien erst 1889-90. Aber schon 1806 hatte Y. Zōhrapean (J. Zohrab), der Herausgeber der armenischen Bibel, eine Ausgabe der armenischen Testamente der zwölf Patriarchen (TestXII) und der Aseneth mit dem Titel *Girkʿ mnacʿ-ordacʿ* „Paralipomena"[3] nach einer Venediger Handschrift (unten Nr. 27) fertig. Sie erschien freilich nicht; erst 1886 druckte A. Carrière daraus JosAs 22-29 mit französischer Übersetzung. Um 1840 entdeckte R. Curzon, der spätere Lord Zouche, JosAs in armenischen Bibelhandschriften; er übersetzte das Buch, das ihm gänzlich neu war, aus einer ihm gehörenden Bibel (Nr. 38) ins Englische und veranlaßte Ł. Ališan zu einer italienischen Übersetzung, beide aber ebenfalls ungedruckt[4]. Kaum ein Jahrzehnt später bemerkte auch M. Brosset JosAs. Die Venediger Mechitaristen veröffentlichten dann 1885-86 den ganzen Text nach einer römischen Handschrift (Nr. 14). 1889 faßte G. Zarphanalean zusammen, was man bis dahin über Arm wußte, das meiste nach Carrière. Textproben aus einer Etschmiadziner Handschrift (Nr. 10) gab N. Marr 1891 und 1894, aus einer Bibel in Kayseri T. Palean 1896 (Nr. 11). Schon 1876 hatte N.O. Ēmin nach einer Moskauer Handschrift (Nr. 13) eine russische Übersetzung geschrieben, die aber erst 1897 erschien[5]. 1896 wiederholte S. Yovsēpʿeancʿ den Text von 1885-86 mit Lesarten anderer Venediger Handschriften in seiner Apokryphensammlung, die übrigens Ēmin angeregt und mit einem Legat gefördert hatte. B. Sargisean veröffentlichte 1898 eine Einleitung dazu[6] und J. Issaverdens 1900 eine englische Übersetzung, aus der JosAs auch selbständig erschien. M. Ter-Movsesjan nannte 1902 viele weitere Handschriften. Das bedeutete, daß mit den vorhandenen Drucken die Arbeit nicht getan sein konnte. Trotzdem erlahmte das Interesse. Zwar verarbeitete E.W. Brooks in seiner englischen JosAs-Übersetzung von 1918 Arm nach dem Druck von 1885-86, C. Lucerna benutzte 1921 Issaverdens für ihre novellistische Übertragung von JosAs 1-21 und H. Ačaṙean besprach 1925 einige

---

[3] Vgl. unten Anm. 34.
[4] Curzon, 225; Sinker, VIII. Die Handschrift kam 1917 ins Britische Museum. Was aus den Übersetzungen wurde, ist unbekannt. Das Museum weiß jedenfalls nichts über sie (C. Moss brieflich am 16. 10. 1957).
[5] Vgl. *UJosAs*, 156.
[6] Bei JosAs schon damals weithin überholt, weil Sargisean Batiffol nicht kannte.

unklassische Wörter. Aber Neues zum Text ergab sich erst, nachdem vor 30 Jahren die Neutestamentler G.D. Kilpatrick und J. Jeremias JosAs als Quelle für das Diasporajudentum um die Zeitwende und die Umwelt des Neuen Testaments ‖ wiederentdeckt hatten[7]. Denn es stellte sich bald heraus, daß eine Neuausgabe nötig ist und für sie unter anderem eine Neuausgabe von Arm. Zu beidem gibt es bisher nur Vorarbeiten[8]. Ich versuche im folgenden, die armenische Überlieferung soweit zu klären, daß ein Herausgeber zu arbeiten anfangen könnte. Zu mehr reicht mein Armenisch nicht.

2. DIE ARMENISCHE ÜBERLIEFERUNG

Bisher sind 43 Handschriften aus dem 13.-18. Jh. bekannt, die gute Hälfte natürlich aus dem fruchtbaren 17. Jh. oder später. Das sind etwa so viele wie in allen anderen Sprachen zusammen; allerdings sind nicht alle erhalten[9]. Es können noch mehr werden[9a]. Die folgende Liste ist chronologisch[10].

333   e   1.   Jerusalem, Armenisches Patriarchat (Convent of St. James), 1925, f. 269r-275v (S. 521-534), 1269, Erzincan (armenisch Erznka, Osttürkei), Bibel; N. Połarean, *Mayr Cʿucʿak Jeṙagracʿ srbocʿ Yakobeancʿ* / N. Bogharian, *Grand*

.

---

[7] Forschungsgeschichte ausführlich bei Sänger.

[8] Zum Griechischen Brooks, Philonenko (benutzt auch Issaverdens und Carrière) und VorlT, dazu einige Textproben in *UJosAs* und anderswo, zu Arm *UJosAs*, 25-34; *BZNW* 36 und unten Anm. 26. Unter anderem wegen dieser Forschungslage ist JosAs schwer zu zitieren. Batiffol hat Kapitel eingerichtet. Rießler hat Verse dazu gemacht; Philonenko mußte neue machen, weil sein Text erheblich kürzer ist. Oft ist aber nach Batiffols Seiten und Zeilen zitiert worden. Die armenischen Drucke und Übersetzungen haben gar keine Einteilung. Ich zitiere im folgenden nach Batiffols Kapiteln und Rießlers Versen (wie in VorlT, Charlesworth und *JSHRZ* II 4) mit den Seiten und Zeilen von Y(ovsēpʿeancʿ) in Klammern.

[9] So vermutlich Nr. 11 und 43.

[9a] S. unten Postscriptum.

[10] Verbesserung von *UJosAs*, 7-13. Nr. 19 und 20 dort (Jerusalem 939 und 1170) haben JosAs nicht, zu Nr. 25 s. unten Nr. 37. Neu sind Nr. 8, 23, 26, 35, 36. Neben den Siglen die Gruppenzugehörigkeit (Näheres unten). Daten und Orte sind nicht immer sicher. Miniaturen und Verzierungen sind nicht notiert (einiges dazu in *ANRW* II 20,V.1). Nr. 2, 5, 9, 10, 17, 20, 22, 24, 25, 28, 29, 30, 32 und 41 (Erevan 1500, 346, 354, 1665, 5781, 5008, 188, 2587, 189, 347, 349, 2126, 205 und 669) waren bis 1939 in Etschmiadzin (zu den alten Nummern s. *UJosAs*, bes. 8 Anm. 1), Nr. 13 (Erevan 6734) war in Moskau, Lazarevsches Institut für orientalische Sprachen, 151. Zu den Katalogen ist zusätzlich Ter-Movsesjan angegeben, weil er mehr bietet als insbesondere der Erevaner Katalog, freilich manchmal mit Fehlern.

			Catalogue of St. James Manuscripts (Calouste Gulbenkian Foundation Armenian Library), Jerusalem, VI, 1972, 401-416, JosAs 406f. – JosAs fängt an mit 2,6 (Y 154,16).
332	f	2.	Erevan, Matenadaran / Institut drevnich rukopisej imeni Maštoca, 1500, f. 239v-244v, 1282/83, Kloster Ayrivankʿ (auch Gełarday ‖ vankʿ, SSR Armenien), erweiterte Bibel; Ter-Movsesjan, 92-103, JosAs 99; Ō. Eganyan – A. Zeytʿunyan – Pʿ. Antʿabyan, *Cʿucʿak jeṙagracʿ Maštocʿi anvan Matenadarani* / O. Eganjan – A. Zejtunjan – P. Antabjan, *Katalog rukopisej Matenadarana imeni Maštoca*, hg. von L. Xačʿikyan – A. Mnacʿakanyan / L. Chačikjan – A. Mnacakanjan, Erevan, I, 1965, Sp. 568 (JosAs nicht erwähnt)[11]. – JosAs endet mit 28,13 *srovkʿ merovkʿ* (Y 197,8).
331	a	3.	Oxford, Bodleian Library, Armenian e. 30, f. 111r-168v, JosAs 13. Jh., Mischhandschrift; S. Baronian – F.C. Conybeare, *Catalogue of the Armenian Manuscripts in the Bodleian Library* (Catalogi codd. mss. Bibliothecae Bodleianae 14), Oxford 1918, Sp. 113-115, JosAs Sp. 113f.
341	a	4.	Wien, Mechitharistenkongregation, 126, f. 48v-105r, 1388, Tʿurkuran (w. von Mardin, Türkei), Mischhandschrift; Y. Tašean, *Cʿucʿak hayerēn jeṙagracʿ matenadaranin Mxitʿareancʿ i Vienna, B* (Mayr cʿucʿak hayerēn jeṙagracʿ [I 2]) / J. Dashian, *Catalog der armenischen Handschriften in der Mechitharisten-Bibliothek zu Wien* (Haupt-Catalog der armenischen Handschriften I 2), Wien 1895, deutscher Teil 71, armenischer Teil 411-413, JosAs 412.
342	c	5.	Erevan, Matenadaran, 346, f. 36r-41v, JosAs 1390, Kloster Noršin (auch Manuk S. Nšani, Provinz Kʿajberunikʿ nö. vom Van-See, Türkei?[12]), Bibel; Ter-Movsesjan, 128f.; Eganyan usw., I, Sp. 302f., JosAs 303. – JosAs endet mit 22,10 (Y 190,4).
354	d	6.	Wien, Mechitharistenkongregation, 705, f. 189v-208r, 1403, Kloster Ancłnapat (Provinz Ṙštunikʿ, heute Deveboynu sw. vom Van-See, Türkei?[13]), Mischhandschrift; H. Oskean, *Cʿucʿak hayerēn jeṙagracʿ Mxitʿarean Matenadaranin i Vienna, B* (Mayr cʿucʿak hayerēn jeṙagracʿ [13]) / H. Oskian, *Katalog der armenischen Handschriften in der Mechitharisten-Bibliothek zu Wien, II* (Haupt-Katalog der

---

[11] Weitere Literatur *UJosAs*, 9; *ANRW* II 20, III.2.

[12] Zum Ort kurz Oskean, *Vaspurakan-vani vankʿerə* II, 418f. Nur f. 1-489 sind dort geschrieben, f. 490-599 1400 in Hizan (ssw. vom Van-See, vermutlich Sinijorivankʿ, vgl. Thierry VII, 221-225).

[13] Zum Ort Thierry VI, 166-172, hier 168f.; vgl. Oskean, *Vaspurakan-vani vankʿerə* I, 143.

armenischen Handschriften [13]) (Calouste Gulbenkian
Foundation Armenian Library), Wien 1963, armenischer
Teil 232-238, JosAs 234, deutscher Teil 1116.

351   c   7. Venedig, Accademia Armena di San Lazzaro, 280, f. 144v-
152v, 1418-22, Xlat' (heute Ahlat nw. am Van-See, Türkei), Bibel; B. Sargisean, *Mayr c'uc'ak hayerēn jeragrac'
matenadaranin Mxit'areanc' i Venetik* / B. Sarghissian,
*Grand catalogue des manuscrits arméniens de la Biblio-
thèque des PP. Mekhitaristes de Saint-Lazare*, Venedig,
I, 1914, Sp. 99-116, JosAs 104. – JosAs endet wie 342.

      8. Erevan, Matenadaran, 8301, 1457, Barm k'ałak' (Provinz
Vaspurakan, ö. vom Van-See?[14]), Mischhandschrift; Egan-
yan usw., II, 1970, Sp. 717. ||

363   e   9. Erevan, Matenadaran, 354, f. 339v-346v, 15./16. Jh.?, Aparanner (Kloster Aparank' bei Moks s. vom Van-See, Tür-
kei?[15]), Bibel; Ter-Movsesjan, 146f.; Eganyan usw., I, Sp.
305 (14. Jh., JosAs nicht erwähnt). – JosAs beginnt wie
333.

M[16]   c   10. Erevan, Matenadaran, 1665, f. 273v-285v, Mischhandschrift
aus verschiedenen Teilen zusammengesetzt, JosAs 15. Jh.?,
ehemals für sich; Eganyan usw., I, Sp. 604 (JosAs nicht
erwähnt). – JosAs 1,1-6 *Asanet'* (Y 152,1-153,9) und 21,5-
9 *zEp'rem* (Y 186,10-26) gedruckt von Marr, *Sborniki*,
62; JosAs 21,11-21 *yawitenic'* (Y 187,1-188,18) und einige
Lesarten zu Carrière gedruckt und übersetzt von Marr, *Iz
lĕtnej poĕzdki*, 28f. 27 Anm. 2.

353   c   11. Kayseri, Kloster S. Karapet, 1, f. 414r-418v, 1342, Erzurum
(armenisch Karin), Bibel, TestXII und JosAs in Istanbul
geschrieben (oder aus einer Bibel im Kloster Awag, Kanton Daranałik' sw. von Erzincan, Osttürkei, abgeschrieben?) und 1482 vom Schreiber zwischen eine Einleitung
in das Neue Testament und die Evangelien (Lagengrenze?) eingefügt, als die Handschrift neu gebunden
wurde; T. ep. Palean, *C'uc'ak hayerēn jeragrac' vanuc'
s. Karapeti ew s. Danieli i Kesaria* (Mayr c'uc'ak hayerēn
jeragrac' [12]) / T. Bischof Balian, *Katalog der armenischen Handschriften der Klöster zum Hl. Karapet und
zum Hl. Daniel* (Haupt-Katalog der armenischen Handschriften [12]), Wien 1963, 1-6, JosAs 3. – JosAs endet
wie 342. 21,11-22,10 (Y 187,1-190,4) abgeschrieben von
Palean.

---

14 Vgl. Thierry III, 162-180, besonders 165.
15 Zum Ort Oskean, *Vaspurakan-vani vank'erə* III, 821-838; Thierry VII, 201-218.
16 Noch kein Zahlensigel, weil das Alter unsicher ist. Das 15. Jh. scheint mir möglich
zu sein.

352   d   12.   Venedig, San Lazzaro, 679, S. 1-40, 15.(16.?) Jh., Mischhandschrift[17]. – Hinter S. 8 und 26 fehlen Blätter mit JosAs
5,7 *ew Yovsēp'* – 10,5 *ełew k'ez* (Y 159,28-164,24) und
17,2 *ew asē* – 21,2 *du(str)* (Y 181,7-185,32), Text im
übrigen stellenweise abgerieben.

364   b   13.   Erevan, Matenadaran, 6734, f. 1r-22v, 1570, Erzurum (Karin), Mischhandschrift; Eganyan usw., II, Sp. 383. – Russische Übersetzung von Emin; s. oben Anm. 5.

362   b   14.   Rom, Biblioteca Casanatense, 1988 (f. IV. 8), f. 50r-58bis
r, 1589 (1596?), Kozan (armenisch Sis, alte Hauptstadt
Kilikisch-Armeniens, Türkei), Anfang einer Bibel[18]. – Vorlage von 391. ‖

361   c   15.   Venedig, San Lazzaro, 1309, S. 209-261, vor 1607, vielleicht noch 16. Jh., Aghen (Nkarayvank' bei Aghin s.
vom Van-See?[19]), Mischhandschrift[20]. – JosAs endet wie
342.

372   b   16.   Vatikanstadt, Biblioteca Vaticana, Vaticanus Arm. 1, f. 283r-
290v, vor 1625, Istanbul, Bibel, 10 Blätter mit JosAs und
einem titellosen Elenchus typorum Veteris Testamenti et
Novi Testamenti nachträglich vom Schreiber in die 24.
Lage des Bandes eingeschoben (das ursprüngliche Ende
des vor JosAs stehenden TestBenj f. 293r erscheint des-
halb f. 283r oben noch einmal, scheinbar an der richtigen
Stelle); Ter-Movsesjan, 135f.; E. Tisserant, *Codices Armeni
Bybliothecae Vaticanae Borgiani Vaticani Barberiniani
Chisiani*, Rom 1927, 197-201, JosAs 197.

3711   d   17.   Erevan, Matenadaran, 5781, f. 260v-277r, 1626?, Mischhandschrift; Eganyan usw., II, Sp. 182. – JosAs endet mit
21,9 (Y 186,27).

373   a   18.   Wien, Mechitharistenkongregation, 888, f. 96r-110v, 1626,

---

[17] Papier, 168 Seiten, ca. 24,5:17 cm, 2 Spalten, 25 Zeilen, Bolorgir. Die ganze
Handschrift von einer Hand. Titel und erste Zeilen meist rot, sonst keine Verzierungen.
Bei allen Buchanfängen fehlt der erste Buchstabe, der offenbar Zierbuchstabe hätte werden sollen. Kein Kolophon. Moderner Leineneinband mit Lederrücken. Die Handschrift
ist aber vorn und hinten unvollständig. Am Anfang fehlt die erste Lage und die erste Hälfte
der zweiten; die 10. Lage ist unvollständig (S. 161-168). Seiten oft fleckig, abgerieben
und zum Teil ausgebessert, besonders am Anfang. Inhalt: Ende von LJos, S. 1; JosAs,
S. 1-40; TestXII, S. 40-123; Geschichte des hl. Kreuzes, S. 124-150; Ephrem, Auf Johannes den Täufer, S. 150-164; Geschichte des hl. Ninos, S. 164-168 (bricht ab).
[18] Vgl. *BZNW* 36,10.
[19] Zum Ort Thierry VIII, 382-385.
[20] Papier, 310 Seiten, ca. 18:13 cm, 1 Spalte, ca. 20 Zeilen, Notragir, Schreiber Yusik.
Ganze Handschrift von einer Hand, keine Miniaturen, aber Titelvignetten, gelegentlich
Seitenornamente und andere Verzierungen. Viele Kolophone, Notizen und Kritzeleien.
Alter Holzdeckeleinband mit braunem Lederüberzug und Preßmuster. Vor JosAs die
Geschichte Gregors des Erleuchters, S. 127-208, hinter JosAs Ratschläge für Priester, die
die Messe lesen, S. 262, und ein Euchologium, S. 263-309.

			Aleppo, Mischhandschrift; Oskean, *C'uc'ak*, armenischer Teil 469-472, JosAs 469, deutscher Teil 1128.
a?		19.	Aleppo, Armenische Schule, 36, S. 353-420 oder 421, 1629, Adana (Kilikien, Türkei)?, Mischhandschrift; A. Siwrmēan, *Mayr c'uc'ak hayerēn jeṙagrac' Halēpi ew Ant'iliasi u masnaworac'* / A. Surméyan, *Catalogue des manuscrits arméniens d'Alep, d'Antélias et des particuliers*, Aleppo 1936, 101-115, JosAs 114.
378	b	20.	Erevan, Matenadaran, 5008, f. 41r-67r, 1632, Mischhandschrift; Eganyan usw., II, Sp. 15.
374	b	21.	Wien, Mechitharistenkongregation, 115, f. 14r-24r, beendet 1634?, T'oxat' (Tokat, nw. Sivas, Türkei)?, Mischhandschrift; Tašean / Dashian, deutscher Teil 66f., JosAs 66, armenischer Teil 395-397, JosAs 395. – JosAs beginnt mit 16,10 (Y 178,16) *asē*. Wurmfraßlöcher[21].
3710	b	22.	Erevan, Matenadaran, 188, f. 217r-222r, 1643, Istanbul, Bibel; Ter-Movsesjan, 136f.; Eganyan usw., I, Sp. 268. – JosAs endet mit 23,5 (Y 191,15) *duk'* (Ende einer Recto-Seite, was folgt?).
3718	e	23.	Jerusalem, Patriarchat, 1934, f. 44r-52v, 1643-46, Isfahan – Neu-Dschulfa, Bibel; Połarean, VI, 1972, S. 461-469, JosAs 462. ‖
3714	e	24.	Erevan, Matenadaran, 2587, f. 292r-300r, 1648, Isfahan – Neu-Dschulfa, Bibel; Ter-Movsesjan, 137f.; Eganyan usw., I, Sp. 831 (JosAs nicht erwähnt).
3712	e	25.	Erevan, Matenadaran, 189, f. 647r-656v, 1649, Isfahan – Neu-Dschulfa, Bibel; Ter-Movsesjan, 138; Eganyan usw., I, Sp. 268.
3717	b	26.	Jerusalem, Patriarchat, 1927, f. 40v-46v, 1653 (1649?), Istanbul, Bibel; Połarean, VI, 1972, 421-427, JosAs 422. – Titelvignette mit Joseph und Aseneth abgebildet bei Stone, *EncJud* IV, 1971, Sp. 862.
376	e	27.	Venedig, San Lazzaro, 229, f. 60r-66r, 1655, Lvov (Lemberg)?, Bibel; Ter-Movsesjan, 139f.; Sargisean, Sp. 43-48, JosAs Sp. 45. – JosAs 22-29,7 (Y 188,21-198,12) mit französischer Übersetzung gedruckt von Carrière.
379	e	28.	Erevan, Matenadaran, 347, f. 34v-41v, 1657, Isfahan – Neu-Dschulfa, Bibel; Ter-Movsesjan, 140; Eganyan usw., I, Sp. 303 (JosAs nicht erwähnt).
3715	e	29.	Erevan, Matenadaran, 349, f. 598r-605r, 1686, Istanbul und

---

[21] Wien 115 gehört mit Wien 116 zu einer Handschrift zusammen. 115, f. 14-25, die zweite Lage des Bandes, aber auf f. 14r und 25v mit *ə* numeriert, gehörte ursprünglich vielleicht hinter 116, der heute aus 5 Lagen zu je 24 Seiten besteht, die je auf der ersten und letzten Seite mit *a – e* numeriert sind. Anscheinend sind die Lagen *z* und *ē*, auf denen der Anfang von JosAs gestanden haben muß, verloren.

Etschmiadzin (SSR Armenien), Bibel; Ter-Movsesjan, 144f.; Eganyan usw., I, Sp. 303 f. (JosAs nicht erwähnt). – JosAs beginnt wie 333.

3713   e   30.   Erevan, Matenadaran, 2126, f. 168r-184v, 1697, Muş, Kloster S. Karapet (w. vom Van-See, Türkei), Mischhandschrift; Eganyan usw., I, Sp. 726. – JosAs endet mit 21,9 (Y 186,27).

31.   Aleppo, Armenische Schule, 28, S. 430-476 oder 477, 17./ 18. Jh., Mischhandschrift; Siwrmēan, 84-90, JosAs 87. – JosAs beginnt mit 1,1 aṙakeac' (Y 152,2), genaues Ende unbekannt.

377   b   32.   Erevan, Matenadaran, 205, f. 36v-43v, 17. Jh., Etschmiadzin (SSR Armenien)?, Bibel; Ter-Movsesjan, 147f.; Eganyan usw., I, Sp. 272.

3716   b   33.   Jerusalem, Patriarchat, 501, f. 572v-576v, 17. Jh., Istanbul?, Bibel, Sirach und JosAs am Ende, offenbar von anderer Hand; Połarean, II, 1967, 495f., JosAs 496. – JosAs bricht ab nach 15,14 (Y 177,15) ew paṫatelov asem (Seitenende).

375   c   34.   Jerusalem, Patriarchat, 1448, S. 45-110, 17. Jh.?, Lvov (Lemberg)?, Mischhandschrift; Połarean, V, 1971, S. 128-130, JosAs 129. – JosAs endet wie 342. Vorlage von 383?

b?   35.   Jerusalem, Patriarchat, 1929, f. 251r-255v oder 256r, 17. Jh., Bibel; Połarean, VI, 1972, 431-433, JosAs 432.

c   36.   Jerusalem, Patriarchat, 2558, f. 86r-91r oder 90v, 17. Jh.? (1596-1615?), Van (ö. vom Van-See, Türkei)?, Bibel; Połarean, VIII, 1977, 252-262, JosAs 253.

e?   37.   Isfahan – Neu-Dschulfa, Armenisches Kloster, 17, 17. Jh., Bibel bis zum Anfang der Psalmen; UJosAs 11 (Nr. 25); S. Ter-Awetisean, C'uc'ak hayerēn jeṙagrac' Nor Ĵułayi Amenap'rkič' vank'i (Mayr c'uc'ak hayerēn jeṙagrac' [16]) / S. Ter-Avetissian, Katalog der armenischen Handschriften in der Bibliothek des Klosters in Neu-Djoulfa (Haupt-Katalog der Armenischen Handschriften [16]) (Calouste Gulbenkian Foundation Armenian Library), Wien, I, 1970, 10 (JosAs nicht erwähnt). ‖

371   b   38.   London, The British Library, Oriental 8833, f. 37v-45r, 17. Jh., Bibel; Stone, IV Ezra, 10f.[22] -- S. oben Einleitung.

---

[22] Das „old colophone of the year 1198 C.E. recopied on fol. 596r" ist wohl nicht das der Vorlage der ganzen Bibel (so H. Kurdian in einer Notiz vom August 1950, die auf die Rückseite des Vorderdeckels geklebt ist), sondern eins von denen, die Nerses von Lambron (1153-1198) seiner Übersetzung der Johannesoffenbarung anhängte (Übersetzung bei F.C. Conybeare, The Armenian Version of Revelation, Works of the Text & Translation Society 4, London 1907, 62). – Die Handschrift wurde 1847 von einem Engländer aus Tiflis nach England gebracht, gehörte dann Robert Curzon (s. oben Anm. 4) und wurde 1917 von dessen Tochter dem Britischen Museum vermacht („Bequeathed by Darea Baroness Zouche 13. Oct. 1917", erstes ungezähltes Vorsatzblatt, recto).

383   c   39.   Venedig, San Lazzaro, 398, S. 1-90, um 1700, Misch-
               handschrift[23]. – JosAs endet wie 342, Abschrift von 375?
381   c   40.   Jerusalem, Patriarchat, 1537, S. 182-278, 1724, Kilis und
               Adana (Kilikien, Türkei), Mischhandschrift; Połarean,
               V, 1971, S. 292-296, JosAs 294. – JosAs endet mit 21,9
               (Y 186,27).
384   b   41.   Erevan, Matenadaran, 669, f. 84v-116v, 18. Jh., Mischhand-
               schrift; Eganyan usw., I, Sp. 377. – JosAs endet mit 21,9
               (Y 186,27).
391   b   42.   Venedig, San Lazzaro, 812, f. 225r-236v, 1858-62, Paris,
               Mischhandschrift, JosAs 1858, Rom, später angebunden;
               Sargisean, II, 1924, Sp. 499-512, JosAs 509. – Abschrift
               von 362, Druckvorlage der anonymen Veröffentlichung
               von 1885-86 und von Yovsēpʻeancʻ, übersetzt von Issa-
               verdens.
          43.   Diyarbekir (nach unrichtiger armenischer Tradition Tigrana-
               kert, Südosttürkei), S. Kirakos, Mischhandschrift; G. Sruan-
               teancʻ, Tʻoros ałbar. Hayastani čambord, II, Konstantino-
               pel 1884, 448 (Neudruck angekündigt), danach F. Müller,
               Die armenischen Handschriften von Sewast (Siwas) und
               Šẹnquš (Sitzungsberichte der Kaiserlichen Akademie der
               Wissenschaften, Philologisch-historische Classe 135,6),
               Wien 1896, 13.

Bei dieser breiten Bezeugung sollte man Nebenüberlieferung erwarten
und überhaupt, daß JosAs in die armenische Literatur hineingewirkt
hat. Bisher ist nur ein Gedicht über die Frauen in Jerusalem, Patriarchat, 976, 17. Jh., S. 224ff., bekannt geworden[24], das gleich am
Anfang Aseneth nennt. Es hat aber wohl mit JosAs zu tun, daß Asa-
nētʻ vom 15. Jh. an bis in neueste Zeit als armenischer Eigenname
vorkommt[25].

---

[23] Papier, 142 Seiten, 15:10 cm, 1 Spalte, JosAs 18 Zeilen, Notragir. Ganze Handschrift
von einer Hand. Schwarze Tinte, die öfter ziemlich stark durchschlägt; rote Titel, manchmal rote Anfangsbuchstaben, sonst keine Verzierungen. Papiereinband. Kein Kolophon.
Nach JosAs ein titelloses Werk, Schriften von Georg von Skewṙa und Athanasius.
[24] Text bei Połarean, III, 1968, 571; ANRW II 20, III.2. Isahak Ankiwracʻi, Yovsepʻay
gełecʻki Zroycʻkʻ ənd Asanetʻay amusnoy iwroy, Jerusalem 1849 (Tašean, 1131) hat mit
JosAs nichts zu tun (Carrière, 487 Anm. 3).
[25] Ačaṙyan, Hayocʻ anjnanunneri baṙaran I, 221; ANRW II 20, V.2.

Die Stellung von JosAs in den Handschriften*

Arm^e

13	333	Jer. 1925	Erzincan, 1269	... Hi	*TestXII-LJos-JosAs* Jes ...
81	363	Er. 354	Aparanner, 15./16. Jh.	...	*TestXII-LJos-JosAs* Sir Ps ...
143	3718	Jer. 1934	Isfahan, 1643-46	Gen	*LJos-JosAs-TestXII* Ex ...
146	3714	Er. 2587	Isfahan, 1648	... Makk	*TestXII-LJos-JosAs* Hi ...
151	3712	Er. 189	Isfahan, 1649	... NT	*JosAs*
159	376	Ven. 229	Lemberg?, 1655	Gen Ex	*JosAs* Lev Nu Dt *TestXII* Jos ...
162	379	Er. 347	Isfahan, 1657	Gen	*LJos-JosAs-TestXII* Ex ...
182	3715	Er. 349	Istanbul, Etschm., 1686	...	*TestXII ... LJos-JosAs* Typ. VT/NT
	3713	Er. 2126	Muş, 1697		*TestXII-JosAs*
220		Isf. 17	17. Jh.	Gen	*TestXII-LJos-JosAs* Ex ...
		Al. 28	17./18. Jh.		*JosAs*

Arm^f

28	332	Er. 1500	Ayrivank', 1282/83	... Makk	*TestXII-JosAs* Tob Jdt Est ...

Arm^a

	331	Oxford	13. Jh.		*LJos-JosAs-TestXII*
	341	Wien 126	T'urkuran, 1388		*LJos-JosAs-TestXII*
	373	Wien 888	Aleppo, 1626		*JosAs*
		Aleppo 36	Adana?, 1629		*JosAs*

Arm^d

	354	Wien 705	Ancłnapat, 1403		*TestXII-JosAs*
	352	Ven. 679	15. (16.?) Jh.		*LJos-JosAs-TestXII*
	3711	Er. 5781	1626?		*JosAs*

Arm^c

73	342	Er. 346	Noršin, 1390	Gen	*TestXII-JosAs* Ex ...
95	351	Ven. 280	Xlat', 1418-22	Pentateuch	*TestXII-JosAs* Jos ...
	353	Kayseri	Istanbul?, 1482?	AT	*TestXII-JosAs* NT

---

* Mischhandschrift, sofern außer JosAs und seinen Koppelungen mit LJos und/oder TestXII (kursiv) kein Kontext angegeben ist, sonst Bibel. Reihenfolge innerhalb der Gruppen chronologisch. Entstehungsort und -datum gelten nicht immer für die ganze Handschrift. [P.S. 1966: links außen zugesetzt die Nummern der Bibelliste, unten Nr. 6, S. 1 Anm. 2.]

	M	Er. 1665	15. Jh.?		JosAs
	361	Ven. 1309	Aghen, vor 1607		JosAs
	375	Jer. 1448	Lemberg?, 17. Jh.?		JosAs (Vorlage von 383)
116		Jer. 2558	Van?, 17. Jh.	Pentateuch	TestXII-JosAs Jos Ri . . .
	383	Ven. 398	um 1700		JosAs (Abschrift von 375)
	381	Jer. 1537	Kilis, Adana, 1724		JosAs

Arm[b]

	364	Er. 6734	Erzurum, 1570		JosAs
	362	Rom, Cas.	Sis, 1589 (1596?)	Gen	TestXII-JosAs Sir Ex
123	372	Rom, Vat.	Istanbul, vor 1625	. . . Makk	TestXII-JosAs Typ. VT/NT Hi . . .
	378	Er. 5008	1632		JosAs
	374	Wien 115	Tokat?, 1634?		JosAs
142	3710	Er. 188	Istanbul, 1643	. . . Makk	TestXII-JosAs 4Esr? Ps? . . .
153	3717	Jer. 1927	Istanbul, 1653 (1649?)	Gen	TestXII-JosAs Ex . . .
224	371	London	17. Jh.	Gen	TestXII-JosAs Sir Ex . . .
194	377	Er. 205	Etschmiadzin?, 17. Jh.	Gen	TestXII-JosAs Sir Ex . . .
213	3716	Jer. 501	Istanbul?, 17. Jh.	AT NT	Sir JosAs
216		Jer. 1929	17. Jh.	. . . Makk	TestXII-JosAs Ps . . .
	384	Er. 669	18. Jh.		TestXII-JosAs
	391	Ven. 812	Rom, 1858		JosAs (Abschrift von 362) ‖

3. Zur Textgeschichte

Probekollationen zu JosAs 1; 14f. (gegen 331), 21,11-22,10 (gegen 351), 25-29 (gegen 332) und Stichproben an anderen Stellen haben sieben Handschriftengruppen ergeben, die ich Arm[a]-Arm[f] nenne[26]. Über ihren Charakter und Zusammenhang im folgenden.

Dabei gibt es zu den üblichen Kriterien der äußeren und inneren Textkritik zwei weitere Hilfen. Erstens kennen wir zwar nicht die griechische Vorlage von Arm (daß sie griechisch war, bezweifelt meines

---

[26] Zur Illustration s. die Textproben in *UJosAs*, 49-90 (JosAs Titel; 15,4b.7f.12x.14a; 21,11-21 mit voller Bezeugung, bei Arm ohne 332); *JSJ* 1970, 30-34 (JosAs 14,1-9a); *JSJ* 1979 (JosAs 25-29).

Wissens niemand), aber nahe Verwandte, besonders die syrische und die zweite lateinische Übersetzung (Syr L2)[27]. Mit ihrer Hilfe kann man oft herausfinden, welche armenische Variante ursprünglich ist, und allgemein die Art und Güte der Übersetzung einschätzen. Voraussetzung ist, daß Arm keine sekundären Kontakte mit einer anderen Überlieferung von JosAs hatte[28], und das scheint so zu sein[29]. Zweitens sind zwei kodikologische Gesichtspunkte nützlich, die sich zum Teil überschneiden. Wie die Liste zeigt, kommt JosAs wie andere nichtkanonische Bücher in Bibelhandschriften vor, und zwar schon im 13. Jh., seitdem es armenische Vollbibeln gibt. 22 der 43 Handschriften sind Bibeln. Das hilft einerseits erklären, warum Arm überhaupt so früh, stark und vielfältig überliefert ist. Andererseits trägt das, was man über die Geschichte der armenischen Bibel weiß[30], dazu bei, die Geschichte von Arm aufzuhellen (und vielleicht umgekehrt), jedenfalls soweit sie vornehmlich in Bibeln verlaufen ist. Das scheint bei Arm[b.c.e] so gewesen zu sein, nicht dagegen bei Arm[a.d]. Weiter steht JosAs Arm oft mit der armenischen Übersetzung zweier anderer ‖ Bücher zusammen, die auch mit Joseph und seinen Brüdern zu tun haben, dem heute öfter so genannten Leben Josephs (LJos), das unter Ephrems Namen geht[31], und TestXII, und zwar in Bibeln wie außerhalb (s. Tabelle). In Bibeln lassen sich gelegentlich noch längere Koppelungen verfolgen. Auch hier wirft die Textgeschichte eines Buches etwas für die der anderen ab. Freilich ist LJos Arm kaum erforscht[32], doch TestXII

---

[27] *UJosAs*, 24f.36f.; *ANRW* II 20, III.1; III.4; weiter s. unten. Syr ist von Brooks gut herausgegeben. L2 ist ungedruckt; ich stütze mich auf Kollationen von Horst Krüger.

[28] Der Gedanke taucht auf bei Sargisean, 128.

[29] Ebenso wahrscheinlich bei TestXII (Stone, „New Evidence", 100-102; M. de Jonge, „Greek Testaments", 123f.).

[30] Als Materialsammlung immer noch nützlich Ter-Movsesjan; ältere Literatur bei L. Leloir, „Orientales de la Bible (Versions)", II. Versions arméniennes, *Dictionnaire de la Bible, Supplément* VI, 1960, col. 810-818; seither z.B. B. Johnson, *Die armenische Bibelübersetzung als hexaplarischer Zeuge im 1. Samuelbuch* (Coniectanea Biblica. Old Testament Series 2), Lund 1968; M.E. Stone, Rezension von Johnson, *Revue Biblique* 77, 1970, 259-264; Anasyan; C.E. Cox, *The Armenian Translation of Deuteronomy* (University of Pennsylvania. Armenian Texts and Studies 2), Missoula, Montana 1982; „Biblical Studies and the Armenian Bible, 1955-1980", *Revue Biblique* 89, 1982, 99-113 (ohne JosAs); M.E. Stone, „Jewish Apocryphal Literature in the Armenian Church", *Le Muséon* 95, 1982, 285-309 (ohne TestXII und JosAs).

[31] Ob zu Recht, ist sehr ungewiß. Syrisch gibt es das Buch nicht. Der griechische Text (einziger Druck J.S. Assemanus, *Sancti patris nostri Ephraem Syri Opera omnia quae exstant Graece Syriace Latine*, Rom, II, 1743, 21-41, mit lateinischer Übersetzung), auf den wohl auch die armenische Übersetzung (s. unten Anm. 32) zurückgeht, ist wohl im 5./6. Jh. in Syrien anzusetzen. Überlieferung bei M. Geerard, *Clavis Patrum Graecorum* (CC 702), Brepols-Turnhout, II, 1974, 389f.; weiter s. *ANRW* II 20, II.6.

[32] Gedruckt von Srčuni nach Jerusalem 1925, f. 513v-521r, mit Lesarten von und am

umso besser[33]. Schon die bloßen Koppelungen besagen etwas. Belegt sind LJos-JosAs-TestXII (nur in Arm[a.d.e]) bzw. TestXII-LJos-JosAs (nur in Arm[e]) und TestXII-JosAs (typisch für Arm[b.c], hier nie LJos dabei)[34]. Die Koppelung LJos-JosAs stammt wohl aus der gemeinsamen griechischen Vorlage beider, denn sie ist auch in griechischen Handschriften breit belegt[35]. Das läßt vermuten, daß beide in einem Zug und von ein und demselben Mann übersetzt wurden; geprüft hat das freilich bisher niemand. TestXII sind wohl erst innerarmenisch dazugekommen, denn sie stehen griechisch nie mit JosAs oder LJos zusammen. Die Koppelung TestXII-JosAs ist also eine jüngere Erscheinung. Sie setzt voraus, daß LJos von JosAs abgesprengt wurde; das geschah anscheinend im Rahmen der Bibelüberlieferung (wurde LJos als überflüssig empfunden, wenn man im gleichen Band die Genesis hatte, oder störte der Kirchenvater unter den biblischen und die Bibel ergänzenden Büchern?). Es ist zu vermuten, daß die Zweiergruppe aus einer der beiden Dreiergruppen entstand. ||

Zu den Handschriften und Gruppen im einzelnen[36]:

Arm[a]: 331 341 373 und wahrscheinlich Aleppo 36

Die drei untersuchten Handschriften sind gut lesbar und ziemlich sorgfältig geschrieben, allerdings mittelarmenisch beeinflußt. 331 und 341 koppeln LJos-JosAs-TestXII[37], die beiden anderen haben JosAs allein. Keine der vier ist eine Bibel. 331 341 373 sind voneinander unabhängig, stehen aber eng beieinander. 341 und 373 sind näher

---

[33] Vor allem durch die Arbeiten von Stone. Vgl. auch *BZNW* 36; A. Hultgård, *Croyances messianiques des Test. XII Patr. Critique textuelle et commentaire des passages messianiques*, Uppsala 1971; M. de Jonge (dort weitere Literatur).

[34] Hat der öfter vor TestXII stehende Titel *Girk' mnac'ordac'* etwas mit der oder einer Koppelung zu tun?

[35] *UJosAs*, 29 Anm. 2; *ANRW* II 20, II.6. In anderen Sprachen kommen LJos und JosAs nicht zusammen vor, ein Indiz dafür, daß Arm wirklich auf eine griechische Vorlage zurückgeht.

[36] Bisher nicht einzuordnen sind Erevan 8301 und Diyarbekir (nach Sruanjteanc' schließt die Handschrift mit *Daniēli margarēut'iwnk': Patm. Yovsēp'ay ew Asanet'ay vipasanōrēn*; der Titel paßt am ehesten zu Arm[e] oder Arm[b]).

[37] Inhalt und Reihenfolge von TestXII in *BZNW* 36, 23f.

Schluß ergänzt (s. unten Anm. 42) nach Jerusalem 1934, f. 38r-44r (bei JosAs 333 und 3718, beide Arm[e]). Srčuni, 26, notiert auch, daß Zarbhanalean LJos nicht erwähnt. Weitere Handschriften sind Erevan 354, 347, 2587, 349, Isfahan 17 (bei JosAs 363, 379, 3714, 3715, alle Arm[e]), Oxford, Wien 126 (JosAs 331, 341, beide Arm[a]) und Venedig 679 (JosAs 352, Arm[d]). Zu einem Fragment in Arm[b] s. unten. Ter-Movsesjan, 145.217f., nennt noch Etschmiadzin 170, 1700, die einzige bisher bekannte Handschrift mit LJos ohne JosAs.

verwandt. Aleppo 36 steht wahrscheinlich 373 nahe; 373 stammt aus Aleppo, und beide haben eine Reihe von kirchenrechtlichen Werken gemeinsam. Die vier Handschriften haben also einen gemeinsamen Ahnen Arm$^\alpha$, der spätestens im 13. Jh. entstand. Da sie alle *Patmut'iwn Asanet'i zor xawsec'aw* (vgl. Arm^d und Arm^e) überschrieben sind, wird das der Titel auch in Arm$^\alpha$ gewesen sein.

Arm^b: 362/391 364 371 372 374 377 378 3710 3716 3717 384 und vielleicht Jerusalem 1929

Die 13 untersuchten Handschriften sind außer 374 gut lesbar und im allgemeinen sorgfältig, zumal die 8 Bibeln (auch Jerusalem 1929 ist eine)[38]. Die textlichen Unterschiede sind nicht groß. 364, 372 und 378 gehen gelegentlich mit anderen Gruppen; Kontamination oder älteres Textstadium? Die übrigen Handschriften scheinen eng verwandt zu sein. 362/391 371 377 3710 3717 haben nach 22,1 (Y 188,22) die neue Überschrift *Vasn galoyn Yakobay amenayn əntanawk' ew bnakeloyn i Gesem* „Über das Kommen Jakobs mit der ganzen Familie und das Wohnen in Gosen"[39]. 362 371 377 führen TestXII-JosAs-Sirach zwischen Genesis und Exodus; 3716 hat Sirach-JosAs am Ende des Neuen Testaments[40], anscheinend in anderer Hand (sonst folgt wohl nur in 363, der zu Arm^e gehört, Sirach auf JosAs, aber hier am Anfang der poetischen Bücher des Alten Testaments). In allen Handschriften außer 3716 384, die vorher enden, ist in JosAs 28,1 (Y 196,7) zwischen || *ew Dan* und *ew Gad*[41] ein Stück von LJos eingesprengt[42]. Sie haben also einen Ahn Arm$^\beta$, in dem das so war. In

---

[38] Abbildung von 3717, f. 30v (aus TestSim-Levi) bei Stone, *Levi*, T. 3.

[39] Ter-Movsesjan, 148.218 hat deswegen JosAs 22-29 in 377 als ein zweites Werk angesehen (vgl. auch 99 zu 332). Auch sonst werden JosAs 1-21 und 22-29 gelegentlich als zwei verschiedene Bücher betrachtet.

[40] Vgl. noch Apc-JosAs in 378, einer Mischhandschrift.

[41] So oder mit umgekehrter Folge der Namen alle bisher gesehenen Handschriften außer 332 *ordik'n Balla(y) ew Zelp'a(y).* – Zur Lücke vorher s. unten.

[42] Nicht ein sonst unbekanntes Stück von TestJos (so Yovsēp'eanc', 196 Anm. 3). Es fängt an *Isk ibrew etes Yovsēp' zBeniamin zełbayrn iwr, merj kac'eal erkiwłiw ew dołmamb, xŕovec'an ałik' iwr vasn nora yoyž, ew xndrēr girks arkanel ew hamburel zełbayr iwr . . .* und endet . . . *ew zi zkarcis zaysosik, i srtic'n noc'a barjc'ē, yormē sełanoyn matuns ta ełbarc'n, Beniameni tasn masn aweli k'an zayloc'n ta zmasnn, awrinak min zays aŕnē Yovsēp' ełbarc'n, i bažakē* (Srčuni, 140-142). Das entspricht etwa Ὡς δὲ ἴδεν ὁ Ἰωσὴφ Βενιαμὶν τὸν ἴδιον ἀδελφὸν παρεστῶτα μετὰ φόβου καὶ δειλίας, ἐκινήθη τὰ σπλάγχνα αὐτοῦ πάνυ, καὶ ἐζήτει περιλαβεῖν καὶ φιλῆσαι αὐτόν . . . ἵνα δὲ τὴν ὑπόνοιαν αὐτῶν ἀφελῇ, ἐκ τῆς ἰδίας τραπέζης μερίδας αὐτοῖς δίδωσι, πλείονας δὲ τῷ ἰδίῳ ἀδελφῷ, τῷ Βενιαμὶν δεκαπλασίονα δέδωκεν ὑπὲρ τοὺς ἄλλους. Τί δήποτε τοῦτο ποιῶν Ἰωσὴφ τοῖς ἀδελφοῖς καὶ ἐκ τοῦ κόνδυ . . . (Assemani, 36 E Ende – 38 B). Der Grundstock des Abschnitts ist Genesis

8 Handschriften steht TestXII vor JosAs; auch das wird aus Arm$^\beta$ stammen. LJos ist nie dabei, doch deutet das Einsprengsel auf eine frühere Nachbarschaft hin. Arm$^\beta$ wird eine Bibel gewesen sein, mit TestXII-JosAs eher hinter den Geschichtsbüchern des Alten Testaments als zwischen Genesis und Exodus. Als Titel hat die Mehrzahl der Handschriften *Patmut'iwn Yovsep'ay ew knoj nora Asanet'i dstern Petap'rē k'rmi Areg k'alak'i* (auch 364), abweichend 378 *Patmut'iwn Yovsēp'u gelec'kin ew Asanet'ay*, 384 und wohl Jerusalem 1929 *Patmut'iwn Yovsēp'ay ew Asanet'i*, 372 *Patmut'iwn Asanet'ay*; 374 fängt erst mit JosAs 16,10 (Y 178,16) an. Wenn der erste Titel der von Arm$^\beta$ ist, wofür Arm^c sprechen könnte (s. unten), dann sind 378 384 Jerusalem 1929 vielleicht von Arm^e beeinflußt. Arm^b ist zuerst im 16. Jh. belegt, dann 8mal im 17. Jh. (in diesem Jahrhundert ist das neben Arm^c die verbreitetste Textform). Arm$^\beta$ ist also vielleicht erst verhältnismäßig spät entstanden. Im 17. Jh. hat der Text einen Haftpunkt in Istanbul (372 3710 3716? 3717), stammt aber wohl nicht daher (vgl. 362 364).

Arm^c: 342 351 353 M 361 375/383 381 Jerusalem 2558

Die untersuchten Handschriften sind bis auf M und 381 lesbar und sorgfältig. Sie enden mit 22,10 (Y 190,4), 381 schon mit 21,9 ‖ (Y 186,27), ausgenommen M, der JosAs zu Ende führt, aber ebenso stark kürzend und nachlässig wie vorher. Die drei ältesten Zeugen 342 351 353 und Jerusalem 2558 sind Bibeln. Sie und nur sie koppeln TestXII und JosAs, dabei 351 und Jerusalem 2558 zwischen Deuteronomium und Josua, was sonst meines Wissens nie vorkommt (doch s. unten zu 376). Zwischen den in 22,10 abbrechenden Handschriften sind die textlichen Unterschiede gering. 342 scheint ein älteres Stadium zu vertreten; weitere Untergruppen sind 351 353 Jerusalem 2558[43] und 361 375/383 381. Sie alle haben wohl einen gemeinsamen Ahnen, der eine Bibel war, und dieser mit M einen gemeinsamen Ahnen Arm$^\gamma$.

43,29-34. Josephs Rückzug in die Kammer (V. 30) ist durch ein langes inneres Gespräch mit Jakob angereichert und das Gastmahl (V. 33) mit dem weissagenden Becher, der die Namen der Brüder Josephs verkündet (vgl. Genesis 44,5.15; H. Näf, *Syrische Josef-Gedichte*, Diss. phil. Zürich 1923, 76-78). Dieses Stück ist der Anfang des letzten Kapitels von LJos. Z.B. in 333 363 3714 3715 (bei JosAs Arm^e) ist es auch dessen Ende, offenbar vorzeitig. Denn in 331 341 (bei JosAs Arm^a), 352 (Arm^d) und 379 3718 (Arm^c) reicht LJos so weit wie im Griechischen (Assemani, 41 C; Genesis 46,30).

[43] Bei TestXII ist die Handschrift eng mit 351 verwandt und ein gemeinsamer Ahn beider mit 342 (Stone, „New Evidence", 99f.).

Der Titel war *Patmut'iwn Asanet'ay knojn* (> M) *Yovsep'ay* (> 351 353 M Jerusalem 2558, + *gełec'kin* 381). Arm$^\gamma$ wird eine Bibel gewesen sein, in der TestXII vor JosAs stand, vielleicht zwischen Genesis und Exodus. Sie entstand anscheinend früher als Arm$^\beta$ (s. unten) und vielleicht irgendwo in der Nähe des Van-Sees.

Arm^d: 352 354 und wohl 3711

Die Handschriften sind lesbar und bei mittelarmenischem Einfluß im allgemeinen sorgfältig. Nur hat 352 Blätter verloren und ist stellenweise abgerieben. Er koppelt LJos (nur das Ende erhalten)-JosAs-TestXII, 354 TestXII-JosAs[44]. Alle drei sind keine Bibeln. Die textlichen Unterschiede sind nicht groß. 352 und 354 trennen sich nur in Kleinigkeiten; hinter 13,15 (Y 173,10) kommt ein kurzer paränetischer Einschub, der innerarmenisch ist. 3711 (endet mit 21,9 [Y 186,27]) steht ab und trifft sich manchmal mit 332; so haben nur 332 3711 JosAs 1,7b (hinter Y 153,12 *i knut'iwn*)[45]; Kontamination oder älteres Stadium? 352 354 und 3711 haben einen gemeinsamen Ahnen Arm$^\delta$, der wohl keine Bibel war und wohl LJos-JosAs-TestXII koppelte. Der Titel wird wie in 352 354 *Patmut'iwn Asanet'i zor xawsec'aw ənd nma hreštakn vasn Yovsep'ay i yamusnut'iwn* gewesen sein (> ab *ənd nma* 3711 wie Arm^a und manchmal Arm^e). Alter und Ort (nur 354 ist lokalisiert, im Kloster Ancłnapat sw. des Van-Sees) sind schwer zu bestimmen. ‖

Arm^e: 333 363 376 379 3712 3713 3714 3715 3718 und wohl Isfahan 17 Aleppo 28[46]

Alle untersuchten Handschriften sind lesbar und sorgfältig, kein Wunder, denn nur 3713, der auch mit 21,9 (Y 186,27) endet, ist keine Bibel (sonst noch Aleppo 28)[47]. Die inneren Verhältnisse der Gruppe sind noch nicht genug bekannt, doch gibt es keine großen Unterschiede im Text, wenn man davon absieht, daß 333 363 3715 und wohl Isfahan 17 erst mit 2,6 (Y 154,16) *i gišeri* anfangen und JosAs

---

[44] Vgl. oben Anm. 37.
[45] *UJosAs*, 31.
[46] *UJosAs*, 27f.
[47] Die Eigenheiten von 333, bezogen auf TestXII, bei Stone, *Levi*, 19-22. Abbildungen von f. 253r (Anfang TestXII) und 254v (aus TestSim-Levi) ebd. Frontispiz und T. 2; 3718, f. 55v (TestLevi) ebd. T. 5.

ohne Titel, 333 sogar in der laufenden Zeile, an LJos anschließen, dem hier das Ende fehlt⁴⁸. Davor steht TestXII⁴⁹. Die Beschädigung (Blattverlust?) muß aus einem gemeinsamen Ahnen der vier stammer, der also älter war als 333 (1269). 379 3718 gehören wie im Titel (s. unten) so vielleicht auch sonst enger zusammen und bezeugen vielleicht ein älteres Textstadium; sie koppeln LJos-JosAs-TestXII zwischen Genesis und Exodus. 3713 und 3714 stehen anscheinend 376 nahe; freilich hat 3713 TestXII-JosAs (Mischhandschrift), 3714 TestXII-LJos-JosAs (wie 333 und Verwandte) zwischen den Makkabäerbüchern und Hiob, 376 JosAs zwischen Exodus und Leviticus, TestXII dann zwischen Deuteronomium und Josua (vgl. oben in Armᶜ). Die Gruppe hat einen gemeinsamen Ahnen Armᵉ, der älter sein muß als der Ahn von 333 und Verwandten und, wenn er eine Bibel war, nicht älter gewesen sein kann als das 12. Jh. Er enthielt entweder TestXII-LJos-JosAs wie 333 oder LJos-JosAs-TestXII wie Armᵃ˙ᵈ, eher am Anfang der poetischen Bücher des Alten Testaments als hinter Genesis, zumal wenn das in Armᵝ auch so war. Der Titel von JosAs war entweder wie in 376 3712 3713 3714 *Patmut'iwn Yovsēp' gełec'kan(n 376) ew Asanet'ay* (-t'in 376, Aleppo 28 *Vasn Ovsēp' gełec'kann* ist wohl davon abgeleitet) oder wie in 379 3718 *Patmut'iwn Asanet'i zor xawsec'aw* entsprechend Armᵃ und 3711. Die Entscheidung ist schwierig, zumal in 333 und Verwandten der Titel fehlt. Wo Armᵉ entstand, ist unsicher. Im 17. Jh., in dem Armᵉ neben Armᵇ am häufigsten geschrieben wurde, hat der Text einen Haftpunkt ‖ in Isfahan (379 3712 3714 3718, alle zwischen 1643 und 1657), und zwar als einziger der Gruppen.

Armᶠ: 332

332, eine der interessantesten und wichtigsten armenischen Handschriften überhaupt⁵⁰, ist bisher ohne enge Verwandte. Die Schrift ist hastig, aber lesbar. Die Rechtschreibung, mittelarmenisch gefärbt, nützt alle

---

⁴⁸ S. oben Anm. 42.
⁴⁹ In 3715 scheint TestXII viel früher zu stehen (f. 268r-284v?). Isfahan 17 scheint TestXII zweimal zu haben. Ter-Awetisean, 10 notiert *Ktak erkotasan nahapetac'n* zwischen Genesis und LJos, später *Girk' Mnac'ordac'* (or ē *Ktak Ṙubeni ew ayloc' ełbarc'n nora* . . .) zwischen den Makkabäerbüchern und Hiob.
⁵⁰ Textkritisch wichtig auch für andere Schriften (Stone, *Joseph; IV Ezra;* „The Old Armenian Version of Isaiah: Towards the Choice of the Base Text for an Edition", *Textus* VIII, 1973, 107-125), aber offenbar nicht für den armenischen Philo, jedenfalls nicht *De Jona* (H. Lewy, *The Pseudo-Philonic De Jona*, Studies and Documents 7, London usw.

Möglichkeiten der Kürzung. JosAs ist trotzdem voll und sorgfältig, endet allerdings schon mit 28,13 (Y 197,8) *srovk' merovk'*. Der Titel ist *Patmut'iwn Asenet'a* (auch der Text hat oft *Asenet'* anstelle des im Armenischen üblichen *Asanēt'*). Vor JosAs steht TestXII.

Wie sich Arm$^\alpha$, Arm$^\beta$ Arm$^\gamma$, Arm$^\delta$, Arm$^\varepsilon$ und 332 zueinander verhalten, ist noch nicht endgültig klar, aber einiges läßt sich sagen[50a].

Arm$^\alpha$ und Arm$^\delta$ gehören trotz großer Unterschiede zusammen und haben wohl einen gemeinsamen Ahnen. Er enthielt vermutlich LJos-JosAs-TestXII. Der Titel von JosAs wird wie in Arm$^\delta$ gewesen sein. Der Text war sehr eigenwillig und ist es in Arm$^\alpha$ noch mehr geworden. Arm$^\delta$ dürfte dem gemeinsamen Ahnen insgesamt näher stehen. Insgesamt überrascht der Textzustand nicht, denn unter den Zeugen ist keine Bibel. Arm$^{a.d}$ bilden einen Überlieferungsstrang, der abseits der Geschichte der armenischen Bibel verlaufen und vielleicht auch entstanden ist, dies spätestens im 13. Jh. Bei TestXII gibt es von diesem Strang („family *alpha*") anscheinend eine dritte Gruppe, die JosAs nicht enthält, und in ihr eine Handschrift von 1220 (Venedig 346)[51].

Arm$^\beta$ und Arm$^\gamma$ haben ebenfalls einen gemeinsamen Ahnen, unterscheiden sich aber viel weniger als Arm$^{\alpha.\delta}$. Am nächsten steht Arm$^\gamma$ wohl 372 und Verwandten. Arm$^\gamma$ hat einige ältere Züge als Arm$^\beta$. So hat er in 18,1 (Y 182,3) wie die übrige Überlieferung richtig *karapetn* || *nora* o.ä. für ὁ πρόδρομος αὐτοῦ gegen Arm$^\beta$ *kaṙk'n* „Wagen" (abgekürztes *karapetn* falsch aufgelöst?)[51a]. Insgesamt repräsentiert Arm$^\gamma$ aber den gemeinsamen Ahnen schlechter und lückenhafter als Arm$^\beta$. Zum Beispiel fehlen 14,12 *ew ac* – 13 (Y 174,19-21) und 21,19 (Y 188,1-3). Der Ahn war wohl eine Bibel und enthielt TestXII-JosAs, die eher zwischen den Geschichts- und den poetischen Büchern des Alten Testaments gestanden haben als hinter der Genesis. Auch das Einsprengsel aus LJos in Arm$^\beta$ 28,1 (Y 196,7) wird aus dem gemeinsamen Ahnen von Arm$^{\beta\gamma}$ stammen. Zwar bezeugt Arm$^\gamma$ es nicht, weil M, die einzige Handschrift der Gruppe, die über 22,10 (Y 190,4)

1936, 7); vgl. M.E. Stone, „Some Observations on the Armenian Version of the Paralipomena of Jeremiah", *CBQ* 35, 1973, 47-59, hier 56f.

[50a] Vgl. die Verhältnisse bei TestXII nach Stone, *Joseph*, 4-6. Auf mögliche Kontamination habe ich bisher zu wenig geachtet.

[51] Stone hält den Ahnen der „family *alpha*" für eine bewußte Rezension und beobachtet bei ihm wie bei den Untergruppen Kontamination mit anderen Textformen (*Joseph*, 5).

[51a] Issaverdens, 136: „forerunner".

hinausgeht, 28,1-2 *ankan* (Y 196,7-9) ausläßt; aber es setzt voraus, daß LJos in der Nähe von JosAs stand, was heute in keiner Handschrift von Arm$^{b.c}$ mehr so ist. Ob der Titel von JosAs eher wie in Arm$^\beta$ oder in Arm$^\gamma$ aussah, weiß ich nicht. Entstanden ist der Ahn von Arm$^{\beta\gamma}$ spätestens im 14. Jh. (342) und frühestens im 12., wenn er eine Bibel war. Vielleicht ist das jüngere Datum wahrscheinlicher; unter den entsprechenden TestXII-Handschriften („family *beta*") ist auch keine älter als das 14. Jh.

Über Arm$^\varepsilon$ weiß ich noch nicht genug. Er hängt aber weder von Arm$^{\alpha\delta}$, Arm$^{\beta\gamma}$ oder 332 ab noch umgekehrt. Arm$^{\alpha-\delta}$ haben in 21,21 (Y 188,19) den Bindefehler *anmahut'ean* gegen Arm$^\varepsilon$ 332 *imastut'ean*, VorlT τῆς σοφίας. Ein Fehler in Arm$^\varepsilon$ ist 22,2 (Y 188,24f.) *yerrord* gegen 332 Arm$^{\beta\gamma}$ (Lücke Arm$^{\alpha\delta}$) *yerkrord* (o.ä.), VorlT τῷ δευτέρῳ.

Wohl aber stammen Arm$^{\alpha\delta}$, Arm$^{\beta\gamma}$ und Arm$^\varepsilon$ von einem gemeinsamen Ahnen ab. In allen Handschriften von Arm^{a-e} fehlt JosAs 25,3 *t'eew* – 27,11. Stattdessen steht dort ein kurzes, holpriges Pasticcio von zum Teil umformulierten Stücken aus 25,4a[52]; 26,5.8 (plus einem neuen Satz); 28,10; 27,3.6 (26,6?) (Y 195,26-196,6)[53]. Nur 332 hat Lücke und Pasticcio nicht, dafür den vollen Text. Ich habe bisher keinen Anhalt dafür, daß er etwa nach dem Griechischen oder einer anderen Übersetzung ergänzt wäre. Lücke und Pasticcio stammen also nicht etwa aus dem Original von Arm oder der griechischen Vorlage, sondern ‖ aus einem gemeinsamen Ahnen Arm$^{\alpha-\varepsilon}$. Arm$^\varepsilon$ vertritt ihn relativ am besten. Den Titel kann ich nicht ausmachen. Der Ahn von Arm$^{\alpha-\varepsilon}$ muß wohl LJos-JosAs-TestXII oder TestXII-LJos-JosAs enthalten haben. Da die Überlieferung im 13. Jh. schon gespalten ist und bei TestXII ein Verwandter von Arm$^{\alpha\delta}$ schon 1220 entstand, muß der Ahn von Arm$^{\alpha-\varepsilon}$ noch ein Stück älter sein.

Daß 332 nicht von Arm$^{\alpha-\varepsilon}$ abhängt, versteht sich. Umgekehrt hängt aber Arm$^{\alpha-\varepsilon}$ auch nicht von einem Text wie 332 ab (von 332 selber schon wegen 333 nicht und weil 332 in 28,13 [Y 197,8] abbricht), denn Arm$^{\alpha-\varepsilon}$ ist öfter um ein Wort oder ein paar Wörter voller (z.B. 25,1 [Y 195,18][54]), gelegentlich auch im positiven Wortlaut besser[55],

---

[52] Man kann deshalb den Anfang der Lücke auch anders ausdrücken.

[53] *JSJ* 1979, 4f. Zuerst bemerkt von Carrière, 506. – In Arm^b zwei Wörter später das Einsprengsel (s. oben). Haben es und die Lücke etwas miteinander zu tun (beide sind je etwa 2300 Buchstaben lang)? Blattvertauschung?

[54] *JSJ* 1979, 4.

[55] So auch bei TestXII (Stone, *Joseph*, 6-9). Die vielen Kleinvarianten (Akkusativ-zeichen *z-* oder nicht, Artikel oder nicht und welcher Artikel, Kasuswechsel, Synonym-

und zwar wohl ebenfalls ohne Nachbesserung nach dem Griechischen oder einer anderen Überlieferung.

Wohl aber haben Arm$^{\alpha-\epsilon}$ und 332, also die ganze erhaltene Überlieferung, wiederum einen gemeinsamen Ahnen Arm$^{\omega}$. 332 vertritt ihn abgesehen vom Verlust von 28,13b-29,7 (Y 197,9-198,12) sehr viel besser als Arm$^{\alpha-\epsilon}$ (so auch in der Namensform *Asenet'*), was man aber oft nur mit Hilfe der übrigen JosAs-Überlieferung feststellen kann. Arm$^{\omega}$ ist wohl älter als das 13. Jh.; wieviel, weiß ich nicht[56]. Es fällt auf, daß die ursprüngliche Koppelung LJos-JosAs in Arm nirgends mehr allein vorkommt (aber 3715?). Bedeutet das, daß die Überlieferung nicht über den Punkt zurückreicht, an dem TPatr dazugekoppelt wurde? Aber wann war das? Als armenische Vollbibeln entstanden, was mit dem Namen von Nerses von Lambron (1153-1198) verbunden ist? Oder kann man das wenigstens für Arm$^{\alpha-\epsilon}$ geltend machen? ‖

Arm$^{\omega}$ war jedenfalls nicht das Original von JosAs Arm. Denn gelegentlich ist die ganze Überlieferung verderbt, zum Beispiel in 16,19f. (Y 180,23-25)[57]:

VorlT	καὶ	ἐποίησαν	ἐπὶ	τῷ στόματι	αὐτῆς		
Syr		w'bd	'l				
332	ew	gorcec'in	šurj	zberanovn	Asanet'a(y)		
a d	ew	gorcec'in	šurj	zeresawk'	Asanet'ay (-t'i 331)		
e[58]							
b c	ew	gorcec'in		zeresawk'n (-k' 42 51, zeresk'n 72) nora gorc			
L2	et	fecerunt	in				

	καὶ ἐπὶ	τὰ χείλη	αὐτῆς	κηρίον	ὅμοιον	τῷ κηρίῳ	
		špwth		kkryt'	bdmwth		dhy
ew		zšrt'ambk'n					
ew		šrt'unk'					
ew		šrt'unk'					
ew		šrt'unk'					
	labiis		eius	fauum	similem	fauo	illi

---

austausch), zwischen denen womöglich überhaupt nicht zu entscheiden ist, sind in das Urteil nicht eingeschlossen. 332 sagt z.B. gern *ibrew*, wo der Rest *orpēs* hat.

[56] Kann man herausfinden, ob er in Erkat'agir geschrieben war? Zu den armenischen Schriften Ch. Mercier, „Notes de paléographie arménienne", *RÉArm* N.S. 13, 1978-79, 51-58.

[57] Für Arm nachgesehen: 331 (Arm^a), 372 Y (Arm^b), 342 351 (Arm^c, M hat lange Lücke), 354 (Arm^d), 333 376 (Arm^e), 332 (Arm^f). VorlT wird der Vorlage von Arm entsprechen bis auf ἐκεῖναι, das auch sonst nicht überall gestützt wird.

[58] Arm^e setzt offenbar *ew - Asanet'ay* voraus. Ausfall durch Homoioteleuton.

τῷ παρακειμένῳ   τῷ ἀνθρώπῳ
dsym' hwt qdm   *gbr'*   *wmly' hwt dbš' sgy" dṭb*

qui appositus fuerat angelo

καὶ   πᾶσαι   αἱ μέλισσαι ἐκεῖναι   ἤσθιον
            wklhyn   *knš w'klyn*

ecce uero   apes   manducabant

ἀπὸ   τοῦ κηρίου   τοῦ   ὄντος
mn dbš' hw   *dbkkryt'*
                xorsxac'n   *or*   *er*
                xorsxac'n (-*xic'n* 331)   *ēin*
                xorsxac'n   *er*
                xorsxin   *ēr*
de   fauo   qui   erat ‖

ἐπὶ   τῷ στόματι   Ἀσενέθ
d'l   *pwmh*   *d'syt*
i   *berann*   Asanet'a(y)
i   *berann* (-*n* 354)   Asanet'ay
i   *berann* (-*n* 333)   Asanet'ay
i   *berann*   Asanet'ay
in   ore   Asenech

Der Vergleich vor allem mit Syr L2 zeigt, daß 332 zwar ursprünglicher ist als die anderen armenischen Zeugen, aber keinen Sinn gibt (insbesondere Arm[βγ] hat anscheinend versucht, notdürftig einen hineinzubringen[59]). Zwischen *zšrt'ambk'n* und *xorsxac'n* (-*xin?*) fehlt etwas. Wäre schon die griechische Vorlage lückenhaft gewesen, hätte Arm kaum so sinnlos übersetzt. Die Lücke muß doch wohl innerarmenisch sein (Homoioarkton?).

Eine ähnliche Lücke hat wohl 17,3 (Y 181,9f.) *ew merjec'oyc'* (so wohl 332 Arm[αδε], *hasoyc'* Arm[βγ]) *i hatuac(s?)* *xorsxin ew eker zxorisxn ew sełann oč' vnasec'aw*, VorlT καὶ ἥψατο τῆς πληγῆς τοῦ κηρίου καὶ εὐθέως ἀνέβη πῦρ ἐκ τῆς τραπέζης καὶ κατέφαγε τὸ κηρίον καὶ τὴν τράπεζαν οὐκ ἠδίκησεν. In Arm fehlt καὶ εὐθέως ἀνέβη πῦρ ἐκ τῆς τραπέζης, das auch Syr L2 voraussetzen. Dadurch muß *ew eker zxorisxn* auf den Engel bezogen werden, der das Subjekt von *merjec'oyc'* ist. Das klingt schon merkwürdig. Der nächste Satz paßt erst recht nicht

---

[59] Issaverdens, 133, verschlimmbessert noch: „And they arose from the surface of the honeycomb and sat upon Assaneth's face, and worked around it, and the orifice of the honeycomb was in Assaneth's mouth".

mehr in den Kontext. Auch das deutet auf eine Lücke in Arm, nicht in der Vorlage; allenfalls wäre ein Lapsus des Übersetzers denkbar. Daß am Anfang von 17,4 (Y 181,10) *hatuaci xorsxin* für ἐκ τῆς καύσεως τοῦ κηρίου o.ä. steht, wird eine innerarmenische Folgekorrektur sein[60].

Schließlich noch 17,6 (Y 181,18-20) *ew i jer veray hangic'ē* (+ *awrhnut'iwn tearn* Arm[βγ], > 332 Arm[αδε]) *yawiteans žamanakac'*, VorlT καὶ πᾶσαι αἱ σύνοικοι τῶν ἐκλεκτῶν τῆς πόλεως ἐκείνης ἐφ' ὑμᾶς ἀναπαύσονται εἰς τὸν αἰῶνα χρόνον. In Arm fehlt πᾶσαι αἱ σύνοικοι τῶν ἐκλεκτῶν τῆς πόλεως ἐκείνης, das auch Syr L2 voraussetzen; *awrhnut'iwn tearn* wird nirgends gestützt. Möglicherweise ist das die innerarmenische Reparatur eines Satzes, der ohne Subjekt keinen guten Sinn gibt (man kann ihn wohl nur auf die im vorigen Satz erwähn ‖ te „jene Stadt" rückbeziehen, deren sieben Säulen Aseneths sieben Jungfrauen werden sollen, aber eine Stadt kann sich schlecht auf Säulen oder Mädchen „ausruhen"). Das fehlende Subjekt kann also ebenfalls eine Lücke in Arm anzeigen. Nur ist in diesem Fall nicht sicher auszuschließen, daß der Übersetzer oder seine Vorlage schuld sind.

Weitere Beispiele sind 26,7; 27,3; 28,2 (Y 196,9)[61]. Auch im positiven Wortlaut ist Arm gelegentlich anscheinend nicht unbeschädigt überliefert, vgl. 25,6; 27,6; 28,14 (Y 197,17)[62].

Es folgt daraus, daß auch Stellen, an denen Arm zwar in sich stimmt, aber anscheinend falsch oder ungenau übersetzt, erweitert oder kürzt (s. unten 5)[63], erst innerarmenisch so geworden sein können, wie sie sind. Arm wird also ursprünglich noch etwas anders ausgesehen haben, insbesondere etwas länger gewesen sein, als die Überlieferung zeigt, und zwar je mehr, desto weiter die Übersetzung hinter den ältesten Handschriften zurückliegt. Aber wie weit tut sie das?

4. ZUM DATUM

Soweit bekannt wird Arm (mit TestXII davor) zuerst bezeugt in der *Kargadrut'iwnk' groc' srboc'* „Ordnung (der) heiligen Schriften", die

---

[60] In 3,2 steht *jermut'iwn* für καῦμα.

[61] *JSJ* 1979, 6f. Freilich ist hier nur 332 erhalten.

[62] *JSJ* 1979, 4.6.8. An den ersten beiden Stellen ist nur 332 erhalten, an der dritten nur der Rest.

[63] Die drei Beispiele bei Sargisean, 129, stimmen nicht, weil Sargisean Arm nur mit Syr vergleicht.

Mxit'ar von Ayrivank' († 1307) in seiner Chronik (1289/90) unter
dem Jahr 1085 n. Chr. Johannes Sarkawag („Diakon") von Hałbat
(1045/ 55-1129?) zuweist und nach deren Anordnung er 1282/83, also
vor genau 700 Jahren, den Riesenband Erevan 1500 (332) geschrieben
hatte[64]. Die „Ordnung" ist eine Liste von Titeln mit Längenangaben,
die das Neue und das Alte Testament, in dieser Folge und samt
Apokryphen, und dazu philosophische und theologische Klassiker
umfaßt. Daß alle Titel der Liste (JosAs heißt übrigens *Asenit'i ałōt'k'n*
„Aseneths Gebet") von Sarkawag stammen, ist nicht unbezweifelbar[65]. Doch ‖ spricht andererseits nichts dafür, daß erst Mxit'ar JosAs
einführte. Da die „Ordnung" als Leitfaden theologischer Bildung und
also mindestens indirekt als Bibliotheksprogramm gemeint war, wird
der, der JosAs hineinschrieb, das Buch auf armenisch gekannt haben.
War es Sarkawag, der textkritische Interessen hatte, kann man außerdem vermuten, daß er dafür sorgte, daß Hałbat ein ordentliches Exemplar hatte oder bekam, doch das ist fast schon Spekulation. Die „Ordnung" beweist also, daß Arm älter ist als Mxit'ar, was 333 freilich
ohnehin sicherstellt, schiebt den terminus ante quem aber auch im gün-
stigsten Fall nur um etwa zweihundert Jahre vor die ältesten Handschriften in die Mitte des 11. Jh.s hinauf. Es wäre also wichtig zu
wissen, ob sich ältere Zeugnisse finden lassen. Gesucht hat meines
Wissens bisher niemand. LJos wäre einzuschließen, wenn LJos-JosAs
zusammen in die armenische Literatur übergegangen sind. Läßt sich
nichts finden, sind wir für alles weitere auf LJos und JosAs selber
angewiesen.

In der Literatur hat es bisher ohne ernsthaften Widerspruch geheißen,
daß Arm nicht mehr in der Goldzeit des 5. Jh.s, aber doch etwa schon
im 6./7. Jh. entstand[66]. Aber das ist nicht mehr als ein Versuch, den
Eindruck, daß Arm ein gutes, jedoch nicht mehr ganz klassisches
Altarmenisch schreibt, in Zahlen zu fassen. Die Sprache von Arm ist
weder für sich untersucht noch mit datierten anderen Texten des

---

[64] *UJosAs*, 32-34; Stone, „Canon Lists III"; *ANRW* II 20, III.2, dort mehr. Zu den beiden
Klöstern A. Sahinian-A. Manoukian-T.A. Aslanian u.a., *G(h)eghard* (Documenti di
Architettura Armena 6), Mailand 1973 (Ghłarday vank' o.ä. ist der neuere Name von
Ayrivank'); St. Mnatsakanian-A. Alpago-Novello u.a., *Haghbat* (Documenti . . . 1), Mailand
1974.
[65] Stone, „Canon Lists III", 297f., vgl. „New Evidence", 102. Zarbhanalean, 185, scheint
„Aseneths Gebet" für ein anderes, armenisch nicht erhaltenes Buch gehalten zu haben.
[66] *UJosAs*, 34 (nicht auf Grund eines eigenen Urteils); Stone, *Levi*, 3 (doch s. unten
Anm. 69).

6.-11. Jh.s verglichen worden[67]. Zudem hat H.J. de Jonge kürzlich geschlossen, daß die früher aus dem gleichen Eindruck in die gleiche Zeit wie JosAs datierten armenischen TestXII[68] frühestens ‖ im 9. Jh. übersetzt worden sind, weil gute Gründe dafür sprechen, daß ihre Vorlage zu einem Texttyp gehört, deren Ahn eine Minuskel war[69]. Das gilt nicht automatisch für JosAs mit, weil die gemeinsame armenische Geschichte von TestXII und JosAs wohl nicht mit gemeinsamer Übersetzung begonnen hat. Immerhin könnte aber ein gemeinsames zeitgenössisches Interesse hinter beiden Übersetzungen stehen. Und jedenfalls zeigt de Jonges Ergebnis, daß eine sprachlich alt wirkende Übersetzung nicht ohne eingehende Untersuchung für alt gehalten werden darf.

Andererseits ist die Frühdatierung von Arm ins 6./7. Jh. noch nicht widerlegt. Immerhin stellt Arm mit seinen nächsten Verwandten Syr L2 die älteste direkt bezeugte Textform von JosAs dar. Das ergibt sich äußerlich aus dem Alter von Syr (um 550 n. Chr.), innerlich daraus, daß Syr Arm L2 eine Reihe von Wendungen und Sätzen bewahrt haben, die in der ganzen übrigen Überlieferung, auch der griechischen, verschwunden sind[70], aber auch aus einzelnen Varianten im positiven Text. So setzen nur Syr Arm L2 in 10,2 (Y 164,10-12, nach 332 *ew ēǰ* [Aseneth] *handartik ǝnd sanduxn i vernatanēn ew ekn merǰ i yerkans ew erkanaɫac'n nnǰēr handerǰ ordwovk'n iwrovk'* „und es stieg hinab [Aseneth] leise auf der Treppe aus dem Obergeschoß und kam nahe hin zur Mühle und die Müllerin schlief mit ihren Söhnen") εἰς τὸν μυλῶνα und ἡ μυλωρός voraus, während die ganze übrige

---

[67] Eine Vorarbeit bei Ačaṙean, „Hayerēn nor baṙer". Nach ihm sind 7 Wörter aus Text oder Apparat von Y altarmenisch sonst nicht belegt (in Klammern Ačaṙeans Erklärung): 2,8 (Y 154,24) u.ö. *taxtak* (Deminutiv von *taxt*, dem üblichen Wort für κλίνη, das auch hier zugrundeliegt); 3,6 (156,13f.) *kčeaypačuč* (Kompositum aus *kič* oder *kuč* „Marmor", hier „Mosaiksteinchen", und *pačoyč* „verziert"); 13,3 (171,23) *gndapačoyč* (*gund* „Kugel" und *pačoyč*); 16,8 (178,7) u.ö. *caɫ* 352 für *maɫ* „Wabe", griechisch κηρίον (neuarmenisch *caɫ* „Kuchen"); 18,9 (183,11 *i hakukac'n*, 332 *i hakakuac'n*) **hakoyk* (erschlossene Bedeutung „Knospe" oder verderbt aus *t'akoyk* „Krug", hier „Blumentopf"); 23,7 (191,23) *dastak* (neuarmenisch „Handgelenk", hier „Griff" wie *dastapan*); 24,19 (195,3) u.ö. *hiwt'k'* („Dickicht"). Aber *kčeaypačuč*, *gndapačoyč*, *caɫ* und *dastak* sind vermutlich sekundär; zu 18,9 (griechisch nicht belegt) vgl. *JSHRZ* II 4 zur Stelle; zu *hiwt'k'* s. unten Anm. 95. Vgl. Srčuni, 26 zu LJos: „Die vorliegende Schrift enthält eine Reihe neugebildeter Wörter, die im *Haykazean Nor Baṙgirk'* fehlen". Das wäre zu beachten, falls JosAs vom gleichen Übersetzer stammt, vorausgesetzt, es gilt auch für den ältest erreichbaren Text von LJos.

[68] *BZNW* 36,15; Stone, *Levi*, 3.

[69] H. de Jonge, „The Earliest Traceable Stage", 77 u.ö., aufgenommen von M. de Jonge, „Greek Testaments", 135-138; vorsichtig Stone, „New Evidence", 102-104.

[70] Z.B. in ˙5,5; 6,2; 8,9; 10,2; 13,11; 16,10; 18,9; 19,8; 20,5.9; 21,4.11.19.21; 22,7.9 (s. *JSHRZ* II 4 zu den Stellen). Vgl. auch 28,13 (*JSJ* 1979, 8).

Überlieferung εἰς τὸν πυλῶνα und ἡ πυλωρός bzw. ἡ θυρωρός liest oder voraussetzt, was ziemlich sicher sekundär ist. Wie Arm des genaueren zu Syr und L2 steht, habe ich noch nicht herausgefunden[71]. Doch selbst wenn die Vorlage von Arm denselben Text wie die von Syr enthalten hätte, die Handschrift, in der er stand, muß deswegen nicht so alt gewesen sein. Sie kann aber[72].

Um weiterzukommen, habe ich herauszufinden versucht, ob die ‖ Vorlage von Arm eine Minuskel oder eine Majuskel war, bisher aber nichts gefunden, um die Frage zu entscheiden. Eine vage Spur ist vielleicht 2,11 (Y 155,12).

VorlT	ὥρα (καιρὸς v.l.)	γὰρ ἦν (γ. ἦν om. v.l.)	θερισμοῦ
Syr			'b' dqyt'
332 Y	mirg		merj (aŕ Y) i kt'el
L2	quia tempus	erat	messis

Arm stimmt weder syntaktisch noch in der Vokabel mirg „Obst" zu den übrigen. 3,5 (Y 156,11f.) vasn zi žamanak ēr hnjoc' (hncoc' Y) für διότι ὥρα ἦν θερισμοῦ wie 24,15 (Y 194,23) zi žam(anak Y) ē kt'oc' (-oy Y) für διότι ὥρα (καιρός v.l.) ἐστὶ τοῦ τρυγητοῦ zeigen, daß das nicht an Sprachunkenntnis liegt, sondern entweder an inner-armenischer Verderbnis oder an der Vorlage. In 4,2 (Y 157,8) übersetzt Arm ἐπί τε τῇ ὀπώρᾳ mit i veray amenayn mrgac'(n 332). Wenn in 2,11 mirg ebenfalls auf ὀπώρα zurückginge, könnte man überlegen, ob ὀπώρα nicht ein Fehler für ὅτι ὥρα ist. Er wäre eher in Majuskel-als in Minuskelschrift entstanden. Aber nicht erst der Übersetzer müßte (beim Lesen) den Fehler gemacht, er könnte ihn vorgefunden haben und das auch in einer Minuskel. Allerdings zeigen 2,11 und 10,2, daß eine solche Minuskel wohl von einer anderen Transkription herstammen müßte als der Rest der Überlieferung.

Doch bleibt bis zum Beweis des Gegenteils möglich, daß Arm aus einer Majuskel übersetzt wurde. Das könnte dann vor dem 9. Jh. geschehen sein. Doch wurden griechische Majuskeln auch noch im 10. Jh. geschrieben, und die vorhandenen wanderten auch später nicht

---

[71] Das unten zitierte Textbeispiel enthält gegen Ende mehrere Übereinstimmungen von Syr L2, die sekundär zu sein scheinen, während Arm dem griechischen Text folgt. Doch ist eine breitere Untersuchung nötig.

[72] Ein Fehler in der Vorlage steckt vielleicht hinter 16,14 (Y 179,7) or kac'c'en aŕaji teaŕn. Das könnte οἱ προκείμενοι (statt richtig προσκείμενοι) τῷ κυρίῳ voraussetzen. In 15,7 (Y 176,1) heißt οἱ προσκείμενοι in einer fast identischen Wendung besser hnazandealk'.

wegen ihrer Schrift einfach in den Ofen, zumal nicht in anderssprachigen Ländern.

So bleibt das Alter von Arm vorläufig unsicher.

5. ZUR ÜBERSETZUNGSTECHNIK

Wie und wie gut Arm übersetzt, läßt sich wie üblich nicht ganz genau beurteilen, weil wir weder die Vorlage noch Arm selber haben. Was sich über die Übersetzung sagen läßt, betrifft strenggenommen das Verhältnis von Arm$^\omega$ zu den nächststehenden Zeugen der übrigen Überlieferung und nicht die Arbeitsweise des oder der Übersetzer(s). Doch können wir uns anhand von Syr L2 und anderen[73] ein ganz ‖ gutes Bild der Vorlage machen, und mit dem verglichen scheint Arm$^\omega$ zumindest so nahe am Original von Arm zu sein, daß allgemeine Urteile für beide gelten. Eingehende Untersuchungen gibt es bisher nicht, zumal Arm$^\omega$ noch nicht durchgehend rekonstruiert ist (wozu umgekehrt bessere Kenntnis des Übersetzungsstils helfen würde). Soviel immerhin:

Arm ist eine ziemlich volle Übersetzung. Soweit ich sehe, fehlen aus der Vorlage an ganzen Versen nur 15,8 (dafür ist 15,7 [Y 175,24-176,12] überladen)[74] und am Ende 29,7b-9[75]. Das ist nicht selbstverständlich, wie zum Beispiel TestXII Arm zeigt und natürlich auch die übrige Überlieferung von JosAs. Unter den Übersetzungen sind nur Syr und L2 ähnlich, alle anderen scheinen mehr oder weniger viel zu kürzen, wenn auch die Vorlagen selber wohl an vielen Stellen schon kürzer waren. Auch auf Vers- und Satzebene ist Arm recht voll, obwohl die oft redundante Ausdrucksweise und die vielen Detailketten, in denen JosAs erzählt oder beschreibt, zum Kürzen auffordern. Das gilt auch bis zum Ende, während im allgemeinen nach hinten zu stärker gekürzt wird als vorn. 25,1-4 (Y 195,16-26) als Beispiel, mit Syr L2 zum Vergleich:

VorlT	καὶ	ἀνέστη	ὁ υἱὸς	Φαραὼ	ἐν τῇ νυκτὶ	ταύτῃ
Syr	wqm		brh	dPr'wn	blly'	
Arm	ew	yareaw	ordin	P'arawoni	i gišerin	yaynmik
L2	sur[re]xit	autem	filius	Faraonis	illa	nocte

---

[73] S. oben Anm. 27.

[74] *UJosAs*, 55-67.

[75] 25,8 und 28,5f. fehlten auch schon in der Vorlage (s. *JSHRZ* II 4 zu den Stellen).

καὶ ἦλθεν ἐπὶ   τὸν θάλαμον τοῦ πατρὸς αὐτοῦ τοῦ ἀποκτεῖναι
w't'   lwt   'bwhy   dnqṭlh   bḥrb'
ew ekn i   tun   hawr   iwroy zi spanc'ē na srov
          in(?) [cubicul?]o patris   sui   ut occideret

τὸν πατέρα αὐτοῦ καὶ οἱ φύλακες τοῦ πατρὸς αὐτοῦ διεκώλυον
                  wkl'why ñṭwr' d'bwhy
zhayrn iwr ew pahapank' hawr   nora argelin
eum

αὐτὸν τοῦ εἰσελθεῖν πρὸς τὸν πατέρα αὐτοῦ καὶ εἶπον αὐτῷ
       dl' n'wl   w'mrw lh
zna mtanel   aṙ hayrn   iwr   ew asen c'na ‖

τί   προστάσσεις κύριε   (2) καὶ εἶπεν αὐτοῖς ὁ υἱὸς Φαραὼ
mn' pqd 'nt   mry   w'mr
Zinč' hramayes   tēr mer[76] ew asē c'nosa ordin P'arawoni

ὄψεσθαι βούλομαι τὸν πατέρα μου διότι πορεύομαι τρυγῆσαι
d'ḥz'   l'by ṣb' 'n'   mṭl d'zl 'n'   lqṭp'
zi tesic'   zhayrn   im vasn zi ert'am kt'el

τὴν ἄμπελόν μου τὴν νεόφυτον (3) καὶ   εἶπον   αὐτῷ οἱ φύλακες
dnṣb' dkrmy   w'mrw lh nṭẅ'
zaygin   im znoratunk   ew   asen   c'na pahapank'n
                              et   dixerunt illi custodes

κεφαλῆς   πόνον πονεῖ ὁ πατήρ σου καὶ ἠγρύπνησεν
bk'b rš'   gyr 't'sq   'bwk
gluxn   c'aweac'   hawrn k'o ew art'un ekac'
dolo [10-11 Buchstaben] pater   tuus et uigilauit

ὅλην   τὴν νύκτα καὶ νῦν   ἡσυχάζει   μικρὸν
         blly'   wṣb' bšly'
zamenayn gišers   ew ayžm dadareac'   sakaw mi
tota   nocte   nunc autem quiescit(-uit?) paululum (?)

καὶ εἶπεν ἡμῖν   μηδεὶς ἐγγισάτω μου
     wpqd   dl' 'nš n'wl lwth
ew asac'   hayrn k'o[77] mi ok' merjesc'i aṙ is
et precepit   nequis accederet ad eum

μηδὲ ὁ υἱός μου   ὁ πρωτότοκος   (4) καὶ ὡς ἤκουσε ταῦτα
'p l'   'nt   bwkrh
t'ēew ordi   andranik ic'ē im   ew
neque filius suus primitiuus   et

---

[76] Ob mer in den Text gehört, ist nicht ganz sicher (vgl. JSJ 1979, 4).
[77] Daß hayrn k'o in den Text gehört, ist auch nicht unanfechtbar (vgl. JSJ 1979, 4).

ἀπῆλθε	σπεύδων	ὁ υἱὸς	Φαραὼ		καὶ ἔλαβε	μετ' αὐτοῦ		
w' strhb	brh	dPr'wn		whpk	wšql	'mh		
gnac'	p'ut'ov	ordin	P'arawoni		ew ar̄	ənd	iwr	
abiit	festinato	filius	Faraonis		et	as(s)sumpsit secum		

πεντήκοντα	ἄνδρας ἱππεῖς		τοξότας	καὶ ἀπῆλθεν	ἔμπροσθεν αὐτῶν		
ḥm̈šyn	gbr̈yn		šdyy bq̇štt'				
c	ayr jiovk'	ew	ałełamb	ew gnac'	ar̄aji		noc'a
D	equites ||						

καθὰ	ἐλάλησαν	αὐτῷ	Δὰν	καὶ	Γάδ
'yk	mlk'		dDn		wGd
orpēs ew	xawsec'an		Dan	ew	Gad
secundum	consilium		Dan	et	Gad

Doch kommt es durchaus vor, daß Arm Wörter oder Wortgruppen nicht übersetzt. So heißt es zum Beispiel 19,11 (Y 184,24-26)[78] *ew otjuneac'* (*-al* Y) *Yovsēp' zAsenet'* (*zAsanēt'* Y) *ew* (> Y) *et nma hogi kendanut'ean ew hogi imastut'ean ew hogi čšmartut'ean* für καὶ κατεφίλησεν ὁ Ἰωσὴφ τὴν Ἀσενὲθ καὶ ἔδωκεν αὐτῇ πνεῦμα ζωῆς καὶ κατεφίλησεν αὐτὴν τὸ δεύτερον καὶ ἔδωκεν αὐτῇ πνεῦμα σοφίας καὶ κατεφίλησεν αὐτὴν τὸ τρίτον καὶ ἔδωκεν αὐτῇ πνεῦμα ἀληθείας. Syr und L2 stützen dabei den langen Text. Zufügungen sind dagegen selten[79]. Eine findet sich in 11,7. Arm hat gegen die übrige Überlieferung allein am Anfang *zays miayn xorhēr ew asēr* (Y 167,17) und dann den Vers in der 2. statt in der 3. Person; in V. 8 geht er zur 3. Person zurück.

Arm ist auch eine ziemlich genaue Übersetzung. In dem eben genannten Beispiel 25,1-4 (Y 195,16-26) behält sie die Satzstruktur des Originals und möglichst auch die Wortstellung wie etwa die Kopfstellung des Prädikats[80] bei, ohne andererseits die Vokabel θάλαμος[81] und den finalen Infinitiv τοῦ ἀποκτεῖναι in V. 1, die präsentischen Prädikate πονεῖ, ἡσυχάζει[82] und das Kompositum ἀγρυπνεῖν in V. 3, das verbundene Partizip σπεύδων und die substantivischen Attribute ἱππεῖς τοξότας[83] in V. 4 so sklavisch zu behandeln, wie es vermutlich die Hellenistische Schule des 5.-6. Jh.s getan hätte[84]. Das Beispiel ist einigermaßen charakteristisch für das ganze Buch. Aber Freiheiten

---

[78] 332 mit den Varianten von Y in Klammern.

[79] Zu 15,7 s. *UJosAs*, 55-67.

[80] Vgl. Jensen, § 360.

[81] S. unten.

[82] Oder gehen *c'aweac'* und *dadareac'* auf Vergangenheitsformen zurück?

[83] Oder hat Arm ἵπποις gelesen?

[84] Zu ihr z.B. Ch. Mercier, „L'École Hellénistique dans la littérature arménienne", *RÉArm* N.S. 13, 1978-79, 59-75.

kommen natürlich vor, zum Beispiel in 15,7 (Y 175,24-176,12)[84a], wohl auch Fehler. Gleich in 1,1 hat Arm *yamseann aṙaĭnumn* o.ä. (Lücke in Y 152,1), während die ganze übrige Überlieferung ἐν τῷ μηνὶ τῷ δευτέρῳ hat oder voraussetzt. Im Vokabular ist Arm nicht konsistent. ‖ Zum Beispiel[85] steht für οἰκία *aparank'* 2,1 (Y 153,21), *tun* 3,4 (Y 156,5f.) und *tačar* 6,2 (Y 160,11), für θάλαμος *seneak* 2,1 (vgl. Y 154,3) und *tun* 13,6 (Y 172,1) wie eben in 25,1 (Y 195,18), für κλίνη *taxtak* 2,8 (Y 154,24)[86], *taxt* 15,14 (Y 177,16) und *mahičk'* 9,1 (Y 163,18), für φλὸξ πυρός *hur hnoc'i* 12,11 (Y 170,24, vgl. Matthäus 13,42.50?) und *boc' hroy* 14,9 (vgl. Y 174,6); 23,15 (Y 192,29), für εἰς τὴν ὕλην τοῦ καλάμου *i hiwt's ełegann* 24,19 (Y 195,3), *i xarj ełegaknn* 27,8 (Lücke in Y), *i hiwt'(oc' Y) ełegann* 28,7 (Y 196,18), *i puraks ełegann* 28,8 (Y 196,22), für ἐν τῇ ὕλῃ τοῦ καλάμου *i měĭ hiwt'i (-t'oc' Y) ełegann* 24,20 (Y 195,14f.) und *i puraks hiwt'oc' ełegann* 28,16 (Y 197,20). Doch was immer die Ursachen für Freiheit und Inkonsistenz gewesen sein mögen: Schwächen im Griechischen gehören nicht dazu.

Es ist deshalb meist möglich, die griechische Vorlage von Arm zu rekonstruieren, ganz gewiß da, wo griechische Lesarten zur Verfügung stehen[87].

6. Die Bedeutung von Arm für die Rekonstruktion des griechischen Textes

Was Arm für die Rekonstruktion des griechischen Textes von JosAs bedeutet, ergibt sich erstens daraus, daß Arm mit Syr und L2 die älteste Textform repräsentiert, die wir haben, und eine sehr gute dazu. Es ergibt sich zweitens daraus, daß Arm ziemlich vollständig und genau übersetzt und im ganzen gut erhalten ist. Dagegen kürzt oder erweitert Syr öfter, übersetzt frei und 13,15-16,7 sind verloren. L2 ist

---

[84a] *UJosAs*, 55-63.
[85] Belegstellen nicht vollständig.
[86] S. oben Anm. 67.
[87] Freilich ist zu beachten, daß griechische Zeugen der spezifischen Textform, zu der Arm gehört, erst vom 15. Jh. ab vorhanden sind (*JSHRZ* II 4, Einleitung; *ANRW* II 20, II.18-20). – Insgesamt bestätigt sich also das Urteil, das Carrière, 487 schon vor hundert Jahren fällte, obwohl er den griechischen Text nur in einer fragmentarischen Handschrift des 15. Jhs. kannte. Seine Verbesserungen am armenischen Text werden bis auf zwei durch andere Handschriften gedeckt; der Vorschlag 495 Anm. 3 ist überflüssig, zu 497 Anm. 3 s. unten Anm. 95.

sehr zerschrieben überliefert und bisher nicht rekonstruiert. Arm ist der beste der drei. Das macht ihn zu einem der wichtigsten Textzeugen überhaupt. ‖

7. ZU EINER NEUAUSGABE

Eine Neuausgabe von Arm hätte auch ohne 332 gelohnt. Yovsēpʻeancʻ hat nur 362/391 nachgedruckt, einen guten Vertreter von Armᵇ, der recht ordentlich wiedergegeben ist. Der Apparat aus 352 (Armᵈ, aber nicht der beste Vertreter) und 351 361 oder 383 (Armᶜ) ist zufällig ausgesucht und oft ungenau oder falsch. Vor allem hat Yovsēpʻeancʻ nicht versucht, wenigstens aus den ihm zur Verfügung stehenden Venediger Handschriften, zu denen auch Zōhrapean-Carrières Textgrundlage 376 (Armᵉ) gehört, einen kritischen Text zu machen[88]. Deswegen gibt auch Issaverdens' Übersetzung keinen zureichenden Eindruck von Arm. Zwar nimmt sie manchmal zu Recht Lesarten aus dem Apparat in den Text, kennzeichnet sie aber nicht immer[89]; zudem reicht Issaverdens' Englisch nicht aus. Daß eine Ausgabe auf Grund von Armᵃ⁻ᵉ allein den Text nicht nur älter und sicherer gemacht hätte, weil seine Entwicklung deutlicher geworden wäre, sondern ihn auch in vielen Einzelheiten verbessert hätte, haben Textproben gezeigt[90]. Dank 332 läßt sich nun nicht nur der Verlust von 25,3-27,11 ausgleichen, sondern auch an vielen anderen Stellen der Text berichtigen und ergänzen. Mxitʻars Handschrift, die auch bei anderen Büchern die beste ist[91], bedeutet für JosAs einen ungewöhnlichen Glücksfall. Sie ist andererseits nicht so von den übrigen oder besser deren Ahn verschieden, daß man nicht einen einzigen Text aus ihnen machen könnte – wohlgemerkt nicht das Original von Arm, sondern den Archetyp der erhaltenen Überlieferung.

Es ist nicht nötig, alle Handschriften zu kollationieren, und schon gar nicht müssen alle und jede mit allen Varianten im Apparat einer Neuausgabe vorkommen. Ginge es nur um einen Text, der sich in einer griechischen Ausgabe als Ersatz für die Vorlage von Arm

---

[88] Marrs Textproben aus M (Armᶜ) und Ēmins Übersetzung von 364 (Armᵇ) waren ihm wohl unzugänglich, betreffen aber Familien, die er kannte. Ihm fehlten nur Armᵃ und 332.
[89] S. oben Anm. 51.
[90] S. oben Anm. 26.
[91] S. oben Anm. 50.

verwenden ließe, würde eine Handschrift jeder Gruppe genügen, vielleicht sogar weniger, und im Apparat könnten die meisten Untervarianten innerhalb Arm^{a-e} fehlen. Doch sollte eine Neuausgabe wenigstens die Grundzüge der armenischen Textentwicklung so sichtbar machen, daß ‖ die Textherstellung aus ihr selber kritisierbar ist und neugefundene Handschriften eingeordnet werden können. Deshalb sollten erstens auch Vertreter der erkennbaren Untergruppen dazugenommen werden. Zu kollationieren wären also nach den bisherigen Erkenntnissen außer 332 etwa 371 373 (Arm^a), 362 364 372 (Arm^b), 342 351 M (Arm^c), 354 3711 (Arm^d) und 333 376 379 (Arm^e). Über Erevan 8301, der wegen seines Alters interessant sein könnte, muß noch entschieden werden. Von den übrigen bisher nicht gesehenen Handschriften Jerusalem 1929, 2558, Isfahan 17 und, falls überhaupt erhalten, Diyarbekir ist vermutlich nichts Neues zu erwarten, von Neuentdeckungen am ehesten dann, wenn sie älter sind als das 17. Jh. Als Kollationsgrundlage empfiehlt sich 332, soweit er reicht, und für den Schluß der Probetext aus JSJ 1979. Zweitens sollten von allen nichtkollationierten Handschriften ein paar individuelle Eigenheiten festgestellt werden, so daß neugefundene nahe Verwandte identifiziert werden können. Wenn es richtig ist, daß LJos-JosAs von Anfang an gekoppelt waren und womöglich von demselben Übersetzer stammen, müßte LJos eigentlich in die Ausgabe einbezogen werden. Das ließe sich vermutlich machen, ohne daß die Handschriftenauswahl für JosAs geändert werden müßte[92].

Der Text der Ausgabe von JosAs sollte 332 folgen, abgesehen natürlich von der Rechtschreibung, und ihn da ändern oder ergänzen, wo andere armenische Zeugen überlegen sind. Das läßt sich oft nur mit Hilfe der übrigen Überlieferung zeigen, vor allem der griechischen und Syr L2. Als Einteilung kommen vorläufig nur Batiffols Kapitel mit Rießlers Versen in Frage. Der Apparat sollte alle Varianten aller kollationierten Handschriften und von Yovsēpʻeancʻ außer den orthographischen[93] und den offenkundigen Fehlern verzeichnen, dazu die oben genannten ausgewählten Eigenheiten der übrigen Handschriften[94]. Ein Versuch für JosAs 25-29 anhand von 332 331 371 M 352

---

[92] Vgl. oben Anm. 32.
[93] Typisches zur Orthographie könnte wie bei der Göttinger Septuaginta in der Einleitung oder einem Anhang notiert werden. Vgl. allgemein A.G. Abrahamyan, *Hay gri ew grčʻutʻyan patmutʻyun*, Erevan 1959.
[94] Sie müßten auch in der Einleitung genannt werden, damit man sie nachschlagen kann.

376 379 Y ist gemacht[95]. Er zeigt, daß ein vollständiger Apparat nicht zu umfang ‖ reich wird[96]. In den Apparat gehören außerdem die Zeugen der nichtarmenischen Überlieferung, wo sie textkritische Entscheidungen begründet haben und wo Arm deutlich verderbt oder ungewöhnlich frei ist.

Universität Heidelberg   Christoph BURCHARD
Wissenschaftlich-Theologisches Seminar
30. November 1982

BIBLIOGRAPHIE

A. *Ausgaben und Übersetzungen von JosAs*

(ANONYM), „Patmut'iwn Yovsep'ay ew knoǰ nora Asanet'i dstern Petap'rē k'rmi Areg k'ałak'i", *Bazmavēp* 43, 1885, 200-206; 44, 1886, 25-34.
BATIFFOL, P., „Le livre de la Prière d'Aseneth", in: BATIFFOL, *Studia patristica*, Paris 1889-90, 1-115 (griechischer Text und lateinische Übersetzung I).
BROOKS, E.W., *Joseph and Asenath. The Confession and Prayer of Asenath Daughter of Pentephres the Priest* (Translations of Early Documents 7), London-New York 1918; *Historia ecclesiastica Zachariae Rhetori vulgo adscripta I* (Corpus Scriptorum Christianorum Orientalium 83, Scriptores Syri III 5 [38], Textus), Paris 1919 = 1953, 21-55; *dito* (CSCO 87, Scriptores Syri III 5 [41] Versio), Louvain 1924 = 1953, 15-39.
BURCHARD, CHR., „Ein vorläufiger griechischer Text von Joseph und Aseneth", *Dielheimer Blätter zum Alten Testament* 14, Oktober 1979, 2-53 (zitiert: VorlT); „Joseph und Aseneth 25-29 armenisch", *Journal for the Study of Judaism* (zitiert: *JSJ*) 10, 1979, 1-10; *Joseph und Aseneth* (Jüdische Schriften aus hellenistisch-römischer Zeit II 4), Gütersloh 1983 (zitiert: JSHRZ II 4); „Joseph and Aseneth", in: J.H. CHARLESWORTH ed., *The Old Testament Pseudepigrapha*, II, New York, N.Y. 1985.

---

[95] *JSJ* 1979. Corrigenda zum Text: 25,4: statt *araǰi* lies *aṙaǰi*; 96,1: eins der beiden Substantive *yandn ew yagarakn* (griechisch εἰς τὸν ἀγρόν) ist vermutlich Dublette, am ehesten *yagarakn*, vgl. 3,5 (Y 156,9) u.ö.; 26,3: *apakanesc'in* paßt nicht zum singularischen Subjekt, doch vgl. Jensen, § 379; 27,6; statt *daranakaln* lies *daranak(e)aln*; 28,13: statt *jer* konjiziert Carrière, 497 Anm. 3 *mer* nach Syr (VorlT ἡμῶν); 28,17: s. oben Anm. 87. Zum Apparat: 25,1: s. oben Anm. 76. 25,3: s. oben Anm. 77. 27,3: statt *ew* lies + *ew*. 28,2, erste Variante: statt 32 lies > 32; letzte Variante: statt *k'o* lies *k'o vasn zi*. 28,5-6: statt oben lies eben. 28,7: Wenn *hiwt'* ursprünglich „Feuchtigkeit" bedeutet (C.J.S. Dowsett, „Armenian *niwt'*, *niwt'em; hiwt'*, *hiwt'em*", *RÉArm* N.S. 2, 1965, 117-128), ist statt Ačaṙeans „Dickicht" (s. oben Anm. 67) hier vielleicht „Sumpf" o.ä. anzunehmen; das ist zwar keine gute Übersetzung für ὕλη, aber Arm gibt das Wort sehr inkonsistent wieder (s. oben). Die Konjektur *niwt'* ist wohl überflüssig. 28,8: Carrière, 497 Anm. 1, konjiziert *p'oruacs* „Vertiefung" für *p'oruaks* 376. Wohl überflüssig, jedenfalls nicht der Urtext von Arm.

[96] Falls doch, sind Vereinfachungen in der Notierung denkbar. So könnte man Arm[a] nur dann notieren, wenn die Gruppe von Arm[d] abweicht, ebenso Arm[c] im Verhältnis zu Arm[b] und die weiteren Handschriften einer Gruppe im Verhältnis zur ersten.

CARRIÈRE, A., „Une version arménienne de l'Histoire d'Asséneth", in: *Nouveaux Mélanges Orientaux* (Publications de l'École des Langues Orientales Vivantes II 19), Paris 1886, 471-511. ‖

ĖMIN, N.O., „Povĕst' ob Iosifĕ i Asenef.ĕ", in: *Perevody i stat'i N.O. Ėmina po duchovnoj armjanskoj literaturĕ* (Ėtnografičeskij fond imeni N.O. Ėmina 3), Moskau 1897, 79-108.347-349; Einleitung von G. CHALAT'JANC, XIV-XX.

ISSAVERDENS, J., *The Uncanonical Writings of the Old Testament*, Venedig 1900 = ²1934, 91-160; *The History of Assaneth*, Venedig 1900.

ISTRIN, V.M., „Apokrif ob Iosifĕ i Asenefĕ", in: *Drevnosti. Trudy slavjanskoj kommissii imperatorskago moskovskago archeologičeskago obščestva* II, Moskau 1898, 146-199 (Druck einer griechischen Handschrift der von Philonenko herausgegebenen Textform und der neugriechischen Übersetzung).

LUCERNA, C., *Asseneth. Eine apokryphe Erzählung aus den Werdezeiten des Christentums*, Wien 1921; *Aseneta. Po staroj predaji*, Zagreb 1922 (nicht gesehen, Übersetzung des vorigen?).

MARR, N.JA., *Sborniki pritč Vardana. Materialy dlja istorii srednevĕkovoj armjanskoj literatury III*, St. Petersburg 1894, 62 (JosAs 1,1-6 [Y 152,1-153,9] und 21,5-9 [Y 186,10-26] nach M); *Iz lĕtnej poĕzdki v Armeniju. Zamĕtki i izvlečenija iz armjanskich rukopisej* (Zapisok Vostočnago otdĕlenija imperatorskago russkago archeologičeskago obščestva V), o. Ort und Datum, 211-245; sep., 28f. 27 Anm. 2 = „Amaṙnayin uleworut'iwnic' dēp i Hays. Nkatoluṫiwnner ew k'aluacner haykakan jeṙagreric' ", *Handēs Amsōreay* 5, 1891, Sp. 260-271, hier 270a. 269b Anm. 2 (JosAs 21,11-21 [Y 187,1-188,20] und einige Lesarten zu Carrière nach M).

PALEAN, T., „Awrhnut'iwn xostovanut'ean Asanet'ay", Kajseri 1896 (unveröffentlichter Artikel bei der Redaktion von *Handēs Amsōreay*, JosAs 21,11-22,10 [Y 187,1-190,4] nach 353).

PHILONENKO, M., *Joseph et Aséneth. Introduction, texte critique, traduction et notes* (Studia Post-Biblica 13), Leiden 1968.

RIEßLER, P., „Joseph und Asenath. Eine altjüdische Erzählung", *Theologische Quartalschrift* 103, 1922, 1-22.145-183 = „Joseph und Asenath", in: RIEßLER, *Altjüdisches Schrifttum außerhalb der Bibel*, Augsburg 1928 = ⁴Heidelberg 1979, 497-538.1303f.

YOVSĒP'EANC', S., *T'angaran hin ew nor naxneac', A. Ankanon girk' hin ktakaranac'*, Venedig 1896, ŽAf. 152-198.

B. Untersuchungen und Hilfsmittel

AČAṘEAN, H., „Hayerēn nor baṙer ankanon groc' mēj", *Bazmavēp* 1925, 200-204; H. AČAṘYAN, *Hayoc' anjnanunneri baṙaran I* (Haykakan SSṘ. Molotovi anvan Erevani Petakan Hamalsaran. Gitakan ašxatut'yunner 21), Erevan 1942, 221.

ANASYAN, H.S., *Haykakan matenagitut'yun B/Armjanskaja bibliologija II*, Erevan 1976, col. 169-174 (armenisch, nicht gesehen, vgl. die Sammelrezension von J.-P. MAHÉ, *RÉArm* N.S. 13, 1978-79, 409-420).

BROSSET, M., *Rapports sur un voyage archéologique dans la Géorgie et dans l'Arménie, exécuté en 1847-1848*, St. Petersburg 1849-51, III, 41f., Résumé, 22.

BURCHARD, CHR., *Untersuchungen zu Joseph und Aseneth. Überlieferung – Ortsbestimmung* (Wissenschaftliche Untersuchungen zum Neuen Testament 8), Tübingen 1965 (zitiert: *UJosAs*); „Zur armenischen Überlieferung der Testamente der zwölf Patriarchen", in: W. ELTESTER hg., *Studien zu den Testamenten der Zwölf Patriarchen* (Beihefte zur Zeitschrift für die neutestamentliche Wissenschaft und die Kunde der älteren Kirche 36), Berlin 1969, 1-29 (zitiert: *BZNW 36*); „Zum Text von ‚Joseph ‖ und Aseneth' ", *JSJ* 1, 1970, 3-34; „Der jüdische Asenethroman und seine Nachwirkung. Von Egeria zu Anna Katharina Emmerick oder von Moses aus Aggel zu Karl Kerényi", in: *Aufstieg und Niedergang der römischen Welt* II 20, Berlin 1987 (zitiert: *ANRW* II 20).

CURZON, R., *Armenia: A Year at Erzeroom, and on the Frontiers of Russia, Turkey, and Persia*, London ³1854, 225f.

DENIS, A.-M., *Introduction aux Pseudépigraphes grecs d'Ancien Testament* (Studia in Veteris Testamenti Pseudepigrapha 1), Leiden 1970, 40-48 u.ö.

JENSEN, H., *Altarmenische Grammatik* (Indogermanische Bibliothek I. Lehr- und Handbücher), Heidelberg 1959.

JONGE, H.J. DE, „The Earliest Traceable Stage of the Textual Tradition of the Testaments of the Twelve Patriarchs", in M. DE JONGE ed., *Studies on the Testaments of the Twelve Patriarchs. Text and Interpretation* (Studia in Veteris Testamenti Pseudepigrapha 3), Leiden 1975, 63-86.

JONGE, M. DE, „The Greek Testaments of the Twelve Patriarchs and the Armenian Version", in: M. DE JONGE ed., *Studies*, 120-139.

OSKEAN, H., *Vaspurakan-vani vankʿerə I* (Azgayin matenadaran 149) / H. OSKIAN, *Die armenischen Klöster in Vaspowrakan-Van* (Nationalbibliothek 149), Wien 1940; *II* (151), 1942; *III* (155), 1947.

SÄNGER, D., *Antikes Judentum und die Mysterien. Religionsgeschichtliche Untersuchungen zu Joseph und Aseneth* (Wissenschaftliche Untersuchungen zum Neuen Testament II 5), Tübingen 1980.

SARGISEAN, B., *Usumnasirutʿiwnkʿ hin ktakarani anvawer grocʿ vray*, Venedig 1898, 101-132.

SINKER, R., *Testamenta XII Patriarcharum: Appendix*, Cambridge 1879.

SRČUNI, A.Y., „Srboyn Epʿremi i Yusēpʿ Ewtʿn Vahangi", *Sion* 47, 1973, 26-37.137-144.

STANLEY, A.P., *Lectures on the History of the Eastern Church*, London ²1862, 7.

STONE, M.E., *The Testament of Levi. A First Study of the Mss of the Testaments of the XII Patriarchs in the Convent of St. James, Jerusalem*, Jerusalem 1969; „Bible, Translations, Armenian", *Encyclopedia Judaica* IV, 1971, col. 861f.; *The Armenian Version of the Testament of Joseph. Introduction, Critical Edition, and Translation* (Society of Biblical Literature. Texts and Translations 6. Pseudepigrapha Series 5), Missoula, Montana 1975; „Armenian Canon Lists III – The Lists of Mechitar of Ayrivankʿ (c. 1285 C.E.)", *Harvard Theological Review* 70, 1977, 289-300; „New Evidence for the Armenian Version of the Testaments of the Twelve Patriarchs", *Revue Biblique* 84, 1977, 94-107; *The Armenian Version of IV Ezra edited and translated* (University of Pennsylvania. Armenian Texts and Studies 1), Missoula, Montana 1979.

TER-MOVSESJAN, M., *Istorija perevoda biblii na armjanskij jazyk*, St. Petersburg 1902. 215f. u.ö.

THIERRY, J.M., „Monastères arméniens du Vaspurakan", *RÉArm* N.S. 4, 1967, 167-186; II, 5, 1968, 65-90; III, 6, 1969, 141-180; IV, 7, 1970, 123-170; V, 8, 1971, 215-227; VI, 9, 1972, 137-178; VII, 10, 1973-74, 191-232; VIII, 11, 1975-76, 377-421; IX, 12, 1977, 185-214.

ZARBHANALEAN, G., *Matenadaran haykakan tʿargmanutʿeancʿ naxneacʿ* (Dar D – ŽG) / *Catalogue des anciennes traductions arméniennes* (Siècles IV-XIII), Venedig 1889, 183-185.190-192. ‖

ZŌHRAPEAN, Y., *Acāsunčʿ matean hin ew nor ktakaranacʿ*, Venedig 1805, vierbändige Ausgabe IV, Anhang, 3; einbändige Ausgabe, Anhang, 1.

Handschriftenkataloge und -sigla s. oben unter 2.

Postscriptum. Herr Kollege J.-P. Mahé hat mir liebenswürdigerweise die Handschriftenliste von ANASYAN, *Matenagitutʿyun II*, 1976, Sp. 169-174, hier 170, und weitere Auskünfte zugänglich gemacht. Anasyan, der übrigens auch das 6./7. Jh. als Datum von JosAs Arm für wahrscheinlich hält (Sp. 169), nennt 34 Handschriften (außer Nr. 8, 11, 14, 23, 26, 35, 36, 37, 39, 42, 43 oben), darunter zwei neue:

c?   44. Armaši vankʿ (nö. von Izmit), 11, f. 80r-96r, 1597?, aus Sivas (Sebaste, Türkei), Kloster der hl. Erzengel (dort auch entstanden?), Mischhandschrift;

Y. Topʻčʻean, *Cʻucʻak jeṙagracʻ Armaši vankʻin*, Venedig 1962, 51-61, JosAs 55. – Endet mit 21,9 (Y 186,27).

    45. Ankara, Karmir vankʻ, 102, S. 645ff.; Anasyan, Sp. 170.

Nr. 44 ist mit *Patmutʻiwn Asanatʻay knojn Yovsepʻa* überschrieben, fängt mit *Ew ełew yamin aṙajnum or ōr eawtʻn ēr amsoyn* an und endet mit *ew Epʻrem i tann Yovsepʻay, i paṙs Astucoy*, gehört also wohl zu Armᶜ (s. oben 3). Aus der Gruppe endet 381 ebenso. Nr. 44 und 45 sind vermutlich nicht erhalten (vgl. oben Anm. 9).

6

NEUES VON JOSEPH UND ASENETH AUF ARMENISCH

Die altarmenische Übersetzung von JosAs gehört dank Alter, Qualität und Texttyp zu den wichtigsten Textzeugen, ist aber noch nicht kritisch herausgegeben. Die Calouste Gulbenkian Foundation in Lissabon und die Stiftung Universität Heidelberg haben es ermöglicht, 1989-1990 eine repräsentative Auswahl von Handschriften als Grundlage einer Ausgabe zu kollationieren. Die Hauptarbeit hat Bettina von Kienle geleistet. Ohne sie wäre der vorliegende Bericht nicht zustandegekommen.[1]

1. Die Überlieferung

Es folgt zunächst eine erweiterte (Nr. 46-50?) und verbesserte Fassung der chronologischen Handschriftenliste von 1983[2], jetzt nach Textgruppen gegliedert:

---

[1] Zunächst in: Heidel-Berger-Apokryphen. Eine vorzeitige Nikolausgabe zum 50. Geburtstag von Prof. Dr. Klaus Berger, Heidelberg 1990 (masch.), 13-29, als neubearbeitete und ergänzte, aber um viele Textbelege gekürzte Übersetzung von More about the Armenian Text of *Joseph and Aseneth*, JSAS 5 (1990-1991), 65-80. Die vorliegende Fassung ist nochmals überarbeitet und erweitert. Sie versteht sich als Weiterführung und Verbesserung von Zur armenischen Übersetzung von Joseph und Asenet, RÉArm 17 (1983), 207-240 (= oben Nr. 5), vgl. auch Joseph und Asenet 25-29 armenisch, JSJ 10 (1979), 1-10 (= oben Nr. 4); Der jüdische Asenethroman und seine Nachwirkung, in: ANRW II 20.1, Berlin 1987, 543-667 (= unten Nr. 13), hier 581-588. Umschrift von Textbelegen nach RÉArm, von modernen Titeln usw. nach JSAS. Zu danken habe ich Andranik Zeyt'unyan für Mikrofilme von Erevan 203 und 8301 und Informationen dazu, P. Muradyan für eine Xerokopie von Erevan 6281, dem Paul Getty Museum, Malibu, CA, für einen Film von 83 MA 63, I, 14, Erzbischof Shahé Adjémian für Ausdrucke aus seinem Grand catalogue des manuscrits arméniens de la Bible, Lissabon 1992 (armen.), und B. Coulie für Informationen aus seinem Répertoire des bibliothèques et des catalogues de manuscrits arméniens (CChr), Turnhout 1992, bevor sie erschienen waren. Trotz freundlicher Unterstützung von J.C. McCullough (Belfast) und Miss V. Gulbenkian (Oxford) war es unter den heutigen Umständen nicht möglich, Mikrofilme der beiden Beiruter Handschriften (unten Nr. 31 und 19) zu bekommen.

[2] RÉArm 1983, 209-214 (s. Nr. 5 oben in diesem Band), ohne die dort schon genannten Kataloge und anderen Einzelheiten, aber mit den Nummern von Adjémians Katalog; die Liste ANRW 1987, 584f. (s. Nr. 13 unten im Band) muß entsprechend verbessert werden. Sigla wie in früheren Arbeiten seit 1965 (3... sind die armenischen Handschriften von JosAs, 33... die des 13. Jh.s usw., weitere Ziffern unterscheiden die desselben Jh.s), bei Bibeln zusätzlich die laufenden Nummern der chronologischen Liste von A. Zeyt'unyan, Astvatsashnch'i hayeren t'argmanut'yan dzeragrakan miavorneri dasakargman masin, Banber Matenadarani 12 (1977), 295-304 = auf Dtn reduziert, aber um Nr. 229-233 ergänzt auch bei C.E. Cox, The Armenian Translation of Deuteronomy (Armenian Texts and Studies 2), Chico, CA 1981, 15-31, danach in RÉArm 17 (1983), 629-631. Zeyt'unyan selber benutzt in seinen Ausgaben von Gen und Ex Girk' tsnndots'. K'nnakan bnagir, Erevan 1985; Girk' elits'. K'nnakan bnagir, Erevan 1992, eigene Buchstabensigla von A_1- A_0 usw. Unten in Abschnitt 4 und 5 gebrauche ich zusätzlich das von der Association Internationale des Études Arméniennes auf einer Arbeitstagung in Sandbjerg (Dänemark) 1989 vorgeschlagene System, weil S.P. Cowe, The Armenian Version of Daniel (Armenian Texts and Studies 9), Atlanta, GA 1992, und C. Cox, Text Forms and Stemmatics in

Gruppe f

332 (28)   2.   Erevan, Matenadaran, 1500, Gegharday Vankʻ (Ayrivankʻ),
1282-83; Adjémian Nr. 22

Gruppe e

333 (13)   1.   Jerusalem, Armenisches Patriarchat, 1925, Erzincan (Erznka),
1269; Adjémian Nr. 189

363 (81)   9.   Erevan, 354, Aparanner, 15./16. (14.?) Jh.; Adjémian Nr. 59

3720 (-)   49.   Malibu, CA, Paul Getty Museum, 83 MA 63, I, 14, f. 30r-37r,
Isfahan, 1636, Bibel; Adjémian Nr. 294 (JosAs nicht ausgewiesen[3])

---

the Armenian Text of Job, in: H. Lehmann - J.J.S. Weitenberg eds., Armenian Texts, Tasks and Tools (Acta Jutlandica LXIX:1, Humanities Series 68), Aarhus 1993, 38-43, es inzwischen anwenden: im Prinzip Abkürzung der Bibliothek (Vorschläge bei B. Coulie, Répertoire des manuscrits arméniens - Census of Armenian Manuscripts. Liste des sigles utilisés pour désigner les manuscrits, Beilage zu AIEA Newsletter, Leiden, kein Datum) + Nummer (Katalog, bei Venedig, San Lazzaro, Standort). Man kann danach die Siglen für die folgende Liste herstellen (Erevan = M, Isfahan = NJ [Neu-Djulfa, Amenapʻrkichʻ]). Die Dreifachbezeichnung unten in 4 und 5 ist unübersichtlich, aber schwer vermeidbar und unterstreicht, daß ein konsensfähiges Einheitssystem nötig ist. Die AIEA-Sigel haben den Nachteil, daß sie sechs- oder mehrstellig werden können, anfällig gegen Umsignierung sind und beim Umgang mit großen Handschriftenmengen Platz brauchen. Sie haben aber den großen Vorteil, daß sie sich für alle, die einen Überblick über die armenischen Handschriftenbestände haben, selbst erklären. Apparate lassen sich verkleinern, indem man Gruppensigel einführt; sie müßten nicht neu sein, sondern könnten auch aus einem markierten Hauptvertreter bestehen (z.B. „J1925&" statt „JosAs *e*" oder „JosAs*e*").

[3] Zwischen Ps-Ephrem, In pulcherrimum Ioseph, hier Leben Josephs (LJos) genannt, und TestXII. TestXII-LJos-JosAs erscheinen oft gekoppelt in JosAs *e*, LJos-JosAs-TestXII in *e* und *a*, TestXII-JosAs in *b* und *c*, vgl. RÉArm 1983, 216f.; S.P. Cowe, A Typology of Armenian Biblical Manuscripts, RÉArm 18 (1984), 49-67, hier 61f. (die Dreiergruppen sind beide schon im 13. Jh. belegt, Cowe hält LJos-JosAs-TestXII für eine Umbildung der anderen aus chronologischen Gründen). Zu LJos RÉArm 1983, 217.219, und unten Anm. 43; P.-H. Poirier, Le sermon pseudo-éphrémien *In pulcherrimum Ioseph.* Typologie et Midrash, in: Figures de l'Ancien Testament chez les Pères (Cahiers de la Biblia Patristica 2), Strasbourg 1989, 107-122 (hält den Text nach der erbaulichen christlichen Einleitung ab II S. 23 Zeile 24 Assemani für eine nur gelegentlich christianisierte jüdische Komposition nach Gen 37-46 und Haggada; S. 121f.: das rätselhafte *ewtʻn* oder besser *utʻ vahangi* im Titel bezeichnet nach einem Vorschlag von B. Outtier den Rhythmus). Zu den Handschriften in RÉArm 1983, 217 Anm. 32, kommen dazu M5809, f. 209r-237v, 16., 17. Jh., Prov, Qoh, Sap, Apk, Tob, Esth, 2.Esra, LJos (wegen der Länge auch JosAs-TestXII?), Dan (Adjémian Nr. 83); Isfahan 17 (3), f. 23v-27r, vor 1654, vor TestXII, offenbar ohne JosAs (Adjémian Nr. 240); Malibu, f. 25r-30r (s. oben Nr. 49). Zu TestXII Arm die Arbeiten von M.E. Stone, vor allem The Testament of Levi. A First Study of the Armenian Mss of the Testaments of the XII Patriarchs in the Convent of St. James, Jerusalem, Jerusalem 1969; The Testament of Joseph, Missoula, MT 1975; New Evidence for the Armenian Version of the Testaments of the Twelve Patriarchs, RB 84 (1977), 94-107; The *Epitome* of the Testaments of the Twelve Patriarchs, RÉArm 20 (1986-87), 69-107 = in: Stone, Selected Studies in Pseudepigrapha and Apocrypha (SVTP 9), Leiden 1991, 145-183; Armenian Canon Lists V - Anonymous Texts, HThR 83 (1990), 141-161 (TestXII allein in Gregor Tatʻewatsʻis Liste der kanonischen

3718 (143)	23.	Jerusalem, 1934, Isfahan, 1643-46; Adjémian Nr. 218
3714 (146)	24.	Erevan, 2587, Isfahan, 1648; Adjémian Nr. 108
3712 (151)	25.	Erevan, 189, Isfahan, 1649-50; A. Mnats'akanyan - Ō. Eganyan

hg., Mayr ts'uts'ak hayerēn dzeṛagrats' Mashtots'i anuan matenadarani, Bd. I, Erevan 1984, Sp. 803-814, hier 808f.; Adjémian Nr. 109. JosAs ist das letzte Stück des Bandes, vorher Werke von Ghazar Baberdats'i.

376 (159)	27.	Venedig, S. Lazzaro, 229, Lemberg?, 1655; Adjémian Nr. 263
379 (162)	28.	Erevan, 347, Isfahan, 1657; Adjémian Nr. 117
3721 (176)	48.	Erevan, 6281, f. 396r-402v, Isfahan, 1667, Bibel, JosAs allein am Ende des AT; Adjémian Nr. 128
3715 (182)	29.	Erevan, 349, Konstantinopel, Etschmiadzin, 1686; Adjémian Nr. 134
3713	30.	Erevan, 2126, Musch, S. Karapet, 1697; Adjémian Nr. 140
- (220)	37 (?).	Isfahan, Amenap'rkich', 17 (3), 17. Jh.; Adjémian Nr. 240 (danach fehlt JosAs)
	31.	Beirut, Near East School of Theology, 28, 17./18. Jh.; früher Aleppo, Armenische Schule, 28, vgl. allgemein A. Tanielian, The Armenian Manuscripts in the Library of the Near East School of Theology, Haigazian Armenological Review 7 (1979), 141-164 (neuarm., nicht gesehen).

Gruppe a

331	3.	Oxford, Bodleian Library, Arm. e. 30, 13. Jh.
341	4.	Wien, Mechitharistenkongregation, 126, T'urkuran, 1388
373	18.	Wien, Mechitharistenkongregation, 888, Aleppo, 1626
	19.	Beirut, Near East School of Theology, 878, Adana?, 1629, früher Aleppo, Armenische Schule, 36 (s. oben Nr. 31)

Gruppe d

| 352 | 12. | Venedig, 679, 15./16. Jh.? |
| 354 | 6. | Wien, Mechitharistenkongregation, 705, Antsghnapat, 1403 |

Bücher und anonymen ähnlichen Listen); im übrigen neuestens J.H. Ulrichsen, Die Grundschrift der Testamente der zwölf Patriarchen (AUU. Historia Religionum 10), Uppsala 1991. Zur Frage der Kanonizität von TestXII, JosAs und anderen in armenischen Bibeln vorkommenden Pseudepigraphen M.E. Stone, Jewish Apocryphal Literature in the Armenian Church, Muséon 95 (1982), 285-309 = in: Stone, Selected Studies, 3-27. - Die Koppelung LJos-JosAs kommt auch in griechischen Handschriften vor (ANRW 1987, 560f.) und dürfte als solche ins Armenische übersetzt worden sein. TestXII sind im Griechischen nie dabei. Sie wurden vielleicht erst später für sich übersetzt und auf armenisch LJos-JosAs beigefügt. Sicher ist das aber nicht, denn das Datum von JosAs ist alles andere als gewiß (6./7. Jh.?, vgl. RÉArm 1983, 227-230), und TestXII Arm könnte früher sein (Stone, Epitome) als neuerdings gedacht (vgl. RÉArm 1983, 228f.).

Gruppe g

3711   17.   Erevan, 5781, 1626?

Gruppe h

M   10.   Erevan, 1665, f. 273v-285v, 15. Jh.?, Papier, etwa 12,5:17 cm,
                  Bolorgir. Anscheinend 7 ursprünglich getrennte Teile: 1. Ab-
                  stammung Gregors des Erleuchters, Mesrop Vayots'dzorets'i:
                  Geschichte des großen Nerses; 1441, Tayshogh (Tschoch),
                  Provinz Ṛshtunik' (Vaspurakan). 2. *Patmut'iwn krōnaworin ew
                  amirayin*. 3. Gedächtnis der Erzväter Abraham, Isaak und Jakob
                  (nicht TestXII). 4. Joasaph und Barlaam. 5. Zenob Glak -
                  Johannes Mamikonian: Geschichte der Stadt Tarōn, TestJos. 6.
                  JosAs. 7. *Patmut'iwn hac'uneac' xač'in*.

355   8.   Erevan, 8301, f. 48r-58v (auf den Recto-Seiten oben rechts) bzw.
                  S. 96-116 (unten auf allen Seiten), Barm (Vaspurakan) an der
                  Straße Van-Täbris, 1457 (1459?); enthält *Patmut'iwn
                  hac'uneac' xač'in*, Mesrop Vayots'dzorets'i: Geschichte des
                  großen Nerses und JosAs bis 23,6 *złjac'an yoyž* (ein oder zwei
                  weitere Buchstaben möglich) am Ende von f. 58v, Rest verlo-
                  ren (Zeyt'unyan brieflich 2. August 1990)

Gruppe c

342 (73)   5.   Erevan, 346, Norschin, 1390 (JosAs); Adjémian Nr. 53
351 (95)   7.   Venedig, 280, Ahlat, 1418-22; Adjémian Nr. 258
353 (-)   11.   Kayseri, S. Karapet, 1, 1342, Erzurum (Karin), aber TestXII-JosAs
                  separat später geschrieben (in Konstantinopel?) und zwischen
                  eine Einleitung ins NT und die Evangelien eingeschoben. Die
                  Bibel ist verschollen; andere Handschriften des Klosters sind in
                  privaten Sammlungen in den Vereinigten Staaten aufgetaucht,
                  so daß auch diese nicht verloren sein muß.

           44.   Armasch, 11, f. 80r-96r, Sivas, 1597?; untergegangen
361   15.   Venedig, 1309, Aghin, vor 1607, vielleicht 16. Jh.
375   34.   Jerusalem, 1448, Lemberg?, 17. Jh.?; Vorlage von 383?
- (116)   36.   Jerusalem, 2558, f. 86r-91r, Gen-Hi (darin JosAs) geschrieben von
                  Yusep 1596, Rest von Zak'ar, Gegend von Mokk', 1615;
                  Adjémian Nr. 210
383   39.   Venedig, 398, um 1700; Abschrift von 375?
381   40.   Jerusalem, 1537, Kilis, Adana, 1724

Gruppe b

364	13.	Erevan, 6734, Erzurum (Karin), 1570
362 (-)	14.	Rom, Biblioteca Casanatense, 1988 (f. IV. 8), Sis, 1589 (1596?), Anfang einer Bibel (Gen, TestXII, JosAs, Sir, Ex); Vorlage von 391.
- (112)	47.	Jerusalem, 3043, f. 353r-361v, Ägypten, Jerusalem, Konstantinopel, 1606-22; Adjémian Nr. 209
372 (123)	16.	Rom, Vatikanbibliothek, Arm. 1, Konstantinopel, vor 1625; Adjémian Nr. 284
378	20.	Erevan, 5008, 1632; Adjémian Nr. 93
374	21.	Wien, Mechitharistenkongregation, 115, Tokat?, 1634?
3710 (142)	22.	Erevan, 188, f. 217r-223v (nicht 222r), Konstantinopel, 1641-43; Mnats'akanyan - Eganyan hg., Mayr ts'uts'ak, Bd. I, Sp. 793-804, hier 795.798; Adjémian Nr. 104
3717 (153)	26.	Jerusalem, 1927, Konstantinopel, 1653 (1649?); Adjémian Nr. 220
3719 (174)	46.	Erevan, 203, f. 245r-251r, Konstantinopel?, 1666; Mnats'akanyan - Eganyan hg., Mayr ts'uts'ak, Bd. I, Sp. 893-898, hier 894.897; Adjémian Nr. 125
377 (194)	32.	Erevan, 205, Etschmiadzin?, 17. Jh.; Mnats'akanyan - Eganyan hg., Mayr ts'uts'ak, Bd. I, Sp. 907-914, hier 907.911; Adjémian Nr. 149
3716 (213)	33.	Jerusalem, 501, Konstantinopel, 17. Jh.; Adjémian Nr. 228
- (216)	35.	Jerusalem, 1929, f. 251r-255v, 17. Jh.; Adjémian Nr. 226
371 (224)	38.	London, British Library, Or. 8833, 17. Jh.; Adjémian Nr. 290
384	41.	Erevan, 669, 18. Jh.; Adjémian Nr. 185
391	42.	Venedig, 812, Rom, 1858; Abschrift von 362

Gruppenzugehörigkeit unsicher oder unbekannt

	43.	Diyarbakir, S. Kirakos; untergegangen
	45.	Ankara, Karmir Vank', 102; untergegangen
- (110)	50.	Erevan, 5809, f. 213-?, 16. und 17. Jh., Prov, Qoh, Sap, Apk, Tob, Jud, Esth, 2.Esra, LJos, Dan. Nach Adjémian, Grand Catalogue, 255 (Nr. 83), steht LJos auf f. 209r-237v. Das ist viel zu lang, würde aber für die öfter belegte Koppelung LJos-JosAs-TestXII (s. oben Anm. 3) reichen.

Das heißt, von den 49 (48?) heute bekannten Handschriften (ohne NJ 17[3], Nr. 37) sind 4, mit Glück nur 3, verloren. Von den 45 (44?) erhaltenen haben wir Nr. 19, 31, 35, 36 und 47, 50 (?), zwei der vier (fünf?) Neulinge, noch nicht gesehen, wissen oder vermuten aber, zu welcher Gruppe sie gehören. Wohl nur Nr. 50 (Erevan 5809) bleibt unsicher. Falls der lange Raum, der für LJos angegeben ist, wirklich LJos-JosAs-TestXII enthält, kommen JosAs *e* und *a* in Frage[4], und falls die offenbar zusammengesetzte Handschrift, die sonst nur eine Auswahl biblischer Bücher enthält, auf biblische Vorlage(n) zurückgeht, nur *e*. Die Reihenfolge mit LJos am Anfang paßt unter den *e*-Handschriften zu 379 und 3718 (beide aus Isfahan), aber auch zu 331[a] 341[a].

Nebenüberlieferung (Zitate u.ä.) fehlt bisher.[5] Hinweise werden dankbar angenommen.

Für die Rekonstruktion des Ahnen der erhaltenen Überlieferung sind nach bisheriger Einsicht nötig 332[f]; 333[e], 376[e], 379[e]; 331[a], 341[a], 373[a]; 352[d], 354[d]; 3711[g]; M[h], 355[h]; 342[c], 351[c]; 362[b], 364[b], 371[b], 372[b] (dazu mehr unten unter 4).

Diese Handschriften sind vollständig nach negativen Schwarzweißfilmen kollationiert und revidiert worden, die meisten orthographischen Varianten ausgenommen.[6] Dazu kommt der Druck von S. Yovsepʻeancʻ[7], die bisher einzige Annäherung an eine kritische Ausgabe (Y); sie fußt über 391 auf 362 (also *b*), weicht aber manchmal ohne Begründung von ihrer Vorlage ab und ist nicht fehlerfrei. Genauer gesagt, wir haben JosAs 2-13; 16,1-21,9 und 22,11-24,20 erstmalig kollationiert und revidiert (gegen einen aus 332 und Y hergestellten, möglichst langen Kunsttext) und vor mehr als 35 Jahren begonnene Probekollationen von 1 und 14f. (gegen 331[a]), 21,10-22,10 (gegen 351[c]) und 25-29 (gegen 332[f]) ergänzt. Es ergab sich einiges Neue.

2. Neues zur Überlieferungsgeschichte

Gruppe *f*

Die Gruppe umfaßt bisher nur 332, die einbändige Bibliothek der biblischen Bücher (samt Apokryphen und Pseudepigraphen) und maßgeblicher theologischer Werke, die Mxitʻar von Ayrivankʻ 1282-83 schrieb (sie ist eine der interessantesten und wichtigsten armenischen Handschriften überhaupt und hätte nicht nur eine Faksimileausgabe, sondern auch eine eingehende Untersuchung verdient).

---

[4] S. die Tabelle RÉArm 1983, 215.

[5] Bisher sind überhaupt erst zwei Nachwirkungen von JosAs in armenischer Literatur bekannt, nämlich Johannes Sarkavags Liste biblischer und theologischer Bücher und ein Gedicht in Jerusalem 976, 17. Jh. (ANRW 1987, 581-83.588).

[6] Die meisten Handschriften sind gut bis befriedigend erhalten und lesbar. Augenschein mag später gelegentlich nötig werden, z.B. um Korrektorenhände auseinanderzuhalten.

[7] Tʻangaran hin ew nor nakhneatsʻ, Bd. I., Venedig 1896, 152-198.

Es hat sich bestätigt, daß 332 trotz orthographischer Eigenheiten und Abbruch in 28,13 die beste Handschrift ist. Nur sie hat 25,13 *t'ēew* - 27,11 erhalten[8], darüber hinaus immer wieder Wörter und Wortgruppen, die in der übrigen Überlieferung fehlen, z.B. 12,2 hinter *lsen tēr] ew pahen zpatuirans k'o zor patuirec'er noc'a* (zum folgenden Satz s. unten unter *h*). Auch bei positiven Varianten führt 332 oft allein die bessere Lesart, z.B. 2,1 *zAsanēt'] zna.* Das alles unter der Voraussetzung, daß die Überlieferung auf eine einzige Übersetzung zurückgeht und nicht nachträglich nach dem Griechischen oder einer anderen Übersetzung revidiert wurde. Übrigens schreibt 332 fast immer (gelegentlich auch 352) *Asenet'* entsprechend 'Ασενέθ statt, wie armenisch üblich, *Asanēt'*; das könnte aber auch gelehrte Korrektur oder Einfluß armenischer Genesisvarianten sein.[9]

Natürlich ist 332 nicht unfehlbar, z.B. 8,9 *bažak] jur.* Gelegentlich fehlen ein oder zwei Wörter, vor allem *ew* und Possessivpronomen, selten mehr wie in 2,7 *ew ēin patuhank' erek' mec.*

Es bleibt so dabei, daß 332 eine Traditionslinie repräsentiert und die übrigen Gruppen zusammen eine zweite. Beide sind voneinander unabhängig. 332 ist die weitaus bessere.

Gruppe e

e ist die zweitgrößte Gruppe (bisher 13 oder 14 Handschriften) nach *b* (15) und vor *c* (9). Die Angehörigen haben einen gemeinsamen Ahnen, vgl. an gemeinsamen Fehlern z.B. 7,8 *oč'] or;* 8,7 *awtarakan] awtar anjn;* 9,1 *uraxut'iwn ew trtmut'iwn] t. ew u.;* 12,13 om. *ew yayl - tēr;* 18,1 *zawraworn] zawravarn.*

Mindestens zwei Untergruppen sind erkennbar. 333 (die Erznka-Bibel, bei weitem der älteste Vertreter der Gruppe), 363 und 3715 fangen ohne Überschrift erst mit 2,6 *i gišeri* an.[10] 379, 3718 und 3720 (die anderen nicht) berühren sich gelegentlich mit *a*, vgl. den Titel[11] und die gemeinsamen Fehler 6,2 *asēin* rell.] add. *pařawunk'n (-k'* a) 379 3718 3720 a (vgl. 4,10); 19,5 *ew ayr omn ekn*

---

[8] Joseph und Aseneth 25-29 armenisch. - Bei den folgenden Beispielen steht die Lesart der besprochenen Handschrift(engruppe) hinter der eckigen Klammer (vorher meist Y), sofern nicht anders angegeben. Untervarianten in runden Klammern beziehen sich nur auf das eine Wort vor der Klammer. „rell." bezeichnet alle nicht eigens erwähnten kollationierten Handschriften. Gruppennamen JosAs *e* usw. nicht kursiv, damit sie nicht für armenische Lesarten gehalten werden können.

[9] Zum nachträglichen Einfluß des griechischen Textes auf den armenischen vgl. A. Zeitounian, Les divergences des manuscrits grecs et arméniens du „Livre de la Genèse", in: Armenia and the Bible (Armenian Texts and Studies 12), Atlanta, GA 1993, 233-243 (S. 235: armenische Handschriften mit *Asenet'* Gen 41,45.50; 46,20), und unten bei Anm. 56.

[10] RÉarm 1983, 221. NJ17 (3) enthält JosAs anscheinend nicht.

[11] Ebd. Daß dies der ursprüngliche Titel von *e* gewesen sein könnte, stimmt also nicht.

aysawr rell.] *ew hreštak Astucoy ayr omn ekac' aysawr* 379 3718 3720, *ekn h. A. a* (vgl. 17,9). Das dürfte auf Konflation beruhen. Von allen bisher bekannten Handschriften haben nur 379, 3718 und 3720 LJos-JosAs-TestXII zwischen Gen und Ex. 3720 und 3721 vermehren die Zahl der *e*-Handschriften aus Isfahan: 379, 3712, 3714, 3718, alle zwischen 1643 und 1657, erweitern aber die Spanne von 1636 bis 1667.

Insgesamt scheint *e* den Hauptstrom der Überlieferung am besten zu vertreten, vgl. z.B. 4,7 *tay* rell.] *tac'ē* 332 e; 5,7 *ankalan (-law* 3711) *zna* rell.] *ankalaw znosa* 332 e; 8,9 *sireleac'* rell.] *antreleac'* e 3711, *andreloc'* 332.

Gruppen a d g

331, 341 und 373 (*a*) stehen nahe beieinander. Sie haben einen gemeinsamen Ahnen, der einen vollen, aber oft verderbten Text hatte, vgl. z.B. 6,5 *xawsec'ay*] *xorhec'ay* und viele kleine Auslassungen wie 2,8 *ew osket'elawk'- ciranoy*. Zusätze sind selten.

352 und 354 (*d*) sind sich ebenfalls nahe, aber voneinander unabhängig, vgl. 2,1 *ew aypanēr* 354] om. 352; 4,3 *Asenet'* (sic) 1⁰ 352] om. 354. Sie haben eine Reihe von gemeinsamen Fehlern und überraschend viele kleine Zusätze (über den schon bekannten längeren hinter 13,15 hinaus). *d* ist deshalb eher eine wenn auch nicht tiefgreifende Bearbeitung als ein Textzeuge, trotzdem nicht ganz ohne Wert. Am Ende von 29,7 steht *or ēr xoc'eal haruacov i teaŕnē*. Das könnte eine Spur der zweiten Vershälfte sein, die in allen übrigen Handschriften fehlt.

a und *d* haben einen gemeinsamen Vorfahren, wie sich gleich im Zusammenhang mit 3711 zeigen wird.

3711 (*g*), Papier, etwa 21:15 cm, zwei Spalten zu 23 Zeilen, Notragir, ist gleichmäßig geschrieben und trotz einiger Flecken (Feuchtigkeit?) gut lesbar. Der Schreiber benutzte gern Symbole für Erde, Himmel, Sonne und Sterne. Trotz Sorgfalt beging (oder kopierte?) er eine Handvoll Fehler, z.B. 3,6 *k'ayŕs* 332, *k'eaŕs* e, *k'eŕs* rell.] *jeŕs*; 13,3 *zt'agaworakan*] *zark'unakan;* om. 18,9 *ew bereal - zeress iwr;* om. 21,1.

Die Absätze oben über *a* und *d* zeigen, daß 3711 weder mit 352 354 verwandt ist, wie ich bisher glaubte[12], noch zu *a* gehört.[13] Wohl aber geht der Text auf den gleichen Hyparchetyp zurück wie der gemeinsame Vorfahre von *a* und *d*, wie viele gemeinsame Fehler von 3711 *a d* zeigen, z.B. 3,4 *c'na*] om.; 3,6 *arkaw*]

---

[12] RÉArm 1983, 220.

[13] 3711 und *a* gehen manchmal bei Fehlern zusammen, während d das Richtige hat, vgl. z.B. 2,7 *errordn* rell. d] *miwsn* 3711, *minn* a; 4,2 *i veray* 3⁰ rell. d] om. 3711 a. Das scheinen aber Kleinigkeiten zu sein. Sie könnten außerdem auf Quereinfluß beruhen.

erku; 19,1 *asē c'Asanēt'*] *patmeac' Asanet'i et'ē;* 19,5 *ew bažak awrhnut'ean*] *ew et inj b. anmahut'ean.*

Im großen ganzen gibt 3711, soweit vorhanden, diesen Hyparchetyp besser wieder als *a d.* Die Handschrift geht öfter mit den übrigen gegen gemeinsame Fehler von *a d,* vgl. z.B. 2,7 *yorum - darmanēr*] om. a d; 9,5 *darjayc'*] *darjeac'* d, *zardareac'* a; 11,16f.] om. a d. Es ist deshalb sehr schade, daß der Text (schon die Vorlage?) mit 21,9 endet.

Wie der Hyparchetyp *a-d-g* sich zu *e, h, b-c* und 332 verhält, ist noch unklar, damit auch sein textkritischer Wert. Vor allem dank 3711 ist er keinesfalls nutzlos. So bezeugen nur 3711 und 332 1,7b; vgl. auch 16,1 *gnac'eal*] *gnac'* 3711 332; 16,1 *ew dic'ē* e a d, *ew dnic'ē* b c, Lücke h] om. rectius (?) 3711 332.

Gruppe h

M, woraus N. Marr schon 1891 und 1894 1,1-6 und 21,5-9.11-21 veröffentlichte[14], ist anscheinend ein Buchbinderprodukt. JosAs bildet Teil VI, eine Spalte zu 23 Zeilen, kräftiger Bolorgir. Der Text, obwohl stellenweise offenbar abgerieben oder verwischt, wäre gut lesbar, hätte der Schreiber nicht oft über mangelhafte Rasuren oder ungetilgte (fehlerhafte?) Wörter weggeschrieben.[15] M ist deshalb unangenehm zu kollationieren.

355, Papier, eine Spalte zu 24 Zeilen, kräftiger Bolorgir, ist gelegentlich abgerieben, aber im ganzen lesbar. Allerdings stehen f. 50-53 (S.99-106) nicht in der ursprünglichen Reihenfolge. Richtig wäre 51 (4,10 *i band xawarain - 7,5 ew c'a[menayn]*); 53 (7,5 *ordisn iwr - 10,1 ew zmtaw acēr z-*); 50 (10,1 *-Yovsēp' 2° - 12,8 ew hayrn zjeṙn iwr yap'štakel zna i ge-*); 52 (12,8 *-tnoyn - 13,8* Ende).[16] Der Text nach 23,6 *złjac'an yoyž* ist verloren.[17]

Die beiden Handschriften überschneiden sich inhaltlich und entstanden womöglich in derselben Gegend. Bei JosAs stehen sie sich auch textlich sehr nahe, sind aber voneinander unabhängig, vgl. z.B. 5,5 *Yovsēp' zgec'eal* rell. M] *z. Y.* 355;

---

[14] RÉArm 1983, 238, oder unten in der Bibliographie.

[15] Gab es einen zweiten Korrektor außer dem Schreiber selbst? Möglicherweise ist der Text überhaupt nicht von einer Hand.

[16] Beim Heften oder Neuheften die beiden oberen (inneren) Blätter einer Lage (f. 51+52 und f. 53+50) vertauscht, dabei das ursprünglich oberste (f. 53+50) mit der Rückseite nach oben gelegt und geknickt? Die Lagenordnung ist freilich nicht bekannt. Der Film zeigt nur die Endnummer von Lage 6 (*z*) auf f. 57v (S. 114) unten und die Anfangsnummer von 7 (*e*) auf f. 58r (S. 115) unten. Wenn f. 50-53 die inneren Blätter sind, muß Lage 6 mit f. 46 (vor JosAs) anfangen, also 6 Blätter haben.

[17] Das hat anscheinend nichts mit einer Lagengrenze zu tun (s. eben Anm. 16).

6,1 *amenayn marmin(n* 332 342) rell. M] *marmn* 355 und 10,1 *minč'ew (minč'* 332) *i* rell. M] *m. ew i c'aṙawawtn* 355; 21,9 *ew cnaw* rell. M] om. 332 355. M und 355 haben also einen gemeinsamen Ahnen. Er ist durch zahllose Eigenheiten gekennzeichnet, insbesondere große Lücken, deren Ränder nur gelegentlich durch ein paar zusätzliche Wörter vernäht sind; vgl. z.B. 2,1 *yorum* - 12; 3,5-4,6; 6,5-7; 10,8 *zayn handerjn* - 15 *zkurcsn iwr*; 11,3-10; 11,11 *ew darjayc'* - 18 *aṙ na* 2°; 14,5-6; 15,10-12x; 16,16 *ew aha yaysm hetē* - 17,8 *i teḷin iwr*; 18,6-10 *i ǰurn*; 19,5 *yawiteans* - 7; 19,8-10 *nora*; 19,11-20,1.

Man fragt sich, wer dergleichen lesen mochte. Der Text ist trotzdem interessant. Anders als ich bisher dachte[18], stellt *h* nicht eine frühe Form von *c* dar, die mit dem Ahnen der übrigen *c*-Handschriften auf einen gemeinsamen Vorfahren zurückgeht. Zwar haben *h* und *c* gemeinsame Fehler, z.B. die Auslassungen 3,2 *ew hangeayc'*; 4,9 *Asanēt'*; 7,8 *vasn zi k'oyr im ē*; 13,15 *ew luac'ic' zots nora*; 21,6. Aber die gleich zu nennenden gemeinsamen Eigenschaften von *c* und *b* teilt *h* nicht, gehört also nicht zu ihnen. Dagegen geht die Gruppe gelegentlich mit 332, vgl. z.B. 7,7 *erkir pagc'ē* rell., e. *paganel* 331 373, e. *panel* 341] e. *pagesc'ē* 332 h; 8,5 *asē* rell.] add. *Yovsēp'* 332 h; 12,2 *ew əst hramans k'o oč' anc'anen tēr* 332, *ew hramani k'um ansan tēr* h] om. rell.; 21,4 *yawiteans žamanakac'* rell.] om. 332 h. In 8,8 hat allein *h* das durch den griechischen Text gestützte *zi layr* hinter *ew etes zna Yovsēp'*.

Das soll nicht heißen, daß *h* zu 332 gehört oder der Rest einer dritten Traditionslinie ist. Die Gruppe gehört wohl mit *e, a d g* und *b c* zusammen, genauere Untersuchung vorbehalten. *h* ist jedenfalls nicht ohne textkritischen Wert.

Gruppen b c

3719 ist ein Verwandter von 362/391 371 377 3710 3717.[19] Die Bibel ist sehr schön geschrieben und reich verziert (s. unten unter 3). Auch 3719 koppelt TestXII-JosAs wie viele *b*- und *c*-Handschriften, stellt sie aber zwischen die historischen Bücher des AT und 4.Esra[20] wie sonst in *b* nur 3710. Diese Bibel stammt aus Konstantinopel; das könnte also für 3719 auch gelten. J3043 ist wie die Mehrheit von *b* betitelt[21], hat aber TestXII-JosAs zwischen AT (Ez) und NT, was ungewöhnlich ist (353[c] ist ein Sonderfall).

Sonst hat sich kaum Neues ergeben. Beide Gruppen sind in sich sehr geschlossen. Sie stammen von einem gemeinsamen Hyparchetyp ab. *b* hat ihn insgesamt

---

[18] RÉArm 1983, 220 (zu M allein).
[19] RÉArm 1983, 218 (Zwischenüberschrift nach 22,1).
[20] S. unten Anm. 25.
[21] RÉArm 1983, 219.

besser bewahrt, zumal *c* schon mit 22,10 endet, aber nicht immer. Der Hyparche-typ bildet eine relativ junge und gelegentlich leicht bearbeitete Textform, vgl. z.B. 4,7 *erkris* rell. 355] *ənč'ic' iwroc'* (om. c); 6,1 *marmin* (s. oben bei 355) *nora (iwr* 332) rell. (355)] add. *ew ah mec ankaw i veray nora*; 22,7 *zhreštaki* rell. 355] add. *zawrawor*; 22,7 *ew ēr ayrn* rell. 355] *ew aynpēs erewēr ayrn*. Manchmal scheinen *b c* aber der übrigen Überlieferung überlegen zu sein, vgl. z.B. *or hačec'aw ews (?) aysawr gal ar̃ mez*] om. rell. 355; 8,3 *zAsanēt'*] om. rell. 355; 11,1 *eawt'nerordi* rell. (371) 355] *ut'erordi*; 12,9 *amenayn kuṙk' het'anosac'*] om. rell. 355.

3. Miniaturen

In 3719[b], f. 245r, sind in der Spalte rechts neben dem Titel Aseneth und Joseph abgebildet wie ähnlich auch in den *b*-Bibeln 371 377 3710 3717, außerdem in den Bibeln 3714[e] 3715[e] und der Mischhandschrift 354[d].[22]

4. Die Textgruppen von JosAs verglichen mit denen anderer kanonischer und deuterokanonischer Schriften

C.E. Cox hat 1984 die Familienverhältnisse von TestXII, 4.Esra, Dtn, Hi und 1.Sam miteinander verglichen.[23] Ich versuche, das fortzusetzen, indem ich Ruth, Dan[24], JosAs einbeziehe und bei TestXII und 4.Esra die von Cox noch nicht be-rücksichtigten Bibeln[25] einfüge, die auch JosAs enthalten.

---

[22] ANRW 1987, 634. Nicht in 362/391.

[23] Manuscript Groupings in the Text Tradition of the Armenian Bible, JSAS 1 (1984), 69-77. Er benutzt eigene Untersuchungen für Dtn (s. oben Anm. 2) und Hiob (jetzt ausführlicher als Text Forms and Stemmatics), für TestXII und 4.Esra Stones Arbeiten (s. oben Anm. 3) und The Armenian Version of IV Ezra (Armenian Texts and Studies 1), Missoula, MT 1979, für 1.Sam Bo Johnson, Fünf armenische Bibelhandschriften aus Erevan, in: J. Schreiner hg., Wort, Lied und Gottesspruch. Festschrift für Josef Ziegler, Würzburg 1972, 67-72.

[24] S.P. Cowe, The Armenian Version of Ruth and its Textual Affinities, in: N. Fernández Marcos hg., La Septuaginta en la investigación contemporánea (V Congreso de la IOSCS) (Textos y Estudios ,Cardenal Cisneros' de la Biblia Políglota Matritense 34), Madrid 1985, 183-197; Daniel (S. 46-51 nehmen Cox' Aufsatz auf).

[25] Nach Adjémian, Grand Catalogue, steht TestXII auch in den Bibeln 171 (M191), f. 94r-107r, 1663, Isfahan, zwischen Dtn und Jos (Nr. 123); 158 (M7623), f. 598v-610v, 1655, Kaffa (Krim), Sir-TestXII am Ende der Bibel (Nr. 116); 148 (J1928), f. 274v-287r, 17. Jh., Isfahan, zwischen 1-3.Makk und Hi (Nr. 225); 216 (J1929[b]), f. 240v-251r, 17. Jh., TestXII-JosAs zwischen 1-3.Makk und Ps (Nr. 226); 138 (J1932), f. 261r-273v, 1640, Konstantinopel, zwischen 1-3.Makk-Vorreden zu Ps und Ps (Nr. 217); 112 (J3043[b]), f. 337r-352r, 1606-1622, Ägypten, Jerusalem, TestXII-JosAs zwischen Ez und Mt (Nr. 209); J3438, f. 23v-35r, 1636-1639, Sivas, zwischen Gen und Ex (Nr. 215); 67 (NJ 336[23]), f. 379r-390v, 1361, Marała (NW-Iran), zwischen 12Proph und Mt (Nr. 234); LB o. Nr. (1982 erworben, vorher Plovdiv, Privatbesitz J.T. Aramian, vgl. Stone, RB 1977, 96), f. 90r-103v, 1661, zwischen Dtn und Jos (Doppelnotierung bei Adjémian Nr. 286 und 287); 135 (VKurdian 37), f. 245v-257v, 1638, Isfahan, zwischen 1-

Gruppiert man die Bibeln, die JosAs enthalten, nach dem Muster von Cox und Cowe mit absteigendem Textwert, ergibt sich:

f: 28 (332-M1500)

e: 13 (333-J1925), 81 (363-M354), - (3720-Malibu), 143 (3718-J1934), 146 (3714-
        M2587), 151 (3712-M189), 159 (376-V229), 162 (379-M347), 176 (3721-
        M6281), 182 (3715-M349)
        Untergruppen: 13-81-182; 143-162-Malibu

b: 112 (J3043), 123 (372-RV1), 142 (3710-M188), 153 (3717-J1927), 174 (3719-
        M203), 194 (377-M205), 213 (3716-J501), 216 (J1929), 224 (371-
        LBOr8833), - (362-RCas)
        Untergruppen: 142-153-174-194-216?-224-362, darin 142-174-216?; 153-194-
        224

c: 73 (342-M346), 95 (351-V280), 116 (J2558), - (353-Kays1)
        Untergruppe: 95-116-Kays1

Reduziert man Cox' und Cowes Tabellen (mit Ergänzungen) auf JosAs, sehen sie so aus:

TestXII[26]

1 (α)   s. unten
2.   28 (332 [f]-M1500)
3.   13 (333 [e]-J1925)

3.Makk und Sir (Nr. 270); Malibu, f. 37r-49v, 1636, Isfahan, LJos-JosAs[e]-TestXII zwischen Gen und Ex (Nr. 294). 220 (NJ17[3]), vor 1654, f. 27r-39r und 279r-294r, scheint TestXII zweimal zu enthalten, mit LJos davor zwischen Gen und Ex und allein zwischen 1-3.Makk und Hi (Nr. 240). Zu Kays1[c] (verschollen) s. oben 1, Nr. 11, zu 110 (M5809) Nr. 50. - Für 4.Esra hat M.E. Stone, A Textual Commentary on the Armenian Version of IV Ezra (SBL. Septuagint and Cognate Studies 34), Atlanta, GA 1990, 309-327, zugefügt und untersucht die Bibeln 142 (3710[b]-M188), 151 (3712[e]-M189), 171 (M191, 1663, Isfahan), 174 (3719[b]-M203), 193 (M204, 1660, Isfahan), 12 (M142, 1269, Rom, sehr eigenwillig). Nach Adjémian steht 4.Esra auch in den Bibeln 188 (M350), f. 197r-206v, 1700, Etschmiadzin, (Nr. 178); 146 (M2587), f. 208v-218r, 1648, Isfahan, auch TestXII-LJos-JosAs[e] (Nr. 108); 130 (M2628), f. 185v-192v, 1635, auch TestXII (Nr. 97); 139 (M2669), f. 238v-251r, 1641, Konstantinopel, auch TestXII (Nr. 105); 202 (M3705), f. 267r-280r, 17. Jh. (Nr. 160); 104 (M4070), f. 105r-128r, 1550-1553, Lemberg, enthält Apk (mit Euseb dazu), Ruth, Esth, Jud, Tob, Dan 13, Ri, 1-3(4).Esra (Nr. 77); 176 (M6281), f. 184v-193v, 1667, Isfahan, auch JosAs[e] (Nr. 128); 220 (NJ17[3]), f. 208r-214r, vor 1654, auch LJos-TestXII und TestXII, vgl. oben (Nr. 240); 135 (VKurdian 37), f. 189v-194r, 1638, auch TestXII (Nr. 270); LB o.Nr. (s. oben), f. 219r-229r, 1661, auch TestXII (Doppelnotierung bei Adjémian Nr. 286 und 287); Malibu, f. 253r-262r, 1636, Isfahan, zwischen Neh und Esth, auch LJos-JosAs[e]-TestXII (Nr. 294). Außer in 104 (M4070) und Malibu steht 4.Esra immer zwischen 2.Esra und Neh. - Zum Problem der Mehrfachsiglierung s. oben Anm. 2.

[26] Stone, Epitome, 74f.: Die Auszüge in M2679, f. 251r-252r (981 n.Chr.), mit einer Abschrift in M4381 (19. Jh.), repräsentieren einen fünften Texttyp, jünger als 28 (332 [f]-M1500), aber älter als alle anderen.

4 (β). 81 (363^e-M354), 112 (J3043^b), 123 (372^b-RV1), 142 (3710^b-M188), 143 (3718^e-
J1934), 146 (3714^e-M2587), 153 (3717^b-J1927), 159 (376^e-V229), 162 (379^e-
M347), 174 (3719^b-M203), 182 (3715^e-M349), 194 (377^b-M205), 213 (3716^b-
J501), 216 (J1929^b), 224 (371^b-LBOr8833), - (3720^e-Malibu), - (362^b-RCas)
Untergruppe: 379-3718-Malibu?
Subgroup of β: 73 (342^c-M346), 95 (351^c-V280), 116 (J2558^c), - (353^c-Kays1)
Untergruppe: 95-116-Kays1

4.Esra

1.   28 (332^f-M1500)
2a.   116 (J2558^c)
2b.   81 (363^e-M354), 123 (372^b-RV1), 142 (3710^b-M188), 143 (3718^e-J1934),
      146 (3714^e-J2587), 151 (3712^e-M189), 153 (3717^b-J1927), 159 (376^e-V229),
      174 (3719^b-M203), 176 (3721^e-M6281), 194 (377^b-M205), 224 (371^b-
      LBOr8833), - (3720^e-Malibu)
      Untergruppe ix (β): 123-142-153-174-194-224; vi: 143-Malibu?

Deuteronomium

aI   13 (333^e-J1925), 28 (332^f-M1500), 95 (351^c-V280), 116 (J2558^c)
      Untergruppe: 95-116
aII   81 (363^e-M354), 159 (376^e-V229)
bI   112 (J3043^b)
cI   182 (3715^e-M349)
d   73 (342^c-M346), 123 (372^b-RV1), 143 (3718^e-J1934), 146 (3714^e-M2587),
      151 (3712^e-M189), 162 (379^e-M347), 176 (3721^e-M6281), - (Malibu^e)?
      Untergruppe: 143-162-Malibu?
eI   142 (3710^b-M188), 174 (3719^b-M203), 216 (J1929^b)
eII   153 (3717^b-J1927), 194 (377^b-M205), 224 (371^b-LBOr8833)
eIII 213 (3716^b-J501)
      Bei JosAs bisher nicht vertretene Gruppen: bII, cII.

1. Samuel

1.   13 (333^e-J1925), 28 (332^f-M1500), 153 (3717^b-J1927)
2.   123 (372^b-RV1), 143 (3718^e-J1934)
      Bei JosAs bisher nicht vertretene Gruppe: 3.

Ruth[27]

A1   13 (333^b-J1925), 28 (332^f-M1500), 95 (351^c-V280), 116 (J2558^c)

---

[27] Cowe, Ruth, 190 Anm. 23.

A2   81 (363^e-M354), 146 (3714^e-M2587)[28], 162 (379^e-M347)
B2   142 (3710^b-M188), 174 (3719^b-M203)
C1   182 (3715^e-M349)
C2   146 (3714^e-M2587)
D1   73 (342^c-M346)
D2   123 (372^b-RV1), 151 (3712^e-M189)
E2   194 (377^b-M205), 224 (371^b-LBOr8833)
      Bei JosAs bisher nicht vertretene Gruppen: B1, E1, E3.

Hiob

a   13 (333^e-J1925), 28 (332^f-M1500), 112 (J3043^b)
b   224 (371^b-LBOr8833)
c   123 (372^b-RV1), 143 (3718^e-J1934), 146 (3714^e-J2587), 153 (3717^b-J1927),
       159 (376^e-V229)
d   95 (351^c-V280), 213 (3716^b-J501), 216 (J1929^b)

Daniel

A2   95 (351^c-V280), 116 (J2558^c)
B1^b 73 (342^c-M346), 81 (363^e-M354)
C1   13 (333^e-J1925), 28 (332^f-M1500)
C2^b 194 (377^b-M205), 224 (371^b-LBOr8833)
D3   142 (3710^b-M188), 174 (3719^b-M203), 182 (3715^e-M349), 213 (3716^b-J501),
         216 (J1929^b)
E1^a 112 (J3043^b), 123 (372^b-RV1), 153 (3717^b-J1927[29]), 176 (3721^e-M6281)
E2   143 (3718^e-J1934), 146 (3714^e-M2587), 151 (3712^e-M189), 159 (376^e-V229),
         162 (379^e-M347), - (3720-Malibu)?
         Bei JosAs bisher nicht vertretene Gruppen: A1^a, A1^b, B1^a, B2, B3, C2^a, C3^a, C3^b,
         D1, D2, E1^b.

Vergleicht man die Tabellen, ergeben sich einige Einsichten für JosAs (ein genauer Gesamtvergleich ist nicht beabsichtigt).

Die Verhältnisse bei JosAs und TestXII sind sehr ähnlich. Das war zu erwarten.[30] JosAs *a d* entsprechen TestXII α; allerdings gehören zu dieser Gruppe auch zwei Bibeln des 17. Jh.s aus Hizan und Umgebung (122-J2560, 217-J2557) mit gemeinsamer Vorlage, in denen TestXII zwischen 3.Makk und Mt bzw. Pss-Mt steht, JosAs aber fehlt. JosAs *e* (außer 13[333-J1925]) und *b* vereinigen sich

---

[28] 146 kommt auch in C2 vor, kann aber kaum zu zwei Gruppen gehören. Nach A2 paßt die Handschrift wegen 162 (s. unten).

[29] Bei Cowe, Daniel, 42 Zeile E1^a ist so statt J1928 zu lesen (Cowe brieflich 21. November 1995).

[30] S. oben Anm. 3.

in TestXII β (und helfen umgekehrt, β weiter aufzuschlüsseln, z.b. gehören 143[3718ᵉ-J1934] - 162[379ᵉ-M347] - Malibuᵉ wohl eng zusammen).[31] JosAs *c* ist das Gegenstück zur Untergruppe von β. TestXII, JosAs und erst recht 4.Esra sind im Vergleich zu Dan vom 13. Jh., wo die Überlieferung einsetzt (nur die Evangelien fangen schon im 9. Jh. an), bis zum 16. Jh. relativ schwach vertreten.[32] Daß TestXII mit über 60 Exemplaren häufiger (d.h. auch häufiger allein) erhalten sind als JosAs, liegt nicht daran, daß sie vor dem reichen 17. Jh. öfter vorkämen. Offenbar haben örtliche Vorlieben mitgewirkt. In der Dtn-Gruppe bII, die außer einer einzigen Handschrift geschlossen aus dem 17. Jh. in Konstantinopel stammt, finden sich sechs TestXII-Handschriften wieder (121-J428, 138-J1932, 139-M2669, 157-M348, 200-M2732, 218-J2561), aber kein Exemplar von JosAs, in *c*, nach Cox vornehmlich in Kilikien belegt, noch vier (55-M353, 122-J2560, 182-M349, 217-J2557), davon nur 182 mit JosAsᵉ.

4.Esra kommt bisher nie außerhalb von Bibeln vor, 12 (M142), 28 (332ᶠ-M1500) und 104 (M4070) eingerechnet, und alle Handschriften außer 12 (M142, 1269, Rom), 28 (332ᶠ-M1500, 1282-83, Ayrivankʻ), 81 (363ᵉ-M354, Aparanner, 14. Jh.?), 93 (V1270, 14.-15. Jh.) und 104 (M4070, 1550-1553, Lemberg) stammen aus dem 17. Jh. Deswegen vermutlich ist die Überlieferung ziemlich einheitlich. Im übrigen ähnelt sie JosAs und TestXII. Daß alle Handschriften der Gruppe 2 einen gemeinsamen Ahnen haben, der nicht 28 (332ᶠ-M1500) war, ist zumindest bei JosAs auch so. Daß 116 (J2558ᶜ) zusammen nur mit 12 (M142) die Gruppe 2a bildet und sonst keine Handschrift aus JosAsᶜ 4.Esra enthält, auch die mit 116 fast durchweg eng verwandte 95 (351) nicht, wird heißen, daß es bei 4.Esra kein Pendant zu JosAsᶜ gibt (ist aber geprüft, ob Kays1[353] 4.Esra enthält?). Die meisten Handschriften der Untergruppe ix (β) hängen auch innerhalb JosAsᵇ eng zusammen.

28 (332ᶠ-M1500) steht in JosAs wie in TestXII und 4.Esra für sich, und zwar als der beste Einzelzeuge. Alle anderen Handschriften gehören zu einer anderen Traditionslinie, die auf einen viel schlechteren Text zurückgeht. In Dtn, 1.Sam, Ruth und Hi gehört 28 (332ᶠ-M1500) dagegen mit 13 (333ᵉ-J1925, 4.Esra fehlt) und anderen Bibeln zu einer Gruppe, die zwar den relativ besten Text bietet, aber den anderen Gruppen nicht grundstürzend überlegen ist. Bei Dan stehen 28 (332ᶠ-M1500) und 13 (333ᵉ-J1925) ebenfalls zusammen und für sich als Gruppe C1, die nicht ganz oben rangiert, aber immer noch gut ist.[33] Anders ausgedrückt: 28 (332) hat für die drei deuterokanonischen Bücher (und andere?)

---

[31] Vgl. weiter die Tabelle RÉArm 1983, 215, die die Koppelungen von LJos, JosAs, TestXII und ihre Stellungen in den JosAs-Handschriften ausweist.

[32] Dagegen Cowe, Daniel, 60: die Streuung von Dan vom 13.-18. Jh. ist 17 - 30 - 4 - 3 - 63 - 2 Exemplare.

[33] Cowe, Daniel, 65f.

einen sehr guten Text, für die fünf kanonischen (und andere) nur einen guten. Das ist wohl kein Zufall. Mxit'ars opus magnum ist - genauer enthält - nicht einfach eine Bibelabschrift, sondern eine Neukomposition, dazu mit kritischem Anspruch.[34] Man kann sich leicht vorstellen, daß Mxit'ar für die deuterokanonischen Schriften, die vermutlich weniger gebraucht wurden, alte Vorlagen fand, jedenfalls welche mit wenig verändertem, weil wenig benutztem Text, für die stärker be- und abgenutzten kanonischen Bücher sich dagegen auf (eine) gute Fassung(en) des Textes stützte, wie er sich bis zu seiner Zeit entwickelt hatte.

Genauer untersucht werden muß, warum die Bibeln, die bei JosAs in *e* und *b* zerfallen, sich bei TestXII und 4.Esra anscheinend in einer Gruppe sammeln. Auch bei Dtn, 1.Sam (hier sind freilich nicht genug Handschriften untersucht), Ruth, Hi und Dan gibt es die Unterscheidung so nicht. Jedoch findet sich außer bei Dan 13 (333[e]-J1925), die älteste *e*-Handschrift, immer in der besten Gruppe oder Untergruppe, und die übrigen Vertreter von *e* tendieren deutlich nach oben. Wo nicht, wie auffällig bei Dan, muß man sich daran erinnern, daß armenische Vollbibeln erst im 12./13. Jh. aus Teilsammlungen hergestellt[35] und später oft nicht nach einer einzigen Vorlage geschrieben wurden. Wenn z.B. 151 (3712[e]-M189) bei Dtn nur zu d, bei Ruth nur zu D2, bei Dan nur zu E2 gehört, darf man nicht übersehen, daß JosAs das Ende des Bandes bildet und offenbar eine andere, bessere Vorlage hatte als der (oder vieles aus dem) Rest. Ähnliches gilt für 182 (3715[e]-M349) mit TestXII-LJos-JosAs offenbar am Ende des AT: bei Dtn cI, bei Ruth C1, bei Dan D3. Umgekehrt ist es bei 112 (J3043[b]), wo TestXII-JosAs auch am Ende des AT stehen: bei Dtn bI, bei Hiob *a*, freilich bei Dan E1[a].[36]

Aus JosAs *b* ist nur eine Bibel anderswo erstklassig, nämlich 153 (3717-J1927) bei 1.Sam; zu 112 (J3043) siehe unten. Aus der oben festgestellten Untergruppe 142 (3710)& finden sich bei Dtn 142 (3710-M188) - 174 (3719-M203) - 216 (J1929) in eI, 153 (3717-J1927) - 194 (377-M205) - 224 (371-LBOr8833) in eII, bei Ruth gehören 142-174 zu B2, 194-224 zu E2, bei Dan 142-174-216? zu D3, 194-224 zu C2[b], 153 zu E1[a]. Die Untergruppe teilt sich also ähnlich wie in JosAs auf[37], auch wenn die höhere Qualität von 142-174 bei Ruth unerwartet ist.

Daß JosAs *e* im 17. Jh. einen Sitz in Isfahan und *b* einen in Konstantinopel hatte[38], wird durch Cox' Untersuchungen zu Dtn und Cowes zu Dan bestätigt.

---

[34] ANRW 1987, 582; vgl. E.H. Harut'yunyan, Mxit'ar Ayrivanets'i, Erevan 1985 (nicht gesehen).

[35] Cowe, Typology; Daniel, 435-438.

[36] Der Schreiber war ein Flüchtling, der „copied from different exemplars as he moved about from one place to another" (Cox, Deuteronomy, 48).

[37] RÉArm 1983, 218.

[38] RÉArm 1983, 219.221f.

Die älteren *e*-Handschriften kommen freilich aus Erzincan (13[333-J1925]) und Aparaner in der Provinz Siunik' (81[363-M354]), die älteren *b*-Handschriften aus Erzurum (362-RCas1988) und Sis (364-M6734). *e* stammt deshalb nicht aus Isfahan (sondern der Gegend von Van?), *b* nicht aus Konstantinopel (sondern Kilikien?).

Warum JosAs in manchen Gruppen der verglichenen Bücher gar nicht oder fast nicht auftaucht, läßt sich vielleicht im Zusammenhang der Frage, ob es eine kilikische Rezension[39] von JosAs (als Teil der Bibel) gab, weiter klären.[40]

Von den drei Bibeln, die JosAs[c] umfaßt (neben 6 Mischhandschriften - warum?), gehört 73 (342-M346) bei Dtn zu d und bei Ruth zu D1, was nicht überrascht, aber bei Dan zu B1[b]. Die Schwesterhandschriften 95 (351-V280) und 116 (J2558) sind in Dtn, Ruth, 4.Esra und Dan ganz oder weit oben (bei Hi nicht). TestXII-JosAs stehen hier und nur hier zwischen Dtn und Jos. Offenbar hat die gemeinsame Mutter der beiden Handschriften oder eine Vorgängerin für TestXII-JosAs eine andere Vorlage gehabt als für die (ganze?) übrige Bibel.

5. Ergänzendes zu einer Ausgabe[41]

Eine Editio critica maior von JosAs, die alle Handschriften benutzt, würde vielleicht der armenischen Sprachgeschichte nützen.[42] Soll nur der Archetyp der erhaltenen Überlieferung oder womöglich das Original der Übersetzung (mit Arm1 und Arm2 muß man bei JosAs wohl nicht rechnen) rekonstruiert werden, genügt eine Auswahl. Sie sollte aber die großen Verzweigungen der Textgeschichte dokumentieren, also aus jeder Gruppe und den größeren Untergruppen mindestens einen Vertreter enthalten, der möglichst vollständig, individuell sorgfältig und lesbar erhalten ist. Nach gegenwärtiger Einsicht sind das (meine Nummern voran, weil auch Mischhandschriften dabei sind):[43]

---

[39] Vgl. C. Cox, Concerning a Cilician Revision of the Armenian Bible, in: A. Pietersma - C. Cox hg., De Septuaginta. Studies in Honour of John William Wevers on his sixty-fifth birthday, Mississauga, Ontario 1984, 209-222.

[40] JosAs *b* und *c* und ihr gemeinsamer Ahn sind wohl zu jung (RÉArm 1983, 222f.). Der Ahn von *a*, *d* und *g* ist alt genug, repräsentiert aber Überlieferung außerhalb von Bibeln. Nach Stone, Epitome, 77, ist bei TestXII die Gruppe β der kilikische Text. Das gilt dann wohl nicht für die Vertreter, die JosAs *b* enthalten. Manche Mischhandschriften mit JosAs stammen aus Kilikien, aber sie sind spät.

[41] RÉArm 1983, 235-237.

[42] Aber die Arbeit wäre langwierig und die Darstellung des Befundes im Apparat schwierig, weil man die orthographischen Varianten wegen der Lautverschiebungen vom Alt- zum Mittelarmenischen nicht vernachlässigen dürfte.

[43] Verbesserung von RÉArm 1983, 236 (außerdem ist in Zeile 5 371 Druckfehler für 331). Die Liste gilt auch für LJos, falls es einbezogen werden soll, es sei denn, die nicht gesehenen

f: 332 (28-M1500)
e: 333 (13-J1925), 376 (159-V229), 379 (162-M347)
a: 331 (OBod.e.30), 341 (WM126), 373 (WM888)
d: 352 (V679), 354 (WM705)
g: 3711 (M5781)
h: M (M1665), 355 (M8301)
c: 342 (73-M346), 351 (95-V280)
b: 362 (RCas1988), 364 (M6734), 371 (224-LBOr8833), 372 (123-RV1)

Zum Vergleich Stones Auswahl für TJos, die aber wohl nicht endgültig ist:

1 (α): WM126 (341^a), J939, WM705 (354^d), V679 (352^d)
2:      M1500 (28-332^f), *Text*
3:      J1925 (13-333^e), M353
4 (β): WN11 (113)
        Subgroup: M346 (73-342^c), V280 (95-351^c)

Auch Cox und Cowe benutzen Vertreter aller Gruppen bzw. Untergruppen (Überschneidungen mit der Auswahl für JosAs unterstrichen, darunter auch die beiden einzigen Überschneidungen miteinander):

	Dtn		*Dan*
aI:	61 (V1007), *Text*	A1^a:	M287 (10, AT ab Hi), *Text*
aI:	9 (V1312), 13 (J1925- <u>333^e</u>)	A2:	M4834 (Mischhs.), V280 (95- <u>351^c</u>)
aII:	233 (LBFBS)	B1^a:	M178 (8)
bI:	33 (V841)	B1^b:	M346 (73- <u>342^c</u>), WN11 (113)
bII:	218 (J2561)	B3:	M2585 (108)
c:	38 (V1006)	C1:	J1925 (13- <u>333^e</u>)
d:	162 (M347- <u>379^e</u>)	C2:	M9116 (88)
e:	174 (M203- <u>3719^b</u>)	C3^a:	M4114 (114)
		C3^b:	M2627 (63)
		D1:	M182 (44)
		D3:	V1508 (57)
		E1:	CHB5 (Mischhs.)
		E2:	M351 (118)

Dtn kommt mit weniger Handschriften (9) aus als Dan (15) und JosAs (18), weil der Text offenbar weniger zerschrieben wurde, was bei einem Pentateuchbuch nicht überrascht. Es bleiben in jedem Fall überschaubare Mengen. Daß die Aus-

---

Handschriften (s. oben Anm. 3) oder das Einsprengsel in JosAs *b* (RÉArm 1983, 218f.) bringen Überraschungen.

wahl bei den drei Büchern so verschieden ausfällt, spiegelt die Tatsache, daß aus den bekannten Gründen viele armenische Bibeln textlich nicht einheitlich sind.

Bleibt das Problem der Textgestaltung. Alle Neuausgaben von Teilen der armenischen Bibel außer 4.Esra sind gemäßigt diplomatisch. Sie legen ihrem Text eine Handschrift zugrunde und korrigieren sie nur, wo offenkundig verderbt und unklar. Das ergibt eine befriedigende Annäherung an den Archetyp der erhaltenen Überlieferung, wenn die Texthandschrift den vergleichsweise besten Text hat und die Überlieferung relativ geschlossen ist, so bei Dtn (61-V1007) und Dan (10-M287).[44] Bei Gen und Ex, wo Zeyt'unyan wie Zohrab[45] im wesentlichen 57 (V1508) mit deutlich späterem Text abdruckt, kann immerhin der Benutzer den Text verbessern, weil der Apparat sehr viele Handschriften und dazu alte Zitate verarbeitet.[46] Für TJos hat Stone einen kritischen Text gemacht, der aber von seiner Grundlage 28 (332^f-M1500) wenig abweicht, vielleicht zu wenig.[47] Anders 4.Esra, den Stone doppelt herausgegeben hat: [48] mit einer eklektischen Ausgabe nach 28 (332^f-M1500), der Vorrang hat, 116 (J2558), ψ (dem Ahnen der übrigen benutzten Handschriften), und einer gemäßigt diplomatischen Ausgabe von ψ mit 144 (J1933) als Texthandschrift.

Bei JosAs ist eine diplomatische, auch eine gemäßigt diplomatische Ausgabe kaum sinnvoll. Die Handschrift mit dem besten Text 28 (332^f-M1500) bricht in 28,13 ab und hat auch sonst kleine Lücken.[49] Außerdem ist sie orthographisch so eigenwillig, daß man sie nicht unnormalisiert als Texthandschrift drucken kann[50]; Normalisierung aber sollte nachgewiesen werden, ist jedoch ohne Rie-

---

[44] Cox hält sich für Korrekturen an 13 (333^e-J1925) und 233 (LBFBS). Nach Cowe, Daniel, 100, waren Korrekturen nur in 110 Fällen nötig.

[45] Astuatsashunch' Matean Hin ew Nor Ktakaran[a]ts' (Scriptures of the Old and New Testaments). Edited by Hovhann Zohrapian. A Facsimile Reproduction of the 1805 Venetian Edition with an Introduction by Claude Cox, Delmar, NY 1984.

[46] Zur Beurteilung vgl. Cox, The Textual Character of the Manuscript Printed as Text in Zōhrapean's Bible, RÉArm 18 (1984), 69-83; A Review of Zeyt'unyan's Edition of Genesis from the Standpoint of Septuagint Criticism, RÉArm 21 (1988-1989), 87-125, und die Rezension von S.P. Cowe, JThS 39 (1988), 180-182.

[47] Vgl. die Rezension ThLZ 104 (1979), Sp. 107f. Liste der Abweichungen bei Stone, Testament of Joseph, 7-9. Stone, Testament of Levi, ist provisorisch und enthält zwei diplomatische Teilausgaben: „Rezension β" mit 333 (J1925) als Text (jetzt Group 3, s. oben) und Varianten aus Handschriften der jetzigen Group 4 (β) einschließlich Untergruppe, und „Rezension α" mit J939 als Text (jetzt Group 1[α]), dazu TestRub - TestLevi nach 220(NJ17[3]), ehemals Kalkutta.

[48] Er hat alle ihm damals bekannten 23 Handschriften außer VKurdian 37 benutzt.

[49] Falls LJos mitberücksichtigt wird: es fehlt in 332.

[50] Beschreibung bei Stone, Testament of Joseph, 9; IV Ezra, 23f.; Abbildung von f. 254r (Esth 9,19-10,31; 4.Esra 3,1-32) hinter Stone, Manuscripts and Readings of Armenian IV Ezra, Textus 6 (1968), 48-61.

senapparat unmöglich. Legte man als nächstbeste Lösung eine *e*-Handschrift zu-grunde[51], geriete 332 mit seinen vielen überlegenen Lesarten in den Apparat; zu-dem fehlt auch in *e* 25,3 *t'ēew* -27,11. Vertreter anderer Gruppen kommen erst recht nicht in Frage. Man sollte und kann m.E. einen eklektischen Text aus Ver-tretern aller Gruppen mit 332 als Grundlage machen, wie Stone es für 4.Esra getan hat (ob eine Doppelausgabe wie dort nützlich ist, muß sich zeigen). Her-auskommen wird ein Kunsttext, der nie in einer Handschrift stand und noch nicht die ursprüngliche Übersetzung ist[52], ihr aber näher steht als 332 oder der Ahn der übrigen Überlieferung, erst recht natürlich als Y.

Im übrigen ist für die Gestaltung einer Ausgabe einschließlich Einleitung bei Stone, Cox und Cowe viel zu lernen.[53] Für die endgültige Siglierung kann man abwarten, ob sich das AIEA-System durchsetzt.

6. Schluß

Die Überlieferungsgeschichte der armenischen Übersetzung von JosAs ist etwas verwickelter, als ich bisher dachte. Trotzdem scheint die Gruppenzugehörigkeit fast aller Handschriften jetzt klar zu sein. Die Existenz der Hyparchetypen *a-d-g*

---

[51] Nicht 333 (13-J1925), 363 (81-M354), 3715 (182-M349) und 220 (NJ17[3]) (?), weil erst in 2,6 beginnend, nicht 379 (162-M347), 3718 (143-J1934) und 3720 (Malibu), weil anscheinend kontaminiert, nicht 3713 (M2126), weil keine Bibel und mit 21,9 endend, nicht Beirut, NEST (olim Aleppo 28), weil keine Bibel; bleiben also 376 (159-V229), 3712 (151-M189), 3714 (146-M2587), 3721 (176-M6281) und vielleicht 110 (M5809), von denen aber 376, 3712 und 3721 LJos nicht haben.

[52] Gewiß nicht für 28,13-29,7, weil hier 332 versagt (29,8f. fehlen in allen armenischen Handschriften, vielleicht von Anfang an). Vgl. auch 23,8, wo alle Zeugen einschließlich 332 *ew tesanēr* (var.) *srbut'eamb mtac' iwroc'* lesen: für *srbut'eamb* „mit Heiligkeit" möchte man *srut'eamb* „mit Schärfe" konjizieren. Leider ist der griechische Text unsicher, vielleicht ὀξέως. Dazu läßt sich eine Variante ὁσίως denken, die dann mit *srbut'eamb* nicht falsch übersetzt wäre, so daß dies doch der ursprüngliche armenische Text sein könnte. Mehr Beispiel für gemeinsame Fehler der ganzen Überlieferung in RÉArm 1983, 225-27.

[53] Vgl. auch M.E. Stone, Priorities, Problems and Techniques of Text Editions, in: Lehmann-Weitenberg eds., Armenian Texts, Tasks and Tools, 11-14; Variants in Armenian Manuscripts and their Assessment, a.a.O. 15-25. Weitere Literatur zur armenischen Bibel in: Zur altarmenischen Übersetzung des Jakobusbriefes, in: M. Kohlbacher - M. Lesinski hg., Horizonte der Christenheit. Festschrift für Friedrich Heyer zu seinem 85. Geburtstag (Oikonomia 34), Er-langen 1994, 195-217, hier 195f.217, dazu: A Further Glimpse at the Armenian Version of the Epistle of James (Vortrag auf der 10th Anniversary Conference of the International Association for Armenian Studies, London 1993, soll im Kongreßband erscheinen); J.A. Alexanian, Remarks on the Armenian Text of the Acts of the Apostles, in: S. Ajamian - M.E. Stone eds., Text and Context: Studies in the Armenian New Testament (Armenian Texts and Studies 13), Atlanta, GA 1994, 15-22; The Armenian Version of the New Testament, in: B. D. Ehrman - M. W. Holmes eds., The Text of the New Testament in Contemporary Research. Essays on the *Status Quaestio-nis*. A Volume in Honor of Bruce M. Metzger (Studies and Documents), Grand Rapids, MI 1995, 157-172.

und *b-c* ist gesichert. Bestätigt hat sich, daß sie zusammen mit *e* und *h* einen Traditionsfächer bilden, der nicht von 28 (332^f-M1500) abhängt, und daß 332 unabhängig von ihm auf einem älteren und besseren Text fußt. Ganz fertig sind die Vorarbeiten für eine Ausgabe damit noch nicht. Unwahrscheinlich, aber nicht unmöglich scheint mir, daß unentdeckte Textzeugen (es dürfte noch welche geben) das Bild wesentlich ändern. Neues ist allenfalls von sehr alten Handschriften und Zitaten, bei jüngeren Handschriften gelegentlich von Mischcodices zu erwarten, wie M (M1665) und 355 (M8301) und 3711 (M5781) gezeigt haben, von Bibeln dagegen nicht. Um Charakter und Textwert der Überlieferung außer 332 zu erhellen, müssen die Beziehungen (einschließlich der Quereinflüsse) zwischen *e, h, a-d-g* und *b-c* genauer untersucht werden. Dazu gehört, daß die Gruppen und Hyparchetypen besser datiert und lokalisiert werden sollten; insbesondere ist noch offen, ob es wie bei anderen Büchern eine kilikische Rezension von JosAs gab. *e* und der Hyparchetyp *a-d-g* sind schon im 13. Jh., *b-c* im späten 14. Jh. nachweisbar, aber wann entstanden sie? In welchen Typen von Teilbibeln wurde JosAs überliefert (wenn überhaupt), bevor Vollbibeln gebildet wurden? Mit welcher Abschreibfrequenz kann man vorher rechnen? Die Suche nach Textvarianten, die sich bildeten, als noch Majuskelschrift (Erkat'agir) benutzt wurde, muß weitergehen.[54] Sie ist auch für die Datierung der Übersetzung selber wichtig. Dafür ist auch von Bedeutung, ob sich zeigen oder widerlegen läßt, daß die griechische Vorlage eine Majuskel war. Und wo entstand die Übersetzung?[55] Schließlich ist die Frage nachträglicher Kontakte mit griechischen oder anderen nichtarmenischen Fassungen von JosAs, so unwahrscheinlich sie sein mögen[56], nicht endgültig beantwortet.

---

[54] Vgl. RÉArm 1983, 229f.; Stone, IV Ezra, 15.

[55] Muß das in Armenien gewesen sein? Armenische Klöster gab es früh schon außerhalb (eine Spur durch Nikon von Rhoidiou, vgl. oben Berichtigungen und Ergänzungen, zu Nr. 13, 565 Anm. 29?).

[56] Stone, New Evidence, 100-102: keine in TestXII. Vgl. auch oben Anm. 9.

7

EIN VORLÄUFIGER GRIECHISCHER TEXT VON
JOSEPH UND ASENETH

Vorbemerkung 1995: Einleitung und Fußnoten der Erstveröffentlichung DBAT 14, Oktober 1979, 2-53, sind unverändert bis auf die Wörter in eckigen Klammern. Der griechische Text war ursprünglich ohne Akzente, Spiritus, Koronis und Jota subscriptum mit Schreibmaschine geschrieben, jeder Vers ein neuer Absatz. Er weicht jetzt inhaltlich an den wenigen Stellen ab, die in den Verbesserungen zum vorläufigen Text von Joseph und Aseneth (DBAT 14, 1979, 2-53), ebd. 16, Dezember 1982, 37-39, als Versehen ausgewiesen sind. Der so korrigierte Text wurde in Denis, Concordance, 851-859 (s. unten), übernommen (die griechischen Wörter, die laut Anmerkungen nur aus den alten Übersetzungen erschlossen sind, in spitzen Klammern, Unsicherheiten zwischen ++) und mit Akzenten usw. versehen. Klammern (jetzt eckig), Kreuze und Akzente usw. (Versehen meist stillschweigend verbessert) erscheinen mit Erlaubnis und Dank auch im Nachdruck. Der Text ist jetzt fortlaufend gesetzt, aber mit Anführungszeichen für wörtliche Rede und mit Zwischentiteln und Absätzen wie in der deutschen und englischen Übersetzung (s. unten); Übersicht auch in ANRW II 20.1 (unten Nr. 13), 545-550. Sie haben wie auch der Buchtitel keine Handschriftenbelege. Die Verbesserungen sind als neue Anmerkungen dazugenommen, und zwar mit x-Nummern die Druckfehler, deren Berichtigung jetzt im Text steht (neu dazu 1x-y, 4x, 6x-y, 8x, 14y-z, 15x, 70x, 73x), mit a-Nummern (1a ist ursprünglich) die Verbesserungen, die sich während der Weiterarbeit bis 1982 ergeben haben und in den Übersetzungen in JSHRZ II 4 und OTP vorausgesetzt sind, dort in den Fußnoten oft voller dokumentiert. Die ursprünglichen Seitenzahlen sind nicht ausgewiesen. Der in Anm. 74 erwähnte Text von Gen 50, 22b-26 ist unten in Nr. 13, 562f. rekonstruiert. Die Vorläufigkeit des ganzen Unternehmens sehe ich heute stärker als vor 15 Jahren (s. die Einleitung zu diesem Band).

Die Erstveröffentlichung war Joachim Jeremias (1900-1979) gewidmet. Er starb, bevor er sie sehen konnte. Den Text hatte Dr. Dieter Sänger (jetzt Professor in Gießen) getippt und korrigiert.

Die folgende griechische Rekonstruktion von Joseph und Aseneth liegt den Übersetzungen in [The Old Testament Pseudepigrapha (ed. J. H. Charlesworth; Garden City, NY 1985)] und den Jüdischen Schriften aus hellenistisch-römischer Zeit [hg. W. G. Kümmel; Gütersloh 1983] zugrunde, wird in der [Concordance grecque des Pseudépigraphes d'Ancien Testament (éd. A.-M. Denis – Y. Janssens; Louvain-La-Neuve 1987)] verarbeitet und soll den Text einer editio minor bilden. Da die Ausgabe noch eine Weile dauern wird, habe ich mich zu einer Vorveröffentlichung wenigstens des rohen Textes verpflichtet gefühlt.

Näheres über die Überlieferung und meine Ansichten zur Textgeschichte und -rekonstruktion steht in Untersuchungen zu Joseph und Aseneth (Tübingen 1965) oder Zum Text von „Joseph und Aseneth" (JSJ 1, 1970, 3-34 [= oben Nr. 1]), über Wert und Grenzen des vorliegenden Textes in den Einleitungen zu den genannten Übersetzungen. Er baut auf einer Zeugengruppe auf, zu der die vier griechischen Handschriften E G FW (= *b*) und die Übersetzungen Syr Arm L1 L2 Äth Ngr Rum (alle außer Slaw) gehören. Diese Gruppe ist in den bisherigen Ausgaben von P. Batiffol, Le livre de la Prière d'Aseneth, in: Batiffol, Studia Patristica (Paris 1889-90), V. M. Istrin, Apokrif ob Iosifě i Asenefě, in: Drevnosti (Trudy slavjanskoj kommissii Imperatorskago moskovskago archeologičeskago obščestva 2; Moskau 1898) und M. Philonenko, Joseph et Aséneth

(Leiden 1968) fast gar nicht berücksichtigt [jedoch in der Übersetzung von E. W. Brooks, Joseph and Asenath, London 1918]; ich halte sie aber für die relativ beste, obwohl sie sehr zerschrieben ist. Der Wortlaut folgt *b*, außer wenn eine andere Lesart offensichtlich älter ist. Dieses wird immer angenommen, wenn eine oder mehrere der anderen griechischen Gruppen *a* (≈ Batiffol), *c* (unveröffentlicht) oder *d* (≈ Philonenko), wozu Slaw gehört, über *b* überschießen, außer, wiederum, der Überschuß ist offensichtlich sekundär. Wenn *b* gespalten ist, wird im allgemeinen die von außen besser gestützte Lesart vorgezogen. Gelegentlich sind Rückübersetzungen aus den Versionen und Konjekturen nötig (siehe Fußnoten). Der so entstandene Text ist noch lange nicht der beste erreichbare, aber hoffentlich im ganzen nach Umfang und Wortlaut besser als der bisherige.

Die Orthographie folgt den Schulregeln, wie sie in Nestles Novum Testamentum Graece adaptiert sind [aber Großbuchstaben nur bei Eigennamen]. [....] Satzzeichen werden möglichst sparsam gesetzt. Die Sätze sind ungefähr wie in der [deutschen und der] englischen Übersetzung abgeteilt, aber bei dem parataktischen Stil des Werkes läßt sich oft streiten. Der Titel (siehe Untersuchungen 50-54 und die Übersetzung zur Stelle) und die Eigennamen sind noch nicht kritisch festgestellt.

Die Kapitel und Verszahlen im Spiegel sind die der Übersetzung von P. Rießler in Altjüdisches Schrifttum außerhalb der Bibel (Augsburg 1928 = Darmstadt 1966), nach denen man wohl bis auf weiteres zitieren muß. Wo mein Text länger ist als Rießlers, der Batiffol übersetzt, habe ich x-y-Verse [Denis B und C] eingeschaltet (11,1x-y; 15,12x; 16,16x.17x), am Kapitelende aber einfach weitergezählt (11,16-19 [oder 15-18]; 21,10-21). Geändert sind Rießlers Zahlen nur, wo es unvermeidbar war (siehe 6,2; 13,10; 16,17.17y). Am Rand sind Philonenkos Verse angegeben, die nur zum Text von *d* passen, der viel kürzer ist als der der anderen Gruppen. Auf die Länge wird eine neue Einteilung nötig sein. Entsprechend den Übersetzungen habe ich wörtliche Rede in Anführungszeichen gesetzt und manche Partien in Zeilen, dies äußerst vorläufig.

Die Fußnoten geben textkritische Hinweise vor allem auf die Stellen, bei denen kein griechischer Text belegt ist. Die Angaben beziehen sich, wenn nicht anders vermerkt, nur auf das eine Wort, das die Anmerkungshochzahl trägt. Wenn die Bezeugung nicht vollständig angegeben ist, kann vermutet werden, daß die nicht genannten Zeugen das betroffene Wort oder die betroffenen Wörter auslassen oder daß sie in eine Lücke fallen, aber ein sicherer Schluß ist nicht möglich. „Rekonstruiert aus" heißt, daß der Text in den genannten Zeugen belegt ist oder von ihnen gestützt wird, nicht daß sie ihn alle wörtlich führen. „om." bedeutet „ausgelassen von", „Lücke(n)" meint „ausgelassen samt Kontext (vor- oder hinterher oder beides) von" (Lücken in verschiedenen Zeugen brauchen nicht übereinzustimmen).

JOSEPH UND ASENETH

ERSTER TEIL 1,1-21,21:
DIE VERHEIRATUNG DER STOLZEN ASENETH MIT JOSEPH ERMÖGLICHT
DURCH IHRE BEKEHRUNG

I. EINLEITUNG.
PERSONEN, HINTERGRUND, ORT DER HANDLUNG
1,1-2,12

• **1,1** καὶ ἐγένετο ἐν τῷ πρώτῳ ἔτει τῶν ἑπτὰ ἐτῶν τῆς εὐθηνίας ἐν τῷ μηνὶ τῷ   1
δευτέρῳ πέμπτῃ τοῦ μηνὸς ἐξαπέστειλε Φαραὼ τὸν Ἰωσὴφ κυκλεῦσαι πᾶσαν
τὴν γῆν Αἰγύπτου. **2** καὶ ἦλθεν Ἰωσὴφ ἐν τῷ τετάρτῳ μηνὶ τοῦ πρώτου ἔτους   2
ὀκτωκαιδεκάτῃ τοῦ μηνὸς εἰς τὰ ὅρια Ἡλιουπόλεως | καὶ ἦν συνάγων τὸν   3
σῖτον τῆς χώρας ἐκείνης ὡς τὴν ἄμμον τῆς θαλάσσης. **3** καὶ ἦν ἀνὴρ ἐν τῇ   4
πόλει ἐκείνῃ σατράπης τοῦ Φαραὼ καὶ οὗτος ἦν ἄρχων πάντων τῶν
σατραπῶν καὶ τῶν μεγιστάνων τοῦ Φαραώ. καὶ ἦν ὁ ἀνὴρ οὗτος πλούσιος   5
σφόδρα καὶ φρόνιμος καὶ ἐπιεικὴς καὶ ἦν σύμβουλος τοῦ Φαραὼ ὅτι ἦν ὑπὲρ
πάντας τοὺς μεγιστᾶνας Φαραὼ συνίων. καὶ ὄνομα τῷ ἀνδρὶ ἐκείνῳ
Πεντεφρῆς ἱερεὺς Ἡλιουπόλεως. **4** καὶ ἦν θυγάτηρ αὐτῷ παρθένος ἐτῶν   6
ὀκτωκαίδεκα μεγάλη καὶ ὡραία καὶ καλὴ τῷ εἴδει σφόδρα ὑπὲρ πάσας τὰς
παρθένους ἐπὶ τῆς γῆς. **5** καὶ αὕτη οὐδὲν εἶχεν ὅμοιον τῶν παρθένων τῶν   7
Αἰγυπτίων ἀλλὰ ἦν κατὰ πάντα ὁμοία ταῖς θυγατράσι τῶν Ἑβραίων | καὶ ἦν   8
μεγάλη ὡς Σάρρα καὶ ὡραία ὡς Ῥεβέκκα καὶ καλὴ ὡς Ῥαχήλ. καὶ ἦν τὸ
ὄνομα τῆς παρθένου ἐκείνης Ἀσενέθ. **6** καὶ ἀπῆλθεν ἡ φήμη τοῦ κάλλους   9
αὐτῆς εἰς πᾶσαν τὴν γῆν ἐκείνην καὶ ἕως περάτων τῆς οἰκουμένης. καὶ
ἐμνηστεύοντο αὐτὴν πάντες οἱ υἱοὶ τῶν μεγιστάνων καὶ υἱοὶ τῶν σατραπῶν
καὶ υἱοὶ πάντων τῶν βασιλέων καὶ νεανίσκοι πάντες καὶ δυνατοὶ | καὶ ἦν   10
ἔρις πολλὴ ἐν αὐτοῖς περὶ Ἀσενὲθ καὶ ἐπειρῶντο πολεμεῖν πρὸς ἀλλήλους
δι᾽ αὐτήν.
7 καὶ ἤκουσε περὶ αὐτῆς ὁ υἱὸς Φαραὼ ὁ πρωτότοκος καὶ ἐξελιπάρει τὸν   11
πατέρα αὐτοῦ τοῦ δοῦναι αὐτὴν αὐτῷ εἰς γυναῖκα. καὶ εἶπε τῷ Φαραὼ ὁ υἱὸς   12
αὐτοῦ ὁ πρωτότοκος· »δός μοι πάτερ τὴν Ἀσενὲθ τὴν θυγατέρα Πεντεφρῆ τοῦ

13 ἱερέως Ἡλιουπόλεως εἰς γυναῖκα«. 8 καὶ εἶπεν αὐτῷ Φαραὼ ὁ πατὴρ αὐτοῦ·
   »ἵνα τί σὺ ζητεῖς γυναῖκα ἥττόν σου καὶ σὺ βασιλεὺς εἶ πάσης τῆς γῆς
14 Αἰγύπτου; 9 οὐκ ἰδοὺ ἡ θυγάτηρ τοῦ βασιλέως Μωὰβ Ἰωακεὶμ κατεγγύηταί
   σοι καὶ αὕτη ἐστὶ βασίλισσα καὶ καλὴ σφόδρα; ταύτην λαβὲ σεαυτῷ εἰς
   γυναῖκα.«

                                        •

1   • 2,1 καὶ ἦν Ἀσενὲθ ἐξουθενοῦσα καὶ καταπτύουσα πάντα ἄνδρα καὶ ἦν
   ἀλαζὼν καὶ ὑπερήφανος πρὸς πάντα ἄνθρωπον. καὶ οὐδεὶς ἀνὴρ ἑώρακεν
   αὐτὴν πώποτε καθότι ἦν πύργος τῷ Πεντεφρῇ παρακείμενος τῇ οἰκίᾳ αὐτοῦ
2   μέγας καὶ ὑψηλὸς σφόδρα | καὶ ἐπάνω τοῦ πύργου ἐκείνου ἦν ὑπερῷον ἔχον
3   θαλάμους δέκα. 2 καὶ ἦν ὁ πρῶτος θάλαμος μέγας καὶ εὐπρεπὴς λίθοις
   πορφυροῖς κατεστρωμένος καὶ οἱ τοῖχοι αὐτοῦ λίθοις ποικίλοις καὶ τιμίοις
4   πεπλακωμένοι | καὶ ἦν ἡ ὀροφὴ τοῦ θαλάμου ἐκείνου χρυσῆ. 3 καὶ ἦσαν
   ἐντὸς τοῦ θαλάμου ἐκείνου εἰς τοὺς τοίχους πεπηγμένοι οἱ[1b] θεοὶ τῶν
5   Αἰγυπτίων ὧν οὐκ ἦν ἀριθμὸς χρυσοῖ καὶ ἀργυροῖ. καὶ πάντας ἐκείνους
   ἐσέβετο Ἀσενὲθ καὶ ἐφοβεῖτο αὐτοὺς καὶ θυσίας αὐτοῖς ἐπετέλει καθ'
6   ἡμέραν. 4 καὶ ἦν ὁ δεύτερος θάλαμος ἔχων τὸν κόσμον καὶ τὰς θήκας Ἀσενὲθ
7 | καὶ ἦν χρυσὸς πολὺς ἐν αὐτῷ καὶ ἄργυρος καὶ ἱματισμὸς χρυσοϋφὴς καὶ
8   λίθοι ἐκλεκτοὶ καὶ πολυτελεῖς καὶ ὀθόναι ἐπίσημοι | καὶ πᾶς ὁ κόσμος τῆς
9   παρθενίας αὐτῆς. 5 καὶ ἦν ὁ τρίτος θάλαμος ταμιεῖον τῆς Ἀσενὲθ καὶ ἦν ἐν
10 αὐτῷ πάντα τὰ ἀγαθὰ τῆς γῆς. 6 καὶ τοὺς λοιποὺς ἑπτὰ θαλάμους εἶχον ἑπτὰ
11 παρθένοι μία ἑκάστη ἕνα θάλαμον κεκτημένη | καὶ αὗται ἦσαν διακονοῦσαι
   τῇ Ἀσενὲθ καὶ ἦσαν πᾶσαι ὁμήλικαι ἐν μιᾷ νυκτὶ τεχθεῖσαι σὺν τῇ Ἀσενὲθ
   καὶ ἠγάπα αὐτὰς πάνυ. καὶ ἦσαν καλαὶ σφόδρα ὡς τὰ ἄστρα τοῦ οὐρανοῦ
12 καὶ ἀνὴρ οὐχ ὡμίλει αὐταῖς οὐδὲ παιδίον ἄρρεν. 7 καὶ ἦσαν θυρίδες τρεῖς τῷ
13 θαλάμῳ τῷ μεγάλῳ τῆς Ἀσενὲθ ὅπου ἡ παρθενία αὐτῆς ἐτρέφετο. καὶ ἦν ἡ
   μία θυρὶς ἡ πρώτη μεγάλη σφόδρα ἀποβλέπουσα ἐπὶ τὴν αὐλὴν εἰς ἀνατολὰς
   καὶ ἡ δευτέρα ἦν ἀποβλέπουσα εἰς μεσημβρίαν καὶ ἡ τρίτη ἦν ἀποβλέπουσα
14 εἰς βορρᾶν ἐπὶ[1c] τὸ ἄμφοδον τῶν παραπορευομένων. 8 καὶ ἦν κλίνη χρυσῆ
15 ἑστῶσα ἐν τῷ θαλάμῳ ἀποβλέπουσα [πρὸς τὴν θυρίδα][1] κατὰ ἀνατολὰς | καὶ
   ἦν ἡ κλίνη ἐστρωμένη πορφυρᾷ[1d] χρυσοϋφῇ ἐξ ὑακίνθου καὶ πορφύρας καὶ

[1b] Streichen? [Aber vgl. die Anmerkung in JSHRZ.]
[1c] Besser εἰς.
[1] πρὸς τὴν θυρίδα altgriechisch nicht belegt. Text rekonstruiert aus Syr Arm L2-436 Slaw (gegen Philonenko), εις την θυραν Ngr; om. a c d Philonenko, Lücken b L1 L2-435&.
[1d] Besser πορφύραν.

βύσσου καθυφασμένη. **9** καὶ ἐν ταύτῃ τῇ κλίνῃ ἐκάθευδεν Ἀσενὲθ μόνη καὶ   16
ἀνὴρ ἢ γυνὴ ἑτέρα οὐδέποτε ἐκάθισεν ἐπ᾽ αὐτῇ πλὴν τῆς Ἀσενὲθ μόνης.
10 καὶ ἦν αὐλὴ μεγάλη παρακειμένη τῇ οἰκίᾳ κυκλόθεν καὶ ἦν τεῖχος   17
κύκλῳ τῆς αὐλῆς ὑψηλὸν σφόδρα λίθοις τετραγώνοις μεγάλοις
ᾠκοδομημένον. **11** καὶ ἦσαν πύλαι τῇ αὐλῇ τέσσαρες σεσιδηρωμέναι καὶ   18
ταύτας ἐφύλαττον ἀνὰ δεκαοκτὼ ἄνδρες δυνατοὶ νεανίσκοι ἔνοπλοι. καὶ   19
ἦσαν πεφυτευμένα ἐντὸς τῆς αὐλῆς παρὰ τὸ τεῖχος δένδρα ὡραῖα παντοδαπὰ
καὶ καρποφόρα πάντα. καὶ ἦν ὁ[le] καρπὸς αὐτῶν πέπειρος,[1x] ὥρα γὰρ ἦν
θερισμοῦ. **12** καὶ ἦν ἐν τῇ αὐλῇ ἐκ δεξιῶν πηγὴ ὕδατος πλουσίου ζῶντος καὶ   20
ὑποκάτωθεν τῆς πηγῆς ἦν ληνὸς μεγάλη δεχομένη τὸ ὕδωρ τῆς πηγῆς ἐκείνης.
ἔνθα[1f] ἐπορεύετο ποταμὸς διὰ μέσης τῆς αὐλῆς καὶ ἐπότιζε πάντα τὰ δένδρα
τῆς αὐλῆς ἐκείνης.

II. JOSEPHS ERSTER BESUCH BEI PENTEPHRES
3,1-10,1a

1. Vorspiel. Vorbereitung des Besuchs: 3,1-4

• **3,1** καὶ ἐγένετο ἐν τῷ πρώτῳ ἔτει τῶν ἑπτὰ ἐτῶν τῆς εὐθηνίας ἐν τῷ   1
τετάρτῳ μηνὶ ὀκτωκαιδεκάτῃ τοῦ μηνὸς ἦλθεν Ἰωσὴφ εἰς τὰ ὅρια
Ἡλιουπόλεως καὶ ἦν συνάγων τὸν σῖτον τῆς εὐθηνίας τῆς χώρας ἐκείνης.
2 καὶ ὡς ἤγγισεν τῇ πόλει ἐκείνῃ Ἰωσὴφ ἀπέστειλεν ἔμπροσθεν αὐτοῦ   2
δώδεκα ἄνδρας πρὸς Πεντεφρῆ τὸν ἱερέα[1g] λέγων· | »πρός σε καταλύσω[1h] ὅτι   3
ὥρα μεσημβρίας ἐστὶ καὶ καιρὸς ἀρίστου καὶ καῦμα μέγα ἐστὶ τοῦ ἡλίου καὶ
ἵνα καταψύξω ὑπὸ τὴν σκιὰν τοῦ οἴκου[1i] σου«. **3** καὶ ἤκουσε ταῦτα   4
Πεντεφρῆς καὶ ἐχάρη χαρὰν μεγάλην σφόδρα καὶ εἶπεν· »εὐλογητὸς κύριος ὁ
θεὸς τοῦ Ἰωσὴφ ὅτι ἄξιόν με ἡγήσατο ὁ κύριός μου Ἰωσὴφ ἔρχεσθαι πρὸς
ἡμᾶς«. **4** καὶ ἐκάλεσε Πεντεφρῆς τὸν ἐπάνω τῆς οἰκίας αὐτοῦ καὶ εἶπεν αὐτῷ·   5
»σπεῦσον καὶ εὐτρέπισον τὴν οἰκίαν μου καὶ δεῖπνον μέγα ἑτοίμασον διότι   6
Ἰωσὴφ ὁ δυνατὸς τοῦ θεοῦ ἔρχεται πρὸς ἡμᾶς σήμερον«.

[le] Besser πᾶς ὁ.
[1x] [In der Erstveröffentlichung Komma handschriftlich nachgetragen, bei Denis kein Satzzeichen.]
[1f] Besser ὅθεν.
[1g] Besser ἱ. Ἡλιουπόλεως.
[1h] Besser κ. σήμερον.
[1i] Besser τῆς οἰκίας.

2. Pentephres' Heiratsplan für Aseneth: 3,5-4,12

7 • **5** καὶ ἤκουσεν Ἀσενὲθ ὅτι ἥκασιν ἐξ ἀγροῦ τῆς κληρονομίας αὐτῶν ὁ
8 πατὴρ καὶ ἡ μήτηρ αὐτῆς καὶ ἐχάρη καὶ εἶπεν· |»πορεύσομαι καὶ ὄψομαι τὸν
   πατέρα μου καὶ τὴν μητέρα μου ὅτι ἥκασιν ἐξ ἀγροῦ τῆς κληρονομίας ἡμῶν«.
9 διότι ὥρα ἦν θερισμοῦ. **6** καὶ ἔσπευσεν Ἀσενὲθ εἰς τὸν θάλαμον αὐτῆς ὅπου
   ἔκειντο αἱ στολαὶ αὐτῆς καὶ ἐνεδύσατο στολὴν βυσσίνην ἐξ ὑακίνθου
   χρυσοϋφῆ καὶ ἐζώσατο ζώνην χρυσῆν καὶ ψέλια εἰς τὰς χεῖρας καὶ τοὺς
   πόδας αὐτῆς ἔθετο καὶ ἀναξυρίδας χρυσᾶς περιέθηκε τοῖς ποσὶν αὐτῆς καὶ
10 περὶ τὸν τράχηλον αὐτῆς περιέθετο κόσμον πολύτιμον | καὶ λίθους
   πολυτελεῖς οἵτινες ἦσαν περιηρτημένοι πάντοθεν καὶ ἦσαν τὰ ὀνόματα τῶν
   θεῶν τῶν Αἰγυπτίων ἐγκεκολαμμένα πανταχοῦ ἐπί τε τοῖς ψελίοις καὶ τοῖς
   λίθοις καὶ τὰ πρόσωπα τῶν εἰδώλων πάντων ἦσαν ἐκτετυπωμένα ἐν αὐτοῖς.
11 καὶ ἔθηκε τιάραν ἐπὶ τῆς κεφαλῆς αὐτῆς καὶ διάδημα ἔσφιγξε περὶ τοὺς
   κροτάφους αὐτῆς καὶ θερίστρῳ κατεκάλυψε τὴν κεφαλὴν αὐτῆς.

   •

1 • **4,1** καὶ ἔσπευσε καὶ κατέβη τὴν κλίμακα ἐκ τοῦ ὑπερῴου[1j] καὶ ἦλθε πρὸς
   τὸν πατέρα αὐτῆς καὶ τὴν μητέρα καὶ ἠσπάσατο αὐτοὺς καὶ κατεφίλησεν
2 αὐτούς. καὶ ἐχάρησαν Πεντεφρῆς καὶ ἡ γυνὴ αὐτοῦ ἐπὶ τῇ θυγατρὶ αὐτῶν
   Ἀσενὲθ χαρὰν μεγάλην διότι ἑώρων αὐτὴν κεκοσμημένην ὡς νύμφην θεοῦ.
3 **2** καὶ ἐξήνεγκαν πάντα τὰ ἀγαθὰ ὅσα ἐνήνοχαν ἐξ ἀγροῦ τῆς κληρονομίας
4 αὐτῶν καὶ ἔδωκαν τῇ θυγατρὶ αὐτῶν. καὶ ἐχάρη ἐπὶ πᾶσι τοῖς ἀγαθοῖς
   Ἀσενὲθ ἐπί τε τῇ ὀπώρᾳ καὶ τῇ σταφυλῇ καὶ τοῖς φοίνιξι καὶ ταῖς
   περιστεραῖς[1a] καὶ ταῖς ῥοαῖς καὶ τοῖς σύκοις διότι ἦσαν πάντα ὡραῖα καὶ
   καλὰ τῇ γεύσει.

   •

5 • **3** καὶ εἶπε Πεντεφρῆς τῇ θυγατρὶ αὐτοῦ Ἀσενέθ· »τέκνον μου«. ἡ δὲ εἶπεν·
   »ἰδοὺ ἐγὼ κύριε«. **4** καὶ εἶπεν αὐτῇ· »κάθισον δὴ ἀνάμεσον ἡμῶν καὶ
6 λαλήσω πρός σε τὰ ῥήματά μου«. **5** καὶ ἐκάθισεν Ἀσενὲθ ἀνάμεσον τοῦ
7 πατρὸς αὐτῆς καὶ τῆς μητρός. καὶ ἐκράτησε Πεντεφρῆς ὁ πατὴρ αὐτῆς τῇ
   χειρὶ αὐτοῦ τῇ δεξιᾷ τὴν χεῖρα τὴν δεξιὰν τῆς θυγατρὸς αὐτοῦ καὶ

[1j] Besser ὑ. αὐτῆς.

[1a] Auffällig zwischen dem Obst. Verderbt aus τοις πιστακιοις oder τοις περσικοις?
[Pfirsiche sind aber nach J. Hengstl u.a., Griechische Papyri aus Ägypten als Zeugnisse des öffentlichen und privaten Lebens (Tusculum-Bücherei), München 1978 = Darmstadt 1978, 294, in Ägypten erst für das 3. Jh. n. Chr. belegt.]

κατεφίλησεν αὐτὴν καὶ εἶπεν αὐτῇ· »τέκνον μου Ἀσενέθ«. 6 καὶ αὐτὴ[1y]
εἶπεν· »ἰδοὺ ἐγὼ κύριε. λαλησάτω δὴ ὁ κύριός μου καὶ πατήρ μου.« 7 καὶ   8
εἶπεν αὐτῇ Πεντεφρῆς ὁ πατὴρ αὐτῆς· »Ἰωσὴφ[1k] ὁ δυνατὸς τοῦ θεοῦ ἔρχεται
πρὸς ἡμᾶς σήμερον. καὶ αὐτός ἐστιν ἄρχων πάσης τῆς γῆς Αἰγύπτου καὶ ὁ
βασιλεὺς Φαραὼ κατέστησεν αὐτὸν βασιλέα πάσης τῆς γῆς καὶ σιτοδοτεῖ[1l]
πᾶσαν τὴν γῆν καὶ σῴζει αὐτὴν ἐκ τοῦ ἐπερχομένου λιμοῦ. καὶ ἔστιν Ἰωσὴφ   9
ἀνὴρ θεοσεβὴς καὶ σώφρων καὶ παρθένος ὡς σὺ σήμερον καὶ ἔστιν Ἰωσὴφ
ἀνὴρ δυνατὸς ἐν σοφίᾳ καὶ ἐπιστήμῃ καὶ πνεῦμα θεοῦ ἐστιν ἐπ᾽ αὐτῷ καὶ
χάρις κυρίου μετ᾽ αὐτοῦ. 8 δεῦρο δὴ τέκνον μου καὶ παραδώσω σε αὐτῷ εἰς   10
γυναῖκα καὶ ἔσῃ αὐτῷ νύμφη καὶ αὐτὸς ἔσται σου νυμφίος εἰς τὸν αἰῶνα
χρόνον.« 9 καὶ ὡς ἤκουσεν Ἀσενὲθ τὰ ῥήματα ταῦτα παρὰ τοῦ πατρὸς αὐτῆς   11
περιεχύθη αὐτῇ ἱδρὼς ἐρυθρὸς πολὺς ἐπὶ τοῦ προσώπου αὐτῆς καὶ ἐθυμώθη
ἐν ὀργῇ μεγάλῃ καὶ ἐνέβλεψε τῷ πατρὶ αὐτῆς πλαγίως τοῖς ὀφθαλμοῖς αὐτῆς
καὶ εἶπεν· | »ἵνα τί λαλεῖ ὁ κύριός μου καὶ πατήρ μου κατὰ τὰ ῥήματα   12
ταῦτα[1m] παραδοῦναί με[1n] ὡς αἰχμάλωτον ἀνδρὶ ἀλλοφύλῳ[1o] καὶ φυγάδι καὶ
πεπραμένῳ; 10 οὐχ οὗτός ἐστιν ὁ υἱὸς τοῦ ποιμένος ἐκ γῆς Χαναὰν καὶ αὐτὸς   13
κατελήφθη ἐπ᾽ αὐτοφώρῳ | κοιμώμενος μετὰ τῆς κυρίας αὐτοῦ καὶ ὁ κύριος   14
αὐτοῦ ἐνέβαλεν αὐτὸν εἰς τὴν φυλακὴν τοῦ σκότους καὶ Φαραὼ ἐξήγαγεν
αὐτὸν ἐκ τῆς φυλακῆς καθότι συνέκρινε τὸ ἐνύπνιον αὐτοῦ καθὰ
συγκρίνουσι καὶ αἱ γυναῖκες αἱ πρεσβύτεραι τῶν Αἰγυπτίων; 11 οὐχὶ ἀλλὰ   15
γαμηθήσομαι τῷ υἱῷ τοῦ βασιλέως τῷ πρωτοτόκῳ ὅτι αὐτός ἐστι βασιλεὺς
πάσης τῆς γῆς Αἰγύπτου.« 12 ταῦτα ἀκούσας Πεντεφρῆς ᾐδέσθη ἔτι λαλῆσαι   16
τῇ θυγατρὶ αὐτοῦ Ἀσενὲθ περὶ Ἰωσὴφ διότι θρασέως καὶ μετὰ ἀλαζονείας
καὶ ὀργῆς ἀπεκρίθη αὐτῷ.

3. Aseneths Erschütterung bei Josephs Anblick: 5,1-6,8

• 5,1 καὶ εἰσεπήδησε νεανίσκος ἐκ τῆς θεραπείας Πεντεφρῆ καὶ λέγει· »ἰδοὺ   1
Ἰωσὴφ πρὸ τῶν θυρῶν τῆς αὐλῆς ἡμῶν ἕστηκεν[1z]«. 2 καὶ ἔφυγεν Ἀσενὲθ ἀπὸ   2
προσώπου τοῦ πατρὸς καὶ τῆς μητρὸς αὐτῆς ὡς ἤκουσε τὰ ῥήματα ταῦτα

[1y] [In der Erstveröffentlichung so gemeint, Denis αὕτη.]
[1k] Besser ἰδοὺ Ἰ.
[1l] Besser αὐτὸς σ.
[1m] Besser ταῦτα.
[1n] Besser π. με βούλῃ.
[1o] Besser ἀλλογενεῖ.
[1z] Erstveröffentlichung εστηκε [Denis ἕ-ε].

+λεγόντων+² περὶ Ἰωσὴφ καὶ ἀνέβη εἰς τὸ ὑπερῷον καὶ εἰσῆλθεν εἰς τὸν
θάλαμον αὐτῆς καὶ ἔστη ἐπὶ τὴν θυρίδα τὴν μεγάλην τὴν βλέπουσαν κατὰ
ἀνατολὰς τοῦ ἰδεῖν τὸν Ἰωσὴφ εἰσερχόμενον εἰς τὴν οἰκίαν τοῦ πατρὸς
3   αὐτῆς. 3 καὶ ἐξῆλθον εἰς συνάντησιν τοῦ Ἰωσὴφ Πεντεφρῆς καὶ ἡ γυνὴ
4   αὐτοῦ καὶ πᾶσα ἡ συγγένεια αὐτοῦ. 4 καὶ ἠνοίχθησαν αἱ πύλαι τῆς αὐλῆς αἱ
βλέπουσαι κατὰ ἀνατολὰς καὶ εἰσῆλθεν Ἰωσὴφ ἑστὼς ἐπὶ τῷ ἅρματι τῷ
5   δευτέρῳ τοῦ Φαραὼ Ι καὶ ἦσαν ἐζευγμένοι ἵπποι τέσσαρες λευκοὶ ὡσεὶ χιὼν
6   χρυσοχάλινοι καὶ τὸ ἅρμα κατεσκεύαστο ὅλον ἐκ χρυσίου καθαροῦ. 5 καὶ ἦν
Ἰωσὴφ ἐνδεδυμένος χιτῶνα λευκὸν καὶ ἔξαλλον καὶ ἡ στολὴ τῆς περιβολῆς
αὐτοῦ ἦν πορφυρᾶ ἐκ βύσσου χρυσοϋφὴς καὶ στέφανος χρυσο[ῦ]ς³ ἐπὶ τῆς
κεφαλῆς αὐτοῦ καὶ κύκλῳ τοῦ στεφάνου ἦσαν δώδεκα λίθοι ἐκλεκτοὶ καὶ
ἐπάνω τῶν δώδεκα λίθων ἦσαν δώδεκα ἀκτῖνες χρυσαῖ. καὶ ῥάβδος
7   βασιλικὴ ἐν τῇ χειρὶ αὐτοῦ τῇ ἀριστερᾷ καὶ ἐν τῇ χειρὶ αὐτοῦ τῇ δεξιᾷ Ι εἶχεν
ἐκτεταμένον κλάδον ἐλαίας καὶ ἦν πλῆθος καρποῦ ἐν αὐτῷ καὶ ἐν τῷ καρπῷ
8   ἦν πιότης ἐλαίου πολλοῦ. 6 καὶ εἰσῆλθεν Ἰωσὴφ εἰς τὴν αὐλὴν καὶ
9   ἐκλείσθησαν αἱ πύλαι τῆς αὐλῆς Ι καὶ πᾶς ἀνὴρ καὶ γυνὴ ἀλλότριοι ἔμειναν
ἔξω τῆς αὐλῆς διότι οἱ φύλακες τῶν πυλῶν ἐπεσπάσαντο καὶ ἔκλεισαν τὰς
10   θύρας καὶ ἐξεκλείσθησαν πάντες οἱ ἀλλότριοι. 7 καὶ ἦλθον Πεντεφρῆς καὶ ἡ
γυνὴ αὐτοῦ καὶ πᾶσα ἡ συγγένεια αὐτοῦ πλὴν τῆς θυγατρὸς αὐτῶν Ἀσενὲθ
11   καὶ προσεκύνησαν τῷ Ἰωσὴφ ἐπὶ πρόσωπον ἐπὶ τὴν γῆν. καὶ κατέβη Ἰωσὴφ
ἀπὸ τοῦ ἅρματος αὐτοῦ καὶ ἐδεξιώσατο αὐτοὺς ἐν τῇ δεξιᾷ αὐτοῦ.

•

1   • 6,1 καὶ εἶδεν Ἀσενὲθ τὸν Ἰωσὴφ ἐπὶ τοῦ ἅρματος καὶ κατενύγη ἰσχυρῶς
καὶ παρεκλάσθη ἡ ψυχὴ αὐτῆς καὶ παρείθη τὰ γόνατα αὐτῆς καὶ ἐτρόμαξεν
ὅλον τὸ σῶμα αὐτῆς καὶ ἐφοβήθη φόβον μέγαν. καὶ ἀνεστέναξε καὶ εἶπεν ἐν
τῇ καρδίᾳ αὐτῆς·
5   2⁴»τί νῦν ἐγὼ ποιήσω ἡ ταλαίπωρος;
οὐχὶ λελάληκα λέγουσα ὅτι Ἰωσὴφ ἔρχεται ὁ υἱὸς τοῦ ποιμένος ἐκ γῆς
Χαναάν;
καὶ νῦν ἰδοὺ ὁ ἥλιος ἐκ τοῦ οὐρανοῦ ἥκει πρὸς ἡμᾶς ἐν τῷ ἅρματι αὐτοῦ
καὶ εἰσῆλθεν εἰς τὴν οἰκίαν ἡμῶν σήμερον
καὶ λάμπει εἰς αὐτὴν ὡς φῶς ἐπὶ τῆς γῆς.

---

² Unsicher. Konstruktion? In irgendeiner Form scheint ein verbum dicendi dagewesen zu
sein.
³ Griechisch belegt offenbar nur χρυσος, aber kann das Adjektiv sein?
⁴ Änderung der Verszahlen. Die Rießlerschen entsprechen ungefähr den am Rand angegebenen von Philonenko.

3 ἐγὼ δὲ ἄφρων καὶ θρασεῖα ἐξουδένωσα αὐτὸν   6
καὶ ἐλάλησα ῥήματα πονηρὰ περὶ αὐτοῦ
καὶ οὐκ ᾔδειν ὅτι Ἰωσὴφ υἱὸς τοῦ θεοῦ ἐστιν.

4 τίς γὰρ ἀνθρώπων ἐπὶ γῆς γεννήσει τοιοῦτον κάλλος   7
καὶ ποία⁴ᵃ κοιλία γυναικὸς τέξεται τοιοῦτον φῶς;
ταλαίπωρος ἐγὼ καὶ ἄφρων ὅτι λελάληκα τῷ πατρί μου περὶ αὐτοῦ
    ῥήματα πονηρά.

5 καὶ νῦν ποῦ ἀπελεύσομαι καὶ ἀποκρυβήσομαι ἀπὸ προσώπου αὐτοῦ   2
ὅπως μὴ ὄψηταί με Ἰωσὴφ ὁ υἱὸς τοῦ θεοῦ
διότι λελάληκα πονηρὰ περὶ αὐτοῦ;
6 καὶ ποῦ ἀπελεύσομαι⁴ᵇ καὶ κρυβήσομαι   3
ὅτι πᾶσαν ἀποκρυβὴν αὐτὸς ὁρᾷ
καὶ οὐδὲν κρυπτὸν λέληθεν αὐτὸν διὰ τὸ φῶς τὸ μέγα τὸ ὂν ἐν αὐτῷ;
7 καὶ νῦν ἵλεώς⁴ᶜ μοι κύριε ὁ θεὸς τοῦ Ἰωσὴφ   4
διότι λελάληκα ἐγὼ κατ’ αὐτοῦ ῥήματα πονηρὰ ἐν ἀγνοίᾳ.
8 καὶ νῦν δότω με ὁ πατήρ μου τῷ Ἰωσὴφ εἰς παιδίσκην καὶ εἰς δούλην   8
καὶ δουλεύσω αὐτῷ εἰς τὸν αἰῶνα χρόνον.«

4. Aseneths erste Begegnung mit Joseph, seine Ablehnung von Aseneths Kuß
   und seine Fürbitte für ihre Erneuerung: 7,1-9,2

• 7,1 καὶ εἰσῆλθεν Ἰωσὴφ εἰς τὴν οἰκίαν Πεντεφρῆ καὶ ἐκάθισεν ἐπὶ τοῦ   1
θρόνου. καὶ ἔνιψαν τοὺς πόδας αὐτοῦ καὶ παρέθηκαν αὐτῷ τράπεζαν κατ’
ἰδίαν διότι Ἰωσὴφ οὐ συνήσθιε μετὰ τῶν Αἰγυπτίων ὅτι βδέλυγμα ἦν αὐτῷ
τοῦτο. 2 καὶ ἀναβλέψας Ἰωσὴφ τοῖς ὀφθαλμοῖς αὐτοῦ εἶδε παρακύπτουσαν
τὴν Ἀσενέθ. καὶ εἶπεν Ἰωσὴφ τῷ Πεντεφρῆ καὶ πάσῃ τῇ συγγενείᾳ αὐτοῦ   2
λέγων· »τίς ἐστιν ἡ γυνὴ ἐκείνη ἡ ἑστῶσα ἐν τῷ ὑπερῴῳ πρὸς τὴν θυρίδα;
ἀπελθέτω δὴ ἐκ τῆς οἰκίας ταύτης.« διότι ἐφοβεῖτο Ἰωσὴφ λέγων· »μήποτε   3
καὶ αὕτη ἐνοχλήσῃ με«. 3 ὅτι ἠνόχλουν αὐτὸν πᾶσαι αἱ γυναῖκες καὶ αἱ
θυγατέρες τῶν μεγιστάνων καὶ τῶν σατραπῶν πάσης γῆς Αἰγύπτου τοῦ
κοιμηθῆναι μετ’ αὐτοῦ | καὶ πᾶσαι αἱ γυναῖκες καὶ θυγατέρες τῶν Αἰγυπτίων   4
ὡς ἑώρων τὸν Ἰωσὴφ κακῶς ἔπασχον ἐπὶ τῷ κάλλει αὐτοῦ. 4 ὁ δὲ Ἰωσὴφ
ἐξουθένει αὐτὰς καὶ τοὺς πρέσβεις οὓς ἔπεμπον πρὸς αὐτὸν αἱ γυναῖκες μετὰ
χρυσίου καὶ ἀργυρίου καὶ δώρων πολυτίμων | ἀπέπεμπεν Ἰωσὴφ μετὰ   5

---
⁴ᵃ Besser τίς.
⁴ᵇ Besser φεύξομαι.
⁴ᶜ Besser ἵλεως γενοῦ.

ἀπειλῆς καὶ ὕβρεως διότι ἔλεγεν Ἰωσήφ· »οὐχ ἁμαρτήσω ἐνώπιον κυρίου τοῦ θεοῦ τοῦ πατρός μου Ἰσραὴλ οὐδὲ κατὰ πρόσωπον τοῦ πατρός μου Ἰακώβ«.

6	5 καὶ τὸ πρόσωπον τοῦ πατρὸς αὐτοῦ Ἰακὼβ πρὸ ὀφθαλμῶν αὐτοῦ εἶχεν Ἰωσὴφ πάντοτε καὶ ἐμέμνητο τῶν ἐντολῶν τοῦ πατρὸς αὐτοῦ. διότι ἔλεγεν Ἰακὼβ τῷ υἱῷ αὐτοῦ Ἰωσὴφ καὶ πᾶσι τοῖς υἱοῖς αὐτοῦ· »φυλάξασθε τέκνα μου ἰσχυρῶς ἀπὸ γυναικὸς ἀλλοτρίας τοῦ κοινωνῆσαι αὐτῇ.⁴ˣ ἡ γὰρ κοινωνία
7	αὐτῆς ἀπώλειά ἐστι καὶ διαφθορά.« 6 διὰ τοῦτο εἶπεν Ἰωσήφ· »ἀπελθέτω ἡ γυνὴ ἐκείνη ἐκ τῆς οἰκίας ταύτης«.

8	7 καὶ εἶπεν αὐτῷ Πεντεφρῆς· »κύριε ἐκείνη ἣν ἑώρακας ἑστῶσαν ἐν τῷ ὑπερῴῳ οὐκ ἔστι γυνὴ ἀλλοτρία ἀλλ᾽ ἔστι θυγάτηρ ἡμῶν παρθένος μισοῦσα πάντα ἄνδρα καὶ οὐκ ἔστιν ἀνὴρ ἄλλος ὃς ἑώρακεν αὐτὴν πώποτε εἰ μὴ σὺ
9	μόνος σήμερον. καὶ εἰ βούλῃ ἐλεύσεται καὶ προσαγορεύσει σε διότι ἡ
10	θυγάτηρ ἡμῶν ὡς ἀδελφή σού ἐστιν.« 8 καὶ ἐχάρη Ἰωσὴφ χαρὰν μεγάλην σφόδρα διότι εἶπε Πεντεφρῆς ὅτι »παρθένος ἐστὶ μισοῦσα πάντα ἄνδρα«. καὶ εἶπεν Ἰωσὴφ ἐν ἑαυτῷ· »εἰ παρθένος ἐστὶ μισοῦσα πάντα ἄνδρα οὐ μὴ
11	ἐνοχλήσῃ μοι αὕτη«. καὶ εἶπεν Ἰωσὴφ τῷ Πεντεφρῇ καὶ πάσῃ τῇ συγγενείᾳ αὐτοῦ· »εἰ θυγάτηρ ὑμῶν ἐστι καὶ παρθένος ὑπάρχει ἡκέτω ὅτι ἀδελφή μού ἐστι καὶ ἀγαπῶ αὐτὴν ἀπὸ τῆς σήμερον ὡς ἀδελφήν μου«.

•

1	• 8,1 καὶ ἀνέβη ἡ μήτηρ τῆς Ἀσενὲθ εἰς τὸ ὑπερῷον καὶ ἤγαγε αὐτὴν καὶ ἔστησεν αὐτὴν ἐνώπιον τοῦ Ἰωσήφ. καὶ εἶπε Πεντεφρῆς τῇ θυγατρὶ αὐτοῦ Ἀσενὲθ· »ἄσπασαι τὸν ἀδελφόν σου διότι καὶ αὐτὸς παρθένος ἐστὶν ὡς σὺ σήμερον καὶ μισεῖ πᾶσαν γυναῖκα ἀλλοτρίαν ὡς καὶ σὺ πάντα ἄνδρα
2	ἀλλότριον«. 2 καὶ εἶπεν Ἀσενὲθ τῷ Ἰωσήφ· »χαίροις κύριέ μου εὐλογημένε τῷ θεῷ τῷ ὑψίστῳ«. 3 καὶ εἶπεν Ἰωσὴφ τῇ Ἀσενέθ· »εὐλογήσει σε κύριος ὁ
3	θεὸς ὁ ζωοποιήσας τὰ πάντα«. 4 καὶ εἶπε Πεντεφρῆς τῇ θυγατρὶ αὐτοῦ
4	Ἀσενέθ· »πρόσελθε καὶ καταφίλησον τὸν ἀδελφόν σου«. 5 καὶ ὡς προσῆλθεν Ἀσενὲθ φιλῆσαι τὸν Ἰωσὴφ ἐξέτεινεν Ἰωσὴφ τὴν χεῖρα αὐτοῦ τὴν δεξιὰν καὶ ἔθηκε πρὸς τὸ στῆθος αὐτῆς ἀνάμεσον τῶν δύο μασθῶν αὐτῆς καὶ ἦσαν οἱ μασθοὶ αὐτῆς ἤδη ἑστῶτες ὥσπερ μῆλα ὡραῖα. καὶ εἶπεν Ἰωσήφ·
5	»οὐκ ἔστι προσῆκον ἀνδρὶ θεοσεβεῖ ὃς εὐλογεῖ τῷ στόματι αὐτοῦ τὸν θεὸν τὸν ζῶντα καὶ ἐσθίει ἄρτον εὐλογημένον ζωῆς καὶ πίνει ποτήριον εὐλογημένον ἀθανασίας καὶ χρίεται χρίσματι εὐλογημένῳ ἀφθαρσίας φιλῆσαι γυναῖκα ἀλλοτρίαν ἥτις εὐλογεῖ τῷ στόματι αὐτῆς εἴδωλα νεκρὰ

---

⁴ˣ [In der Erstveröffentlichung Komma handschriftlich nachgetragen, bei Denis kein Satzzeichen.]

καὶ κωφὰ καὶ ἐσθίει ἐκ τῆς τραπέζης αὐτῶν ἄρτον ἀγχόνης καὶ πίνει ἐκ τῆς
σπονδῆς αὐτῶν ποτήριον ἐνέδρας καὶ χρίεται χρίσματι ἀπωλείας. **6 ἀλλ'** 6
ἀνὴρ θεοσεβὴς φιλήσει τὴν μητέρα αὐτοῦ καὶ τὴν ἀδελφὴν τὴν ἐκ τῆς μητρὸς
αὐτοῦ καὶ τὴν ἀδελφὴν τὴν ἐκ τῆς φυλῆς καὶ τῆς συγγενείας αὐτοῦ καὶ τὴν
γυναῖκα τὴν σύγκοιτον αὐτοῦ αἵτινες εὐλογοῦσι τῷ στόματι αὐτῶν τὸν θεὸν
τὸν ζῶντα. **7** ὁμοίως καὶ γυναικὶ θεοσεβεῖ οὐκ ἔστι προσῆκον φιλῆσαι ἄνδρα 7
ἀλλότριον διότι βδέλυγμά ἐστι τοῦτο ἐνώπιον κυρίου τοῦ θεοῦ.« **8** καὶ ὡς 8
ἤκουσεν Ἀσενὲθ τὰ ῥήματα ταῦτα τοῦ Ἰωσὴφ κατενύγη ἰσχυρῶς καὶ
ἐλυπήθη σφόδρα καὶ ἀνεστέναξε καὶ ἦν ἀτενίζουσα εἰς τὸν Ἰωσὴφ
ἀνεῳγμένων τῶν ὀφθαλμῶν αὐτῆς καὶ ἐπλήσθησαν δακρύων οἱ ὀφθαλμοὶ
αὐτῆς. καὶ εἶδεν αὐτὴν Ἰωσὴφ καὶ ἠλέησεν αὐτὴν σφόδρα καὶ κατενύγη καὶ 9
αὐτὸς διότι ἦν Ἰωσὴφ πραῢς καὶ ἐλεήμων καὶ φοβούμενος τὸν θεόν. **9** καὶ
ἐπῆρε τὴν χεῖρα αὐτοῦ τὴν δεξιὰν καὶ ἔθηκεν ἐπάνω τῆς κεφαλῆς αὐτῆς καὶ
εἶπεν·

»κύριε ὁ θεὸς τοῦ πατρός μου Ἰσραὴλ 10
ὁ ὕψιστος ὁ δυνατὸς τοῦ Ἰακὼβ
ὁ ζωοποιήσας τὰ πάντα
καὶ καλέσας ἀπὸ τοῦ σκότους εἰς τὸ φῶς
καὶ ἀπὸ τῆς πλάνης εἰς τὴν ἀλήθειαν
καὶ ἀπὸ τοῦ θανάτου εἰς τὴν ζωὴν
σὺ κύριε εὐλόγησον τὴν παρθένον ταύτην
καὶ ἀνακαίνισον αὐτὴν τῷ πνεύματί σου 11
καὶ ἀνάπλασον αὐτὴν τῇ χειρί σου τῇ [κρυφαίᾳ]⁵
καὶ ἀναζωοποίησον αὐτὴν τῇ ζωῇ σου
καὶ φαγέτω ἄρτον ζωῆς σου
καὶ πιέτω ποτήριον εὐλογίας σου
καὶ συγκαταρίθμησον αὐτὴν τῷ λαῷ σου
ὃν ἐξελέξω πρὶν γενέσθαι τὰ πάντα
καὶ εἰσελθέτω εἰς τὴν κατάπαυσίν σου
ἣν ἡτοίμασας τοῖς ἐκλεκτοῖς σου
καὶ ζησάτω ἐν τῇ αἰωνίῳ ζωῇ σου εἰς τὸν αἰῶνα χρόνον.«

•

• **9,1** καὶ ἐχάρη Ἀσενὲθ ἐπὶ τῇ εὐλογίᾳ τοῦ Ἰωσὴφ χαρὰν μεγάλην σφόδρα 1
καὶ ἔσπευσε καὶ ἀπῆλθεν εἰς τὸ ὑπερῷον πρὸς ἑαυτὴν καὶ πέπτωκεν ἐπὶ τῆς

---

⁵ Griechisch belegt nur τη κορυφαια FW. Text rekonstruiert nach Syr Arm L1 L2 Philonenko;
om. c, Lücken a E G d Ngr Slaw. Vgl. Ex 17,16 LXX.

κλίνης αὐτῆς ἀσθενοῦσα διότι ἦν ἐν αὐτῇ χαρὰ καὶ λύπη καὶ φόβος πολὺς
καὶ τρόμος καὶ ἱδρὼς συνεχὴς ὡς ἤκουσε πάντα τὰ ῥήματα Ἰωσὴφ ὅσα
2   ἐλάλησεν αὐτῇ ἐν τῷ ὀνόματι τοῦ θεοῦ τοῦ ὑψίστου. 2 καὶ ἔκλαυσε κλαυθμῷ
μεγάλῳ καὶ πικρῷ καὶ μετενόει ἀπὸ τῶν θεῶν αὐτῆς ὧν ἐσέβετο καὶ
προσώχθισε τοῖς εἰδώλοις πᾶσι καὶ περιέμενε τοῦ γενέσθαι ἑσπέρα[ν].[6]

5. Nachspiel und Vorausweis. Josephs Rückkehrversprechen und Abreise: 9,3-10,1a

3   • 3 καὶ Ἰωσὴφ ἔφαγε καὶ ἔπιε καὶ εἶπε τοῖς παισὶν αὐτοῦ· »ζεύξατε τοὺς
ἵππους εἰς τὰ ἅρματα«. εἶπε γάρ· »ἀπελεύσομαι καὶ κυκλεύσω πᾶσαν τὴν
4   γῆν«. 4 καὶ εἶπε Πεντεφρῆς πρὸς Ἰωσήφ· »αὐλισθήτω δὴ ἐνταῦθα ὁ κύριός
5   μου σήμερον καὶ τὸ πρωΐ ἀπελεύσῃ τὴν ὁδόν σου«. 5 καὶ εἶπεν Ἰωσήφ· »οὐχὶ
ἀλλ᾽ ἀπελεύσομαι σήμερον διότι αὕτη ἡ ἡμέρα ἐστὶν ἐν ᾗ ἤρξατο ὁ θεὸς
ποιεῖν πάντα τὰ κτίσματα αὐτοῦ καὶ τῇ ἡμέρᾳ τῇ ὀγδόῃ ὅταν ἐπαναστραφῇ[6x]
ἡ ἡμέρα αὕτη ἐπαναστρέψω κἀγὼ πρὸς ὑμᾶς καὶ αὐλισθήσομαι ἐνθάδε«.
1   10,1 καὶ ἀπῆλθεν Ἰωσὴφ τὴν ὁδὸν αὐτοῦ | καὶ Πεντεφρῆς καὶ πᾶσα ἡ
συνγγένεια αὐτοῦ ἀπῆλθον εἰς τὸν κλῆρον αὐτῶν.

III. ASENETHS SELBSTERNIEDRIGUNG UND DER BESUCH DES ENGELFÜRSTEN
10,1b-17,10

1. Vorspiel. Aseneths Selbstabsonderung: 10,1b-8a

2   • καὶ κατελείφθη Ἀσενὲθ μόνη μετὰ τῶν ἑπτὰ παρθένων καὶ ἐβαρυθύμει
καὶ ἔκλαιεν ἕως ἔδυ ὁ ἥλιος. καὶ ἄρτον οὐκ ἔφαγε καὶ ὕδωρ οὐκ ἔπιεν. καὶ
ἐπῆλθεν ἡ νὺξ καὶ ἐκάθευδον πάντες[6a] οἱ ἐν τῇ οἰκίᾳ καὶ ἦν αὐτὴ[6y]
γρηγοροῦσα μόνη καὶ ἐνεθυμεῖτο καὶ ἔκλαιε καὶ ἐπάτασσε τῇ χειρὶ τὸ στῆθος
3   αὐτῆς πυκνῶς καὶ ἐφοβεῖτο φόβον μέγαν καὶ ἔτρεμε τρόμον βαρύν. 2 καὶ
ἀνέστη Ἀσενὲθ ἀπὸ τῆς κλίνης αὐτῆς καὶ κατέβη ἡσύχως τὴν κλίμακα ἐκ

---

[6] Griechisch belegt nur - ρα.
[6x] [Denis - ἀφη .]
[6a] Besser ἅπαντες.
[6y] [So Denis. Gemeint war αὐτὴ, so übersetzt in JSHRZ.]

τοῦ ὑπερῴου καὶ ἦλθεν εἰς τὸν πυλῶνα⁶ᵇ καὶ ἡ πυλωρὸς⁶ᶜ ἐκάθευδε μετὰ τῶν
τέκνων αὐτῆς. καὶ ἔσπευσεν Ἀσενὲθ καὶ καθεῖλεν ἐκ τῆς θυρίδος τὴν δέρριν   4
τοῦ καταπετάσματος καὶ ἔπλησεν αὐτὴν τέφρας ἐκ τῆς ἑστίας καὶ ἀνήνεγκεν
εἰς τὸ ὑπερῷον καὶ ἀπέθηκεν αὐτὴν εἰς τὸ ἔδαφος. **3** καὶ ἔκλεισε τὴν θύραν   5
ἀσφαλῶς καὶ τὸν μοχλὸν τὸν σιδηροῦν καθῆκεν ἐκ πλαγίου καὶ ἐστέναξε
στεναγμῷ μεγάλῳ μετὰ κλαυθμοῦ πικροῦ.

•

• **4** καὶ ἤκουσεν ἡ παρθένος ἡ σύντροφος αὐτῆς ἣν ἠγάπα Ἀσενὲθ παρὰ   6
πάσας τὰς παρθένους τὸν στεναγμὸν αὐτῆς καὶ ἔσπευσε καὶ ἤγειρε τὰς
ἄλλας ἐξ παρθένους. καὶ ἦλθον πρὸς τὴν θύραν τῆς Ἀσενὲθ καὶ εὗρον τὴν
θύραν κεκλεισμένην. **5** καὶ ἤκουσαν τοῦ στεναγμοῦ καὶ τοῦ κλαυθμοῦ τῆς   7
Ἀσενὲθ καὶ εἶπον αὐτῇ·»τί σοί ἐστι δέσποινα καὶ διὰ τί σὺ σκυθρωπάζεις
καὶ τί ἐστι τὸ ἐνοχλοῦν σοι; ἄνοιξον ἡμῖν καὶ ὀψόμεθα τί σοί ἐστιν.« **6** καὶ   8
οὐκ ἤνοιξεν Ἀσενὲθ τὴν θύραν ἀλλ᾽ εἶπεν αὐταῖς ἔσωθεν·»τῆς κεφαλῆς μού
ἐστι πόνος βαρὺς καὶ ἡσυχάζω ἐν τῇ κλίνῃ μου καὶ ἀναστῆναι καὶ ἀνοῖξαι
ὑμῖν οὐκ ἰσχύω διότι ἠσθένησα ἀπὸ πάντων τῶν μελῶν μου. **7** ἀλλὰ
πορεύεσθε ἑκάστη ὑμῶν εἰς τὸν θάλαμον ὑμῶν καὶ ἀναπαύεσθε καὶ ἐμὲ
ἐάσατε ἠρεμεῖν.« **8** καὶ ἀπῆλθον αἱ παρθένοι ἑκάστη εἰς τὸν θάλαμον αὐτῆς.

2. Aseneths Selbsterniedrigung und Hilferuf zu Gott: 10,8b-13,15

• καὶ ἀνέστη Ἀσενὲθ καὶ ἤνοιξε τὴν θύραν ἡσύχως καὶ ἀπῆλθεν εἰς τὸν   9
θάλαμον αὐτῆς τὸν δεύτερον ὅπου ἦσαν αἱ θῆκαι τοῦ κόσμου αὐτῆς καὶ
ἤνοιξε τὸ κιβώτιον αὐτῆς καὶ ἐξήνεγκε χιτῶνα μελανὸν καὶ ζοφώδη. καὶ   10
οὗτος ἦν ὁ χιτὼν τοῦ πένθους αὐτῆς ὅτε ἀπέθανεν ὁ ἀδελφὸς αὐτῆς ὁ
νεώτερος. τοῦτον ἐνεδύσατο Ἀσενὲθ καὶ ἐπένθησε τὸν ἀδελφὸν αὐτῆς. **9** καὶ
ἔλαβε τὸν χιτῶνα αὐτῆς τὸν μελανὸν καὶ ἤνεγκεν αὐτὸν εἰς τὸν θάλαμον
αὐτῆς καὶ ἔκλεισε πάλιν τὴν θύραν ἀσφαλῶς καὶ τὸν μοχλὸν καθῆκεν ἐκ
πλαγίου.

10 καὶ ἔσπευσεν Ἀσενὲθ καὶ ἀπέθετο τὴν στολὴν αὐτῆς τὴν βασιλικὴν   11
τὴν βυσσίνην καὶ χρυσοϋφῆν καὶ ἐνεδύσατο τὸν χιτῶνα μελανὸν πένθους
καὶ ἔλυσε τὴν ζώνην αὐτῆς τὴν χρυσῆν καὶ περιεζώσατο σχοινίον καὶ
ἀπέθετο τὴν κίδαριν ἐκ τῆς κεφαλῆς αὐτῆς καὶ τὸ διάδημα καὶ τὰ ψέλια ἀπὸ

---

⁶ᵇ Besser [μυλῶνα].

⁶ᶜ Besser [μυλωρὸς] (oder [μυλωθρὸς]). [Zu dieser und der vorigen Fußnote vgl. die Anmerkungen in JSHRZ. Bei Denis ist das Lexem πυλωρός zu streichen, μυλών und μυλωρός aufzu-
nehmen.]

12 τῶν χειρῶν καὶ τῶν ποδῶν αὐτῆς καὶ ἔθηκε πάντα εἰς τὸ ἔδαφος. 11 καὶ
    ἔλαβε τὴν στολὴν αὐτῆς τὴν ἐκλεκτὴν καὶ τὴν ζώνην τὴν χρυσῆν καὶ τὴν
    κίδαριν καὶ τὸ διάδημα καὶ ἔρριψε πάντα διὰ τῆς θυρίδος τῆς βλεπούσης
13 πρὸς βορρᾶν τοῖς πένησιν. 12 καὶ ἔσπευσεν Ἀσενὲθ καὶ ἔλαβε πάντας τοὺς
    θεοὺς αὐτῆς τοὺς ὄντας ἐν τῷ θαλάμῳ αὐτῆς τούς τε χρυσοῦς καὶ ἀργυροῦς
    ὧν οὐκ ἦν ἀριθμὸς καὶ συνέτριψεν αὐτοὺς εἰς λεπτὰ καὶ ἔρριψε πάντα τὰ
    εἴδωλα τῶν Αἰγυπτίων διὰ τῆς θυρίδος τῆς βλεπούσης πρὸς βορρᾶν ἀπὸ τοῦ
14 ὑπερῴου αὐτῆς πτωχοῖς⁶ᵈ καὶ δεομένοις. 13 καὶ ἔλαβεν Ἀσενὲθ τὸ δεῖπνον
    αὐτῆς τὸ βασιλικὸν καὶ τὰ σιτιστὰ καὶ τοὺς ἰχθύας καὶ τὰ κρέα τῆς
    δαμάλεως καὶ πάσας τὰς θυσίας τῶν θεῶν αὐτῆς καὶ τὰ σκεύη τοῦ οἴνου τῆς
    σπονδῆς αὐτῶν καὶ ἔρριψε πάντα διὰ τῆς θυρίδος τῆς βλεπούσης πρὸς
    βορρᾶν καὶ ἔδωκε πάντα τοῖς κυσὶ τοῖς ἀλλοτρίοις. εἶπε γὰρ ἐν ἑαυτῇ
    Ἀσενέθ·»οὐ μὴ φάγωσιν οἱ κύνες μου ἐκ τοῦ δείπνου μου καὶ ἐκ τῆς θυσίας
    τῶν εἰδώλων ἀλλὰ φαγέτωσαν αὐτὰ οἱ κύνες οἱ ἀλλότριοι«.

15   14 καὶ μετὰ ταῦτα ἔλαβεν Ἀσενὲθ τὴν δέρριν τῆς τέφρας καὶ κατέχεεν
16 αὐτὴν ἐπὶ τὸ ἔδαφος. καὶ ἔλαβε τὴν δέρριν τοῦ σάκκου καὶ περιεζώσατο περὶ
    τὴν ὀσφὺν αὐτῆς. καὶ ἔλυσε τὸ ἐμπλόκιον τοῦ τριχώματος τῆς κεφαλῆς αὐτῆς
    καὶ κατέπασε τέφραν ἐπάνω τῆς κεφαλῆς αὐτῆς. 15 καὶ ἔστρωσε τὴν τέφραν
17 εἰς τὸ ἔδαφος | καὶ ἐπάτασσε ταῖς δυσὶ χερσὶ τὸ στῆθος αὐτῆς πυκνῶς καὶ
    ἔκλαυσε πικρῶς καὶ πέπτωκεν ἐπὶ τὴν τέφραν καὶ ἔκλαυσε κλαυθμῷ μεγάλῳ
18 καὶ πικρῷ ὅλην τὴν νύκτα μετὰ στεναγμοῦ καὶ βριμήματος ἕως πρωΐ. 16 καὶ
    ἀνέστη Ἀσενὲθ τὸ πρωῒ καὶ εἶδε καὶ ἰδοὺ πηλὸς πολὺς ἐκ τῶν δακρύων
19 αὐτῆς καὶ ἐκ τῆς τέφρας εἰς τὸ ἔδαφος. καὶ ἔπεσε πάλιν Ἀσενὲθ ἐπὶ
20 πρόσωπον ἐπὶ τῆς τέφρας ἕως δείλης καὶ μέχρι τοῦ δῦναι τὸν ἥλιον. 17 καὶ
    οὕτως ἐποίησεν Ἀσενὲθ τὰς ἑπτὰ ἡμέρας καὶ ἄρτον οὐκ ἔφαγε καὶ ὕδωρ οὐκ
    ἔπιεν ἐν [ἐκείναις]⁷ ταῖς ἑπτὰ ἡμέραις τῆς ταπεινώσεως αὐτῆς.

•

1   • 11,1 καὶ τῇ ἡμέρᾳ τῇ ὀγδόῃ ἰδοὺ ὄρθρος ἦν καὶ τὰ ὄρνεα ἐλάλουν ἤδη καὶ
    οἱ κύνες ὕλαττον ἐπὶ τοὺς διοδεύοντας καὶ ἀνένευσε μικρὸν τὴν κεφαλὴν
    αὐτῆς Ἀσενὲθ ἐκ τοῦ ἐδάφους καὶ τῆς τέφρας οὗ ἦν ἐπικειμένη ὅτι ἦν
    κεκμηκυῖα σφόδρα καὶ παρειμένη τοῖς μέλεσι διὰ τὴν ἔνδειαν τῶν ἑπτὰ
    ἡμερῶν. 1x καὶ ἀνέστη ἐπὶ τὰ γόνατα αὐτῆς καὶ ἔθηκε τὴν χεῖρα αὐτῆς ἐπὶ τὸ
    ἔδαφος καὶ ἀνένευσε μικρὸν ἀπὸ τῆς γῆς καὶ τῇ κεφαλῇ κατανεύουσα⁷ᵃ καὶ

---

⁶ᵈ Besser τοῖς πτ.
⁷   Griechisch offenbar nicht belegt. Text rekonstruiert aus Syr L2-436.
⁷ᵃ Besser κάτω νεύουσα [und ἦν vor τῇ κεφαλῇ?].

αἱ τρίχες τῆς κεφαλῆς αὐτῆς ἦσαν ἁπλο[ύ]μεναι⁷ᵇ ἀπὸ τῆς πολλῆς τέφρας.

καὶ ἔπλεξεν Ἀσενὲθ τὰς χεῖρας αὐτῆς δάκτυλον πρὸς δάκτυλον καὶ ἔσεισε τὴν κεφαλὴν αὐτῆς ἔνθεν καὶ ἔνθεν καὶ ἐπάτασσε συνεχῶς τὸ στῆθος ταῖς χερσὶν αὐτῆς καὶ ἔβαλε τὴν κεφαλὴν αὐτῆς εἰς τὸν κόλπον αὐτῆς καὶ τὸ πρόσωπον αὐτῆς ἦν κατάβροχον ἐκ τῶν δακρύων αὐτῆς καὶ ἐστέναξε μετὰ στεναγμοῦ μεγάλου καὶ τὰς τρίχας αὐτῆς εἵλκυσεν ἀπὸ τῆς κεφαλῆς αὐτῆς καὶ κατέπασε τέφραν ἐπάνω τῆς κεφαλῆς αὐτῆς. 1γ καὶ ἔκαμεν Ἀσενὲθ καὶ ὠλιγοψύχησε καὶ ἐξέλιπε τῇ δυνάμει αὐτῆς. καὶ ἀπεστράφη ἄνω πρὸς τὸν τοῖχον καὶ ἐκάθισεν ὑποκάτω τῆς θυρίδος τῆς βλεπούσης κατὰ ἀνατολάς. 2 καὶ τὴν κεφαλὴν αὐτῆς ἐνέβαλεν εἰς τὸν κόλπον αὐτῆς πλέξασα τοὺς δακτύλους αὐτῆς τῶν χειρῶν ἐπὶ τὸ γόνυ τὸ δεξιὸν καὶ τὸ στόμα αὐτῆς ἦν κεκλεισμένον καὶ οὐκ ἤνοιξεν αὐτὸ ἐν ταῖς ἑπτὰ ἡμέραις καὶ ἐν ταῖς ἑπτὰ νυξὶ τῆς ταπεινώσεως αὐτῆς.

3 καὶ εἶπεν ἐν τῇ καρδίᾳ αὐτῆς τὸ στόμα μὴ ἀνοίξασα·

»τί ποιήσω ἐγὼ ἡ ταπεινὴ⁷ᶜ

ἢ ποῦ ἀπέλθω

πρὸς τίνα καταφύγω

ἢ τί λαλήσω

ἐγὼ ἡ παρθένος καὶ ὀρφανὴ καὶ ἔρημος καὶ ἐγκαταλελειμμένη καὶ
    μεμισημένη;

4 πάντες γὰρ μεμισήκασί με

καὶ σὺν τούτοις ὁ πατήρ μου καὶ ἡ μήτηρ μου

διότι κἀγὼ μεμίσηκα τοὺς θεοὺς αὐτῶν

    καὶ ἀπώλεσα αὐτοὺς

καὶ ἔδωκα αὐτοὺς καταπατεῖσθαι ὑπὸ τῶν ἀνθρώπων.

5 καὶ διὰ τοῦτο μεμισήκασί με ὁ πατήρ μου καὶ ἡ μήτηρ μου καὶ πᾶσα ἡ
    συγγένειά μου καὶ εἶπον·

›οὐκ ἔστι θυγάτηρ ἡμῶν Ἀσενὲθ διότι τοὺς θεοὺς ἡμῶν ἀπώλεσεν‹.

6 καὶ πάντες ἄνθρωποι μισοῦσί με

διότι κἀγὼ μεμίσηκα πάντα ἄνδρα καὶ πάντας τοὺς μνηστευομένους με.

καὶ νῦν ἐν τῇ ταπεινώσει μου ταύτῃ πάντες μεμισήκασί με

καὶ ἐπιχαίρουσι τῇ θλίψει μου ταύτῃ.

7 καὶ κύριος ὁ θεὸς τοῦ δυνατοῦ Ἰωσὴφ ὁ ὕψιστος μισεῖ πάντας τοὺς
    σεβομένους τὰ εἴδωλα

---

⁷ᵇ Besser λελυμέναι.

⁷ᶜ Besser ταλαίπωρος.

διότι θεὸς ζηλωτής ἐστι καὶ φοβερὸς ἐπὶ πάντας τοὺς σεβομένους θεοὺς
ἀλλοτρίους.

8 διὰ τοῦτο κἀμὲ μεμίσηκε
διότι κἀγὼ ἐσεβάσθην εἴδωλα νεκρὰ καὶ κωφὰ
καὶ εὐλόγησα αὐτὰ **9** καὶ ἔφαγον ἐκ τῆς θυσίας αὐτῶν
καὶ τὸ στόμα μου μεμίαται ἐκ τῆς τραπέζης αὐτῶν
καὶ οὐκ ἔστι μοι τόλμη ἐπικαλέσασθαι κύριον τὸν θεὸν τοῦ οὐρανοῦ τὸν
ὕψιστον τὸν[7d] κραταιὸν τοῦ δυνατοῦ Ἰωσὴφ
διότι ἐμιάνθη τὸ στόμα μου ἀπὸ τῶν θυσιῶν τῶν εἰδώλων.

10 ἀλλ' ἀκήκοα πολλῶν λεγόντων
ὅτι ὁ θεὸς τῶν Ἑβραίων θεὸς ἀληθινός ἐστι καὶ θεὸς ζῶν
καὶ θεὸς ἐλεήμων καὶ οἰκτίρμων καὶ μακρόθυμος καὶ πολυέλεος καὶ
ἐπιεικὴς
καὶ μὴ λογιζόμενος ἁμαρτίαν ἀνθρώπου ταπεινοῦ
καὶ μὴ ἐλέγχων ἀνομίας ἀνθρώπου τεθλιμμένου ἐν καιρῷ θλίψεως αὐτοῦ.

11 ὅθεν τολμήσω κἀγὼ
καὶ ἐπιστρέψω πρὸς αὐτὸν
καὶ καταφεύξομαι ἐπ' αὐτὸν
καὶ ἐξομολογήσομαι αὐτῷ πάσας τὰς ἁμαρτίας μου
καὶ ἐκχέω τὴν δέησίν μου ἐνώπιον αὐτοῦ.

12 τίς οἶδεν εἰ ὄψεται τὴν ταπείνωσίν μου καὶ ἐλεήσει με;
τυχὸν ὄψεται τὴν ἐρήμωσίν μου ταύτην καὶ οἰκτειρήσει με

13 ἢ ὄψεται τὴν ὀρφανίαν μου καὶ ὑπερασπιεῖ μου
διότι αὐτός ἐστιν ὁ πατὴρ τῶν ὀρφανῶν καὶ τῶν δεδιωγμένων
ὑπερασπιστὴς καὶ τῶν τεθλιμμένων βοηθός.

14 τολμήσω καὶ βοήσω πρὸς αὐτόν.«

• **15** καὶ ἀνέστη Ἀσενὲθ ἀπὸ τοῦ τοίχου οὗ ἐκαθέζετο καὶ ἀπεστράφη πρὸς
τὴν θυρίδα τὴν βλέπουσαν πρὸς ἀνατολὰς καὶ ἀνορθώθη ἐπὶ τὰ γόνατα
αὐτῆς καὶ ἐξεπέτασε τὰς χεῖρας αὐτῆς εἰς τὸν οὐρανόν. καὶ ἐφοβήθη ἀνοῖξαι
τὸ στόμα αὐτῆς καὶ ὀνομάσαι τὸ ὄνομα τοῦ θεοῦ. καὶ ἀπεστράφη πάλιν πρὸς
τὸν τοῖχον καὶ ἐκάθισε καὶ ἐπάτασσε τῇ χειρὶ τὴν κεφαλὴν αὐτῆς καὶ τὸ
στῆθος αὐτῆς πολλάκις καὶ εἶπεν ἐν τῇ καρδίᾳ αὐτῆς οὐκ ἀνοίξασα τὸ στόμα
αὐτῆς·

[7d] Besser καὶ.

16 »ταλαίπωρος ἐγὼ καὶ ὀρφανὴ καὶ ἔρημος
τὸ στόμα μου μεμίαται ἀπὸ τῶν θυσιῶν τῶν εἰδώλων
καὶ ἀπὸ τῶν εὐλογιῶν τῶν θεῶν τῶν Αἰγυπτίων.

17 καὶ νῦν ἐν τοῖς δάκρυσί μου τούτοις καὶ τῇ τέφρᾳ κατεσποδωμένῃ
   καὶ τῷ ῥύπῳ τῆς ταπεινώσεώς μου
πῶς ἐγὼ ἀνοίξω τὸ στόμα μου πρὸς τὸν ὕψιστον
καὶ πῶς ὀνομάσω τὸ ἅγιον αὐτοῦ ὄνομα τὸ φοβερὸν
μήποτε ὀργισθῇ μοι κύριος
διότι ἐν ταῖς ἀνομίαις μου ἐγὼ ἐπεκαλεσάμην τὸ ὄνομα τὸ ἅγιον αὐτοῦ;

18 τί νῦν ποιήσω ἡ ταλαίπωρος ἐγώ;
ἀλλὰ τολμήσω μᾶλλον
καὶ ἀνοίξω τὸ στόμα μου πρὸς αὐτὸν
καὶ [ἐπικαλέσω][8] τὸ ὄνομα αὐτοῦ.
καὶ εἰ θυμῷ κύριος πατάξει με αὐτὸς πάλιν ἰάσεταί με
καὶ ἐὰν παιδεύσῃ με ἐν ταῖς μάστιξιν αὐτοῦ αὐτὸς ἐπιβλέψει ἐπ᾿ ἐμοὶ
   πάλιν ἐν τῷ ἐλέει αὐτοῦ
καὶ ἐὰν θυμωθῇ ἐν ταῖς ἁμαρτίαις μου πάλιν διαλλαγήσεταί μοι καὶ
   ἀφήσει μοι πᾶσαν ἁμαρτίαν.
τολμήσω οὖν ἀνοῖξαι τὸ στόμα μου πρὸς αὐτόν.«

•

• **19** καὶ ἀνέστη Ἀσενὲθ πάλιν ἀπὸ τοῦ τοίχου οὗ ἐκάθητο καὶ ἀνορθώθη
ἐπὶ τὰ γόνατα αὐτῆς | καὶ ἐξεπέτασε τὰς χεῖρας αὐτῆς εἰς ἀνατολὰς καὶ   1
ἀνέβλεψε τοῖς ὀφθαλμοῖς αὐτῆς εἰς τὸν οὐρανὸν καὶ ἤνοιξε τὸ στόμα αὐτῆς
πρὸς τὸν θεὸν καὶ εἶπεν·

12,1 »κύριε ὁ θεὸς τῶν αἰώνων   2
ὁ κτίσας τὰ πάντα καὶ ζωοποιήσας
ὁ δοὺς πνοὴν ζωῆς πάσῃ τῇ κτίσει σου
ὁ ἐξενέγκας τὰ ἀόρατα εἰς τὸ φῶς

2 ὁ ποιήσας τὰ ὄντα καὶ τὰ φαινόμενα ἐκ τῶν ἀφανῶν καὶ μὴ ὄντων
ὁ ὑψώσας[8x] τὸν οὐρανὸν καὶ θεμελιώσας αὐτὸν ἐν στερεώματι ἐπὶ τὸν   3
   νῶτον τῶν ἀνέμων
ὁ θεμελιώσας τὴν γῆν ἐπὶ τῶν ὑδάτων
ὁ θεὶς λίθους μεγάλους ἐπὶ τῆς ἀβύσσου τοῦ ὕδατος
καὶ οἱ λίθοι οὐ βυθισθήσονται

---

[8] Griechisch belegt nur δεηθω G. Text rekonstruiert aus Syr; Lücken Rest.
[8x] [Denis versehentlich ὕψωσας.]

ἀλλ᾿ εἰσὶν ὡς φύλλα δρυὸς ἐπάνω τῶν ὑδάτων
καὶ εἰσὶ λίθοι ζῶντες
καὶ τῆς φωνῆς σου ἀκούουσι κύριε
καὶ φυλάσσουσι τὰς ἐντολάς σου ἃς ἐνετείλω αὐτοῖς
καὶ τὰ προστάγματά σου οὐ μὴ παραβαίνουσιν
ἀλλ᾿ εἰσὶν ἕως τέλους ποιοῦντες τὸ θέλημά σου.
ὅτι σὺ κύριε ἐλάλησας καὶ ἐζωογονήθησαν[8a]
ὅτι ὁ λόγος σου κύριε ζωή ἐστι πάντων τῶν κτισμάτων σου.

4   **3** πρὸς σὲ καταφεύγω | κύριε
καὶ πρὸς σὲ κεκράξομαι κύριε
σοὶ προσχέω τὴν δέησίν μου
σοὶ ἐξομολογήσομαι τὰς ἁμαρτίας μου
καὶ πρὸς σὲ ἀποκαλύψω τὰς ἀνομίας μου.

5   **4** φεῖσαί μου κύριε ὅτι ἥμαρτον ἐνώπιόν σου πολλὰ
ἠνόμησα καὶ ἠσέβησα
καὶ λελάληκα πονηρὰ καὶ ἄρρητα ἐνώπιόν σου.
5 μεμίαται τὸ στόμα μου ἀπὸ τῶν θυσιῶν τῶν εἰδώλων
καὶ ἀπὸ τῆς τραπέζης τῶν θεῶν τῶν Αἰγυπτίων.

6   ἥμαρτον κύριε
ἐνώπιόν σου πολλὰ ἥμαρτον ἐν ἀγνοίᾳ
καὶ ἐσεβάσθην εἴδωλα νεκρὰ καὶ κωφά.
καὶ νῦν οὐκ εἰμὶ ἀξία ἀνοῖξαι τὸ στόμα μου πρὸς σὲ κύριε.

7   κἀγὼ Ἀσενὲθ θυγάτηρ Πεντεφρῆ τοῦ ἱερέως ἡ παρθένος καὶ βασίλισσα
ἥ ποτε σοβαρὰ[8y] καὶ ὑπερήφανος καὶ εὐθηνοῦσα ἐν τῷ πλούτῳ μου ὑπὲρ
        πάντας ἀνθρώπους
νυνὶ δὲ ὑπάρχω ὀρφανὴ καὶ ἔρημος καὶ ἐγκαταλελειμμένη ἀπὸ πάντων
        ἀνθρώπων.
6 σοὶ προσφεύγω κύριε
καὶ σοὶ προσφέρω τὴν δέησίν μου
καὶ πρὸς σὲ κεκράξομαι.
7 ῥῦσαί με πρὶν καταληφθῆναι με ὑπὸ τῶν καταδιωκόντων με. **8** ὡς γὰρ
παιδίον νήπιον φοβούμενον φεύγει πρὸς τὸν πατέρα αὐτοῦ καὶ ὁ πατὴρ
ἐκτείνας τὰς χεῖρας αὐτοῦ ἁρπάζει αὐτὸ ἐκ τῆς γῆς καὶ ἐναγκαλίζεται[8z] αὐτὸ

[8a] Besser πάντα ἐ.
[8y] Erstveröffentlichung versehentlich σοβαρη.
[8z] Erstveröffentlichung versehentlich εναγκαλιζει.

πρὸς τὸ στῆθος αὐτοῦ καὶ τὸ παιδίον σφίγγει τὰς χεῖρας αὐτοῦ ἐπὶ τὸν
αὐχένα τοῦ πατρὸς αὐτοῦ καὶ [ἀναπνεῖ]⁹ ἀπὸ τοῦ φόβου αὐτοῦ καὶ
ἀναπαύεται πρὸς τὸ στῆθος τοῦ πατρὸς αὐτοῦ ὁ δὲ πατὴρ [μειδιᾷ]¹⁰ ἐπὶ τῇ
ταραχῇ τῆς νηπιότητος αὐτοῦ οὕτως Ι καὶ σὺ κύριε ἔκτεινον τὰς χεῖράς σου   8
ἐπ᾽ ἐμὲ ὡς πατὴρ φιλότεκνος καὶ ἅρπασόν με ἐκ τῆς γῆς.

9 ἰδοὺ γὰρ ὁ λέων ὁ ἄγριος ὁ παλαιὸς καταδιώκει με   9
διότι αὐτός ἐστι πατὴρ τῶν θεῶν τῶν Αἰγυπτίων
καὶ τὰ τέκνα αὐτοῦ εἰσιν οἱ θεοὶ τῶν εἰδωλομανῶν.

κἀγὼ μεμίσηκα αὐτοὺς
ὅτι τέκνα τοῦ λέοντός εἰσι
καὶ ἔρριψα πάντας ἀπ᾽ ἐμοῦ καὶ ἀπώλεσα αὐτούς.

10 καὶ ὁ λέων ὁ πατὴρ αὐτῶν θυμωθεὶς καταδιώκει με
11 ἀλλὰ σὺ κύριε ῥῦσαί με ἐκ τῶν χειρῶν αὐτοῦ   10
καὶ ἐκ τοῦ στόματος αὐτοῦ ἐξελοῦ με
μήποτε ἁρπάσῃ με ὡς λέων καὶ διασπαράξῃ με
καὶ βάλῃ με εἰς τὴν φλόγα τοῦ πυρὸς
καὶ τὸ πῦρ ἐμβαλεῖ με εἰς τὴν καταιγίδα
καὶ ἡ καταιγὶς περιειλίσσεταί με ἐν σκότει καὶ ἐκβαλεῖ με εἰς τὸν βυθὸν
    τῆς θαλάσσης
καὶ καταπίεταί με τὸ κῆτος τὸ μέγα τὸ ἀπ᾽ αἰῶνος
καὶ ἀπολοῦμαι εἰς τὸν αἰῶνα χρόνον.

12 ῥῦσαί με κύριε πρὶν ἔλθῃ ἐπ᾽ ἐμὲ ταῦτα πάντα.
ῥῦσαί με κύριε τὴν ἔρημον καὶ ἀπερίστατον   11
διότι ὁ πατήρ μου καὶ ἡ μήτηρ μου ἠρνήσαντό με καὶ εἶπον·
›οὐκ ἔστιν ἡμῶν θυγάτηρ Ἀσενὲθ‹
διότι ἀπώλεσα καὶ συνέτριψα τοὺς θεοὺς αὐτῶν καὶ μεμίσηκα αὐτούς.

13 καὶ εἰμὶ νῦν ὀρφανὴ καὶ ἔρημος
καὶ ἄλλη ἐλπὶς οὐκ ἔστι μοι εἰ μὴ ἐπὶ σοὶ κύριε
οὐδὲ ἑτέρα καταφυγὴ πλὴν τοῦ ἐλέους σου κύριε
διότι σὺ εἶ ὁ πατὴρ τῶν ὀρφανῶν καὶ τῶν δεδιωγμένων ὑπερασπιστὴς καὶ
    τῶν τεθλιμμένων βοηθός.

14 ἐλέησόν με κύριε

---

⁹ Griechisch belegt nur ασθενη (sic) c. Text rekonstruiert aus Syr Arm L2-435& Brooks;
Lücken Rest.
¹⁰ Griechisch belegt nur ακηδια c. Text rekonstruiert aus Syr L2 Brooks; Lücken Rest.

καὶ φύλαξόν με [τὴν]¹¹ παρθένον ἁγνὴν τὴν ἐγκαταλελειμμένην καὶ
ὀρφανὴν
διότι σὺ εἶ κύριε πατὴρ γλυκὺς καὶ ἀγαθὸς καὶ ἐπιεικής.

15 τίς πατὴρ οὕτω γλυκύς ἐστιν ὡς σὺ κύριε
καὶ τίς οὕτω ταχὺς ἐν ἐλέει ὡς σὺ κύριε
καὶ τίς μακρόθυμος ἐπὶ ταῖς ἁμαρτίαις ἡμῶν ὡς σὺ κύριε;

12   ἰδοὺ γὰρ πάντα τὰ [δόματα]¹² τοῦ πατρός μου Πεντεφρῆ ἃ δέδωκέ μοι εἰς
κληρονομίαν πρόσκαιρά εἰσι καὶ ἄφαντα
τὰ δὲ [δόματα]¹³ τῆς κληρονομίας σου κύριε ἄφθαρτά εἰσι καὶ αἰώνια.

13,1 ἐπίσκεψαι κύριε τὴν ταπείνωσίν μου καὶ ἐλέησόν με.

1   ἐπίβλεψον ἐπὶ τὴν ὀρφανίαν μου
καὶ οἴκτειρόν με τὴν τεθλιμμένην.
ἰδοὺ γὰρ ἐγὼ ἀπέφυγον ἐκ πάντων
καὶ πρὸς σὲ κατέφυγον κύριε τὸν μόνον φιλάνθρωπον.

2 ἰδοὺ πάντα τὰ ἀγαθὰ τῆς γῆς κατέλιπον
καὶ πρὸς σὲ κατέφυγον κύριε
ἐν τῷ σάκκῳ τούτῳ καὶ τῷ σποδῷ
γυμνὴ καὶ ὀρφανὴ καὶ μεμονωμένη.

2   3 ἰδοὺ ἀπεθέμην μου τὴν βασιλικὴν στολὴν τὴν βυσσίνην ἐξ ὑακίνθου
χρυσοϋφῆ
καὶ ἐνεδυσάμην χιτῶνα μελανὸν καὶ πενθήρη.

3   4 ἰδοὺ λέλυκα τὴν ζώνην μου τὴν χρυσῆν καὶ ἔρριψα αὐτὴν ἀπ' ἐμοῦ
καὶ περιεζωσάμην σχοινίον καὶ σάκκον.

4   5 ἰδοὺ τὴν τιάραν μου καὶ τὸ διάδημά μου ἔρριψα ἀπὸ τῆς κεφαλῆς μου
καὶ καταπέπασμαι τέφραν.

5   6 ἰδοὺ τὸ ἔδαφος τοῦ θαλάμου μου τὸ κατεστρωμένον λίθοις ποικίλοις καὶ
πορφυροῖς
ὃ ἦν τὸ πρότερον καταρραινόμενον μύροις καὶ ἐξεμάσσετο ὀθονίοις
λαμπροῖς
νυνὶ καταρραίνεται τοῖς δάκρυσί μου καὶ ἠτιμάσθη κατεσποδωμένον ὄν.

6   7 ἰδοὺ κύριέ μου ἐκ τῶν δακρύων μου καὶ τῆς τέφρας πηλὸς γέγονε πολὺς
ἐν τῷ θαλάμῳ μου ὡς ἐν ὁδῷ πλατείᾳ.

---

¹¹ Griechisch nicht belegt.

¹² Rekonstruiert aus Syr L2-436 Rießler; δωματα *a* F *c* D Batiffol Brooks, δορηματα G,
χρηματα B Philonenko, *uzy* „Bänder" (δέ(σ)ματα?) Slaw, om. Arm L2-435&, Lücken E W L1 Ngr.

¹³ Rekonstruiert aus Syr Arm L2-436 Slaw Rießler; δωματα AP *d* Batiffol Brooks Philonenko,
δωρα G, unlesbar F, om. Q *c*, Lücken E W L1 L2-435& Ngr.

8 ἰδοὺ κύριε τὸ δεῖπνόν μου τὸ βασιλικὸν καὶ τὰ σιτία δέδωκα τοῖς κυσὶ   7
τοῖς ἀλλοτρίοις.

9 καὶ ἰδοὺ ἐγὼ ἑπτὰ ἡμέρας καὶ ἑπτὰ νύκτας ἤμην νήστης   8
καὶ ἄρτον οὐκ ἔφαγον καὶ ὕδωρ οὐκ ἔπιον
καὶ τὸ στόμα μου γέγονε ξηρὸν ὡς τύμπανον
καὶ ἡ γλῶσσά μου ὡς κέρας
καὶ τὰ χείλη μου ὡς ὄστρακον
καὶ τὸ πρόσωπόν μου συμπέπτωκε
καὶ οἱ ὀφθαλμοί μου ἐν αἰσχύνῃ φλεγμονῆς ἐγένοντο ἐκ τῶν δακρύων μου
τῶν πολλῶν
καὶ ἡ ἰσχύς μου πᾶσα ἐκλέλοιπεν.[14]

11 ἰδοὺ οὖν τοὺς θεοὺς πάντας οὓς ἐσεβόμην τὸ πρότερον ἀγνοοῦσα
νῦν ἔγνων ὅτι ἦσαν εἴδωλα κωφὰ καὶ νεκρὰ
καὶ δέδωκα αὐτοὺς καταπατεῖσθαι ὑπὸ τῶν ἀνθρώπων
καὶ οἱ κλέπται διήρπασαν αὐτοὺς οἵτινες ἦσαν ἀργυροῖ καὶ χρυσοῖ.

12 καὶ πρὸς σὲ κατέφυγον κύριε ὁ θεός μου.

| ἀλλὰ σὺ ῥῦσαί με ἀπὸ τῶν πολλῶν μου ἀγνοημάτων **13**[14x] καὶ σύγγνωθί   9
μοι
διότι ἥμαρτόν σοι ἐν ἀγνοίᾳ
παρθένος οὖσα
καὶ ἀδαὴς πεπλάνημαι
καὶ λελάληκα βλάσφημα εἰς τὸν κύριόν μου Ἰωσὴφ
διότι οὐκ ᾔδειν ἐγὼ ἡ ἀθλία ὅτι υἱός σού ἐστιν   10
ἐπειδὴ εἶπόν μοι οἱ ἄνθρωποι ὅτι › Ἰωσὴφ υἱὸς τοῦ ποιμένος ἐστὶν ἐκ γῆς
Χαναάν‹.
κἀγὼ ἡ ἀθλία πεπίστευκα αὐτοῖς
καὶ πεπλάνημαι.
καὶ ἐξουδένωσα αὐτὸν
καὶ λελάληκα περὶ αὐτοῦ πονηρὰ
καὶ οὐκ ᾔδειν ὅτι υἱός σού ἐστιν.

14 τίς γὰρ ἀνθρώπων τέξεται τοιοῦτον κάλλος καὶ τοσαύτην σοφίαν καὶ   11
ἀρετὴν καὶ δύναμιν ὡς ὁ πάγκαλος Ἰωσήφ[14y];

15 κύριε παρατίθημί σοι αὐτὸν ὅτι ἐγὼ ἀγαπῶ αὐτὸν ὑπὲρ τὴν ψυχήν μου.

---

[14] 13,10 aus textkritischen Gründen weggefallen.
[14x] Randverszahl 9 in der Erstveröffentlichung eine Zeile zu niedrig.
[14y] [Syntax? Rekonstruktion muß überprüft werden.]

12   διατήρησον αὐτὸν ἐν τῇ σοφίᾳ τῆς χάριτός σου.
κἀὶ σὺ κύριε παράθου με αὐτῷ εἰς παιδίσκην καὶ δούλην.
κἀγὼ στρώσω τὴν κλίνην αὐτοῦ καὶ νίψω τοὺς πόδας αὐτοῦ καὶ
διακονήσω αὐτῷ
κἀὶ ἔσομαι αὐτῷ δούλη καὶ δουλεύσω αὐτῷ εἰς τὸν αἰῶνα χρόνον.«

3. Aseneths Annahme bei Gott durch den Engelfürsten: 14,1-17,6

a) Herabkunft und Verkündigung des Engelfürsten: 14,1-15,12x

1   • 14,1 καὶ ὡς ἐπαύσατο Ἀσενὲθ ἐξομολογουμένη τῷ κυρίῳ ἰδοὺ ὁ ἑωσφόρος
ἀστὴρ ἀνέτειλεν ἐκ τοῦ οὐρανοῦ κατὰ ἀνατολάς. καὶ εἶδεν αὐτὸν Ἀσενὲθ
2   καὶ ἐχάρη καὶ εἶπεν· | »ἄρα ἐπήκουσε κύριος ὁ θεὸς τῆς προσευχῆς μου διότι
ὁ ἀστὴρ οὗτος ἄγγελος καὶ κῆρυξ τοῦ φωτὸς τῆς μεγάλης ἡμέρας ἀνέτειλεν«.
3   2 καὶ ἔτι ἑώρα Ἀσενὲθ καὶ ἰδοὺ ἐγγὺς τοῦ ἑωσφόρου[14a] ἐσχίσθη ὁ οὐρανὸς
4   καὶ ἐφάνη φῶς μέγα καὶ ἀνεκλάλητον. 3 καὶ εἶδεν Ἀσενὲθ καὶ ἔπεσεν ἐπὶ
πρόσωπον ἐπὶ τὴν τέφραν. καὶ ἦλθε πρὸς αὐτὴν ἄνθρωπος ἐκ τοῦ οὐρανοῦ
καὶ ἔστη ὑπὲρ κεφαλῆς Ἀσενέθ. 4 καὶ ἐκάλεσεν αὐτὴν καὶ εἶπεν· »Ἀσενὲθ
5   Ἀσενέθ«. 5 καὶ εἶπεν· »τίς ἐστιν ὁ καλῶν με διότι ἡ θύρα τοῦ θαλάμου μου
κέκλεισται καὶ ὁ πύργος ὑψηλός ἐστι καὶ πῶς ἄρα εἰσῆλθεν εἰς τὸν θάλαμόν
6   μου;« 6 καὶ ἐκάλεσεν αὐτὴν ὁ ἄνθρωπος ἐκ δευτέρου καὶ εἶπεν[14b]· »Ἀσενὲθ
7   Ἀσενέθ«. 7 καὶ εἶπεν· »ἰδοὺ ἐγὼ κύριε. τίς εἶ σὺ ἀνάγγειλόν μοι.« | 8 καὶ
εἶπεν ὁ ἄνθρωπος· »ἐγὼ εἰμι ὁ ἄρχων τοῦ οἴκου κυρίου καὶ στρατιάρχης
πάσης στρατιᾶς τοῦ ὑψίστου. ἀνάστηθι καὶ στῆθι ἐπὶ τοὺς πόδας σου καὶ
λαλήσω πρὸς σὲ τὰ ῥήματά μου.«
8   9 καὶ ἐπῆρε τὴν κεφαλὴν αὐτῆς Ἀσενὲθ καὶ εἶδε καὶ ἰδοὺ ἀνὴρ κατὰ
πάντα ὅμοιος τῷ Ἰωσὴφ τῇ στολῇ καὶ τῷ στεφάνῳ καὶ τῇ ῥάβδῳ τῇ
9   βασιλικῇ[14z] | πλὴν τὸ πρόσωπον αὐτοῦ ἦν ὡς ἀστραπὴ καὶ οἱ ὀφθαλμοὶ αὐτοῦ
ὡς φέγγος ἡλίου καὶ αἱ τρίχες τῆς κεφαλῆς αὐτοῦ ὡς φλὸξ πυρὸς
ὑπολαμπάδος καιομένης[15] καὶ αἱ χεῖρες καὶ οἱ πόδες ὥσπερ σίδηρος ἐκ πυρὸς
ἀπολάμπων καὶ σπινθῆρες ἀπεπήδων ἀπό τε τῶν χειρῶν καὶ τῶν ποδῶν
10   αὐτοῦ. 10 καὶ εἶδεν Ἀσενὲθ καὶ ἔπεσεν ἐπὶ πρόσωπον αὐτῆς ἐπὶ τοὺς πόδας

[14a] Besser τοῦ ἑ. ἐκείνου.
[14b] Statt καὶ εἶπεν besser λέγων.
[14z] [Danach besser ein Satzzeichen.]
[15] ὑπολαμπάδος καιομένης nur A Batiffol Brooks Rießler; υπο λαμπαδος καιομενης P c,
om. G d Arm L1 L2 Philonenko, zerstört Syr, Lücken Q E FW Ngr. Vgl. Apg 20,8 D (der entsprechende Artikel bei Bauer ist unklar).

αὐτοῦ ἐπὶ τὴν γῆν[15a]. καὶ ἐφοβήθη Ἀσενὲθ φόβον μέγαν καὶ ἐτρόμαξε πάντα
τὰ μέλη αὐτῆς. 11 καὶ εἶπεν αὐτῇ ὁ ἄνθρωπος· »θάρσει Ἀσενὲθ καὶ μὴ   11
φοβηθῇς ἀλλ' ἀνάστηθι καὶ στῆθι ἐπὶ τοὺς πόδας σου καὶ λαλήσω πρὸς σὲ τὰ
ῥήματά μου«. 12 καὶ ἀνέστη Ἀσενὲθ καὶ ἔστη ἐπὶ τοὺς πόδας αὐτῆς. καὶ   12
εἶπεν αὐτῇ ὁ ἄνθρωπος· »βάδιζε ἀκωλύτως ἐν τῷ δευτέρῳ σου θαλάμῳ καὶ
ἀπόθου τὸν χιτῶνα τὸν μελανὸν τοῦ πένθους σου καὶ τὸν σάκκον ἀπόθου ἀπὸ
τῆς ὀσφύος σου καὶ ἀποτίναξον ἀπὸ τῆς κεφαλῆς σου τὴν τέφραν ταύτην καὶ
νίψαι τὸ πρόσωπόν σου καὶ τὰς χεῖράς σου ὕδατι ζῶντι | καὶ ἔνδυσαι στολὴν   13
λινῆν καινὴν ἄθικτον καὶ ἐπίσημον καὶ ζῶσαι τὴν ὀσφύν σου τὴν ζώνην τὴν
καινὴν τὴν διπλῆν τῆς παρθενίας σου. 13 καὶ ἐλθὲ πρός με καὶ λαλήσω σοι   14
τὰ ῥήματά μου.«

• 14 καὶ ἔσπευσεν Ἀσενὲθ καὶ εἰσῆλθεν εἰς τὸν θάλαμον αὐτῆς τὸν   15
δεύτερον ὅπου ἦσαν αἱ θῆκαι τοῦ κόσμου αὐτῆς καὶ ἠνέῳξε τὸ κιβώτιον
αὐτῆς καὶ ἔλαβε στολὴν λινῆν καινὴν ἐπίσημον ἄθικτον | καὶ ἀπεδύσατο τὸν   16
χιτῶνα τὸν μελανὸν τοῦ πένθους καὶ ἀπέθετο τὸν σάκκον ἀπὸ τῆς ὀσφύος
αὐτῆς καὶ ἐνεδύσατο τὴν στολὴν αὐτῆς τὴν λινῆν τὴν ἐπίσημον τὴν ἄθικτον
καὶ ἐζώσατο τὴν ζώνην αὐτῆς τὴν διπλῆν παρθενίας[15b] αὐτῆς μίαν ζώνην
περὶ τὴν ὀσφὺν αὐτῆς καὶ ἑτέραν ζώνην ἐπὶ τῷ στήθει αὐτῆς. 15 καὶ   17
ἀπεσείσατο τὴν τέφραν ἐκ τῆς κεφαλῆς αὐτῆς καὶ ἐνίψατο τὰς χεῖρας αὐτῆς
καὶ τὸ πρόσωπον αὐτῆς ὕδατι ζῶντι. καὶ ἔλαβε θέριστρον λινοῦν ἄθικτον καὶ
ἐπίσημον καὶ κατεκάλυψε τὴν κεφαλὴν αὐτῆς.

• 15,1 καὶ ἦλθε πρὸς τὸν ἄνθρωπον εἰς τὸν θάλαμον αὐτῆς τὸν πρῶτον καὶ   1
ἔστη ἐνώπιον αὐτοῦ. καὶ εἶπεν αὐτῇ ὁ ἄνθρωπος· »ἀπόστειλον δὴ τὸ
θέριστρον ἀπὸ τῆς κεφαλῆς σου καὶ ἵνα τί σὺ τοῦτο πεποίηκας; διότι σὺ εἶ
παρθένος ἁγνὴ σήμερον καὶ ἡ κεφαλή σού ἐστιν ὡς ἀνδρὸς νεανίσκου.« 2 καὶ   2
ἀπέστειλεν Ἀσενὲθ τὸ θέριστρον ἀπὸ τῆς κεφαλῆς αὐτῆς. καὶ εἶπεν αὐτῇ ὁ
ἄνθρωπος· »θάρσει Ἀσενὲθ ἡ παρθένος ἁγνή. ἰδοὺ ἀκήκοα πάντων τῶν
ῥημάτων τῆς ἐξομολογήσεώς σου καὶ τῆς προσευχῆς σου. 3 ἰδοὺ ἑώρακα καὶ
τὴν ταπείνωσιν καὶ τὴν[15c] θλῖψιν τῶν ἑπτὰ ἡμερῶν τῆς ἐνδείας σου. ἰδοὺ ἐκ
τῶν δακρύων σου καὶ τῆς τέφρας ταύτης πηλὸς πολὺς γέγονε πρὸ προσώπου
σου. 4 θάρσει Ἀσενὲθ ἡ παρθένος ἁγνή. ἰδοὺ γὰρ ἐγράφη τὸ ὄνομά σου ἐν τῇ   3

[15a] Dazu μὴ δυνηθεῖσα στῆναι ἐπὶ τοὺς πόδας αὐτῆς.
[15b] Besser τῆς π. [Erstveröffentlichung am Versende versehentlich στηθι, Denis στῆθι.]
[15c] Besser streichen.

βίβλῳ τῶν ζώντων ἐν τῷ οὐρανῷ ἐν ἀρχῇ τῆς βίβλου πρῶτον πάντων ἐγράφη
τὸ ὄνομά σου τῷ δακτύλῳ μου καὶ οὐκ ἐξαλειφθήσεται εἰς τὸν αἰῶνα. 5 ἰδοὺ
δὴ ἀπὸ τῆς σήμερον ἀνακαινισθήσῃ καὶ ἀναπλασθήσῃ καὶ ἀναζωοποιηθήσῃ
καὶ φαγεῖς ἄρτον εὐλογημένον ζωῆς καὶ πιεῖς ποτήριον εὐλογημένον
ἀθανασίας καὶ χρισθήσῃ χρίσματι εὐλογημένῳ τῆς ἀφθαρσίας. 6 θάρσει
Ἀσενὲθ ἡ παρθένος ἁγνή. ἰδοὺ δέδωκά σε σήμερον νύμφην τῷ Ἰωσὴφ καὶ
αὐτὸς ἔσται σου νυμφίος εἰς τὸν αἰῶνα χρόνον. 7 καὶ τὸ ὄνομά σου οὐκέτι
κληθήσεται Ἀσενὲθ ἀλλ’ ἔσται τὸ ὄνομά σου πόλις καταφυγῆς διότι ἐν σοὶ
καταφεύξονται ἔθνη πολλὰ ἐπὶ κύριον τὸν θεὸν τὸν ὕψιστον καὶ ὑπὸ τὰς
πτέρυγάς σου σκεπασθήσονται λαοὶ πολλοὶ πεποιθότες ἐπὶ κυρίῳ τῷ θεῷ καὶ
ἐν τῷ τείχει σου διαφυλαχθήσονται οἱ προσκείμενοι τῷ θεῷ τῷ ὑψίστῳ ἐν
ὀνόματι τῆς μετανοίας. διότι ἡ μετάνοιά ἐστιν ἐν τοῖς οὐρανοῖς θυγάτηρ
ὑψίστου καλὴ καὶ ἀγαθὴ σφόδρα. καὶ αὐτὴ¹⁵ˣ ἐκλιπαρεῖ τὸν θεὸν τὸν
ὕψιστον ὑπὲρ σοῦ πᾶσαν ὥραν καὶ ὑπὲρ πάντων τῶν μετανοούντων ἐν
ὀνόματι θεοῦ τοῦ ὑψίστου ἐπειδὴ πατήρ ἐστι τῆς μετανοίας. καὶ αὐτή¹⁵ˣ ἐστιν
ἐπίσκοπος πάντων τῶν παρθένων καὶ φιλεῖ ὑμᾶς σφόδρα καὶ περὶ ὑμῶν
ἐρωτᾷ πᾶσαν ὥραν τὸν ὕψιστον καὶ πᾶσι τοῖς μετανοοῦσι τόπον ἀναπαύσεως
ἡτοίμασεν ἐν τοῖς οὐρανοῖς καὶ ἀνακαινιεῖ πάντας τοὺς μετανοήσαντας καὶ
αὐτὴ¹⁵ˣ διακονήσει αὐτοῖς εἰς τὸν αἰῶνα χρόνον. 8 καὶ ἔστιν ἡ μετάνοια καλὴ
σφόδρα παρθένος καθαρὰ καὶ γελῶσα πάντοτε καὶ ἔστιν ἐπιεικὴς καὶ
πραεῖα. καὶ διὰ τοῦτο ὁ πατὴρ ὁ ὕψιστος ἀγαπᾷ αὐτὴν καὶ πάντες οἱ ἄγγελοι
αἰδοῦνται αὐτήν. κἀγὼ ἀγαπῶ αὐτὴν σφόδρα διότι ἀδελφή μού ἐστι καὶ
αὐτή¹⁵ˣ. καὶ καθότι ὑμᾶς τὰς παρθένους ἀγαπᾷ κἀγὼ ὑμᾶς ἀγαπῶ. 9 καὶ ἰδοὺ
ἐγὼ ἀπέρχομαι πρὸς Ἰωσὴφ καὶ λαλήσω αὐτῷ περὶ σοῦ πάντα τὰ ῥήματά
μου. καὶ ἐλεύσεται πρός σε Ἰωσὴφ σήμερον καὶ ὄψεταί σε καὶ χαρήσεται ἐπὶ
σὲ καὶ ἀγαπήσει σε καὶ ἔσται σου νυμφίος καὶ σὺ ἔσῃ αὐτῷ νύμφη εἰς τὸν
αἰῶνα χρόνον. 10 καὶ νῦν ἄκουσόν μου Ἀσενὲθ ἡ παρθένος ἁγνὴ καὶ
ἔνδυσαι τὴν στολὴν τοῦ γάμου σου τὴν στολὴν τὴν ἀρχαίαν καὶ πρώτην τὴν
ἀποκειμένην ἐν τῷ θαλάμῳ σου ἀπ’ ἀρχῆς καὶ πάντα τὸν κόσμον τοῦ γάμου
σου περίθου καὶ κατακόσμησον σεαυτὴν ὡς νύμφην ἀγαθὴν καὶ πορεύου εἰς
συνάντησιν τῷ Ἰωσήφ. ἰδοὺ γὰρ αὐτὸς παραγίνεται πρός σε σήμερον καὶ
ὄψεταί σε καὶ χαρήσεται.«

          •

12   • 11 καὶ ὡς ἐτέλεσεν ὁ ἄνθρωπος λαλῶν τὰ ῥήματα ταῦτα ἐχάρη Ἀσενὲθ
χαρὰν μεγάλην ἐπὶ πᾶσι τοῖς ῥήμασιν αὐτοῦ καὶ ἔπεσεν ἐπὶ τοὺς πόδας

---

¹⁵ˣ [In der Erstveröffentlichung so gemeint, Denis αὕτη.]

αὐτοῦ καὶ προσεκύνησεν αὐτῷ ἐπὶ πρόσωπον εἰς τὴν γῆν καὶ εἶπεν αὐτῷ·
12 »εὐλογημένος κύριος ὁ θεός σου ὁ ὕψιστος ὃς ἐξαπέστειλέ σε τοῦ   13
ῥύσασθαί με ἐκ τοῦ σκότους καὶ ἀναγαγεῖν με ἀπὸ τῶν θεμελίων τῆς
ἀβύσσου καὶ εὐλογημένον τὸ ὄνομά σου εἰς τὸν αἰῶνα. 12x τί ἐστι τὸ ὄνομά
σου κύριε ἀνάγγειλόν μοι ἵνα ὑμνήσω καὶ δοξάσω σε εἰς τὸν αἰῶνα χρόνον.«
καὶ εἶπεν αὐτῇ ὁ ἄνθρωπος· »ἵνα τί τοῦτο ζητεῖς τὸ ὄνομά μου Ἀσενέθ; τὸ
ἐμὸν ὄνομα ἐν τοῖς οὐρανοῖς ἐστιν ἐν τῇ βίβλῳ τοῦ ὑψίστου γεγραμμένον τῷ
δακτύλῳ τοῦ θεοῦ ἐν ἀρχῇ τῆς βίβλου πρὸ πάντων ὅτι ἐγὼ ἄρχων εἰμὶ τοῦ
οἴκου τοῦ ὑψίστου. καὶ πάντα τὰ ὀνόματα τὰ γεγραμμένα ἐν τῇ βίβλῳ τοῦ
ὑψίστου ἄρρητά ἐστι καὶ ἀνθρώπῳ οὔτε εἰπεῖν οὔτε ἀκοῦσαι ἐν τῷ κόσμῳ
τούτῳ ἐγκεχώρηται ὅτι μεγάλα ἐστὶ τὰ ὀνόματα ἐκεῖνα καὶ θαυμαστὰ καὶ
ἐπαινετὰ σφόδρα.«

b) Bewirtung des Engelfürsten: 15,13-17,6

• 13 καὶ εἶπεν Ἀσενέθ· »εἰ εὗρον χάριν ἐνώπιόν σου κύριε καὶ γνώσομαι   14
ὅτι ποιήσεις πάντα τὰ ῥήματά σου ὅσα εἶπας πρός με[15d] λαλησάτω δὴ ἡ
παιδίσκη σου ἐνώπιόν σου«. 14 καὶ εἶπεν αὐτῇ ὁ ἄνθρωπος· »λάλησον«. καὶ
ἐξέτεινεν Ἀσενέθ τὴν χεῖρα αὐτῆς τὴν δεξιὰν καὶ τέθηκεν ἐπὶ τῶν γονάτων
αὐτοῦ καὶ εἶπεν αὐτῷ· »δέομαί σου κύριε κάθισον δὴ μικρὸν ἐπὶ τῆς κλίνης
ταύτης διότι ἡ κλίνη αὕτη ἐστὶ καθαρὰ καὶ ἀμίαντος καὶ ἀνὴρ ἢ γυνὴ οὐκ
ἐκάθισεν ἐπ᾽ αὐτὴν πώποτε. καὶ παραθήσω σοι τράπεζαν καὶ εἰσοίσω σοι
ἄρτον καὶ φάγεσαι καὶ οἴσω σοι ἐκ τοῦ ταμιείου μου οἶνον παλαιὸν καὶ
καλὸν οὗ ἡ πνοὴ αὐτοῦ ἐλεύσεται ἕως τοῦ οὐρανοῦ καὶ πίεσαι ἐξ αὐτοῦ. καὶ
μετὰ ταῦτα ἀπελεύσῃ τὴν ὁδόν σου.« 15 καὶ εἶπεν αὐτῇ ὁ ἄνθρωπος·
»σπεῦσον καὶ φέρε συντόμως«. 16,1 καὶ ἔσπευσεν Ἀσενέθ καὶ παρέθηκεν
αὐτῷ τράπεζαν καινὴν καὶ ἐπορεύετο κομίσαι αὐτῷ ἄρτον.

•

• Ι καὶ εἶπεν αὐτῇ ὁ ἄνθρωπος· »φέρε δή μοι καὶ κηρίον μελίσσης«. 2[15y] καὶ   1
ἔστη Ἀσενέθ καὶ ἐλυπήθη διότι οὐκ εἶχε κηρίον μελίσσης ἐν τῷ ταμιείῳ
αὐτῆς. 3[15z] καὶ εἶπεν αὐτῇ ὁ ἄνθρωπος· »τίνος χάριν ἵστασαι;« Ι 4 καὶ εἶπεν   2
Ἀσενέθ· »πέμψω δὴ παιδάριον εἰς τὸ προάστειον διότι ἐγγύς ἐστιν ὁ ἀγρὸς
τῆς κληρονομίας ἡμῶν καὶ οἴσει σοι ἐκεῖθεν ταχέως κηρίον μελίσσης καὶ

[15d] Dazu τοῦ τελεσθῆναι αὐτά.
[15y] Randverszahl 2 gehört in der Erstveröffentlichung auf die Höhe von V. 4.
[15z] Randverszahl 3 gehört in der Erstveröffentlichung auf die Höhe von V. 5.

3   παραθήσω σοι κύριε«. 5 καὶ εἶπεν αὐτῇ ὁ ἄνθρωπος· »βάδιζε καὶ εἴσελθε¹⁵ˣˣ
     εἰς τὸ ταμιεῖόν σου καὶ εὑρήσεις κηρίον μελίσσης ἐπὶ τῆς τραπέζης κείμενον.
     ἆρον αὐτὸ καὶ κόμισον ὧδε.« 6 καὶ εἶπεν Ἀσενέθ· »κύριε κηρίον μελίσσης ἐν
     τῷ ταμιείῳ μου οὐκ ἔστιν«. 7 καὶ εἶπεν ὁ ἄνθρωπος· »βάδιζε καὶ εὑρήσεις«.
4   8 καὶ εἰσῆλθεν Ἀσενὲθ εἰς τὸ ταμιεῖον αὐτῆς καὶ εὗρε κηρίον μελίσσης
     κείμενον ἐπὶ τῆς τραπέζης. καὶ ἦν τὸ κηρίον μέγα καὶ λευκὸν ὡσεὶ χιὼν καὶ
     πλήρης μέλιτος. καὶ ἦν τὸ μέλι ἐκεῖνο ὡς δρόσος τοῦ οὐρανοῦ καὶ ἡ πνοὴ
     αὐτοῦ ὡς πνοὴ ζωῆς. 9 καὶ ἐθαύμασεν Ἀσενὲθ καὶ εἶπεν ἐν ἑαυτῇ· »ἆρα γε
     τὸ κηρίον τοῦτο ἐκ τοῦ στόματος τοῦ ἀνθρώπου τούτου ἐξῆλθε διότι ἡ πνοὴ
5   αὐτοῦ ὡς πνοὴ τοῦ στόματος τοῦ ἀνθρώπου τούτου ἐστίν«. 10 καὶ ἔλαβεν
     Ἀσενὲθ τὸ κηρίον ἐκεῖνο καὶ ἤνεγκε τῷ ἀνθρώπῳ καὶ παρέθηκεν αὐτὸ ἐπὶ τῆς
     τραπέζης ἣν ἡτοίμασεν ἐνώπιον αὐτοῦ.

                                              •

     • καὶ εἶπεν αὐτῇ ὁ ἄνθρωπος· »τί ὅτι εἶπας ὅτι ›οὐκ ἔστι κηρίον μελίσσης ἐν
6   τῷ ταμιείῳ μου‹; καὶ ἰδοὺ ἐνήνοχας κηρίον μελίσσης θαυμαστόν.« 11 καὶ
     ἐφοβήθη Ἀσενὲθ καὶ εἶπεν· »κύριε ἐγὼ οὐκ εἶχον κηρίον μέλιτος ἐν τῷ
     ταμιείῳ μου πώποτε ἀλλὰ σὺ ἐλάλησας καὶ γέγονε. μήτιγε τοῦτο ἐκ τοῦ
     στόματός σου ἐξῆλθε διότι ἡ πνοὴ αὐτοῦ ὡς πνοὴ τοῦ στόματός σού
7   ἐστιν;«¹⁵ʸʸ 12 καὶ ἐμειδίασεν ὁ ἄνθρωπος ἐπὶ τῇ συνέσει Ἀσενὲθ | 13 καὶ
     ἐκάλεσεν αὐτὴν πρὸς ἑαυτὸν καὶ ἐξέτεινε τὴν χεῖρα αὐτοῦ τὴν δεξιὰν καὶ
     ἐκράτησε τὴν κεφαλὴν αὐτῆς καὶ ἐπέσεισε τῇ χειρὶ αὐτοῦ τῇ δεξιᾷ τὴν
     κεφαλὴν αὐτῆς. καὶ ἐφοβήθη Ἀσενὲθ τὴν χεῖρα τοῦ ἀνθρώπου διότι
     σπινθῆρες ἀπεπήδων ἀπὸ τῆς χειρὸς αὐτοῦ ὡς ἀπὸ σιδήρου κοχλάζοντος. καὶ
     ἐπέβλεψεν Ἀσενὲθ ἀτενίζουσα τοῖς ὀφθαλμοῖς αὐτῆς εἰς τὴν χεῖρα τοῦ
     ἀνθρώπου. 14 καὶ εἶδεν ὁ ἄνθρωπος καὶ ἐμειδίασε καὶ εἶπεν· »μακαρία εἶ σὺ
     Ἀσενὲθ διότι ἀπεκαλύφθη σοι τὰ ἀπόρρητα μυστήρια τοῦ ὑψίστου καὶ
     μακάριοι πάντες οἱ προσκείμενοι κυρίῳ τῷ θεῷ ἐν μετανοίᾳ ὅτι ἐκ τούτου τοῦ
8   κηρίου φάγονται. | διότι τοῦτο τὸ κηρίον ἐστὶ πνεῦμα ζωῆς. καὶ τοῦτο
     πεποιήκασιν αἱ μέλισσαι τοῦ παραδείσου τῆς τρυφῆς ἐκ τῆς δρόσου τῶν
     ῥόδων τῆς ζωῆς τῶν ὄντων ἐν τῷ παραδείσῳ τοῦ θεοῦ. καὶ πάντες οἱ ἄγγελοι
     τοῦ θεοῦ ἐξ αὐτοῦ ἐσθίουσι καὶ πάντες οἱ ἐκλεκτοὶ τοῦ θεοῦ καὶ πάντες οἱ
     υἱοὶ τοῦ ὑψίστου ὅτι κηρίον ζωῆς ἐστι τοῦτο καὶ πᾶς ὃς ἂν φάγῃ ἐξ αὐτοῦ οὐκ
     ἀποθανεῖται εἰς τὸν αἰῶνα χρόνον.«

     ───────────
     ¹⁵ˣˣ Erstveröffentlichung versehentlich εισηλθε.
     ¹⁵ʸʸ Erstveröffentlichung [danach Denis] versehentlich Punkt statt Fragezeichen.

• 15 καὶ ἐξέτεινεν ὁ ἄνθρωπος τὴν χεῖρα αὐτοῦ τὴν δεξιὰν καὶ ἀπέκλασεν   9
ἀπὸ τοῦ κηρίου μέρος μικρὸν καὶ ἔφαγεν αὐτὸς καὶ τὸ κατάλοιπον ἐνέβαλε
τῇ χειρὶ αὐτοῦ εἰς τὸ στόμα ᾿Ασενὲθ καὶ εἶπεν αὐτῇ· »φάγε«. καὶ ἔφαγεν.
16 καὶ εἶπεν ὁ ἄνθρωπος τῇ ᾿Ασενέθ· »ἰδοὺ δὴ ἔφαγες ἄρτον ζωῆς καὶ ἔπιες
ποτήριον ἀθανασίας καὶ κέχρισαι χρίσματι ἀφθαρσίας. ἰδοὺ δὴ ἀπὸ τῆς
σήμερον αἱ σάρκες σου βρύουσιν ὡς ἄνθη ζωῆς ἀπὸ τῆς γῆς τοῦ ὑψίστου καὶ
τὰ ὀστᾶ σου πιανθήσονται ὡς αἱ κέδροι τοῦ παραδείσου τῆς τρυφῆς τοῦ θεοῦ
καὶ δυνάμεις ἀκάματοι περισχήσουσί σε καὶ ἡ νεότης σου γῆρας οὐκ ὄψεται
καὶ τὸ κάλλος σου εἰς τὸν αἰῶνα οὐκ ἐκλείψει. καὶ ἔσῃ ὡς μητρόπολις
τετειχισμένη πάντων τῶν καταφευγόντων ἐπὶ τῷ ὀνόματι κυρίου τοῦ θεοῦ
[τοῦ βασιλέως τῶν αἰώνων][16].« 16x καὶ ἐξέτεινε τὴν χεῖρα αὐτοῦ τὴν δεξιὰν
ὁ ἄνθρωπος καὶ ἥψατο τοῦ κηρίου οὗ ἀπέκλασε καὶ ἀπεκατεστάθη καὶ
ἐπληρώθη καὶ εὐθὺς ἐγένετο ὁλόκληρον ὡς ἦν ἐν ἀρχῇ.

• 17[17] καὶ πάλιν ὁ ἄνθρωπος ἐξέτεινε τὴν χεῖρα αὐτοῦ τὴν δεξιὰν καὶ   10
ἐπέθηκε τὸν δάκτυλον αὐτοῦ εἰς τὸ ἄκρον τοῦ κηρίου τὸ βλέπον κατὰ
ἀνατολὰς [καὶ εἵλκυσεν ἐπὶ τὸ ἄκρον τὸ βλέπον κατὰ δυσμὰς] καὶ ἡ ὁδὸς τοῦ
δακτύλου αὐτοῦ ἐγένετο ὡς αἷμα. καὶ ἐξέτεινε τὸ δεύτερον τὴν χεῖρα αὐτοῦ   11
καὶ ἔθηκε τὸν δάκτυλον αὐτοῦ ἐπὶ τὸ ἄκρον τοῦ κηρίου τὸ βλέπον πρὸς
βορρᾶν [καὶ εἵλκυσεν ἐπὶ τὸ ἄκρον τὸ βλέπον πρὸς μεσημβρίαν] καὶ ἡ ὁδὸς
τοῦ δακτύλου αὐτοῦ ἐγένετο ὡς αἷμα. 17x καὶ ᾿Ασενὲθ εἱστήκει ἐξ εὐωνύμων   12
αὐτοῦ καὶ ἔβλεπε πάντα ὅσα ἐποίει ὁ ἄνθρωπος. καὶ εἶπεν ὁ ἄνθρωπος τῷ
κηρίῳ· »δεῦρο«. 17y καὶ ἀνέστησαν μέλισσαι ἐκ τῶν σίμβλων τοῦ κηρίου   13
ἐκείνου καὶ οἱ σίμβλοι ἦσαν ἀναρίθμητοι μυριάδες μυριάδων καὶ χιλιάδες
χιλιάδων. 18 καὶ ἦσαν αἱ μέλισσαι λευκαὶ ὡσεὶ χιὼν καὶ τὰ πτερὰ αὐτῶν ὡς
πορφύρα καὶ ὡς ὑάκινθος καὶ ὡς κόκκος καὶ ὡς βύσσινα ἱμάτια χρυσοϋφῆ
καὶ διαδήματα χρυσᾶ ἐπὶ τὰς κεφαλὰς αὐτῶν καὶ κέντρα ἦσαν αὐταῖς ὀξέα
καὶ οὐκ ἠδίκουν τινά. 19 καὶ περιεπλάκησαν πᾶσαι αἱ μέλισσαι ἐκεῖναι τῇ   14
᾿Ασενὲθ ἀπὸ ποδῶν ἕως κεφαλῆς. καὶ ἄλλαι μέλισσαι ἦσαν μεγάλαι καὶ

---

[16] τοῦ βασιλέως τῶν αἰώνων griechisch nicht belegt. Rekonstruiert aus Syr Arm L1.

[17] Rießler hat V. 17-17xa ohne jeden textkritischen Grund als 16,24f. eingeschaltet. Der insgesamt sehr zerschriebene Vers ist griechisch nur teilweise bezeugt (d G Philonenko). Insbesondere
sind die beiden Sätze mit εἵλκυσεν griechisch nicht belegt; Text rekonstruiert aus Syr Arm L1 L2-
435&. [Weil dies mißverständlich formuliert war, hat Denis jeweils καὶ εἵλκυσεν - ὡς αἷμα in
Klammern gesetzt.]

ἐκλεκταὶ ὡς βασίλισσαι αὐτῶν καὶ ἐξανέστησαν ἀπὸ τῆς [πληγῆς]¹⁸ τοῦ κηρίου καὶ περιεπλάκησαν περὶ τὸ πρόσωπον Ἀσενὲθ καὶ ἐποίησαν ἐπὶ τῷ στόματι αὐτῆς καὶ ἐπὶ τὰ χείλη αὐτῆς κηρίον ὅμοιον τῷ κηρίῳ τῷ παρακειμένῳ τῷ ἀνθρώπῳ. 20 καὶ πᾶσαι αἱ μέλισσαι ἐκεῖναι ἦσθιον ἀπὸ τοῦ κηρίου τοῦ ὄντος ἐπὶ τῷ στόματι Ἀσενέθ.

15   καὶ εἶπεν ὁ ἄνθρωπος ταῖς μελίσσαις· »ὑπάγετε δὴ εἰς τὸν τόπον ὑμῶν«.
16   21 καὶ ἀνέστησαν πᾶσαι αἱ μέλισσαι καὶ ἐπετάσθησαν καὶ ἀπῆλθον εἰς τὸν οὐρανόν. 22 καὶ ὅσαι ἠβουλήθησαν ἀδικῆσαι τὴν Ἀσενὲθ ἔπεσον ἐπὶ τὴν
17   γῆν καὶ ἀπέθανον. καὶ ἐξέτεινεν ὁ ἄνθρωπος τὴν ῥάβδον αὐτοῦ ἐπὶ τὰς μελίσσας τὰς νεκρὰς καὶ εἶπεν αὐταῖς· »ἀνάστητε καὶ ὑμεῖς καὶ ἀπέλθετε εἰς τὸν τόπον ὑμῶν«. 23 καὶ ἀνέστησαν αἱ τεθνηκυῖαι μέλισσαι καὶ ἀπῆλθον εἰς τὴν αὐλὴν τὴν παρακειμένην τῇ οἰκίᾳ τῆς Ἀσενὲθ καὶ ἐσκήνωσαν ἐπὶ τοῖς δένδροις τοῖς καρποφόροις.

•

1   • 17,1 καὶ εἶπεν ὁ ἄνθρωπος τῇ Ἀσενέθ· »ἑώρακας τὸ ῥῆμα τοῦτο;« καὶ
2   αὐτὴ εἶπεν· »ναὶ κύριε ἑώρακα ταῦτα πάντα«. 2 καὶ εἶπεν αὐτῇ ὁ ἄνθρωπος·
3   »οὕτως ἔσται πάντα τὰ ῥήματά μου ἃ λελάληκα πρός σε σήμερον«. 3 καὶ ἐξέτεινε τρίτον τὴν δεξιὰν χεῖρα αὐτοῦ ὁ ἄνθρωπος καὶ ἥψατο τῆς πληγῆς¹⁹ τοῦ κηρίου καὶ εὐθέως ἀνέβη πῦρ ἐκ τῆς τραπέζης καὶ κατέφαγε τὸ κηρίον καὶ τὴν τράπεζαν οὐκ ἠδίκησεν. 4 καὶ ἐξῆλθεν ἐκ τῆς καύσεως τοῦ κηρίου εὐωδία πολλὴ καὶ ἔπλησε τὸν θάλαμον.

•

4   • καὶ εἶπεν Ἀσενὲθ πρὸς τὸν ἄνθρωπον· »κύριε εἰσὶ σὺν ἐμοὶ ἑπτὰ παρθένοι ὑπηρετοῦσαί μοι συντεθραμμέναι μοι ἐκ νεότητός μου τεχθεῖσαι σὺν ἐμοὶ ἐν μιᾷ νυκτί¹⁹ᵃ κἀγὼ ἀγαπῶ αὐτὰς ὡς ἀδελφάς μου. καλέσω δὴ αὐτὰς καὶ
5   εὐλογήσεις αὐτὰς ὡς κἀμὲ εὐλόγησας.« 5 καὶ εἶπεν ὁ ἄνθρωπος· »κάλεσον αὐτάς«. 6 καὶ ἐκάλεσεν Ἀσενὲθ τὰς ἑπτὰ παρθένους καὶ ἔστησεν αὐτὰς ἐνώπιον τοῦ ἀνθρώπου. καὶ εὐλόγησεν αὐτὰς ὁ ἄνθρωπος καὶ εἶπεν· »εὐλογήσει ὑμᾶς κύριος ὁ θεὸς ὁ ὕψιστος. καὶ ἔσεσθε κίονες ἑπτὰ τῆς πόλεως τῆς καταφυγῆς καὶ πᾶσαι αἱ σύνοικοι τῶν ἐκλεκτῶν τῆς πόλεως ἐκείνης ἐφ' ὑμᾶς ἀναπαύσονται εἰς τὸν αἰῶνα χρόνον«.

---

¹⁸ Griechisch belegt nur της πλιγος (sic) F, της πλακος G, unklar Syr Arm; om. a, Lücken Rest. Text konjiziert im Vorblick auf 17,3, wo τῆς πληγῆς aber auch nur dünn belegt ist. Vielleicht ist doch της πλακος G zu lesen.

¹⁹ S. zu 16,19. [Denis' spitze Klammern sind nicht berechtigt, ++ wäre vertretbar.]

¹⁹ᵃ Statt τεχθεῖσαι - νυκτί besser καὶ ἐν μιᾷ νυκτὶ σὺν ἐμοὶ γεγεννημέναι.

4. Nachspiel. Rückkehr des Engelfürsten auf feurigem Wagen in den Himmel:
17,7-10

• **7** καὶ εἶπεν ὁ ἄνθρωπος τῇ Ἀσενέθ· »μετάθες τὴν τράπεζαν ταύτην«.   6
8 καὶ ἐπεστράφη Ἀσενὲθ τοῦ μεταθῆναι τὴν τράπεζαν καὶ εὐθέως ἀπῆλθεν
ἐξ ὀφθαλμῶν αὐτῆς ὁ ἄνθρωπος. καὶ εἶδεν Ἀσενὲθ ὡς ἅρμα τεσσάρων ἵππων
πορευόμενον εἰς τὸν οὐρανὸν κατὰ ἀνατολάς. καὶ τὸ ἅρμα ἦν ὡς φλὸξ πυρὸς
καὶ οἱ ἵπποι ὡς ἀστραπή. καὶ ὁ ἄνθρωπος εἱστήκει ἐπάνω τοῦ ἅρματος
ἐκείνου. **9** καὶ εἶπεν Ἀσενέθ· »ἄφρων ἐγὼ καὶ τολμηρὰ διότι λελάληκα
παρρησίᾳ καὶ εἶπον ὅτι ἄνθρωπος ἦλθεν εἰς τὸν θάλαμόν μου ἐκ τοῦ οὐρανοῦ
καὶ οὐκ ᾔδειν ὅτι θεὸς ἦλθε πρός με. καὶ ἰδοὺ νῦν πορεύεται πάλιν εἰς τὸν
οὐρανὸν εἰς τὸν τόπον αὐτοῦ.« **10** καὶ εἶπεν ἐν ἑαυτῇ· »ἵλεως ἔσο κύριε τῇ   7
δούλῃ σου καὶ φεῖσαι τῆς παιδίσκης σου διότι ἐγὼ λελάληκα τολμηρῶς
ἐνώπιόν σου ἐν ἀγνοίᾳ πάντα τὰ ῥήματά μου«.

IV. JOSEPHS ZWEITER BESUCH BEI PENTEPHRES UND SEINE HEIRAT MIT
     ASENETH
     18,1-21,9

1. Vorspiel. Aseneths Verwandlung: 18,1-11

• **18,1** καὶ ὡς ἔτι ἐλάλει Ἀσενὲθ ταῦτα ἐν ἑαυτῇ ἰδοὺ εἰσεπήδησε νεανίσκος   1
ἐκ τῆς θεραπείας Πεντεφρῆ καὶ λέγει· »ἰδοὺ Ἰωσὴφ ὁ δυνατὸς τοῦ θεοῦ
ἔρχεται πρὸς [ἡμᾶς][20] σήμερον. ὁ γὰρ πρόδρομος αὐτοῦ πρὸς τὰς πύλας τῆς
αὐλῆς ἡμῶν ἔστηκεν.« **2** καὶ ἔσπευσεν Ἀσενὲθ καὶ ἐκάλεσε τὸν τροφέα   2
αὐτῆς τὸν ἐπάνω τῆς οἰκίας αὐτῆς καὶ εἶπεν αὐτῷ· »σπεῦσον καὶ εὐτρέπισον
τὴν οἰκίαν καὶ ἑτοίμασον δεῖπνον καλὸν ὅτι Ἰωσὴφ ὁ δυνατὸς τοῦ θεοῦ
ἔρχεται πρὸς ἡμᾶς σήμερον«. **3** καὶ εἶδεν αὐτὴν ὁ τροφεὺς αὐτῆς καὶ ἰδοὺ ἦν
τὸ πρόσωπον αὐτῆς συμπεπτωκὸς ἐκ τῆς θλίψεως καὶ τοῦ κλαυθμοῦ καὶ τῆς
ἐνδείας τῶν ἑπτὰ ἡμερῶν καὶ ἐλυπήθη καὶ ἔκλαυσε καὶ ἔλαβε τὴν χεῖρα
αὐτῆς τὴν δεξιὰν καὶ κατεφίλησεν αὐτὴν καὶ εἶπεν· »τί σοί ἐστι τέκνον μου
ὅτι οὕτως συμπέπτωκε τὸ πρόσωπόν σου;« **4** καὶ εἶπεν αὐτῷ Ἀσενέθ· »τῆς
κεφαλῆς μου πόνος γέγονε βαρὺς καὶ ὁ ὕπνος ἀπέστη ἀπὸ τῶν ὀφθαλμῶν μου
καὶ τούτου ἕνεκα τὸ πρόσωπόν μου συμπέπτωκεν«. **5** καὶ ἀπῆλθεν ὁ τροφεὺς
αὐτῆς καὶ ἡτοίμασε τὴν οἰκίαν καὶ τὸ δεῖπνον.

---

[20] So mit Arm. Sonst ist außer σε B nur ὑμᾶς belegt.

•

3   • καὶ²⁰ˣ ἐμνήσθη Ἀσενὲθ τοῦ ἀνθρώπου καὶ τῶν ἐντολῶν αὐτοῦ καὶ ἔσπευσε
καὶ εἰσῆλθεν εἰς τὸν θάλαμον αὐτῆς τὸν δεύτερον ὅπου ἦσαν αἱ θῆκαι τοῦ
κόσμου αὐτῆς καὶ ἤνοιξε τὴν κιβωτὸν αὐτῆς τὴν μεγάλην καὶ ἐξήνεγκε τὴν
στολὴν αὐτῆς τὴν πρώτην τοῦ γάμου ὡς ἀστραπὴν τῷ εἴδει καὶ ἐνεδύσατο
4   αὐτήν. **6** καὶ περιεζώσατο ζώνην χρυσῆν καὶ βασιλικὴν ἥτις ἦν διὰ λίθων
5   τιμίων. καὶ περιέθηκεν ἐν ταῖς χερσὶν²⁰ᵃ αὐτῆς ψέλια χρυσᾶ καὶ εἰς τοὺς
πόδας ἀναξυρίδας χρυσᾶς καὶ κόσμον τίμιον περιέθηκε περὶ τὸν τράχηλον
αὐτῆς ἐν ᾧ ἦσαν λίθοι πολυτελεῖς τίμιοι ἠρτημένοι ἀναρίθμητοι καὶ
στέφανον χρυσοῦν περιέθηκεν ἐπὶ τὴν κεφαλὴν αὐτῆς καὶ ἐν τῷ στεφάνῳ
ἔμπροσθεν ἐπὶ τῷ μετώπῳ αὐτῆς ἦν λίθος ὑάκινθος μέγας καὶ κύκλῳ τοῦ
6   λίθου τοῦ μεγάλου ἦσαν ἓξ λίθοι πολυτελεῖς. καὶ θερίστρῳ κατεκάλυψε τὴν
κεφαλὴν αὐτῆς ὡς νύμφη καὶ ἔλαβε σκῆπτρον²⁰ᵇ ἐν τῇ χειρὶ αὐτῆς.
7 καὶ ἐμνήσθη Ἀσενὲθ τῶν ῥημάτων τοῦ τροφέως αὐτῆς διότι εἶπεν αὐτῇ
ὅτι »συμπέπτωκε τὸ πρόσωπόν σου«. καὶ ἀνεστέναξε καὶ ἐλυπήθη σφόδρα
καὶ εἶπεν· »οἴμοι τῇ ταπεινῇ [ὅτι]²¹ τὸ πρόσωπόν μου συμπέπτωκεν. ὄψεταί με
7   Ἰωσὴφ καὶ ἐξουδενώσει με.« **8** καὶ εἶπε τῇ συντρόφῳ αὐτῆς· »ἐξένεγκέ μοι
ὕδωρ καθαρὸν ἀπὸ τῆς πηγῆς καὶ νίψομαι τὸ πρόσωπόν μου«. **9** καὶ ἤνεγκεν
αὐτῇ ὕδωρ καθαρὸν ἀπὸ τῆς πηγῆς²¹ᵃ καὶ ἐνέχεεν αὐτὸ ἐν τῇ λεκάνῃ²¹ᵇ. καὶ
ἔκυψεν Ἀσενὲθ νίψασθαι τὸ πρόσωπον αὐτῆς καὶ ὁρᾷ τὸ πρόσωπον αὐτῆς ἐν
τῷ ὕδατι καὶ ἦν ὡς ὁ ἥλιος καὶ οἱ ὀφθαλμοὶ αὐτῆς ὡς ἑωσφόρος ἀνατέλλων
καὶ αἱ παρειαὶ αὐτῆς ὡς ἄρουραι τοῦ ὑψίστου καὶ ἐν ταῖς [παρειαῖς]²²
ἐρυθρὸς²²ᵃ ὡς αἷμα υἱοῦ ἀνθρώπου καὶ τὰ χείλη αὐτῆς ὡς ῥόδον ζωῆς
[ἐξερχόμενον ἐκ τῆς κάλυκος αὐτοῦ²³ καὶ οἱ ὀδόντες αὐτῆς ὡς πολεμισταὶ
συντεταγμένοι εἰς πόλεμον²⁴] καὶ αἱ τρίχες τῆς κεφαλῆς αὐτῆς ὡς ἄμπελος ἐν
τῷ παραδείσῳ τοῦ θεοῦ εὐθηνοῦσα ἐν τοῖς καρποῖς αὐτῆς καὶ ὁ τράχηλος
αὐτῆς ὡς κυπάρισσος παμποίκιλος [καὶ οἱ μασθοὶ αὐτῆς ὡς τὰ ὄρη τοῦ θεοῦ

---

²⁰ˣ Randverszahl 3 steht in der Erstveröffentlichung eine Zeile zu hoch.
²⁰ᵃ Besser εἰς τὰς χεῖρας.
²⁰ᵇ Statt ἔλαβε σκῆπτρον besser σκ. ἔλαβεν.
²¹ Griechisch nicht belegt. Rekonstruiert aus Arm L2-435&.
²¹ᵃ ἀπὸ τῆς πηγῆς besser streichen.
²¹ᵇ Statt ἐν τῇ λεκάνῃ besser εἰς τὴν κόγχην.
²² Griechisch belegt nur ποριαις F. Text rekonstruiert aus Syr.
²²ᵃ Besser [ἐρυθρότης].
²³ ἐξερχόμενον ἐκ τῆς κάλυκος αὐτοῦ griechisch nicht belegt. Text rekonstruiert aus Syr
Arm L2 Äth.
²⁴ καὶ οἱ ὀδόντες... πόλεμον griechisch nicht belegt. Text rekonstruiert aus Syr Arm L2.

τοῦ ὑψίστου²⁵]. 10 καὶ ὡς εἶδεν Ἀσενὲθ ἑαυτὴν ἐν τῷ ὕδατι ἐθαμβήθη ἐπὶ τῇ ὁράσει καὶ ἐχάρη²⁵ˣ χαρὰν μεγάλην καὶ οὐκ ἔνιψε τὸ πρόσωπον αὐτῆς, εἶπε γάρ· »μήποτε ἀποπλύνω τὸ κάλλος τὸ μέγα τοῦτο«. 11 καὶ ἦλθεν ὁ τροφεὺς αὐτῆς τοῦ εἰπεῖν αὐτῇ ὅτι »πάντα ἡτοίμασται ὡς προσέταξας«. καὶ ὡς εἶδεν αὐτὴν ἐπτοήθη καὶ ἔστη ἄφωνος ἐπιπολὺ καὶ ἐφοβήθη φόβον μέγαν καὶ ἔπεσεν ἐπὶ τοὺς πόδας αὐτῆς καὶ εἶπεν· »τί ἐστι τοῦτο δέσποινά μου καὶ τίς ἐστιν ἡ καλλονὴ αὕτη ἡ μεγάλη καὶ θαυμαστή; μήτιγε κύριος ὁ θεὸς τοῦ οὐρανοῦ ἐξελέξατό σε εἰς νύμφην τῷ υἱῷ αὐτοῦ τῷ πρωτοτόκῳ Ἰωσήφ;«

2. Aseneths zweite Begegnung mit Joseph, seine Annahme von Aseneth und seine Aufnahme in Pentephres' Haus: 19,1-21,1

- **19,1** καὶ ἔτι λαλούντων αὐτῶν ταῦτα ἦλθε παιδάριον καὶ εἶπε πρὸς   1
  Ἀσενέθ· »ἰδοὺ Ἰωσὴφ πρὸς τὰς θύρας τῆς αὐλῆς ἡμῶν ἵσταται«. 2 καὶ ἔσπευσεν Ἀσενὲθ καὶ κατέβη τὴν κλίμακα ἐκ τοῦ ὑπερῴου σὺν ταῖς ἑπτὰ παρθένοις εἰς συνάντησιν τῷ Ἰωσὴφ καὶ ἔστη ἐν τῷ +προδρόμῳ+²⁶ τῆς οἰκίας. 3 καὶ εἰσῆλθεν Ἰωσὴφ εἰς τὴν αὐλὴν καὶ ἐκλείσθησαν αἱ πύλαι καὶ ἀπέμειναν ἔξω πάντες ἀλλότριοι.

- **4** καὶ ἐξῆλθεν Ἀσενὲθ ἐκ τοῦ +προδρόμου+²⁷ εἰς συνάντησιν τῷ Ἰωσὴφ
  Ι καὶ εἶδεν αὐτὴν Ἰωσὴφ καὶ ἐθαμβήθη ἐπὶ τῷ κάλλει αὐτῆς καὶ εἶπε πρὸς   2
  αὐτήν· »τίς εἶ σὺ ταχέως ἀνάγγειλόν μοι«. 5 καὶ εἶπεν αὐτῷ· »ἐγώ εἰμι ἡ παιδίσκη σου Ἀσενὲθ καὶ τὰ εἴδωλα πάντα ἀπέρριψα ἀπ' ἐμοῦ καὶ ἀπώλοντο. καὶ ἄνθρωπος ἦλθε πρός με ἐκ τοῦ οὐρανοῦ σήμερον καὶ ἔδωκέ μοι ἄρτον ζωῆς καὶ ἔφαγον καὶ ποτήριον εὐλογίας καὶ ἔπιον καὶ εἶπέ μοι· ›δέδωκά σε εἰς²⁷ᵃ νύμφην τῷ Ἰωσὴφ σήμερον καὶ αὐτὸς ἔσται σου νυμφίος εἰς τὸν αἰῶνα χρόνον‹. καὶ εἶπέ μοι· ›οὐ κληθήσεται ἔτι τὸ ὄνομά σου Ἀσενὲθ ἀλλὰ κληθήσεται τὸ ὄνομά σου πόλις καταφυγῆς καὶ κύριος ὁ θεὸς

---

²⁵ καὶ οἱ μασθοὶ... ὑψίστου griechisch nicht belegt. Text rekonstruiert aus Syr Arm L2-436.
²⁵ˣ Erstveröffentlichung versehentlich εχαρην.
²⁶ Oder δρόμῳ? Oder muß man προδόμῳ konjizieren? πρόδρομος/-ον scheint in passender Bedeutung nicht belegt zu sein.
²⁷ S. zu 19,2.
²⁷ᵃ Besser streichen.

βασιλεύσει ἐθνῶν πολλῶν²⁷ᵇ εἰς τοὺς αἰῶνας διότι ἐν σοὶ²⁷ᶜ καταφεύξονται ἔθνη πολλὰ ἐπὶ κύριον τὸν θεὸν τὸν ὕψιστον‹. 6 καὶ εἶπέ μοι ὁ ἄνθρωπος· ›πορεύσομαι καὶ πρὸς Ἰωσὴφ καὶ λαλήσω εἰς τὰ ὦτα αὐτοῦ περὶ σοῦ τὰ ῥήματά μου‹. 7 καὶ νῦν σὺ γινώσκεις κύριέ μου εἰ ἐλήλυθε πρός σε ὁ ἄνθρωπος ἐκεῖνος καὶ λελάληκέ σοι περὶ ἐμοῦ.«

8 καὶ εἶπεν Ἰωσὴφ πρὸς Ἀσενέθ· »εὐλογημένη εἶ σὺ τῷ θεῷ τῷ ὑψίστῳ καὶ εὐλογημένον τὸ ὄνομά σου εἰς τοὺς αἰῶνας διότι κύριος ὁ θεὸς ἐθεμελίωσε τὰ τείχη σου [ἐν τοῖς ὑψίστοις καὶ]²⁸ τὰ τείχη σου ἀδαμάντινα [τείχη ζωῆς]²⁹ διότι οἱ υἱοὶ τοῦ ζῶντος θεοῦ ἐνοικήσουσιν ἐν τῇ πόλει τῆς καταφυγῆς σου καὶ κύριος ὁ θεὸς βασιλεύσει αὐτῶν εἰς τοὺς αἰῶνας τῶν αἰώνων. 9 διότι ὁ ἄνθρωπος ἐκεῖνος ἦλθε πρός με σήμερον καὶ εἶπέ μοι κατὰ τὰ ῥήματα ταῦτα περὶ σοῦ. καὶ νῦν δεῦρο πρός με ἡ παρθένος ἁγνὴ καὶ ἵνα τί σὺ ἕστηκας ἀπὸ μακρόθεν μου;«

·

3   · 10 καὶ ἐξέτεινε τὰς χεῖρας αὐτοῦ Ἰωσὴφ καὶ ἐκάλεσε τὴν Ἀσενὲθ [ἐν νεύματι τῶν ὀφθαλμῶν αὐτοῦ]³⁰. καὶ ἐξέτεινε καὶ Ἀσενὲθ τὰς χεῖρας αὐτῆς καὶ ἔδραμε πρὸς Ἰωσὴφ καὶ ἔπεσεν ἐπὶ τὸ στῆθος αὐτοῦ. καὶ ἐνηγκαλίσατο αὐτὴν ὁ Ἰωσὴφ καὶ ἡ Ἀσενὲθ τὸν Ἰωσὴφ καὶ ἠσπάσαντο ἀλλήλους ἐπιπολὺ καὶ ἀνέζησαν ἀμφότεροι τῷ πνεύματι αὐτῶν. 11 καὶ κατεφίλησεν ὁ Ἰωσὴφ τὴν Ἀσενὲθ καὶ ἔδωκεν αὐτῇ πνεῦμα ζωῆς καὶ κατεφίλησεν αὐτὴν τὸ δεύτερον καὶ ἔδωκεν αὐτῇ πνεῦμα σοφίας καὶ κατεφίλησεν αὐτὴν τὸ τρίτον καὶ ἔδωκεν αὐτῇ πνεῦμα ἀληθείας. 20,1 καὶ περιεπλάκησαν ἀλλήλοις ἐπιπολὺ καὶ ἔσφιγξαν τὰ δεσμὰ τῶν χειρῶν αὐτῶν.

·

1   · καὶ εἶπεν Ἀσενὲθ τῷ Ἰωσήφ· »δεῦρο κύριέ μου καὶ εἴσελθε εἰς τὴν οἰκίαν ἡμῶν διότι ἐγὼ ἡτοίμασα τὴν οἰκίαν ἡμῶν καὶ δεῖπνον μέγα πεποίηκα«. 2 καὶ ἐκράτησε τὴν χεῖρα αὐτοῦ τὴν δεξιὰν καὶ εἰσήγαγεν αὐτὸν εἰς τὴν οἰκίαν

2   αὐτῆς | καὶ ἐκάθισεν αὐτὸν ἐπὶ τοῦ θρόνου Πεντεφρῆ τοῦ πατρὸς αὐτῆς. καὶ ἤνεγκεν ὕδωρ τοῦ νίψαι τοὺς πόδας αὐτοῦ. 3 καὶ εἶπεν Ἰωσήφ· »ἐλθάτω δὴ

3   μία τῶν παρθένων καὶ νιψάτω τοὺς πόδας μου«. 4 καὶ εἶπε πρὸς αὐτὸν Ἀσενέθ· »οὐχὶ κύριέ μου ὅτι σύ μου εἶ κύριος ἀπὸ τοῦ νῦν καὶ ἐγὼ παιδίσκη

---

²⁷ᵇ Statt βασιλεύσει ἐθνῶν πολλῶν besser βασιλεύς σου.

²⁷ᶜ Besser διὰ σοῦ.

²⁸ ἐν τοῖς ὑψίστοις καί griechisch nicht belegt. Text rekonstruiert aus Syr Arm L2.

²⁹ τείχη ζωῆς griechisch nicht belegt. Text rekonstruiert aus Syr Arm L2-436.

³⁰ ἐν νεύματι τῶν ὀφθαλμῶν αὐτοῦ griechisch nicht belegt. Text rekonstruiert aus Syr Arm L2 Ngr.

σου. καὶ ἵνα τί σὺ τοῦτο λαλεῖς ἄλλην παρθένον νίψαι τοὺς πόδας σου. διότι οἱ πόδες σου πόδες μού εἰσι καὶ αἱ χεῖρές σου χεῖρές μού εἰσι καὶ ἡ ψυχή σου ψυχή μου καὶ οὐ μή σου νίψῃ ἄλλη τοὺς πόδας.« 5 καὶ ἐβιάσατο αὐτὸν καὶ ἔνιψε τοὺς πόδας αὐτοῦ. καὶ ἐθεώρει Ἰωσὴφ τὰς χεῖρας αὐτῆς καὶ ἦσαν ὡς χεῖρες ζωῆς [καὶ οἱ δάκτυλοι αὐτῆς λεπτοὶ ὡς δάκτυλοι γραφέως ὀξυγράφου]³¹. καὶ μετὰ ταῦτα ἐκράτησεν Ἰωσὴφ³¹ᵃ τὴν χεῖρα αὐτῆς τὴν δεξιὰν καὶ κατεφίλησεν αὐτὴν καὶ Ἀσενὲθ κατεφίλησε τὴν κεφαλὴν αὐτοῦ καὶ ἐκάθισεν ἐκ δεξιῶν αὐτοῦ.

• 6 καὶ ἦλθον ὁ πατὴρ καὶ ἡ μήτηρ αὐτῆς καὶ πᾶσα ἡ συγγένεια αὐτῆς ἐκ τοῦ ἀγροῦ τῆς κληρονομίας αὐτῶν. καὶ εἶδον τὴν Ἀσενὲθ ὡς εἶδος φωτὸς καὶ ἦν τὸ κάλλος αὐτῆς ὡς κάλλος οὐράνιον. καὶ εἶδον αὐτὴν καθημένην μετὰ τοῦ Ἰωσὴφ καὶ ἐνδεδυμένην ἔνδυμα γάμου. 7 καὶ ἐθαμβήθησαν ἐπὶ τῷ κάλλει αὐτῆς καὶ ἐχάρησαν καὶ ἔδωκαν δόξαν τῷ θεῷ τῷ ζωοποιοῦντι τοὺς νεκρούς. 8 καὶ μετὰ ταῦτα ἔφαγον καὶ ἔπιον καὶ εὐφράνθησαν.

• καὶ εἶπε Πεντεφρῆς τῷ Ἰωσήφ· »αὔριον ἐγὼ καλέσω πάντας τοὺς μεγιστάνους καὶ τοὺς σατράπας πάσης γῆς Αἰγύπτου καὶ ποιήσω ὑμῖν γάμους καὶ λήψῃ τὴν θυγατέρα μου Ἀσενὲθ εἰς γυναῖκα«. 9 καὶ εἶπεν Ἰωσήφ· »ἐγὼ πορεύσομαι αὔριον πρὸς Φαραὼ τὸν βασιλέα διότι αὐτός ἐστιν ὡς πατήρ μου καὶ κατέστησέ με ἄρχοντα ἐπὶ πάσης τῆς γῆς Αἰγύπτου καὶ λαλήσω περὶ Ἀσενὲθ εἰς τὰ ὦτα αὐτοῦ καὶ αὐτὸς δώσει μοι αὐτὴν εἰς γυναῖκα«. 10 καὶ εἶπεν αὐτῷ Πεντεφρῆς· »πορεύου μετ᾽ εἰρήνης«. 21,1 καὶ ἔμεινεν Ἰωσὴφ τὴν ἡμέραν ἐκείνην παρὰ τῷ Πεντεφρῇ καὶ οὐκ ἐκοιμήθη μετὰ τῆς Ἀσενὲθ διότι εἶπεν Ἰωσήφ· »οὐ προσήκει ἀνδρὶ θεοσεβεῖ πρὸ τῶν γάμων κοιμηθῆναι μετὰ τῆς γυναικὸς³¹ᵇ αὐτοῦ«.

3. Josephs und Aseneths Vermählung durch Pharao: 21,2-9

• 2 καὶ ἀνέστη Ἰωσὴφ τὸ πρωὶ καὶ ἀπῆλθε πρὸς Φαραὼ καὶ εἶπεν αὐτῷ· »δός μοι τὴν Ἀσενὲθ θυγατέρα Πεντεφρῆ ἱερέως Ἡλιουπόλεως εἰς γυναῖκα«. 3 καὶ ἐχάρη Φαραὼ χαρὰν μεγάλην καὶ εἶπε τῷ Ἰωσήφ· »οὐκ ἰδοὺ αὕτη κατεγγύηταί σοι ἀπὸ τοῦ αἰῶνος; καὶ ἔστω σου γυνὴ ἀπὸ τοῦ νῦν καὶ εἰς τὸν

---

³¹ καὶ οἱ δάκτυλοι... ὀξυγράφου griechisch nicht belegt. Text rekonstruiert aus Syr Arm L2 Ngr. Vgl. Ps 45,2.
³¹ᵃ Besser ὁ Ἰ.
³¹ᵇ Besser νύμφης.

2   αἰῶνα χρόνον.« 4 καὶ ἀπέστειλε Φαραὼ καὶ ἐκάλεσε τὸν Πεντεφρῆ [καὶ
3   ἦλθε]³² καὶ ἤγαγε τὴν Ἀσενὲθ καὶ ἔστησεν αὐτὴν ἐνώπιον Φαραώ. καὶ εἶδεν
     αὐτὴν Φαραὼ καὶ ἐθαμβήθη ἐπὶ τῷ κάλλει αὐτῆς καὶ εἶπεν· »εὐλογήσει σε
     κύριος ὁ θεὸς τοῦ Ἰωσὴφ τέκνον καὶ διαμείνῃ³²ᵃ τὸ κάλλος σου τοῦτο εἰς τοὺς
     αἰῶνας διότι [δικαίως]³³ κύριος ὁ θεὸς τοῦ Ἰωσὴφ ἐξελέξατό σε εἰς νύμφην
     τῷ Ἰωσὴφ ὅτι αὐτός ἐστιν ὁ υἱὸς τοῦ θεοῦ ὁ πρωτότοκος καὶ σὺ θυγάτηρ
4   ὑψίστου κληθήσῃ καὶ νύμφη Ἰωσὴφ ἀπὸ τοῦ νῦν καὶ ἕως τοῦ αἰῶνος«. 5 καὶ
     ἔλαβε Φαραὼ τὸν Ἰωσὴφ καὶ τὴν Ἀσενὲθ καὶ ἐπέθηκε στεφάνους χρυσοῦς
     εἰς τὰς κεφαλὰς αὐτῶν οἵτινες ἦσαν ἐν τῷ οἴκῳ αὐτοῦ ἐξ ἀρχῆς καὶ ἄνωθεν
     καὶ ἔστησε Φαραὼ τὴν Ἀσενὲθ ἐκ δεξιῶν τοῦ Ἰωσὴφ 6 καὶ ἐπέθηκε τὰς
     χεῖρας αὐτοῦ ἐπὶ τὰς κεφαλὰς αὐτῶν καὶ ἡ δεξιὰ χεὶρ αὐτοῦ ἦν³³ᵃ ἐπὶ τῆς
     κεφαλῆς³³ᵇ Ἀσενὲθ καὶ εἶπε Φαραώ· »εὐλογήσει ὑμᾶς κύριος ὁ θεὸς ὁ
     ὕψιστος καὶ πληθυνεῖ ὑμᾶς καὶ μεγαλυνεῖ καὶ δοξάσει ὑμᾶς εἰς τοὺς
5   αἰῶνας«. 7 καὶ περιέστρεψεν αὐτοὺς Φαραὼ πρὸς ἀλλήλους ἐπὶ τὰ πρόσωπα
     αὐτῶν καὶ προσήγαγεν αὐτοὺς ἐπὶ τὸ στόμα αὐτῶν καὶ [ἦρσεν]³⁴ αὐτοὺς ἐπὶ
     τὰ χείλη αὐτῶν καὶ κατεφίλησαν ἀλλήλους.
6   8 καὶ μετὰ ταῦτα ἐποίησε Φαραὼ γάμους καὶ δεῖπνον μέγα καὶ πότον
7   πολὺν ἐν ἑπτὰ ἡμέραις. καὶ συνεκάλεσε πάντας τοὺς ἄρχοντας τῆς γῆς
     Αἰγύπτου καὶ πάντας τοὺς βασιλεῖς τῶν ἐθνῶν καὶ ἐκήρυξε πάσῃ τῇ γῇ
     Αἰγύπτου λέγων· »πᾶς ἄνθρωπος ὃς ποιήσει ἔργον ἐν ταῖς ἑπτὰ ἡμέραις τῶν
     γάμων Ἰωσὴφ καὶ Ἀσενὲθ θανάτῳ ἀποθανεῖται«.
8   9 καὶ ἐγένετο μετὰ ταῦτα εἰσῆλθεν Ἰωσὴφ πρὸς Ἀσενὲθ καὶ συνέλαβεν
     Ἀσενὲθ ἐκ τοῦ Ἰωσὴφ καὶ ἔτεκε τὸν Μανασσῆ καὶ τὸν Ἐφραὶμ τὸν ἀδελφὸν
     αὐτοῦ ἐν τῷ οἴκῳ Ἰωσήφ.

---

³² καὶ ἦλθε griechisch wohl nicht belegt. Text rekonstruiert aus Arm L2-436. [Besser streichen? Vgl. die Anmerkung in JSHRZ.]

³²ᵃ Besser διαμενεῖ.

³³ Griechisch nicht belegt. Text rekonstruiert aus Arm L1 L2.

³³ᵃ Besser vor ἡ δεξιά.

³³ᵇ Besser τὴν κεφαλήν.

³⁴ Griechisch belegt nur ηρεσεν FW. Text rekonstruiert nach pressit L2-436; sonst Auslassung
oder Lücke.

V. RÜCKBLICK.

ASENETHS PSALM

21,10-21,21

• **10** [καὶ τότε ἤρξατο ᾿Ασενὲθ ἐξομολογεῖσθαι κυρίῳ τῷ θεῷ καὶ ἐχαρίτωσε δεομένη ἐπὶ πᾶσιν οἷς ἠξίωται ἀγαθοῖς παρὰ κυρίου·][35]

11[36] »ἥμαρτον κύριε [ἥμαρτον
ἐνώπιόν σου πολλὰ ἥμαρτον][37]
ἐγὼ ᾿Ασενὲθ [θυγάτηρ Πεντεφρῆ ἱερέως ᾿Ηλιουπόλεως
ὅς ἐστιν ἐπίσκοπος πάντων].[38]

12 [ἥμαρτον κύριε] ἥμαρτον
ἐνώπιόν σου [πολλὰ] ἥμαρτον[37]
[ἐγὼ ἤμην][39] εὐθηνοῦσα ἐν τῷ οἴκῳ τοῦ πατρός μου
καὶ ἤμην παρθένος ἀλαζὼν καὶ ὑπερήφανος.

13 [ἥμαρτον κύριε ἥμαρτον
ἐνώπιόν σου πολλὰ ἥμαρτον][37]

---

[35] Der ganze Vers ist abgesehen von Spuren anderswo nur in E belegt. Wieweit der Wortlaut alt ist, bleibt ganz unsicher. Eine Einleitung ähnlichen Inhalts ist aber wohl nötig, vgl. Tob 13,1; Jud 15,14. [Denis' Klammern sind nicht berechtigt; besser wäre ++. Statt ἐχαρίτωσε hatte die Erstveröffentlichung εχαριστωσε; belegt ist nur ευχαριστωσα, beides Unformen. In JSHRZ ist der Vers unübersetzt gelassen, vgl. die Anmerkung dort.]

[36] Aseneths Psalm (21,11-21) wird bezeugt von FW (mit Lücken) Syr Arm L1 L2-436 Brooks; om. *a* G *d* Rum, Lücke Ngr. Die textkritischen Schwierigkeiten sind groß, besonders in V. 11 Ende und in V. 19f.

[37] Die beiden Anfangszeilen jeder Strophe sind griechisch belegt nur in V. 11 (ἥμαρτον κύριε), V. 12 (ἥμαρτον ἐνώπιόν σου ἥμαρτον), V. 16 (ἥμαρτον κύριε πολλὰ ἥμαρτον [-τικα W]) und V. 18 (ἥμαρτον κύριε πολλὰ ἥμαρτόν σοι [om. W]). L1 Brooks haben sie immer, Arm in V. 11-20, L2-436 in V. 11 und V. 21. Syr hat sie in V. 11, 12, 13, 19, jedesmal in verschiedener Weise gekürzt.

[38] θυγάτηρ… πάντων griechisch nicht belegt. Der Relativsatz ist besonders schwierig, zumal der Bezug unklar ist. Text rekonstruiert aus *hw ds᾿ r kl* Syr, *der der Aufseher war der Götter all* Arm-Yovs, *(des?) Gottes, der Aufseher ist von allem* Arm-332, *sicut episcopi omnium* L1-424-433-441; om. L1-Rest einschließlich der Batiffolschen Ausgabe, Lücken Rest.

[39] Griechisch belegt nur ειμι η FW. Text rekonstruiert aus Syr Arm L1 L2-436 Brooks; Lücken Rest. Sinn und Parallelismus sprechen für Vergangenheit.

καὶ ἐσεβόμην θεοὺς ἀλλοτρίους ὧν οὐκ [ἦν][40] ἀριθμὸς
καὶ ἤσθιον ἄρτον ἐκ [τῶν] θυσι[ῶν][41] αὐτῶν.

14[42] [ἥμαρτον κύριε ἥμαρτον
ἐνώπιόν σου πολλὰ ἥμαρτον[37]
ἄρτον ἀγχόνης ἔφαγον
καὶ ποτήριον ἐνέδρας ἔπιον ἀπὸ τῆς τραπέζης τοῦ θανάτου[43].]

15 [ἥμαρτον κύριε ἥμαρτον
ἐνώπιόν σου πολλὰ ἥμαρτον][37]
καὶ οὐκ ᾔδειν κύριον τὸν θεὸν τοῦ οὐρανοῦ
οὐδὲ ἐπεποίθειν[43x] ἐπὶ τῷ θεῷ τῷ ὑψίστῳ τῆς ζωῆς.

16 ἥμαρτον κύριε [ἥμαρτον
ἐνώπιόν σου] πολλὰ ἥμαρτον[37]
ἐπεποίθειν[43y] γὰρ ἐπὶ τῷ πλούτῳ τῆς δόξης μου καὶ ἐπὶ τῷ κάλλει μου
καὶ ἤμην ἀλαζὼν καὶ ὑπερήφανος.

17 [ἥμαρτον κύριε ἥμαρτον
ἐνώπιόν σου πολλὰ ἥμαρτον][37]
καὶ ἐξουθένουν πάντα ἄνδρα ἐπὶ τῆς γῆς
καὶ οὐκ ἦν [ἄνθρωπος][44] ὃς +ἄν τι ποιήσει+[45] ἐνώπιόν μου.

18 ἥμαρτον κύριε [ἥμαρτον
ἐνώπιόν σου] πολλὰ ἥμαρτον[37]

---

[40] Griechisch belegt nur εστιν FW Arm-teilweise L1. Text rekonstruiert aus Arm-teilweise L2-436. Syr hat keine Kopula.

[41] Griechisch belegt nur της θυσιας FW. Text rekonstruiert aus Syr Arm L1 L2-436; Lücken Rest.

[42] Der Vers ist griechisch nicht belegt und in Syr fast ganz verschwunden.

[43] Rekonstruiert aus Arm; *pestilentie* L1 L2-436, Lücken Rest.

[43x] Erstveröffentlichung versehentlich επεποιθην.

[43y] Erstveröffentlichung versehentlich επεποιθην.

[44] Griechisch belegt nur αριθμος F. Text rekonstruiert aus Arm L1; Lücken Rest.

[45] ἄν τι ποιήσει nach F, aber unsicher. Ist ἀντιποιήσει zu lesen, aber ohne Objekt? αν μη ποιησει τις W, *erschien* Arm, *posset astare* L1, *alleuantem oculos* L2-436; Lücken Rest.

καὶ [μεμίσηκα] πάντας τοὺς μεμνηστευομένους με
[καὶ]⁴⁶ ἐξουθένουν αὐτοὺς καὶ κατέπτυον αὐτούς.

19⁴⁷ [ἥμαρτον κύριε ἥμαρτον
ἐνώπιόν σου πολλὰ ἥμαρτον³⁷
καὶ λελάληκα τολμηρὰ ἐν ματαιότητι
καὶ εἶπον ὅτι ›οὐκ ἔστιν ἀνὴρ δυνάστης ἐπὶ τῆς γῆς ὃς ἂν λύσῃ τὴν ζώνην
τῆς παρθενίας μου‹.

20 ἥμαρτον κύριε ἥμαρτον
ἐνώπιόν σου πολλὰ ἥμαρτον³⁷
ἀλλ᾽ ἐγὼ ἔσομαι νύμφη τοῦ υἱοῦ τοῦ μεγάλου βασιλέως τοῦ πρωτοτόκου.]

21 [ἥμαρτον κύριε ἥμαρτον
ἐνώπιόν σου πολλὰ ἥμαρτον]³⁷
ἕως οὗ ἦλθεν Ἰωσὴφ ὁ δυνατὸς τοῦ θεοῦ.
αὐτός με καθεῖλεν ἀπὸ τῆς δυναστείας μου
καὶ ἐταπείνωσέ με ἀπὸ τῆς ὑπερηφανίας μου
καὶ [τῷ] κάλλ[ει]⁴⁸ αὐτοῦ ἤγρευσέ με
καὶ [τῇ] σοφί[ᾳ]⁴⁹ αὐτοῦ [ἐκράτησέ με]⁵⁰ ὡς ἰχθὺν ἐπ᾽ ἀγκίστρῳ
καὶ τῷ πνεύματι αὐτοῦ ὡς δελεάσματι⁵¹ ζωῆς [ἐδελέασέ με]⁵²
καὶ τῇ δυνάμει αὐτοῦ ἐστήριξέ [με]⁵³

---

⁴⁶ μεμίσηκα und καί griechisch nicht belegt. Text rekonstruiert nach Arm L2-436; Lücken Rest.

⁴⁷ V. 19f. griechisch nicht belegt, große Unsicherheit im übrigen. Es ist nicht einmal sicher, ob zwei Strophen herzustellen sind.

⁴⁸ Griechisch belegt nur το καλλος FW. Text rekonstruiert aus Syr Arm L2-436; Lücken Rest.

⁴⁹ Griechisch belegt nur η σοφια F, ηφια W. Text rekonstruiert aus Syr Arm L2-436; Lücken Rest.

⁵⁰ ἐκράτησέ με griechisch nicht belegt. Text rekonstruiert aus Syr Arm; Lücken Rest.

⁵¹ So F, δελεαματι W. Beide Formen sind möglich.

⁵² ἐδελέασέ με griechisch nicht belegt. Text rekonstruiert aus Syr Arm L2-436; Lücken Rest.

⁵³ Griechisch nicht belegt. Text rekonstruiert aus Syr Arm L1 L2-436.

καὶ ἤγαγέ με τῷ θεῷ τῶν αἰώνων καὶ τῷ ἄρχοντι τοῦ [οἴκου][54] τοῦ ὑψίστου
καὶ ἔδωκέ μοι φαγεῖν ἄρτον ζωῆς καὶ [πιεῖν][55] ποτήριον σοφίας
καὶ ἐγενόμην αὐτοῦ[56] νύμφη εἰς τοὺς αἰῶνας [τῶν αἰώνων][57].«

ZWEITER TEIL 22,1-29,9:
DER VERSUCH DES ERSTGEBORENEN PHARAOS, MIT HILFE VON DAN
UND GAD ASENETH GEWALTSAM ZU GEWINNEN UND KÖNIG VON
ÄGYPTEN ZU WERDEN, VEREITELT DURCH BENJAMIN UND LEVI

I. EINLEITUNG.
HINTERGRUND UND PERSONEN DER HANDLUNG
22,1-13

• **22,1** Καὶ ἐγένετο μετὰ ταῦτα παρῆλθον τὰ ἑπτὰ ἔτη τῆς εὐθηνίας καὶ
ἤρξαντο ἔρχεσθαι τὰ ἑπτὰ ἔτη τοῦ λιμοῦ. **2** καὶ ἤκουσεν Ἰακὼβ περὶ Ἰωσὴφ
τοῦ υἱοῦ αὐτοῦ καὶ ἦλθεν Ἰσραὴλ εἰς Αἴγυπτον σὺν πάσῃ τῇ συγγενείᾳ
αὐτοῦ ἐν τῷ δευτέρῳ ἔτει τοῦ λιμοῦ ἐν τῷ δευτέρῳ μηνὶ μιᾷ καὶ εἰκάδι τοῦ
μηνὸς καὶ κατῴκησεν ἐν γῇ Γεσέμ. **3** καὶ εἶπεν Ἀσενὲθ τῷ Ἰωσήφ·
»πορεύσομαι καὶ ὄψομαι τὸν πατέρα σου διότι ὁ πατήρ σου Ἰσραὴλ ὡς
πατήρ μοί ἐστι καὶ θεός«. **4** καὶ εἶπεν αὐτῇ Ἰωσήφ· »πορεύσῃ σὺν ἐμοὶ καὶ
ὄψῃ τὸν πατέρα μου«. **5** καὶ ἦλθεν Ἰωσὴφ καὶ Ἀσενὲθ ἐν γῇ Γεσὲμ πρὸς
Ἰακώβ. καὶ ἀπήντησαν αὐτοῖς οἱ ἀδελφοὶ Ἰωσὴφ καὶ προσεκύνησαν αὐτοῖς
ἐπὶ πρόσωπον ἐπὶ τὴν γῆν. **6** καὶ εἰσῆλθον πρὸς Ἰακώβ. καὶ ἦν Ἰσραὴλ
καθήμενος ἐπὶ τῆς κλίνης αὐτοῦ καὶ αὐτὸς ἦν πρεσβύτης ἐν γήρει λιπαρῷ.
7 καὶ εἶδεν αὐτὸν Ἀσενὲθ καὶ ἐθαμβήθη ἐπὶ τῷ κάλλει αὐτοῦ διότι ἦν Ἰακὼβ
καλὸς τῷ εἴδει σφόδρα καὶ τὸ γῆρας αὐτοῦ ὥσπερ νεότης ἀνδρὸς ὡραίου[57a]
καὶ ἦν ἡ κεφαλὴ αὐτοῦ πᾶσα λευκὴ ὡσεὶ χιὼν καὶ αἱ τρίχες τῆς κεφαλῆς
αὐτοῦ ἦσαν ὅλαι δασεῖαι καὶ πυκναὶ σφόδρα [ὡς Αἰθίοπος][58] καὶ ὁ πώγων
αὐτοῦ λευκὸς καθειμένος μέχρι τοῦ στήθους αὐτοῦ καὶ οἱ ὀφθαλμοὶ αὐτοῦ

---

[54] Griechisch belegt nur θεου FW, ḥjlwth Syr. Text rekonstruiert aus *domus* L2-436; Lücken Rest. Vgl. 14,8; der Vers läßt aber auch zu, mit Syr τῆς στρατιᾶς als Text anzunehmen.

[55] Griechisch nicht belegt. Text rekonstruiert aus Arm L2-436; om. Syr, Lücken Rest.

[56] So FW. Syr Arm L1 L2-436 legen αὐτῷ nahe, was ursprünglich sein kann.

[57] τῶν αἰώνων griechisch nicht belegt. Text rekonstruiert aus Syr Arm L1 L2-436.

[57a] Besser ὡραίου ἀνδρός.

[58] ὡς Αἰθίοπος griechisch nicht belegt. Text rekonstruiert aus Syr Arm L2-436; om. *a*, Lücken Rest.

χαροποιοὶ καὶ ἐξαστράπτοντες [καὶ ἦσαν]⁵⁹ οἱ τένοντες αὐτοῦ καὶ οἱ ὦμοι αὐτοῦ καὶ οἱ βραχίονες ὡς ἀγγέλου [καὶ]⁶⁰ οἱ μηροὶ αὐτοῦ καὶ αἱ κνῆμαι [αὐτοῦ]⁶¹ καὶ οἱ πόδες αὐτοῦ ὡσεὶ γίγαντος. [καὶ ἦν Ἰακὼβ ὡς ἄνθρωπος ὃς ἐπάλαισε μετὰ θεοῦ.]⁶² 8 καὶ εἶδεν αὐτὸν Ἀσενὲθ καὶ ἐθαμβήθη καὶ προσεκύνησεν αὐτῷ ἐπὶ πρόσωπον ἐπὶ τὴν γῆν. καὶ εἶπεν Ἰακὼβ πρὸς Ἰωσήφ· »αὕτη ἐστὶν ἡ νύμφη μου ἡ γυνή σου; εὐλογημένη ἔσται τῷ θεῷ τῷ ὑψίστῳ.« 9 καὶ ἐκάλεσεν αὐτὴν Ἰακὼβ πρὸς ἑαυτὸν καὶ εὐλόγησεν αὐτὴν καὶ κατεφίλησεν αὐτήν. καὶ ἐξέτεινεν Ἀσενὲθ τὰς χεῖρας αὐτῆς καὶ ἐκράτησε τοῦ αὐχένος Ἰακὼβ καὶ ἐκρεμάσθη ἐπὶ τὸν τράχηλον τοῦ πατρὸς αὐτῆς [καθὼς κρέματαί τις ἐπὶ τὸν τράχηλον τοῦ πατρὸς αὐτοῦ ὅταν ἐκ πολέμου ἐπανέλθῃ εἰς τὸν οἶκον αὐτοῦ]⁶³ καὶ κατεφίλησεν αὐτόν. 10 καὶ μετὰ ταῦτα   6
ἔφαγον καὶ ἔπιον.

• I καὶ ἐπορεύθησαν Ἰωσὴφ καὶ Ἀσενὲθ εἰς τὸν οἶκον αὐτῶν. 11 καὶ   7
συμπροέπεμψαν αὐτοὺς Συμεὼν καὶ Λευὶς οἱ ἀδελφοὶ Ἰωσὴφ οἱ υἱοὶ Λίας μόνοι⁶³ˣ, οἱ δὲ υἱοὶ Ζέλφας καὶ Βάλλας τῶν παιδισκῶν Λίας καὶ Ῥαχὴλ οὐ συμπροέπεμψαν αὐτοὺς διότι ἐφθόνουν καὶ ἤχθραινον αὐτοῖς. 12 καὶ ἦν Λευὶς ἐκ δεξιῶν τῆς Ἀσενὲθ καὶ Ἰωσὴφ ἐξ εὐωνύμων. 13 καὶ ἐκράτησεν   8
Ἀσενὲθ τὴν χεῖρα Λευί. καὶ ἠγάπησεν Ἀσενὲθ τὸν Λευὶ σφόδρα ὑπὲρ πάντας τοὺς ἀδελφοὺς Ἰωσὴφ ὅτι ἦν προσκείμενος πρὸς τὸν κύριον⁶³ᵃ καὶ ἦν ἀνὴρ συνίων καὶ προφήτης ὑψίστου καὶ ὀξέως βλέπων τοῖς ὀφθαλμοῖς αὐτοῦ I καὶ   9
αὐτὸς ἑώρα γράμματα γεγραμμένα ἐν τῷ οὐρανῷ [τῷ δακτύλῳ τοῦ θεοῦ]⁶⁴ καὶ ᾔδει τὰ ἄρρητα θεοῦ τοῦ ὑψίστου καὶ ἀπεκάλυπτεν αὐτὰ τῇ Ἀσενὲθ κρυφῇ διότι καὶ αὐτὸς Λευὶς ἠγάπα τὴν Ἀσενὲθ πάνυ καὶ ἑώρα τὸν τόπον τῆς καταπαύσεως αὐτῆς ἐν τοῖς ὑψίστοις [καὶ τὰ τείχη αὐτῆς ὡς τείχη

---

⁵⁹ καὶ ἦσαν griechisch nicht belegt.

⁶⁰ Griechisch nicht belegt.

⁶¹ Griechisch nicht belegt.

⁶² καὶ ἦν Ἰακὼβ... θεοῦ griechisch nicht belegt. Text rekonstruiert aus Syr Arm L2-436; om. AP, Lücken Rest. Vgl. Gen 32,25-33.

⁶³ καθὼς κρέματαί... αὐτοῦ griechisch nicht belegt. Text rekonstruiert aus Syr Arm L2-436; om. a (E) d, Lücken Rest.

⁶³ˣ Erstveröffentlichung versehentlich μονον [Denis μόνον. Danach in der Erstveröffentlichung Komma handschriftlich eingefügt, fehlt bei Denis].

⁶³ᵃ Statt τὸν κύριον besser κ. τὸν θεόν.

⁶⁴ τῷ δακτύλῳ τοῦ θεοῦ griechisch nicht belegt. Text der ganzen Passage sehr unsicher.

ἀδαμάντινα αἰώνια καὶ τὰ θεμέλια αὐτῆς⁶⁴ˣ τεθεμελιωμένα ὑπὲρ πέτρας τοῦ ἑβδόμου οὐρανοῦ]⁶⁵.

II. DIE BÖSEN PLÄNE DES ERSTGEBORENEN PHARAOS
23,1-25,8

1. Vorspiel. Der Entschluß des Erstgeborenen Pharaos: 23,1

1
2
- **23,1** καὶ ἐγένετο ἐν τῷ παριέναι τὸν Ἰωσὴφ καὶ τὴν Ἀσενὲθ εἶδεν αὐτοὺς ἀπὸ τοῦ τείχους ὁ υἱὸς Φαραὼ ὁ πρωτότοκος. καὶ εἶδε⁶⁵ˣ τὴν Ἀσενὲθ καὶ κατενύγη καὶ ἐδυσφόρει βαρέως καὶ κακῶς εἶχε διὰ τὸ κάλλος αὐτῆς καὶ εἶπεν· »οὐχὶ οὕτως ἔσται«.

2. Die vergebliche Verhandlung des Erstgeborenen Pharaos mit Simeon und Levi: 23,2-17

3

4

5

6
- **2** καὶ ἀπέστειλεν ἀγγέλους ὁ υἱὸς Φαραὼ καὶ ἐκάλεσε πρὸς ἑαυτὸν Συμεὼν καὶ Λευί. καὶ ἦλθον πρὸς αὐτὸν οἱ ἄνδρες καὶ ἔστησαν ἐνώπιον αὐτοῦ. καὶ εἶπεν αὐτοῖς ὁ υἱὸς Φαραὼ ὁ πρωτότοκος· »γινώσκω ἐγὼ σήμερον ὅτι ὑμεῖς ἐστε ἄνδρες δυνατοὶ ὑπὲρ πάντας ἀνθρώπους ἐπὶ τῆς γῆς καὶ ἐν ταῖς δεξιαῖς ὑμῶν ταύταις κατέστραπται ἡ πόλις τῶν Σικημιτῶν καὶ ἐν ταῖς δυσὶ ταύταις ῥομφαίαις ὑμῶν κατεκόπησαν τριάκοντα χιλιάδες ἀνδρῶν πολεμιστῶν. 3 καὶ ἰδοὺ ἐγὼ σήμερον λήψομαι ὑμᾶς ἐμαυτῷ εἰς ἑταίρους καὶ δώσω ὑμῖν χρυσίον καὶ ἀργύριον πολὺν καὶ παῖδας καὶ παιδίσκας καὶ οἴκους καὶ κληρονομίας μεγάλας. πλὴν τὸ ῥῆμα τοῦτο ποιήσατε καὶ ποιήσατε μετ᾽ ἐμοῦ ἔλεος διότι ὑβρίσθην ἐγὼ πάνυ παρὰ τοῦ ἀδελφοῦ ὑμῶν Ἰωσὴφ διότι ἔλαβεν αὐτός⁶⁵ᵃ τὴν Ἀσενὲθ τὴν γυναῖκά μου τὴν ἐμοὶ κατεγγυημένην ἀπ᾽ ἀρχῆς. 4 καὶ νῦν δεῦτε συνάρασθε ἐμοί⁶⁵ᵇ καὶ πολεμήσομεν πρὸς Ἰωσὴφ τὸν ἀδελφὸν ὑμῶν καὶ ἀποκτενῶ αὐτὸν ἐν τῇ ῥομφαίᾳ μου καὶ ἕξω τὴν Ἀσενὲθ εἰς γυναῖκα καὶ ὑμεῖς ἔσεσθέ μοι εἰς ἀδελφοὺς καὶ φίλους πιστούς. 5 πλὴν τὸ ῥῆμα τοῦτο ποιήσατε. Ι εἰ δὲ ὑμεῖς ὀκνήσητε ποιῆσαι τὸ ῥῆμα τοῦτο καὶ ἐξουθενήσητε τὴν βουλήν μου ἰδοὺ ἡ ῥομφαία μου ἡτοίμασται πρὸς

---

⁶⁴ˣ Erstveröffentlichung versehentlich αυτου.

⁶⁵ καὶ τὰ τείχη... οὐρανοῦ griechisch nicht belegt. Text rekonstruiert aus Syr Arm L2-436; om. a d, Lücken b L1 Ngr.

⁶⁵ˣ Erstveröffentlichung versehentlich ειδεν [Denis εἶδεν].

⁶⁵ᵃ Statt ἔλαβεν αὐτός besser ἔλαβε.

⁶⁵ᵇ Statt συνάρασθε ἐμοί besser συνάρασθέ μοι.

ὑμᾶς.« 6 καὶ ἅμα ταῦτα λέγων ἐγύμνωσε τὴν ῥομφαίαν αὐτοῦ καὶ ἔδειξεν αὐτοῖς.

• ὡς δὲ ἤκουσαν τὰ ῥήματα ταῦτα οἱ ἄνδρες Συμεὼν καὶ Λευὶς κατενύγησαν σφόδρα διότι σχήματι τυραννικῷ ἐλάλησε πρὸς αὐτοὺς ὁ υἱὸς Φαραώ. 7 καὶ ἦν Συμεὼν ἀνὴρ θρασὺς καὶ τολμηρὸς καὶ ἐνεθυμήθη βαλεῖν   7
τὴν χεῖρα αὐτοῦ ἐπὶ τὴν κώπην τῆς ῥομφαίας αὐτοῦ καὶ ἑλκύσαι αὐτὴν ἐκ τοῦ κολεοῦ αὐτῆς καὶ πατάξαι τὸν υἱὸν Φαραὼ διότι σκληρὰ ἐλάλησεν αὐτοῖς. 8 καὶ εἶδε Λευὶς τὴν ἐνθύμησιν τῆς καρδίας αὐτοῦ διότι ἦν Λευὶς   8
ἀνὴρ προφήτης καὶ ἐθεώρει ὀξέως τῇ διανοίᾳ αὐτοῦ καὶ τοῖς ὀφθαλμοῖς αὐτοῦ καὶ ἀνεγίνωσκε [τὰ γεγραμμένα][66] ἐν τῇ καρδίᾳ τῶν ἀνθρώπων. καὶ ἐπάτησε Λευὶς τῷ ποδὶ αὐτοῦ τὸν δεξιὸν πόδα τοῦ Συμεὼν καὶ ἔθλιψεν αὐτὸν καὶ ἐσήμανεν αὐτῷ τοῦ παύσασθαι ἀπὸ τῆς ὀργῆς αὐτοῦ. 9 καὶ εἶπε Λευὶς τῷ   9
Συμεὼν ἡσύχως· »ἵνα τί σὺ ὀργῇ θυμοῦσαι πρὸς τὸν ἄνδρα τοῦτον; καὶ ἡμεῖς ἐσμὲν ἄνδρες θεοσεβεῖς καὶ οὐ προσήκει ἡμῖν ἀποδοῦναι κακὸν ἀντὶ κακοῦ.«

• 10 καὶ εἶπε Λευὶς τῷ υἱῷ Φαραὼ μετὰ παρρησίας ἱλαρῷ προσώπῳ [καὶ   10
ὀργὴ οὐκ ἦν ἐν αὐτῷ οὐδὲ ἐλαχίστη ἀλλ'] ἐν πραότητι καρδίας [εἶπε πρὸς αὐτόν]·[67] »ἵνα τί λαλεῖ ὁ κύριος ἡμῶν κατὰ τὰ ῥήματα ταῦτα; καὶ ἡμεῖς ἐσμεν ἄνδρες θεοσεβεῖς καὶ ὁ πατὴρ ἡμῶν ἐστι φίλος τοῦ θεοῦ τοῦ ὑψίστου καὶ Ἰωσὴφ ὁ ἀδελφὸς ἡμῶν ἐστιν ὡς υἱὸς τοῦ θεοῦ πρωτότοκος. 11 καὶ πῶς   11
ποιήσωμεν ἡμεῖς τὸ ῥῆμα τοῦτο τὸ πονηρὸν καὶ ἁμαρτήσομεν ἐνώπιον τοῦ θεοῦ ἡμῶν καὶ ἐνώπιον τοῦ πατρὸς ἡμῶν Ἰσραὴλ καὶ ἐνώπιον τοῦ ἀδελφοῦ ἡμῶν Ἰωσήφ; 12 καὶ νῦν ἄκουε τῶν ῥημάτων μου. οὐ προσήκει ἀνδρὶ θεοσεβεῖ ἀδικεῖν πάντα ἄνθρωπον κατ' οὐδένα τρόπον. ἐὰν δέ τις ἀδικῆσαι βούλεται ἄνδρα θεοσεβῆ οὐκ ἀμύνεται αὐτῷ ὁ ἀνὴρ ἐκεῖνος ὁ θεοσεβὴς διότι ῥομφαία οὐκ ἔστιν ἐν ταῖς χερσὶν αὐτοῦ. 13 καὶ σὺ μὲν φύλαξαι ἔτι τοῦ λαλῆσαι περὶ τοῦ ἀδελφοῦ ἡμῶν Ἰωσὴφ κατὰ τὰ ῥήματα ταῦτα. εἰ δὲ σὺ   12
ἐπιμένεις τῇ βουλῇ σου ταύτῃ τῇ πονηρᾷ ἰδοὺ αἱ ῥομφαῖαι ἡμῶν ἐσπασμέναι ἐν ταῖς δεξιαῖς ἡμῶν ἐνώπιόν σου.«

---

[66] τὰ γεγραμμένα griechisch nicht belegt, doch vgl. και εγινωσκεν ει τι εθυμιτω (sic) εν τη καρδια αυτου ο ανθρωπος G. Text rekonstruiert aus das Geschriebene Arm, litteras L2-436; Lücken Rest.
[67] καὶ ὀργὴ... ἀλλ᾽ und εἶπε πρὸς αὐτόν griechisch nicht belegt. Text rekonstruiert aus Syr Arm L2-436. [Erstveröffentlichung im folgenden versehentlich ανδες.]

•

13   • 14 καὶ εἵλκυσαν τὰς ῥομφαίας αὐτῶν Συμεὼν καὶ Λευὶς ἐκ τῶν κολεῶν
αὐτῶν καὶ εἶπον· »ἰδοὺ ἑώρακας τὰς ῥομφαίας ταύτας; ἐν ταύταις ταῖς δυσὶ
ῥομφαίαις ἐξεδίκησε κύριος ὁ θεὸς τὴν ὕβριν τῶν Σικημιτῶν ἣν ὕβρισαν
τοὺς υἱοὺς Ἰσραὴλ διὰ τὴν ἀδελφὴν ἡμῶν Δίναν ἣν ἐμίανε Συχὲμ ὁ υἱὸς
14   Ἐμμώρ.« 15 καὶ εἶδεν ὁ υἱὸς Φαραὼ τὰς ῥομφαίας αὐτῶν ἐσπασμένας καὶ
ἐφοβήθη σφόδρα καὶ ἐτρόμαξεν ὅλῳ τῷ σώματι αὐτοῦ διότι ἤστραπτον αἱ
ῥομφαῖαι αὐτῶν ὡς φλόγα πυρὸς καὶ ἠμαυρώθησαν οἱ ὀφθαλμοὶ τοῦ υἱοῦ
Φαραὼ καὶ ἔπεσεν ἐπὶ πρόσωπον αὐτοῦ ἐπὶ τὴν γῆν ὑποκάτω τῶν ποδῶν
15   αὐτῶν. 16 καὶ ἐξέτεινε Λευὶς τὴν χεῖρα αὐτοῦ τὴν δεξιὰν καὶ ἐκράτησεν
αὐτὸν καὶ εἶπεν αὐτῷ· »ἀνάστηθι καὶ μὴ φοβηθῇς. πλὴν φύλαξαι ἔτι τοῦ μὴ
16   λαλῆσαι περὶ τοῦ ἀδελφοῦ ἡμῶν Ἰωσὴφ ῥῆμα πονηρόν.« 17 καὶ ἐξῆλθον ἀπὸ
προσώπου τοῦ υἱοῦ Φαραὼ Συμεὼν καὶ Λευίς.

3. Der Anschlag des Erstgeborenen Pharaos mit Hilfe von Dan und Gad,
Naphthali und Asser: 24,1-20

1   • 24,1 καὶ ἦν ὁ υἱὸς Φαραὼ πλήρης φόβου καὶ λύπης διότι ἐφοβεῖτο τοὺς
ἀδελφοὺς Ἰωσὴφ Συμεὼν καὶ Λευὶς καὶ ἐβαρεῖτο ἀπὸ τοῦ κάλλους Ἀσενὲθ
2   καὶ ἐλυπεῖτο λύπην μεγάλην ὑπερμεγέθη. 2 καὶ εἶπον αὐτῷ οἱ παῖδες αὐτοῦ
εἰς τὸ οὖς λέγοντες· »ἰδοὺ οἱ υἱοὶ Βάλλας καὶ οἱ υἱοὶ Ζέλφας παιδισκῶν Λίας
καὶ Ῥαχὴλ γυναικῶν Ἰακὼβ ἐχθραίνονται τῷ Ἰωσὴφ καὶ τῇ Ἀσενὲθ καὶ
φθονοῦσιν αὐτοῖς καὶ οὗτοι ἔσονταί σοι ὑποχείριοι κατὰ τὸ θέλημά σου«.
3   3 καὶ ἀπέστειλεν ὁ υἱὸς Φαραὼ ἀγγέλους καὶ ἐκάλεσεν αὐτοὺς πρὸς ἑαυτόν.
καὶ ἦλθον πρὸς αὐτὸν ὥρᾳ πρώτῃ τῆς νυκτὸς καὶ ἔστησαν ἐνώπιον αὐτοῦ. καὶ
εἶπεν αὐτοῖς ὁ υἱὸς Φαραώ· »ῥῆμά μοί ἐστι πρὸς ὑμᾶς διότι ὑμεῖς ἐστε
4   ἄνδρες δυνατοί«. 4 καὶ εἶπον αὐτῷ Δὰν καὶ Γὰδ οἱ πρεσβύτεροι ἀδελφοί·
»λαλησάτω δὴ ὁ κύριος ἡμῶν τοῖς παισὶν αὐτοῦ ὃ βούλεται καὶ ἀκούσονται
5   οἱ παῖδές σου καὶ ποιήσομεν κατὰ τὸ θέλημά σου«. 5 καὶ ἐχάρη ὁ υἱὸς
Φαραὼ χαρὰν μεγάλην σφόδρα καὶ εἶπε τοῖς παισὶν αὐτοῦ· »ἀπόστητε δὴ
μικρὸν ἀπ᾽ ἐμοῦ διότι λόγος μοί ἐστι κρυπτὸς πρὸς τοὺς ἄνδρας τούτους«.
6 | 6 καὶ ἀπέστησαν πάντες. 7[67x] καὶ ἐψεύσατο αὐτοῖς ὁ υἱὸς Φαραὼ καὶ εἶπεν·
»ἰδοὺ εὐλογία καὶ θάνατος πρὸ προσώπου ὑμῶν. λάβετε οὖν μᾶλλον ὑμεῖς
7   τὴν εὐλογίαν καὶ μὴ τὸν θάνατον | διότι ὑμεῖς ἐστε ἄνδρες δυνατοὶ καὶ οὐκ
ἀποθανεῖσθε ὡς γυναῖκες ἀλλ᾽ ἀνδρίζεσθε καὶ ἀμύνεσθε τοὺς ἐχθροὺς ὑμῶν.
8   8 διότι ἤκουσα ἐγὼ Ἰωσὴφ τοῦ ἀδελφοῦ ὑμῶν λέγοντος πρὸς Φαραὼ τὸν

[67x] Randverszahl 6 gehört in der Erstveröffentlichung auf die Höhe von V. 6.

πατέρα μου περὶ ὑμῶν ὅτι ›τέκνα παιδισκῶν τοῦ πατρός μού εἰσι Δὰν καὶ Γὰδ
καὶ Νεφθαλὶμ καὶ 'Ασὴρ καὶ οὐκ εἰσὶν ἀδελφοί μου. | καὶ ἀναμενῶ τὸν   9
θάνατον τοῦ πατρός μου καὶ ἐκτρίψω αὐτοὺς ἐκ γῆς καὶ πᾶσαν τὴν γενεὰν
αὐτῶν μήποτε συγκληρονομήσωσι μεθ' ἡμῶν διότι τέκνα παιδισκῶν εἰσιν.
9 καὶ οὗτοί με πεπράκασι τοῖς 'Ισμαηλίταις | κἀγὼ ἀνταποδώσω αὐτοῖς κατὰ   10
πᾶσαν ὕβριν αὐτῶν ἣν ἐπονηρεύσαντο κατ' ἐμοῦ. μόνον ἀποθανεῖται[67y] ὁ
πατήρ μου.‹ **10** καὶ ἐπήνεσεν αὐτὸν Φαραὼ ὁ πατήρ μου καὶ εἶπεν αὐτῷ·   11
›καλῶς εἴρηκας τέκνον. λοιπὸν λαβὲ παρ' ἐμοῦ ἄνδρας δυνατοὺς εἰς πόλεμον
καὶ ὑπέξελθε αὐτοῖς καθά σοι ἐπράξαντο καὶ ἐγὼ ἔσομαί σοι βοηθός.‹«
11 καὶ ὡς ἤκουσαν οἱ ἄνδρες τῶν ῥημάτων τοῦ υἱοῦ Φαραὼ ἐταράχθησαν   12
σφόδρα καὶ ἐλυπήθησαν καὶ εἶπον πρὸς τὸν υἱὸν Φαραώ· »δεόμεθά σου
κύριε βοήθησον ἡμῖν«.

• **12** καὶ εἶπεν αὐτοῖς ὁ υἱὸς Φαραώ· »ἐγὼ ἔσομαι ὑμῖν βοηθὸς ἐὰν ἀκούσητε
τῶν ῥημάτων μου«. **13** καὶ εἶπον οἱ ἄνδρες· »ἰδοὺ ἡμεῖς ἐσμεν παῖδές σου
ἐνώπιόν σου. πρόσταξον ἡμῖν καὶ ποιήσομεν κατὰ τὸ θέλημά σου.« **14** καὶ   13
εἶπεν αὐτοῖς ὁ υἱὸς Φαραώ· »ἐγὼ ἀποκτενῶ τὸν πατέρα μου Φαραὼ τῇ νυκτὶ
ταύτῃ διότι Φαραὼ ὁ πατήρ μου ὡς πατήρ ἐστι τοῦ 'Ιωσὴφ καὶ εἶπεν αὐτῷ τοῦ
βοηθῆσαι αὐτῷ κατέναντι ὑμῶν. καὶ ὑμεῖς ἀποκτείνατε τὸν 'Ιωσὴφ καὶ
λήψομαι ἐμαυτῷ τὴν 'Ασενὲθ εἰς γυναῖκα καὶ ὑμεῖς ἔσεσθέ μοι ἀδελφοὶ καὶ
συγκληρονόμοι τῶν ἐμῶν πάντων. πλὴν τὸ ῥῆμα τοῦτο ποιήσατε.«

• **15** καὶ εἶπον αὐτῷ Δὰν καὶ Γάδ· »ἡμεῖς ἐσμεν παῖδές σου σήμερον καὶ   14
ποιήσομεν πάντα ἃ προστέταχας ἡμῖν. καὶ ἡμεῖς ἀκηκόαμεν σήμερον τοῦ
'Ιωσὴφ λέγοντος πρὸς τὴν 'Ασενέθ· ›πορεύου αὔριον εἰς τὸν ἀγρὸν τῆς
κληρονομίας ἡμῶν διότι ὥρα ἐστὶ τοῦ τρυγητοῦ‹. καὶ ἔδωκε μετ' αὐτῆς
ἑξακοσίους ἄνδρας δυνατοὺς εἰς πόλεμον καὶ πεντήκοντα προδρόμους.
16 καὶ νῦν ἄκουσον ἡμῶν καὶ λαλήσομεν πρὸς τὸν κύριον ἡμῶν.« **17** καὶ
ἐλάλησαν αὐτῷ πάντας τοὺς ἐν κρυφῇ αὐτῶν λόγους [λέγοντες][68]· »δὸς ἡμῖν
ἄνδρας [δυνατοὺς εἰς πόλεμον][69]«. **18** καὶ ἔδωκεν ὁ υἱὸς Φαραὼ τοῖς   15
τέσσαρσιν ἀδελφοῖς ἀνὰ πεντακοσίους ἄνδρας καὶ αὐτοὺς κατέστησεν
ἄρχοντας αὐτῶν καὶ ἡγεμόνας. **19** καὶ εἶπον αὐτῷ Δὰν καὶ Γάδ· »ἡμεῖς ἐσμεν   16

[67y] Erstveröffentlichung versehentlich α οθανειται (sic).

[68] Nirgends belegt [sollte bei Denis in Klammern stehen], aber irgendeine Einführung der Art
wird für die folgende Bitte gebraucht, die freilich textlich ganz unsicher ist.

[69] δυνατοὺς εἰς πόλεμον griechisch nicht belegt. Text rekonstruiert aus Syr L1 Slaw.

παῖδές σου σήμερον καὶ ποιήσομεν πάντα ἃ προστέταχας ἡμῖν. ἡμεῖς
πορευσόμεθα νυκτὸς καὶ ἐνεδρεύσομεν εἰς τὸν χείμαρρον καὶ κρυβησόμεθα
17   εἰς τὴν ὕλην τοῦ καλάμου. καὶ σὺ λαβὲ μετὰ σοῦ πεντήκοντα ἄνδρας
τοξότας ἐφ᾽ ἵπποις καὶ πορεύου ἔμπροσθεν [ἡμῶν][70] ἀπὸ μακρόθεν. καὶ
ἐλεύσεται Ἀσενὲθ καὶ ἐμπεσεῖται εἰς τὰς χεῖρας ἡμῶν. καὶ ἡμεῖς
18   κατακόψομεν τοὺς ἄνδρας τοὺς ὄντας μετ᾽ αὐτῆς. καὶ φεύξεται Ἀσενὲθ
ἔμπροσθεν μετὰ τοῦ ὀχήματος αὐτῆς καὶ ἐμπεσεῖται εἰς τὰς χεῖράς σου καὶ
19   ποιήσεις αὐτῇ καθὰ ἐπιθυμεῖ ἡ ψυχή σου. καὶ μετὰ ταῦτα ἀποκτενοῦμεν τὸν
Ἰωσὴφ λυπούμενον περὶ Ἀσενὲθ καὶ τὰ τέκνα αὐτοῦ ἀποκτενοῦμεν
κατέναντι τῶν ὀφθαλμῶν αὐτοῦ.«

                                          •

20   • καὶ ἐχάρη ὁ υἱὸς Φαραὼ ὡς ἤκουσε τὰ ῥήματα ταῦτα. καὶ ἐξαπέστειλεν
21   αὐτοὺς καὶ δύο χιλιάδας ἀνδρῶν πολεμιστῶν σὺν αὐτοῖς.[70x] 20 καὶ ἦλθον εἰς
τὸν χείμαρρον καὶ ἀπεκρύβησαν ἐν τῇ ὕλῃ τοῦ καλάμου. [καὶ][71] γεγόνασιν
εἰς τέσσαρας ἀρχάς. καὶ ἐκάθισαν ἐκεῖθεν τοῦ χειμάρρου ὡς πρὸς τὸ μέρος τὸ
ἔμπροσθεν ἔνθεν κἀκεῖθεν τῆς ὁδοῦ ἀνὰ πεντακόσιοι ἄνδρες καὶ ἐντεῦθεν
τοῦ χειμάρρου ἐναπέμειναν[71x] οἱ λοιποὶ καὶ ἐκάθισαν καὶ αὐτοὶ ἐν τῇ ὕλῃ
τοῦ καλάμου ἔνθεν κἀκεῖθεν τῆς ὁδοῦ ἀνὰ πεντακόσιοι ἄνδρες.[72] καὶ ἦν
ἀνάμεσον αὐτῶν ἡ ὁδὸς πλατεῖα καὶ εὐρύχωρος.

4. Übergang. Erste Schwierigkeit bei der Ausführung des Anschlags: 25,1-8

1   • 25,1 καὶ ἀνέστη ὁ υἱὸς Φαραὼ ἐν τῇ νυκτὶ ταύτῃ καὶ ἦλθεν ἐπὶ τὸν
θάλαμον τοῦ πατρὸς αὐτοῦ τοῦ ἀποκτεῖναι ἐν ῥομφαίᾳ τὸν πατέρα αὐτοῦ.
καὶ οἱ φύλακες τοῦ πατρὸς αὐτοῦ διεκώλυον αὐτὸν τοῦ εἰσελθεῖν πρὸς τὸν
2   πατέρα αὐτοῦ καὶ εἶπον αὐτῷ· »τί προστάσσεις κύριε;« 2 καὶ εἶπεν αὐτοῖς ὁ
υἱὸς Φαραώ· »ὄψεσθαι βούλομαι τὸν πατέρα μου διότι πορεύομαι τρυγῆσαι
3   τὴν ἄμπελόν μου τὴν νεόφυτον«. 3 καὶ εἶπον αὐτῷ οἱ φύλακες· »κεφαλῆς
πόνον πονεῖ ὁ πατήρ σου καὶ ἠγρύπνησεν ὅλην τὴν νύκτα καὶ νῦν ἡσυχάζει
μικρόν. καὶ εἶπεν ἡμῖν· ›μηδεὶς ἐγγισάτω μου μηδὲ ὁ υἱός μου ὁ

---

[70] Griechisch nicht belegt. Text rekonstruiert aus Syr L1 Brooks Rießler; αυτης *a* B Batiffol,
αυτω G, om. E FW D Arm L2-436 Slaw Philonenko, Lücke Ngr.
[70x] [Besser zum vorigen Abschnitt?]
[71] Nirgends belegt. Die folgenden vier Wörter nur in *a* Batiffol Brooks Rießler.
[71x] Erstveröffentlichung versehentlich ἐπανεμειναν [Denis ἐπανέμειναν; Lexem ἐπαναμένω
also streichen, ἐναπομένω aufnehmen].
[72] καὶ ἐκάθισαν ἐκεῖθεν... ἄνδρες im wesentlichen nach A Batiffol Brooks Rießler; sonst
sehr verkürzt, Lücken E Ngr. Allein A gibt ein halbwegs klares Bild, doch könnten Einzelheiten
wohl noch aus den übrigen Zeugen verbessert werden.

πρωτότοκος‹.« **4** καὶ ὡς ἤκουσε ταῦτα ἀπῆλθε σπεύδων ὁ υἱὸς Φαραὼ καὶ   4
ἔλαβε μετ' αὐτοῦ πεντήκοντα ἄνδρας ἱππεῖς τοξότας καὶ ἀπῆλθεν ἔμπροσθεν
αὐτῶν καθὰ ἐλάλησαν αὐτῷ Δὰν καὶ Γάδ.

• **5** καὶ ἐλάλησαν οἱ ἀδελφοὶ οἱ νεώτεροι Νεφθαλὶμ καὶ Ἀσὴρ τοῖς   5
ἀδελφοῖς αὐτῶν τοῖς πρεσβυτέροις τῷ Δὰν καὶ τῷ Γὰδ λέγοντες· »ἵνα τί ὑμεῖς
πονηρεύεσθε πάλιν κατὰ τοῦ πατρὸς ἡμῶν Ἰσραὴλ καὶ κατὰ τοῦ ἀδελφοῦ
ἡμῶν Ἰωσήφ; καὶ αὐτὸν διαφυλάσσει ὁ κύριος ὡς κόρην ὀφθαλμοῦ. | οὐκ   6
ἰδοὺ ἅπαξ πεπράκατε αὐτὸν καὶ ἔστι σήμερον βασιλεὺς πάσης τῆς γῆς
Αἰγύπτου καὶ σωτὴρ καὶ σιτοδότης; **6** καὶ νῦν πάλιν ἐὰν πειράσητε   7
πονηρεύσασθαι κατ' αὐτοῦ⁷²ˣ βοήσει πρὸς τὸν ὕψιστον καὶ πέμψει πῦρ ἐξ
οὐρανοῦ καὶ καταφάγεται ὑμᾶς καὶ οἱ ἄγγελοι τοῦ θεοῦ πολεμήσουσι καθ'
ὑμῶν⁷²ʸ ὑπὲρ αὐτοῦ.« **7** καὶ ὠργίσθησαν αὐτοῖς οἱ ἀδελφοὶ αὐτῶν οἱ   8
πρεσβύτεροι Δὰν καὶ Γὰδ καὶ εἶπον· »ἀλλ' ὡς γυναῖκες ἀποθανούμεθα; μὴ
γένοιτο.« **8** καὶ ἐξῆλθον εἰς συνάντησιν τῷ Ἰωσὴφ καὶ τῇ Ἀσενέθ.

III. ASENETHS FAHRT IN DEN HINTERHALT UND IHRE RETTUNG
26,1-29,9

1. Vorspiel. Josephs und Aseneths getrennte Abreise zu Weinlese und
Kornvergabe: 26,1-4

• **26,1** καὶ ἀνέστη τὸ πρωῒ Ἀσενὲθ καὶ εἶπε τῷ Ἰωσήφ· »πορεύσομαι καθὰ   1
εἴρηκας εἰς τὸν ἀγρὸν τῆς κληρονομίας ἡμῶν. καὶ δέδοικεν ἡ ψυχή μου ὅτι σὺ
χωρίζῃ ἀπ' ἐμοῦ.« **2** καὶ εἶπεν αὐτῇ Ἰωσήφ· »θάρσει καὶ μὴ φοβοῦ ἀλλὰ   2
πορεύου διότι κύριος μετὰ σοῦ ἐστι καὶ αὐτὸς διαφυλάξει σε ὡς κόρην
ὀφθαλμοῦ ἀπὸ παντὸς πράγματος πονηροῦ. **3** διότι κἀγὼ πορεύσομαι ἐπὶ τὴν   3
σιτοδοσίαν μου καὶ δώσω ἄρτον πᾶσι τοῖς ἀνθρώποις καὶ οὐ μὴ φθαρήσεται
ἀπὸ προσώπου κυρίου πᾶσα ἡ γῆ.« **4** καὶ ἀπῆλθεν Ἀσενὲθ ἐπὶ τὴν ὁδὸν αὐτῆς   4
καὶ Ἰωσὴφ ἀπῆλθεν ἐπὶ τὴν σιτοδοσίαν αὐτοῦ.

2. Aseneths Fahrt in den Hinterhalt und Levis und der übrigen Leasöhne
Anlauf zu ihrer Rettung: 26,5-6

• **5** καὶ ἦλθεν Ἀσενὲθ ἐπὶ τὸν τόπον τοῦ χειμάρρου καὶ οἱ ἑξακόσιοι ἄνδρες   5
μετ' αὐτῆς. καὶ ἐξαίφνης ἐξεπήδησαν ἐκ τῶν ἐνεδρῶν αὐτῶν οἱ ἐνεδρευταὶ

---

⁷²ˣ Erstveröffentlichung versehentlich κατ' αυτον.
⁷²ʸ Erstveröffentlichung versehentlich καθ' υμας.

6 καὶ συνέμιξαν πόλεμον μετὰ τῶν ἀνδρῶν τῆς Ἀσενὲθ καὶ κατέκοψαν αὐτοὺς
ἐν στόματι ῥομφαίας καὶ τοὺς προδρόμους αὐτῆς ἀπέκτειναν πάντας | καὶ
ἔφυγεν Ἀσενὲθ μετὰ τοῦ ὀχήματος αὐτῆς ἔμπροσθεν.

7 **6** καὶ ἔγνω Λευὶς ὁ υἱὸς Λίας ταῦτα πάντα τῷ πνεύματι ὡς προφήτης καὶ
ἀνήγγειλε τοῖς ἀδελφοῖς αὐτοῦ τοῖς υἱοῖς Λίας τὸν κίνδυνον τῆς Ἀσενέθ. καὶ
ἔλαβεν ἕκαστος τὴν ῥομφαίαν αὐτοῦ καὶ ἔθηκεν ἐπὶ τὸν μηρὸν αὐτοῦ καὶ
ἔλαβον τὰς ἀσπίδας αὐτῶν καὶ ἔθηκαν ἐπὶ τοὺς βραχίονας αὐτῶν καὶ
[ἔλαβον]⁷³ τὰ δόρατα αὐτῶν ἐν ταῖς δεξιαῖς χερσὶν αὐτῶν καὶ κατεδίωξαν
ὀπίσω τῆς Ἀσενὲθ δρόμῳ ταχεῖ.

3. Aseneths Rettung vor dem Erstgeborenen Pharaos durch Benjamins Steinwürfe: 26,7-27,5

8 • **7** καὶ ἔφυγεν Ἀσενὲθ ἔμπροσθεν καὶ ἰδοὺ ὁ υἱὸς Φαραὼ ἀπαντᾷ αὐτῇ καὶ
πεντήκοντα ἄνδρες ἱππεῖς μετ᾽ αὐτοῦ. **8** καὶ εἶδεν αὐτὸν Ἀσενὲθ καὶ ἐφοβήθη
καὶ ἐταράχθη σφόδρα καὶ ἐτρόμαξεν ὅλον τὸ σῶμα αὐτῆς. καὶ ἐπεκαλέσατο
τὸ ὄνομα κυρίου τοῦ θεοῦ αὐτῆς.

1 **27,1** καὶ Βενιαμὶν ἐκάθητο ἐξ εὐωνύμων τῆς Ἀσενὲθ ἐν τῷ ὀχήματι αὐτῆς.
2 καὶ ἦν Βενιαμὶν παιδάριον ὀκτωκαίδεκα ἐτῶν μέγα καὶ ἰσχυρὸν καὶ
πρυτανικὸν καὶ ἦν κάλλος ἐν αὐτῷ ἄρρητον καὶ ἰσχὺς ὡς σκύμνος λέοντος
3 καὶ ἦν φοβούμενος τὸν κύριον σφόδρα. **2** καὶ κατεπήδησε Βενιαμὶν ἀπὸ τοῦ
ὀχήματος καὶ ἔλαβε λίθον στρογγύλον ἐκ τοῦ χειμάρρου καὶ ἐπλήρωσε τὴν
χεῖρα αὐτοῦ καὶ ἠκόντισε κατέναντι τοῦ υἱοῦ Φαραὼ καὶ ἐπάταξε τὸν
κρόταφον αὐτοῦ τὸν εὐώνυμον καὶ ἐτραυμάτισεν αὐτὸν τραύματι βαρεῖ.
4 **3** καὶ ἔπεσεν ὁ υἱὸς Φαραὼ ἀπὸ τοῦ ἵππου αὐτοῦ ἐπὶ τὴν γῆν ἡμιθανὴς
τυγχάνων. **4** καὶ ἐπήδησε Βενιαμὶν καὶ ἀνέβη ἐπὶ τὴν πέτραν καὶ εἶπε τῷ
5 ἡνιόχῳ τῆς Ἀσενέθ· »δός μοι λίθους ἐκ τοῦ χειμάρρου«. **5** καὶ ἔδωκεν αὐτῷ
λίθους πεντήκοντα. καὶ ἠκόντισε Βενιαμὶν τοὺς πεντήκοντα λίθους καὶ
ἀπέκτεινε τοὺς πεντήκοντα ἄνδρας τοὺς ὄντας μετὰ τοῦ υἱοῦ τοῦ Φαραώ. καὶ
ἔδυσαν πάντες⁷³ˣ οἱ λίθοι διὰ τῶν κροτάφων αὐτῶν.

4. Aseneths und Benjamins Rettung vor Dan und Gad, Naphthali und Asser durch Ruben und Simeon, Levi und Juda, Issachar und Sebulon: 27,6-28,17

6 • **6** καὶ οἱ υἱοὶ Λίας Ῥουβὴμ καὶ Συμεὼν Λευὶς καὶ Ἰούδας Ἰσάχαρ καὶ
Ζαβουλὼν κατεδίωξαν ὀπίσω τῶν ἀνδρῶν τῶν ἐνεδρευόντων τῇ Ἀσενὲθ καὶ

---

⁷³ Griechisch nicht belegt. Text rekonstruiert aus Syr Slaw.
⁷³ˣ [Denis versehentlich πάντας.]

ἐπέπεσαν αὐτοῖς ἄφνω καὶ κατέκοψαν αὐτοὺς πάντας καὶ ἀπέκτειναν δισχιλίους οἱ ἓξ ἄνδρες.

• 7 καὶ ἔφυγον ἀπὸ προσώπου αὐτῶν οἱ ἀδελφοὶ αὐτῶν οἱ υἱοὶ Βάλλας καὶ   7
Ζέλφας καὶ εἶπον·»ἀπολώλαμεν ἀπὸ τῶν ἀδελφῶν ἡμῶν καὶ τέθνηκεν ὁ υἱὸς
Φαραὼ ἐν χειρὶ Βενιαμὶν τοῦ παιδαρίου καὶ πάντες οἱ μετ' αὐτοῦ
ἀπολώλασιν ἐν χειρὶ μιᾷ τοῦ παιδαρίου Βενιαμίν. 8 καὶ νῦν δεῦτε
ἀποκτείνωμεν τὴν Ἀσενὲθ καὶ τὸν Βενιαμὶν καὶ φύγωμεν εἰς τὴν ὕλην τοῦ
καλάμου τούτου.« 9 καὶ ἦλθον ἐπὶ Ἀσενὲθ ἐσπασμένας ἔχοντες τὰς   8
ῥομφαίας αὐτῶν αἵματος πλήρεις. 10 καὶ εἶδεν αὐτοὺς Ἀσενὲθ καὶ ἐφοβήθη
σφόδρα καὶ εἶπεν·

    »κύριε ὁ θεός μου
    ὁ ἀναζωοποιήσας με
    καὶ ῥυσάμενός με ἐκ τῶν εἰδώλων καὶ τῆς φθορᾶς τοῦ θανάτου
    ὁ εἰπών μοι ὅτι ›εἰς τὸν αἰῶνα ζήσεται ἡ ψυχή σου‹
    ῥῦσαί με ἐκ τῶν χειρῶν τῶν ἀνδρῶν τῶν πονηρῶν τούτων«.

11 καὶ ἤκουσε κύριος ὁ θεὸς τῆς φωνῆς Ἀσενὲθ καὶ εὐθέως ἔπεσον αἱ
ῥομφαίαι αὐτῶν ἐκ τῶν χειρῶν αὐτῶν ἐπὶ τὴν γῆν καὶ ἐτεφρώθησαν.

• 28,1 καὶ εἶδον οἱ υἱοὶ Βάλλας καὶ Ζέλφας τὸ ῥῆμα τὸ μέγα τοῦτο καὶ   1
ἐφοβήθησαν σφόδρα καὶ εἶπον·»κύριος πολεμεῖ καθ' ἡμῶν ὑπὲρ Ἀσενὲθ«.
2 καὶ ἔπεσον ἐπὶ πρόσωπον ἐπὶ τὴν γῆν καὶ προσεκύνησαν τῇ Ἀσενὲθ καὶ   2
εἶπον·»ἐλέησον ἡμᾶς τοὺς δούλους σου διότι δέσποινα ἡμῶν σὺ εἶ καὶ
βασίλισσα. 3 καὶ ἡμεῖς ἐπονηρευσάμεθα εἰς σὲ κακὰ καὶ κατὰ τοῦ ἀδελφοῦ
ἡμῶν Ἰωσὴφ | καὶ κύριος ἀνταπέδωκεν ἡμῖν κατὰ τὰ ἔργα ἡμῶν. 4 καὶ νῦν   3
δεόμεθά σου ἡμεῖς οἱ δοῦλοί σου ἐλέησον ἡμᾶς καὶ ῥῦσαι ἡμᾶς ἐκ τῶν
χειρῶν τῶν ἀδελφῶν ἡμῶν διότι αὐτοὶ ἔκδικοι τῆς ὕβρεώς σου παρεγένοντο
πρός σε καὶ αἱ ῥομφαῖαι αὐτῶν κατέναντι ἡμῶν εἰσιν. 5 καὶ οἴδαμεν ὅτι οἱ
ἀδελφοὶ ἡμῶν ἄνδρες εἰσὶ θεοσεβεῖς καὶ μὴ ἀποδιδόντες κακὸν ἀντὶ κακοῦ
τινι ἀνθρώπῳ. 6 λοιπὸν γενοῦ ἵλεως τοῖς δούλοις σου δέσποινα ἐνώπιον
αὐτῶν.« 7 καὶ εἶπεν αὐτοῖς Ἀσενέθ· »θαρσεῖτε καὶ μὴ φοβεῖσθε ἀπὸ τῶν   4
ἀδελφῶν ὑμῶν διότι αὐτοί εἰσιν ἄνδρες θεοσεβεῖς καὶ φοβούμενοι τὸν θεὸν
καὶ αἰδούμενοι πάντα ἄνθρωπον. πορεύθητε δὲ εἰς τὴν ὕλην τοῦ καλάμου   5
τούτου ἕως ἐξιλεώσομαι αὐτοὺς περὶ ὑμῶν καὶ καταπαύσω τὴν ὀργὴν αὐτῶν
διότι ὑμεῖς μεγάλα τετολμήκατε κατέναντι αὐτῶν. θαρσεῖτε οὖν καὶ μὴ   6
φοβεῖσθε. πλὴν κρινεῖ κύριος ἀνάμεσον ἐμοῦ καὶ ὑμῶν.« 8 καὶ ἔφυγον εἰς τὴν   7
ὕλην τοῦ καλάμου Δὰν καὶ Γὰδ καὶ οἱ ἀδελφοὶ αὐτῶν.

•

8   • καὶ ἰδοὺ οἱ υἱοὶ Λίας ἦλθον τρέχοντες ὡς ἔλαφοι τριετεῖς κατ᾽ αὐτῶν.
9 καὶ κατέβη Ἀσενὲθ ἐκ τοῦ ὀχήματος τῆς σκέπης αὐτῆς καὶ ἐδεξιώσατο
9   αὐτοὺς μετὰ δακρύων | καὶ αὐτοὶ πεσόντες προσεκύνησαν αὐτῇ ἐπὶ τὴν γῆν
καὶ ἔκλαυσαν μετὰ φωνῆς μεγάλης καὶ ἐζήτουν τοὺς ἀδελφοὺς αὐτῶν τοὺς
10   υἱοὺς τῶν παιδισκῶν τοῦ πατρὸς αὐτῶν τοῦ ἀνελεῖν αὐτούς. 10 καὶ εἶπε πρὸς
αὐτοὺς Ἀσενέθ· »δέομαι ὑμῶν φείσασθε τῶν ἀδελφῶν ὑμῶν καὶ μὴ ποιήσητε
αὐτοῖς κακὸν ἀντὶ κακοῦ διότι κύριος ὑπερήσπισέ με ἀπ᾽ αὐτῶν καὶ ἔθραυσε
τὰς ῥομφαίας αὐτῶν ἐκ τῶν χειρῶν αὐτῶν καὶ ἰδοὺ τετήκασιν ἐπὶ τὴν γῆν
11   ὥσπερ κηρὸς ἀπὸ προσώπου πυρός. καὶ ἔστι τοῦτο ἱκανὸν αὐτοῖς ὅτι κύριος
πολεμεῖ πρὸς αὐτοὺς ὑπὲρ ἡμῶν. 11 καὶ ὑμεῖς φείσασθε αὐτῶν διότι ἀδελφοὶ
12   ὑμῶν εἰσι καὶ αἷμα τοῦ πατρὸς ὑμῶν Ἰσραήλ.« 12 καὶ εἶπεν αὐτῇ Συμεών·
13   »ἵνα τί ἡ δέσποινα ἡμῶν λαλεῖ ἀγαθὰ ὑπὲρ τῶν ἐχθρῶν αὐτῆς; 13 οὐχὶ ἀλλὰ
κατακόψωμεν αὐτοὺς ἐν ταῖς ῥομφαίαις ἡμῶν διότι αὐτοὶ πρῶτοι
ἐβουλεύσαντο κακὰ καθ᾽ ἡμῶν καὶ κατὰ τοῦ πατρὸς ἡμῶν Ἰσραὴλ καὶ κατὰ
τοῦ ἀδελφοῦ ἡμῶν Ἰωσὴφ ἤδη τοῦτο δὶς καὶ κατὰ σοῦ δέσποινα καὶ
14   βασίλισσα ἡμῶν σήμερον.« 14 καὶ ἐξέτεινεν Ἀσενὲθ τὴν δεξιὰν αὐτῆς χεῖρα
καὶ ἥψατο τῆς γενειάδος τοῦ Συμεὼν καὶ κατεφίλησεν αὐτὸν καὶ εἶπεν·
»μηδαμῶς ἀδελφὲ ποιήσεις κακὸν ἀντὶ κακοῦ τῷ πλησίον σου. τῷ κυρίῳ
δώσεις ἐκδικήσειν τὴν ὕβριν αὐτῶν. καὶ αὐτοὶ ἀδελφοὶ ὑμῶν εἰσι καὶ γένος
τοῦ πατρὸς ὑμῶν Ἰσραὴλ καὶ ἔφυγον μηκόθεν ἀπὸ προσώπου ὑμῶν. λοιπὸν
15   συγγνώμην αὐτοῖς ἀπονείματε.« 15 καὶ ἦλθε πρὸς αὐτὴν Λευὶς καὶ
16   κατεφίλησε τὴν χεῖρα αὐτῆς τὴν δεξιὰν καὶ ἔγνω | ὅτι σῶσαι ἤθελε τοὺς
ἄνδρας ἐκ τῆς ὀργῆς τῶν ἀδελφῶν αὐτῶν τοῦ μὴ ἀποκτεῖναι αὐτούς. 16 καὶ
αὐτοὶ ἦσαν ἐγγὺς ἐν τῇ ὕλῃ τοῦ καλάμου. 17 καὶ ἔγνω Λευὶς ὁ ἀδελφὸς αὐτῶν
καὶ οὐκ ἀνήγγειλε τοῖς ἀδελφοῖς αὐτοῦ. ἐφοβήθη γὰρ μήποτε ἐν τῇ ὀργῇ
αὐτῶν κατακόψωσιν αὐτούς.

5. Nachspiel. Die mißlungene Rettung des Erstgeborenen Pharaos und Josephs
Herrschaft über Ägypten: 29,1-9

1   • **29,1** καὶ ὁ υἱὸς Φαραὼ ἀνέστη ἀπὸ τῆς γῆς καὶ ἀνεκάθισε καὶ ἔπτυεν αἷμα
ἀπὸ τοῦ στόματος αὐτοῦ διότι τὸ αἷμα ἀπὸ τοῦ κροτάφου αὐτοῦ κατέρρεεν
2   ἐπὶ τῷ στόματι αὐτοῦ. 2 καὶ ἔδραμεν ἐπ᾽ αὐτὸν Βενιαμὶν καὶ ἔλαβε τὴν
ῥομφαίαν αὐτοῦ καὶ εἵλκυσεν αὐτὴν ἐκ τοῦ κολεοῦ αὐτῆς διότι Βενιαμὶν
3   ῥομφαίαν οὐκ εἶχεν ἐπὶ τῷ μηρῷ αὐτοῦ | καὶ ἤμελλε πατάξαι τὸ στῆθος τοῦ
υἱοῦ Φαραώ. 3 καὶ ἔδραμεν ἐπ᾽ αὐτὸν Λευὶς καὶ ἐκράτησε τῆς χειρὸς αὐτοῦ
καὶ εἶπεν· »μηδαμῶς ἀδελφὲ ποιήσεις τὸ πρᾶγμα τοῦτο διότι ἡμεῖς ἄνδρες

θεοσεβεῖς ἐσμεν καὶ οὐ προσήκει ἀνδρὶ θεοσεβεῖ ἀποδοῦναι κακὸν ἀντὶ κακοῦ οὐδὲ πεπτωκότα καταπατῆσαι οὐδὲ ἐκθλίψαι τὸν ἐχθρὸν αὐτοῦ ἕως θανάτου. **4** καὶ νῦν ἀπόστρεψον τὴν ῥομφαίαν σου εἰς τὸν τόπον αὐτῆς καὶ   4 δεῦρο βοήθησόν μοι καὶ θεραπεύσομεν αὐτὸν ἀπὸ τοῦ τραύματος αὐτοῦ καὶ ἐὰν ζήσῃ ἔσται ἡμῶν φίλος μετὰ ταῦτα καὶ ὁ πατὴρ αὐτοῦ Φαραὼ ἔσται ὡς πατὴρ ἡμῶν.« **5** καὶ ἀνέστησε Λευὶς τὸν υἱὸν Φαραὼ ἐκ τῆς γῆς καὶ ἀπένιψε   5 τὸ αἷμα ἀπὸ τοῦ προσώπου αὐτοῦ καὶ ἔδησε τελαμῶνα εἰς τὸ τραῦμα αὐτοῦ καὶ ἐπέθηκεν αὐτὸν ἐπὶ τὸν ἵππον αὐτοῦ καὶ ἐκόμισεν αὐτὸν τῷ πατρὶ αὐτοῦ Φαραὼ Ι καὶ διηγήσατο αὐτῷ πάντας τοὺς λόγους τούτους. **6** καὶ ἀνέστη   6,7 Φαραὼ ἀπὸ τοῦ θρόνου αὐτοῦ καὶ προσεκύνησε τῷ Λευὶ ἐπὶ τὴν γῆν καὶ εὐλόγησεν αὐτόν.

• **7** καὶ ἐν τῇ τρίτῃ ἡμέρᾳ ἀπέθανεν ὁ υἱὸς Φαραὼ ἐκ τοῦ τραύματος τοῦ   8 λίθου Βενιαμὶν τοῦ παιδαρίου. **8** καὶ Φαραὼ ἐπένθησε τὸν υἱὸν αὐτοῦ τὸν   9 πρωτότοκον σφόδρα καὶ ἐκ τοῦ πένθους ἐμαλακίσθη Ι καὶ ἀπέθανε Φαραὼ   10 ἐτῶν ἑκατὸν ἐννέα καὶ κατέλιπε τὸ διάδημα αὐτοῦ τῷ Ἰωσήφ. **9** καὶ   11 ἐβασίλευσεν Ἰωσὴφ ἐν Αἰγύπτῳ ἔτη τεσσαράκοντα ὀκτὼ καὶ μετὰ ταῦτα ἀπέδωκεν Ἰωσὴφ τὸ διάδημα τῷ ἐκγόνῳ Φαραὼ τῷ νεωτέρῳ ὃς ἦν ἐπὶ μασθῷ ὅτε ἀπέθανε Φαραώ. καὶ ἦν Ἰωσὴφ ὡς πατὴρ τοῦ υἱοῦ Φαραὼ τοῦ νεωτέρου ἐν γῇ Αἰγύπτου [πάσας τὰς ἡμέρας τῆς ζωῆς αὐτοῦ][74].

---

[74] πάσας... αὐτοῦ griechisch nicht belegt. Text rekonstruiert aus Syr; εως της τελευτης αυτου δοξαζων και αινων τον θεον *a* (B) Batiffol Brooks Rießler, om. E G D L1 L2-436 Philonenko. Der Rest hört schon etwas früher auf. Für den *a*-Text könnte Tob 14, 15 S; TAbr B 14,7 sprechen. Aber vielleicht muß man schon mit ἐν γῇ Αἰγύπτου schließen. — Die meisten Zeugen fügen historische Bemerkungen nach Gen oder Ex, eine Mahnung, eine Vollzugnotiz mit dem Buchtitel, eine Doxologie, ein Kolophon oder mehrere dieser Dinge an. *a* hat Gen 50, 22b-26 LXX, eine Bemerkung über Aseneths Tod und Begräbnis und eine Doxologie.

TEIL II

DEUTUNG UND BEDEUTUNG

8

Εἰ NACH EINEM AUSDRUCK DES WISSENS ODER NICHT-WISSENS JOH 9 25, ACT 19 2, I COR 1 16, 7 16

G. D. KILPATRICK und J. JEREMIAS haben vor einigen Jahren die »Geschichte von Joseph und Aseneth« (JA) wieder in das Gespräch gebracht und auf ihr vorchristliches Alter hingewiesen[1]. Seitdem ist die Schrift mehrfach beachtet worden[2]. JEREMIAS hat auch den Anfang dazu gemacht, sie für das neutestamentliche Griechisch auszuwerten, ähnlich wie seinerzeit den griechischen Henoch[3]. Dazu ein paar Ergänzungen.

I

JA 54, 12 f. regte JEREMIAS zu einer neuen Auslegung von I Cor 7 16 an[4]. Der Erzählungszusammenhang ist so: Nachdem Joseph Aseneths Kuß zurückgewiesen hatte, weil sie Heidin war, und sie sich nur um so mehr in ihn verliebt hatte, machte sie sich selbst Mut, den jüdischen Gott anzurufen. Dabei betete sie u. a. 54, 10—14: λοιπὸν τολμήσω κἀγὼ ἡ ταπεινή, καὶ ἐπιστρέψω πρὸς αὐτόν . . . Τίς γὰρ οἶδεν εἰ ὄψεται τὴν ταπείνωσίν μου ταύτην, καὶ τὴν ἐρήμωσιν τῆς ἐμῆς ψυχῆς, καὶ οἰκτειρήσει με; JEREMIAS sah, daß τίς γὰρ οἶδεν εἰ hier nicht, wie die wörtliche Übersetzung nahelegt, resignierend gemeint sein kann (»wer weiß denn, ob«), sondern »vielleicht« heißen muß (»wer weiß«)[5],

---

[1] G. D. KILPATRICK, The Last Supper, The Expository Times 64 (1952/53), 4f.; J. JEREMIAS, The Last Supper, ebd. 91f. Beide setzen JA in das 1. Jh. v. Chr. Die Datierungsfrage müßte aber einmal umfassend aufgerollt werden. — Text: P. BATIFFOL, Le livre de la Prière d'Aseneth, in: Studia Patristica 1—2, Paris 1889—1890 (nach Seite und Zeile zitiert).

[2] Vgl. J. JEREMIAS, Die missionarische Aufgabe in der Mischehe (I Cor 7 16), in: Neutestamentliche Studien für Rudolf Bultmann zu seinem siebzigsten Geburtstag (BZNW 21), Berlin 1954 = ²1957, 255—260; W. NAUCK, Die Tradition und der Charakter des ersten Johannesbriefes (Wissenschaftliche Untersuchungen zum Neuen Testament 3), Tübingen 1957, 169—171 u. ö.; K. G. KUHN, The Lord's Supper and the Communal Meal at Qumran, in: K. STENDAHL, The Scrolls and the New Testament, New York 1957 = London 1958, 74—77, 261f.; Repas cultuel essénien et cène chrétienne, in: Les manuscrits de la Mer Morte. Colloque de Strasbourg, 25—27 mai 1955, Paris 1957, 75—92; O. BETZ, Geistliche Schönheit. Von Qumran zu Michael Hahn, in: O. MICHEL-U. MANN, Die Leibhaftigkeit des Wortes (A. Köberle-Festschrift), Hamburg 1958, 71—86; J. JEREMIAS, Die Kindertaufe in den ersten vier Jahrhunderten, Göttingen 1958, 39—41; Die Abendmahlsworte Jesu³, Göttingen 1960, 27f.; M. PHILONENKO, Le »Testament de Job« et les Thérapeutes, Semitica 8 (1958), 41—53.

[3] J. JEREMIAS, Beobachtungen zu neutestamentlichen Stellen an Hand des neugefundenen griechischen Henoch-Textes, ZNW 36 (1937), 115—124.

[4] JEREMIAS, Die missionarische Aufgabe, a. a. O.

[5] So die syrische Übersetzung (u. S. 77): dlm' nḥwr.

„vielleicht" nicht im Sinne einer Möglichkeit, sondern der Zuversicht.
Tatsächlich heißt τίς οἶδεν εἰ in LXX immer so, und zwar wird damit
wörtlich (אִם) מִי יוֹדֵעַ wiedergegeben[6]. Man kommt mit diesem Ausdruck
auch im Deutschen zurecht, wenn man εἰ mit »ob nicht« übersetzt.
Im Griechischen ist diese Verwendung von εἰ nicht unklassisch. Sie
begegnet auch sonst in abhängigen Fragen nach Ungewißheitsaus-
drücken[7]. Die Wendung ist eine Doppelfrage, deren erster Teil fehlt.

Mit Hilfe dieser Beobachtung kehrte JEREMIAS das übliche Verständnis von I Cor 7 16 um. Τί γὰρ οἶδας, γύναι, εἰ τὸν ἄνδρα σώσεις;
ἢ τί οἶδας, ἄνερ, εἰ τὴν γυναῖκα σώσεις; wurde gewöhnlich (und im
Zusammenhang mit v. 15 auch nicht ohne Sinn) als Ausdruck der
Resignation verstanden: Wenn der ungläubige Teil einer Mischehe
sich scheiden lassen will, soll der gläubige sich nicht dagegen sträuben;
der Christ ist zum Frieden berufen und nicht dazu, sich zu streiten[8],
um so mehr, als es ganz unsicher ist, ob der gläubige Teil jemals seinen
Ehegatten bekehren kann. Wenn man aber τί γὰρ οἶδας εἰ nach Analogie von τίς οἶδεν εἰ als »vielleicht« verstehen darf, dann drückt I Cor
7 16 Zuversicht aus: Der christliche Teil einer Mischehe ist nicht verpflichtet, auf der Ehe zu bestehen, wenn der heidnische sich scheiden
lassen will; aber eigentlich ist er zum Frieden (im gleichen Glauben)
mit allen Menschen berufen, um so mehr, als vielleicht der gläubige
Ehegatte den ungläubigen bekehrt. v. 15c ist also nicht mehr die Begründung von v. 15ab, sondern eine Einschränkung, und v. 15ab ist
ein Zugeständnis, das Paulus aber gleich wieder aufhebt. Freilich
heißt es I Cor 7 16 τί γὰρ οἶδας (2. Pers.), in den Belegen aus JA und
LXX τίς (γὰρ) οἶδεν (3. Pers.). JEREMIAS fragt sich, ob das nicht
gegen seine Auffassung spricht. Epiktet benutzt aber mehrmals πόθεν
(οὖν) οἶδας (εἴσῃ) εἰ (2. Pers.) ebenfalls im Sinn von »vielleicht«[9].
Der Unterschied der Person scheint also keinen Bedeutungsunter-
schied zu bedingen.

JEREMIAS' Beobachtung leuchtet ein. Zwei kleine Ergänzungen
sind möglich. 1. JEREMIAS stützte sich auf BATIFFOLS griechische
JA-Ausgabe, die vier griechische Handschriften und die syrische Übersetzung verarbeitet. Inzwischen sind aber weitere griechische Hand-

---

[6] M. Impf. ohne אִם = εἰ m. Ind. Fut. II Sam 12 22; Joel 2 14; Jo 3 9. אִם m. Perf.
= εἰ m. Ind. Aor. Esth 4 14. Sonst hat LXX τίς οἶδεν εἰ nur noch in der abhängigen Doppelfrage Qoh 2 19 καὶ τίς οἶδεν εἰ (η א A 1 Min.) σοφὸς ἔσται ἢ ἄφρων,
MT וּמִי יוֹדֵעַ הֶחָכָם יִהְיֶה אוֹ סָכָל·

[7] JEREMIAS 257, Anm. 8, vgl. etwa R. KÜHNER, Ausführliche Grammatik
der griechischen Sprache II², Hannover 1870, 1032f., § 587, 21.

[8] JEREMIAS 259f. meint, εἰρήνη v. 15 müsse bei resignierender Auffassung
von v. 16 als »Seelenfrieden« begriffen werden, wie es z. B. J. WEISS, Der erste
Korintherbrief, Göttingen 1910, 183 tatsächlich tat, und schon das spräche gegen
sie. Man kommt aber auch mit JEREMIAS' eigener Deutung »Frieden untereinander«
durch, wenn man χωρίζεσθω als »sträube dich nicht« auffaßt. Von hier aus läßt
sich offenbar gegen die resignierende Deutung nicht viel einwenden.

[9] JEREMIAS 257f.: Epiktet, Dissertationes II 20, 28—31 (H. SCHENKL, Epic-
teti Dissertationes ab Arriano digestae, Leipzig 1916, 200f.); II 22, 31 (211,17—21);
II 25, 2 (226, 11f.).

schriften bekannt geworden. Außerdem gibt es JA noch in anderen alten Übersetzungen. Da hagiographische Texte oft sehr zerschrieben sind, sollte man sich an Hand eines breiteren Überlieferungsbildes vergewissern, daß die Wendung τίς γὰρ οἶδεν εἰ JA 54, 12f. nicht sekundär ist. Für JA 54, 10—15 sieht das Bild so aus[10]:

a	λοιπον[11]	τολμησω	καγω η ταπεινη[12]			
b		τολμησω				
c		τολμησω				
Syr		mnrḥ'	'n'			
Arm	ew ard	hamarjakeçayç				
L 1	iccirco	audebo				

a	και	επιστρεψω	προς	αυτον	και	καταφευξομαι	επ'	αυτον
b	και	επιστρεψω	προς	αυτον			
c	και	επιστρεψω	προς	αυτον	.		
Syr	d'hpwk	lwth			wmtgws'	'n'	bh
Arm	ew	darjayç	aṙ	na	apawén	arariç	zna
L 1	et	convertar		et	confugiam	ad	eum

a	και	εξομολογησομαι	αυτω	πασας	τας
b	και	εξομολογησομαι	αυτω		τας
c	και	εξομολογησομαι	αυτω	πασας	τας
Syr	wmwdj'	'n'	lh		
Arm	ew	xostovan elêç	nma	zamenayn	
L 1	et	deferam (deseram codd.)		omnia	

---

[10] a = Vaticanus gr. 803, 11/12. Jh. (BATIFFOLs Text, nach der Handschrift durchgesehen). b = Bukarest, Biblioteca Academiei Române, Gr. 966, f.130v/b, 21—26, 17. Jh. (Mikrofilm durch die Freundlichkeit der Bibliothek im Austausch). c = Jerusalem, Griechisches Patriarchat, Panhagios Taphos 73, p. 291, 9—13, 17. Jh.; Saba 389, 17. Jh. Syr = E. W. BROOKS, Historia Ecclesiastica Zachariae Rhetori vulgo adscripta I (CSCO, Scriptores Syri, III 5, Textus), Paris 1919, 33, 17—21 (auf Grund von London, British Museum, Add. 17202, um 600, und dessen Abschrift Add. 7190, 12. Jh.). Arm = S. YOVSÊP'EANÇ, T'angaran hin ew nor naxneac I. Ankanon girk' hin ktakaranac, Venedig 1896, 168, 4—10. L 1 = BA-TIFFOL 100, 4—7 (auf Grund von Cambridge, Corpus Christi College 424, 12. Jh., und 288, 13. Jh.). In den Handschriften Vat. Pal. gr. 17, 11/12. Jh. (BATIFFOL B), und Oxford, Bodl. Libr., Barocc. gr. 147, 15. Jh. (BATIFFOL D), in der slawischen und der unten S. 79 zitierten, bisher unbekannten zweiten lateinischen Über-setzung fällt der Abschnitt in eine Lücke.

[11] λοιπον a (L 1?) ist vielleicht eine Gräzisierung, wie sie für a typisch zu sein scheinen. ew ard Arm deutet auf ursprüngliches και νυν.

[12] καγω η ταπεινη a ist kaum zu halten, da es nicht gestützt wird.

a	αμαρτιας	μου	και	εκχεῶ[13]		την
b	αμαρτιας	μου	και	εκχεῶ		την
c	αμαρτιας	μου	και	εκχεῶ		την
Syr	ḥiḥj wšklwtj			wb'wtj mqrb'	'n'	
Arm	mels	im	ew	heliç		
L 1	peccata	mea	et	effundam		

a	δεησιν	μου	επ'		αυτον	και	ελεησει
b	δεησιν	μου	ενωπιον		αυτου[14]		
c	δεησιν	μου	προς		αυτον		
Syr			qdmwhj				
Arm	zpalatans	im	araji		nora	ew	olormesçi
L 1	orationem	meam	in conspectu		eius		

a	μου την αθλιοτητα		τις γαρ[15]	οιδεν	ει	
b			τις	οιδε	τυχων	και
c			τις	ειδεν	ει	
Syr			ddlm'			
Arm	inj		o	gitê	et'e	
L 1			quis	scit	si	

a	οψεται	την	ταπεινωσιν	μου	ταυτην[16]
b	οψεται			μου	
c	οψεται	την	ταπεινωσιν	μου	ταυτην
Syr	nḥwr		bšw'bdh		d'mth
Arm	hayi		i tarapans	im	
L 1	videbit		me desolatam		ita

a			και	την	ερημωσιν
b				την	ερημωσιν
c			και	την	ερημωσιν
Syr					
Arm	t'erews hayesçi				yamayut'iwns
L 1					

a	της εμης	ψυχης	και	οικτειρησει	με
b	ταυτην		και	οικτειρηση	με
c	της εμης	ψυχης	και	οικτειρησει	με (> Panh. T. 73)
Syr				wntrḥm	'lj
Arm			ew	gt'asçi	yis
L 1			et	miserebitur	mei

---

[13] BATIFFOL 54, 12 ἐκχέω ist Druckfehler. Vatic. gr. 803 hat das von b c Arm L 1 und dem Kontext verlangte Futur ἐκχεῶ.
[14] ενωπιον αυτου b Syr Arm L 1 wird ursprünglich sein. a c gräzisieren.
[15] γαρ a könnte Gräzisierung sein, weil es sonst nicht gestützt wird.
[16] ταυτην a c wird ursprünglich sein, vgl. ita L 1 und ταυτην hinter την ερημωσιν b.

a		οψεται δε και[17]	την	ορφανειαν
b				
c	και	οψεται	την	ορφανιαν
Syr				
Arm	o gitê et'e	tescê		zolbumn
L 1	aut	videbit		orphaniam

a		της	εμης ταλαιπωριας και παρθενιας[18]
b			
c		της	εμης παρθενιας
Syr			
Arm		im	
L 1		meam (istam C. C. C. 288)	

a	και	υπερασπιει[19]	μου
b			
c	και	υπερασπιει	μου
Syr			
Arm	ew	awgnescê	inj
L 1	et	proteget	me

JA 54, 10—15 lautete also ursprünglich etwa:
και νυν τολμησω και επιστρεψω προς αυτον
και καταφευξομαι επ᾽ αυτον
και εξομολογησομαι αυτω πασας τας αμαρτιας μου
και εκχεῶ την δεησιν μου ενωπιον αυτου
και ελεησει μου την αθλιοτητα
τις (γαρ) οιδεν ει οψεται την ταπεινωσιν μου ταυτην
και την ερημωσιν της εμης ψυχης
και οικτειρησει με
και οψεται την ορφανιαν της εμης παρθενιας
και υπερασπιει μου.
Die Wendung τίς (γὰρ) οἶδεν εἰ ist textkritisch nicht anfechtbar.

2. τίς (γὰρ) οἶδεν εἰ o. ä. »vielleicht« (als Ausdruck der Zuversicht) kommt noch öfter vor, als JEREMIAS angibt. LXX gibt nur
noch einen Beleg her. Tobit sagt in seinem Dankgebet am Ende des
Buches 13 8 BA (in ℵ fehlen vv. 8-11 a b): ἐπιστρέψατε, ἁμαρτωλοί,
καὶ ποιήσατε δικαιοσύνην ἐνώπιον αὐτοῦ· τίς γινώσκει εἰ θελήσει ὑμᾶς
καὶ ποιήσει ἐλεημοσύνην ὑμῖν; Vier Belege stehen in Pseudo-Philos
Liber antiquitatum biblicarum. Amram, Moses Vater, schließt 9 6

---

[17] δε και a dürfte wieder Gräzisierung sein. και (οψεται) c (vgl. aut L 1) ist
wohl ursprünglich. o gitê et'e Arm wiederholt τις οιδεν ει.

[18] της εμης παρθενιας a c kann ursprünglich sein. ταλαιπωριας a paßt schlecht
zu ορφανια als Nomen regens und ist wohl sekundär.

[19] BATIFFOL 54,15 ὑπερασπίσει ist Fehler. Vatic. gr. 803 hat wie c ὑπερασπιεῖ.

eine Rede so: *si potuerimus non proiciemus fructum ventris nostri.
Et quis scit si pro hoc zelabitur Deus, ut liberet nos de humiliatione
nostra*?[20] Cenez fordert nach seiner Auslosung zum Princeps Israels
die Sünder im Volk auf, freiwillig ihre Sünden zu bekennen (worauf
sie verbrannt werden sollen) 25 7: *et nunc renunciate nobis nequicias
vestras et adinventiones. Et quis scit quoniam si dixeritis veritatem
nobis, et si modo moriamini miserebitur tamen vobis Deus cum vivi-
ficabit mortuos*[21]. Als Sisera anrückt, sammelt sich Israel auf dem
Gebirge Juda und beschließt 30 4: *et nunc venite ieiunemus septem
diebus a viro usque ad mulierem, et a minimo usque ad lactentem. Et
quis scit si replacabitur Deus hereditati sue, ut non dispergat planta-
tionem vinee sue*[22]. Als die Ammoniter Israel bedrängen, bittet man
Jephtha 39 3: *veni, principare populo. Quis enim scit si propterea ser-
vatus es in dies istos, aut propterea liberatus es de manibus fratrum
tuorum ut principeris in tempore hoc populo tuo*[23]. Zwar steht auch
hier die Wendung nicht in der 2. Person. Doch zeigen die Belege aus
Pseudo-Philo, daß die Redensart jedenfalls in der 3. Person nicht
nur im Übersetzungs- (LXX) und im Judengriechischen (JA) lebendig
war, sondern auch noch im Hebräischen des späten 1. Jh.s n. Chr.,
als der Liber antiquitatum entstand[24].

II

Auch in JA 69, 15 καὶ νῦν σὺ γινώσκεις εἰ fällt das εἰ auf. Doch zu-
nächst der Text JA 69, 13—16[25]. Aseneth erzählt Joseph von der
Himmelserscheinung, die ihr die Aufnahme bei Gott zusagte und die
Hochzeit mit Joseph versprach:

a		ειπε δε[26]	ο	ανθρωπος
b	και	ειπε	μοι ο	ανθρωπος
Syr		*w'mr*	*lj*	
Arm	*ew*	*asaç*	*çis*	
L 1	*et*	*dixit*	*mihi*	
L 2	*dixitque*		*mihi*	*homo ille*

[20] G. KISCH, Pseudo-Philo's Liber Antiquitatum Biblicarum (Publications
in Mediaeval Studies. The University of Notre Dame, 10), Notre Dame, Indiana,
1949, 138, 10—12.

[21] KISCH 181, 18—21.   [22] KISCH 199, 4—8.

[23] KISCH 217, 15—18.   [24] KISCH 15—18.

[25] Abkürzungen wie in Anm. 10. b = Bukarest, f. 134v/a, 8—13. SYR =
BROOKS 43, 2—5. Arm = YOVSÊP'EANC 184, 9—12. L 1 = BATIFFOL 107, 23—26.
L 2 = Uppsala, Universitätsbibliothek C 37, f. 129r, 11—13, 13. Jh. Der Satz
fällt in den oben herangezogenen Handschriften c, in BATIFFOLS B und D und in
der slawischen Übersetzung in eine Lücke.

[26] ειπε δε a gräzisiert wahrscheinlich. και ειπε b SYR Arm L 1 L 2 wird ursprünglich sein.

a	πορευσομαι και²⁷	προς	Ιωσηφ	οπως²⁸	λαλησω	
b	πορευσομαι και	προς	Ιωσηφ	και	λαλησω	
Syr	d'zl 'n'	'p	lwt	Jwsp		wmmll 'n'	
Arm	gnaçiç		aṙ	Yovsêp'	ew	xawseçayç	
L 1	pergam		ad	Ioseph	et	loquar	
L 2	ibo		ad	Ioseph	et	loquar	

a	εις τα	ωτα	αυτου	περι	σου²⁹	τα ρηματα	μου
b	εις τα	ωτα	αυτου	περι	σου	τα ρηματα	μου
Syr	lh			p̄igm'	hljn	'ljkj	
Arm	yakanjs		nora	zbans	im	vasn k'o	
L 1	in	auribus	eius	de	te	verba	mea
L 2	in	auribus	eius	de	te omnia	uerba	mea

a	και	νυν	συ	γινωσκεις	κυριε	
b	και	νυν		γινωσκεις	κυριε	
Syr		whš'	'nt	jd' 'nt	mrj	
Arm	ew	ayžm	du	čanačes	têr	im
L 1	et	nunc		cognoscis	domine	mi³⁰
L 2	et	nunc	tu	cis (!)	domine	mi

a	ει	εληλυθε	προς	σε³¹	ο ανθρωπος	εκεινος
b	ει	εισεληλυθεν	προς	σε	ο ανθρωπος	εκεινος
Syr	'n	't	gbr'		lwtk	
Arm	et'e	ekn	ayrn ayn		aṙ k'ez	
L 1	si	venit	angelus domini		ad te	
L 2	an	uenerit	homo ille		ad te	

a	και ει³²	λελαληκε	σοι	περι	εμου	
b	και	ελαλησαι	σοι	περι	εμου	
Syr		wmll	lk	'lj		
Arm	ew	xawseçaw	end k'ez	zbans	im	
L 1	et	locutus est	tibi	de	me?	
L 2	et an	locutus sit	tibi d. (!)	de	me	

---

²⁷ και a b Syr wird ursprünglich sein, obwohl es in Arm L 1 L 2 fehlt.

²⁸ οπως a statt και b Syr Arm L 1 L 2 ist vermutlich wieder Gräzisierung.

²⁹ Ob περι σου ursprünglich vor (a b L 1 L 2) oder hinter τα ρηματα μου (Syr Arm) stand, bleibt offen.

³⁰ (domine) mi Syr Arm L 1 L 2 sieht ursprünglich aus, obwohl es in a b fehlt.

³¹ Ob προς σε ursprünglich vor (a b) oder nach ο ανθρωπος εκεινος (Syr Arm L 1 L 2) stand, bleibt offen.

³² ει a L 2 ist vielleicht ursprünglich, obwohl es sonst nicht gestützt wird, vielleicht auch das Perfekt λελαληκε a (die Übersetzungen geben hier nichts her) wegen des parallelen Perfekts εληλυθε.

JA 69, 13—16 lautete also ursprünglich etwa:

και ειπε μοι ο ανθρωπος
πορευσομαι και προς Ιωσηφ
και λαλησω εις τα ωτα αυτου περι σου τα ρηματα μου
και νυν[33] συ γινωσκεις κυριε μου
ει εληλυθε προς σε ο ανθρωπος εκεινος
και λελαληκε σοι περι εμου.

JA 69, 15 σὺ γινώσκεις εἰ bedeutet nicht »du weißt, ob«. Der Ausdruck
wäre dann zweifelnd gemeint. Er paßt aber besser in den Zusammenhang, wenn man ihn beschwörend versteht: »Du weißt doch, daß«[34]. Das
εἰ leitet keine Ungewißheitsaussage ein, sondern eine Tatsachenbehaup-
tung, die nur insofern relativiert ist, als sie nicht vom Subjekt des übergeordneten Satzes stammt. Im Deutschen entspricht dem εἰ ein »daß«.

Das gleiche »faktische« εἰ muß man nun m. E. auch an den drei
neutestamentlichen Stellen annehmen, wo εἰ einen einfachen abhängigen Fragesatz nach einem (verneinten) Verb des Wissens oder
Hörens einleitet. Auch hier geht es nicht um Ungewißheiten, sondern
um Tatsachen (und zwar solche, die das Subjekt des übergeordneten
Satzes ablehnt). Joh 9 25 antwortet der geheilte Blinde auf den Vor-
wurf der »Juden«, ἡμεῖς οἴδαμεν ὅτι οὗτος ὁ ἄνθρωπος ἁμαρτωλός
ἐστιν: εἰ ἁμαρτωλός ἐστιν οὐκ οἶδα· ἓν οἶδα, ὅτι τυφλὸς ὢν ἄρτι βλέπω.
Das kann Zweifel sein: »Ob er Sünder ist, weiß ich nicht (und ist mir
gleich). Eins weiß ich . . .«. So verstehen die Kommentare durchweg.
Aber es würde gut in den Zusammenhang passen, in dem entschiedenes
Wissen oder Nichtwissen eine Rolle spielt (vgl. 9 12. 20 f. 24. 29. 30 f.),
und auch zu der späteren Feststellung des Blinden, ein so Heilkräf-
tiger könne kein ἁμαρτωλός sein (9 31-33), wenn man übersetzt: »Davon,
daß er Sünder sein soll, weiß ich nichts«.

I Cor 1 16 λοιπὸν οὐκ οἶδα εἴ τινα ἄλλον ἐβάπτισα wird gewöhnlich
übersetzt: »Im übrigen weiß ich nicht, ob ich noch jemand anders
getauft habe«. Warum Paulus das bald nach seinem 18monatigen
Aufenthalt in Korinth nicht mehr wußte, leuchtet aber nicht recht
ein, um so weniger, als er sich an seine Täuflinge Krispus, Gaius und
Stephanas (samt οἶκος) mit Namen erinnert. W. BAUER hat das wohl
gespürt, wenn er meint, οἶδα spiele an dieser Stelle in die Bedeutung
»ich erinnere mich nicht« hinüber[35]. Aber auch das heißt, daß Paulus

---

[33] Vgl. JEREMIAS, Beobachtungen, 119f.

[34] Vgl. Pseudo-Philo, Lib. ant. 22 3. Ruben, Gad und halb Manasse (Jos 22) be-
teuern: *Nunc scit Dominus Deus patrum nostrorum si aliquis de nostris aut nos ipsi
fecimus rem istam in verbo iniquitatis nisi pro posteris nostris ut non separetur cor eorum a Domino Deo nostro* (KISCH 172, 14—18).

[35] W. BAUER, Wörterbuch[5], Berlin 1958, Sp. 1101. Ähnlich schon C. HOL-
STEN, Das Evangelium des Paulus I, Berlin 1880, 462 (vgl. WEISS 21, Anm. 2):
»Ich glaube nicht, daß«.

offen läßt, ob er nun noch τινὰ ἄλλον taufte oder nicht. Vermutlich
heißt aber εἰ I Cor 1 16 eben nicht »ob«, und der Satz ist keine Ungewißheitsaussage, sondern eine Beteuerung: »Im übrigen wüßte
ich nicht, daß ich jemand anders getauft hätte«[36]. Das paßt dann
auch vorzüglich zum folgenden v. 17: Nicht zum Taufen sandte mich
Christus, sondern zum Verkündigen. Danach ergibt sich aus I Cor
1 14-17: Krispus, Gaius und Stephanas waren Paulus' Erstlinge (von
Krispus Apg 18 8 und Stephanas I Cor 16 15 ist das sicher), die er
auch selbst taufte. Sonst predigte er und überließ das Taufen vermutlich ihnen. Das würde bedeuten, daß die Erstbekehrten nicht
nur (wie natürlich) die Führer der entstehenden Gemeinden wurden,
sondern zunächst eine Missionsmannschaft, die den Apostel unter-
stützte.

»Daß« bedeutet εἰ schließlich auch Act 19 2. Auf Paulus' Frage:
εἰ πνεῦμα ἅγιον ἐλάβετε πιστεύσαντες; antworten die Johannesjünger
in Ephesus: ἀλλ' οὐδ' εἰ πνεῦμα ἅγιον ἔστιν ἠκούσαμεν »nein, wir haben
noch nicht einmal davon gehört, daß der Heilige Geist (wieder da)
ist«[37]. Und zwar liegt in der Antwort nicht interessiertes Erstaunen,
sondern Abwehr: »Aber der heilige Geist ist doch (noch gar) nicht
(wieder) da!«[38].

(Abgeschlossen am 30. 10. 1960)

---

[36] So auch ohne Begründung H. LIETZMANN, An die Korinther I. II (HNT 9)[4],
Tübingen 1949, 9.
[37] »Daß« übersetzen A. SCHLATTER, Erläuterungen zum Neuen Testament I,
Stuttgart 1908, 988; F. J. F. JACKSON-K. LAKE, The Acts of the Apostles (The
Beginnings of Christianity I) IV, London 1933, 237.
[38] Diese Auffassung begünstigt die Auslegung, die die Johannesjünger nach
der Wiederkehr des Geistes (SCHLATTER, WENDT, ZAHN, BAUERNFEIND, JACKSON-
LAKE, JEREMIAS u. a.) fragen läßt, nicht nach seiner Existenz (so zuletzt E. HAEN-
CHEN, Die Apostelgeschichte[12], Göttingen 1959, 487f.). Eine Abwehr: »Aber hei-
ligen Geist gibt es doch gar nicht!« ist wenig sinnvoll.

9

JOSEPH ET ASÉNETH

Questions actuelles*

Parmi les livres apocryphes et pseudépigraphiques de l'Ancien Testament il n'y en eut guère de plus populaire, autrefois, que l'histoire de *Joseph et Aséneth*. Roman d'amour et d'enlèvement en même temps que journal d'une conversion, voilà notre apocryphe pourvu de toutes les caractéristiques qui sont encore de nos jours les garants du succès littéraire — sexe, crime et religion. Un peu plus long que l'évangile de Marc, écrit dans un grec inspiré des Septante, *Joseph et Aséneth* se répandit non seulement dans sa langue originale, mais aussi en syriaque, en arménien, en latin, en serbo-slave, en éthiopien, en grec moderne et en roumain. Très tôt, le texte grec eut une influence sur certaines passions, notamment sur celle de sainte Irène[1]. Plus tard, son écho se fera entendre dans l'histoire musulmane de Youssouf et Zouleïkha, dont il existe d'innombrables versions [1a]. Au XIIIᵉ siècle, Vincent de Beauvais résuma l'essentiel d'une traduction latine de notre roman dans son *Miroir historial* II 118-124, et cet abrégé connut un succès autonome dans bien des littératures européennes [2]. Vers le XVIIIᵉ siècle, enfin, *Joseph et Aséneth* tomba dans l'oubli, d'où il fut retiré par P. Batiffol il y a quatre-vingts ans [3]. Batiffol assura la première édition intégrale du texte grec et du texte latin abrégé par Vincent. Il a pourtant eu le malheur de placer Aséneth aux IVᵉ et Vᵉ siècles ap. J.-C., ce qui explique sans doute en quelque mesure le peu d'attention qu'a attiré son livre dans les années suivantes. Ce fut à G. D. Kilpatrick et J. Jeremias, en 1952, de sauver pour de bon la belle Aséneth de l'exil

---

* M. Philonenko s'est amicalement chargé de la tâche ingrate de revoir mon manuscrit et d'assouplir dans la mesure du possible ma lourde prose. Qu'il veuille bien trouver ici l'expression de ma gratitude la plus sincère.

[1] C. Burchard, *Untersuchungen zu Joseph und Aseneth*, Wissenschaftliche Untersuchungen zum Neuen Testament 8, Tübingen, 1965, p. 134-137; M. Philonenko, *Joseph et Aséneth*, Studia Post-Biblica 13, Leiden, 1968, p. 110-117: M. van Esbroeck, compte-rendu des ouvrages cités, *Analecta Bollandiana*, 80, 1968, p. 404-410.

[1a] Philonenko, *Joseph et Aséneth*, p. 117-123.

[2] Burchard, *Untersuchungen*, p. 41-45.

[3] P. Batiffol, « Le Livre de la Prière d'Aseneth », dans Batiffol, *Studia Patristica*, Paris, 1889-1890, p. 1-115.

hagiographique et de la rapatrier au milieu dont elle était issue, c'est-à-dire le judaïsme hellénistique d'Égypte vers le début de notre ère [1]. Une fois rétablie chez elle, Aséneth n'a pas cessé d'intéresser le monde savant, comme le montre la bibliographie dressée par M. Philonenko dans son ouvrage cité en note 1 et qui est le dossier le plus récent et le plus complet de notre sujet [2]. Il n'a pas lieu de s'en étonner. *Joseph et Aséneth* est une source de tout premier ordre pour mieux comprendre le judaïsme hellénistique et du coup même l'arrière-fond du Nouveau Testament. Ou disons plutôt : le livre pourra être tel au fur et à mesure où il sera lui-même mieux compris. Pour donner une idée de ce qui a été fait et qui reste à faire, on nous permettra de mettre en relief brièvement trois problèmes cardinaux, celui du texte, celui de la structure littéraire et celui de l'arrière-fond religieux.

I. LE PROBLÈME DU TEXTE

Joseph et Aséneth nous est conservé dans seize manuscrits grecs et huit versions faites sur le grec. Cela fait un total d'environ quatre-vingt-dix manuscrits. Heureusement, il est facile de mettre un peu d'ordre dans cette foule effrayante de témoins. Ils se divisent sans difficulté en quatre familles que voici [3] :

---

[1] G. D. KILPATRICK, « The Last Supper », *The Expository Times*, 64, 1952/53, p. 4-8 ; J. JEREMIAS, « The Last Supper », *ibid.*, p. 91s. Ce mérite leur revient en dépit du fait qu'ils avaient des devanciers, parmi lesquels il faut citer avant tout V. APTOWITZER, « Asenath, the Wife of Joseph. A Haggadic Literary-Historical Study », *Hebrew Union College Annual*, 1, 1924, p. 239-306 ; P. RIEßLER, « Joseph und Asenath. Eine altjüdische Erzählung », *Theologische Quartalschrift*, 103, 1922, p. 1-22, 145-183. Sur la date et le lieu de composition de notre apocryphe voir BURCHARD, *Untersuchungen*, p. 133-151 ; PHILONENKO, *Joseph et Aséneth*, p. 99-109.

[2] P. 239-249. Voir aussi BURCHARD, *Untersuchungen*, p. 153-164 et le supplément dans « Zum Text von 'Joseph und Aseneth' », *Journal for the Study of Judaism*, 1, 1970, p. 3, n. 3. Ajouter E. BRANDENBURGER, *Fleisch und Geist. Paulus und die dualistische Weisheit*, Wissenschaftliche Monographien zum Alten und Neuen Testament 29, Neukirchen-Vluyn, 1968, p. 64, 120, 125, 166, 182, 186, 188, 202, 207 ; A.-M. DENIS, *Introduction aux Pseudépigraphes grecs d'Ancien Testament*, Studia in Veteris Testamenti Pseudepigrapha 1, Leyde, 1970, p. 40-48 ; BURCHARD, *Der dreizehnte Zeuge. Kompositions- und traditionsgeschichtliche Untersuchungen zu Lukas' Darstellung der Frühzeit des Paulus*, Forschungen zur Religion und Literatur des Alten und Neuen Testaments 103, Göttingen, 1970, § 4,1a ; « Fußnoten zum neutestamentlichen Griechisch », *Zeitschrift für die neutestamentliche Wissenschaft*, 61, 1970, p. 157-171.

[3] Liste des manuscrits et analyse détaillée dans BURCHARD, *Untersuchungen*, p. 2-49 ; voir aussi PHILONENKO, *Joseph et Aséneth*, p. 3-26. On désigne les manuscrits grecs par

Famille a

O   Sinaï, Sainte Cathérine, Gr. 504, Xe s. (perdu)
A   Rome, Biblioteca Vaticana, Vat. Gr. 803, XI-XIIe s.
P   Athos, Konstamonitou 14, XVe s.
Q   Rome, Biblioteca Vaticana, Pal. Gr. 364, XVe s.
C   Oxford, Bodleian Library, Barocc. Gr. 148, XVe s.
R   Sinaï, Sainte Cathérine, Gr. 530, XV-XVIe s. (copie de C ?)
      paraphrase en grec moderne (XVIe s. ou avant, 3 mss très différents).

Famille b

E   Athos, Vatopédi 600, XVe s.
G   Chillicothe, Ohio, en la possession de D. McC. McKell, XVIe s. (illuminé)
F   Bucarest, Biblioteca Academiei Republicii Populare Romîne, Gr. 966, XVIIe s.
W   Sinaï, Sainte Cathérine, Gr. 1976, XVIIe s. [1]
      version syriaque (VIe s., 2 mss)
      version arménienne (VI-VIIe s., une quarantaine de mss)
      version latine I (XIIe s., 10 mss)
      version latine II (XIIe s., 5 mss)
      version roumaine (XVIIIe s., 4 mss)
      version éthiopienne (date incertaine, texte disparu à l'exception de quelques
      citations)

Famille c

H   Jérusalem, Patriarchat orthodoxe, Saint Sépulchre 73, XVIIe s.
J   Jérusalem, Patriarchat orthodoxe, Saba 389, XVIIe s.
K   Jérusalem, Patriarchat orthodoxe, Saba 593, 1802

Famille d

B   Rome, Biblioteca Vaticana, Pal. Gr. 17, XI-XIIe s.
D   Oxford, Bodleian Library, Barocc. Gr. 147, XVe s.
      version serbo-slave (XVe s. ou avant, 2 mss)

non identifié

Breslau, Biblioteka Uniwersytecka, Rehdig. 26, XIe s. (première main d'un palim-
pseste, s'apparente vraisemblablement à *b*)

Pour caractériser quelque peu ces quatre familles, notons d'abord
que deux d'entr'elles sont des recensions au sens strict du mot, à savoir

---

des capitales. — Il faut ajouter à ma liste deux manuscrits arméniens et un en grec
vulgaire : Jérusalem, St. Jacques (Patriarchat Arménien), 1927 et 1934 (M. STONE,
*The Testament of Levi. A First Study of the Armenian Mss of the Testaments of the XII
Patriarchs in the Convent of St. James, Jerusalem*, Jerusalem, 1969, p. 16, 17); Athos,
Vatopédi 83 (DENIS, *Introduction*, p. 42).

[1] F et W forment un groupe à part qui est caractérisé par des interpolations parénéti-
ques chrétiennes. C'est d'un manuscrit de ce type que dépend la version roumaine.

a et *c*. Dans *a*, « on discerne un effort persévérant pour récrire en un grec recherché un texte jugé trop lourd, vulgaire, voire incorrect », écrit fort justement Philonenko [1]. Le cas de *c* est semblable, bien que les retouches y soient plus légères. Par contre, *b* et *d* sont des rejetons naturels de l'évolution textuelle. On remarquera ensuite que les familles sont de longueur inégale. *b* paraît en être la plus longue ; elle comporte certains passages que l'on ne trouve pas ailleurs, notamment un psaume d'Aséneth après le chapitre 21 [2]. *a* est moins longue que *b*, mais pas de beaucoup. *c* s'approche de *b*, mais aucun des trois manuscrits ne va au delà de 16,17. Par contre, *d* est un texte court. Y font défaut non seulement des mots et des phrases isolés, mais aussi de paragraphes entiers, notamment dans les chapitres 11, 18, 19, 21 et 22. Dans l'ensemble, *d* ne comprend que les deux tiers de ce qu'on lit dans *abc*. Finalement, l'âge des familles. La recension *a* a été réalisée avant le Xe siècle, peut-être pas beaucoup plus tôt. *c* est sans doute bien plus récent. *d* est également antérieure au Xe siècle, mais on ne sait pas de combien. *b* est pour la première fois attestée au VIe siècle et peu après par le syriaque et l'arménien.

Voilà les matériaux dont dispose la critique textuelle à présent. Que peut-on en faire ?

Constatation préliminaire, mais qui ne va pas de soi : *Joseph et Aséneth* n'est pas de ces contes populaires qui n'ont pas d'auteur ou qui en ont trop. C'est bien l'ouvrage d'un individu. Il a par conséquent dû exister de notre apocryphe un texte primitif. Autre chose est de savoir si et comment on peut le retrouver à travers la nuée de témoins qui vient d'être décrite. Pour répondre à cette question, il faut avoir une idée de l'histoire du texte, soit, plus simplement, de l'affiliation des familles. Trois ou quatre hypothèses ont été avancées. La première ne l'était que de façon implicite. En choisissant le manuscrit A pour le texte de son édition, Batiffol donna à entendre qu'il fallait chercher l'original dans la direction de *a* ; à part cela, il ne souffla pas mot du problème textuel. Quelques années plus tard, V. M. Istrin, dans son édition passée presque inaperçue [3], parvint sans grand-peine à démontrer que *a* est un remaniement qu'il appela « la rédaction longue ». Elle dérive, selon lui, de « la rédaction courte », à savoir *d*. Batiffol et Istrin

---

[1] *Joseph et Aséneth*, p. 6.

[2] J'ai essayé de reconstruire le texte du psaume et de certains autres passages non représentés en *a* dans *Untersuchungen*, p. 49-90.

[3] « Apokrif ob Iosifě i Asenefě », in *Drevnosti*, Trudy slavjanskoj kommissii Imperatorskago moskovskago archeologičeskago obščestva 2, Moscou, 1898, p. 146-199.

ne tenaient cependant pas compte, l'un et l'autre, de l'ensemble de la tradition manuscrite. La famille *b* leur échappait puisqu'ils ne la connaissaient qu'à travers les versions; *c* leur était totalement inconnue. Aussi, une fois reconnues les quatre familles, une autre solution me parut-elle s'imposer. La meilleure famille est la plus ancienne, *b*; *a*, *c* et *d*, tout en étant plus récentes, en sont indépendantes, si bien qu'il est possible de reconstruire avec leur aide un texte éclectique qui serait encore meilleur et plus ancien que celui de *b*[1]. Contre cette vue des choses s'est dressé M. Philonenko en précisant l'hypothèse d'Istrin[2]. Parmi les quatre textes représentés par les quatre familles, il en discerne un qui est l'ancêtre de tous les autres; c'est le texte court de la famille *d*. Ce n'est pas là le texte primitif; *d* est, elle aussi, une recension, mais qui est encore toute juive et si proche de l'original qu'elle offre « une base solide à l'exégèse »[3]. De bonne heure, ce texte court fut élargi, ce qui donna *b* (« première recension longue »); Philonenko y décèle une influence gnostique, soit juive, soit chrétienne. A force de certaines retouches indubitablement chrétiennes, *b* devint ensuite *c* (« seconde recension longue »). Une revision fondamentale, toujours chrétienne, transforma enfin *c* en *a* (« troisième recension longue »).

Selon moi, cette hypothèse ne s'impose pas. Car il est bien évident que le texte *d* est inférieur à l'un au moins des autres ou à plusieurs dans plus d'un passage. Occupons-nous d'abord de la brièveté de *d* parce que c'est elle qui est le propre de ce texte (variantes de longueur et variantes positives ne sont du reste pas gouvernées par une même loi). Prenons, par exemple, 8,9 (8,11 Ph.), passage où Joseph intercède pour Aséneth :

καὶ πιέτω ποτήριον (+ τῆς D) εὐλογίας σου
ἣν ἐξελέξω πρὶν γεννηθῆναι   BD sl (*d*)

καὶ πιέτω ποτήριον εὐλογίας σου
καὶ συγκαταρίθμησον αὐτὴν τῷ λαῷ σου
ὃν ἐξελέξω πρὶν γεννηθῆναι (γενέσθαι ΑΗ) τὰ πάντα   F (*b*) A (*a*) H (*c*)

Dans *d*, la phrase relative « que tu as choisie » va mal avec « bénédiction »[4]. Dans *b* et *a*, non seulement la phrase relative est à propos,

---

[1] *Untersuchungen*, p. 18-49.
[2] *Joseph et Aséneth*, p. 3-26.
[3] P. 101.
[4] Philonenko s'est tiré d'affaire en traduisant « elle que j'ai choisie (lapsus pour 'tu as choisie') avant sa naissance » (p. 159). C'est à la rigueur possible, mais on s'étonnerait de trouver un tour de phrase aussi recherché dans un ouvrage du genre de *Joseph et Aséneth*.

mais l'ensemble fournit aussi un parallélisme parfait à ce qui suit. Manifestement, *d* est à ce point défectueux, le stique « et compte-la parmi ton peuple élu » étant tombé par *homoiotéleuton*. Dans ce cas la différence de longueur n'est cependant pas bien grave. Examinons donc un second exemple, à savoir le chapitre 11 qui n'a qu'un seul verset dans *d* alors qu'il en a quinze dans *abc*. Ce chapitre, sous sa forme longue, est selon Philonenko « une prière secrète » qui fait double emploi avec la confession de péché d'Aséneth aux chapitres 12 et 13 et qui n'est, en fait, qu'un « véritable pastiche » de cette confession [1]. Quand on y regarde de près, le chapitre 11 n'est pas une prière, mais un monologue où Aséneth fait l'inventaire de sa situation et s'encourage elle-même à se livrer à Dieu. Loin d'être une anticipation de la confession qui va suivre, le monologue sert d'introduction à cette confession. Il y a plus. On trouve des parallèles de l'ensemble : monologue plus confession dans les romans antiques, constatation que nous devrons reprendre plus tard. Pour le moment, retenons-en que la présence, dans le chapitre 11, d'un monologue avant la grande confession d'Aséneth n'a rien d'extraordinaire et ne permet pas de juger plus primitif le texte *d* qui l'omet. Une fois de plus, *d* se révèle lacuneux. On pourra objecter, certes, que l'argument tiré des parallèles romanesques est ambivalent, un remanieur ayant pu s'inspirer du roman pour compléter un texte jugé trop pauvre. Mais une fois admis que la forme longue du chapitre 11 est sans reproche du point de vue littéraire, sur quoi s'appuyera-t-on pour déclarer plus primitif le texte court ? La brièveté, à elle seule, ne suffit point, puisque les textes hagiographiques et semblables, on le sait, ont tous sans exception l'habitude de s'amenuiser dans une mesure plus ou moins forte au cours de leur transmission écrite [2]. On observe d'ailleurs que les lacunes vont en général s'accroissant du début à la fin. *d* paraît se conformer à cette loi, à en juger d'après un examen rapide [3]. Il résulte de tout cela que le texte *d* de *Joseph et Aséneth* est dans l'ensemble un abrégé.

Restent les endroits où il y a décalage entre *d* et *b, c* ou *a* dans le

---

[1] P. 7.

[2] Il suffit d'examiner les trois témoins qui constituent la famille *d* pour en avoir la preuve. Le chapitre 21 a presque disparu dans les manuscrits grecs, B et D. Si le slave ne l'avait pas préservé, Philonenko n'aurait-il pas conclu, ici aussi, que le texte plus complet de *a* et *b* (*c* n'existe plus) était, une fois de plus, gonflé ?

[3] Par exemple, le texte de Philonenko n'est guère plus court que celui de Batiffol en *Joseph et Aséneth* 1-3, et il l'est encore moins quand on s'aperçoit que Philonenko écarte à tort en 3,1 et 3,6 (3,1 et 3,9 Ph.) le texte de B sl qui est proche de celui de A et s'en tient à D qui est plus bref.

texte positif. Là non plus d n'est pas partout sans défaut par rapport aux autres familles. Citons 12,3 (12,4 Ph.) à titre d'exemple :

προσσχες την δεησιν μου	D sl (om B) (d)
προς σε εκχεω την δεησιν μου	H (c) arm (+ et au début) (b) Lat I (b) Lat II (in conspectu tuo domine pour προς σε) (b)
σοι προσχεω την δεησιν μου	F (b)
προς σε την δεησιν μου εκχεω	A (a)

La formule en est entourée d'autres qui ont toutes le verbe à la première personne. πρόσσχες est donc sans doute une corruption de σοὶ προσχέω ou de πρός σε ἐκχέω.

En somme, le texte de la famille d n'est pas à tous les égards supérieur à ceux des autres familles. Bien au contraire, il est inférieur presque partout où il est plus court, et il est inférieur par endroits dans le texte positif, surtout en comparaison avec b. Cela revient à dire que le tableau de l'histoire textuelle que brosse Philonenko ne saurait être juste. Il n'y a pas eu évolution de d à a en passant par b et c. Grâce à ses lacunes, d n'a même pas la plus grande valeur relative.

Quelle est alors la vraie situation? On ne la connaît à présent qu'imparfaitement. Il est évident que les familles a, d et c sont indépendantes l'une de l'autre, ayant chacune un archétype à elle [1]. Ce qui est moins clair, c'est le caractère de la famille b qui est extrêmement diversifiée et ses rapports avec les autres familles, sauf qu'elle ne saurait en aucune manière dépendre de l'une d'elles. Dans mon livre j'ai soutenu sans plus de façon que les témoins du type b dérivent d'un archétype commun et que a, c et d en sont indépendantes [2]. C'était aller trop vite. Il faudra plus de recherches pour savoir si b est en vérité une famille comme les autres ou un choix de rejetons divers qui n'ont d'unité que par contraste avec acd, et pour déterminer la position de a, c et d par rapport soit à b, soit à ses composantes. Quoi qu'il en soit, j'ose dire dès maintenant qu'il sera possible de reconstruire à partir de l'ensemble de la tradition manuscrite un texte très ancien [3], sans doute

---

[1] Malgré ce que dit PHILONENKO, Joseph et Aséneth, p. 10, c ne saurait être la Vorlage de a. c est sans doute la plus récente des familles. Il n'est d'ailleurs pas certain qu'elle ait jamais existé au delà de 16,17.

[2] Supra, p. 81.

[3] Philonenko estime que c'est impossible ou presque parce que « Joseph et Aséneth a vécu la vie des textes hagiographiques » (Joseph et Aséneth, p. 21), si bien que « la tradition de Joseph et Aséneth est à ce point embrouillée qu'il n'y a plus d'espoir d'atteindre le texte original » (ibid., p. 22). On lira avec profit ce qu'écrit H. DELEHAYE, Les passions des martyrs et les genres littéraires, Bruxelles, 1921, p. 365-423, sur la tradition des vitae sanctorum, mais on comprend mal comment ces remarques s'appliquent

assez semblable à celui que nous laissent entrevoir les témoins du type *b* et qui, sans être identique au texte original, nous offrira ce que Philonenko a cru posséder en *d*, « une base solide à l'exégèse » [1]. Provisoirement je voudrais recommander d'admettre *b* sauf dans les cas où *a, c* ou *d* fournissent des variantes nettement supérieures. Cette règle est pourtant difficile à suivre parce qu'aucun manuscrit grec du type *b* n'est imprimé et que les versions sont mal éditées (toutes sauf la syriaque), inédites (version latine II) ou fort lacuneuses (syriaque, latine I). Il ne reste donc pour le moment que d'utiliser le texte de Philonenko en comblant ses lacunes par Batiffol.

II. La structure littéraire

Joseph et Aséneth n'est pas un apocryphe du genre de l'*Apocryphe de la Genèse* de Qumrân ou du livre des *Jubilés*, ouvrages brodés sur la trame du récit biblique. Il s'agit plutôt de l'un des efforts qui ont été faits pour combler une lacune dans le texte sacré. Plus exactement, *Joseph et Aséneth* représente un double effort en ce sens. Car l'ouvrage se divise en deux parties qui s'insèrent à deux endroits différents dans l'histoire biblique de Joseph aux chapitres 41 et 46 de la *Genèse*. On lit d'abord en *Joseph et Aséneth* 1-21 comment Aséneth arriva, la première année de l'abondance, à épouser Joseph (voir le résumé détaillé, *infra*); la narration s'ouvre sur un rappel de *Genèse* 41,46 en 1,1 et se termine en résumant *Genèse* 41,50-52 en 21,9. Viennent ensuite les chapitres 22-29 où il est raconté comment Aséneth, la deuxième année de la famine après la venue en Egypte de Jacob, faillit être enlevée par le fils premier-né de Pharaon qui s'était assuré les mauvais services de Dan et Gad. L'entreprise fut mise en échec par Siméon, Lévi et Benjamin qui, tel un David avant la lettre, lança une pierre contre le fils de Pharaon et lui fractura la tempe gauche. Le villain mourut le trosième jour après; Pharaon, emporté par le chagrin, le suivit dans

---

à une situation où l'auteur lui-même ne reconnaît point *tot recensiones quot codices*, mais quatre recensions bien distinctes et dont il est à même de préciser l'ordre généalogique. La situation n'est donc pas du tout désespérée, et s'il n'est plus d'espoir de récupérer l'original de *Joseph et Aséneth*, ce n'est pas parce que la tradition est embrouillée, mais parce qu'elle est incomplète.

[1] Vu le caractère diversifié de *b*, les autres familles pourront servir même dans le cas où elles se dévoileraient, en dernière analyse, comme des rejetons de *b*. Il reste à voir, il est vrai, si l'on peut reconstruire un seul texte partout. Parfois les ramifications sont telles qu'il sera peut-être prudent de se contenter d'une juxtaposition, sur différentes colonnes, des formes divergentes du texte.

la tombe, laissant sa couronne à Joseph pour 48 ans. Le début de cette partie, en 22,1s., rappelle *Genèse* 41,53s. et 45,26-46,7.27. Lue dans le cadre des citations bibliques qui l'entourent, la première partie de *Joseph et Aséneth* explique pourquoi le pieux Joseph pouvait épouser une femme païenne; le sens de la seconde partie est moins clair, mais on dirait qu'elle voudrait mieux motiver la haute position que Joseph occupait en Égypte.

Bien entendu, en elle-même l'histoire de *Joseph et Aséneth* fait mieux que de justifier le mariage de Joseph et son accès au pouvoir égyptien. D'où faut-il dériver ces histoires ? La Bible et l'haggada juive ne nous offrent que très peu de chose [1]. Il faudra donc aller chercher plus loin. Un tour d'horizon embrassant les littératures juive et païenne, tant grecque qu'égyptienne, a permis à Philonenko de relever nombre de passages dont l'auteur de *Joseph et Aséneth* a pu s'inspirer, passages tirés de la légende palestinienne d'Aséneth qui en fait la fille de Dina, de l'apocryphe *Prière de Joseph*, du conte égyptien du *Prince prédestiné*, de la légende grecque d'Hélène de Troie et d'autres. Philonenko a en plus noté, le premier, que notre auteur se sert généreusement des clichés caractéristiques de ce curieux genre littéraire que l'on appelle le roman antique. C'est donc en amalgamant, à l'aide des *topoi* familiers du roman, de motifs divers puisés un peu partout que l'auteur de *Joseph et Aséneth* a composé sa narration [2].

De ces rapprochements utiles il faut retenir surtout, je crois, l'heureuse idée qu'a eue Philonenko de comparer *Joseph et Aséneth* aux romans grecs et latins [3]. Je pense même qu'il est possible de développer cette idée, modifiant par là, il est vrai, la conception que s'est faite Philonenko de la genèse de notre apocryphe [4]. S'il est vrai que « d'un roman d'amour, l'auteur connaît tous les clichés » [5], on peut aussi constater

---

[1] Les parallèles bibliques et rabbiniques ont été notées par APTOWITZER, « Asenath, the Wife of Joseph », qui a cependant manqué de reconnaître le caractère judéo-hellénistique de notre apocryphe.

[2] *Joseph et Aséneth*, p. 32-48.

[3] On trouvera tous les romans, sauf Xénophon, dans le recueil magnifique de P. GRIMAL, *Romans grecs & latins*, Bibliothèque de la Pléiade 134, Paris, 1958; quant à Xénophon, on consultera G. DALMEYDA, *Xénophon d'Éphèse, Les Éphésiaques*, Collection des Universités de France, Paris, 1926.

[4] Je reprends ici certaines idées que j'ai exposées en plus de détails dans *Der dreizehnte Zeuge*.

[5] PHILONENKO, *Joseph et Aséneth*, p. 43. Philonenko n'a pas réussi à convaincre van Esbroeck, qui déclare que cet « aspect de son étude nous paraît entièrement dénué de fondement. ... Nous avons relevé scrupuleusement tous les points du commentaire où

d'assez frappants parallèles entre la structure de *Joseph et Aséneth* et celle de certains textes romanesques, notamment de la fable d'Amour et Psyché que raconte Apulée, *Métamorphoses* IV 28 - VI 24, de la *reformatio* de Lucius dans *Métamorphoses XI* [1] et du mariage d'Habrocomès et Anthia chez Xénophon d'Éphèse, *Éphésiaques* I. Qu'on nous permette d'illustrer la parenté de ces textes par une synopse où l'on

M. Ph. signale une analogie de vocabulaire (6,5; 6,8; 7,11; 8,8; 12,6; 19,3; 24,16; 25,8) : le rapprochement ne porte jamais que sur un seul mot qui, dans chaque cas, se trouve employé dans bien d'autres contextes» (compte-rendu cité, p. 407s.). Sans doute y a-t-il eu ici malentendu. Il n'est pas question d'analogies de vocabulaire, mais d'un parallélisme de motifs. Quoi qu'on puisse dire des rapprochements signalés par Philonenko dans ses notes, la présence, dans *Joseph et Aséneth*, de maints motifs du roman est hors de doute. A comparer, par exemple, *Joseph et Aséneth* 1, 3-6 (trad. PHILONENKO 1, 4-10, p. 129, 131) et CHARITON. *Chéréas et Callirhoé* I 1 (trad. GRIMAL, p. 385) :

Il y avait un homme dans cette ville (Héliopolis), satrape de Pharaon, et qui était le chef de tous les satrapes et des magnats de Pharaon. Cet homme était très riche, sage et prudent; il était conseiller de Pharaon, s'appelait Pentéphrès et était prêtre d'Héliopolis.

Pentéphrès avait une fille d'environ dix-huit ans, vierge, grande, gracieuse et qui, par sa beauté faite de décence, surpassait toutes les vierges du pays. Elle n'avait rien de semblable aux filles des Égyptiens, mais elle était en tous points semblable aux filles des Hébreux. Elle était grande comme Sara, gracieuse comme Rébecca et belle comme Rachel; cette vierge s'appelait Aséneth.

La renommée de sa beauté se répandit dans tout ce pays et jusqu'à ses limites extrêmes, et elle eut comme prétendants tous les fils des magnats, des satrapes et des rois; tous étaient fort jeunes. Il y avait une grande discorde parmi eux à cause d'elle, et ils entreprirent de se faire la guerre à cause d'Aséneth.

Hermocrate, le général syracusain, celui qui fut le vainqueur des Athéniens,

avait une fille, qui faisait l'étonnement de la Sicile entière; car sa beauté n'était pas humaine, mais divine; ce n'était pas seulement la beauté d'une Néréide ou d'une Nymphe de montagne, mais celle d'Aphrodite encore vierge.

Le bruit d'un spectacle si miraculeux s'était répandu partout et l'on voyait affluer à Syracuse, pour demander sa main, des rois et des fils de tyrans qui venaient non seulement de Sicile mais aussi d'Italie et d'Épire et des îles d'Épire.

Toutefois, van Esbroeck a raison d'être « stupéfait de lire en conclusion, p. 109 : « On a le sentiment que Joseph et Aséneth est postérieur à Chéréas et Callirhoé, par exemple, ou à Leucippe et Clitophon» (p. 408). C'est là un sentiment qu'avait Philonenko — et rien de plus.

[1] C'est une composition bipartite où Lucius raconte d'abord sa rétransformation d'âne en homme — c'est la fin du roman proprement dit — et ensuite son initiation aux mystères d'Isis, épisode dont la retransformation est l'anticipation romancée.

trouvera arrangés, sous forme de résumés, la première partie de *Joseph et Aséneth* (JA 1-21) et les passages correspondants d'*Amour et Psyché* (AP), des *Éphésiaques* (HA) et des *Métamorphoses* XI (Lucius).

JA	AP	HA
Il était à Héliopolis un prêtre-viceroi nommé Pentephrès. Il avait une fille de dix-huit ans qui était si belle que des jeunes hommes de bonne naissance venaient d'un peu partout pour l'épouser. Le fils premier-né même de Pharaon demanda à son père de lui donner Aséneth en mariage, mais il essuya un refus (JA 1,1-9).	Il était dans une certaine ville un roi et une reine qui avaient trois filles, dont la plus jeune était si belle qu'elle attirait des soupirants d'un peu partout et finissait par être vénérée comme Vénus (*Métam.* IV 28,1-29,4).	Il était à Ephèse un homme important nommé Lycomédès. Il prit pour femme Thémisto. Ils avaient un fils, Habrocomès. Chef-d'œuvre de beauté, il était recherché des gens de toute l'Asie; quelques-uns allaient même jusqu'à l'adorer comme un dieu (*Éphés.* I 1, 1-3).
Aséneth, elle, dédaignait tout homme et vivait toute seule, à l'exception de sept servantes vierges, dans un appartement luxueux en haut d'une tour qui était voisine de la maison de son père (2, 1-12). Quand Joseph s'approcha d'Héliopolis pour en ramasser le blé, Pentephrès proposa à sa fille de la donner à Joseph en mariage. Elle refusa nettement : jamais elle n'épousera ce fuyard cananéen qui avait été en prison; c'est le fils de Pharaon qu'elle voulut (3,1-4,12).	La déesse se mit en colère et ordonna à son fils, Cupidon, de rendre Psyché (tel était le nom de la fille) éprise du plus misérable des hommes (IV 29,5-31,7). Psyché se voyait vénérée, mais point épousée. Son père, inquiété, engagea les services de l'oracle de Milet pour obtenir un mari pour sa fille. Il apprit qu'un dragon lui était destiné et qu'il fallut l'exposer sur le haut d'un certain roc. Zéphyr la porta dans une vallée herbeuse (IV 32,1-35,4). Là-bas Psyché trouva un palais magnifique. Elle s'y installa et y reçut chaque nuit la visite d'un amant qu'elle ne doit pas voir. Pour se divertir un peu, elle lui demanda permission d'inviter ses sœurs. Celles-ci, jalouses, lui suggérèrent que l'inconnu serait en vérité un bête	Habrocomès en éprouvait de l'orgueil et il finissait par se refuser de regarder Éros comme un dieu en disant que nul ne se prendrait d'amour à moins de le vouloir de son propre gré (I 1,4-6). Éros s'irrita de ces mépris et machina un piège pour y prendre le jeune homme (I 2,1). Or, c'était le temps de la fête patronale d'Artémis. Habrocomès qui avait en ce moment seize ans, conduisit le cortège des éphèbes au temple. Au premier rang de la procession des jeunes filles était Anthia, une fort belle vierge de quatorze ans (I 2, 2-9).

féroce qui la dévorerait, elle et l'enfant qu'elle a conçu; il faudra donc le tuer (V 1,1-21,2).

Aséneth fut pourtant assez curieuse pour regarder Joseph de sa fenêtre quand il entra dans la maison de Pentephrès, paré à l'instar du Soleil. Du coup, elle s'éprit passionnément de lui (5-6).

Psyché alluma une lampe pour égorger son amant. Elle reconnut alors Cupidon dans toute sa splendeur. Ravie, elle le regarda et admira ses armes. Touchant ses flèches elle se piqua. *Sic ignara Psyche sponte in Amoris incidit amorem* (V 21,3-23,3).

Arrivés au temple, voilà d'un coup Habrocomès et Anthia face à face. Il devint aussitôt fou d'elle; elle s'éprit de lui. Habrocomès est tenu « captif du dieu » (I 3,1s.).

Joseph vit Aséneth et voulut la renvoyer parce qu'il avait peur d'être importuné des femmes égyptiennes. Quand Pentephrès lui apprit que c'était sa fille, Joseph consentit à la saluer « puisqu'elle est ma sœur » (7). Pentephrès introduisit Aséneth à Joseph et l'invita à lui donner un baiser. Joseph refusa en déclarant qu'un homme pieux qui mange le pain de vie n'embrasse pas une femme étrangère qui mange le pain d'étouffement des idoles (8,1-7). Aséneth se mit à pleurer (8,8).

Psyché embrassa son époux dormant. Mais hélas, une goutte d'huile bouillante tomba de la lampe sur l'épaule droite du dieu, qui s'envola sans mot dire (V 23,3-6). Psyché s'accrocha à sa jambe droite jusqu'à ce qu'elle glissât à terre, épuisée. Cupidon la réprimanda avec force et la quitta pour de bon (V 24).

Joseph, miséricordieux, pria Dieu de donner le pain de vie à Aséneth et de la recevoir dans son peuple élu (8,8s.). Aséneth se réfugia dans sa chambre, toute bouleversée. Elle se détourna des dieux. Puis elle attendit le soir sans manger ni boire (9,1s.). Joseph s'en alla ramasser

Psyché, désespérée, se jetta dans un fleuve, mais les flots la déposent sur la rive (V 25,1s.). Là, Psyché rencontra Pan qui lui conseilla de quitter son chagrin et de mériter Cupidon par des prières (V 25,3-6).

Les amants durent rentrer chez eux sans possibilité de rencontre. Le reste du jour leur passion s'accrut de plus en plus (I 3,3s.).

le blé du territoire; auparavant, il avait promis à Pentephrès de retourner le 8e jour (9,3-5). Pentephrès s'en alla travailler dans son champ d'héritage (10,1). Le soir, Aséneth, toujours gémissante, alla chercher de la cendre. Elle renvoya ses servantes devenues sensibles aux souffrances de leur maîtresse. Puis Aséneth déposa sa robe précieuse et brisa ses idoles. Elle revêtit un sac et passa la nuit dans la cendre en pleurant et se frappant la poitrine (10,1-16). Ainsi fit-elle pendant 7 jours, sans manger ni boire (10,17).

Le matin du 8e jour Aséneth, toute épuisée, se mit à réfléchir (11,1s.) : Malheureuse, où m'enfuirai-je, abandonnée que je suis par tous les hommes et Dieu (11, 3-9) ? Pourtant, on m'a parlé de la bonté du dieu des Hébreux. Je vais me tourner vers lui en lui confessant mes péchés (11, 10s.). Qui sait s'il n'aura pitié de ma condition d'orpheline et de pénitente ? (11,12-14).

Psyché vagabonde à travers le monde, à la recherche de son amant perdu. Elle parvint d'abord aux cités où vivaient ses sœurs méchantes et en usant des ruses elle les porta à se tuer elles-mêmes (V 26,1-27,5). [V 28,1-31,7 s'occupent de Cupidon et de Vénus.] Psyché en arriva à un temple de Cérès; la déesse se refusa à l'aider, par peur de Vénus (VI 1,1-3,2). Juno en fit de même (VI 3,3-4,5). Psyché, désespérée, se mit à réfléchir : Où avoir recours, quand les déesses mêmes ne sauraient m'être d'appui ? Où me cacher de l'œil de Vénus ? (VI 5,2s.)

Prends courage et soumets-toi à ta souveraine (VI 5,3).

Sais-tu même si tu ne trouveras celui que tu cherches dans la maison de sa mère ? (VI 5,4)

Ne pouvant dormir, Habrocomès s'arrachait les cheveux et déchira ses vêtements (I 4,1). Anthia n'allait pas mieux; elle s'efforçait pourtant de cacher son mal à ceux qui l'entouraient (I 4,6).

Habrocomès, toujours orgueilleux, s'écria : Malheureux, tu reconnais maintenant Éros pour un dieu ? Non point. Jamais Éros ne sera mon maître (I 4,1-3). Anthia, par contre, réfléchit : Malheureuse que je suis, où s'arrêtera cette passion ? Où verrai-je Habrocomès ? (I 4,6s.)

Lucius

Au bout de ses aventures Lucius, le jeune playboy transformé en âne, se reposa au bord de la mer près de Cenchrées. La lune se leva et lui inspira des réflexions qui l'amenèrent à ce que « je résolus d'implorer l'image vénérée de la déesse présente à mes yeux » (*Métam.* XI 1,1-3).

Aséneth réalisa aussitôt son intention moyennant une longue confession : Créateur de l'univers — j'ai péché contre toi en vénérant des idoles — délivre-moi de mes persécuteurs, notamment du diable — regarde ce que j'ai fait pour marquer ma repentance (elle énumère ses actes) — pardonne-moi les blasphèmes que j'ai dits contre Joseph et donne-moi à lui pour esclave (12-13).

L'étoile du matin se leva alors. Aséneth la salua du titre d'« ange et héraut de la lumière du grand jour ». Près de l'étoile s'ouvrit le ciel et un homme semblable à Joseph descendit chez Aséneth. C'était (dit-il) le stratiarche de la maison de Dieu, et il demanda à Aséneth de se rhabiller (14,1-15,2). Puis il lui déclara : Courage, Dieu t'a exaucée. Tu seras des maintenant récréée et tu mangeras le pain de vie. Dieu t'a donnée à Joseph pour épouse. Du reste, ton nom ne sera plus Aséneth, mais Ville de Refuge, car beaucoup de pénitents se refugieront en toi à Dieu. J'irai raconter tout ceci à Joseph. Prépare-toi à le recevoir (15,2-10).

Psyché n'arriva pas à réaliser son intention. Vénus avait demandé à Mercure de répandre, en crieur public, le mandat d'arrêt de Psyché, ce qu'il fit (VI 6,1-8,4). Il n'en fallut pas plus pour couper court aux hésitations de Psyché (VI 8,4). Mais au moment où elle s'approcha du palais de Vénus, Habitude, l'une des servantes de la déesse, l'intercepta et la traîna par ses cheveux devant sa maîtresse. Vénus fit maltraiter Psyché avant qu'elle n'eût une chance de faire sa supplication (VI 8,5-9,6).

Habrocomès se vit presser avec plus de force par Éros. Il s'abandonna enfin au dieu : Tu as vaincu. Rends la vie à celui qui s'enfuit auprès de toi. Donne-moi la possession d'Anthia (I 4,4s.).

Lucius

Après un bain de purification dans la mer (XI 1,4), Lucius adressa une prière à la *Regina caeli* : en l'invoquant d'une longue séquence de noms différents (car il ignore lequel en est le bon), il lui demande d'être rétransformé en homme, à moins de mourir (XI 2,1-4).

Lucius se rendormit. A peine avait-il fermé ses yeux que lui apparut Isis venant de la lune (XI 3,1-4,3).

Elle lui déclara : *En adsum tuis commota, Luci, precibus, rerum naturae parens... Adsum tuos miserata casus ... Mitte iam fletus ... Iam tibi providentia mea inlucescit dies salutaris.*

Demain on célébrera par une procession, comme d'habitude, la fête de *Ploiaphesia*. Le prêtre qui sera en chef du cortège portera une couronne de roses. Dévore-la et tu regagneras ta forme humaine. En ce moment même où je viens à toi je suis aussi présent

à mon prêtre pour l'in-
struire à ton sujet. Réfor-
mé, entre dans mon service
et tu vivras à jamais sous
ma protection (XI 5,1-6,7).

Pleine de joie, Aséneth
invita l'homme céleste à
goûter du pain et du bon
vin très vieux (15,11-15).
Son visiteur lui demanda
aussi du miel et en fit appa-
raître un rayon miracu-
leusement, parce que Asé-
neth n'en avait aucun (sans
utiliser le mot, le texte
laisse sous-entendre qu'il
s'agit de la manne) (16,1-12).
Puis l'homme céleste rom-
pit un morceau du rayon,
il en mangea et donna le
reste à Aséneth en disant :
Mange ! Aséneth mangea,
et l'homme ajouta : Maintenant tu as mangé le pain
de vie et tu vivras à jamais
(16,13-16).

Lucius obéit aux paroles
d'Isis qui s'avérèrent mot
pour mot (XI 7,1-14,5). Le
prêtre, informé par Isis,
déclara à Lucius que c'est
la déesse même qui l'avait
rédimé et l'invita à se
laisser initier (XI 15,1-5).
Lucius se glissa dans le
cortège et on termina la
fête comme d'habitude (XI
16,1-17,5).

L'homme céleste traça de
son doigt une croix sur le
rayon de miel, et la croix
devint sanglante. Des mil-
liers d'abeilles sortirent du
rayon et entourèrent Asé-
neth pour construire un
nouveau rayon sur ses lèvres,
rayon dont elles mangèrent.
Après, l'homme les chassa
chez elles. Certaines vou-
lurent piquer Aséneth, mais
elles tombèrent par terre,
mortes ; l'homme les résus-
cita et les renvoya également (16, 24s. 17-23).
Puis l'homme toucha le
rayon ; du feu s'éleva et le
dévora (17,1-3). Aséneth

demanda à l'homme de
bénir également ses sept
servantes, ce qu'il fit (17,
4-6). Quand Aséneth lui
tournait le dos pour en-
lever la table, l'homme re-
monta au ciel sur un char
de feu (17,7-10).
On annonça alors le retour
de Joseph. Aséneth alla se
parer en épouse et se laver.
Quand elle se pencha sur le
bassin, elle s'aperçut que
son visage brillait et que
toute sa figure resplendissait
d'une beauté céleste (18,
1-11).

Lucius, après avoir reçu la
visite de ses amis de chez
lui ayant apprit sa réfor-
mation (XI 18.1-19,1), s'en-
logea au temple de Cen-
chrées pour mieux connaître
les exigences de la religion
isiaque (XI 19,1-3). Après
quelque hésitation bien vite
dissipée à la suite d'un
signe d'en haut (XI 20,1-7),
il demanda au grand prêtre
d'être initié. On lui apprit
que le jour, le prêtre-
initiateur et les frais néces-
saires ne sauraient être
désignés que par Isis
elle-même; qu'il attende
donc ce moment en s'abs-
tenant de certains ali-
ments comme les cultores
(XI 21,1-9). Peu après,
Isis informa Lucius de nuit
que le *dies semper opta-
bilis* était venu, elle lui
indiqua ce qu'il aurait à
dépenser pour la cérémonie
et lui donna le grand
prêtre pour initiateur (XI
22,1-3).

Ce fut à ce moment qu'
arriva Joseph. Aséneth
descendit à sa rencontre.
Joseph ne la reconnut plus.
Elle lui raconta la visite de
l'homme céleste et lui
demanda si l'homme était
venu le voir également
(19,1-7). Joseph répondit :
Bienheureuse es-tu ! Oui,
l'homme m'a parlé de toi.
Viens ici auprès de moi ;
pourquoi te tiens-tu éloi-
gnée ? (19,8s.)

Ils s'embrassèrent alors et
Joseph donne à Aséneth,
par trois baisers, l'esprit de
vie, de sagesse et de vérité
(19,10s.).

HA
[A comparer, dans la des-
cription de la nuit nuptiale
d'Habrocomès et Anthia :
« Elle unit leurs lèvres en
un baiser, et la pensée de
chacun d'eux passa ainsi
d'une âme dans l'autre »
(I 9,6).]

Avant l'aube, Lucius alla
trouver le grand prêtre.
Celui-ci venait de sortir de
sa chambre et adressa
Lucius :

O Luci, te felicem, te bea-
tum..., parce que la déesse
te juge digne de sa faveur.
Quid nam nunc stas otiosus
teque ipsum demoraris ? Le
voilà, le jour tant désiré
de ton initiation (XI 22,4-6).

Aséneth conduisit Joseph
dans la maison et lui lava
les pieds. Joseph s'assit sur
le trône de Pentephrès et
plaça Aséneth à sa droite.
Ce fut le moment du retour
de Pentephrès qui venait
avec toute sa famille du
champ de leur héritage. Ils
se réjouirent et louèrent
Dieu qui vivifie les morts.
Puis ils mangèrent et bur-
ent, heureux (20,1-8). Pentephrès proposa à Joseph de
célébrer les noces le lendemain ; Joseph s'y refusa,

On instruisit Lucius des
livres saints, puis on
lui fit subir un bain de
purification. Au bout de
dix jours sans viande et
vin, il est, de nuit, initié
(XI 22, 7-23,7).
Le matin, on présenta
Lucius à la foule, paré à
l'image du Soleil (Sarapis).
Il célébra ensuite le jour
de sa naissance spirituelle
par un banquet, de même
le 3e jour (XI 24,1-5).
[Quelques jours après, Lucius partit pour Rome où
il connut deux initiations
de plus qui suivirent le
même schéma (XI 24,5-
30,5).]

voulant obtenir de Pharaon la main d'Aséneth (20,8-10).

AP

[Vénus avait donné à Psyché trois tâches à accomplir, dont la dernière était d'aller chercher une boîte de formonsitas de Proserpine. Psyché y avait réussi, ou presque. Sur son chemin de retour, sa curiosité la piquait d'ouvrir la boîte, ce qui lui était interdit. Un sommeil infernal sortit, Psyché s'écroula sur le champ, demi-morte. En ce moment, Cupidon la rejoignit et la réveilla. Il lui ordonna d'accomplir sa mission. *Cetera egomet videro* (VI 10,1-21,4).]

Le lendemain, Joseph se rendit auprès du Pharaon et lui demanda la main d'Aséneth. Pharaon fit venir Pentephrès et Aséneth. A la voir, Pharaon proclama heureuse la future épouse de Joseph, puis il posa des couronnes d'or sur les têtes des deux amants, les unit par une bénédiction et leur ordonna de s'embrasser. Il organisa ensuite leurs noces pendant sept jours en invitant tous les magnats d'Égypte et les rois étrangers. Il était interdit dans toute l'Égypte de travailler ce temps-là. Le banquet terminé, Joseph entra chez Aséneth, elle conçut et mit au monde Manassé et Éphraim (21, 1-9).

Cupidon s'envola auprès de Jupiter et plaida sa cause devant lui. Jupiter lui promit son assistance, à condition que Cupidon lui offre des beautés terrestres en récompense. Puis il ordonna à Mercure de convoquer tous les dieux, sous peine de dix milles sesterces, et les informa que Psyché serait la femme légitime de Cupidon. Mercure alla chercher Psyché. Jupiter lui tendit une coupe d'ambroisie en disant : Prends et sois immortelle; vous serez pour toujours unis par le mariage. Suivit le banquet de noces où contribuaient tous les dieux, au fur et à mesure de leur occupation. Ainsi Psyché passa selon les rites sous la puissance de Cupidon; et le terme arrivé, il leur naquit une fille, que nous nommons la Volupté (VI 22,1-24,4).

Pour suppléer à une analyse détaillée des textes dépouillés pour la synopse, signalons deux ou trois parallèles qui me paraissent particulièrement étroits. Souvenons-nous de cette scène aux chapitres 5 et 6 de *Joseph et Aséneth* où l'héroïne jette ses yeux sur Joseph et s'éprend de lui. Développement analogue pour Psyché : elle s'aperçoit qui est son amant inconnu qu'elle allait tuer, et se sent aussitôt la proie d'une violente passion. De même, l'orgueilleux Habrocomès devient fou de la belle Anthia au moment même où il la regarde pour la première fois face à face. Ce coup de foudre qui fait jaillir un amour insensé dans une âme auparavant hostile est suivi, dans les trois textes, d'une séquence d'événements qui se déroulent d'après le même schéma : refus et séparation inéluctable — éveil d'un petit espoir (non pas chez Xénophon) — période de tourments (chez Apulée, les errances de Psyché en tiennent lieu) — monologue « que fais-je ? » aboutissant à une reprise de courage — prière de soumission (Psyché n'y arrive pas). Après la prière qui occupe en *Joseph et Aséneth* les chapitres 12 et 13, les trois textes ne se recoupent plus. Les chapitres 14 et suivants, c'est-à-dire la visite de l'homme céleste et l'engagement d'Aséneth à Joseph, ne sont pour autant pas dépourvus de parallèles romanesques. On en trouve dans le onzième livre des *Métamorphoses*. Le livre s'ouvre sur un monologue et une prière de Lucius analogues à ce que nous avons déjà constaté dans *Joseph et Aséneth* 11-13 et les textes parallèles. L'apparition d'Isis qui vient répondre à la prière du pauvre âne correspond par son rôle — non pas par son contenu, à quelques formules près — à la première partie de la visite de l'homme céleste, *Joseph et Aséneth* 14-15. A noter que les deux textes se servent l'un et l'autre du motif des apparitions (ou rêves) parallèles [1]. Plus loin, la seconde rencontre de Joseph et Aséneth au chapitre 19 a son pendant dans la conversation matutinale du grand-prêtre isiaque et de Lucius en *Métamorphoses* XI 22, 4-6. Les paroles dont Joseph se sert pour s'adresser à Aséneth sont presque identiques à celles dont se sert le grand-prêtre pour accueillir Lucius. Pour conclure, Aséneth rejoint Psyché à la fin. *Joseph et Aséneth* 21 où Joseph obtient de Pharaon la main d'Aséneth ressemble à tant d'égards à l'heureux dénouement des tribulations de Psyché en *Métamorphoses* VI 22-24, que l'on croirait les deux passages calqués du même modèle.

Dès lors, une conclusion s'impose. Pour mieux comprendre la struc-

---

[1] Cf. A. WIKENHAUSER, « Doppelträume », *Biblica*, 29, 1948, p. 100-111 ; R. MERKELBACH, *Roman und Mysterium in der Antike*, Munich, 1962, p. 132, n. 2 etc. Dans le Nouveau Testament, cf. *Actes* 9 et 10 s.

ture littéraire, et du même coup le sens, de *Joseph et Aséneth*, il faut s'en tenir en premier lieu aux romans grecs et latins. Contrairement à ce que pense Philonenko, notre auteur n'a pas composé son livre en amalgamant des matériaux puisés à droite et à gauche; il a plutôt adapté des contes, ou des épisodes, tout faits. Quels étaient ses modèles et comment les a-t-il retravaillés — voilà un deuxième problème qui mérite notre attention. En attendant une analyse plus serrée, j'aimerais penser que *Joseph et Aséneth* 1-21 est construit à partir de deux modèles différents, l'un un conte d'amour du type *Amour et Psyché*, l'autre la description d'une initiation semblable à celle de Lucius [1].

III. L'ARRIÈRE-FOND RELIGIEUX

Joseph et Aséneth est un ouvrage d'origine juive. Certains y ont reconnu aussi un élément chrétien. Batiffol alla même jusqu'à attribuer à un auteur chrétien l'apparition de l'homme céleste, en plus d'autres retouches dont les plus importantes seraient les passages concernant le pain de vie (8,5-7; 8,9; 15,5; 16,16; 19,5; Psaume v. 3s.11) et qui refléteraient la Sainte-Cène [2]. C'est dire que l'ouvrage tel qu'il nous est parvenu est essentiellement chrétien. D'autres ont suivi Batiffol, quand bien même la plupart d'entre eux considérait son hypothèse comme tant soit peu exagérée [3]. T. Holtz vient de la réprendre en parlant d'interpolations chrétiennes [4]. Il est douteux que les considérations du professeur de Greifswald, bien que plus nuancées que celles de ses devanciers, emportent la conviction. Nombre des arguments avancés s'expliquent par le caractère romanesque de *Joseph et Aséneth* dont Holtz n'a pas tenu compte. Ainsi, par exemple, les qualités divines revêtues par Joseph ne relèvent pas de la figure du

---

[1] Point n'est besoin de souligner que l'auteur de *Joseph et Aséneth* n'a pas lu Apulée ni Xénophon puisqu'ils sont plus récents. *Joseph et Aséneth* risque d'être le plus ancien des romans qui nous sont parvenus complets.

[2] Le Livre de la Prière d'Aseneth, p. 19-35.

[3] Il convient cependant de noter que Batiffol s'est rétracté sous l'impression d'un compte rendu de L. DUCHESNE dans le *Bulletin critique*, 10, 1889, 461-466. Duchesne plaida pour l'origine juive de notre roman et le déclara « contemporain de Jésus-Christ, ou même antérieur à lui » (p. 466). Batiffol y consentit sous la réserve d'une « possibilité de fortes retouches chrétiennes, notamment en ce qui a trait à l'eucharistie » (compte rendu de *Texts and Studies, vol. 5*, Cambridge, 1897, *Revue Biblique*, 7, 1898, p. 303).

[4] « Christliche Interpolationen in 'Joseph und Asenenth' », *New Testament Studies*, 14, 1967/68, p. 482-497; compte rendu de BURCHARD, *Untersuchungen*, *Theologische Literaturzeitung*, 93, 1968, col. 837-839.

Christ, mais de l'héros du roman dont Joseph s'est approprié les contours [1]. Tel n'est pas le cas, il est vrai, des formules quasi-eucharistiques qui sont la pièce de résistance du dossier chrétien, mais elles sont, elles aussi, parfaitement susceptibles d'une interprétation juive [2]. Admettons donc que notre roman est juif et rien que juif, en précisant que le judaïsme qui l'a produit était à coup sûr un judaïsme hellénisé, à situer sans doute en Égypte [3].

Mais il faut plus que cela pour déterminer l'arrière-fond religieux de *Joseph et Aséneth*. La diaspora égyptienne est un champ très vaste et dont nous ne connaissons que certaines parcelles [4]. Or, ce qui frappe, pour qui lit notre apocryphe avec les yeux d'un historien des religions, c'est l'espace qu'y occupe, au moins dans la première partie, l'élément non-juif, tant grec qu'égyptien et qui relève dans une large mesure du culte des mystères. Philonenko a établi à ce sujet une très ample documentation que viennent appuyer, dans sa ligne générale, les idées que j'ai développées plus haut sur la genèse et la structure littéraire. On pourra sans doute discuter de tel ou tel renvoi particulier, mais on tiendra désormais pour admis que l'atmosphère où baigne *Joseph et Aséneth* est imbue de notions « mystérieuses ».

S'il en est ainsi, la question si souvent discutée à l'égard de l'œuvre de Philon est de rigueur : mystère littéraire ou mystère cultuel ? Poser cette question est d'autant plus naturel que *Joseph et Aséneth* est un roman, genre littéraire dont R. Merkelbach a souligné l'affinité avec les mystères [5], et à encore plus forte raison qu'il y est raconté une conver-

---

[1] *Der dreizehnte Zeuge*, p. 82s.

[2] Voir *infra*, p. 98s.

[3] *Untersuchungen*, p. 91-151; PHILONENKO, *Joseph et Aséneth*, p. 99-109.

[4] Notons en passant que les efforts de lier *Joseph et Aséneth* aux Esséniens (RIEßLER, « Joseph und Asenath », p. 4-8, 13) ou aux Thérapeutes (K. G. KUHN, « Repas cultuel essénien et cène chrétienne », dans *Les manuscrits de la Mer Morte. Colloque de Strasbourg 25-27 mai 1955*, Travaux du Centre d'Études supérieures spécialisé d'Histoire des Religions de Strasbourg, Paris, 1957, p. 75-92; « The Lord's Supper and the Communal Meal at Qumran », dans K. STENDAHL, *The Scrolls and the New Testament*, New York, 1957, et Londres, 1958, p. 65-93, 259-265; M. DELCOR, « Un roman d'amour d'origine thérapeute : Le Livre de Joseph et Asénath », *Bulletin de Littérature Ecclésiastique*, 63, 1962, 3-27) ont échoué (*Untersuchungen*, p. 107-112; PHILONENKO, *Joseph et Aséneth*, p. 104s.). Il n'est peut-être pas inutile de rappeler que nous n'avons aucune obligation de retrouver en *Joseph et Aséneth* des idées qui nous seraient par ailleurs connues. Notre dossier du judaïsme égyptien n'est pas assez complet pour exclure à priori que notre roman représente un aspect, voir une branche de la diaspora qui nous échappait jusqu'ici.

[5] *Roman und Mysterium*. Il n'y pas lieu ici de prendre position à l'égard des inter-

sion. Or, il y a sans aucun doute un reflet d'une pratique réelle dans les formules citées plus haut. Cela ressort sans équivoque des paroles de Joseph en 8,5 : « Il ne convient pas à un homme pieux, qui bénit de sa bouche le Dieu vivant, et qui mange le pain bénit de la vie, et qui boit la coupe bénite d'immortalité, et qui est oint de l'onction bénite d'incorruptibilité, d'embrasser une femme étrangère, elle qui bénit de sa bouche des idoles mortes et muettes, et qui mange à leur table le pain d'étouffement, et qui boit, lors de leurs libations, la coupe de traîtrise, et qui est ointe de l'onction de perdition » [1]. Que nous ayons là, selon l'avis de certains auteurs, un renvoi à un repas sacré qui aurait été célébré dans le milieu dont est issu *Joseph et Aséneth* [2], ou, comme je préfère le penser à la suite de Jeremias, un ensemble de *théologoumena* destinés à tracer la différence du repas ordinaire juif et du païen [3], peu importe ; en tout état de cause, on est là sur le plan de la réalité. Toutefois, l'alternative que nous venons de poser n'est pas pour autant tranchée. Le vrai problème reste ailleurs. Dans quelle mesure l'action même de notre apocryphe repose-t-elle, sous une forme romancée sans doute et qu'il faudrait déchiffrer avec prudence, sur un *fundamentum in re cultica* ? N'aurait-on pas, par exemple, dans la conversion d'Aséneth une liturgie d'initation pour qui voudrait se faire juif ? C'est une hypothèse séduisante, notamment pour qui se ralliera à notre vue qu'Aséneth est en quelque sorte la sœur de Lucius et que son entrée au judaïsme a pour toile de fond une initiation isiaque. Ne

---

prétations de Merkelbach, qui sont sans doute souvent artificielles (voir R. Turcan, « Le roman 'initiatique' : A propos d'un livre récent », *Revue de l'Histoire des Religions*, 163, Janvier-Juin 1963, p. 149-199 ; B. E. Perry, *The Ancient Romances. A Literary-Historical Account of Their Origins*, Sather Classical Lectures 37, Berkeley et Los Angeles, 1967, p. 336, n. 17 : « This is all nonsense to me »). Dire que les romans ne sont pas tels quels, comme le soutient Merkelbach, des liturgies romancées n'est pas pour autant dénier qu'ils se soient servis, çà et là, de données cultuelles pour construire la trame de leurs narrations.

[1] Philonenko, *Joseph et Aséneth*, p. 155, 157. Le texte de Philonenko se confond ici avec celui de Batiffol.

[2] Kilpatrick, « The Last Supper », p. 5-8 ; Kuhn, « The Lord's Supper », p. 74-77 ; Delcor, « Un roman d'amour », p. 9-12 (ces deux auteurs identifient le repas sacré de *Joseph et Aséneth* avec celui des Thérapeutes, ce qui me paraît hors de question) ; Philonenko, « Initiation et mystère dans Joseph et Aséneth », dans C. J. Bleeker, *Initiation. Contributions to the Theme of the Study-Conference of the International Association for the History of Religions Held at Strasburg, September 17th to 22nd 1964*, Leiden, 1965, p. 147-153 ; *Joseph et Aséneth*, p. 89-98.

[3] Jeremias, « The Last Supper », p. 91s. ; Burchard, *Untersuchungen*, p. 121-133. Philonenko n'a pas prêté beaucoup d'attention à mon argument.

nous laissons pourtant pas séduire trop facilement. Aséneth subit en effet une initiation. C'est l'homme céleste qui l'opère. Elle s'achève au moment où il dit à Aséneth que les mystères de Dieu lui ont été révélés et où il lui tend un morceau du miel qui est la manne en déclarant qu'elle a dès maintenant mangé le pain de vie (16, 14-16). S'il faut en croire Philonenko, cette scène est le calque d'une communion au miel qui aurait été l'ouverture de l'initiation proprement dite et aurait été suivie du repas sacré où étaient administrés le pain de vie, la coupe et l'onction [1]. Cette interprétation, difficile en elle-même [2], n'est pas sans soulever un problème méthodologique. A supposer que l'application du miel représente un acte liturgique, ne faudrait-il pas en dire autant de tout ce qui se passe durant la visite de l'homme céleste — de l'apparition miraculeuse du rayon de miel, du signe de la croix, de l'épisode des abeilles, de la bénédiction des sept servantes d'Aséneth, voire de la descente même du messager divin ? Attribuer un arrière-fond cultuel à tout cela, est-ce concevable ? Ces histoires ne sont-elles pas tout aussi romanesques que la retransformation de Lucius en *Métamorphoses* XI 7-17, épisode dont nul ne conclura que les mystes d'Isis fussent consacrés lors d'une procession moyennant la manducation d'une couronne de roses ? Il est possible, certes, pour qui sait ce qu'arriva à Lucius redevenu homme, de relire sa retransformation comme une anticipation de son initiation. Mais on ne saurait faire autant d'Aséneth. L'initiation qu'elle reçoit sous la direction de l'homme céleste ne va pas se répéter sur le plan humain. Elle devrait l'être après le moment où Joseph, tel un mystagogue, reconnaît qu'Aséneth a reçu une vocation d'en haut (19,8s.); c'est après un accueil analogue, nous l'avons vu, que commence l'initiation de Lucius (*Métamorphoses* XI 22,5s.). En *Joseph et Aséneth*, rien de pareil. Pas d'instruction de l'Écriture Sainte, pas de présentation de la Loi, pas de baptême, aucune mention du pain de vie, aucune présence de la communauté juive. Par contre, Aséneth reçoit les trois esprits, elle lave les pieds de Joseph, Pentephrès survient, on loue Dieu, mange et boit. Tout cela est dans la ligne du roman d'amour et prête difficilement à une interprétation cultuelle, sauf peut-être le don des trois esprits (*philéma hagion* ?).

Il va sans dire qu'il faudra plus pour y voir plus clair. Mais je ne

---

[1] *Joseph et Aséneth*, p. 98.

[2] Selon 16,16, Aséneth a goûté du pain de vie en mangeant le miel. Comment alors séparer sur le plan réel ce qui paraît se confondre sur le plan littéraire ? Il est vrai, cependant, que ce problème est sans inquiéter Philonenko puisque 16, 16 fait défaut dans le texte *d*.

serais pas étonné d'apprendre, en fin de compte, que l'initiation d'Aséneth, toute « mystérieuse » qu'elle soit, n'est pas un mystère cultuel de façon à nous permettre une vue de la manière dont s'effectuait l'entrée au judaïsme, mais un mystère littéraire où sont exprimées les implications spirituelles de la conversion.

A NOTE ON 'PHMA IN JOSAS 17:1 F.; LUKE 2:15, 17; ACTS 10:37

For Gerhard Delling on his eightieth birthday

I

It is well known that ῥῆμα, though virtually out of use in Koine Greek except in the technical sense of 'verb' as opposed to 'noun', is frequently used in the Greek Bible and related literature in lieu of λόγος.[1] In most places the underlying Hebrew word is *dabar*, from which both ῥῆμα and λόγος have also acquired the meaning 'matter, thing'.[2] Distribution is uneven. As to the Septuagint, the ratio is 3 to 1 in the Pentateuch which was translated first, with a lavish 16 to 1 in Genesis. In the rest of the OT ῥῆμα rates much lower except in Job which is again 3 to 1. The OT Apocrypha average 1 to 4.9, with Judith about 1 to 1. Philo, Josephus, and most other Greek Jewish writers have little use for ῥῆμα. The NT averages 1 to 4.7, much like the OT Apocrypha, but again the different authors have different likings for ῥῆμα. The ratio is 1 to 2 in Luke, with 9 occurrences of ῥῆμα (out of 19) and only 2 instances of λόγος in 1:5-2:52; Acts is about average, but of the 14 instances of ῥῆμα 11 cluster in chs. 2, 5f., 10f., and 13. Between them Luke's gospel and Acts marshal 33 of the 67 (68?) occurrences of ῥῆμα in the NT.[3] In

---

[1] This article is a section of a paper on "The Importance of Joseph and Aseneth for the Study of the New Testament" read to the Pseudepigrapha Seminar at the SNTS meeting in Leuven, August 1982. The bulk of the paper will appear in *NTS* 32 (1986). I wish to thank Reinhold Miessler, M. Div., for his unfailing help in matters of English style.

[2] More about this, including the following statistics, in E. Repo, *Der Begriff "Rhēma" im Biblisch-Griechischen*, I (Annales Academiæ Scientiarum Fennicæ, B 75,2; Helsinki, 1951); II (B 88,1; Helsinki, 1954).

[3] J. Jeremias, *Die Sprache des Lukasevangeliums. Redaktion und Tradition im Nicht-Markusstoff des dritten Evangeliums* (KEK, Sonderband; Göttingen, 1980), p. 54.

John's gospel (no ῥῆμα in the letters) and Hebrews the proportion is 1 to 3. ῥῆμα is rare in the Pauline Corpus.

In the romance of Joseph and Aseneth (JosAs) ῥῆμα dominates even more clearly than in the Pentateuch, though less toweringly than in Genesis, as G. Delling has pointed out.[4] JosAs employs ῥῆμα 38 times and λόγος 4 times (in Genesis it is 49 and 3).[5]

λαλεῖν τὰ ῥήματα ταῦτα/μου	4:4; 14:8, 11, 13; 15:9, 11; 17:10; 19:6; Gen 24:33; Num 14:39, etc.; Jn 8:20; Acts 10:44; 13:42; cf. Jn 3:34; 6:63; Acts 5:20; 6:13; 11:14
λαλεῖν κατὰ τὰ ῥήματα ταῦτα	4:9; 23:10, 13; cf. Gen 39:17; 44:7, etc.
λαλῆσαι ῥῆμα πονηρόν	23:16; cf. Ex 33:4; Matt 12:36
λαλεῖν ῥήματα πονηρά	6:3, 4, 7; cf. Num 14:36; Acts 6:11
εἶπε κατὰ τὰ ῥήματα ταῦτα	19:9; Gen 44:6; cf. 1 Sam 17:27, 30
ἀκούειν τὰ ῥήματα ταῦτα + genitive	4:9; 5:2; 8:8; 9:1; 23:6; 24:19; Gen 27:34; Judt 10:14 S; cf. Jn 8:47; Acts 10:22; etc.
ἀκούειν τῶν ῥημάτων + genitive	15:2; 23:12; 24:11, 12; Jos 1:18; Jn 12:47
ἐμνήσθη τῶν ῥημάτων + genitive	18:7; Luke 24:8; cf. Tob 2:6; Luke 22:61; Acts 11:16; etc.
ὁρᾶν τὸ ῥῆμα (τὸ μέγα) τοῦτο	17:1; 28:1; 1 Sam 12:16; Luke 2:15

---

[4] "Einwirkungen der Sprache der Septuaginta in 'Joseph und Aseneth' ", *JSJ* 9 (1978), pp. 29-56, esp. pp. 35 f.

[5] "Ein vorläufiger griechischer Text von Joseph und Aseneth", *Dielheimer Blätter zum Alten Testament* 14 (October 1979), pp. 2-53; A.-M. Denis and J. Schumacher, *Concordance des Pseudépigraphes grecs d'Ancien Testament* (Louvain-la-Neuve, 1985). Père Denis was kind enough to put a preliminary draft of the *Concordance* at the disposal of the Pseudepigrapha Seminar at Leuven. Delling, p. 35, has counted 28 instances of ῥῆμα and 4 of λόγος in the *editio princeps* by P. Batiffol, "Le livre de la Prière d'Aseneth", in: Batiffol, *Studia Patristica* (Paris, 1889-1890), pp. 1-115. In the edition of the shorter text by M. Philonenko, *Joseph et Aséneth. Introduction, texte critique, traduction et notes* (SPB 13; Leiden, 1968), ῥῆμα occurs 20 times whereas λόγος is lacking altogether. In the following table I have noted OT and NT parallels for ῥῆμα only.

ἐχάρη ἐπὶ πᾶσι τοῖς ῥήμασιν
αὐτοῦ   15:11
ποιεῖν τὸ ῥῆμα τοῦτο   23:3, 5 (twice), 11; 24:14; cf.
                                           Gen 30:31; 39:9, etc.
ποιήσεις πάντα τὰ ῥήματά σου   15:13; cf. Deut 28:58; 29:29
                                           (28); Isa 42:16
ῥῆμα μοί ἐστιν   24:3
οὕτως ἔσται πάντα τὰ ῥήματά   17:2; cf. Deut 17:4; 1 Kings
μου   13:32; 2 Kings 7:2, 19; Isa
                                           55:11

ὁ λόγος σου, κύριε, ζωή ἐστι πάντων τῶν κτισμάτων σου   12:2
λόγος μοί ἐστι κρυπτὸς πρὸς τοὺς ἄνδρας τούτους   24:5
ἐλάλησαν αὐτῷ πάντας τοὺς ἐν κρυφῇ αὐτῶν λόγους   24:17
διηγήσατο αὐτῷ πάντας τοὺς λόγους τούτους   29:5

This survey shows that JosAs' use of ῥῆμα is often in line with Septuagintal phraseology, although of course it does not exploit it in
full (e.g. no μετὰ τὰ ῥήματα ταῦτα). Parallelism with the NT is less
marked at this point, and if light needs to be shed on NT usage the
Septuagint will do as a rule. Nevertheless there is at least one
passage in JosAs which is apt to be of help in interpreting the NT.
That is 17:1 f. as compared with Luke 2:15, 17 and, perhaps, Acts
10:37.

II

JosAs 17:1f. just about concludes the visit of the Prince of the
Angels who had come down from heaven to ratify Aseneth's conversion (14-17). He had told her that God had found her repentance worthy of recognition, that she would henceforth be created
anew, eat bread of life, be a City of Refuge for all who repent like
her, and be wedded to Joseph as his wife. The angel had then
shared with Aseneth a piece of honeycomb which he said was made
in heaven (i.e. it was identical in substance with what would later
be given to Israel in the wilderness as manna) and had assured her
that she would from now on be endowed with eternal youth. Finally
he had marked the honeycomb with a cross and ordered bees to appear from it which, among other things, had built a fresh
honeycomb on Aseneth's mouth and eaten from it. The bee miracle
(16:17-23) is probably symbolical; in my opinion it foreshadows

certain aspects of Aseneth's projected role as City of Refuge.[6] The tale then goes on in 17:1f.:

1   καὶ εἶπεν ὁ ἄνθρωπος τῇ 'Ασενέθ· ἑώρακας
     τὸ ῥῆμα τοῦτο; καὶ αὐτὴ εἶπεν· ναί, κύριε,
2   ἑώρακα ταῦτα πάντα. καὶ εἶπεν αὐτῇ ὁ
     ἄνθρωπος· οὕτως ἔσται πάντα τὰ ῥήματά
     μου ἃ ἐλάληκα πρός σε σήμερον.

After this the angel touched the honeycomb and it disappeared in a flame of fire (17:3-4a).

ἑώρακας τὸ ῥῆμα τοῦτο; in v. 1 most likely refers back to the bee miracle, for 16:17x explicitly states that Aseneth stood at the angel's left and watched (ἔβλεπε, imperfect of duration) everything he did. πάντα τὰ ῥήματά μου ἃ ἐλάληκα πρός σε σήμερον in v. 2 is a substitute for the angel's words of promise announced in 14:8, 11, 13 and delivered in 15:5-10; 16:14-16, which have yet to take effect. οὕτως ἔσται indicates that the bee miracle is to serve as a confirmatory sign for those promises.[7] Having seen the miraculous uprising of the bees and their doings with her own eyes Aseneth may now rest assured that everything the angel told her will come true. The bee miracle is also a veiled representation of how the promises will be fulfilled, at least part of them, but apparently Aseneth is not supposed to have grasped its hidden meaning whereas the readers of JosAs may already have guessed it.[8]

Adequate translation of ῥῆμα is a problem. In v. 1, "this thing" commends itself for τὸ ῥῆμα τοῦτο because it comes after ἑώρακας; in v. 2, "my words" seems to be preferable for τὰ ῥήματά μου since "my things" does not go well with ἃ ἐλάληκα.[9] Both "thing" and "words" are perfectly admissible according to the book. Yet to use them both makes the angel's argument lose some of its force. JosAs does not employ ῥῆμα twice just for want of a synonym. It is because biblical language permits the word to be used as a substitute for both the bee miracle and the angel's promises that the former can vouch for the latter. Moreover, "thing" as a translation

---

[6] *Joseph und Aseneth* (JSHRZ II 4; Gütersloh, 1983), *ad loc.*; "Joseph and Aseneth", in: J. H. Charlesworth (ed.), *The Old Testament Pseudepigrapha*, II (New York, 1985), *ad loc.*; "The Importance of Joseph and Aseneth".

[7] Cf. below, note 11.

[8] Cf. below, note 17.

[9] E. W. Brooks, *Joseph and Asenath* (Translations of Early Documents, II 7; London and New York, 1918), p. 53. Delling, p. 35, suggests "Sache" in v. 1. Philonenko, p. 191, has "cela" in v. 1 and "paroles" in v. 2.

for ῥῆμα in v. 1 may require some qualification. JosAs may have chosen τὸ ῥῆμα τοῦτο, instead of e.g. πάντα ὅσα ἐποίησα (cf. 16:17x), because the angel set the bees going by a word of command in 16:17x and directed their motions by more words in v. 20 and 22. To render ἑώρακας τὸ ῥῆμα τοῦτο; by "Have you seen this word" of course is awkward, to say the least, because Aseneth just as everybody else could not see words; however, "this thing" is not likely to do full justice to the phrase either. It may be one of those cases where a translator has no choice left but to decide on which side to err, because a word has a range of meaning in one language which its stock equivalent in another language is lacking,—unless of course he resorts to paraphrasing or a footnote. In this particular instance the choice depends on whether or not we want to bring out the logical connection between the ῥῆμα and the ῥήματα. If we do as I think we should, the same English word ought to be used. Since "all my words" is well-nigh inevitable for πάντα τὰ ῥήματά μου I venture "Have you seen this word (materialize)" or something to that effect for ἑώρακας τὸ ῥῆμα τοῦτο;

Incidentally, there is one more instance of ῥῆμα being used with ὁρᾶν in JosAs 28:1: καὶ εἶδον οἱ υἱοὶ Βάλλας καὶ Ζέλφας τὸ ῥῆμα τὸ μέγα τοῦτο, meaning that they have just attempted to slay Aseneth whereupon she cried to the Lord and the swords fell from their hands and turned to ashes (27:7-11). For an OT parallel, cf. 1 Sam 12:16 καὶ νῦν κατάστητε καὶ ἴδετε τὸ ῥῆμα τὸ μέγα τοῦτο, ὃ ὁ κύριος ποιήσει ἐν ὀφθαλμῶν ὑμῶν, viz. through Samuel's calling upon the Lord. In both passages we have the same problem of translation as in JosAs 17:1. ὁρᾶν and μέγα seem to demand "this great thing", but we should at the same time realize that this thing has been brought about by a powerful word. I take it that "thing" is perhaps not always the best choice where English phraseology suggests it and that we ought to consider "word" where it does not lead to solecism, as e.g. in ποιεῖν τὸ ῥῆμα τοῦτο "to do this thing" in JosAs 23 f.[10]

Whatever the proper translation, JosAs' use of ῥῆμα goes to show that ancient authors do not always draw on biblical language just for the sacred ring of it. They sometimes do so because it expresses exactly the things they want to express.

---

[10] For the nuance of "Sachbetontheit" in ῥῆμα cf. Repo, I, pp. 145-162, and below, note 29.

III

Turning to the NT we find one passage where ῥῆμα is used with ὁρᾶν (the only such instance) referring to a sign communicated by an angel, and followed by a related occurrence of ῥῆμα. That is Luke 2:15-17:

15 καὶ ἐγένετο ὡς ἀπῆλθον ἀπ' αὐτῶν εἰς τὸν οὐρανὸν οἱ ἄγγελοι, οἱ ποιμένες ἐλάλουν πρὸς ἀλλήλους· διέλθωμεν δὴ ἕως Βηθλέεμ καὶ ἴδωμεν τὸ ῥῆμα τοῦτο τὸ γεγονὸς ὃ ὁ κύριος ἐγνώρισεν ἡμῖν.

16 καὶ ἦλθαν σπεύσαντες καὶ ἀνεῦραν τήν τε Μαριὰμ καὶ τὸν Ἰωσὴφ καὶ τὸ βρέφος κείμενον ἐν τῇ φάτνῃ·

17 ἰδόντες δὲ ἐγνώρισαν περὶ τοῦ ῥήματος τοῦ λαληθέντος αὐτοῖς περὶ τοῦ παιδίου τούτου.

It does not run exactly like JosAs 17:1f. to be sure. To mention just a few differences, the σημεῖον, not so called in JosAs, is announced first and then seen, not first wrought and watched and then commented upon; it is not a miracle though it may contain a miraculous element; ῥῆμα is in the shepherds' mouth, not the angel's; they pass on what the angel told them, Aseneth does not, at least not immediately (she will relate the angel's visit to Joseph in ch. 19). Yet I feel that σημεῖον, ὁρᾶν and the two occurrences of ῥῆμα are connected in a way which is close enough to JosAs 17:1f. for this passage to be considered along with the OT material relating to signs such as Ex 3:12; 1 Sam 2:34; 10:1f.; 12:16 ff.; Isa 7:14-16; 37:30 (2 Kings 19:29); 38:7 (2 Kings 20:9); Jer 28(35):10 f.; 44(51):29f., etc., which is customarily drawn upon in interpreting Luke 2:12 ff.[11] This material is most helpful, but it does not provide a parallel to the twofold use of ῥῆμα in Luke 2:15,17 (cf. however 1 Sam 10:2, 16 LXX).

If JosAs 17:1 f. is a parallel we may assume that τὸ ῥῆμα τοῦτο τὸ γεγονὸς ὃ ὁ κύριος ἐγνώρισεν ἡμῖν in Luke 2:15 refers back to the angel's word concerning the sign in v. 12, not to his entire message in v. 10-12 as some would have it,[12] let alone to God's creative word

---

[11] Cf. K. H. Rengstorf, "σημεῖον κτλ.", TWNT VII, 1964, pp. 199-268, esp. p. 229; C. H. Giblin, "Reflections on the Sign of the Manger", CBQ 29 (1967), pp. 87-101; C. Westermann, "Alttestamentliche Elemente in Lukas 2, 1-20", in: G. Jeremias, H.-W. Kuhn and H. Stegemann (eds.), Tradition und Glaube (Festschrift K. G. Kuhn; Göttingen, 1971), pp. 317-327. Since the sign is the central motif in the Christmas story it is not "the story of the birth of Jesus" although many exegetes persist in calling it that.

[12] E.g. Giblin, p. 97. Commentators usually do not argue the point at v. 15, but some of them show later on what they would have done if pressed; cf. below, notes 15, 21.

in 1:26-38 which brought Jesus into being.[13] Specifically, the relative clause in v. 15 points to v. 12 as a divine utterance, and τὸ ῥῆμα τοῦτο τὸ γεγονός is a substitute for the child which is mentioned there as having been wrapped in swaddling-clothes and lying in a manger.[14] This was offered as a σημεῖον, doubtless not as a sign by which to identify this particular child but as a confirmatory sign warranting the truth of v. 10 f., including perhaps v. 14.[15] At the same time it foreshadows part of what it confirms; as almost everybody admits, the manger hints at Jesus lowly existence on earth.[16] The sign is in line with JosAs and most or all of the OT parallels in that respect,[17] but only Luke and JosAs seem to have it in such a way that its prophetic aspect is not known to its recipients, but only to the readers of the book in which it is narrated.

If τὸ ῥῆμα τοῦτο τὸ γεγονός in v. 15 refers to the sign, διέλθωμεν δὴ ἕως Βηθλέεμ[18] καὶ ἴδωμεν indicates that the shepherds propose to

---

[13] R. Asting, *Die Verkündigung des Wortes im Urchristentum dargestellt an den Begriffen "Wort Gottes", "Evangelium" und "Zeugnis"* (Stuttgart, 1939), pp. 95 f.

[14] I have toyed with the idea that τὸ ῥῆμα τοῦτο τὸ γεγονός is a substitute either of v. 12 in its entirety or of the εὑρήσετε-clause in v. 12*b*. In the first case the phrase will have to be understood on the analogy of ἐγένετο ῥῆμα θεοῦ ἐπὶ 'Ιωάννην Luke 3:2 (cf. Jer 1:1, elsewhere in the Septuagint with κυρίου and πρός), but I do not think it can be done without an indication to whom the word came. In the second case γεγονός will have to be taken in the sense of γενησόμενον which I am afraid is impossible.

[15] The majority vote today. The opposite option is taken e.g. by F. Hauck, *Das Evangelium des Lukas* (ThHK 3; Leipzig, 1934), p. 38; W. Dignath, *Die lukanische Vorgeschichte* (Handbücherei für den Religionsunterricht, 8; Gütersloh, 1971), p. 36. Some feel that the sign has both functions, e.g. J. M. Creed, *The Gospel according to St. Luke* (London and New York, 1930), p. 35; I. H. Marshall, *The Gospel of Luke* (NIGTC; Exeter, 1978), p. 110. The parallels do not seem to bear this out. Moreover, identification is unnecessary if the finding is thought of as miraculous, cf. below, note 19. For a different view see L. Legrand, "L'évangile aux bergers. Essai sur le genre littéraire de Luc, II, 8-20", *RB* 75 (1968), pp. 161-187, esp. pp. 169-173: The child himself is the sign, and sign not by way of confirmation as in the OT but in a new sense which it has acquired under the New Covenant; 'il actualise la venue du salut' (p. 172); Legrand has been criticized by Westermann, pp. 321 f., note 10, with whom I agree.

[16] Not so much the swaddling-clothes (omitted in v. 16). They are ordinary child-care (cf. Ez 16:4; Sap 7:4), the manger is not. Perhaps they are to underline the fact that Jesus was born a real baby. For a "Midrashic" interpretation see Giblin, pp. 98-100: the manger is "the sign of God's being the sustenance of his people" (p. 100; cf. Isa 1:3; Jer 14:8), the swaddling-clothes hint at the modest beginnings of a king's career (cf. Sap 7:4). The "midrashic" elements are not as transparent to me as they are to Giblin.

[17] A point rightly stressed by Giblin, but he may overstate his case as to Luke.

[18] On this phrase cf. "Fußnoten zum neutestamentlichen Griechisch II", *ZNW* 69 (1978), pp. 143-157, esp. pp. 145 f.

verify it as they have a right to do. In v. 16 they find the child as predicted in v.12.[19] Apparently they had no doubts about the prediction since they set out σπεύσαντες (cf. Luke 1:39); but to say that this shows their faith in the full sense of the word[20] or that "seeing the word" made the shepherds "eyewitnesses of the word" (1:2)[21] is going much too far. ἰδόντες at the beginning of v. 17 takes up ἴδωμεν in v. 15. The sign has been verified, and only after this has been done the shepherds tell περὶ τοῦ ῥήματος τοῦ λαληθέντος αὐτοῖς περὶ τοῦ παιδίου τούτου. This ῥῆμα must be different from the one in v. 15. It is the joyful announcement in v. 10 f. that a saviour has been born whose function is to be Christ the Lord, i.e. the Jewish Messiah who will also be Lord of all people,[22] including naturally the sign in v. 12. This ῥῆμα περὶ τοῦ παιδίου τούτου is now authenticated because the shepherds have seen τὸ ῥῆμα τοῦτο τὸ γεγονός, much as πάντα τὰ ῥήματά μου were authenticated by τὸ ῥῆμα τοῦτο which Aseneth had seen according to JosAs 17:1 f.

The fact (if it is one) that a confirmatory sign is associated with this ῥῆμα περὶ τοῦ παιδίου τούτου implies that its contents have yet to take effect, just like the angel's ῥήματα in JosAs.[23] The baby Jesus *is* the saviour but he has not even begun his saving work (incarnation is nothing to Luke). That will have to wait until he is grown up; in fact, Jesus will begin to act in his capacity of Lord of all people only after he has ascended to the *dextera Patris* (Acts 1:32-36).[24] The rest of the shepherds' story bears this out. It goes on to register amazement on the part of those who heard the ῥῆμα

---

[19] The finding may be thought of as miraculous as in 1 Sam 10; Luke 19:30, 32; 22:13; cf. e.g. W. Grundmann, *Das Evangelium nach Lukas* (ThHK 3; Berlin, 1961, 8th ed., 1978), p. 86. If so, no searching is to be read between the lines, *pace* Hauck, p. 40; J.-M. Lagrange, *Évangile selon Saint Luc* (ÉB; Paris, 1921, 8th ed., 1948), p. 79. Some think that ἀνεῦραν as a compound implies searching, e.g. A. Plummer, *A Critical and Exegetical Commentary on the Gospel according to S. Luke* (ICC 3; Edinburgh, 1896, 5th ed., 1922 = 1953), p. 60; W. Bauer, *Griechisch-deutsches Wörterbuch zu den Schriften des Neuen Testaments und der übrigen urchristlichen Literatur* (Berlin, 5th ed., 1958), col. 130, but this is not necessarily so.

[20] Dignath, p. 37; E. Schweizer, *Das Evangelium nach Lukas* (NTD 3; Göttingen, 1982), p. 34.

[21] É. Delebecque, *Évangile de Luc. Texte traduit et annoté* (Collection Budé; Paris, 1976), p. 13;cf. Legrand, p. 178, and above, note 15.

[22] "Christ" in verse 11 is not a name, but a title. The relative clause does not say *who* the saviour is, but *what* he is.

[23] JosAs thus confirms a point rightly stressed by Westermann.

[24] This is where the throne of David is which has been promised to Jesus according to Luke 1:32.

περὶ τοῦ παιδίου τούτου and perpetual meditation about πάντα τὰ ῥήματα ταῦτα, including perhaps those of ch. 1, on the part of Mary in v. 18f.[25] Not a word about adoration of, or faith in, the little saviour. The shepherds go back to where they came from praising God for their experience according to v. 20, and that is that. There is nothing to do for the time being but wondering and pondering and otherwise, daily life as usual.[26]

As to the translation, at least if it is to be scholarly, the above suggests to me that ῥῆμα should be rendered somehow, not dropped, in both v. 15 and v. 17, and rendered by the same word, which will then have to be used in v. 19, too, for the sake of consistency.[27] In v. 15 "this thing" seems to be indicated,[28] although we ought to bear in mind that for any reader steeped in biblical language this thing does not belong to the realm of cold hard facts but to the world of personal relations which is a universe of discourse.[29] If

---

[25] On the special problems of v. 19, above all συμβάλλουσα, see W. C. van Unnik, "Die rechte Bedeutung des Wortes treffen, Lukas II 19", in: *Verbum. Essays on Some Aspects of the Religious Function of Words*, dedicated to Dr. H. W. Obbink (Kemink and Utrecht, 1964), pp. 129-147, reprinted in: *Sparsa collecta. The Collected Essays of W. C. van Unnik*, I (Supplements to NovTest 29; Leiden, 1973), pp. 72-91; for a critique, cf. Giblin, pp. 97 f., note 37.

[26] That is to say that like Westermann I cannot subscribe to Legrand's view that Luke has shaped 2:1-20 in such a way as to foreshadow the mission of the apostles.

[27] Cf. van Unnik, p. 73. Translators are inclined to suppress ῥῆμα in v. 17, as e.g. Lagrange, p. 79; Hauck, p. 40; W. Schmithals, *Das Evangelium nach Lukas* (Zürcher Bibelkommentare, 3.1; Zurich, 1980), p. 38; *NEB*; *Einheitsübersetzung*; cf. J. Reiling and J. L. Swellengrebel, *A Translator's Handbook on the Gospel of Luke* (Helps for Translators, 10; Leiden, 1971), pp. 120 f.

[28] E.g., 'this thing that has happened' (*NEB*). I beg to disagree with Reiling and Swellengrebel, p. 18: 'The participle *gegonos* "happened" does not add to the meaning of *rēma* "thing" but stresses the perfective aspect of the "thing"'. To my mind the participle is what makes the choice of 'thing' possible in the first place. Cf. also above, note 14, and below, note 29.

[29] Cf. Repo, I, p. 153 on a similar phrase in 1 Sam 4:16: 'Z.B. τί τὸ γεγονὸς ῥῆμα (*mē-hājā-haddābār*, 1 Rg 4, 16) bedeutet zwar einerseits: was ist die Sache, die geschehen ist? Aber andererseits ist darin auch der Nebensinn »des geschehenen Wortes« enthalten, so dass man den Ausdruck frei übersetzen könnte: von welchem Ereignis hast du Kunde zu bringen? Im Worte wird das Ereignis für den Hörer aktualisiert. Ebenso bedeutet τὸ ῥῆμα τοῦτο im Zusammenhang der Schilderung der Sache komplex all das, was gesagt worden ist.' That is why 'event' alone is less suited (*pace* Creed, p. 36; H. Schürmann, *Das Lukasevangelium*, I (HThK III 1; Freiburg, Basel, and Vienna, 1969, 2nd printing, 1980), p. 116; Marshall, p. 113; cf. Reiling and Swellengrebel, pp. 118 f.). Luther's 'Geschichte' is a happy choice inasmuch as it means both story and history, but it implies a chain, or chains, of events under both aspects whereas v. 15 does not, and it will not do in v. 17. 'Gotteswort' as used in the new German translation

ῥῆμα is "thing" in v. 15 it will have to be "thing" in v. 17 also and "things" in v. 19. Perhaps we should try "things" in v. 17, too. The plural is not there, of course, but it would point out that this ῥῆμα is different from the one in v. 15, and the angel had in fact announced several things about Jesus in v. 10 f., not just one. Moreover, "things" in v. 17 would help to keep the "things" in v. 19 from being mistaken for mere happenings. The parallelism with JosAs 17:1 f. is obscured if the option is "word" there and "thing" here, but we cannot have everything.

IV

A guess concerning the beginning of Peter's speech to Cornelius in Acts 10:34-43 as a post-script.

The third and fourth verse of this speech, which are notorious for their syntactical problems to which I shall return presently, recall Luke 2:10 ff. on several grounds. τὸ γενόμενον ῥῆμα in Acts 10:37 is the only instance in the NT besides Luke 2:15 of a participle of γίνεσθαι being associated with ῥῆμα, and the verb οἴδατε is akin to ἴδωμεν in Luke 2:15 and ἰδόντες in 2:17. The preceding verse, Acts 10:36, speaks of a λόγος that God sent to Israel εὐαγγελιζόμενος εἰρήνην διὰ 'Ιησοῦ Χριστοῦ; εἰρήνη appears in Luke 2:14 of course, and this passage and the related one in Luke 19:38 are the only other instances in Luke-Acts where εἰρήνη has a universal meaning. Moreover, 'Ισραήλ and εὐαγγελιζόμενα are reminiscent of Luke 2:10, just as οὗτός ἐστιν πάντων κύριος is of χριστὸς κύριος in Luke 2:11. Does Peter in Acts 10:36 f. allude to Luke 2:10 ff.? It has been argued that Acts 10:36 draws on Ps 107 (106): 20 ἀπέστειλεν τὸν λόγον αὐτοῦ καὶ ἰάσατο αὐτούς (cf. also Ps 147:18[7]) and Isa 52:7 ὡς πόδες εὐαγγελιζομένου ἀκοὴν εἰρήνης, ὡς εὐαγγελιζόμενος ἀγαθά (cf. also Nah 1:15 [2:1]),[30] but the wording is not particularly close, and it at best covers the first half of v. 36. The verse as a whole has been explained as a reference to Jesus' preaching as characterized in

---

by U. Wilckens, *Das Neue Testament* (Hamburg/Cologne and Zurich/Zurich, 1970), p. 209, in v. 15 (dropping τοῦτο τὸ γεγονός) and v. 17 is overdone, and going on with 'all diese Worte' in v. 19 is inconsistent.

[30] E.g. K. Lake and H. J. Cadbury, *The Beginnings of Christianity. Part I. The Acts of the Apostles, IV. English Translation and Commentary* (London, 1933), pp. 119 f.; F. F. Bruce, *The Acts of the Apostles* (London, 1951, 2nd ed., 1952), p. 225, and the authors mentioned in the next note.

Luke 4:18 f., 43.[31] Contacts do exist, including ἔχρισεν in v. 38 (but not εἰρήνη). Nevertheless what makes one wonder is that v. 37 ff. are not interested in Jesus' preaching at all. It is of course possible that some or all of the passages just mentioned crossed Luke's mind as he wrote Acts 10:36. But I feel that the points of contact with Luke 2:10 ff. are numerous and significant enough to make it a fair guess that Luke wanted Peter to summarize briefly what had happened in the night when Christ was born.[32]

If this is so several things would seem to follow. In the first instance, the λόγος in Acts 10:36 is not the gospel as preached by the apostles, so far to Israel alone, or by Jesus;[33] rather it is the good news concerning Jesus[34] announced by the angel as regarding the whole people (Luke 2:10 f.) which meant peace to all God's elect (2:14).[35]

Secondly, my guess goes ill with several of the solutions proposed for the syntactical problems of Acts 10:36 f.[36] This includes the most recent one by H. Riesenfeld which commends itself for its

---

[31] E.g. by H. Conzelmann, *Die Apostelgeschichte* (HNT 7; Tübingen, 2nd ed., 1972), p. 72; U. Busse, *Die Wunder des Propheten Jesus. Die Rezeption, Komposition und Interpretation der Wundertradition im Evangelium des Lukas* (FzB 24; Stuttgart, 2nd ed., 1979), pp. 346f., 363-366; F. Prast, *Presbyter und Evangelium in nachapostolischer Zeit. Die Abschiedsrede des Paulus in Milet (Apg 20, 17-38) im Rahmen der lukanischen Konzeption der Evangeliumsverkündigung* (FzB 29; Stuttgart, 1979), p. 287.

[32] I think that this supports the view that Luke 1 f. is an important part of Luke's gospel, not a mere prologue.

[33] Depending on whether διὰ 'Ιησοῦ Χριστοῦ is construed with εἰρήνη or with εὐαγγελιζόμενος (or perhaps ἀπέστειλεν). For the former view e.g. E. Haenchen, *Die Apostelgeschichte* (KEK 3; Göttingen, 1956, 8th ed., 1977), p. 297; U. Wilckens, *Die Missionsreden der Apostelgeschichte* (WMANT 5; Neukirchen-Vluyn, 1961, 3rd ed., 1974), p. 48, note 2 (he includes the prophets); J. Roloff, *Die Apostelgeschichte* (NTD 5; Göttingen, 1981), p. 172; G. Schneider, *Die Apostelgeschichte*, II (HThK V 2; Freiburg, Basel, and Vienna, 1982), p. 76, note 154; for the latter e.g. Bruce, p. 225; Conzelmann, *ibid.*; Busse, p. 364; Prast, pp. 286-288.

[34] So διὰ 'Ιησοῦ Χριστοῦ will have to be construed with εἰρήνη after all. In addition to the authors mentioned in note 33 above see e.g. H. Riesenfeld, "The text of Acts x. 36", in: E. Best and R. McL. Wilson (eds.), *Text and Interpretation* (Festschrift M. Black; Cambridge, London, New York, and Melbourne, 1979), pp. 191-194, esp. 193.

[35] What εἰρήνη means for Luke may be gathered e.g. from Luke 1:68-79, esp. v. 74 f.

[36] I discount the hypothesis that v. 36 is garbled as the result of mistaken translation from Aramaic which was once advanced by C. C. Torrey and is still advocated by Bruce, *ibid.*, but viewed with a critical eye by an expert like M. Wilcox, *The Semitisms of Acts* (Oxford, 1965), pp. 151-153. Even if it has some merit we would still have to explain what the Greek text as it stands may have meant to Luke's readers.

simplicity, namely that v. 36 is an apposition to v. 34 f. resuming the contents of the ὅτι-clause.[37] For this means that εἰρήνη is peace between Jews and Gentiles, and it is hardly that in Luke 2:14.[38] Doubt is also cast upon the proposal e.g. of the *Greek New Testament* to construe τὸν λόγον with ὑμεῖς οἴδατε in v. 37, put a comma after that and take τὸ γενόμενον ῥῆμα as an apposition to τὸν λόγον.[39] For whereas the idea that Cornelius and his friends knew what Jesus did is in keeping with Lucan thought (cf. also Acts 26:26), the implication that they also knew the story about the shepherds is not. Quite the reverse, according to v. 37 τὸ γενόμενον ῥῆμα did not begin until after Jesus' baptism by John. Furthermore, οὗτος cannot very well refer to τὸν λόγον as suggested tentatively by Blaß and Debrunner,[40] if κύριος is reminiscent of Luke 2:11. Besides the idea that the λόγος is Lord of all does not seem to fit into the pattern of Lucan theology. Finally, the οὗτος-clause is probably not to be taken as an parenthesis.[41] The stress is on πάντων, and while the idea that Jesus is Lord of all people, Gentiles included, is inherent in Luke 2:1-20, it is not made explicit there. It does however make good sense in the context of Peter's speech to Cornelius, for πάντων refers back to ἐν παντὶ ἔθνει in v. 35 and it recurs under the guise of πάντας τοὺς καταδυναστευομένους ὑπὸ τοῦ διαβόλου in v. 38 and πάντα τὸν πιστεύοντα in v. 43; cf. also the recurrence of τοῦτον in v. 40, οὗτος in v. 42, and τούτῳ in v. 43. Thus the οὗτος-clause is not an aside, rather it is the point of v. 36. How then are we to construe the verse? There may be diverse possibilities left, including the one that this is an unfinished spot in Acts, perhaps one of several.[42] Personally I do not

---

[37] Schneider, pp. 75 f., has voiced his consent.

[38] I do not think that it is that in Acts 10:36 either, *pace* W. Schmithals, *Die Apostelgeschichte des Lukas* (Zürcher Bibelkommentare, NT 3.2; Zurich, 1982), p. 107.

[39] Also Luther, *Zürcher Bibel*, and *RSV*. Few scholars have favoured it in recent years according to J. Dupont, "Les discours de Pierre dans les Actes et le chapitre XXIV de l'évangile de Luc", in: F. Neirynck (ed.), *L'Évangile de Luc* (Bibliotheca Ephemeridum Theologicarum Lovaniensium, XXXII; Gembloux, 1973), pp. 329-374, esp. p. 334, note 9.

[40] F. Blaß and A. Debrunner, *Grammatik des neutestamentlichen Griechisch. Bearbeitet von F. Rehkopf* (Göttingen, 14th ed., 1975), § 295, note 2.

[41] As e.g. by Lake and Cadbury, p. 120; Bruce, *ibid.* ('but none the less emphatic'); Blaß and Debrunner, *ibid.* (alternative to the suggestion registered above, note 40).

[42] E.g. Conzelmann, pp. 71 f.

see what is wrong with the view that τὸν λόγον ὅν[43] ἀπέστειλεν ... διὰ Ἰησοῦ Χριστοῦ is an anacoluthon, with τὸν λόγον being a "Greek" accusative (of respect, cf. τὸ γὰρ ἀδύνατον τοῦ νόμου ἐν ᾧ ἠσθένει διὰ τῆς σαρκός, ὁ θεὸς τὸν ἑαυτοῦ υἱὸν πέμψας ... κατέκρινεν τὴν ἁμαρτίαν ἐν τῇ σαρκί Rom 8:3) rather than the result of inverse attraction (cf. e.g. Luke 1:73;[44] 1 Cor 10:16):[45] "As to the word which God sent to the children of Israel bringing the good news of peace through Jesus Christ: This (Jesus Christ) is Lord of all (people)".

Thirdly, if v. 36 does not refer to the gospel it does not have to be connected with what follows, as the majority of the exegetes appear to hold,[46] and a fresh attempt to read the verse as a sequel to v. 34 f. is feasible.

Fourthly, if viewed with Luke 2:15, 17 (cf. JosAs 17:1 f.) in mind, ὑμεῖς οἴδατε τὸ γενόμενον ῥῆμα in Acts 10:37 suggests that Peter does not refer to this ῥῆμα for its own sake. According to v. 37 f. τὸ γενόμενον ῥῆμα is Jesus in his role as God's special envoy to liberate all those whom the devil had put in the hands of demons or enchained by various physical ailments.[47] Peter adduces this aspect of Jesus' earthly ministry (it is just that, the preaching is not mentioned) as evidence for something else, and this I think must be the point which he made in v. 36, namely that the word of peace in Christ which God sent to Israel really concerns all people because Christ is Lord of all. Note however that τὸ γενόμενον ῥῆμα is by way of a foundation only. It cannot be more than that because Jesus confined his ministry to Israel, barring a few exceptions such as the Centurio (Luke 7:1-10). So Peter confirms τὸ γενόμενον ῥῆμα on behalf of the group of appointed witnesses of which he is the most prominent member,[48] and goes on in v. 39-42 to state what they have to contribute in addition to what is also public knowledge, viz. that God has raised Jesus and commanded the witnesses to preach

---

[43] Both the *Greek New Testament* and Nestle-Aland, 26th edition, have ὅν in square brackets. It is omitted e.g. by Lake and Cadbury, p. 119; Haenchen, *ibid*. I think that it should be retained because otherwise undue stress would seem to fall on τὸν λόγον.

[44] This verse is one of the points in favour of Riesenfeld.

[45] At any rate the accusative makes it harder for the reader to refer οὗτος back to τὸν λόγον, and maybe that is why Luke put it there.

[46] Dupont, *ibid*.

[47] Cf. Luke 1:74 f.; 4:18; 13:16, etc.

[48] Cf. Luke 24:48; Acts 1:8, 15-26, etc.

him as the coming judge of all people, albeit so far to Israel alone.[49] Peter concludes his speech with a sweeping reference to the prophets in v. 43 who all said that the benefits of Jesus' ministry were intended for every believer, not just Israel. All this belongs together with τὸ γενόμενον ῥῆμα as proof of v. 36. The proof lies not in what Jesus did or said but in that God was active in him and active with the intent of saving all people.

It might be argued, therefore, that the core of Peter's speech to Cornelius is v. 34-36; the rest is proof.[50] What Peter does is to correlate the experience which he had just had[51] with God's fundamental word of peace in Christ to Israel by resuming what God did in Christ later on in such a way as to bring out its universal aspect. His main purpose is not to preach the gospel to Cornelius; it is rather to assure him that the coming of Christ is the culmination of God's dealings with Israel, the people to which the worthy soldier had wanted to belong all along (v. 2). It is in this roundabout way only that Peter also explains to Cornelius and his friends what Christ means to them personally, i.e. forgiveness of sins which will secure them an acquittal at the Last Judgement (v. 42 f.).

V

The general upshot of all this seems to be that while ῥῆμα in the NT certainly may be labelled as a "semitism", caution must be exercized in using it as a pointer to the "semitic" background, usually thought to be an indication of antiquity and historical reliability, of the texts in which it occurs. Repo has concluded that the relative frequency of ῥῆμα in Luke's special material and the first parts of Acts supports the view that this material was translated from Hebrew or Aramaic or was formed next door to Aramaic speaking Christians, hence not by Luke,[52] and that the choice of ῥῆμα instead

---

[49] God is the subject of παρήγγειλεν in v. 42. According to Luke the missionary command was given by God, not by Jesus as Mt 28:16-20 has it.

[50] That is not the general opinion. For a different view see e.g. Busse, pp. 344 f.; he regards v. 34 f. as a 'Prolog'.

[51] I feel that καταλαμβάνω in v. 34 relates more to experience than it does to comprehension (cf. G. Delling, "λαμβάνω κτλ.", TWNT IV, 1942, pp. 5-16, esp. p. 10: 'sich innerlich zutiefst aneignen'). As an apostle who had witnessed the ministry of Jesus in its entirety Peter was of course aware that God intended to accept people like Cornelius but he had never seen it happen.

[52] See II, p. 27, on Luke 2:15, 17; p. 41 on Acts 10:37: 'Z.B. die Rh[ema]-Stelle 10, 37 (τὸ γενόμενον ῥῆμα) hebt sich durch ihren semitischen Charakter

of λόγος was due to the influence of the Septuagint. Repo's ideas have been exploited by others.[53] JosAs gives us the example of an author with no discernible "semitic" background using ῥῆμα time and again in a book which is certainly not a translation, or adaptation, from a semitic language and was probably written in a Greek speaking environment. This is not to say that Repo must be wrong. But I see nothing in the evidence presented above which conflicts with the view that ῥῆμα in Luke-Acts, Luke 1 f. included, has come from the pen of the Third Evangelist himself as J. Jeremias has argued in his last book.[54] At all events we will have to understand why Luke used ῥῆμα and why in the places in which he did. The answer may be that he wrote it where he had a particular interest to bring out that genuine Judaism is ready for Christianity and that Christianity is the genuine fulfilment of OT religion. As to the influence of the Septuagint, it is there but that is not the whole story. Between them JosAs and Luke suggest that their language owes more to literary convention and perhaps synagogal parlance (nourished of course by the Septuagint and possibly vice versa) and less to the use of the Book as a stylistic model than is sometimes thought.[55] At least there is no model in the Bible for the double use of ῥῆμα in JosAs 17:1 f. and Luke 2:15, 17.

---

deutlich als ein traditionelles Element ab'. Cf. also A. Debrunner's criticism in his review of Repo, II, *ThLZ* 80 (1955), cols. 536-538, esp. col. 537.

[53] E.g. T. Schramm, *Der Markus-Stoff bei Lukas* (SNTS Monograph Series 14; Cambridge, 1971), pp. 133-135.

[54] *Die Sprache des Lukasevangeliums*, p. 54.

[55] Cf. N. Turner, "The Quality of the Greek of Luke-Acts", in: J. K. Elliott (ed.), *Studies in New Testament Language and Text* (Festschrift G. D. Kilpatrick; Supplements to NovTest 44; Leiden, 1976), pp. 387-400. We should also be mindful of what T. Holtz, a pupil of G. Delling and his successor on the chair of NT at Halle, wrote in his *Untersuchungen über die alttestamentlichen Zitate bei Lukas* (TU 104; Berlin, 1968), pp. 169 f., on Luke's direct knowledge of the Septuagint: 'Erkennbar selbständig benutzt er nur die drei Bücher Kleine Propheten, Jesaja und Psalmen. Keine durch eigenen Umgang mit ihnen erworbenen Kenntnisse verrät Lukas von dem gesamten Pentateuch, mit Sicherheit hat er sie nicht von seinen gesetzlichen Partien. Ebensowenig zeigt er ein eigenes Wissen um die geschichtlichen Teile des ATs; alle Wahrscheinlichkeit spricht dafür, daß er sie gleichfalls nicht gekannt hat.'

I I

THE IMPORTANCE OF JOSEPH AND ASENETH FOR THE STUDY OF THE NEW TESTAMENT: A GENERAL SURVEY AND A FRESH LOOK AT THE LORD'S SUPPER*

I. INTRODUCTION

I.1 Why New Testament Scholars were slow to Discover Joseph and Aseneth

In 1859 Friedrich Düsterdieck, then Director of Studies at the *Prediger-seminar* in the Monastery of Loccum near Hannover, published a commentary on the Revelation of John. It was his contribution to the series inaugurated in 1829 by another Hanoverian cleric, Heinrich August Wilhelm Meyer. Commenting upon the description in Rev 14. 4 of the 144,000 elect, οὗτοί εἰσιν οἱ μετὰ γυναικῶν οὐκ ἐμολύνθησαν· παρθένοι γάρ εἰσιν, Düsterdieck wrote:

'παρθένοι) Das Prädicat wird nicht selten auch Männern gegeben. Vgl. *Fabricius*, Cod. apocr. Vet. Test. II, p. 92.98 (wo Joseph ein ἀνὴρ παρθένος heisst), *Kypke*, Observ. sacr. ad h.l. (παρθένον υἷα, aus *Nonnus* ad Joh. 19,26), *Suidas*, s.v. Ἄβελ.'

Here he refers to Fabricius' edition of JosAs 4. 7, καὶ ἔστιν Ἰωσὴφ ἀνὴρ θεοσεβὴς καὶ σώφρων καὶ παρθένος ὡς σὺ (Aseneth) σήμερον and 8. 1, ἄσπασαι τὸν ἀδελφόν σου διότι καὶ αὐτὸς παρθένος ἐστιν ὡς σὺ σήμερον καὶ μισεῖ πᾶσαν γυναῖκα ἀλλοτρίαν ὡς καὶ σὺ πάντα ἄνδρα ἀλλότριον (cp. also 15. 7). As far as I know, Düsterdieck was the first NT scholar to pay any attention to JosAs. The reference filtered down through the subsequent editions of Düsterdieck into W. Bousset's new edition (1896); it then passed into the commentaries of R. H. Charles (1920), E. Lohmeyer (1926) and W. Hadorn (1928). W. Bauer took it over when he first revised E. Preuschen (1928) and made it public property.[1] The reference to JosAs is appropriate; this pseudepigraphon provides the earliest evidence for παρθένος being used of males besides Rev 14. 4 (unless we count 1 Cor 7. 25) and it is the only reference to male virgins outside Christian literature.[2] It does not clinch the question whether the 144,000 are called παρθένοι because they have shunned intercourse (Düsterdieck, Bousset, Charles,[3] Lohmeyer, Lindijer), refrained from illicit sexual practices, whether in or outside of marriage (Hadorn), or abhorred idolatry.[4] But it may help to explain in a general way how παρθένος came to be counted among a person's religious qualifications, and this in turn may have been preparatory to its being used for males, too.[5] At all events JosAs goes to show that παρθένος was used to describe males in Jewish circles before it was used by a Christian, and this adds another mosaic-stone to the Jewish background of Revelation.[6]

παρθένος is the only entry in Bauer to refer to JosAs which I have discerned in thirty years of use. That is symptomatic. By and large JosAs was not used by NT scholars until the early fifties of this century. Why? JosAs was retrieved from oblivion much later than most other pseudepigrapha. When it did become available it was not easily recognized as an old Jewish book, for it is nowhere mentioned in ancient literature, Jewish or Christian. Hence, it could not be rediscovered like the Testaments of the Twelve Patriarchs or the Book of Enoch. It had to be identified on its own merits, and it took the right text and the right scholar to make a convincing identification. Fabricius had just a Greek fragment and a Latin digest of the 13th century. The full text of JosAs came into sight gradually during the course of the 19th century, but the Syriac (1870), Serbo-Slavonic (1877), and Armenian (1885–86) versions were published first; these editions had little chance of being read by non-specialists.

The Greek text and the first Latin version, which brought JosAs within the reach of theologians and classical scholars, only appeared on the stage in 1889–1890; and when they finally appeared they were incorrectly introduced. Their editor, P. Batiffol, a noted patristic scholar and dogmatician, told his readers that he had discovered a Christian work from fifth century Asia Minor. He retracted this statement a few years later, admitting that JosAs might be a Jewish work from about Jesus' time with just a few Christian touches here and there, but the damage was already done. Aseneth had been salvaged only to be placed into the custody of the Byzantinists.

To be sure, a historian like E. Schürer (1909[4]) assembled all the information about JosAs that was available in his day, but as to its origins he depended solely on Batiffol. E. Kautzsch did not include JosAs in his *Apokryphen und Pseudepigraphen* (1900), and neither did R. H. Charles (1913).

E. W. Brooks' English translation (1918) and P. Rießler's German rendering (1922) might have changed the situation. Brooks acknowledged the Jewish origin of JosAs and assigned an early date to it although he still allowed for heavy Christian revision; Rießler found the book Essene. As an early Jewish work JosAs was part of the background of the NT. Hence it could have aroused the curiosity of NT scholars; but it did not. The truth is that it did not interest many scholars – why, I do not know – until G. D. Kilpatrick, and in his steps J. Jeremias, called attention to it with two short notes in 1952, to which I shall return below. In the last thirty years many pages and footnotes have been devoted to JosAs as a

tool for a better understanding of the NT and its background. It is time
for an assessment.

I.2 *What We Can and Cannot Expect*

(i) Most scholars would agree nowadays that JosAs was written in Greek
in the Egyptian Diaspora no later than Hadrian (117–138) or more probably Trajan (98–117), and not earlier than 100 B.C.[7] They are less agreed
as to whether it is a sectarian book. I do not think that it is, for nothing
in it suggests that JosAs represents or advocates a special form of Judaism
as opposed to others. Its unknown author was a member of the synagogue
whatever the description of his particular synagogue may have been and
however personal his views were. JosAs, no less than Philo or Epictetus,
is roughly contemporary with early Christianity. It comes from a Jewish
milieu similar to that from which many early Christians were recruited.
This means that JosAs is of little value for understanding Jesus and the
Aramaic-speaking church of Palestine. However, it may be important for
understanding those Christians, in and outside of Palestine, who spoke
and thought Greek. It is an established rule today to look to Diaspora
Judaism first when it comes to explaining the origin and growth of Christianity in the Greek-speaking world. It is natural enough to extend that
look to include JosAs.

(ii) JosAs is not only a Jewish book. For all its novelistic features it is
essentially a religious work constructed along the lines of biblical and
post-biblical narrative and couched in a corresponding Greek idiom. As a
religious book JosAs is closer to early Christian writing than a work of
history or a batch of private letters would be. Its style and language bear
a *prima facie* resemblance to at least some parts of the NT; its main concern is with conversion which was a regular feature of early Christian life
and is also the concern of many NT passages. So JosAs is potentially
important to the student of the NT under a variety of aspects ranging
from lexicography to theology, and we may reasonably expect a measure
of help toward a better understanding of both NT texts and the life which
underlies them.

(iii) Even if JosAs was composed early enough to have influenced first
century Christianity directly, there is no evidence that it did. No early
Christian writer seems to have been acquainted with it. The only NT
figure likely to have known it is Apollos, but we do not know him as an
author; so there is no way of telling what books he may or may not have
read, barring of course the Bible. Hence we are not dealing here with the
impact of a book, but with a witness to that Jewish heritage which helped
early Christians to govern their lives, form their thought and communicate
it to others, or to that which many of them had abandoned.

(iv) JosAs is not a library, but merely one book of limited length and scope; it is a little longer than the Gospel of Mark, and it comes from a milieu of which we are not wholly ignorant. Much of what can be gathered from JosAs merely duplicates what we have known all along. Sometimes by its sheer novelty it directs our attention to evidence forgotten or neglected, but very often it adds another item to a record which was full enough without it. Of course JosAs does shed fresh light on the NT in many places, but that does not always mean new interpretation. Sometimes it just broadens our view of the common ground between Christianity and Judaism, but that is no unwelcome prospect either.

(v) All this presupposes that textual criticism has given us a reliable text. Unfortunately it has not. We do have two editions of the Greek text of JosAs, viz. Batiffol's, which was translated by Brooks and Rießler, and M. Philonenko's (1968), which is accompanied by his own French translation. Batiffol printed just one manuscript. It is good and full, but it has its share of secondary readings,[8] and what is worse, it belongs to a family (a) which has been touched up considerably to improve the Greek. Philonenko's is a critical text based upon another family (d). It is about one third shorter than Batiffol's. Philonenko claims that it may for all practical purposes be regarded as the oldest text of JosAs; all other witnesses are derived from it (in addition to a and d we have a family c and a group b which also includes the ancient versions except the Serbo-Slavonic which belongs to d). In my opinion this short text is a *shortened* text. The oldest text of JosAs will have to be culled from all the available evidence in an eclectic fashion. It will be more like Batiffol's in length, in fact even longer, and in wording more like Philonenko's where it exists. I have attempted a provisional reconstruction (1979) which I am going to use in what follows.[9]

(vi). It goes without saying that JosAs must itself be understood before it may be asked to give aid in NT matters. This is a task begun but by no means completed. Even if everything that has been written on JosAs were sifted and the nuggets thrown together we still would not have a full commentary. Thus the NT scholar who wants to profit from JosAs often has a twin task. I am afraid that this has not always been realized in the past.

II. THE USE OF JOSAS IN CURRENT RESEARCH INTO THE NT

(i) As indicated above, it all started in 1952 with two notes from Kilpatrick and Jeremias. They were both entitled 'The Last Supper' and discussed whether ἄρτος εὐλογημένος ζωῆς, ποτήριον εὐλογημένον ἀθανασίας, and χρῖσμα εὐλογημένον ἀφθαρσίας in JosAs 8. 5 and elsewhere could help us understand the origins of the Lord's Supper. Discussion is still going on, and I will return to it in part III. A related matter is Joseph's kiss in 19. 11 which conveys spirit of life, wisdom, and truth to Aseneth; it has reminded some of the Holy Kiss in Rom 16. 16; 1 Cor 16. 20; 2 Cor 13. 12; 1 Pet 5. 14 (so, for example, Hofmann [1938], Thraede [1968/69],[10] Klauck [1982]).

(ii) Jeremias (1954) has also written the first attempt to solve a problem of NT Greek by appealing to JosAs. The problem is in 1 Cor 7. 16, which comes right after Paul's permission for Christian men and women married to pagan partners to separate if their partners wish to go (the *privilegium Paulinum*); here τί γὰρ οἶδας εἰ can be translated either, 'How do you know whether (you can save your partner)', or, 'What do you know, you may (save your partner)'. So Paul either encourages his readers to use the *privilegium* since conversion is most unlikely, or he encourages them to carry on if possible because mixed marriage is a missionary opportunity. The latter interpretation was preferred in the early church, but it became a minority view after Nicholas of Lyre in the 14th century. Now Jeremias observed that Aseneth asks a similar question in JosAs 11. 12, τίς οἶδεν εἰ ὄψεται τὴν ταπείνωσίν μου καὶ ἐλεήσει με, the context showing that it spells confidence, not resignation: 'Who knows, he (God) will see my humiliation and have mercy upon me.' In addition Jeremias collected equivalent uses of τίς οἶδεν εἰ and similar phrases in both Jewish and non-Jewish literature to make sure that JosAs 11. 12 was not a solecism or a Christian copyist's touch. On the strength of this material he reinstated the 'optimistic' interpretation of 1 Cor 7. 16. Subsequent interpreters have been impressed by his arguments, as S. Kubo (1977/78) noted in what seems to be the most recent attempt to upset them. No matter who is right, if the 'optimistic' interpretation prevails, it was Jeremias' reading of JosAs (not 11. 12 alone) which turned the tide; if it does not, it was Jeremias who obliged current exegetes to reexamine this issue.

Other scholars have followed Jeremias' lead. M. Siotis (1964) adduces JosAs 11. 3 to support his view, perhaps not too convincingly, that 1 Cor 7. 36–38 refers to orphan girls raised as foster-children. I myself (1961, 1970*b*) have compared JosAs 19. 7 καὶ νῦν σὺ γινώσκεις εἰ to Jn 9. 25; Acts 19. 2; 1 Cor 1. 16; JosAs 7. 4 μετὰ ἀπειλῆς καὶ ὕβρεως to Acts 9. 1; JosAs 15. 10, 18. 5 τὴν στολὴν τὴν πρώτην to Luke 15. 22; and JosAs 27. 3, 29. 5 to Luke 10. 30–35. More observations of this kind are scattered around in the literature which is less interested in JosAs' language than in its theology.

A handy tool for philological as well as theological comparison is E. W. Smith's thesis (1975). The body of the work is a list of parallels to JosAs 1–21 from early Christian literature as covered by Bauer, arranged in the order of JosAs according to Batiffol's text. Smith also draws attention to parallels of language-forms, thought, institutions, etc., quotes the literature on the NT which draws on JosAs, and offers some comments. He has promised to include chs. 22–29 in the printed edition, and he should indeed.

For although these chapters add little to the religious matters dealt with in 1-21, it is here that the ethical dimension of JosAs, which has some interesting points in common with NT ethics, comes to the fore, not to mention the individual parallels which occur here as they did in JosAs 1-21. Note, for example, the following: μὴ ἀποδοῦναι κακὸν ἀντὶ κακοῦ JosAs 23. 9; 29. 3 (cf. also 28. 5, 10, 14) is the only exact parallel to Rom 12. 17; 1 Thess 5. 15; 1 Pet 3. 9. JosAs 24. 14 yields another instance of συγκληρονόμος, not without interest for Rom 8. 17; Eph 3. 6; Heb 11. 9; 1 Pet 3. 7; the word is not attested before Philo. JosAs 25. 2 has ἄμπελος in the sense of 'vineyard'; the papyri have it from the third century B.C. onward, but the first literary occurrence besides JosAs seems to be Rev 14. 18 f. JosAs 27. 3 ἡμιθανὴς τυγχάνων offers a parallel to Luke 10. 30. JosAs 29. 4 καὶ νῦν ἀπόστρεψον τὴν ῥομφαίαν σου εἰς τὸν τόπον αὐτῆς recalls Matt 26. 52; Jn 18. 11.

This line of rereading individual words and phrases of the NT in the light of JosAs may be pursued with profit on both sides. It could be extended to include general linguistic phenomena such as *coniugatio periphrastica*, use of tenses, word order, parataxis, etc. It should in the end be integrated into an overall assessment of the language of JosAs as compared with NT Greek, or more precisely with the language of its various authors and strata. A general comparison with Luke would probably show that the 'biblical' language of the Third Evangelist owes more than is sometimes thought to living literary style and perhaps everyday speech of the Diaspora and less to the Septuagint.[11]

(iii) Many of the studies which draw on JosAs to explain NT theology are concerned with conversion. This is probably the area where JosAs is most enlightening to NT studies. I myself (1970) have attempted to show, perhaps too boldly, that the structure of Paul's conversion as told in Acts 9 is similar to Aseneth's in JosAs 5-19; U. Wilckens (1973) compared Luke 7. 36-50 to it; cf. also G. Lohfink (1965) on Acts 9. 4-6, and J. C. O'Neill (1961, 1970) on μετάνοια in Acts generally. C. Bussmann's survey of Paul's missionary preaching as viewed against its Diaspora background (1971) naturally includes JosAs. P. Tachau (1972) found parallels to the salvific νῦν as described in Rom 7. 5 f.; 11. 30 f.; 1 Cor 6. 9-11; Eph 5. 8; Col 1. 21 f.; 1 Pet 2. 10, 25 in JosAs 12. 5, 13; 13. 6, 11.[12] C. Kähler (1976, cf. Gewalt 1966, Maahs 1966) has noted that Aseneth, who is not only converted but also promoted to the rank of City of Refuge for all who do like her in JosAs 15. 7 (cp. 16. 16; 19. 5, 8), is thus cast into a role which parallels St. Peter's in Matt 16. 16-18.[13] T. Holtz (1977) has drawn upon JosAs 11, esp. v. 10 f., to interpret 1 Thess 1. 9 f., and E. Pax (1971) found more in JosÁs for a better understanding of 1 Thess in general.

The most interesting aspect of conversion in JosAs is likely to be its character of 'new creation'. The phrase itself is absent, but it seems to be an appropriate term to cover the fundamental transformation both spiritual and physical which is ascribed to Aseneth in a variety of ways. It is analogous to God's creation of the universe (8. 9; 15. 5, 12; 27. 10). It includes the gift of the spirit of life (16. 14, cf. 19. 11). It leads to eternal physical vitality (16. 16) and radiant supernatural beauty (18. 9; 20. 6). P. Stuhlmacher (1967) has quoted this material as furnishing important parallels to what he terms 'the ontological character of new creation' in Paul.

E. Brandenburger (1967) has used it to support his view that Rom 6 (with some major changes necessitated by Paul's doctrine of justification) and Eph 2. 5 f.; Col 2. 12, etc., are based on a Hellenistic-Jewish conception of a present spiritualized resurrection wrought at the moment of conversion, which is to be distinguished from the hope of a resurrection of the dead; cf. Wolter (1978) on Eph 2. 14–18. A. J. M. Wedderburn (1983) has objected that both JosAs and Paul in Rom 6 (despite ὡσεὶ ἐκ νεκρῶν ζῶντας v. 13) do not use the language of resurrection to describe present spiritual renewal (and JosAs does not use it at all), but he agrees that a comparison of the two is useful.

I think that the matter ought to be pressed further on both sides. As to JosAs, it should be noted that 'new creation' is for Gentiles only. It is not the *restitutio ad integrum* of a general deterioration which has befallen all mankind; in fact nothing is said at all about a fall of man. 'New creation' in JosAs is the elevation from the deficient status which the heathen have to the fullness of life which the Jews always had. A further question is to what extent Aseneth's renewal is typical of what happens at everybody's conversion (cf. below III.1). As far as Paul is concerned the comparison could perhaps be extended to other texts. JosAs may have some bearing on 1 Cor 15. 35 ff. (1984*a*). Paul tries to show that Christians who died as σῶμα ψυχικόν will be raised as (or, if they have lived to see the parousia, be transformed into) σῶμα πνευματικόν, because Christ in his own resurrection has become πνεῦμα ζωοποιοῦν to replace Adam as ψυχὴ ζῶσα. Compare to this Aseneth's fundamental renewal by the spirit (cf. Rom 1. 3 f.) which culminates in her becoming a City of Refuge for all proselytes. It would be rash to assume that Paul's argument is based on ideas also present in JosAs. But surely there is more here than superficial analogy.

(iv) This leads us naturally to the question of eschatology. JosAs differs from most of the NT in that it is thoroughly unapocalyptic, its only concern being with the individual future of the θεοσεβής in heaven where he is to go immediately after death. Nevertheless there are points worthy of comparison (and heaven as the place of man's eternal life certainly is not alien to the NT). O. Hofius (1970) has used JosAs 8. 9; 15. 7; 22. 13 to back up his contention that κατάπαυσις in Heb. 3. 7–4. 13 means not a 'state of rest', but a 'place of rest', viz. the eschatological sanctuary which the Christian community is about to enter, and that this idea is not rooted in Gnosticism, but in ancient Jewish eschatology. G. Fischer quotes the same passages, plus 12. 15 (see above, note 8) and 15. 7, to prove that John 14. 2 f. has a Jewish background. H. C. C. Cavallin (1974) has included JosAs in his background material for 1 Cor 15, but the NT volume has not yet appeared.

(v) Not much has been done in the field of ethics. JosAs 22–29 has its place in J. Piper's thesis (1979) and other recent work on the love commandment, but a general evaluation of the ethics of JosAs and what it may teach us about NT ethics would be helpful.

(vi) Finally, there are a number of isolated observations on various and sundry points of contact between JosAs and the NT beyond the domain of lexicography and grammar. Some of them have been published as short notes: see, for example E. W. Smith (1971) who makes use of JosAs 6 to identify Rom 7. 24 as a lament, and O. Hofius (1971) on Eph 1. 4 καθὼς ἐξελέξατο ἡμᾶς . . . πρὸ καταβολῆς κόσμου which has a parallel in JosAs 8. 9. Most of them, however, are embedded in longer studies (e.g. K. Berger, 1972, 1976).

(vii) Doubtless there is room for further study in most matters touched upon, and also in those that have not yet been tackled: for example, the concepts of God, sin, creation, purity, the narrative style, the function of the OT, the role of the book in the community. After further research, it might be interesting to see how Judaism according to JosAs compares with Christianity according to the various NT writers, especially Luke. I am under the impression that the author of JosAs, had he become a Christian, is likely to have ended up as a theologian much like the Third Evangelist.

III. SOME FRESH SUGGESTIONS

To give a more detailed example of what JosAs holds in store for the student of the NT, I propose to dig once more into the passages which caught Kilpatrick's eye in 1952 and the question of their value for the interpretation of certain NT passages concerning the Lord's Supper, notably Mark 14. 22–24 and parallels, John 6 and 1 Cor 10–11. It will not be possible within the limits of this paper to do justice to current exegesis, and I lay no claim to certainty for my own suggestions. All I intend to do is to set out possibilities for further discussion.

III.1   Bread, cup, and ointment in JosAs 8–21

We shall turn to JosAs first of all, and only then turn to the relevant NT passages.

(i) After Joseph had come to the house of Aseneth's father, Pentephres, the girl was introduced to him (this is where the second of the παρθένος passages occurs). He greeted her kindly but refused to be kissed, giving the reason for this in 8. 5–7:

5 οὐκ ἔστι προσῆκον ἀνδρὶ θεοσεβεῖ
   ὃς εὐλογεῖ τῷ στόματι αὐτοῦ[14] τὸν θεὸν τὸν ζῶντα
   καὶ ἐσθίει ἄρτον εὐλογημένον ζωῆς
   καὶ πίνει ποτήριον εὐλογημένον ἀθανασίας
   καὶ χρίεται χρίσματι εὐλογημένῳ ἀφθαρσίας
   φιλῆσαι γυναῖκα ἀλλοτρίαν
   ἥτις εὐλογεῖ τῷ στόματι αὐτῆς εἴδωλα νεκρὰ καὶ κωφὰ
   καὶ ἐσθίει ἐκ τῆς τραπέζης αὐτῶν ἄρτον ἀγχόνης
   καὶ πίνει ἐκ τῆς σπονδῆς αὐτῶν ποτήριον ἐνέδρας
   καὶ χρίεται χρίσματι ἀπωλείας.

6 ἀλλ᾿ ἀνὴρ θεοσεβὴς φιλήσει τὴν μητέρα αὐτοῦ καὶ τὴν
   ἀδελφὴν τὴν ἐκ τῆς μητρὸς αὐτοῦ καὶ τὴν ἀδελφὴν τὴν
   ἐκ τῆς φυλῆς καὶ τῆς συγγενείας αὐτοῦ καὶ τὴν γυναῖκα
   τὴν σύγκοιτον αὐτοῦ
   αἵτινες εὐλογοῦσι τῷ στόματι αὐτῶν τὸν θεὸν τὸν ζῶντα.

7 ὁμοίως καὶ γυναικὶ θεοσεβεῖ οὐκ ἔστι προσῆκον
   φιλῆσαι ἄνδρα ἀλλότριον διότι βδέλυγμά ἐστι τοῦτο
   ἐνώπιον κυρίου τοῦ θεοῦ.

This is not a liturgical text but a rule of conduct in the form of an interdiction addressed to the θεοσεβής, i.e. the true Jew who worships the One God.[15] There are four more interdictions beginning οὐ προσήκει ἀνδρὶ θεοσεβεῖ in JosAs 21. 1; 23. 9, 12; 29. 3.[16] 8. 5 is unique in that it extends the rule to include women, grounds it by characterizing both the person to whom the rule applies and the one against whom it is directed, and appends a general theological reason (cf. 7. 1). The rule as a whole will have to be discussed as part of JosAs' ethics. The interest which it holds for the Lord's Supper lies in the twin set of relative clauses. Each set contains four clauses; the first four characterize the θεοσεβής (to be called 'positive' clauses), while the second four describe the ἀλλοτρία or ἀλλότριος whom the θεοσεβής must not kiss (to be labelled 'negative' clauses).[17] What they refer to is a moot question. I have listed below the suggestions which have been made, with the exception of those which refer the positive clauses to Christian sacraments. Authors tend to concentrate on the positive clauses, especially the final three. The general opinion seems to be that the negative quadruplet does not contribute much to the interpretation of the positive one.

(a) The positive clauses refer to a cultic meal, initiatory and/or recurrent, or to the cultic character of the regular meals of a special Jewish group; this group may either be one that we know from other sources such as the Essenes, cf. 1QS 6. 4–6; 1QSa 2. 17–21; Josephus, Bell. 2. 129–133 (e.g. Rießler, cf. Nauck), and the Therapeutae, cf. Philo, De Vita Contemplativa 37 ff., 59 ff. (e.g. Kuhn), or a hitherto unknown one (e.g. Kilpatrick, Philonenko).

(b) The positive clauses refer to everyday Jewish meals as sanctified by benedictions (e.g. Jeremias, Burchard 1965, D. Sänger).

(c) They refer to special Jewish meals in mystery style, initiatory and/or occasional, in the synagogue or in private homes (e.g. H. Thyen, Klauck).

(d) They are symbolical and represent Jewish piety as governed by faith in God and adherence to the Law, and as endowed with the promise of eternal life (R. Schnackenburg).

a, *b*, and *c* can be, and sometimes have been, modified by separating the clause about the ointment from the ones about the bread and the cup and referring it to some other performance. *a* and *c* often lead to the conclusion that the meal in question might be called a sacrament.

In my opinion the following points are worth noting.

(a) In each quadruplet the clauses are strung together by καί, with no further indication of their relationships added. However, the verb of the first positive clause, εὐλογεῖν, is repeated in participial form in each of the following three, making them subordinate as it were to the first one. Accordingly εὐλογεῖν τῷ στόματι αὐτοῦ (or αὐτῆς) τὸν θεὸν τὸν ζῶντα is the main mark of the θεοσεβής; eating, drinking, and anointing are its specifications, or at least some of them. In the negative quadruplet εὐλογεῖν appears only in the first clause about the idols, but αὐτῶν in the second and third clauses refers back to them. Hence I think we can proceed here by way of analogy. εὐλογεῖν τῷ στόματι αὐτῆς εἴδωλα νεκρὰ καὶ κωφά is the main mark of the γυνὴ ἀλλοτρία (and the male too, of course), the rest is specification.

(b) The clauses are in the present tense. They register recurring actions. This does not exclude the idea that a person consuming bread, cup, and ointment was at some time initiated into this practice, as he (or she) would have to be if they were members of a special group, but this is not what the clauses say or imply.

(c) The positive clauses about the bread, cup, and ointment are parallel constructions joined by parataxis. They do not say whether bread, cup, and ointment are consumed together, nor, if so, whether this is a meal as a social event. The negative clauses are different. In the bread clause, ἐκ τῆς τραπέζης αὐτῶν has been added whereas the positive bread clause does not say where the bread comes from; similarly, the cup clause says ἐκ τῆς σπονδῆς αὐτῶν, while the ointment clause has nothing. So the negative clauses about the bread and the cup indicate sacrificial meals normally held in a temple at a god's table,[18] the ointment clause may refer to the same occasion or it may not.

(d) It is generally agreed that the genitive attributes after bread, cup, and ointment designate the effect caused by eating, drinking, and anointing. ἄρτος ζωῆς is not a metaphor for something which is not really bread; it designates bread which gives life. Let us note however that the third clause says ποτήριον, and the fourth, χρῖσμα. What is in the cup or what sort of unguent is used does not seem to make a difference. I take it then that ἄρτος includes everything that goes with it, being equivalent to 'food'. The clauses therefore are not concerned with particular kinds of food, drink, and ointment. They are concerned rather with a difference in using food, drink, and ointment. The difference is marked by εὐλογεῖν. It is this which seems to give bread, cup, and ointment the effect of causing ζωή, ἀθανασία, and ἀφθαρσία. There is no counterpart in the negative clauses. So perhaps no 'black' blessing is needed to give bread, cup, and ointment the effect of causing ἀγχόνη, ἐνέδρα, and ἀπώλεια. They have it if they are not blessed.

(e) εὐλογημένος/-ον in the positive clauses about bread, cup, and ointment does not refer to a quality inherent in those things, but to the benedictions which Jewish piety requires to be spoken over food, drink, and oil. Is then the first positive clause to be understood as an anticipation of this? I think not. Food benedictions are just one class of those benedictions which pervade all Jewish life. It is this latter fact which is expressed in the first positive clause. The first negative clause is modelled upon it.

(f) If this is correct, what distinguishes the θεοσεβής from the pagan ἀλλότριος is not just some particular practice, but faith in the One God which he professes as opposed to faith in idols, plus the practice of blessing bread, cup, and ointment which comes with this faith and conveys eternal life as opposed to the pagan practice which leads to eternal destruction. The way the Jewish faith is worded is not characteristic of any special Jewish group, but of Judaism in general. Cf. Pseudo-Philo, *De Jona* 32 (124):

Which father since (the time of our) forefathers has instructed his sons (cf. Deut 6. 7)? Which wedding (party) has held a thanksgiving on the wedding day? (At) which childbirth has (anybody) thanked the Creator that the child was well-shaped? And over which table was praise given to God?[19]

Likewise, ζωή, ἀθανασία and ἀφθαρσία seem to be general aspirations of Hellenistic Judaism. I admit that we have no evidence outside JosAs for the view that bread, cup, and ointment, if blessed by people blessing God, give eternal life, and I do not mean to say that all Diaspora Jews would have subscribed to it. But there is no evidence either that those who did belonged to a sect, or some other social body within Judaism (and for that matter, the only special Diaspora groups for which we have any evidence at all are the Therapeutae and later on the Christians, and certainly JosAs is neither Therapeutic nor Christian). Moreover, if the θεοσεβής is a sectarian, it is odd that the permission in 8. 6 should be expressed in terms of blood relationship.

(g) If the blessed bread, cup, and ointment were consumed in the course of a special religious rite or of special rites, one would expect to find such a rite or rites mentioned in the narrative of JosAs, e.g. at 20. 8 or 22. 10.

The fact that they are not mentioned suggests that the bread, cup, and ointment were not so consumed. βδέλυγμά ἐστι τοῦτο 8. 7b may perhaps serve as a corroboration. There is one more instance of this formula in JosAs at 7. 1. Joseph had a separate table set for him, for he did not eat with the Egyptians ὅτι βδέλυγμα ἦν αὐτῷ τοῦτο. He did not hold a special meal on that occasion, he was eating his lunch.

It is true that the negative clauses speak of eating and drinking sacrificial foodstuffs at the gods' table, which was obviously not an everyday occurrence in pagan life. Does this invalidate the conclusion reached in the previous paragraph? Certainly this interpretation is not valid as far as Aseneth herself is concerned. She was a performing priestess (2. 3) and had sacrifices along with her daily food (10. 13). Moreover, Sib. Or. IV 24-30 shows that it was not uncommon for Jews to contrast their blessed daily food with pagan sacrifices.[20] Finally, that the clause about the ointment is not connected with a cultic performance shows that the negative clauses do not refer exclusively to sacrificial meals.

I think, therefore, that the positive clauses about bread, cup, and ointment are best explained as referring to the proper Jewish use of these things for daily maintenance and hygiene. I no longer think that they refer to daily meals, that is to meals as social events. For one thing, benedictions were to be used whenever a man consumed anything larger than an olive, and if the occasion was a meal, some benedictions were to be repeated during its course. Moreover, it has always been difficult to give the ointment a place in daily meals (banquets are different). This goes well with the idea that the threesome 'bread, cup, and ointment' reflects the traditional triad 'bread, wine, oil' as used for the basic means of human subsistence which in turn goes back to similar triads summarizing the produce of the land.

On the other hand it is going too far to interpret the positive clauses as a symbol of a God-fearing and law-abiding Jewish life (*pace* Schnackenburg). JosAs specifically attaches eternal life to bread, cup, and ointment and not to Jewish piety in general.

(ii) It follows from JosAs 8. 5-7 that Aseneth will have to break away from using bread, cup, and ointment in connection with idolatry and start using them with blessing. So we are not astonished to find the bread and the cup included in the intercessory prayer which Joseph pronounced on Aseneth's behalf in 8. 9 and to hear the angel who announced Aseneth's acceptance say in 15. 5 that she had been created anew as of now and would enjoy the blessed cup, bread, and ointment. We learn from these passages that it will not do for a person simply to apply blessing formulae to his or her food and oil. He or she must first leave the idols, learn how to pronounce the name of the living God, and be created anew in order to have the life which will then be sustained by the blessed things. Furthermore, there is a suggestion in 15. 5, to be substantiated later, that this life is from here to eternity, embracing both body and soul. We also learn in 8. 9 that it includes a safe place in heaven after death.

So then we might reasonably expect to be told how Aseneth started to bless her bread, cup, and ointment. In fact she explained to Joseph later on in retrospect that the angel gave her bread and cup (19. 5) and remembered it in the psalm in which she reviewed her conversion (21. 13 f.). Both these statements obviously refer back to the meal scene in 15. 13– 17. 4, especially 16. 14–16. But what we read there appears to be another story. The angel gave Aseneth a piece of honeycomb which he said, though not in so many words, was identical in substance with what would later on be given to Israel as manna. To this he added that she had now eaten bread of life, drunk a cup of immortality, and been anointed with ointment of incorruption. What does this mean? Scholarly opinion is again divided. Three suggestions have been made:

(a) This is a narrative interpretation of what consuming the blessed bread, cup, and ointment really means. If they refer to daily meals, it means eating manna every day (e.g. Burchard 1965). If they are symbols of Jewish piety, JosAs 16 unfolds its promissory aspects (e.g. Schnackenburg).
(b) This is the institution of a 'honey communion' (e.g. Philonenko, Sänger).
(c) This is a symbolical representation of how the Law, or God's word in general, was bestowed upon Aseneth (e.g. Anandakumara, Delling 1978).

None of these explanations is convincing. If read in sequence with 8. 5–7; 8. 9, and 15. 5, as I think it must be, 16. 16 plainly says that when Aseneth ate the honey it was the first time she used the blessed bread, cup, and ointment. If this is a honey communion, bread, cup, and ointment must be referred to this communion, too. Nobody has done so to my knowledge; indeed, why of all things should the honey go unmentioned in 8. 5? If the honey is symbolical, the bread, cup, and ointment must also be symbolical, and I have just argued that they are not. To say that 16. 14–16 explains what everybody gets when they consume the blessed bread, cup, and ointment does not do justice to the fact that the manna which Aseneth ate had effects on her which are singular and are not reflected in the experience of every θεοσεβής.

So we must now consider an alternative explanation. The structure of the narrative suggests that we pay attention to the entire meal scene; we may have concentrated on 16. 14–16 too quickly. The scene is divided into the meal proper 15. 13–16, 16x (15. 11–12x may belong with it as a prelude) and the bee miracle 16. 17–23 (with 17. 1–4 as a conclusion and 17. 5–7 as a postlude).[21]

(a) After the angel had delivered his message, Aseneth invited him to have some bread and old wine. He also asked for a piece of honeycomb. Aseneth had none but the angel told her to go into her storeroom and find one there, which she did (16. 1–10). This would appear to be a test. Aseneth passed it by discovering that the honey came from the angel's mouth, since he produced it•through his word (v. 11). The angel responded to her 'intelligence' (v. 12) with a twin beatitude, praising her for the divine mysteries which had been revealed to her, and praising those who repent as they will eat of the honey (v. 14a). To this he appended an explanation of the nature of the honey; it is angelic food and whoever eats it will live forever (v. 14b). μυστήρια hardly means, despite the plural, that Aseneth knows all God's mysteries. In the context it relates to her discovery in verse 11. So the praise of Aseneth acknowledges that she has withstood the test and is entitled to pass on, viz. to partake of the honey.[22] The praise of those who repent indicates that Aseneth is to be followed by many others, although not right away. For the comment on the celestial nature of the honey seems to imply that it is naturally eaten in heaven, and so the future φάγονται must refer to the time when all those who repent will have manna in heaven. If this is correct, Aseneth's eating honey is her own personal experience. The interpretation which the angel appended in v. 16 bears this out. The honey is in lieu of the blessed bread, cup, and ointment promised to her in 15. 5b, yet its effects are palpably different from what blessed food, drink, and ointment can be expected to do for a θεοσεβής on earth. Aseneth will as of now have eternal vitality, i.e. be created anew in accordance with 8. 9; 15. 4, and will become a City of Refuge as announced in 15. 7.[23] The reality of this transformation will be illustrated in 18. 9 where Aseneth realizes that her body had been endowed with supernatural beauty, and in 20. 6–8 where her parents see her seated beside Joseph as a figure of light, give glory to God who gives life to the dead, and join with them in a joyous banquet. The phrase ἔδωκαν δόξαν τῷ θεῷ (cf. Matt 5. 16; 1 Pet 2. 12; also Rom 2. 24), the divine epithet τῷ ζωοποιοῦντι τοὺς νεκρούς (cf. Rom 4. 17), and the fact that Joseph seems to have given up the disjunction practised in 7. 1 all indicate that Aseneth's family has recognized her as the City of Refuge. Yet nothing is said here, or anywhere else in JosAs, that they or anybody else are transformed in the way Aseneth was.[24]

The second part of the meal scene is the bee miracle (16. 17–23).[25] The angel caused thousands of bees to rise from the honeycomb and do certain things to Aseneth. I am not sure that I know what this means except that it serves as a confirmatory sign for what the angel announced to Aseneth (17. 1 f.) and does so by anticipating some of his promises.[26] At first glance the bees seem to be paradisiac creatures such as were mentioned in 16. 14. But why should some of them want to sting Aseneth (v. 22) and end up in her garden (v. 23)? Are earthly bees a 'fallen' variety of the heavenly? Perhaps we had better resort to allegory and interpret the bee miracle as a veiled illustration of Aseneth's role as City of Refuge. The honeycomb then symbolizes the world which is enlivened by God (8. 9; 12. 1 f.). The myriads of bees which rise to encircle Aseneth are the multitudes who seek refuge in her. The queen-like bees are Israel. The second honeycomb which they build on Aseneth's lips and from which all bees eat[27] represents the blessed bread, cup, and ointment which is provided her by Israel and distributed through her to the world. The fact that this second comb is on her mouth (cf. v. 9, 11) may point to her capacity to bless bread, cup, and ointment (cf. 19. 11). That the bees are sent up to heaven indicates that they have received eternal life by means of the honey and will eventually be summoned into heaven. The hostile ones are enemies of Aseneth such as Joseph's bad brothers in chs. 23–29 who assisted the firstborn son of Pharaoh in abducting Aseneth but repented and were promised her intercession if they would hide a while in the reeds. I do not think that the resurrection of these bees has anything to do with resurrection after death (*pace* Philonenko, Schnackenburg); it is a symbol of conversion from sin as in Luke 15. 24, 32.[28]

Aseneth's meal with the angel draws to a close with 17. 1–4. The honeycomb is consumed by fire. As a heavenly substance it cannot remain on earth forever.

(*b*) So I was wrong to conclude that the purpose of JosAs 16 is to tell the readers that they had manna under the guise of bread, cup, and ointment if they blessed it properly, and that this meant an angelic existence for them.[29] Aseneth alone had manna and felt its effects. As it is a heavenly substance, it made her a heavenly creature even on earth, the prototype of new creation brought to perfection; and as it is destined to be eaten in heaven by all who repent, it made her the agency through which this end would be achieved, i.e. by associating with her. JosAs 16 tells how this came about and intimates in the bee miracle that those who join 'in' Aseneth as the City of Refuge will share her food, which is provided by the Jews, and enjoy its effect.

(*c*) This is not to deny that JosAs 16 has significance for what the θεοσεβής does every day according to 8. 5–7. The angel specifically stated in 16. 16 that Aseneth had blessed bread, cup, and ointment when she ate the honey. And if the second honeycomb in 16. 19 is a symbol of these things, the fact that it is qualified as ὅμοιον τῷ κηρίῳ τῷ παρακειμένῳ τῷ ἀνθρώπῳ shows that there is a connection between the two. I think therefore that we may conclude that the blessed bread, cup, and ointment are what ordinary people receive as a substitute for the manna to sustain them as perfectly as possible under earthly circumstances and as a guarantee that they will eat the real thing in heaven. Furthermore, 16. 19 suggests that all blessed bread, cup, and ointment are considered one and consumed as it were directly from Aseneth's mouth, just as according to 16. 16 those who repent will eat ἐκ τούτου τοῦ κηρίου, which came from the angel's mouth.

(iii) To sum up. (*a*) The passages mentioning blessed bread, cup, and ointment in JosAs do not point to a special religious meal held in certain Jewish quarters of the Diaspora. They do not point to meals at all. They refer rather to the special Jewish way of using the three chief elements of human subsistence, namely, food, drink, and ointment. The special Jewish way is to pronounce benedictions over them before use. The effect of such benedictions is that food, drink, and ointment will not only serve to keep a person alive and clean, but will also guarantee him or her eternal life in heaven, beginning as of now to the extent that terrestrial conditions permit.[30]

(*b*) The idea seems to be that the benedictions will somehow imbue food, drink, and ointment with spirit of life, making them the earthly substitute for celestial manna which is spirit of life by essence. The spirit will in turn permeate a person as he or she consumes blessed food and drink and applies blessed ointment to the skin.

(*c*) The benedictions will not work unless used by a person who blesses God and is endowed by him with life, wisdom, and truth. They are not magical then. But they are more than just prayers. Surely this way of handling food, drink, and ointment may be termed 'sacramental', with some qualifications of course. A sacrament is a special rite in which supernatural gifts are mediated through natural external means which are often prepared in a special way to have the power they lack in ordinary use.[31] The gift, the means, and the preparation are all there when blessed food, drink, and ointment are consumed. Yet to say that according to JosAs Jews were celebrating a sacrament every time they ate, drank, and anointed themselves in this way is probably an exaggeration. What may be said, however, is that they used food, drink, and ointment as *sacramentalia*.

(*d*) This is not just one Jewish peculiarity among others. It is an outgrowth of the Jewish faith which is characterized by blessing God, and it is itself characteristic enough to serve as the distinctive mark of Jewish existence. That is why it is not only a privilege but a duty, and why Jews have to shrink not only from eating at the idols' table, but also from intimate contact with idolatrous people. It is an abomination to the Lord.

(*e*) On the other hand pagans can have blessed food, drink, and ointment too, but only after they have converted to Judaism and attained the status which the Creator has accorded to the Jews. This is possible because Aseneth broke the ice and as a result of her conversion, God made the blessed bread, cup, and ointment available, and its significance known, to all people.

(*f*) So if the Jews share their blessed food, drink, and ointment with all mankind, that is just what it is there for.

III.2   *JosAs and the Origin of the Lord's Supper*

Kilpatrick thought that the cultic meal which he had discovered in JosAs was related to the Lord's Supper, though not as its model. The two of them developed independently from some older Jewish meal practice unfortunately not elsewhere attested. The meal of JosAs has undergone mystery influence, its Christian parallel bears the stamp of our Lord himself. This older Jewish meal ought to be considered as a real alternative to the background of Jesus' Last Supper which Jeremias had advocated all along, viz. the Passover.[32] Kilpatrick's suggestion is void if JosAs does not attest a cultic meal. Furthermore it might be argued that if an alternative background for Jesus' Last Supper is needed, we have analogies which are closer both geographically and conceptually than the hypothetical model of the meal of an Egyptian Jewish mystery group. That is perhaps why few scholars, if any, have followed Kilpatrick's lead even if they assented to his views about JosAs.

Kuhn developed Kilpatrick's ideas to serve a different purpose. In his opinon JosAs refers to the cultic meal of the Therapeutae. Since the Therapeutae were related to the Essenes, their meal goes to show that the Essene meals known from the Qumran texts and Josephus had a deep religious significance, although the texts do not say what it was. These texts in turn explain why the passages concerning Jesus' Last Supper, or more precisely Mark 14. 22-24, which Kuhn thinks is the oldest form, are shaped the way they are. The Markan account presents Jesus' Last Supper as a religious communal meal similar in form, if not in content, to the meals of the Essenes. Kuhn does not mean to say that Jesus' Last Supper really was such a meal or that the Lord's Supper as a Christian ceremony was modelled upon Essene practice. Mark 14. 22-24 did not, according to him, originate as a description of what happened when Jesus ate his last meal or as a liturgical text. In its earliest form it was a pronouncement story (as we would say) sketching Jesus' last meal in Essene terms just to provide a setting for the twin saying about his body and blood. JosAs has only a marginal place in Kuhn's argument, and if it does not refer to any meal, it has no place at all.

The result of this research seems to be that JosAs is irrelevant to the origin of the Lord's Supper or, if it had several roots, at least to that one which is represented by Mark 14. 22-24 and parallels. As far as I know, all recent scholars who have looked at JosAs from this angle have come to the same conclusion,[33] although most of them were under the impression that JosAs attests a meal of some sort. What JosAs can do perhaps is to help explain why the central rite of that new religious movement, Christianity, was a solemn form of consuming ἄρτος and ποτήριον, why gestures concerning just these two things were remembered from, or attributed to,

Jesus' last supper (such gestures are what Mark 14. 22-24 par. is about, after all, not a meal), and why a narrative concerning them was formed at all.

III.3   JosAs and John 6

Among the verbal coincidences of JosAs and the NT, ἄρτος (εὐλογημένος) ζωῆς (σου) JosAs 8. 5, 9; 15. 5; 16. 16; 19. 5; 21. 21 and ὁ ἄρτος τῆς ζωῆς John 6. 35, 48 (cf. also ὁ ἄρτος ὁ ζῶν 6. 51) is perhaps the most impressive. For, as Schnackenburg (1971) has confirmed, JosAs is the only parallel to the Johannine phrases in those areas of late antiquity which may, just conceivably, belong to John's background. More parallels are supplied by JosAs 16. 14 as compared with John 6. 48-51 (also v. 32-35). In both documents we have a cluster of similar motifs, although arranged in different patterns: manna, food of which it is said that πᾶς ὃς ἂν φάγῃ ἐξ αὐτοῦ οὐκ ἀποθανεῖται εἰς τὸν αἰῶνα χρόνον (JosAs' words, cf. Jn 6. 51), its heavenly origin and universal destination. It seems to be a fair conclusion that there is some link between JosAs and the Johannine texts, but it is difficult to detect just what it is.[34]

In my thesis (1965) I suggested that John takes up a view similar to the one expressed in JosAs: eating manna for daily food conveys immortality. He corrects this by exposing Jesus as the real manna.[35] I now think that I have not fully represented JosAs and that I have missed John's precise point. JosAs draws a line between the manna once eaten by Aseneth alone and the blessed bread, cup, and ointment; they are its earthly substitutes, but not identical with it. John insists that the manna once given to the fathers by Moses has nothing to do at all with the bread from heaven which God gives now through Jesus; the manna did not give life because the fathers died,[36] but Jesus does bring life (John 6. 30-33, 49-51, 58). Schnackenburg, who concentrates on the bread of life, has argued that JosAs and John coined the phrase independently on the basis of common speculation about the manna. This does justice to the fact that JosAs applies the phrase to the blessed bread, and John to Jesus; but I think that we had better reserve judgment until the evidence has been weighed in its entirety.

It is perhaps wiser to compare texts instead of isolated phrases. The one which recommends itself is not JosAs 8. 5-7 and parallels but the meal scene in ch. 16, the section 15. 13-17. 4 to be exact. If we adopt the view that John 6 in its present form is John's account of the institution of the eucharist,[37] it could be argued that this chapter has a function similar to JosAs 16. Both texts are aetiologies of sacramental foodstuffs believed to bring about eternal life after death as opposed to food which does not. If so, we may notice a measure of parallelism between the two chapters. They explain the nature and purpose of sacramental food and drink by declaring them substitutes for celestial food. They do so by narrating how the real thing had once come down from heaven through a divine envoy ranking next to God, was offered in kind to a historical person or persons, subject to a test, and then removed again;[38] and although this happened just once in the past, the ultimate effects of celestial food remained available on earth under the guise of vicarious sacramental matter in order to give life to the world, not just to the Jews. Admittedly this is a rather abstract way of putting things, but if it has any merit, it suggests that John 6 is following a traditional pattern akin to JosAs 16.

When we look more closely at the details, many differences do, of course, emerge. Where John has a solemn sacrament of bread and presumably wine, JosAs has daily food and ointment, regardless of their kind, as *sacramentalia*. In John's very strong sacramentalism bread and wine *are* Jesus' flesh and blood; JosAs' *sacramentalia* are *like* Aseneth's honey, not part of it. Yet it is they which JosAs calls bread of life; in John this is Jesus. Moreover, for the Fourth Evangelist the real food is Jesus himself, in JosAs it is a piece of honey. The difference is perhaps not as glaring as it appears on the surface. The honey is 'spirit of life' (JosAs 16. 14), Jesus has words that are 'spirit and life' (John 6. 63). The honey is produced by the angel's word as from his mouth, and there is a message to go with it; Jesus, in addition to his words, also has bread for the multitudes as a pointer towards himself as the Word. Still JosAs applies 'bread of life' to a substance, John to a person. Furthermore in the feeding miracle John 6. 1–15 (plus 22–29), which I suggest is a test comparable to JosAs 16. 1–14, the multitudes eat first but then fail by not recognizing that they ought to look for food which endures to eternal life; Aseneth discovers first what the manna is, thereby passing the test, and eats later. She is of course transformed and the multitudes are not. Finally, what separates John and JosAs perhaps more than anything else is that Jesus is dealing throughout, except in 6. 60–71, with unbelieving, even hostile, Jews who want to have their physical needs attended to and their eschatological aspirations met, whereas the angel deals with Aseneth, the coming City of Refuge.

Does this rule out the idea that John 6 and JosAs 16 are constructed along similar lines to serve a common purpose? Some of the differences might perhaps be ascribed to the fact that John was not writing freely. The feeding miracle, including the sea miracle as a companion, is traditional, and the rest of the chapter is not made out of whole cloth either, regardless of whether the author used ready-made texts or just traditional *topoi* (maybe both).[39] The Jewish hostility probably reflects his own situation; some of it may have come with the Christian material, but the way it dominates in John 6 now is probably due to his editing. So the possibility (which is all I am putting forward) that John constructed ch. 6 according to a pattern similar to JosAs 16 still stands. Perhaps the situation explains why he did. The Jews keep protesting that Jesus cannot be the Messiah because he did not produce manna like Moses. If John wanted to meet this criticism by narrating how Jesus, not the Messiah in an accepted sense of that title, but the Word and God's only son sent down as bread from heaven, had instituted the eucharist to give life to the world after he had gone back to the Father, he could have done worse than to adapt a Jewish tradition telling how celestial food, not the biblical manna, but alike in substance and empowered to give eternal life, had once been provided by God's highest angel to remain available in substitute form to all who repent. It would be another case of Jewish tradition invoked to beat Jewish objections. If that is so, the phrase 'bread of life' is likely to have come with it. John may have lifted it from its original hook because for him the eucharistic bread was Jesus' flesh, and if he wished to preserve it, to shift it to Jesus himself was a logical move.[40]

III.4   JosAs and 1 Cor 10–11

Paul approaches the Supper from two different angles in 1 Cor 10–11. In 10. 1–22, a closely knit unit to my mind,[41] he draws upon the Last Supper as an accepted Christian institution to argue against idolatry, the core of which is participation in pagan meal ceremonies as distinct from eating idol food in a temple restaurant (8. 1–13) or at private parties (10. 23–11. 1). The Supper figures twice in the argument. In v. 1–13, where Paul utters a general warning against idol worship and what comes of it, he adduces the Christian sacrament under the guise of its OT τύπος, the manna (Ex 16) and the water from the rock (Ex 17; Num 20) on which the Exodus generation thrived as it marched through the wilderness. In v. 14–22 Paul adds some specific advice by contrasting directly 'the Lord's cup' and 'table' with 'the demons' cup' and 'table'. In 11. 17–34, on the other hand, Paul attempts to correct the Corinthian way of celebrating the Supper which he labels as misconduct. The question of idolatry does not enter into this. Neither of these texts is concerned with the Supper, or the doctrine of the Supper, as such.

(i) If one reads 1 Cor 10–11 with JosAs in mind, what strikes one first is πνευματικὸν βρῶμα and πνευματικὸν πόμα in 10. 3 f., meaning the manna and the water. πνευματικόν points to their supernatural origin, but above all to their effect. They imparted spiritual gifts, perhaps not so much the Spirit as supernatural qualities which had spirit for their substratum. This is reminiscent of JosAs 16. 14: the manna which Aseneth ate (just once to be sure) was πνεῦμα ζωῆς. Moreover Paul regards the manna and the water as the prototype of what in his day is the Lord's Supper ('for the rock was

Christ', v. 4). This is comparable to the way JosAs 16 connects the blessed bread, cup, and ointment with Aseneth's manna-eating, although it must not be overlooked that the Supper was installed as a new institution at the end of time (cf. 1 Cor 10. 11), whereas bread, cup, and ointment in JosAs continue the manna as its substitutes.

Secondly, pneumatic food and drink are integrated into a broader picture in 1 Cor 10. 1–5. Before our fathers partook of them, they were all baptized into Moses in the Red Sea (v. 1 f.). To what effect Paul does not say. We may perhaps fill that in from Ex 14. 30–15. 1. So baptism into Moses may mean for Paul that 'our fathers' had formally pledged themselves to adhere to God and his agent, Moses, in faith and praise after He had saved them from the Egyptians. However, faith and pneumatic nourishment did not guarantee God's pleasure for good. 'Most of those' who were endowed with them 'were destroyed in the wilderness' (v. 5). The reason may be gleaned from the exhortation which follows. They 'desired evil' (v. 6), i.e. they transgressed God's basic commandment (Rom 7. 7). Small wonder that they were soon caught in idolatry, i.e. with the Golden Calf (Ex 32); Paul does not specify idolatry as the Calf itself, but rather the eating, drinking, and playing (dancing?) which ensued (v. 7, a quotation from Ex 32. 6).[42] This entailed other sins, especially sexual debauchery, putting Christ (if that is the correct reading) to the test, and grumbling (v. 8–10). What Paul does in v. 1–5 is to present the Exodus generation as a people of converts who did not live up to their conversion. This is not just one of those things that happened in times past, he goes on to say in v. 6–13. It happened τυπικῶς to warn us that it will happen to us, too, if we act like our fathers. This, then, let us not do. If there is temptation around, God will see us through.

It seems to me that the characteristics of the Exodus generation in 1 Cor 10. 1–5 are not too far from the characteristics of the θεοσεβής in JosAs 8. 5–7: faith and pneumatic nourishment as opposed to idolatry and the consumption of idol food. Furthermore the apostle employs them to present 'our fathers'[43] as converts much as JosAs does to illustrate the conversion of Aseneth, mother of the Proselytes; and both are concerned to tell their respective readers what they have got and ought to preserve, albeit with a different emphasis. Paul warns against apostasy, JosAs extols the benefits of true religion. Finally the twin note of warning and reassurance on which Paul closes in v. 12 f. is not unlike the message of JosAs 22–29.

Interpreters of 1 Cor 10. 1–13 often assume that Paul (or some Christian tradition before him) has combined baptism and Supper because he was aware that they were both sacraments, that he was first to read the combination back into the OT, and that the warning to live up to the sacraments is a distinctive Pauline emphasis. JosAs suggests an alternative. Paul may have associated baptism and Supper because he knew, as a Jew, that adherence to God and blessed food belong together as the chief marks of godly life as opposed to ungodly. The Supper is not daily food, of course (at least it is not all of it); but it is not too hard to imagine that for a Jew who attributed his eternal fate to some *sacramentalia* such as the blessed bread, cup, and ointment, the bread and cup at the Lord's Supper replaced these after he had come to believe in Christ as Lord. It may have been because Paul was accustomed to hearing the essentials of Jewish existence expounded by way of a biblical midrash tracing them back to some appropriate place in OT history, that he did the same for the Christian sacraments.[44] Coming up with the Exodus is likely to be a specific Christian touch; we seem to have no Jewish evidence that the Red Sea miracle was regarded as baptism and that the manna and the water from the rock were associated as the components of a meal. To integrate all this under the perspective of conversion may also have been natural for a Jew from the Diaspora, and the ethical implications came right along with it.

If this is right, it supports the view that Paul's general theme in 1 Cor 10 is not sacrament and ethics, as H. von Soden put it in his famous essay.[45] It is conversion and perseverance; and this in turn may help to explain why ch. 10 or at least 10. 1–22, follows ch. 9, no matter who put it there.

(ii) The specific admonition which Paul gives in v. 14–22 as a consequence (διόπερ) of the general warning in v. 1–13 reads, φεύγετε ἀπὸ τῆς εἰδωλολατρίας (v. 14). φεύγετε ἀπό is 'Run away from', not just 'Ye shall not commit'. Even casual participation in an idolatrous meal with no intent to give up Christianity may spell disaster. Paul agrees with JosAs that what is really dangerous in idolatry is not pagan theology but dining at the gods' τράπεζα (v. 21; JosAs 8. 5; 11. 9; 12. 5; 21. 14). It was tradition which taught him that, not experience; in fact, experience may even have told against it, or else no Corinthian would ever have crossed the threshold of an εἰδωλεῖον (8. 10) again. Maybe Paul does not agree with JosAs as to where the danger is. JosAs sees it in the idol food which is infectious and defiles the mouth (11. 9, 16; 12. 5). Paul seems to be more concerned about the idols themselves which are demons, and the danger is the jealousy of the Lord (who must be Christ), because he will not stand for traffic with demons by those who are nourished by him. It is conceivable that Paul, too, attributes noxious qualities to idol food (at least Klauck thinks that he does), and the general idea that God hates idol worshippers is not alien to JosAs either (11. 7–9, cf. 7. 1; 8. 7),[46] but the emphasis is the other way round. Moreover, since for Paul the Lord's Supper holds the place which the blessed bread, cup, and ointment hold in JosAs as opposites to food and drink from the idols' table, he is able to express the contrast between the two by means of an antithetic parallelism. Christians drink 'the Lord's cup' and partake of 'the Lord's table'.[47] In JosAs only the idols have a table, and the bread, cup, and ointment are not 'the Lord's' (he would have to be God) nor anyone else's.[48]

However Paul does not simply state the opposition between the two cups and tables and go on from there. It takes some arguing in order to establish this; hence the *captatio* in v. 15. The Christian part comes first in v. 16–18. In v. 16 Paul is laying a foundation by introducing the Supper. He calls it τὸ ποτήριον τῆς εὐλογίας ὃ εὐλογοῦμεν and τὸν ἄρτον ὃν κλῶμεν. The point which Paul wishes to drive home about the cup and the bread is that they are, i.e. establish, κοινωνία (τοῦ αἵματος τοῦ Χριστοῦ and τοῦ σώματος τοῦ Χριστοῦ). κοινωνία is echoed in κοινωνοὶ τοῦ θυσιαστηρίου v. 18 and κοινωνοὺς τῶν δαιμονίων v. 20. Thus in v. 16 Paul does not say what we get if we drink the cup and eat the bread (see below, iii); he says rather that the cup and the bread, in addition to what they convey to us, bring us into contact with the very blood and the very body of Christ.[49] This does not imply that Christ's blood and body are present at the Supper, quite the reverse (cf. also v. 18).[50] The body is dead and the blood has been shed. Yet the contact exists. Verse 17 explains how: all of us who eat bread at a Supper, no matter when or where, eat the one bread, i.e. the one which Christ had declared to be 'my body for you' in the night in which he was betrayed (11. 23).[51] If Paul had read JosAs he might have pointed to 16. 19 f. as a parallel. Anyway he seems to consider all individual Suppers extensions as it were of Jesus' Last Supper. Verse 18 is designed to confirm this. There has been some debate as to whether Paul draws on the Jewish sacrificial cult in general or refers back to the Golden Calf (v. 7), because Ex 32. 5 f. LXX has both θυσιαστήριον and θυσία. However it should be borne in mind that the Golden Calf is a negative example, and that a reference to it should have ἦσαν, not εἰσίν. Still there is perhaps some truth in this view. Paul may be visualizing all Israel assembled for a feast and seated in groups to hold sacrificial meals. Be that as it may, the point is that all those who eat sacrifices have contact with the altar (because θυσίαι come from the θυσιαστήριον), although they do not themselves officiate at the altar unless they are priests; they may not even have been present for the ceremony and certainly do not eat directly from the altar.[52]

In verses 19–20a Paul is less specific. Taking up ὅ φημι from the *captatio* v. 15 in τί οὖν φημι v. 19 to indicate that he is approaching the point on which he invited the Corinthians' own judgment, he quotes Deut 32. 17 to prove that pagan sacrifices are really offered to demons.[53] Idol food and idols are not 'something' (cf. 8. 4) to be sure. But they give occasion for contact with demons, and Paul does not want Christians to become κοινωνοί with demons. Once this is established, he is ready to state the opposition he is driving at in terms of cups and tables in v. 21. In spite of the verbal balance, it is uneven. Paul is not arguing for a *Realpräsenz* of

Christ's blood and body at the Supper, let alone of the Lord in person (cf. 11. 26). A long-distance κοινωνία with blood and body is as far as he goes. It is in this sense and this sense alone that the cup and the table are the Lord's. Apparently Paul's eucharistic doctrine permitted just that much. As to the demons, their association with their cup and table seems to be much closer and more personal, although Paul does not bother to explain how.[54]

Therefore, contrary to what some think, Paul does not seem to operate with a *prima facie* resemblance of the Supper and certain pagan ceremonies. He is at pains to get a measure of it established, building on a traditional Jewish opposition between Jewish food and food from the idols' table.

(iii) It is obvious that for Paul the bread and the cup have different effects. The bread conveys oneness in Christ (10. 17; 11. 24), the cup gives a share in the New Covenant (11. 25), about which Paul has more to say in 2 Cor 3. The difference in meaning is paralleled by the difference in the wording of the two phrases in 1 Cor 10. 16. They are not drawn, at least not directly, from the *paradosis* which Paul transmitted to the Corinthians according to 11. 23–25; yet they must have been accepted language because the *captatio* in 10. 15 calls for that.[55] 'The bread which we break' corresponds to the idea of 'one bread, one body' in v. 17, so it is probably Christian.[56] 'The cup of blessing which we bless' may be pre-Christian, at least as far as 'the cup of blessing' is concerned (there are Jewish parallels of which καὶ πιέτω ποτήριον εὐλογίας σου JosAs 8. 9 and [καὶ ἔδωκέ μοι] ποτήριον εὐλογίας [καὶ ἔπιον] JosAs 19. 5 are the only ones known in Greek[57]). No need was felt to rephrase it so as to express its relation to the New Covenant or to adjust it to the phrase about the bread. To anyone who did not know about the Supper the two phrases might well refer to two different events. Add to that the much debated fact that in v. 16 the cup is first, contrary to the *paradosis* in 11. 25 and presumably to actual usage. It is often argued that this is so because Paul wanted to make a point which only the bread would allow. But is the point obscured if the two halves of v. 16 are reversed? No matter whether Paul put the bread last because he intended to proceed from there or put the cup first because the New Covenant seemed more important to him in the context, he did not *have* to change the order. He did so because he felt free to do so, and he must have felt at the same time that the Corinthians would not be too astonished. Would it be foolhardy to conclude that Paul looked upon the Supper not so much as a community meal with a prescribed course, but as 'the bread' and 'the cup'[58]? A Jew steeped in the theology of JosAs might have regarded it that way.

We would then have to suppose that Paul did not use the *paradosis* in 11. 23–25 as a liturgical rubric. In fact, if he had, one would expect that it was recited at some point during the Supper. Apparently it was not, at least not in Corinth,[59] otherwise why should Paul quote it in full preceded by the assertion that it is a piece of tradition going back to the Lord himself? Furthermore, why did he not resort to it right away as he was correcting the Corinthians' manners at the Supper in 11. 17–34? Instead he uses the respect for the integrity of the ἐκκλησία τοῦ θεοῦ and consideration for the have-nots as his first arguments in v. 22, and comes back to these points in his concluding remarks in v. 33 f. The *paradosis* comes in between, and Paul employs it, characteristically enough, to enforce respect for the bread and the cup in order to avoid κρίμα. What regulates the Supper as a meal is not the *paradosis* but the integrity of the church, love of neighbour, and pastoral common sense. The general function of the *paradosis* was probably to explain the origin and significance of the bread and the cup, not unlike the function which JosAs 16 has for the understanding of the blessed bread, cup, and ointment, and perhaps also to entice people to join the community which dispensed such wonderful things.[60]

One more point: If the *paradosis* was not recited at the Supper, it was not this which gave the bread and the cup their sacramental quality. So we are back once more to 'the cup of blessing which we bless' (10. 16). It is fair to assume that Paul (and the Corinthians) thought that what gave the cup its power to impart a share in the New Covenant was the blessing pronounced over it, just as in JosAs the blessing enabled the bread, cup, and ointment to convey eternal life. Paul may also have thought that the effect of the cup had spirit for its substratum (cf. 10. 3). And in the same way the bread (cf. 11. 23). The eucharistic blessings must have had some appropriate wording, but we do not know what it was, unless Did 9 f. permits a guess.

If all this is right, we will have to conclude that Paul did not regard the Supper as a sacrament. He regarded the bread and the cup as *sacramentalia*.

(iv) In conclusion a word about 1 Cor 11. 17–34. From the way Paul argues in 10. 14–22 I gather that the Corinthians would not have readily chimed in with him that the Supper meant drinking 'the Lord's cup' and partaking of 'the Lord's table'. Hence, something must be wrong with the view that they, or at least some of them, regarded the Supper as a 'cultic epiphany' of the Lord (e.g. Klauck) or the like. For if they did, why did Paul not start from this premise and water it down to suit his purpose? By the same token a massive view of personal *Realpräsenz* cannot have been at the root of the Corinthians' celebration of the Supper which Paul criticizes in 11. 17–34. What if we suppose that the Corinthians' view of the Supper was basically like Paul's (it was he after all who had acquainted them with the rite):[61] that they were sacramentalists as many modern commentators assume, though perhaps more so than Paul himself, since most of them did not share his Jewish heritage, and that their sacramentalism was centred on the supernatural qualities of the bread and the cup?

Can we explain their manners at the Supper on the basis of these suppositions? I think we can.

It is often argued that in Corinth the Supper had already been divided into the meal proper, later known as *agape*, and the sacrament, later known as *eucharistia*, contrary to the *paradosis* which places the cup μετὰ τὸ δειπνῆσαι (v. 25). Some Corinthians would arrive early for the Supper, presumably the wealthier people who had ample time on their hands, and start eating. Others came later, presumably those who had to work for a living; when they arrived nothing would be left of the meal, but they would still be in time for the sacramental distribution of the bread and the cup.

Popular though it is, this interpretation does not do full justice to v. 20 f. as G. Theißen has pointed out.[62] Paul seems to be saying that the Corinthians all thought they were eating κυριακὸν δεῖπνον. This does not go well with the idea that there was a meal first which rated so low that the early arrivers thought they could behave as they pleased. Furthermore, ἕκαστος γὰρ τὸ ἴδιον δεῖπνον προλαμβάνει ἐν τῷ φαγεῖν in verse 21a as opposed to κυριακὸν δεῖπνον φαγεῖν in verse 20 suggests that what spoiled the Corinthian supper was not so much a difference in time-tables as it was eating at different tables. Theißen assumes that the rich had special food to go with the bread and perhaps more and better wine to drink. He quotes contemporary evidence to show that banquets with different food served to guests of different social classes were not unheard of in antiquity. καὶ ὃς μὲν πεινᾷ, ὃς δὲ μεθύει in v. 21b bears this out perfectly, although Paul may be exaggerating on both sides. So what had happened in Corinth according to Theißen was that the Supper, introduced by Paul as an egalitarian meal ceremony with perhaps a note of frugality, had been accommodated to contemporary ways of holding a banquet. This may not be enough. Paul is not pleading malice or heresy. If there was accommodation, the Corinthians seem to have performed it in good faith. How could they? If they had been taught that the sacramental power of the Supper was vested in the bread and the cup, and not in the communal gathering at which they were served, they may have concluded that they could adjust its external shape, and maybe alter its course, as circumstances demanded.[64] If they had understood that blessing makes the sacrament, not an inherent disposition of the bread and the cup (the text says cup after all, not some particular beverage),[65] they may have felt free to interpret both bread and cup loosely to include all food and drink they cared to consume, of course 'with thankfulness' (10. 30). If they thought that the Lord was not personally present, at least no more than at any other time, there was no reason to consider his personal reaction. Characteristically enough, Paul does not prescribe, or restore, a fixed order to the Supper. He tells the Corinthians to wait for one another and to use their homes for 'eating and drinking' (11. 22, 34). Far from expounding the meal aspect, he reduces it. It has been noted that by so doing Paul has contributed his share in turning the Lord's Supper into the sacrament of the Eucharist. That may be so, but I wonder if it is the whole truth. The bread and the cup may always have meant more to him than the meal during which they were consumed.

NOTES

* To Eduard Lohse, Bishop of Hannover, Abbot of Loccum, and Professor of New Testament, for his sixtieth birthday. This is a revision of a paper read to the Pseudepigrapha Seminar at the SNTS meeting in Leuven, August 1982. A section of ῥῆμα in JosAs 17. 1 f.; Luke 2. 15, 17; Acts 10. 37 will be published elsewhere. For a different view of JosAs cf. the paper presented by H. C. Kee (see the Bibliography at the end, as also for all authors not quoted in full). I wish to thank Reinhold Miessler, M. Div. for sparing no time or energy to make sure that the language I use for English is English, and Mrs. Laurence Maitrot-Neurohr for typing the manuscript.

[1]   W. Bauer, *Griechisch-deutsches Wörterbuch zu den Schriften des Neuen Testaments und der übrigen urchristlichen Literatur* (Berlin, 1958⁵), col. 1244; E. T. by W. F. Arndt and F. W. Gingrich, *A Greek-English Lexicon of the New Testament and other Early Christian Literature* (Chicago and Cambridge, 1957); *Second Edition Revised and augmented* by F. W. Gingrich and F. W. Danker (Chicago and London, 1979).

[2]   Cf. perhaps Achilles Tatius V 20.5 μαθήσῃ τὴν σήν με παρθενίαν μεμιμημένον, εἴ τίς ἐστι καὶ ἐν ἀνδράσι παρθενία.

[3]   He holds that most of v. 3c–4 including the phrase about παρθένοι is a later gloss.

[4]   This is the view of E. Lohse, *Die Offenbarung des Johannes* (NTD 11; Göttingen, 1960), *ad loc.*

[5]   In JosAs παρθένος connotes virginity prior to marriage accompanied by a disgust for 'strange', i.e. pagan, partners. Being a virgin makes Aseneth a sister of Joseph (7. 7; 8. 1), though not in the sense of 8. 5 (see below); the heavenly *Metanoia* and the angels love all virgins (15. 7 f.). So virginity paves the way toward acceptance by God, but it does not by itself warrant it. The fact that Joseph is παρθένος ὡς σὺ σήμερον may indicate that παρθένος is still so fundamentally feminine that its use for males is a comparison rather than a predication.

[6]   See also below, part II, on ἄμπελος.

[7]   But cf. note 34.

[8]   G. Fischer, p. 188, finds a parallel to John 14. 2 f. in JosAs 12. 15, because he follows Batiffol's reading δώματα 'houses'. The context recommends δόματα, 'gifts'.

[9]   T. Holtz (1967/8) has argued that the oldest attainable text of JosAs still contains Christian additions.

[10]   He considers JosAs a Christian work.

[11]   Of course JosAs is full of Septuagintal words and phrases; see Delling (1978).

[12]   Note however that in JosAs the νῦν refers to Aseneth's present miserable state save perhaps in 13. 11. So I wonder whether the comparison is valid.

[13]   Cf. below, note 22.   [14]   Cf. Rom 10. 9.

[15]   I.e. not any person who worships a deity as his or her god.

[16]   A θεοσεβής must not sleep with his bride prior to marriage (21. 1); not repay evil for evil (23. 9; 29. 3, cf. 28. 5, 14); not injure anybody or help anyone who intends to injure another θεοσεβής (23. 12); not crush a fallen man or oppress an enemy to death (29. 3).

[17]   Since they are used to characterize persons, they do not constitute a 'meal formula'. Neither does 8. 5(–7).

[18]   Unless they are aimed at Aseneth alone. The idea should not be dismissed too lightly.

[19]   H. Lewy, *The Pseudo-Philonic De Jona* (Studies and Documents, 7; London 1936), *ad loc.*; G. T. by F. Siegert, *Drei hellenistisch-jüdische Predigten* (WUNT 20; Tübingen, 1980), 30 f. The words are spoken by the Ninevites in response to Jonah's preaching, but they are obviously modelled upon Jewish practice. Cf. also Aristides, *Apology* 15. 10.

[20] Sib. seems to draw a perfect parallel to Jewish drinking and eating by distinguishing 'blood' and 'sacrifices' (line 29). JosAs achieves the same end by distinguishing 'sacrifices' and 'libation'.

[21] Cf. Judges 6. 11–24; 13; Pseudo-Philo, *Biblical Antiquities* 42; Josephus, *Ant.* V 276–84.

[22] Kähler feels that Aseneth is promoted to the rank of 'Offenbarungsträger' by the beatitude and compares it to Matt 16. 17. The comparison is valid on several grounds, but I doubt if 'Offenbarungsträger' is one of them. Even if the 'mysteries' disclosed to Aseneth are no more than the heavenly origin of the honey as suggested above, she would have to pass them on if she were an 'Offenbarungsträger', and I do not see that she does. Moreover, if she is, what about all those who turn to God in repentance in the beatitude immediately following? Maybe we had better understand Matt 16. 17, too, as acknowledging a test successfully passed by Peter, i.e. on the basis of his answer in 16. 16 to Jesus' question in 16. 13.

[23] Brandenburger (1968) and Sänger (1980, 1981) rightly observe that the biblical manna is interpreted to mean Wisdom, e.g. by Philo, and that Wisdom makes one immortal according to, e.g., Sap. But I wonder whether this is enough to conclude that Aseneth, by eating the honey, receives wisdom and is identified with the heavenly figure of Wisdom. Why does JosAs not say so (or does it, cf. ποτήριον σοφίας 21. 21 and the blessing of Aseneth's virgins in 17. 6)? Why does Joseph have to kiss her to give her πνεῦμα σοφίας (19. 11)?

[24] It is true that Joseph, Jacob, and Levi are endowed with supernatural qualities in JosAs; Joseph is even given the title 'Son of God' (cf. e.g. Byrne; Sänger 1981). To my mind this is a way of distinguishing certain patriarchs from ordinary people.

[25] V. 17 is probably not a separate scene with a meaning of its own, but the preparation of the bee miracle.

[26] Cf. 1 Sam. 10; 2 Kings 20. 8–11; Luke 2. 12–17 (see above, note *).

[27] Assuming that πᾶσαι αἱ μέλισσαι ἐκεῖναι refers back to the same phrase in v. 19.

[28] This line of interpretation has its drawbacks, too. Among other things, it implies a shift in meaning for the honey and the bees as compared with v. 14.

[29] 1965, 129–31.

[30] What are the roots of this conception? Cf. Prov 9. 1–6 and related passages on food and drink offered by Wisdom?

[31] Of course we run into the problem of definition here. The use of blessed bread, cup, and ointment is not sacramental, if 'personale Heilsübermittlung' is essential for a religious act to be a sacrament (Patsch, 228); but is it?

[32] See his *The Eucharistic Words of Jesus* (London, 1966). That is why Jeremias lost no time in meeting Kilpatrick's challenge in 1952.

[33] E.g. Patsch, 26 f.

[34] I gather that P. Hofrichter (1981) attempts to interpret JosAs as a Christian work emanating from a 'Johannine' milieu, but I have not seen his study. It should be noted in passing that Nauck (1957) has drawn on JosAs 8. 5 etc. to elucidate the mystery of 1 John 5. 7 f.

[35] P. 130.

[36] John does not say that the manna killed them, or does he?

[37] I am aware that this view may be disputed. A number of scholars even maintain that John 6, v. 51–58 included, is not interested in the eucharist at all, but expounds that Jesus himself, the incarnate Word, gives eternal life if received in faith and spirit; e.g. P. Borgen, *Bread from Heaven. An Exegetical Study of the Conception of Manna in the Gospel of John and the Writings of Philo* (Supplements to Nov Test 10; Leiden, 1965); J. D. G. Dunn, 'John VI – A Eucharistic Discourse?', *NTS* 17 (1970/1) 328–38.

[38] In JosAs 16. 22 f., as in John 6. 6, there is a prophecy of future hostility on this occasion.

[39] Borgen has argued, with wide approval, that John 6. 31–58 is a coherent midrash on Ex 16. 4, 15 (not Ps 78. 24) as quoted in v. 31 and follows a traditional exegetical pattern. This does not immediately affect my ideas, as I am interested in the structure of the whole chapter, but if they are valid, I will have to correlate them with Borgen's later on, as well as with the various authors who feel that John 6 was not written all in one piece.

[40] It is perhaps significant that John does not use the phrase in direct reference to the 'bread from heaven', but only in two I-sayings which Jesus pronounces to identify himself as the bread from heaven. At all events I see no reason to assume either in JosAs or in John 6 that 'bread of life' originated as a designation of the manna.

[41] Cf. recently N. Walter, 'Christusglaube und heidnische Religiosität in paulinischen Gemeinden', *NTS* 25 (1979) 422–42, esp. 425–36; W. A. Meeks, '"And Rose up to Play": Midrash and Paraenesis in 1 Corinthians 10. 1–22', *Journal for the Study of the New Testament* 16 (October 1982) 64–78.

[42] Meeks refers the first two verbs to the manna and the water from the rock. I wonder about this.

[43] The phrase is not fortuitous. Paul depicts the Exodus generation as Christians *avant la lettre* (cf. Abraham in Rom 4). They possess sacraments and have Christ with them. Hence they are not simply 'Israel according to the flesh' (v. 18).

[44] On the question of genre (which is different from JosAs), see Meeks.

[45] 'Sakrament und Ethik bei Paulus', (1931), reprinted in K. H. Rengstorf (ed.), *Das Paulusbild in der neueren deutschen Forschung* (Wege der Forschung 24; Darmstadt, 1964) 338–79.

[46] On the other hand Aseneth is afraid that the Devil, who is the father of the Egyptian gods, will take revenge on her for her apostasy (12. 9–12). Cf. TestJob; Mark 4. 15 par.; 1 Pet 5. 8; 1 Tim 3. 6.

[47] After 'cup' one would expect 'bread'. Paul may have preferred 'the Lord's table' because 'the idols' table' was a traditional phrase. Furthermore, bread was not as characteristic of pagan meal ceremonies as it was of the Supper: hence it may have seemed pointless to Paul to speak of 'the idols' bread'. Perhaps also 'table' is associated more naturally with food alone than with drink alone (cf. ἐσθίει ἐκ τῆς τραπέζης αὐτῶν ἄρτον ἀγχόνης JosAs 8. 5; both bread and cup come ἀπὸ τῆς τραπέζης τοῦ θανάτου 21. 14). Or does the distinction of 'the Lord's cup' and 'the Lord's table' point to a distinction of a meal and a drinking-round at the Supper, cf. below, note 64?

[48] JosAs could not even say that Jews eat angelic food at the angels' table (cf. 16. 19; *pace* Burchard 1965, 131). Aseneth alone had angelic food; the table, incidentally, was hers.

[49] This runs counter to what many think, e.g. C. K. Barrett, *A Commentary on the First Epistle to the Corinthians* (Black's NT Commentaries; London, 1968) 232 (on the cup): 'Paul is thinking of the share all Christians enjoy, and enjoy together, in the benefits secured for them through the blood of Christ.'

[50] Unlike John 6, Paul never says that Christ's body and blood are eaten, or consumed, or shared, etc. He uses μετέχειν in v. 17 with 'the one bread', in v. 21 with 'the Lord's table'.

[51] οἱ πολλοί does not make sense to me if it is interpreted, 'the participants of a Supper, no matter how many', or, 'all of us Corinthians'. Is there a veiled reference to Gentiles (cf. Mark 14. 24)?

[52] A mere comparison. The bread and the cup would have to be parts of Christ himself for the Supper to be considered a sacrificial meal in the proper sense.

[53] The quotation refers to Israel worshipping the Golden Calf. That is why Paul can use it to characterize pagan sacrifices. It cannot very well apply to the regular Jewish cult because of Rom 9. 4.

[54] They could be regarded as presiding over the table, as fellow guests, as hosts not necessarily thought present, or as sponsors (cf. Klauck).

[55] A matter of course for all those who hold that v. 16 is a pre-Pauline formula. I am no longer convinced that this assumption is warranted.

[56] Does it imply that the bread was broken by one person and shared out to the others?

[57] Unfortunately the text of 19. 5 is uncertain. As to the meaning of ποτήριον εὐλογίας, JosAs 9. 1 καὶ ἐχάρη Ἀσενὲθ ἐπὶ τῇ εὐλογίᾳ τοῦ Ἰωσὴφ χαρὰν μεγάλην σφόδρα suggests that it is equivalent to ποτήριον εὐλογημένον. If Paul understood the phrase likewise, the German translation 'Segensbecher' (e.g. Luther, revision of 1975) is inappropriate. Bauer's 'Weihebecher' is also inadequate.

[58] Cf. note 63 below. There is no denying that it *was* a meal held during a gathering of the ἐκκλησία, even the whole ἐκκλησία (11. 20), and included an aspect of charity (the bread and wine, if it was wine, may have been donated by the well-to-do members of the community, although Paul does not say so in 11. 17–34). What I am interested in here is to find out what made the supper the Lord's Supper in Paul's mind.

[59] Cf. Barrett, *I Corinthians*, 264. Likewise, I do not think that 1 Cor 15. 3–5 was used anywhere in liturgy because of the formal introduction in v. 1.

[60] If the *paradosis* in 1 Cor 15. 3–5 played a role in Paul's mission, as I think it did, why not the

paradosis in 11. 23-25, too? Arcane discipline, assuming that it was enforced as early as this, is not to be considered at this point. Paul quotes the eucharistic *paradosis* in full; could he be sure that 1 Corinthians was kept away from pagan eyes and ears? Quite the reverse if it was to be read during a communal gathering. It does not necessarily follow that the Supper was open to non-members.

[61]   Note that 11. 17 refers back to 11. 2. Paul cannot commend the Corinthians for their table manners, but he does not blame them for exchanging the traditions which he delivered to them for someone else's.

[62]   'Soziale Integration und sakramentales Handeln. Eine Analyse von 1 Cor. XI 17-34', *Nov Test* 24 (1974) 179-205, reprinted in G. Theißen, *Studien zur Soziologie des Urchristentums* (WUNT 19; Tübingen, 1979, 1983²) 290-317; E.T., 'Social Integration and Sacramental Activity: An Analysis of 1 Cor. 11:17-34', in: G. Theißen, *The Social Setting of Pauline Christianity. Essays on Corinth* (Philadelphia, 1982) 145-74.

[63]   If ἴδιον δεῖπνον refers to food and drink (a possible shade of meaning), and not the event, perhaps κυριακὸν δεῖπνον in v. 20 does too. Cf. τὸ δεῖπνον αὐτῆς (μου) τὸ βασιλικόν in JosAs 10. 13; 13. 8.

[64]   Klauck suggests that the Corinthian Supper was a meal followed by a drinking-round.

[65]   The bread and the cup, therefore, are not 'elements' in the later sense of the word, at least the cup is not.

[66]   Many studies on the Eucharist cast a cursory glance at JosAs; I have omitted most of them.

BIBLIOGRAPHY[66]

1. Editions of the Greek text of JosAs, translations, concordance

J. A. Fabricius, *Codex Pseudepigraphus Veteris Testamenti*, II (Hamburg-Leipzig, 1722²) 85-102.

P. Batiffol, 'Le livre de la Prière d'Aseneth', in: Batiffol, *Studia patristica* (Paris, 1889-90) 1-87.

E. W. Brooks, *Joseph and Asenath. The Confession and Prayer of Asenath Daughter of Pentephres the Priest* (Translations of Early Documents, II. Hellenistic-Jewish Texts 7; London-New York, 1918).

P. Rießler, 'Joseph und Asenath. Eine altjüdische Erzählung', *Theologische Quartalschrift* 103 (1922) 1-22, 145-83, reprinted with minor changes in: Rießler, *Altjüdisches Schrifttum außerhalb der Bibel* (Augsburg, 1928 = Heidelberg, 1966²) 497-538, 1303 f.

M. Philonenko, *Joseph et Aséneth. Introduction, texte critique, traduction et notes* (SPB 13; Leiden, 1968).

Chr. Burchard, 'Ein vorläufiger griechischer Text von Joseph und Aseneth', *Dielheimer Blätter zum Alten Testament* 14 (October 1979), 2-53 (to be reprinted in a companion volume to A.-M. Denis' concordance); 'Verbesserungen zum vorläufigen Text von Joseph und Aseneth', *ibid.* 16 (October 1982) 37-9; *Joseph und Aseneth* (JSHRZ II 4; Gütersloh, 1983); 'Joseph and Aseneth', in: J. H. Charlesworth (ed.), *The Old Testament Pseudepigrapha*, II (New York, 1985) 177-247.

A. Suski, 'Józef i Asenet. wstęp, przekład z greckiego, komentarz', *Studia Theologica Varsaviensia* 16 (1978) 199-240.

M. de Goeij, *Jozef en Aseneth. Apokalyps van Baruch* (De Pseudepigrafen 2; Kampen, 1981).

R. M. Fernandez - A. Piñero, 'José y Asenet', in: A. Díez Macho (ed.), *Apócrifos del Antiguo Testamento* (Madrid, 1983) 191-238.

A.-M. Denis - J. Schumacher, *Concordance des Pseudépigraphes grecs d'Ancien Testament* (Louvain-la-Neuve, 1987).

2. JosAs and the NT

F. Düsterdieck, *Kritisch-exegetisches Handbuch über die Offenbarung Johannis* (Göttingen, 1859) 462; (1887⁴) 458.

W. Bousset, *Die Offenbarung Johannis* (MeyerK 16; Göttingen 1896, new edition 1906, reprinted 1966) 381.

R. H. Charles, *A Critical and Exegetical Commentary on the Revelation of St. John*, II (ICC 19.2; Edinburgh, 1920) 10.

E. Lohmeyer, *Die Offenbarung des Johannes* (HNT 16; Tübingen, 1926, 1953²) 123.

W. Hadorn, *Die Offenbarung des Johannes* (ThHNT 18; Leipzig, 1928) 150.

K. M. Hofmann, *Philema hagion* (BFChTh II 38; Gütersloh, 1938) 70–2.

G. D. Kilpatrick, 'The Last Supper', *ET* 64 (1952/3) 4–8.

J. Jeremias, 'The Last Supper', *ET* 64 (1952/3) 91 f.; 'Die missionarische Aufgabe in der Mischehe (I Cor 7. 16)', in: W. Eltester (ed.), *Neutestamentliche Studien für Rudolf Bultmann zu seinem siebzigsten Geburtstag am 20. August 1954* (BZNW 21; Berlin, 1954 = ²1957) 255–60 = in: J. Jeremias, *Abba. Studien zur neutestamentlichen Theologie und Zeitgeschichte* (Göttingen, 1966) 292–8.

K. G. Kuhn, 'The Lord's Supper and the Communal Meal at Qumran', in K. Stendahl (ed.), *The Scrolls and the New Testament* (New York, 1957 = London, 1958) 65–93, 259–65, see esp. 74–7, 261 f.

W. Nauck, *Die Tradition und der Charakter des ersten Johannesbriefes* (WUNT 3; Tübingen, 1957) 169–71, etc.

Chr. Burchard, 'Eἰ nach einem Ausdruck des Wissens oder Nichtwissens Joh 9.25, Act 19.2, 1 Cor. 1.16, 7.16, *ZNW* 52 (1961) 73–82; *Untersuchungen zu Joseph und Aseneth. Überlieferung-Ortsbestimmung* (WUNT 8; Tübingen, 1965); *Der dreizehnte Zeuge. Traditions- und kompositionsgeschichtliche Untersuchungen zu Lukas' Darstellung der Frühzeit des Paulus* (FRLANT 103; Göttingen, 1970) 59–91 etc.; 'Fußnoten zum neutestamentlichen Griechisch', *ZNW* 61 (1970) 157–71; II, *ZNW* 69 (1978) 143–57; 'Der jüdische Asenethroman und seine Nachwirkung. Von Egeria zu Anna Katharina Emmerick oder von Moses aus Aggel zu Karl Kerényi', in: W. Haase (ed.), *Aufstieg und Niedergang der römischen Welt*, II 20 (Berlin etc., 1987); 'A Note on ῥῆμα in JosAs 17:1f.; Luke 2:15,17; Acts 10:37', *Nov Test* 27 (1985) 281–95; '1. Korinther 15, 39–41', *ZNW* 75 (1984) 233–58.

G. Delling, 'Partizipiale Gottesprädikationen in den Briefen des Neuen Testaments', *StTh* 17 (1963) 1–59; 'Einwirkungen der Sprache der Septuaginta in "Joseph und Aseneth"', *JSJ* 9 (1978) 29–56.

M. Siotis, 'Η φροντὶς τῆς πρώτης ἐκκλησίας ὑπὲρ τῶν ὀρφανῶν κορασίδων. Βάσις ἑρμενείας τοῦ χωρίου Α΄ Κορ. Ζ΄36–38, in: Ἐπιστημονικὴ Ἐπετηρὶς τῆς Θεολογικῆς Σχολῆς τοῦ Πανεπιστημίου Ἀθηνῶν 15 (FS. N. Luvaris; Athens, 1964); also separately (Athens, 1964) 45, 102.

G. Lohfink, *Paulus vor Damaskus. Arbeitsweisen der neueren Bibelwissenschaft dargestellt an den Texten Apg 9,1–19;22,3–21;26,9–18* (SBS 4; Stuttgart, 1965, 1967³) 56 f., etc.; 'Eine alttestamentliche Darstellungsform für Gotteserscheinungen in den Damaskusberichten (Apg 9; 22; 26)', *BZ* 9 (1965) 246–57.

D. Gewalt, *Petrus. Studien zur Geschichte und Tradition des frühen Christentums* (Diss. theol. Heidelberg, 1966) 27–9.

C. H. Maahs, *The Makarisms in the New Testament. A Comparative Religious and Form-Critical Investigation* (Diss. theol. Tübingen, 1965) 53.

E. Brandenburger, 'Die Auferstehung der Glaubenden als historisches und theologisches Problem', *WuD* 9 (1967) 16–33; *Fleisch und Geist. Paulus und die dualistische Weisheit* (WMANT 29; Neukirchen-Vluyn, 1968) 64, n. 4; 120, n. 3; 125; 166, n. 2, 4; 182, n. 1; 186, n. 1; 188, n. 4; 202; 207, n. 2.

P. Stuhlmacher, 'Erwägungen zum ontologischen Charakter der καινὴ κτίσις bei Paulus', *EvTh* 27 (1967) 1–35, see esp. 17–21.

K. Thraede, 'Ursprünge und Formen des "Heiligen Kusses"', *JAC* 11–12 (1968–9) 124–80.

O. Hofius, *Katapausis. Die Vorstellung vom endzeitlichen Ruheort im Hebräerbrief* (WUNT 11; Tübingen, 1970), see esp. 30 f., 50, 52 f., 67, etc.; 'Erwählt vor Grundlegung der Welt' (Eph 1. 4)', *ZNW* 62 (1971) 123–8; 'Eine altjüdische Parallele zu Röm. IV. 17b', *NTS* 18 (1971/2) 93 f.

C. H. Lindijer, 'Die Jungfrauen in der Offenbarung des Johannes XIV 4', in: *Studies in John Presented to Professor Dr. J. N. Sevenster on the Occasion of His Seventieth Birthday* (Supplements to Nov Test 24; Leiden, 1970) 124–42.

H. Thyen, *Studien zur Sündenvergebung im Neuen Testament und seinen alttestamentlichen und jüdischen Voraussetzungen* (FRLANT 96; Göttingen, 1970), see esp. 126 f., etc.; '"... nicht mehr männlich und weiblich ..."'. Eine Studie zu Galater 3,28', in: F. Crüsemann, H. Thyen, *Als Mann und Frau geschaffen. Exegetische Studien zur Rolle der Frau* (Kennzeichen 2; Gelnhausen-Berlin/ Stein, 1978) 107–201, see esp. 141 f.

K. Berger, 'Zum traditionsgeschichtlichen Hintergrund christologischer Hoheitstitel', *NTS* 17 (1970/71) 391–425; *Die Gesetzesauslegung Jesu. Ihr historischer Hintergrund im Judentum und im*

Alten Testament, I: Markus und Parallelen (WMANT 40; Neukirchen-Vluyn, 1972), see esp. 424–31 etc.; 'Jüdisch-hellenistische Missionsliteratur und apokryphe Apostelakten', *Kairos* 17 (1975) 232–48; *Die Auferstehung des Propheten und die Erhöhung des Menschensohnes. Traditionsgeschichtliche Untersuchungen zur Deutung des Geschickes Jesu in frühchristlichen Texten* (StUNT 13; Göttingen, 1976); 'Almosen für Israel. Zum historischen Kontext der paulinischen Kollekte', *NTS* 23 (1976/7) 180–204.

C. Bussmann, *Themen der paulinischen Missionspredigt auf dem Hintergrund der spätjüdisch-hellenistischen Missionsliteratur* (Europäische Hochschulschriften. Reihe XXIII, Theologie, 3; Bern/Frankfurt a.M., 1971, 1975²).

E. Pax, 'Beobachtungen zur Konvertitensprache im ersten Thessalonicherbrief', *Studii Biblici Franciscani Liber Annuus* 21 (1971) 220–62.

W. W. Reader, *Die Stadt Gottes in der Johannesapokalypse* (Diss. theol. Göttingen, 1971).

R. Schnackenburg, 'Das Brot des Lebens', in: G. Jeremias, H.-W. Kuhn and H. Stegemann (eds.), *Tradition und Glaube* (FS. K. G. Kuhn; Göttingen, 1971) 328–42; *Das Johannesevangelium* (HThK 4), II (Freiburg-Basel-Wien, 1971, 1977²) 57 f.

E. W. Smith, Jr., 'The Form and Religious Background of Romans VII 24–25a', *Nov Test* 13 (1971) 127–35; *Joseph and Asenath and Early Christian Literature: A Contribution to the Corpus Hellenisticum Novi Testamenti* (Diss. Ph.D. Claremont, Graduate School, California, 1975).

H. Patsch, *Abendmahl und historischer Jesus* (Calwer Theologische Monographien 1; Stuttgart, 1972) 26–8, 238.

P. Tachau, *'Einst' und 'Jetzt' im Neuen Testament. Beobachtungen zu einem urchristlichen Predigtschema in der neutestamentlichen Briefliteratur und zu seiner Vorgeschichte* (FRLANT 105; Göttingen, 1972), see esp. 52–8, etc.

U. Wilckens, 'Vergebung für die Sünderin (Lk 7,36–50)', in: P. Hoffmann, N. Brox, and W. Pesch (eds.), *Orientierung an Jesus* (FS. J. Schmid; Freiburg-Basel-Wien, 1973) 394–424.

H. C. C. Cavallin, *Life after Death. Paul's Argument for the Resurrection of the Dead in I Cor 15,I. An Enquiry into the Jewish Background* (Coniectanea Biblica. New Testament Series 7:1; Lund, 1974) 155–60.

A. Nissen, *Gott und der Nächste im antiken Judentum. Untersuchungen zum Doppelgebot der Liebe* (WUNT 15; Tübingen, 1974).

S. Anandakumara, *The Gentile Reactions to the Christ-Kerygma – The Problems involved in the Reception of the Christ-Kerygma in the Young Gentile Christianity in the New Testament* (Diss. theol. Hamburg, 1975), see esp. 29–91, 316–35 etc.

G. Fischer, *Die himmlischen Wohnungen. Untersuchungen zu Joh 14,2f* (Europäische Hochschulschriften. Reihe XXIII, Theologie, 38; Bern/Frankfurt a.M., 1975), see esp. 186–9, etc.

C. Kähler, 'Zur Form- und Traditionsgeschichte von Matth. XVI.17–19', *NTS* 23 (1976/7) 36–58.

E. P. Sanders, 'The Covenant as a Soteriological Category and the Nature of Salvation in Palestinian and Hellenistic Judaism', in: *Jews, Greeks and Christians. Religious Cultures in Late Antiquity* (FS. W. D. Davies; SJLA 21; Leiden, 1976) 11–44.

T. Holtz, 'Christliche Interpolationen in "Joseph und Aseneth"', *NTS* 14 (1967/8) 482–97; '"Euer Glaube an Gott". Zu Form und Inhalt von 1 Thess 1,9f', in: R. Schnackenburg, J. Ernst, J. Wanke (eds.), *Die Kirche des Anfangs* (FS. H. Schürmann; Erfurter Theologische Studien 38; Leipzig, 1977) 459–88.

S. Kubo, 'I Corinthians VII. 16: Optimistic or Pessimistic?', *NTS* 24 (1977/8) 539–44.

J. Piper, *'Love your enemies'. Jesus' love command in the synoptic gospels and in the early Christian paraenesis. A history of the tradition and interpretation of its uses* (SNTS Monograph Series 38; Cambridge etc., 1979), see esp. 16, 37–9, 64, 183 f.

R. Bergmeier, *Glaube als Gabe nach Johannes. Religions- und theologiegeschichtliche Studien zum prädestinatianischen Dualismus im vierten Evangelium* (BWANT VI 12 [112]; Stuttgart-Berlin-Köln-Mainz, 1980).

M. Wolter, *Rechtfertigung und zukünftiges Heil. Untersuchungen zu Röm 5,1-11* (BZNW 43; Berlin-New York, 1978), see esp. 67–9, 164–6, 199.

B. Byrne, *'Sons of God' - 'Seed of Abraham'. A Study in the Idea of the Sonship of God of All Christians in Paul against the Jewish Background* (AnBibl 83; Rom 1979), see esp. 49–54, etc.

P. Hofrichter, 'Johanneische Thesen', *Bibel und Liturgie* 54 (1981) 212–16.

H. J. Klauck, *Herrenmahl und hellenistischer Kult. Eine religionsgeschichtliche Untersuchung zum ersten Korintherbrief* (NTA N.F. 15; Münster, 1982) 118–96, 352–6.

H. C. Kee, 'The Socio-Cultural Setting of Joseph and Aseneth', *NTS* 29 (1983) 394–413.

W. Schenk, 'Das "Matthäusevangelium" als Petrusevangelium', *BZ* 27 (1983) 58–80.

A. J. M. Wedderburn, 'Hellenistic Christian Traditions in Romans 6?', *NTS* 29 (1983) 337–55.

3. *Further literature on JosAs*

E. Schürer, *Geschichte des jüdischen Volkes im Zeitalter Jesu Christi*, III (Leipzig, 1909⁴) 399–402; E.T. (Edinburgh, 1891; *non vidi*).

A.-M. Denis, *Introduction aux Pseudépigraphes grecs d'Ancien Testament* (StVTPs 1; Leiden, 1970) 40–8 (new edition in preparation).

S. West, 'Joseph and Asenath: A Neglected Greek Romance', *The Classical Quarterly* N.S. 24 (1974) 70–81.

J. H. Charlesworth, *The Pseudepigrapha and Modern Research with a Supplement* (SBL. Septuagint and Cognate Studies 7S; Chico, Calif., 1981) 137–40, 291–3.

U. Fischer, *Eschatologie und Jenseitserwartung im hellenistischen Diasporajudentum* (BZNW 44; Berlin, 1978) 106–23.

D. Sänger, *Antikes Judentum und die Mysterien. Religionsgeschichtliche Untersuchungen zu Joseph und Aseneth* (WUNT II 5; Tübingen, 1980); 'Jüdisch-hellenistische Missionsliteratur und die Weisheit', *Kairos* 23 (1981) 231–43.

G. W. Nickelsburg, Jr., *Jewish Literature between the Bible and the Mishnah. A Historical and Literary Introduction* (Philadelphia, Pa., 1981) 258–63, 271 f., 274 f.

12

THE PRESENT STATE OF RESEARCH ON
JOSEPH AND ASENETH

In 1952 G.D. Kilpatrick published a note on the Last Supper because he felt he had discovered through the romance of Joseph and Aseneth (JosAs) an alternative to the Passover meal as a possible background of Jesus' last meal.[1] In a quick rejoinder J. Jeremias tried to show that Kilpatrick's argument was ill-founded but he underscored the importance of JosAs as a historical source for ancient Judaism and hence the *Umwelt* of the New Testament. This was how modern research on JosAs was born. Up to that time the book had been a dark horse, and particularly to those who ought to have been most interested, viz. the students of the Bible and of Judaism in the Greco-Roman world. JosAs was available in various languages, both ancient and modern, and standard reference works such as E. Schürer referred to it. It is true that the Greek text published by P. Batiffol in 1889-90 was hard to find. Moreover, as Schürer reported, Batiffol had presented JosAs as a Byzantine work of the 5th century which was based on a short Jewish legend of the 4th. Although it was soon discovered that the book must be Jewish and is no later than A.D. 100, few scholars stooped to look it up. Kilpatrick and Jeremias made the tide turn, and the boom of Biblical and Jewish studies beginning in the sixties of this century gave it fresh momentum, particularly by way of the new Pseudepigrapha collections which are sprouting all over the scholarly world. JosAs has been re-edited, translated, commented upon, exploited, and viewed with an interested eye generally in a diversity of quarters. It is not too early for an assessment of what has been achieved and what remains to be done.[2] ||

1. The Text

JosAs is no better off than ancient literature in general. The autograph, if there ever was one, is lost. Reconstructing it, after a thorough analysis

---

[1] Bibliographical references are given in the bibliography at the end. I wish to thank Mrs. Helga Wolf for typing and correcting the manuscript.

[2] A careful survey of research up to 1978 is by D. Sänger, *Antikes Judentum und die*

of the tradition which emanated from it, is the prime task incumbent on scholarship. It is by no means completed.

JosAs is extant today in 16 Greek manuscripts dating from the 10th to the 19th centuries, and in 7 ancient or early modern translations dating from the 6th to the 17th centuries and representing so many more Greek manuscripts. An Ethiopic version once existed but appears to have left but a handful of reminiscences (see below). Little of that kind of secondary tradition is known in any other language except Latin, and what we have is of no avail to recover the original form of JosAs. This makes a total of 23 witnesses. They fall into at least four groups:[3]

> **a:** 6 Greek mss., the most important being Vatican Library, Vatican Greek 803 (11-12th cent.). This was printed by Batiffol.
>
> **b:** 4 Greek mss., namely Mt. Athos, Vatopedi, 600 (15th cent.); Virginia Beach, Va., private property of Mrs. Helen Greeley, formerly owned by D. McK. McKell, Chillicothe, Ohio (ca. A.D. 1580); Bucharest, Library of the Academy of the Socialist Republic of Rumania, Greek 966 (17th cent.); Mt. Sinai, St. Catherine, Greek 1976 (17th cent.), and 6 versions, namely Syriac (6th cent.), Armenian (6-7th cent.?), Latin I (prior to A.D. 1200), Latin II (prior to A.D. 1200), Modern Greek (16th cent.), and Rumanian (17th cent.). The Greek mss. were never published as such, the versions are available in printed editions except Latin II.
>
> **c:** 3 Greek mss., the oldest and most important being Jerusalem, Greek Orthodox Patriarchate, Panhagios Taphos 73 (17th cent.). None has ever been published as such.
>
> **d:** 2 Greek mss., namely Vatican Library, Palatine Greek 17 (11th cent.), and Oxford, Bodleian Library, Baroccio Greek 147 (15th cent.), and the Serbo-Slavonic version (15th cent. at the latest). A critical edition of **d** is by M. Philonenko.

Most scholars would agree that **a, b, c**, and **d** are families deriving from four different ancestors, α, β, ζ, and δ, and that there is a common archetype, ω, back of them all. Moreover, there is no doubt that α was a revision, no later than the 10th century, aiming at improving the biblicized Greek of JosAs to make it pleasant reading to Middle Byzantine eyes and ears. This means that Batiffol's edition is anti-

---

Mysterien. For a general introduction one may consult the newer translations or one of the recent handbooks on ancient Jewish literature, e.g. by J.H. Charlesworth, A.-M. Denis or G. Nickelsburg.

[3] Full inventory in *Untersuchungen*, pp. 4-17; *ANRW*, ch. iii.

quated, and so are E.W. Brooks' and P. Rießler's translations which are based on it.[4] Batiffol anyway was no more than a mediocre transcription of Vatican Greek 803 with a faulty apparatus from some other witnesses. However, he gives a fair idea of what α was like because the Vatican codex is very good. Brooks is still useful since he was a meticulous translator and included some important passages from **b** and **d** not contained in α. Rießler is unreliable throughout, but he will be remembered because he ‖ broke JosAs down into verses which are still in use, although they are often too long (chapters are by Batiffol).

To replace Batiffol, two different attempts to unravel the textual history of JosAs have been developed. Philonenko opines that δ comes closest to ω. It is about one third shorter than α and even more than the other two families. 11:1x-18, most of chs. 18 and 19, 21:10-21 (read by some **b** witnesses only), 22:6b-9a and a series of verses and clauses extending over the whole range of the narrative are lacking. A manuscript close to δ was reworked and expanded into β at an early date, a **b** witness was then edited to yield ζ, and last of all, a **c** manuscript became the *Vorlage* of α. Consequently, Philonenko proceeded to reconstruct a critical text on the base of δ touching it up now and then with the aid of other witnesses, mainly of the **b** group. The outcome is not quite what it might have been. Philonenko ought to have made more of the Serbo-Slavonic which he himself admits is often superior to the two Greek manuscripts. Furthermore, if the **b** group is an offshoot of δ or a related text which branched off very early it should have been taken into account in a systematical way, after some effort to determine the original β and its *Vorlage*. Finally, whereas Philonenko registers all variants from the **d** group he is eclectic as to the rest. Most of the excess matter from β, ζ, and α over against δ does not appear in the apparatus. So his reconstruction cannot be judged on his edition alone. Nevertheless, with the extensive introduction, a good French translation accompanied by suggestive footnotes and a Greek word list, Philonenko's is the most comprehensive work on JosAs as yet published. No wonder that A. Suski, M. de Goeij, R. Martínez Fernández-A. Piñero, and D. Cook translated his text instead of Batiffol's. Incidentally, Philonenko devised a new system of versification to suit the shorter text; it was retained by his translators.

---

[4] D. Cook first quoted the translation, if it is one, by M. Brodrick. I have not seen it.

I myself have worked on a different line. It seems to me that δ is a shortened text, abbreviation being a common thing to happen to tales like JosAs. It originated no later than the 11th century. Since δ is much closer to α where they overlap than to β or ζ, including some manifest common mistakes e.g. in ch. 6, I suspect that they share a common ancestor αδ. α has preserved the length but altered the wording, δ preserved the wording but reduced the bulk. It remains to be seen how old α, δ, and αδ were. A possible approach is to find out whether they were written in uncials or in a minuscule hand. Chances are that the three of them were produced during the Macedonian Renaissance in Byzantium (9th-10th centuries), which took pains to transcribe the literary heritage hitherto transmitted in uncials, and often edited it in the process. As to β, I would agree with Philonenko that it is very old. Its readings are often superior to those of αδ on inner grounds but not always, suggesting that the two are independent from each other. Finally, ζ is a late medieval or early modern product and probably never existed beyond 16:17a (it then goes on to summarize the story down to 21:9 in modern Greek). It cannot have been at the bottom of α or αδ, nor can it be an offshoot of those two because it is closer to, though ‖ not dependent upon, β. So I think that the idea that β, αδ, and ζ evolved in a straight line has to be abandoned altogether. This makes it harder for an editor in search of ω. He will have to constitute an eclectic text on the base of β, never reconstructed in itself so far, with help from αδ and ζ. I had a stab at it, not too wholeheartedly, by establishing a preliminary text because I needed one to translate for *JSHRZ* and *OTP*, and Batiffol or Philonenko would not do. The text provides just the raw words, but footnotes exhibiting the main differences between the groups are included in the translations.

The trouble with this text is that in piecing it together I have come to realize that the existence of β is far from being proven. **b** is a very variegated group in which several subgroups are discernible. My conclusion that they form a family with a common ancestor may have been precipitated by the discovery that they do not belong to either **a**, **c**, or **d**, but that is not enough. Further research into **b** is in order and of course, if **b** happens to disintegrate in the process, into the relationship of the ancestors of such new groups as may appear and the established ones, αδ and ζ. Attention ought to focus on the threesome, Syriac, Armenian, and Latin II. They have much in common and their readings are sometimes superior to their rivals on internal grounds, the Greek evidence included. Since Latin II has never been published and the Armenian only in a rather poor way (the most important manuscript, Erevan, Matenadaran, 1500, *ca.* A.D. 1282/83, is virtually unexploited), critical editions of those two are imperative.

That leaves us with a problem which exists no matter how the textual history of JosAs (and that of most other Pseudepigrapha, too) is conceived, but is aggravated if the Syriac, Armenian, and Latin II are major witnesses to its oldest form. Our Greek manuscripts are Middle or even Late Byzantine. Whatever variant is judged to be original, how can we be sure about the original Greek wording? If **b** readings are preferred the case is particularly difficult because the oldest Greek manuscript is 15th century. And what if a good reading from the older versions is not represented among the Greek **b** manuscripts but only by αδ or ζ, not to mention the need of retranslation if readings from the versions are not found in Greek at all? Fortunately many of these problems will not affect a translation.

A major critical edition will therefore not be produced before long, and not without help and advice from other scholars. To this end a minor edition presenting the textual evidence as fully as possible might be useful. I am thinking of republishing the preliminary text with a full apparatus from α, δ, ζ, and the major witnesses of the **b** group in some distant future.

If and when we know what ω was like, next comes the question of how it relates to the original JosAs. Philonenko feels that his text may be considered as the original for all practical purposes, and most scholars relying on Batiffol have handled his text in the same way. However, ω may not be that old. JosAs comes right after a piece ascribed to Ephraem Syrus (A.D. 306-377), and ‖ conveniently called *Life of Joseph*, in a number of witnesses from all groups save **c**. The two works were seemingly coupled to make a complete dossier of the patriarch. There is a good chance that this goes back to ω or even a predecessor. If that is so, ω cannot be older than Ephraem, and it may be younger because the authenticity of the *Life* is disputed. In either case we have no textual evidence showing what happened to JosAs when it was engaged as a sequel to the *Life* and in the three or more centuries before that. We must allow at least for the ordinary run of scribal errors, but interpolations (cf. T. Holtz) and other forms of editing are not excluded *a priori*. So when ω is established, literary criticism, grammatical analysis, vocabulary statistics (then hopefully aided by A.-M. Denis' Concordance) and other means of literary detection will have to carry on where manuscript criticism stopped. Most recently J. Schwartz has argued that JosAs started out as a short romantic piece which was composed in the Egyptian Diaspora prior to the revolt under Traian (*ca.* A.D. 115-117) and involved but the nucleus of the love story in chs. 1-21 and possibly the plot of chs. 22-29. It is lost. The extant forms of JosAs Schwartz feels are the outcome of a complicated process of rewriting most of which occurred in early Byzantine times in the context of Christian hagiography, with no such thing as an archetype discernible (an idea also suggested by Philonenko, but his textual reconstruction runs counter to it). So far Schwartz' analysis is restricted to isolated passages and therefore is more convincing to him than it is to me. But it is a welcome reminder that the existence of ω must not be taken for granted and that a period of darkness separates it from the original JosAs.

To close this section upon a conciliatory note: the original JosAs was a Greek work. Translation from Hebrew has been argued in the early days of JosAs research. But the idea seems to have been abandoned, and rightly so.

2. Literary Character and Genesis

The structure of JosAs is simple. It falls into two parts of unequal length with two different episodes told, chs. 1-21 and 22-29. Part I is laid out between two allusions to the biblical story of Joseph, Gen 41:46-49 and 41:50-52 respectively. So we are to understand from the outset that chs. 1-21 are an extended footnote to the Old Testament. They combine two plots, a story of sudden love and marriage engaging Aseneth and Joseph in chs. 3-9 and 19-21, and a conversion story involving Aseneth and the Prince of the Angels in chs. 10-18. Aseneth is the main character, being nearly always on the scene. The entire developments take place in the house of Aseneth's father Pentephres in Heliopolis on a Sunday when Joseph arrived there to collect grain, including the following night, and a week later when Joseph came back from more grain collecting. Aseneth's repenting in sackcloth and ashes in between is stated but not described. Only the wedding occurs some indefinite span of time later at Pharaoh's court. Part II opens with a reminiscence of Gen 41:53f.; 45:26-46:7; ‖ 47:27. So another supplement to the biblical narrative is announced. It is a tale of abduction and revolution, taking place eight years later.

Pharaoh's firstborn son, never given a name, who had gone on record in 1:7-9 as wanting Aseneth's hand in marriage, attempts to kidnap her, aided and abetted by some of Joseph's brothers, slay Joseph and his father and become king over Egypt. He is thwarted by the joint efforts of Benjamin, Simeon, Levi, and the other brothers. Pharaoh's son loses his life in the affair, Pharaoh himself dies from sorrow, and Joseph becomes viceroy in Egypt for 40 years until the younger son of Pharaoh is ready to take over, but this is just stated, not narrated, by way of conclusion. The story involves Pharaoh's firstborn and the two groups of Joseph's brothers; Aseneth appears only in chs. 22 and 26-28. The main dealings take place on two successive days, first at an ill-defined place in Pharaoh's residence, possibly the chambers of his firstborn son, and then in some wadi, location unspecified, where Aseneth has been caught in an ambush.

The two parts can be read independently. 1:7-9 sets the stage for Part II, otherwise there is nothing in I to suggest that II is to follow. Part II refers back to I in a few places (23:3; 27:10), but is intelligible all by itself.

If summarized this way JosAs promises to make exciting reading, but it does not live up to the promise. Much space is devoted to describe Aseneth's luxurious penthouse and garden, people's looks, clothes, and emotions. The wedding in Part I and the military entanglements in II are treated very curtly. The rest is mostly dialogues with some long monologues thrown in, especially in chs. 11-13 where Aseneth confesses profusely to the sin of arrogance and implores God to receive her, and in ch. 21 where she recounts her conversion in a psalm. The chronological and geographical framework of the book is vague. Pentephres and his daughter are introduced at some length, the rest of the cast pop up as though the reader was acquainted with them. So indeed he or she must have been. Obviously JosAs was to be read as a companion to the book of Genesis or perhaps, an idea never explored, to some parallel account such as the Book of Jubilees or Pseudo-Philo's Biblical Antiquities.

So the literary merits of the book are questionable. Nevertheless it has a right to be appreciated as a piece of literature. G. Delling has done so in a way a man of his generation would. As far as I know no one versed in the newer techniques of structural analysis or literary criticism has ever touched the book.

By contrast there has been some dispute about the genre. The word generally used today is novel or romance. The problem is whether JosAs can be associated with any possible subdivision of this heterogeneous group of ancient writing. The book has been classed with Ruth, Esther, Jona, Judith, Tobit, by Kilpatrick; with the erotic Greek novels including *Cupid and Psyche* as narrated in Apuleius' *Golden Ass*, iv, 28 – vi, 24, by Philonenko and S. West; with certain apocryphal Acts, notably *Paul and Thecla*, by T. Szepessy. R.I. Pervo argued that JosAs updates the older form of what he calls "Sapiental novel" such as Ahiqar, Tobit, Dan 1-6 by integrating elements from the erotic variety. With || full acknowledgment of the merits that all these approaches have it must be observed that neither of them does full justice to the three main features combined in JosAs, love, conversion, and dangerous adventure. Recently, H.C. Kee tackled the problem afresh by redefining the paradigm of the hellenistic novel thus:

> The work serves as propaganda for a cult.
> It depicts a conversion experience.
> Conversion leads to a sacred marriage.
> The literary style shifts between narrative and poetical or liturgical forms.
> The plot is moved along by inner and external conflicts of the hero or heroine, with deliverance accomplished by divine action.
> The climax of the story involves the death and re-birth of the hero or heroine, a theophany, and the self-dedication of the hero or heroine to the god.

He goes on, "Not all of these features are present in every romance, but all are found in J&A" ("Socio-Cultural Setting," p. 398).

Are they really? I am not yet convinced that JosAs is a work of propaganda, and certainly Aseneth's conversion is not the climax of the story, but only of chs. 1-21. Moreover, if not all of the six features are present in every romance, how many must be there for a work to share the genre of JosAs? Nonetheless strong affinities are there, and perhaps that is all we need. Pervo may be right after all that the romance "is probably the most formless of all ancient genres" (p. 172), being an excuse for literary syncretism rather than a defined form which developed along its own lines. As Kee rightly stressed, what a novel looked like was heavily dependent upon the particular setting in which it functioned. So we had better not search too hard for twins or doubles of Aseneth among the ancient novels but acknowledge affinities wherever they present themselves, especially such as may be interpreted as genetical ties, and then judge the genre of JosAs on its own merits.

Next comes the question of sources. If the word means what the Gospel of Mark is to Matthew, none has been unearthed so far for JosAs or parts of it. If source is extended to include what *Pygmalion* is to *My Fair Lady*, we are still at a loss. A third form of source is involved if JosAs, or at least the conversion part of it, transcribes ritual into narrative. This has been argued in different ways by Philonenko, W.D. Berner, S. Anandakumara,[5] and D. Sänger. To my mind neither of them has coped with the general methodological problem of retranslating narrative into ritual or rites which may underlie it. If it were ‖ solved, JosAs would give access to a facet of Ancient Judaism of which we are virtually ignorant.

Another aspect is the problem of models which may have suggested or influenced the composition of JosAs without contributing much to its narrative content. Many writings named above come up for reconsideration at this point. An author who had read Judith or Esther would doubtless be more inclined to busy himself with a figure from Israel's past than one who had not. Once he had settled upon Aseneth the biblical story about her husband would naturally attract his attention, or was it the other way round? If he knew that the hellenistic world around him cherished erotic novels he may have decided to adapt some of their techniques so that his book could compete and maybe diminish the attraction the pagan variety might hold for Jewish readers. Last but not least the conversion element in JosAs invites comparison with Jewish and Christian texts narrating repentance or conversion, especially if they concern an important historical person and contain visions such as TJob 2-5; ApAb 1ff.; Dan 4, especially v. 33a-34 in the LXX version; Lk 7:36-50; Mt 16:16-18; Acts 9:1-19 and parallels. As K. Berger and others have shown JosAs seems to follow a pattern of how conversion to Judaism ought to be presented. On the pagan side, Apuleius' Isis book (*Golden Ass*, xi) deserves special attention, as Kee has underscored.[6]

Tracing the origin of details is easier. Many of them are drawn directly from the Old Testament, and others can be shown to be traditional by comparing Jewish and Early Christian literature. The general framework, the cast of characters, and many individual features clearly come from Gen 37-50, except Pharaoh's firstborn who may be modeled upon Shechem (Gen 34). The visit of the Prince of

---

[5] Some information on these unpublished theses is contained in *ANRW*, ch. vi.
[6] Cf. also the synopsis drawn up in *Zeuge*, pp. 66-81.

the Angels in JosAs 14-17 recalls Judg 13. Benjamin's bravery in chs. 27 and 29 re-enacts David's slaying of Goliath in 1 Sam 17. Aseneth's prayers in chs. 11-13 and 27:10 reflect traditional and possibly contemporary forms. Indubitably JosAs also has many clichés in common with contemporary pagan writing, especially the romances. For example, the introduction of Pentephres and his daughter in 1:3-10 reads much like a biblicized version of the beginning of Chariton i,1:1f., Xenophon of Ephesus i,1:1-3, or *Cupid and Psyche* (Apuleius, iv,22:1-24:4). As to the Jewish tradition, a host of references and interpretative suggestions is contained in the copious footnotes which invariably accompany the works of Berger. For the erotic novels one may consult Philonenko and West. So there is a wealth of material awaiting further inspection. A thorough analysis of JosAs, or parts of it, in terms of form-criticism and tradition history would be most welcome.

Just a modicum of attention has been wasted on the *realia* of the story such as landscape, seasons, calendar, agricultural products, architecture, clothing, and the like. It remains to be determined whether they have come with the sources ‖ or traditions that were used, or reflect what the author saw around him, or what he thought they were like way back in the age of the patriarchs. Closer investigation would not only help to understand JosAs better but also go a long way towards ascertaining its date and place of origin.

As to language and style, the fact that JosAs is written in a simple *koine* with a marked "Semitic," i.e. Hebrew and/or Aramaic, flavor at a leisurely pace with a lot of redundance and repetition, has escaped nobody's notice. Specifically, the vocabulary, syntax, idioms, and narrative techniques have a strong Biblical ring, the author's Bible being the Septuagint (there is no evidence that he read Hebrew or Aramaic). However, borrowings from individual passages are scarce, although they do occur (cf. 12:7; 15:7; 17:8; 20:5; 22:7; 27:1-5; 29,2). What stamped the language of JosAs in this respect is probably not so much the Book itself but an established literary style designed to fit holy subjects. It was nourished by the Septuagint, synagogal parlance (in itself influenced by the Greek Bible and possibly vice versa), and maybe colloquial Greek as spoken among Jews in the diaspora. Kilpatrick, Philonenko, and Delling have done a lot to elucidate the "Semitic" element in JosAs' language (Delling finds that the influence of Genesis and the Psalms is most marked). There are of course many parallels in early Christian literature, too. A handy tool to investigate those, with profit to both sides, is the list of parallels to JosAs 1-21 (Batiffol's text) drawn up by E.W. Smith in his thesis. What is still lacking is an assessment of the features which are Greek rather than "Semitic," for such do exist. In fact, recent research into the language of contemporary works such as the Gospel of Mark by M. Reiser, or Chariton by A. Papanikolaou, suggests that phenomena conventionally regarded as "Semitic" like the protracted use of parataxis or the inverted order of subject and verb were common enough in certain strands of *koine* literature.

3. Provenance

JosAs does not say when and where and by whom it was written. External evidence is lacking. The book is certainly Jewish.[7] The way it depicts Aseneth as a model proselyte and the mother of many proselytes suggests that proselytism was a lively prospect in the author's day, with no trace of the Christian Church as a competitor visible. In other words, JosAs antedates the Second Jewish Revolt under Hadrian (A.D. 132-135) and more precisely the revolt under Traian referred to above, if the book is Egyptian as it seems to be. Local alternatives such as Palestine or Syria have been proposed but never argued properly. Egypt is the most likely birthplace of a tale extolling the conversion of an Egyptian chief priest's daughter and showing the children of Israel involved in local political strife. ‖

At the far end of possibilities, the earliest conceivable date of JosAs is less obvious. The book presupposes the Septuagint, probably all of it. Its conversion theology is well developed. That Pharaoh's first-born son is engaged to the daughter of the king of Moab (1:9) may reflect the political status which the Nabateans had achieved around 100 B.C. All things considered it is probably safe to say that JosAs hardly antedates the late second century B.C.

Attempts to narrow down the date have never been vigorous nor, to my mind, successful because they relied too much on a general impression or on isolated observations. Most recently, however, D. Sänger developed a suggestion of Kilpatrick's into a new approach. He regards the different characters in the story as representing social

---

[7] P. Hofrichter apparently would like to connect it with Johannine Christianity, but I have not seen his study.

groups which existed in the author's world and analyzes their relationships. Joseph, Aseneth, Levi and the rest of Joseph's good brothers
represent the main body of the Egyptian Jews, Proselytes included,
who are, or would like to be, friendly with the Egyptians. Pharaoh
and Pentephres, the heads of the ruling class, are sympathizers or even
God-fearers. Pharaoh's firstborn son impersonates the local anti-Juda-
ism desirous to intercept the growing friendship between the crown
and the Jews by force, if necessary. Joseph's bad brothers are a Jewish
faction ready to conspire with the former group for opportunity's sake.
Sänger then goes on to fit this pattern into what we know about Jewish-
Egyptian relations from 100 B.C. to A.D. 100, and comes up with
the pogrom in Alexandria under Caligula in A.D. 38 as a good setting
for JosAs.[8] This is probably not yet the last word. Pharaoh's firstborn
son wants to do away with Joseph because he is married to Aseneth,
now a Jewish proselyte, not because he is a Jew. I do not see anti-
Jewish feelings mirrored anywhere in JosAs (unless it were argued
that the very absence is motivated by wishful thinking). If they were,
I wonder whether Caligula is really the only option. We may not know
enough about the Jews in Egypt to exclude similar clashes before that
date. Nonetheless Sänger's method looks promising, especially if its
scope were broadened to include the *realia* inherent in the story (see
above) and the milieu which is back of it.

To be sure, the milieu is a problem in itself. There seems to be a
growing consensus that JosAs does not come from any known organ-
ized group such as the Essenes or the Therapeutae (*pace* Rießler and
K.G. Kuhn), nor from an unknown one. The book advocates Judaism,
not some particular denomination as opposed to others or to vulgar
Judaism at large. The opposition is idolatrous heathendom. The author
and his readers belonged to what is conventionally termed "the Synagogue." However, much like today, synagogues in antiquity were apt
to differ from one another according to the place where their members
lived, to the social class or classes which they encompassed, and to
the special ‖ religious outlook which they favored. Internal pluralism
was possible if they were large. In this sense we may continue to
speak of, and look for, a group which is responsible for JosAs.

---

[8] The date itself is not new. It was proposed, e.g., by Anandakumara, p. 86, and tentatively
by Kee, "Socio-Religious Setting," p. 190. On p. 199, n. 5, Sänger reports a letter from
M. Hengel pleading for a date toward the end of the Ptolemean era, i.e. around the middle
of the first century B.C.

Philonenko had opted for a village or small town where the local Jews were on friendly terms with their pagan neighbors. Untouched by the exclusive philosophical monotheism which reigned in Philo's Alexandria they had absorbed enough of Egyptian religion to turn their faith into a regular mystery cult with rituals to match (see above). Both their situation and their religious outlook inspired the hope that conversion of their heathen fellow men was under way. As Philonenko himself put it he had discovered a rural variant of the mystic Judaism described at length by E.R. Goodenough. Philonenko's interpretation of JosAs as the narrative rendering of a full-blown initiation into a Jewish mystery has been criticized by Sänger in his thesis, and probably rightly so. Furthermore, one wonders whether countryside and the high degree of literary and religious sophistication which Philonenko detects in JosAs after all, are not mutually exclusive. An urban upper class milieu as suggested e.g. by Kee seems to be more appropriate, and why not Alexandria, although it may impose itself too readily because we know a lot about it and too little about the Jews elsewhere in Lower Egypt.

That is not to say that the case for a mystic orientation of JosAs, as opposed to a legalistic, quasi-philosophical, or sapiental one, has been kicked out of court. It is the main thrust of Kee's contributions to have reopened it in a much more cogent way than Philonenko did. By pointing out affinities with the Isis cult as represented e.g. by Apuleius on the one hand and with Jewish Merkavah Mysticism on the other, Kee arrives at the idea that JosAs comes from an esoteric Jewish milieu that cherished as its highest value personal revelatory experience which mediated insights into the mysteries of the divine world leading to rebirth and a new life governed and protected by spirit power from above. Aseneth is the prototype of a person living by such experience. I would like to submit by way of a demurrer that the heavenly things revealed to Aseneth in JosAs 14-17, the paradisiac manna which she is given to eat in ch. 16, and the corporeal trans- formation which she undergoes in ch. 18, may not be meant to be everybody's experience. Doubtless they will be after death, in the "place of rest" in heaven. But it seems to me that Aseneth is supposed to be the only person to have experienced them in full while still on earth. To use St. Paul's language, she is a "firstborn from the dead" (1Cor 15:20; Col 1:18, cf. Acts 26:23) whose fate is indicative, and maybe causative, of the fate of all people if they will cross over to Judaism. But just as those who are "in Christ" are not yet like Christ, who lives as a "life-giving spirit" in heaven (1Cor 15:45) by virtue of his resurrection (Rom 1:4), those who are "in" Aseneth, the City of Refuge (JosAs 15:7; 16:16; 19:8), are not yet like her. Moreover, the "ineffable mysteries of the Most High" revealed to Aseneth (16:14) seem to be less profound than Kee thinks. They relate to the heavenly origin of the manna which embodies the ‖ spirit of life, i.e., they reveal not the heavenly order in general but the secret of how to attain eternal life (cf. WisSol 2:22, the whole chapter merits closer comparison with JosAs on several accounts).

If that is so, the quest for the milieu which produced JosAs is still open.

4. Theology

Several points have been touched upon in the preceding sections. The most important study to have appeared in recent years is Kee's. As to the rest I can be brief. The formula which J.H. Charlesworth developed for *OTP* called for a rather extensive treatment of the key ideas of each book received into the collection. It was carried over into *JSHRZ* in an expanded form. Moreover, much interpretative work on JosAs has been done in connection with research into the New Testament, and I have summarized that part elsewhere (except a neglected study by R. Scroggs and two recent ones by E. Stegemann and G. Sellin). This includes some fresh remarks on the problem once raised by Kilpatrick only to become the most widely debated individual aspect of JosAs, viz. the so-called meal formula in 8:5 ("It is not fitting for a man who worships God, who will bless with his mouth the living God and eat blessed bread of life and drink a blessed cup of immortality and anoint himself with blessed ointment of incorruptibility to kiss a strange woman . . .") etc., and its bearing on the Lord's Supper, notably Jn 6 and 1Cor 10 and 11 (add K.-G. Sandelin to the dossier).

A neglected field is the ethics of JosAs. It has been duly considered whenever the occasion called for it, e.g. by J. Piper in his book on love of enemy, but it was never studied in itself. Such study would have to include not only the maxims professed by various persons at various places, above all those beginning, "It is not fitting for a man (or woman) who worships (the one and true) God," in 8:5,7; 21:1; 23:9,12; 29:3, cf. 28:5,14, but also the morality that is implicit in the portrayal of the characters and their actions.

As a general impression I would like to add that JosAs has too often been used as a quarry, without first giving it the benefit of that good old-fashioned historico-philological exegesis which has become a must in Biblical studies, let alone of the methodological innovations that have accrued in recent years.

5. Pictures

The combination *Life of Joseph*-JosAs is accompanied by illustrations in three Greek manuscripts, all very recent. Most important is the McKell codex, both by the number and the artistic elegance of the pictures. It was done by the noted Rumanian bishop and calligrapher, Luke the Cypriot, around A.D. 1580. Then there are two lesser lights in modern Greek, Mt. Athos, Koutloumousiou 100, a local production of the 16th century, and Oxford, Bodleian Library, Roe 5, executed by some Georgios of Ainos near Constantinople in A.D. 1614. ‖ Nobody cared for the illustrations until the discovery of McKell by J. and O. Pächt, and they concentrated on the *Life* in that manuscript. The full cycles in the whole lot—63 images for the *Life* and 17 for JosAs in McKell, 21/3 and 28/19 (plus two empty frames) in the other two—were investigated in extenso by G. Vikan in his thesis. Excellent reproductions of Koutloumousiou 100 are by Pelekanidis et al.

Vikan thinks that the three sets of pictures go back to a common archetype, though not directly. McKell is derived from a Late Byzantine model which may have originated in the *Hodegon* monastery in Constantinople in the 14th century, and the other two from a Turkish-Byzantine ancestor produced on Mt. Athos in the 16th. The pictorial archetype of them all Vikan assumes was contrived in Constantinople, a rather unusual thing to happen to literature of this type. Excluding the overlaps 75 images for the *Life* and 35 (maybe 34, see *ANRW*, ch. v,1) for JosAs have survived. The original cycle may have held more, because just like text, images have a tendency to evanesce in the process of transmission; we cannot be sure, on the other hand, that all those preserved really come from the original. Vikan feels that no earlier traces of the cycle are discernible, contrary to the pioneer suggestion of the Pächts that the prototype of the McKell series was close to the famous Vienna Genesis (6th century, Syria).

Most of this is in the province of book painting, and I am no judge of that. From my point of view, further research seems possible, and indeed promising, as to the relationship of image and text. The illustrations often reflect older and sometimes fuller forms of the text which they are now employed to illustrate. Vikan of course covered this angle but he had only the editions and translations printed up to 1975 to go on. A more detailed correlation of the pictures and the manuscript tradition, particularly of the **b** group, will help to determine and to date pictorial elements with more precision, and by the same token throw more light on the textual history of JosAs. It remains to be seen whether Vikan's archetype can be characterized textually. Chances are that it belonged to the **b** group, subject to the qualifications stated above.

For more Aseneth pictures in other contexts, see *ANRW*, ch. v,1.

6. Cultural Importance

Ever since Batiffol first edited the Greek JosAs attention has been paid to the broad trail which the book has left as it made its way through time and space. Because it never achieved the rank of a standard work of reference, an academic textbook, or a devotional classic, it did not make history in the proper sense of the word. Nevertheless Aseneth has left a goodly number of fingerprints in different parts of the Christian world, and some of them are closely enough related to allow some of her doings to be reconstructed with a measure of coherence. ‖

Most of what we know is due to chance finds by scholars who happened to have an interest in the afterlife of the books of the Bible or had their attention drawn to JosAs. To name just two of them, the renowned Cambridge historian and cataloguer, M.R. James, discovered Latin I and presented it to Batiffol to publish along with the Greek text. In our day we owe most of the Ethiopian material regarding Aseneth to G. Haile, at present cataloguer of Ethiopian manuscripts at Hill Monastic Manuscript Library, Collegeville, Minnesota (published in *ANRW*, ch. iii, 5). Further results might be gained by exploring systematically the exegetical literature on Genesis, the Joseph lore, the Aseneth iconography outside JosAs, the use of Aseneth as a proper name, and hagiography and liturgy generally. That is a tremendously large order, and one wonders whether the outcome would be worth the effort. In the meantime, what has been observed so far is collected in *ANRW*, with the highlights exposed in *OTP*, pp. 195-199, awaiting further digestion. Here I just offer a few comments. Although there is no positive evidence Aseneth must have been christened at an early date, when the Church was still fighting idolatry. Chances are that it happened in Egypt. The reason may be gleaned from Athanasius' famous 39th Paschal Letter of A.D. 367. The Alexandrian bishop states that the Wisdom of Solomon, Ben Sira, Esther, Judith, Tobit, the Didache, and Hermas were aggregated to the Scriptures because "the Fathers ordained them to be read by those who want to accede and to be instructed in the rules of piety." JosAs would have served the purpose nicely. As in similar cases, the adoption of JosAs by the Church, if nothing else, probably caused the Jews to abandon the book. All traces of it are Christian except perhaps the identification of Pentephres' and Aseneth's houses in Heliopolis reported by Egeria around A.D. 380. The Jewish Aseneth lore as digested by V. Aptowitzer and L. Ginzberg shows no influence of JosAs.

How did JosAs progress from Egypt? If pieced together on the assumption that the book was not read in a given place a long time before we know that it was, the evidence suggests that it did not radiate freely into all directions but followed a trajectory through the Near East to Byzantium and then to Northwestern Europe, with sidelines branching off the main course now and then. JosAs first migrated to Syria to arrive in time to influence e.g. the Passion of St. Irene in the 5th century, maybe earlier. Ties between Egypt and Syria have always been close (from both sides: the best of the two Syriac manuscripts of JosAs was found in a monastery in the Nitrian valley, not in Syria). A natural place for Aseneth to go from Syria was Armenia where JosAs was translated in the 6th or 7th century. While the Syriac churches did not take to JosAs much, the Armenians valued it highly at least from the 11th century onwards. They even received it into their Bible, though not as a canonical book. Doubtless this accounts for the fact that more copies are preserved in Armenian than in all other languages thrown together. Forty-five manuscripts are on ‖ record to date, with more yet to be discovered. Surprisingly enough JosAs made no headway from Armenia; no Georgian version is known.

On the main line, JosAs appeared in Byzantium and/or Greece around the 9th century, perhaps from Syria after the Macedonian dynasty (A.D. 867-1056) had reconquered large parts of the East. αδ, α and δ were produced early in that period. JosAs enjoyed a measure of success right through the 11th century and maybe into the 12th, the most important witness being the illuminated de luxe edition referred to above. The two Latin translations, both made prior to A.D. 1200, are likely to have been prompted by this happy period in Aseneth's afterlife. There is no evidence that their *Vorlagen* were imported from the Greek world around the Aegean Sea, and if so when, but we have the Testaments of the Twelve Patriarchs for a good, if slightly later, parallel. The manuscript which Robert Grosseteste, bishop of Lincoln (A.D. 1170-1253) had translated into Latin in 1242, now Cambridge University Library, Ff 1.24, was brought over from Athens a few years before. H.J. de Jonge has shown that its existence had been signalled as early as *ca.* A.D. 1200. It is a 10th century copy of excellent quality. The *Vorlage* of Latin II may well have been of the same calibre. By contrast, Latin I goes back to a Greek text which was marred by itacisms, errors, and lacunae. It may have been a fresh copy made to the order of someone who wished to carry it home.

Latin II itself is of uncertain provenance, possibly Northern France, and is attested in Sweden and Austria down to the 15th century. No further influence is known. Latin I appears to have been made in England, probably Canterbury, and may well be the first piece of Greek ever translated in Britain. The last known copy is 14th century, but the book was still read at the beginning of the 15th, witness the Middle English verse translation which was printed by H.N. Mac-Cracken. Few copies of Latin I seem to have found their way across the Channel into France. But one of them was condensed into a form soon to become a hit (see below).

Back to the Greek world, we know or suspect that JosAs was never quite forgotten in and around Constantinople. We also find it on Mt. Athos since the 15th century. The modern Greek version, actually a paraphrase, was made and illuminated there in the 16th. It was from there and/or from Constantinople that Aseneth travelled North. JosAs skimmed the world of the Slavs by way of the Serbo-Slavonic version no later than the 15th century, but got no farther than that. It was more of a success in Rumania. The McKell codex was made there around 1580, the Bucharest manuscript copied or imported in the 17th century, and the Rumanian version, rather a digest, translated from a manuscript much like the Bucharest one no later than the 18th.

Finally, or maybe not, a 10th century manuscript of the **a** group found its way to Mt. Sinai, unknown when. St. Catherine's also houses another copy of the same group of the 15th or 16th century, possibly a local product, and another one of the 17th which is very close to the Bucharest manuscript. So Aseneth II may have made the pilgrimage to Mt. Sinai more than once. From the 17th century on there is the c group in Palestine. ζ may have been redacted there, but there is no way of telling how long the *Vorlage* had been there and where it came from.

Last question, who read JosAs and for what? We know nothing about the reception of the original. Even the purpose is in dispute. Many have regarded JosAs as a missionary tract enticing non-Jews to convert, and perhaps Jews to make it easy for them to cross over, with a defense of exogamy (if the non-Jewish partner is willing to turn Jewish) as a secondary motive. A modification of this view is Kee's idea that the work was to propagate the special kind of mystical experience which he feels is extolled in it. I have been more inclined to think that JosAs was meant to explain to Jews, proselytes, and maybe God-fearers, what privileges they possessed as compared with their pagan environment.

As a Christian book, JosAs appears to have been copied, translated, and handed on way up into the Middle Ages by monks and clerics to be read by their likes in ecclesiastical libraries, refectories, or cells. They may have communicated its contents to a more general public, but there is little evidence of that. To note a few exceptions: The miniature cycle is likely to have been executed for a rich layman, and McKell certainly was, maybe for the reigning voevod of Wallachia, Mishnea II. The Middle English verses were written for a noble lady, though again by a clergyman who may have been her chaplain. Armenian bibles including JosAs were commissioned by well-to-do people in the 17th century.

Things became different in medieval Europe after Vincent of Beauvais had included a condensation of Latin I into his *Speculum historiale*, i,118-124 (*ca.* A.D. 1244/50), a world history which soon became a standard work.[9] It was widely copied and translated into French and Dutch. The JosAs digest was copied separately and/or welded into other works, mostly devotional, and influenced still others. Thus JosAs became public property and was eventually to be read in Czech, Dutch, English, French, German, Polish, Russian, and Scandinavian including Icelandic, first in handwritten form and then,

---

[9] No critical text exists. The last edition is Douai: 1624, reprinted Graz: 1965. Cf. Guzman.

after Gutenberg's invention caught on, in print. The oddest offshoot of this line of tradition is *Los desposorios de Joseph*, a one-act verse play based on JosAs 1-21, which was performed in Sevilla in 1575 and in Madrid on Corpus Christi Day, 1608. It was printed by L. Rouanet.[10]

So the main purpose to read JosAs was at all times devotion and moral education. To be sure the erotic element did not hurt its acceptance. Probably most readers were convinced that JosAs was a true story, but some thought more of it. The Syriac version was soon incorporated into a large historical ‖ compilation of the 6th century, later attributed to one Zacharias Rhetor. It is in this form only that it has survived. Vincent, too, must have deemed JosAs a historically reliable account. The last to have used it as a historical source was Philipp von Zesen, the famous baroque writer. He published in 1670 a historical novel about Joseph calling it *Assenat*, because among other things, he had been able to lay his hands on a German or Dutch version of Vincent's abridgement and had integrated large bits of it into his narration. Yet another motive was operative in the Rumanian translation. While its first aim certainly was moral, its wider context was the emergence of a national Rumanian culture. So it came to be considered as part of the national heritage. It is the only version ever printed for the general reading public, witness the edition of chs. 1-21 by C. Bobulescu in a series called "People's Library."

To close the survey, I suspect that the most exotic development that JosAs is supposed to have undergone never took place. Batiffol advanced the idea, to be developed at some length by Philonenko, that JosAs influenced *Yussuf and Zuleikha*, one of the classical themes of Islamic literature. Basically, it is the story of Joseph and Putiphar's wife, following the Bible and Jewish haggadah for what they offer on the subject but adding as a happy end that the two got a pair after the treacherous woman had spent years in repentance. The topic has been treated time and again by various authors in different languages including Persian, Turkish, and Urdu, notably by the renowned Persian poets, Firduzi (A.D. 939-1020) and Djami (A.D. 1414-1492) in 1009/20 and 1483 respectively. Closer inspection suggests that parallels of Zuleikha and Aseneth are not so close after all, and that

---

[10] I have not been able to follow up the references to Aseneth in other Spanish plays, vol. iv, p. 182. Also I do not know whether anyone paid attention to the play since Rouanet.

they appear more in the later forms of the Islamic story than in the earlier ones, suggesting that they are due to internal development, not external influence. Definite judgment must be withheld until we know the evolution of *Yussuf and Zuleikha* better than we do, and that requires the hand of a specialist.

This is a good point at which to stop. Aseneth has received more attention lately than most of her likes, and we have come to know her well in many respects. Further progress will depend in no small measure upon the cooperation of scholars from all fields concerned.

University of Heidelberg   Christoph Burchard

BIBLIOGRAPHY

Only the works quoted in this survey are listed. Further bibliographies are to be found under the titles marked, "Bib." Those designated by an asterisk do not refer to JosAs.

a) Texts, Translations, and Concordance

BATIFFOL, PIERRE, "Le Livre de la Prière d'Aseneth," in BATIFFOL, *Studia Patristica. Études d'ancienne littérature chrétienne* (Paris: 1889-90), pp. 1-115.
BOBULESCU, CONSTANTIN, *Istoria frumosului Iosif şi a prea frumoasei Asineta. După un manuscris din 1753* (Bucharest: 1922). ‖
BRODRICK, M., *The Life and Confession of Asenath the Daughter of Pentephres of Heliopolis, Narrating How the All-Beautiful Joseph Took Her to Wife.* Prepared by M. BRODRICK, from Notes supplied by the late Sir Peter Le Page Renouf (London: 1900).
BROOKS, ERNEST W., *Joseph and Asenath. The Confession and Prayer of Asenath Daughter of Pentephres the Priest* (London: 1918).
BURCHARD, CHRISTOPH, "Ein vorläufiger griechischer Text von Joseph und Aseneth," *Dielheimer Blätter zum Alten Testament* 14 (October 1979), pp. 2-53 (Corrections ibid. 16, December 1982, pp. 37-39).
——, "Joseph und Aseneth," in *Jüdische Schriften aus hellenistisch-römischer Zeit*, ed. by WERNER GEORG KÜMMEL, vol. ii, fasc. 4 (Gütersloh: 1983) (quoted, *JSHRZ*) (Bib.).
——, "Joseph and Aseneth," in *The Old Testament Pseudepigrapha*, ed. by James H. CHARLESWORTH, vol. ii (Garden City, NY: 1985), pp. 177-247 (quoted, *OTP*).
COOK, D., "Joseph and Aseneth," in *The Apocryphal Old Testament*, ed. by H.F.D. SPARKS (Oxford: 1984), pp. 465-503.
DENIS, ALBERT-MARIE, and JANSSENS, YVONNE, *Concordance grecque des Pseudépigraphes d'Ancien Testament* (Louvain-la-Neuve: in the press).
GOEIJ, M. DE, *Jozef en Aseneth. Apokalyps van Baruch* (Kampen: 1981).
MACCRACKEN, HENRY N., "The Storie of Asneth. An Unknown Middle English Translation of a Lost Latin Version," *The Journal of English and Germanic Philology* 9 (1910), pp. 224-264.
MARTÍNEZ FERNÁNDEZ, RAMON, and PIÑERO, ANTONIO, "José y Asenet," in *Apócrifos del Antiguo Testamento*, ed. by A. DÍEZ MACHO (Madrid: 1982), pp. 191-238.
PHILONENKO, MARC, *Joseph et Aséneth. Introduction, texte critique, traduction et notes* (Leiden: 1968) (Bib.).
——, "Joseph et Aséneth," in *La Bible. Écrits intertestamentaires* (Bibliothèque de la

Pléiade), ed. by ANDRÉ DUPONT-SOMMER and MARC PHILONENKO (Paris: 1987), pp. cxxii-cxxv, 1559-1601.

RIEßLER, PAUL, "Joseph und Asenath," in RIEßLER, *Altjüdisches Schrifttum außerhalb der Bibel* (Augsburg: 1928; 2nd ed., Heidelberg: 1966), pp. 497-538. 1303f.

SUSKI, ANDRZEJ, "Józef i Asenet. wstęp, przekład z greckiego, komentarz," *Studia Theologica Varsaviensia* 16 (1978), pp. 199-240.

b) Pictures

PÄCHT, JEANNE and OTTO, "An Unknown Cycle of Illustrations of the Life of Joseph," *Cahiers Archéologiques* 7 (1954), pp. 35-49, pl. xii-xvi.

PELEKANIDIS, STYLIANOS M., CHRISTOU, P., TSIOUMIS, CH., and KADAS, S., *The Treasures of Mount Athos. Illuminated Manuscripts. Miniatures—Headpieces—Initial Letters*, vol. i (Athens: 1974), pp. 456, 458f., ills. 339-341. ||

VIKAN, GARY K., *Illustrated Manuscripts of Pseudo-Ephraem's Life of Joseph and the Romance of Joseph and Aseneth*, 3 vols. (Ph.D. thesis, Princeton University: 1976).

——, "Illustrated Manuscripts of the Romance of Joseph and Aseneth," in *SBL 1976 Seminar Papers*, ed. by GEORGE MACRAE (Missoula, MT: 1976), pp. 193-208, 15 ills.

c) Studies

ANANDAKUMARA, SUNANDA, *The Gentile Reactions to the Christ-Kerygma—The Problems Involved in the Reception of the Christ-Kerygma in the Young Gentile Christianity in the New Testament* (Dr. theol. thesis, Hamburg: 1975), pp. 29-91, 316-335.

APTOWITZER, VICTOR, "Asenath, the Wife of Joseph. A Haggadic Literary-Historical Study," *Hebrew Union College Annual* 1 (1924), pp. 239-306.

BECKWITH, R.T., "The Solar Calendar of Joseph and Asenath: A Suggestion," *Journal for the Study of Judaism* 15 (1984), pp. 90-111.

BERGER, KLAUS, *Die Gesetzesauslegung Jesu. Ihr historischer Hintergrund im Judentum und im Alten Testament, I: Markus und Parallelen* (Neukirchen-Vluyn: 1972).

——, "Jüdisch-hellenistische Missionsliteratur und apokryphe Apostelakten," *Kairos* 17 (1975), pp. 232-248.

——, *Die Auferstehung des Propheten und die Erhöhung des Menschensohnes. Traditionsgeschichtliche Untersuchungen zur Deutung des Geschickes Jesu in frühchristlichen Texten* (Göttingen: 1976).

BERNER, WOLF DIETRICH, *Initiationsriten in Mysterienreligionen, im Gnostizismus und im antiken Judentum* (Dr. theol. thesis, Göttingen: 1972), pp. 156-172.

BURCHARD, CHRISTOPH, *Untersuchungen zu Joseph und Aseneth. Überlieferung-Ortsbestimmung* (Tübingen: 1965) (Bib.).

——, *Der dreizehnte Zeuge. Traditions- und kompositionsgeschichtliche Untersuchungen zu Lukas' Darstellung der Frühzeit des Paulus* (Göttingen: 1970).

——, "Der jüdische Asenethroman und seine Nachwirkung. Von Egeria zu Anna Katharina Emmerick oder von Moses aus Aggel zu Karl Kerényi," in *Aufstieg und Niedergang der römischen Welt*, ed. by HILDEGARD TEMPORINI and WOLFGANG HAASE, ii, vol. 20 (Berlin-New York: 1987), pp. 543-667 (quoted, *ANRW*; Bib.).

——, "The Importance of Joseph and Aseneth for the Study of the New Testament," *New Testament Studies* 33 (1987), pp. 102-134 (Bib.).

CHARLESWORTH, JAMES H., assisted by PATRICIA DYKERS, *The Pseudepigrapha and Modern Research* (Missoula, MT: 1976; 2nd ed., 1981). ||

DELLING, GERHARD, "Einwirkungen der Sprache der Septuaginta in 'Joseph und Asenath'," *Journal for the Study of Judaism* 9 (1978), pp. 29-56.

——, "Die Kunst des Gestaltens in 'Joseph und Asenath'," *Novum Testamentum* 26 (1984), pp. 1-40.

DENIS, ALBERT-MARIE, *Introduction aux Pseudépigraphes grecs d'Ancien Testament* (Leyde: 1970), pp. 40-48.

GINZBERG, LOUIS, *The Legends of the Jews*, 7 vols. (Philadelphia, PA: 1909-38).

*GUZMAN, GREGORY G., "A Growing Tabulation of Vincent of Beauvais' *Speculum historiale* Manuscripts," *Scriptorium* 29 (1975), pp. 122-125.

HENGEL, MARTIN, "Anonymität, Pseudepigraphie und 'Literarische Fälschung' in der jüdisch-hellenistischen Literatur," in *Pseudepigrapha*, vol. i (Vandœuvres-Geneva: 1972), pp. 229-308.

HOFRICHTER, PETER, "Johanneische Thesen," *Bibel und Liturgie* 54 (1981), pp. 212-216.

HOLTZ, TRAUGOTT, "Christliche Interpolationen in 'Joseph und Asenath'," *New Testament Studies* 14 (1967/68), pp. 482-497.

JEREMIAS, JOACHIM, "The Last Supper," *Expository Times* 64 (1952/53), pp. 91f.

*JONGE, HENK J. DE, "La bibliothèque de Michel Choniatès et la tradition occidentale des Testaments des XII Patriarches," in *Studies on the Testaments of the Twelve Patriarchs. Text and Interpretation*, ed. by MARINUS DE JONGE (Leyde: 1975), pp. 97-106.

KEE, HOWARD C., "The Socio-Religious Setting and Aims of 'Joseph and Asenath'," in *SBL 1976 Seminar Papers*, ed. by GEORGE MACRAE (Missoula, MT: 1976), pp. 183-192.

——, "The Socio-Cultural Setting of Joseph and Asenath," *New Testament Studies* 29 (1983), pp. 394-413.

KILPATRICK, GEORGE D., "The Last Supper," *Expository Times* 64 (1952/53), pp. 4-8.

——, Review of Burchard, *Untersuchungen*, and Philonenko, *Joseph et Aséneth, Novum Testamentum* 12 (1970), pp. 233-236.

——, *The Eucharist in Bible and Liturgy* (Cambridge: 1983), pp. 59-68.

KUHN, KARL GEORG, "The Lord's Supper and the Communal Meal at Qumran," in *The Scrolls and the New Testament*, ed. by KRISTER STENDAHL (New York: 1957; London: 1958), pp. 65-93, 259-265.

NICKELSBURG, GEORGE W., JR., *Jewish Literature between the Bible and the Mishnah. A Historical and Literary Introduction* (Philadelphia, PA: 1981), pp. 258-263, 271f., 274f.

——, "Stories of Biblical and Early Post-Biblical Times," in *Jewish Writings of the Second Temple Period*, ed. by MICHAEL E. STONE (Assen-Philadelphia, PA: 1984), pp. 33-87. ‖

*PAPANIKOLAOU, ANTONIOS D., *Chariton-Studien. Untersuchungen zur Sprache und Chronologie der griechischen Romane* (Göttingen: 1973).

PERVO, RICHARD I., "Joseph and Asenath and the Greek Novel," in *SBL 1976 Seminar Papers*, ed. by GEORGE MACRAE (Missoula, MT: 1976), pp. 171-181.

PIPER, JOHN, *"Love your enemies." Jesus' Love Command in the Synoptic Gospels and in the Early Christian Paraenesis. A History of the Tradition and Interpretation of Its Uses* (Cambridge: 1979).

*REISER, MARIUS, *Syntax und Stil des Markusevangeliums im Licht der hellenistischen Volksliteratur* (Tübingen: 1984).

ROUANET, LÉO, *Colección de Autos, Farsas, y Coloquios del siglo XVI*, 4 vols. (Barcelona-Madrid: 1901), vol. i, pp. 331-357 (text); vol. iv, pp. 179-182 (notes).

SÄNGER, DIETER, *Antikes Judentum und die Mysterien. Religionsgeschichtliche Untersuchungen zu Joseph und Aseneth* (Tübingen: 1980) (Bib.).

——, "Erwägungen zur historischen Einordnung und zur Datierung von 'Joseph und Aseneth'," *Zeitschrift für die neutestamentliche Wissenschaft* 76 (1985), pp. 86-106.

SANDELIN, KARL-GUSTAV, "Måltidens symboliska betydelse i den alexandrinska judedomen. Ett bidrag till frågan om den kristna eukaristins bakgrund," in *Meddelanden från Stiftelsens för Åbo Akademi Forskningsinstitut* 56 (Åbo: 1980), pp. 128-134.

SCHÜRER, EMIL, *Geschichte des jüdischen Volkes im Zeitalter Jesu Christi*, vol. iii (4th ed., Leipzig: 1909; reprinted, Hildesheim: 1964), pp. 399-402.

——, *The History of the Jewish People in the Age of Jesus Christ (175 B.C.-A.D. 135)*. A New English Version Revised and Edited by GEZA VERMES, FERGUS MILLAR, and MARTIN GOODMAN, vol. iii, part i (Edinburgh: 1986), pp. 546-552.

SCHWARTZ, JACQUES, "Recherches sur l'évolution du roman de Joseph et Aséneth," *Revue des études juives* 143 (July-December 1984), pp. 273-285.

SCROGGS, ROBIN, "Paul and the Eschatological Woman: Revisited," *Journal of the American Academy of Religion* 42 (1974), pp. 532-537.

SELLIN, GERHARD, *Der Streit um die Auferstehung der Toten* (Göttingen: 1986).

SMITH, EDGAR W., JR., *Joseph and Asenath and Early Christian Literature: A Contribution to the Corpus Hellenisticum Novi Testamenti* (Ph.D. thesis, Claremont Graduate School, Claremont, California: 1975). ‖

STEGEMANN, EKKEHARD, "'Das Gesetz ist nicht wider die Verheißung!' Thesen zu Galater 3,15-29," in *Theologische Brosamen für Lothar Steiger zu seinem fünfzigsten Geburtstag* gesammelt von GERHARD FREUND und EKKEHARD STEGEMANN (Heidelberg: 1985), pp. 389-395.

SZEPESSY, TIBOR, "L'Histoire de Joseph et d'Aseneth et le roman antique," *Acta Classica Universitatis Scientiarum Debreceniensis* 10-11 (1974-75), pp. 121-131.

WEST, S., "Joseph and Asenath: A Neglected Greek Romance," *The Classical Quarterly* 24 (1974), pp. 70-81.

ZESEN, PHILIPP VON, *Assenat*, 1670, ed. by VOLKER MEID (Tübingen: 1967).

13

Der jüdische Asenethroman und seine Nachwirkung. Von Egeria zu Anna Katharina Emmerick oder von Moses aus Aggel zu Karl Kerényi

DIETER ANDERSEN

Quentenali qui dicebatur olim Luccensi
nunc Priori necnon Episcopo Ecclesiae Hannoveranae
sexagesimum quintum annum agenti
Benedictus benedicat

Inhalt

Abkürzungen meist wie in: Die Religion in Geschichte und Gegenwart, Tübingen, 3. Aufl. 1958–1965. – Für Hilfe bei Literatur und Manuskript ist CLAUDIUS FEHLANDT, MICHAEL LAUPPE und HELMUT TÖRNER zu danken, für Korrektur RENATE KIRCHHOFF und MICHAEL HOFFMANN.

Anstelle des Literaturverzeichnisses S. 658–667 siehe die Bibliographie unten in diesem Band, S. 437–459

I. Einführung

Der kleine Roman, den wir heute 'Joseph und Aseneth' (JosAs) nennen, erzählt, wie die Heliopolitaner Priestertochter Aseneth sich zum Judentum bekehrte, so daß der Patriarch Joseph sie heiraten konnte (Gen 41,45.50; 46,20), und wie, Jahre später, der ägyptische Kronprinz sie zu entführen versuchte, was Levi, Benjamin und andere Brüder Josephs knapp vereitelten.

Das Buch, das gut zweimal so lang ist wie die biblische Esther, etwas länger als das Markusevangelium und etwa gleichen Umfangs wie 'Amor und Psyche' bei Apuleius, Metamorphosen IV 28–VI 24, hat also zwei Teile. Der erste, JosAs 1–21, ist zwischen zwei Entlehnungen aus der biblischen Josephsgeschichte Gen 37–50 gespannt, die auf die Notiz über die Heirat des Patriarchen folgen. JosAs 1,1(f.) nimmt Gen 41,46b(–49) auf, JosAs 21,9 Gen 41,50–52 (Synopse unten in II.1); es folgt dann in 21,10–21 ein Psalm Aseneths, in dem sie ihre Bekehrung rekapituliert. Der zweite Teil, JosAs 22–29, faßt in 22,1f. Gen 41,53f.; 45,26–46,7; 47,27 kurz zusammen. Obwohl der zweite Teil am Schluß nicht zur Bibel zurücklenkt[1], sind also beide Teile als Exkurse zur Josephsgeschichte montiert. Deren Kenntnis wie die der Genesis insgesamt und weiterer Bibelstellen ist beim Leser vorausgesetzt. Man merkt das z. B. daran, daß Aseneth und ihr Vater

---

[1] Sekundär in α (s. unten II.9).

Pentephres, von denen die Bibel kaum mehr als Name und Stand mitteilt, ausführlich zur Person eingeführt werden (1,3ff., Text unten VI.2.b)[2], dagegen Pharao, Joseph, seine Brüder und ihr Vater Jakob auftreten, als ob JosAs Teil eines größeren Werkes wäre, in dem sie ihre Rollen schon hatten. So ähnlich ist es eben auch. Übrigens kommen nichtbiblische Personen nur in Nebenrollen oder als Statisten vor, alle namenlos bis auf den König Joakim von Moab (1,9), keine historische Gestalt[3]. Der ägyptische Kronprinz, der nur „der erstgeborene Sohn Pharaos" heißt, hat zwar in der Josephsgeschichte keinen Platz, ist aber wohl Sichem, dem Sohn Hamors nachgebildet, der Josephs Schwester Dina schändete (Gen 34, erwähnt JosAs 23,2.14). Das heißt nicht, daß man JosAs nicht für sich verstehen könnte. Der erste Teil hängt zwar stärker an seinem biblischen Haftpunkt, denn er löst unter anderem ein exegetisches Problem, das sich schon vor JosAs aufgedrängt haben muß: wie ausgerechnet Joseph, das Muster von Gottvertrauen, Keuschheit und Verstand, eine Nichtjüdin heiraten konnte, noch dazu aus götzenpriesterlichem Haus[4]. Aber das ist nicht eigentlich das Thema. JosAs 1−21 handelt davon, daß die Zuwendung zum Gott Israels volles, glückliches, gesundes und ewiges Leben schenkt, ein Leben, das Juden von Haus aus haben und Heiden bekommen, wenn sie sich wie Aseneth von den todbringenden heidnischen Göttern abwenden und sich bekehren. Ein Nebenthema mag die Mischehe sein. Der zweite Teil geht ohnehin über das hinaus, was in der Josephsgeschichte angelegt ist. Er ist sogar ohne den ersten einigermaßen lesbar und umgekehrt, ergänzt ihn aber thematisch. Sagt der erste, was das Judentum der Welt zu bieten hat, so der zweite, wie es in der Welt zurechtkommt, nämlich durch Gottvertrauen und ein Ethos, das nicht Böses mit Bösem vergilt (23,9; 28,5.14; 29,3), gepaart mit politischer Loyalität und persönlicher Tapferkeit. Wer das besitzt, ist ein ἀνὴρ θεοσεβής, der nicht nur Gott, sondern auch den König zum Freund hat.

Im einzelnen ist der Aufriß etwa so:

1,1−21,21   ERSTER TEIL: Die Verheiratung der stolzen Aseneth mit Joseph ermöglicht durch ihre Bekehrung

1,1−2,12   *I. Einleitung: Personen, Hintergrund, Ort der Handlung*

Pharao schickt Joseph zum Kornsammeln durch Ägypten, Pentephres und Aseneth werden vorgestellt, der Erstgeborene Pharaos bittet seinen Vater vergeblich um Aseneths Hand

---

[2] S. unten VI.2.b. − Πεντεφρῆς (LXX Πετ-) heißt im hebräischen Text *Pôṭî pærä'*. JosAs unterscheidet ihn wie Philo, Josephus und andere von dem im Hebräischen fast und in LXX ganz gleichnamigen Potiphar Gen 39, aber viele jüdische und christliche Autoren setzten beide gleich.
[3] Vgl. zur Stelle UJosAs (s. unten VII.1), 144−146.
[4] Die antike und mittelalterliche jüdische Auslegung bei APTOWITZER. JosAs ist die frühest bezeugte und längste Asenetherzählung.

Der Turm an Pentephres' Haus, auf dem Aseneth mit sieben Jungfrauen in einer Zehnzimmersuite abgeschlossen lebt, und der ummauerte Garten um das Anwesen werden beschrieben

10,8b–13,15   2. Aseneths Selbsterniedrigung und Hilferuf zu Gott

Aseneth wirft ihre kostbare Kleidung, ihre Götzenbilder und ihr erlesenes Opferessen aus dem Fenster und liegt sieben Tage in Sack und Asche

Aseneth spricht sich Mut zu, in ihrer Verlorenheit den Gott der Hebräer anzurufen

Aseneth spricht sich noch einmal Mut zu, trotz ihres götzenbefleckten Mundes den Namen des Höchsten anzurufen

Aseneth bekennt ihre Sünden, bittet um Annahme bei Gott und möchte Josephs Sklavin werden

14,1–17,6   3. Aseneths Annahme bei Gott durch den Engelfürsten

a) 14,1–15,12x Herabkunft und Verkündigung des Engelfürsten

Ein Mensch steigt vom Himmel herab, stellt sich als Fürst der Engel vor und befiehlt Aseneth, sich wieder anzuziehen

Aseneth zieht sich neu an

Der Engelfürst teilt Aseneth ihre Annahme bei Gott mit, benennt sie in Stadt der Zuflucht um und verheißt ihr die Heirat mit Joseph

Aseneth fragt vergeblich nach dem Namen des Engelfürsten

b) 15,13–17,6 Bewirtung des Engelfürsten

Aseneth lädt den Engelfürsten zum Essen ein

Der Engelfürst erbittet und Aseneth findet wunderbarerweise eine Honigwabe

Aseneth erkennt die himmlische Herkunft der Honigwabe, der Engelfürst preist sie deshalb selig und verheißt ihr ewige Jugend

Der Engelfürst ißt Honigwabe und gibt Aseneth davon als Lebensbrot zu essen

Der Engelfürst zeichnet ein Kreuz auf die Honigwabe, Bienen kommen heraus und bauen auf Aseneths Mund eine gleiche Wabe

Der Engel deutet die Bienen als Bestätigungszeichen für alle seine Worte

Der Engel segnet auf Aseneths Bitte hin auch ihre sieben Jungfrauen als sieben Säulen der Stadt der Zuflucht

26,7—27,5   3. Aseneths Rettung vor dem Erstgeborenen Pharaos durch Benjamins Steinwürfe

27,6—28,17   4. Aseneths und Benjamins Rettung vor Dan und Gad, Naphthali und Asser durch Ruben und Simeon, Levi und Juda, Issachar und Sebulon

Ruben und Simeon, Levi und Juda, Issachar und Sebulon töten die 2000 Mann ihrer bösen Brüder

Dan und Gad, Naphthali und Asser versuchen, Aseneth zu töten, aber ihre Schwerter werden zu Asche

Dan und Gad, Naphthali und Asser bitten Aseneth um Fürbitte bei ihren guten Brüdern und verstecken sich

Aseneth bittet bei Simeon und seinen Brüdern, die inzwischen angekommen sind, für die bösen Brüder

29,1—9   5. Nachspiel: Die mißlungene Rettung des Erstgeborenen Pharaos und Josephs Herrschaft über Ägypten

Levi lädt den schwerverletzten Erstgeborenen Pharaos auf dessen Pferd und bringt ihn zu Pharao

Der Erstgeborene Pharaos und Pharao sterben, Joseph herrscht 48 Jahre über Ägypten

Geschrieben ist das in einem stark biblisierenden Griechisch[5]: Hauptsätze mit 'und' aneinandergereiht, Prädikat gefolgt vom Subjekt an der Spitze, wenig Nebensätze, kaum verbundene und absolute Partizipien, Vokabular und Phraseologie mit vielen Parallelen in der Septuaginta, der sonstigen griechisch-jüdischen und der frühchristlichen Literatur (aber ohne spezifisch christliche Züge). Der Verfasser hat wohl nicht die Septuaginta imitiert (Zitate fehlen, Anspielungen auf bestimmte Stellen sind selten), sondern benutzt einen hieratischen Stil, der für ein biblisches Sujet üblich war. Er erzählt gemächlich mit viel Abundanz und Wiederholung. Er füllt das knappe Handlungsgerüst mit Dialogen, Monologen und Gebeten. An weltlichen Sensationen lag ihm nichts. Aseneths Buße ist detailliert beschrieben (JosAs 10), ihre Hochzeit (21) und die Kampfhandlungen des zweiten Teils (26,5ff.), die sich farbig hätten darstellen lassen, werden mehr genannt als erzählt.

JosAs stammt wohl aus der ägyptischen Diaspora und entstand zwischen 100 v. und 100 n. Chr.[6] Über den Verfasser wissen wir nur, was sein Buch erschließen läßt.

---

[5] An Übersetzung aus dem Hebräischen denkt heute niemand mehr.
[6] Übersicht UJosAs, 140—151; PHILONENKO: JosAs, 99—109. HOFRICHTER möchte JosAs jetzt aus dem johanneischen Christentum herleiten, deutet aber seine Gründe nur an.

Es wurde ein Erfolg, allerdings wohl erst in christlicher Rezeption. Neben der Septuaginta, Philo und Josephus, auch sie bald mehr von Christen als von Juden gelesen, gehört JosAs zu den verbreitetsten Schriften des griechischsprechenden antiken Judentums. Es sind nicht einmal alle Septuagintabücher in so viele Nationalliteraturen übergegangen. Soweit bekannt, sind von JosAs 15 griechische Handschriften erhalten (ACPQR EFGW HJK BD und eine ungelesene); von einer anderen kennt man wenigstens Titel und Incipit (O). Dazu kommen sieben Übersetzungen, manchmal eher Bearbeitungen, ins Syrische (Syr), Armenische (Arm), zweimal ins Lateinische (L1 und L2), ins Serbisch-kirchenslawische (Slaw), Neugriechische (Ngr), Rumänische (Rum) und wohl eine verlorene ins Äthiopische (Äth), alle nach griechischen Vorlagen, die nicht erhalten sind[7].

Die Spuren von JosAs führen im übrigen weit über die Handschriften hinaus. Exegese und Theologie haben allerdings kaum Notiz genommen, wenn man nicht als theologisches Interesse ansehen will, daß das Buch gelegentlich in Kanon- und ähnlichen Listen vorkommt. JosAs ist zur Erbauung gelesen, in Klöstern auch vorgelesen[8] worden, manchmal als Geschichtsquelle und sicher oft aus Spaß.

Ich stelle im folgenden zusammen, was ich über die Nachgeschichte weiß. Erschöpfend ist es nicht[9].

[7] Genaueres über Handschriften, Sigla, Kataloge usw. UJosAs, 2–17; PHILONENKO: JosAs, 3–16; DENIS, 40–48.
[8] Daher das Vorlesergebet εὐλόγησον πάτερ oder δέσποτα hinter dem Titel in vielen Handschriften.
[9] Unbekannte Spuren stecken vermutlich noch in der ausgedehnten jüdischen, christlichen und islamischen Josephsliteratur einschließlich der Genesisauslegung. Vgl. WEILEN, ALEXANDER VON: Der ägyptische Joseph im Drama des XVI. Jahrhunderts, Wien 1887; PERLES; GINZBERG; FABRE, PIERRE: Le développement de l'histoire de Joseph dans la littérature et dans l'art au cours des douze premiers siècles, Mélanges d'archéologie et d'histoire 39, 1921–1922, 193–211; LUCERNA; NÄF; APTOWITZER; DEUSCHLE; FAVERTY, FREDERIC E.: The Story of Joseph and Potiphar's Wife in Mediaeval Literature, Harvard Studies and Notes in Philology and Literature 13, 1931, 81–127; PRIEBATSCH; NABHOLZ-OBERLIN, MARGARETE: Der Josephroman in der deutschen Literatur von Grimmelshausen bis Thomas Mann, Diss. phil. Basel 1949, Marburg 1950; HELLER, BERNHARD: Yūsuf b. Ya'ķūb, Shorter Encyclopedia of Islam, Leiden 1953, 646–648; SINGER, HERBERT: Joseph in Ägypten. Zur Erzählkunst des 17. und 18. Jahrhunderts, Euphorion 3. Folge 48, 1954, 249–279; ARGYLE, A. W.: Joseph the Patriarch in Patristic Teaching, ET 67, 1955/56, 199–201; HILSCHER, EBERHARD: Der biblische Joseph in orientalischen Literaturwerken, Mitteilungen des Instituts für Orientforschung IV 1, 1956, 81–108; UJosAs, 139f.; DERPMANN (über JosAs unzureichend informiert); GUILLAUME, PAUL-MARIE: Joseph (le Patriarche), Dictionnaire de Spiritualité 8, 1974, Sp. 1276–1289; NICKELSBURG, GEORGE W. E., JR., ed.: Studies on the Testament of Joseph (SBL. Septuagint and Cognate Studies 5), Missoula, Montana 1975; FRENZEL, ELISABETH: Stoffe der Weltliteratur. Ein Lexikon dichtungsgeschichtlicher Längsschnitte (Kröners Taschenausgabe 300), 4. Aufl., Stuttgart 1976, 365–368 (bei JosAs nicht auf der Höhe); DONNER, HERBERT: Die literarische Gestalt der alttestamentlichen Josephsgeschichte (SAH. Phil.-hist. Klasse 1976, 2), Heidelberg 1976, 48–50; VIKAN. S. weiter unten IV.1. Auch die Hagiographie und die liturgische Heiligenverehrung wären genauer zu prüfen, vgl. unten Anm. 41. FRANZ, ADOLPH: Die kirchlichen Benediktionen im Mittelalter, 2 Bde., Freiburg i.Br. 1909 = Graz 1960, hat Joseph im Register (er kommt z.B. in Reisesegen vor), Aseneth nicht.

II. 'Joseph und Aseneth' griechisch

1. Über das Schicksal von JosAs im Judentum wissen wir nichts Sicheres. Philo läßt nicht erkennen, daß er das Buch gelesen hätte; in Jos 121 erwähnt er Josephs Heirat, nennt aber nicht einmal Aseneths Namen. Josephus, Ant 2, 91 berührt sich gegen Gen 41 mit JosAs darin, daß er Josephs Hochzeit nach der Ausreise zum Kornsammeln berichtet (vgl. JosAs 1,1), also anscheinend Gen 41, 46 b—49 als Kommentar zu 41,43 a und nicht als Fortsetzung der Erzählung ansieht, daß Joseph Aseneth heiratet, „nachdem der König ihm mitwirkte" (vgl. JosAs 21), und daß Aseneth ausdrücklich Jungfrau heißt (wie JosAs 1,4 u. ö.; vgl. noch Ant 2, 91 Anfang mit JosAs 6,6; Ant 2, 94 mit JosAs 25, 5):

Gen 41 LXX	JosAs	Josephus, Ant. 2
(42) καὶ περιελόμενος Φαραὼ τὸν δακτύλιον ἀπὸ τῆς χειρὸς αὐτοῦ περιέθηκεν αὐτὸν ἐπὶ τὴν χεῖρα Ἰωσήφ, καὶ ἐνέδυσεν αὐτὸν στολὴν βυσσίνην, καὶ περιέθηκεν κλοιὸν χρυσοῦν περὶ τὸν τράχηλον αὐτοῦ· (43) καὶ ἀνεβίβασεν αὐτὸν ἐπὶ τὸ ἄρμα τὸ δεύτερον τῶν αὐτοῦ, καὶ ἐκήρυξεν ἔμπροσθεν αὐτοῦ κῆρυξ· καὶ κατέστησεν αὐτὸν ἐφ' ὅλης γῆς Αἰγύπτου. (44) εἶπεν δὲ Φαραὼ τῷ Ἰωσήφ Ἐγὼ Φαραώ· ἄνευ σοῦ οὐκ ἐξαρεῖ οὐθεὶς τὴν χεῖρα αὐτοῦ ἐπὶ πάσῃ γῇ Αἰγύπτου. (45) καὶ ἐκάλεσεν Φαραὼ τὸ ὄνομα Ἰωσὴφ Ψονθομφανήχ· καὶ ἔδωκεν αὐτῷ τὴν Ἀσεννὲθ θυγατέρα Πετεφρῆ ἱερέως Ἡλίου πόλεως αὐτῷ γυναῖκα· (46) Ἰωσὴφ δὲ ἦν ἐτῶν τριάκοντα, ὅτε ἔστη ἐν-		(90) ὁ δέ, ταύτης αὐτῷ τῆς ἐξουσίας ὑπὸ τοῦ βασιλέως δοθείσης σφραγῖδί τε χρῆσθαι τῇ αὐτοῦ καὶ πορφύραν ἐνδύσασθαι, διὰ τῆς γῆς ἁπάσης ἐλαύνων ἐφ' ἅρματος

Gen 41 LXX	JosAs	Josephus, Ant. 2
ἀντίον Φαραὼ βασιλέως Αἰγύπτου. Ἐξῆλθεν δὲ Ἰωσὴφ ἐκ προσώπου Φαραώ, καὶ διῆλθεν πᾶσαν γῆν Αἰγύπτου. (47) καὶ ἐποίησεν ἡ γῆ ἐν τοῖς ἑπτὰ ἔτεσιν τῆς εὐθηνίας δράγματα·	(1,1) Καὶ ἐγένετο ἐν τῷ πρώτῳ ἔτει τῶν ἑπτὰ ἐτῶν τῆς εὐθηνίας ἐν τῷ μηνὶ τῷ δευτέρῳ πέμπτῃ τοῦ μηνὸς ἐξαπέστειλε Φαραὼ τὸν Ἰωσὴφ κυκλεῦσαι πᾶσαν τὴν γῆν Αἰγύπτου. (2) καὶ ἦλθεν Ἰωσὴφ ἐν τῷ τετάρτῳ μηνὶ τοῦ πρώτου ἔτους ὀκτωκαιδεκάτῃ τοῦ μηνὸς εἰς τὰ ὅρια Ἡλιουπόλεως	
(48) καὶ συνήγαγεν πάντα τὰ βρώματα τῶν ἑπτὰ ἐτῶν, ἐν οἷς ἦν ἡ εὐθηνία ἐν γῇ Αἰγύπτου, καὶ ἔθηκεν τὰ βρώματα ἐν ταῖς πόλεσιν, βρώματα τῶν πεδίων τῆς πόλεως τῶν κύκλῳ αὐτῆς ἔθηκεν ἐν αὐτῇ. (49) καὶ συνήγαγεν Ἰωσὴφ σῖτον ὡς τὴν ἄμμον τῆς θαλάσσης πολὺν σφόδρα, ἕως οὐκ ἠδύναντο ἀριθμῆσαι, οὐ γὰρ ἦν ἀριθμός.	καὶ ἦν συνάγων τὸν σῖτον τῆς χώρας ἐκείνης ὡς τὴν ἄμμον τῆς θαλάσσης.	ἦγε τὸν σῖτον παρὰ τῶν γεωργῶν τὸν ἀρκοῦντα πρός τε σπόρον καὶ διατροφὴν ἑκάστοις ἀπομετρῶν, μηδενὶ σημαίνων τὴν αἰτίαν, ὑφ᾿ ἧς ταῦτα ἔπραττε.
		(91) Τριακοστὸν δ᾿ ἔτος ἤδη τῆς ἡλικίας αὐτῷ διεληλύθει καὶ τιμῆς ἁπάσης ἀπέλαυε [παρὰ] τοῦ βασιλέως, καὶ προσηγόρευσεν αὐτὸν Ψονθομφάνηχον ἀπιδὼν αὐτοῦ πρὸς τὸ παράδοξον τῆς συνέσεως· σημαίνει γὰρ τὸ ὄνομα κρυπτῶν εὑρετήν. γαμεῖ δὲ καὶ γάμον ἀξιολογώτατον· ἄγεται γὰρ καὶ Πεντεφροῦ θυγατέρα τῶν ἐν Ἡλιουπόλει ἱερέων, συμ-

Gen 41 LXX	JosAs	Josephus, Ant. 2
		πράξαντος αὐτῷ τοῦ βασιλέως, ἔτι παρθένον Ἀσέννηθιν ὀνόματι.
(50) Τῷ δὲ Ἰωσὴφ ἐγένοντο υἱοὶ δύο πρὸ τοῦ ἐλθεῖν τὰ ἑπτὰ ἔτη τοῦ λιμοῦ, οὓς ἔτεκεν αὐτῷ Ἀσεννὲθ θυγάτηρ Πετεφρῆ ἱερέως Ἡλίου πόλεως. (51) ἐκάλεσεν δὲ Ἰωσὴφ τὸ ὄνομα τοῦ πρωτοτόκου Μανασσῆ, ὅτι Ἐπιλαθέσθαι με ἐποίησεν ὁ θεὸς πάντων τῶν πόνων μου καὶ πάντων τῶν τοῦ πατρός μου. (52) τὸ δὲ ὄνομα τοῦ δευτέρου ἐκάλεσεν Ἐφράιμ, ὅτι Ηὔξησέν με ὁ θεὸς ἐν γῇ ταπεινώσεώς μου.	(21,9) Καὶ ἐγένετο μετὰ ταῦτα εἰσῆλθεν Ἰωσὴφ πρὸς Ἀσενὲθ καὶ συνέλαβεν Ἀσενὲθ ἐκ τοῦ Ἰωσὴφ καὶ ἔτεκε τὸν Μανασσῆ καὶ τὸν Ἐφράιμ τὸν ἀδελφὸν αὐτοῦ ἐν τῷ οἴκῳ Ἰωσήφ.	(92) ἐκ ταύτης δὲ καὶ παῖδες αὐτῷ γίνονται πρὸ τῆς ἀκαρπίας, Μανασσῆς μὲν πρεσβύτερος, σημαίνει δ' ἐπίληθον, διὰ τὸ εὐδαιμονήσαντα λήθην εὕρασθαι τῶν ἀτυχημάτων, ὁ δὲ νεώτερος Ἐφραίμης, ἀποδιδοὺς δὲ τοῦτο σημαίνει, διὰ τὸ ἀποδοθῆναι αὐτὸν τῇ ἐλευθερίᾳ τῶν προγόνων.
(53) Παρῆλθον δὲ τὰ ἑπτὰ ἔτη τῆς εὐθηνίας, ἃ ἐγένοντο ἐν γῇ Αἰγύπτῳ,	(22,1) Καὶ ἐγένετο μετὰ ταῦτα παρῆλθον τὰ ἑπτὰ ἔτη τῆς εὐθηνίας	(93) Τῆς δ' Αἰγύπτου κατὰ τὴν Ἰωσήπου τῶν ὀνειράτων ἐξήγησιν μακαριστῶς ἔτη ἑπτὰ διαγαγούσης
(54) καὶ ἤρξατο τὰ ἑπτὰ ἔτη τοῦ λιμοῦ ἔρχεσθαι, καθὰ εἶπεν Ἰωσήφ . . .	καὶ ἤρξαντο ἔρχεσθαι τὰ ἑπτὰ ἔτη τοῦ λιμοῦ.	ὁ λιμὸς ἥπτετο τῷ ὀγδόῳ ἔτει . . .

Wenn Josephus JosAs gekannt hätte, wäre er der früheste Zeuge, und die ʿAntiquitatesʾ lieferten den terminus ante quem (93/94 n. Chr.). Aber reichen die Berührungen aus? Sie können wohl auch durch zeitgenössische Exegese vermittelt sein. Im übrigen ist aus der jüdischen Literatur bis in die Neuzeit kein Zeugnis für JosAs bekannt[10].

2. Vielleicht läßt aber das vermutlich älteste äußere Zeugnis für JosAs jüdische Überlieferung nachwirken. Es ist eine Stelle im ʿLiber de locis sanctisʾ (kurz

---

[10] Vgl. UJosAs, 96–99. Nicht sehen konnte ich KASHER, MENAHEM M.: Tora šᵉlema, Tel Aviv, VII, 1938, zu Gen 41,48.

vor 1137 n. Chr.) des Petrus Diaconus von Monte Cassino, die vermutlich aus dem verlorenen Anfang der 'Peregrinatio Egeriae' (um 400 n. Chr.) stammt[11]:

> Eliopolis distat a Babilonia [Kairo] milia duodecim. In medio autem huius ciuitatis est campus ingens, in quo est templum Solis, et ibi est domus Petefre. Inter domum autem Petefre et templum est domus Asennec. Murus autem interior intra ciuitatem est antiquior lapideusque tantummodo templum cum domo Asennec et domo Petefre. Ibi uero est et uiridarium Solis, ubi columna est grandis, que appellatur Bomon, in qua Fenix post quingentos annos residere consueuit.

Pentephres' und jedenfalls Aseneths Haus gibt es m. W. nur in JosAs (vor allem 2,1 ff.) und Ablegern. Anscheinend hat man Egeria in Heliopolis, heute Maṭarīje und ein nordöstlicher Vorort von Kairo, das schon lange vor den ersten christlichen Pilgern Touristen anzog, die unter anderem Platons und Eudoxos' Herberge besichtigen konnten (Strabo XVII 1,29), auch die Stätten gezeigt, die JosAs beschreibt[12]. Es sei denn, daß umgekehrt JosAs vorhandene Lokaltradition aufnimmt; dann läse man aber in JosAs 2 auch gern etwas über den oder die be-

---

[11] UJosAs, 137, nach dem Autographen Monte Cassino, 361, S. 77; FRANCESCHINI, AET., und WEBER, R.: Itinerarium Egeriae (CC. Excerpta in usum scholarum seorsum edita 1), Turnhout 1958 = in: Itineraria et alia geographica (CC. Series Latina 175), Turnhout 1965, 100, Fragm. Y 2 (auch diese Ausgabe ohne Absatz in Fragm. Y 3 noch keinen Absatz vor Pars Arabiae und schreibt in V 9 den ehrwürdigen Lesefehler capitaney fort; Petrus selber schrieb cāpi taney, das heißt Campi Tanei, vgl. Ps 78,12.43 LXX). Englisch WILKINSON, JOHN: Egeria's Travels. Newly translated with supporting documents and notes, London 1971, 204 (2. Aufl. 1981 nicht gesehen); französisch MARAVAL, PIERRE: Égérie. Journal de voyage (Itinéraire). Introduction, texte critique, traduction, notes, index et cartes; DÍAZ Y DÍAZ, MANUEL C.: Valérius du Bierzo. Lettre sur la b^{se} Égérie. Introduction, texte et traduction (SC 296), Paris 1982, 84 (MARAVAL, 83, heilt capitaney durch Konjektur zu campi Tanei oder eher Taneos; zu Y 3 vgl. 85f.). Im vierten Satz fehlt vor tantummodo möglicherweise etwas (coniungens oder eher includens?). WILKINSON und MARAVAL fassen tantummodo als „ebenso wie"; geht das philologisch? Wann Egeria reiste, hat nach Meinung vieler DEVOS, PAUL: La date du voyage d'Égérie, AnBoll 85, 1967, 165–194, entschieden: sie war Ostern 381 bis Ostern 384 in Jerusalem und demnach etwa 382 in Ägypten i. w. WILKINSON, 237–239; MARAVAL, 27–39. Skeptisch gegen zu genaue Zahlen DONNER, HERBERT: Pilgerfahrt ins Heilige Land. Die ältesten Berichte christlicher Palästinapilger (4.–7. Jahrhundert), Stuttgart 1979, 73f.: „um und nach 400" (74). Der in UJosAs, 137 Anm. 1, versprochene Nachweis, daß Petrus Diaconus hier wirklich auf Egeria fußt, liegt immer noch in der Schublade. Ein Argument wenigstens: Egerias Bibel war nicht die Vulgata (Aseneth filia Putiphare, v.l. -es), sondern eine der LXX näherstehende altlateinische Version (ZIEGLER, JOSEF: Die Peregrinatio Aetheriae und die hl. Schrift, Biblica 12, 1931, 162–198), und sie hat möglicherweise Hieronymus' Übersetzung von Eusebs 'Onomastikon' (Asennec, Petefres, Akk. -frem) als Baedeker benutzt (ZIEGLER, JOSEF: Die Peregrinatio Aetheriae und das Onomastikon des Eusebius, ebd. 70–84; bestritten von WILKINSON, 6 Anm. 2). Zu beidem passen Petrus' Petefre(s?) und Asennec (das freilich gelegentlich in der Überlieferung von Gen 41,45. 50 und von JosAs auch auftaucht).

[12] Zum Antiquarischen UPHILL, ERIC P.: Pithom and Raamses: Their Location and Significance, JNES 27, 1968, 291–316 mit Karten; 28, 1969, 15–39.

rühmten Obelisken. Wenn JosAs den Häusern Pentephres' und Aseneths den Namen gegeben hat, könnte das gewesen sein, als das Buch noch jüdisch war. Zwingend ist das allerdings nicht. Aseneth dürfte früh getauft worden sein, zu einer Zeit, als die Kirche sich noch einem starken Heidentum gegenüber sah, und vielleicht zu dem gleichen Zweck, zu dem nach Athanasius' berühmtem 39. Osterfestbrief von 367 die Sapientia, Sirach, Esther, Judith, Tobit, Didache und Hermas, obwohl nicht kanonisch, gebraucht wurden: weil sie nämlich „von den Vätern als Lektüre für diejenigen bestimmt worden sind, die neu hinzutreten und in der Lehre der Frömmigkeit unterwiesen werden wollen"[13].

3. Ein ebenso altes Zeugnis wäre der syrische ʿLiber graduumʾ (vor 400), wenn er in IX 21 JosAs voraussetzte[14]:

[Syriac text, 13 lines in Estrangela script]

---

[13] HENNECKE, EDGAR: Neutestamentliche Apokryphen in deutscher Übersetzung, 3. Aufl. von WILHELM SCHNEEMELCHER, I, Tübingen 1959, 31.
[14] KMOSKO, MICHEL: Liber graduum (Patrologia Syriaca I 3), Paris 1926, Sp. 245. 248 (Serṭo, vokalisiert; hier leider nur Esṭrangela möglich, Vokalzeichen bleiben unbeachtet). Er datiert ihn um 320 und hält ihn wie viele für messalianisch. Dagegen und für ein jüngeres Datum, aber spätestens bald nach 400 GUILLAUMONT, ANTOINE: Liber graduum, Dictionnaire de Spiritualité IX, 1976, Sp. 749–754.

ܕܪܚܡܐ ܐܝܟ ܐܒܗ̈ܘܗܝ: ܘܦܘܩܕܢܘ̈ܗܝ ܢܛܪ. ܕܐܝܟ ܕܗܘ ܣܓܝܐܝܢ
ܪ̈ܚܡܘܗܝ: ܗܟܢ ܐܦ ܪ̈ܚܡܘܗܝ ܡܣܓܝܢ ܪܚܡܘܬܗܘܢ. ܐܝܟ ܓܝܪ
ܕܡܕܢܚ ܗܘ ܫܡܫܗ: ܘܡܚܬ ܡܛܪܗ ܥܠ ܛܒ̈ܐ ܘܥܠ ܒܝ̈ܫܐ: ܗܟܢ
ܡܕܢܚܝܢ ܐܦ ܪ̈ܚܡܘܗܝ ܚܘܒܗܘܢ ܥܠ ܛܒ̈ܐ ܘܥܠ ܒܝ̈ܫܐ: ܘܡܛܠ
ܕܡܬܥܠܝܢ ܠܗܘܢ ܒܢ̈ܝܢܫܐ ܘܡܟܐܒܝܢ ܠܒܐ ܕܐܚ̈ܝܗܘܢ. ܘܡܣܪܒܝܢ
ܠܘܩܒܠ ܦܘܩܕܢܐ ܕܐܠܗܐ: ܗܦܟ ܠܗܘܢ ܒܙܒܢܐ ܕܗܘܐ: ܒܗܢܐ
ܥܠܡܐ ܐܦ ܒܝܘܡܐ ܕܕܝܢܐ: ܐܠܐ ܕܝܢ ܚܢܢ ܬܪܝܨܝܢ: ܐܠܗܐ
ܒܣܝܡܐ ܗܘ ܘܛܒܐ: ܡܢ ܥܠܡ ܘܥܕܡܐ ܠܥܠܡ ✤
ܫܠܡ ܡܐܡܪܐ ܕܬܫܥܐ: ܕܥܠ ܟܐܢܘܬܐ ܘܥܠ ܚܘܒܐ ܕܟܐܢ̈ܐ
ܘܕܢܒ̈ܝܐ ܩܕ̈ܝܫܐ ✤

„Auch Joseph jagte nach Vollkommenheit, als er vergalt Gutes für Böses seinen Brüdern, die begehrten ihn zu töten einmal und zweimal, und der Herr befreite ihn aus ihren Händen. Und sie verkauften ihn in die Sklaverei, und er erduldete große Trübsale ihretwegen. ʿUnd es wurden gebunden mit Fesseln seine Füße, und in Eisen ging hinein seine Seele', wie geschrieben (ist) [Ps 105, 18]. Und er vergalt ihnen alles Schöne für Hassenswertes, und nicht hegte er gegen sie Zorn und nicht war er ihnen feind. Auch (ist) irgendwo geschrieben, daß, als er ihnen Gutes tat in Ägypten, sie ihm Böses vergalten und sich anschickten, ihn zu töten. Und er erduldete Böses wie ein guter Arbeiter und behandelte sie nicht böse, sondern tat ihnen Gutes und siegte und besiegte das Böse ganz mit Gutem [Röm 12, 21]. Und als gestorben war Israel, kamen sie (und) begehrten von ihm: ʿ(Mit) Gebieten gebot unser Vater, als er starb: „Sagt Joseph, meinem Sohn: Vergib die Sünde deiner Brüder!"' [Gen 50, 16], weil sie meinten, daß Joseph gegen sie Zorn und Feindschaft hegte und (nur) wegen seines Vaters sie nicht böse behandelte. Darauf erhob Joseph seine Stimme mit Schmerzen und Tränen und sagte zu seinen Brüdern, die seine Mörder (waren): ʿFürchtet euch nicht vor mir, weil ich unter Gott bin' [Gen 50, 19]. Und sie erkannten, daß er ein Freund war des Herrn wie seine Väter und seine Gebote bewahrte, denn (so) wie viel war seine (Gottes) Freundlichkeit, so auch lassen seine Freunde viel sein ihre Freundschaft. Wie nämlich aufgehen läßt jener seine Sonne und läßt herabkommen seinen Regen auf Gute und auf Böse [Mt 5, 45 par.], so lassen aufgehen auch seine Freunde ihre Liebe auf Gute und auf Böse. Und weil sich Menschen überheben und schmerzen machen das Herz ihrer Brüder und widerstreben gegen das Gebot Gottes, stürzt er sie irgendwann in dieser Welt, auch am Tag des Gerichts. Wenn aber wir (aufrichtig) streben, ist Gott milde und gut von Ewigkeit zu Ewigkeit.
Vollendet ist die neunte Abhandlung, die über Gerechtigkeit und über die Liebe der Gerechten und der heiligen Propheten."

Das dem Herausgeber unbekannte[15] 'irgendwo', an dem der in der biblischen Josephsgeschichte nicht vorkommende Mordanschlag, offenbar der zweite der beiden im ersten Satz genannten, geschrieben steht, könnte JosAs 22–29 sein. Dort spielt die Maxime, nicht Böses mit Bösem zu vergelten (so!), eine große Rolle (s. oben I), und daß die dort auftretenden bösen Brüder Josephs (nur sie) ἤδη τοῦτο δίς gegen Joseph Böses planten, sagt hinterher Simeon (28, 13). Aber die Wortlaute berühren sich nicht eng (Syr wird später in 28, 13 ܗܐ ܬܪ̈ܬܝܢ ܙܒ̈ܢܝܢ sagen). Vor allem wird in JosAs 22–29 Josephs Tod zwar geplant, nicht von allen Brüdern, aber es kommt nicht mehr dazu, deshalb auch zu keiner Reaktion Josephs; auf Aseneth würde alles besser passen. Das Stufenbuch kennt also JosAs allenfalls von fern (in welcher Sprache dann?); wahrscheinlich finde ich es nicht. Eher könnte das 'irgendwo' Geschriebene eine haggadische Erläuterung zu Gen 44, 15 ff.[16] oder Gen 50, 15–21 sein.

4. Die älteste literarische Nachwirkung von JosAs ist wohl die – oder eine Fassung der – Irenepassion, deren Alter (spätestens 5. Jh. n. Chr.?) freilich ebensowenig feststeht wie der Entstehungsort (Syrien-Palästina oder weiter östlich?)[17]. Irene, ursprünglich Penelope, Tochter des Königs Licinius von Magedo, mußte samt 13 Jungfrauen und 98 Götterbildern (die Zahlen schwanken) in einem von baumbestandenen, ummauerten Höfen umgebenen Turm hausen, den ihr Vater zu diesem Zweck hatte bauen lassen (vgl. JosAs 2,1–12), weil die Vornehmen der Welt sie schon als Kind umschwärmten (JosAs 1,6). Ihr Vater will sie dann gegen ihren Willen verheiraten (JosAs 4,3–12). Sie betet an einem Fenster nach Osten (JosAs 11–13) und wirft ihre Götzen aus dem Fenster (JosAs 10,12). Vorher erscheint ihr ein Engel und sagt ihr[18]:

ܫܠܡ ܠܟܝ ܠܐ ܬܕܚܠܝܢ. ܗܐ ܓܝܪ ܐܫܬܡܥܬ، ܕ̈ܡܥܬܐ ܘܬܟܫܦܬܐ ܗܢ
ܠܘܬ ܐܠܗܐ. ܘܐܫܬܕܪܬ ܠܘܬܟܝ ܕܐܚܘܐ ܠܟܝ ܘܐܠܦܟܝ ܒܬܪ̈ܬܐ.
ܘܡܢ ܗܫܐ ܠܐ ܢܬܩܪܐ ܫܡܟܝ ܦܝܠܘܦܐ. ܐܠܐ ܐܪܝܢܐ (cod.
ܐܪܝܢܐ) ܕܬܬܦܣܡ ܥܠܡܐ ܘܬܗܘܝܢ ܣܥܘܪܐ ܡܪܢ̈ܝܐ ܠܘܩܒܠ ܟܠܗܘܢ
ܬܪ̈ܬܗ. ܕܢܒܠܐ. ܘܢܬܟܠܣܘܢ ܒܟ ܟܢ̈ܫܐ ܩ̈ܕܝܫܬܐ. ܘܢܬܦܢܘܢ

[15] KMOSKO, 246 Anm. 2.
[16] Vgl. GINZBERG, II, 103–110; V, 353f.
[17] VAN ESBROECK, 408f. datiert Irene schon ins 4. Jh.
[18] Die syrische Übersetzung, die insgesamt der beste Textzeuge ist, nach Sinai, Katharinenkloster, Syr. 30, bei SMITH LEWIS, AGNES: Select Narratives of Holy Women from the Syro-Antiochene or Sinai Palimpsest as Written above the Old Syriac Gospels by John the Stylite, of Beth-Mari-Qanūn in A.D. 778. Syriac Text (Studia Sinaitica 9), London 1900, *ql'*; Translation (Studia Sinaitica 10), 1900, 100f. Griechisch nach der schlechten Ausgabe von WIRTH, 120 (Text Paris, Bibliothèque Nationale, Gr. 1470, 890 n. Chr., Varianten nach V: Wien, Nationalbibliothek, Hist. Gr. 21, 12. Jh., und zusätzlich zu WIRTH nach J: Jerusalem, Griechisch-Orthodoxes Patriarchat, Panhagios Taphos 73, 16. Jh.); vgl. UJosAs, 134–137. Zur weiteren Überlieferung VAN ESBROECK, 409.

ܩܠܐ ܒܠ ܕܚܠ ܐܢ̈ܬܝ ܗܘ ܐܢ̈ܬܝ ܕܐܢܬܝ ܐܢ̈ܬܝܬ ܐܫܟܚܬܝ ܪܚ̈ܡܐ ܘܛ̈ܝܒܘܬܐ
:ܕܐܠܗܐ ܘܐܬܝ ܐܫܬܕܪܬ

„Friede (sei) dir, fürchte dich nicht!
Siehe nämlich, du hast gefunden Er-
barmen und Güte von seiten Gottes,
und ich wurde gesandt zu dir, daß ich
zeige dir und lehre dich die künftigen
(Dinge). Und von jetzt an wird nicht
genannt werden dein Name Penelope,
sondern Irene, das übersetzt (ist)
ʿFriedenʾ. Und du wirst sein eine
sichere Burg

gegen alle Listen des Betrügers; und
es werden Zuflucht suchen in dir viele
Menschen und sich bekehren und
glauben an Gott deinetwegen,
tausend und dreihundert und dreißig
Tausend Menschen, Männer und
Frauen und Kinder."

Πενελόπη (Πηλενώπει J) οὐκέτι
σοι ἔσται τὸ ὄνομα τοῦτο, ἀλλὰ
κληθήσῃ Εἰρήνη
καὶ ἔσῃ πόλις ἀκριβής (καὶ–ἀ.
nur V; καὶ ἔσοι πολλοῖς καταφυγὴ
καὶ σωτήριος λιμήν J; > rell).

ἐπὶ σοὶ γὰρ καταφεύξονται (κατα-
φεύξωνται γὰρ ἐπί σοι J)

ρϊγ (ἑκατονδεκατρεῖς J) μυριάδες
ἀνδρῶν τε καὶ (τε καὶ nur V) γυναικῶν καὶ παίδων (ἀ.–π.: ψυχῶν
πιστεύοντες διὰ σοῦ τῷ θεῷ J).
οὕτως ἔσται (οὔ. ἐ.: ἐ. γὰρ J) τὸ
ὄνομά σου μέγα καὶ ὀνομαστὸν
ἐν ὅλῃ (πάσῃ J) τῇ οἰκουμένῃ.

Hier wirkt doch wohl JosAs 15,2ff., besonders V. 7 nach[19]:

καὶ τὸ ὄνομά σου οὐκέτι κληθήσεται Ἀσενέθ,
ἀλλ᾽ ἔσται τὸ ὄνομά σου πόλις καταφυγῆς,
διότι ἐν σοὶ καταφεύξονται ἔθνη πολλὰ
    ἐπὶ κύριον τὸν θεὸν τὸν ὕψιστον,
καὶ ὑπὸ τὰς πτέρυγάς σου σκεπασθήσονται λαοὶ πολλοὶ
    πεποιθότες ἐπὶ κυρίῳ τῷ θεῷ,
καὶ ἐν τῷ τείχει σου διαφυλαχθήσονται οἱ προσκείμενοι
    τῷ θεῷ τῷ ὑψίστῳ ἐν ὀνόματι τῆς μετανοίας.

Auch die Christina- und die Barbaralegende sind vielleicht von JosAs berührt, aber dann wohl indirekt über Irene[20].

5. Noch vor der Mitte des 6. Jhs. bezeugt die syrische Übersetzung JosAs
in monophysitischen Mönchskreisen in Ostsyrien. Die Vorlage, die vielleicht

[19] So auch PHILONENKO: JosAs, 110–117. BERGER: Auferstehung, 564f. Anm. 403, ist eher
für gemeinsame Tradition.
[20] UJosAs, 136f.; PHILONENKO: JosAs, ebd.; VAN ESBROECK, 409f.

aus Aleppo stammte, war wohl ein Einzelexemplar. Syr gibt sie ganz gut wieder (s. unten III. 1).

6. Doch gab es zur gleichen Zeit im gleichen Raum JosAs griechisch auch schon in anderer Gesellschaft, nämlich gekoppelt – wohl nicht verschmolzen – mit einer erbaulichen Nacherzählung der Josephsgeschichte, die unter Ephrems Namen geht. Sie heißt heute manchmal 'Leben Josephs' (LJos), nicht ganz zu Recht. Denn sie will nicht einfach Josephs Leben schildern, sondern ein Thema illustrieren, das die Einleitung kurz ausführt: daß die Josephsgeschichte die beiden Parusien Christi als Jungfrauensohn und als Weltenrichter präfiguriert. LJos und JosAs stehen hintereinander in Arm, Rehdig. 26, CR, D, G Ngr und FW. Die Koppelung ist also jedenfalls älter als Arm (6./7. Jh.?). Sie ist offenbar Absicht: Joseph komplett; in LJos kamen seine Heirat und überhaupt Aseneth nicht vor. LJos, schlecht erforscht und herausgegeben, ist entweder die Übersetzung eines syrischen Textes (und könnte dann wirklich von Ephrem sein) oder ein griechisches Ephrem-Pseudepigraphon, wie es viele gibt. Der griechische Text mag in beiden Fällen im 5./6. Jh. in Syrien anzusetzen sein[21]. Älter ist dann die Koppelung mit JosAs nicht und auf keinen Fall älter als Ephrem selbst (306–377). Auch sie dürfte nach (Ost-?)Syrien gehören. Es ist nicht ausgeschlossen, daß JosAs dabei bearbeitet wurde. Zumindest wird sich der Verbinder zu JosAs allegorische Gedanken gemacht haben (vgl. unten III. 1).

---

[21] Gedruckt von THWAITES, EDWARD: Τὰ τοῦ ὁσίου πατρὸς Ἐφραὶμ τοῦ Σύρου, Oxford 1709, σλδ'–σμζ', nach D (s. unten II.10), wiederholt mit lateinischer Übersetzung bei ASSEMANUS, JOSEPHUS SIMONIUS: Sancti patris nostri Ephraem Syri Opera omnia quae exstant Graece Syriace Latine, II, Rom 1743, 21–41 (gekürzte Rezension?). Zur Überlieferung außer den griechischen und neugriechischen Handschriften oben und der armenischen Übersetzung unten in Anm. 68 GEERARD, MAURITIUS: Clavis Patrvm Graecorvm (CC 702), II, Brepols-Turnhout 1974, 389f. Ältester Textzeuge sind Papyrusfragmente des 6./7. Jhs. (?), die nur teilweise veröffentlicht wurden, zuletzt wohl von MERCATI, SABATINO G.: Note papirologiche, 3, Biblica 1, 1920, 371–375. Ob sich unter dem Rest Spuren von JosAs finden ließen? Aber wo sind die Fragmente heute? Sie galten schon vor MERCATI als verschollen, wurden 1934 von BERNHARD BISCHOFF in Cheltenham, Phillipps 28 967 wiederentdeckt (Ein wiedergefundener Papyrus und die ältesten Handschriften der Schule von Tours, Archiv für Kulturgeschichte 29, 1939, 25–38 = in: BISCHOFF, Mittelalterliche Studien. Ausgewählte Aufsätze zur Schriftkunde und Literaturgeschichte, I, Stuttgart 1966, 6–16), aber 1945 verkauft (vgl. unten II.19). – Zu LJos im übrigen NÄF, 10f.; VIKAN: Diss., 20–26. 33–38. Nicht dasselbe (gegen UJosAs, 140 Anm. 1), wohl auch nicht als Auszug, wie das Josephsgedicht bei LAMY, THOMAS JOSEPHUS: Sancti Ephraem Syri Hymni et Sermones, III, Mecheln 1889, Sp. 249–640; IV, 1902, Sp. 791–844; BEDJAN: Histoire complète de Joseph par Saint Ephrem, 2. Aufl., Paris–Leipzig 1891 (nach NÄF, 13–35, von Balai). LJos wie das Gedicht zeigen keinen Einfluß von JosAs. Der echte Ephrem scheint JosAs ebenfalls nicht zu kennen (UJosAs, 139f.), wohl auch nicht in den Hymnen De Virginitate 21,9 (BECK, EDMUND: Des heiligen Ephraem des Syrers Hymnen De Virginitate, CSCO 224, Scriptores Syri 95, Louvain 1962, 67). – Korrekturnachtrag: Phillipps 28 967 ist jetzt Paris, Bibliothèque Nationale, Suppl. Gr. 1379 (VAN HAELST, JOSEPH: Catalogue des papyrus littéraires juifs et chrétiens, Université de Paris IV Paris-Sorbonne. Série «Papyrologie» 1, Paris 1976, 371, Nr. 1220; Hinweis von RENATE KIRCHHOFF).

Die Koppelung könnte ein entscheidendes Ereignis in der Geschichte von JosAs gewesen sein. Denn die oben genannten Zeugen repräsentieren wesentliche Stränge der Überlieferung. Es fragt sich, ob sie nicht insgesamt auf ein Exemplar zurückgeht, in dem LJos und JosAs gekoppelt waren. Die Geschichte von JosAs wäre dann bis ins Mittelalter und streckenweise noch weiter eigentlich die Geschichte dieser Paarung. Unabhängige Überlieferung des Textes könnten wohl nur Syr und L2 sein (s. unten II.7), aber das ist nicht untersucht.

7. Nicht lange nach der syrischen Übersetzung entstand eine armenische, vielleicht schon im 6./7. Jh. (s. unten III. 2). Die griechische Vorlage könnte gut von Syrien aus nach Armenien gekommen sein. Sie war der von Syr ähnlich. Arm gibt aber einen noch besseren Textzeugen ab, weil sie genauer und vollständiger übersetzt und besser erhalten ist. Arm ist einer der wichtigsten Zeugen für den ältesten Text von JosAs und mehr wert als viele griechische Handschriften.

Das heißt, wenn die älteste äußere Spur von JosAs nach Ägypten führt, in das Ursprungsland, so wird das Buch selber zuerst in Syrien und Armenien greifbar. Die Textform ist besonders der Vorlage von L2 ähnlich, läßt sich aber auch mit EFGW und den Vorlagen aller übrigen Übersetzungen (außer Slaw) und wohl auch Irene zusammensehen. Ich nenne diese Gruppe b, wobei Gruppe zunächst nicht mehr sagt, als daß die b-Zeugen gern gegen den Rest der Überlieferung zusammengehen. Innerhalb b repräsentieren Syr Arm L2 einen nicht nur alten, sondern auch sehr vollen Text. Es sind Partien vorhanden, die auf griechisch erst fast tausend Jahre später belegt sind und dann meist kümmerlich, z. B. Aseneths Psalm 21,10−21 (s. unten II.20)[22], dazu Sätze, die es sonst gar nicht mehr gibt, z. B. in 5,5; 6,2; 8,9; 10,2; 13,11; 16,10; 18,9; 19,8; 20,5.9; 21,4.11.19.21; 22,7.9. Natürlich finden sich auch im positiven Text gemeinsame Lesarten gegen den Rest der Überlieferung. 10,2a als Beispiel:

καὶ ἀνέστη Ἀσενὲθ ἀπὸ τῆς κλίνης αὐτῆς καὶ κατέβη ἡσύχως τὴν κλίμακα ἐκ τοῦ ὑπερῴου καὶ ἦλθεν εἰς τὸν μυλῶνα[a] καὶ ἡ μυλωρὸς ἐκάθευδε[b] μετὰ τῶν τέκνων αὐτῆς

[a] ܪܚܝܐ Syr, erkans (oder erkanałaçn) Arm, molinam L2, πυλῶνα a E FW c d L1 Slaw Rum, Lücken G Ngr
[b] καὶ ἡ μυλωρὸς (oder μυλωθρός?) ἐκάθευδε: ܘܛܚܢܐ ,ܗܘܬ ܩܝܡܐ Syr, ew erkanałaçn nnjēr Arm, ubi molendaria molebat L2 (nur 436), καὶ ἡ πυλωρὸς ἐκάθευδε E FW L1, καὶ (≈ a c, vorher partizipial) εὗρε τὴν πυλωρὸν (θυρωρὸν a d) καθεύδουσαν a c d Slaw, Lücken G L2−Rest Ngr

Die beiden Varianten könnten durch Majuskelverschreibung entstanden sein (M ↔ Π). Aus inneren Gründen scheint mir, daß μυλῶνα und μυλωρός (Syr Arm L2) nicht nur die ältesten bezeugten, sondern auch die ältesten erreichbaren Lesarten sind.

---

[22] Übersetzt von BROOKS: JosAs, Anhang.

8. Danach gibt es bis zur makedonischen Renaissance in Byzanz (9.–10. Jh.) keine sichere Spur von JosAs. Kenntnis verrät vielleicht die folgende Stelle der ῾᾽Εκλογὴ ἱστοριῶν᾽ eines Unbekannten aus dem 9. Jh.[23]:

᾽Ιωσὴφ ἡγεῖται τῆς Αἰγύπτου ἔτη π̄, ἀρξάμενος κατὰ τὸ πρῶτον ἔτος τῆς εὐθηνίας, ὃ τριακοστὸν καὶ δεύτερον ἔτος ὑπῆρχε τοῦ ᾽Ιωσήφ, ἐν ᾧ καὶ ἱστορεῖται γήμας τὴν ᾽Ασενὲθ θυγατέρα Πεντεφρῆ, ἱερέως ῾Ηλιου-πόλεως. οὗτος δ᾽ ἦν τοῦ ᾽Οσίριδος (ἰσίριδος cod.) ἱερεύς. τὸν γοῦν ᾽Οσιριν (ἴσιριν cod.) Αἰγύπτιοι τὸν ἥλιον λέγουσι, καθάπερ καὶ ῞Ελληνες ᾽Απόλ-λωνα καλοῦσιν αὐτόν.

„Das erste Jahr der Fülle" ist jedenfalls keine biblische Wendung, steht auch nicht bei Josephus, Ant 2,41, paßt aber zu JosAs 1,1. Daß Joseph in diesem Jahr heiratete, ergibt sich aus JosAs 1,2; 3,1; nach Gen 41,50 sieht es anders aus (s. oben II. 1).

9. Erst im 10. Jh. wurde die älteste erhaltene griechische Handschrift geschrieben. Sie gehört zur Familie a:

O   Sinai, Katharinenkloster, Gr. 504, 10. Jh. (Text verloren bis auf Titel und Incipit im Inhaltsverzeichnis)

A   Vatikanbibliothek, Vat. Gr. 803, f. 133r–147v, 11./12. Jh.; gedruckt von P. BATIFFOL mit fehlerhaftem Apparat aus C BD Syr (nach G. OPPENHEIM)

P   Athos, Konstamonitou, 14, o.f., 15. Jh.

Q   Vatikanbibliothek, Pal. Gr. 364, f. 293r–310v, 15. Jh.

C   Oxford, Bodleian Library, Barocc. Gr. 148, f. 298v–303v, 15. Jh., bricht in 10,5 ab; gedruckt von J. A. FABRICIUS

R   Sinai, Katharinenkloster, Gr. 530, f. 13v–17r, 15./16. Jh., bricht in 5,1 ab

Die Handschriften, deren beste A ist, liegen eng beieinander, ohne voneinander abhängig zu sein (doch vgl. unten II. 17). Sie haben einen gemeinsamen Ahnen α. Er war eine gräzisierende Bearbeitung, die den Stoff anscheinend schonte, aber einiges wie 11,15–18; 16,17–17x; 21,10–21 wegließ und am Ende Gen 50, 22b–26 samt einer Bemerkung über Aseneths Tod und Begräbnis zusetzte, vorausgesetzt, das alles stammt nicht schon aus der Vorlage[24]:

---

[23] CRAMER, J. A.: Anecdota Græca e codd. manuscriptis Bibliothecæ Regiæ Parisiensis, II, Oxford 1839, 175, nach Paris, Bibliothèque Nationale, Gr. 854. Zum Werk KRUMBACHER, KARL: Geschichte der byzantinischen Litteratur von Justinian bis zum Ende des oströmischen Reiches (527–1453), 2. Aufl., München 1897 = (Burt Franklin Bibliographical Series 13), New York 1958, 385.

[24] Grundlage A. Schulorthographie außer bei individuellen Varianten in Klammern. Orthographische Varianten und Interpunktion im allgemeinen nicht berücksichtigt. – Von den von WEVERS, JOHN W.: Genesis (Septuaginta 1), Göttingen 1974, benutzten griechischen Textzeugen, die Gen 50,22b–26 enthalten, sind nur die Majuskeln A B (D) M und die

Gen 50,22 b. ἔζησε(ν A) δὲ (+ καὶ A) Ἰωσὴφ ἔτη ρι. καὶ εἶδεν Ἰωσὴφ τοῦ
23 Ἐφράιμ παιδία ἕως τρίτης (πρώτης Q) γενεᾶς, καὶ (+ οἱ A)
υἱοὶ Μαχὶρ (-χὴρ A, ὐ. M: υἱοὺς μέχρι Q) τοῦ υἱοῦ Μανασσὴ
24 ἐτέχθησαν ἐπὶ μηρῶν Ἰωσήφ. καὶ εἶπεν (-ε P) Ἰωσὴφ (> PQ)
τοῖς ἀδελφοῖς αὐτοῦ· ἐγὼ ἀποθνήσκω· ἐπισκοπῇ δὲ ἐπισκέψεται
(-ψηται P) ὑμᾶς (vor ἐπισκέψεται Q) ὁ θεὸς καὶ ἀνάξει ἡμᾶς
(ὑμᾶς Q) ἐκ τῆς γῆς ταύτης εἰς τὴν γῆν, ἣν ὤμοσεν (-ε P) ὁ θεὸς
(ὁ θ. > PQ) τοῖς πατράσιν ἡμῶν τῷ Ἀβραὰμ καὶ Ἰσαὰκ καὶ
25 Ἰακώβ. καὶ ὥρκισεν Ἰωσὴφ (> Q) τοὺς υἱοὺς Ἰσραὴλ λέγων·
ἐν τῇ ἐπισκοπῇ, ᾗ ἐπισκέψεται (-ψηται P, ἐπεσκέψατο Q) ὑμᾶς
ὁ θεός, καὶ (> A) συνανοίσετε (-ανείσεται P, συναθροίσατε A,
συναναβήσεται Q) τὰ ὀστᾶ μου ἐντεῦθεν μετὰ τοῦ χοὸς αὐτῶν
26 καὶ ἐξάξατε (-ξητε P, ἄρατε Q) αὐτὰ μεθ᾽ ὑμῶν. ἐτελεύτησε(ν
Q) δὲ Ἰωσὴφ (+ ὢν A) ἐτῶν ρι (ἑκατὸν δέκα A)· καὶ ἔθαψαν
αὐτὸν (> P) ἐν τῇ σορῷ τῶν βασιλέων ἐν Αἰγύπτῳ.
Ἐτελεύτησε(ν AQ) δὲ καὶ (+ ἡ Q) Ἀσενὲθ (Ἀσινὲθ Q)
μετὰ τὴν κοίμησιν Ἰωσὴφ προβεβηκυῖα(ν Q) καὶ πλήρης ἡμερῶν (ἡμῶν A) ὑπάρχουσα(ν Q) καὶ (> Q) ἐτάφη (ἐθάφη PQ)
πλησίον τοῦ (> AP) Ἰωσὴφ τοῦ αὐτῆς (ταύτης A) μνηστῆρος
(-τορος P, συνεύνου Q).
Ὑπὲρ (ἕνεκεν Q) δὲ (> Q) τούτων ἁπάντων εὐχαριστοῦ-
μεν τῷ κυρίῳ (εὐ.–κ. > A) δοξάζοντες (δοξάσωμεν A) τὸν
(> P) πατέρα καὶ τὸν (>P) υἱὸν καὶ τὸ (> P) ἅγιον πνεῦμα (δ.–
πν.: δόξα πατρὶ καὶ υἱῷ καὶ ἁγίῳ πνεύματι explicit Q; + τὴν
ἁγίαν καὶ ὁμοούσιον καὶ ἀδιαίρετον τριάδα P) νῦν καὶ ἀεὶ καὶ
εἰς τοὺς αἰῶνας τῶν αἰώνων. ἀμήν.

Wann α entstand, ist unklar. O und A sind Menologien[25]. Wurde α für ein
Menologium gemacht? Wenn ja, ist er vielleicht nicht älter als die makedonische
Renaissance, die auch die Blütezeit der griechischen Hagiographie war, zugleich
die Zeit der systematischen Majuskeltranskription. α dürfte deswegen eine
Minuskel gewesen sein, aber vielleicht mit einer Majuskelvorlage. Wie dem auch
sei, JosAs hat vor 1000 n. Chr. den Aufstieg zur klösterlichen Leseschrift ge-
schafft.

Im 11. Jh., in dem die bedeutendere erste Hälfte der Komnenenzeit (1057–
1204) anfängt, werden die Spuren von JosAs dichter.

Minuskeln 407 508 509 (?) älter als das 10. Jh. Der von α vorausgesetzte Text hatte keine
besonderen Varianten.
25 A (JosAs unter dem 13. Dezember) ist nach EHRHARD, ALBERT: Überlieferung und Bestand der hagiographischen und homiletischen Literatur der griechischen Kirche von den
Anfängen bis zum Ende des 16. Jahrhunderts, I 1 (TU 50), Leipzig 1937, 410–413, ein
vormetaphrastisches Zweimonatsmenologium für November–Dezember; der Typ entstand vielleicht im 9. Jh. (437). O ist oder war ein Halbjahrespanegyrikon vom 1. November bis 1. April (I 2 [TU 51], Leipzig 1938, 131f.).

10. Im 11. Jh. entstand die älteste Handschrift der Familie d:

B   Vatikanbibliothek, Pal. Gr. 17, f. 118v–134v, 11. Jh.; gedruckt von
     V. M. ISTRIN mit unbrauchbarem Apparat aus Q
D   Oxford, Bodleian Library, Barocc. Gr. 147, f. 138v–152v, 15. Jh.
Slaw Serbisch-kirchenslawische Übersetzung, spätestens 15. Jh. (s. unten
     III.6)

Die drei Zeugen sind voneinander unabhängig. Sie haben einen gemeinsamen
Ahnen δ. M. PHILONENKO hat ihn rekonstruiert und übersetzt. δ war viel kürzer
als α und erst recht als der Text, den Syr Arm L2 voraussetzen[26]. Außer 11,1x–
18; 18,3–5a.7.9b–11; 19,3–8.11; 21,10–21; 22,6b–9a sind immer wieder
ganze Sätze oder Verse in δ nicht vorhanden. Anders als PHILONENKO halte ich δ
für gekürzt, nicht die übrige Überlieferung für erweitert (s. unten VI.2.a). Unklar ist aber, ob δ einfach eine gekürzte Abschrift oder eine Bearbeitung war. B
steht in einer nichtmenologischen hagiographischen Sammelhandschrift, die A.
EHRHARD zu den „ungeordneten Jahressammlungen" zählt und für Privatlektüre
bestimmt sieht[27]; ist δ für dergleichen gemacht, und hat die Kürze damit zu tun?
Dann wäre auch δ wohl nicht älter als das 9. Jh. und ebenfalls eine Minuskel gewesen. Übrigens geht B manchmal mit a, besonders A, gegen D Slaw; möglicherweise ist zwischen δ und B eine Abschrift mit einer Handschrift wie A kollationiert worden.

α, genauer die noch nicht bearbeitete Vorlage, und δ stehen im positiven
Text ziemlich nahe beieinander. Ein Beispiel, und zwar wohl ein Bindefehler, ist
die nur in a und d vorhandene Reihenfolge 6,5–7.2–4. Ein gemeinsamer Ahne
scheint mir wahrscheinlich. Sie haben übrigens auch den Titel gemeinsam, außerdem mit L1 und Ngr, den einzigen in einiger Breite überlieferten JosAs-Titel
überhaupt, der etwa

Βίος καὶ ἐξομολόγησις Ἀσενὲθ θυγατρὸς Πεντεφρῆ ἱερέως Ἡλιουπόλεως καὶ πῶς ἔλαβεν αὐτὴν ὁ πάγκαλος Ἰωσὴφ εἰς γυναῖκα

hieß[28]. Da L1 und Ngr nicht zu a oder d gehören, könnte der Titel sehr alt sein;
ursprünglich ist er kaum, er klingt hagiographisch. Andererseits ist nicht ausgeschlossen, daß er sekundär zu (den Vorlagen von) L1 und Ngr gewandert ist.
Wann der Ahne von αδ anzusetzen ist, weiß ich nicht. Vielleicht ließe sich weiterkommen, wenn man zunächst die Trennlesarten von α und δ daraufhin prüfte,
ob sie eher in Minuskel- oder in Majuskelschrift erklärbar sind, um ein Kriterium
für die Datumsvermutungen für α und δ zu haben, und dann entsprechend die
Differenzen zwischen αδ und b (und der noch zu besprechenden Familie c). Aber
die Transkriptionsfrage ist bisher für keinen Teil der JosAs-Überlieferung untersucht worden. Es wäre insgesamt nicht überraschend, wenn auch der Ahne αδ
eine Minuskel und also nicht älter als das 9. Jh. war.

---

[26] PHILONENKO hat rund 8270 Wörter, BATIFFOL 11700, VorlT (s. unten VI.2.a) 13410.
[27] EHRHARD I 3,2, 1./2. Lieferung (TU 52 II 1/2), Berlin–Leipzig 1952, 726f. 731f.
[28] Genauer UJosAs, 50–54.

11. Außer B (s. oben II. 10) und vielleicht schon A (s. oben II. 9) entstand im 11. Jh. die untere Schrift des Palimpsests

Breslau, Biblioteka Uniwersytecka, Rehdig. 26, f. 79. 70. 67. 64. 77. 84. 78. 85. 80. 83.

Sie ist ungelesen, weil sie sich nicht fotografieren läßt.

12. Nikon von Rhoidiou, dem Kloster der Muttergottes vom Granatapfel auf dem Schwarzen Berg bei Antiochia (also wieder Syrien), um 1025 geboren und nach 1088 gestorben, erwähnt JosAs in seinem 'Taktikon'[29]. Es besteht aus drei Typika (Klosterregeln) und 37 Briefen über disziplinäre, asketische und liturgische Fragen. Takt. 13, der 10. Brief[30], ist überschrieben

τοῦ αὐτοῦ περὶ τοῦ μεγάλου βαρσανουφίου καὶ περὶ ὁμονύμων ὀνομάτων ἁγίων καὶ ἀποβλήτων. Ἔτη δὲ καὶ περὶ τῶν λεγομένων ἀποκρύφων βιβλίων ἀπόδειξις ὅτι αἱρετη(κά?) εἰσιν συγγράμματα.

Der zweite Teil, der die häretischen 'Apokryphen' behandelt, zählt sie auch auf, zuerst die des Alten Testaments:

Ἰσηδώρου· ἀδάμ· ἐνώχ· λάμεχ· διαθήκη πατριαρχῶν· προσευχὴ ἰωσήφ· ἀσενέθ· ἐλδὰδ· καὶ μοδὰδ· διαθήκη μωυσέως (?) καὶ ἀνάληψις μωσαίος· ψαλμοὶ σολομῶντος· ἡλίου ἀποκάλυψις· ἠσαίου ὅρασις (?)· σοφωνίου ἀποκάλυψις· ζαχαρίου ἀποκάλυψις· ἔσδρα ἀποκάλυψις.

Diese Liste entspricht dem alttestamentlichen Teil des Apokryphenabschnitts des 'Kanons der 60 Bücher'[31], nur Ἀσενέθ ist ein Zusatz; ob erst Nikons, läßt sich

---

[29] Über Nikon, dessen Schriften einflußreich waren, aber schlecht herausgegeben und erforscht sind, vgl. DOENS, IRÉNÉE: Nicon de la Montagne Noire, Byzantion 24, 1954, 131–140; BECK, HANS GEORG: Kirche und theologische Literatur im Byzantinischen Reich, Byzantinisches Handbuch im Rahmen des HAW II 1, München 1959, 600. Das 'Taktikon' ist griechisch nur in Sinai, Katharinenkloster, Gr. 441, f. 6r–623r, 13./14. Jh., erhalten und als ganzes m. W. unveröffentlicht. Es gibt außerdem eine kirchenslawische Übersetzung des 13. oder 14. Jhs., oft abgeschrieben und exzerpiert (Drucke bei DOENS, 132; s. außerdem unten Anm. 32) und eine arabische (GRAF, GEORG: Geschichte der christlichen arabischen Literatur, II, Studi e Testi 133, Città del Vaticano 1947, 67 auf Grund von Vatikanbibliothek, Vat. Arab. 76, f. 1r–412r, 13. Jh.). Vgl. noch unten III. 9.a.

[30] Sinai Gr. 441, f. 96v–99r. Die folgenden Zitate f. 96vf. 98v, Spiritus schulgerecht. Mikrofilm durch die Freundlichkeit der Library of Congress, Washinton, D.C.

[31] Das gilt auch für die neutestamentlichen 'Apokryphen', nur schließt Nikon hier Erörterungen an. Die 'Apokryphen' folgen in den '60 Büchern' auf die ebenfalls außerhalb der kanonischen Sechzig (34 AT und 26 NT, d.h. ohne Apc) stehenden Schriften, die wir die alttestamentlichen Apokryphen nennen. Die '60 Bücher' sind griechisch überliefert in Paris, Bibliothèque Nationale, Coislin gr. 120, f. 217r–v, Anfang 10. Jh.; Vatikanbibliothek, Vat. Gr. 423, f. 415r–416r, 10. Jh.; Paris, Gr. 1085, 1001; Coislin gr. 258, f. 199v–200r, 12. Jh.; Oxford, Bodleian Library, Barocc. Gr. 206, f. 116v, 13. Jh.; London, The British Library, Add. 17469, f. 1v, 14. Jh.; Paris, Gr. 2041, 16. Jh. (herausgegeben nach nicht allen Zeugen von ZAHN, THEODOR: Geschichte des Neutestamentlichen Kanons, Erlangen–Leipzig, II 1, 1890, 289–293; PREUSCHEN, ERWIN: Analecta II,

nicht sagen. JosAs gilt hier also als häretisch. Ob das Diskussion voraussetzt (als Reaktion auf Bekanntwerden?) oder ob der Titel einfach ad vocem Joseph angegliedert wurde, ist ebenfalls nicht zu entscheiden.

Über die kirchenslawische Übersetzung des 'Taktikons' (13. Jh.?), die ein Klassiker wurde, oder eine der nicht seltenen Separatabschriften von Takt. 13 – der Verfasser heißt slawisch nach dem Schwarzen Berg, russisch Nikon Černogorec – kam *Asenefъ* o. ä. später in entsprechende altrussische Listen verbotener Bücher ('*indeksy*')[32].

13. Wohl ebenfalls im 11. Jh. entstand nach G. VIKAN der Archetyp des Bildzyklus zu LJos—JosAs, dessen Abkömmlinge die Bilder in G und Ngr sind (s. unten V.1.a). Den zugehörigen Text nenne ich γ. Freilich ist noch zu untersuchen, ob G Ngr auch textlich vom Archetyp der Bilder herstammen und also für γ sprechen.

14. Die im 11. Jh. spürbare Bekanntheit von JosAs könnte dazu beigetragen haben, daß das Buch ins Lateinische übersetzt wurde, und zwar gleich zweimal. Eine Übersetzung entstand sicher vor 1200, wahrscheinlich im 12. Jh. und in England (L1, s. unten III.3), die andere spätestens zu Anfang des 13. Jhs. und vielleicht in Frankreich oder Österreich (L2, s. unten III.4). Die Vorlagen gehörten zur b-Gruppe, waren aber sehr verschieden. JosAs war also zu dieser Zeit in mindestens zwei Exemplaren im Westen.

Sammlung ausgewählter kirchen- und dogmengeschichtlicher Quellenschriften I 8, Tübingen, 2. Aufl. 1910, 68f.; vgl. HENNECKE–SCHNEEMELCHER, I, 25f.; DENIS, XIf. XIV); für die Apokryphen kommt Nikon dazu. Daneben gibt es eine kirchenslawische Übersetzung, deren ältester Zeuge der altrussische 'Izbornik Svjatoslava' von 1073 ist (Überlieferung bei JAGIĆ, VATROSLAV: Opisi i izvodi iz nekoliko južno-slovinskih rukopisa IX [recte X]. Slovenski tekstovi kanona o knjigama staroga i novoga zavjeta podjedno s indeksom lažnih knjiga, Starine 9, 1877, 91–116, hier 93f.; JACIMIRSKIJ, A. I.: Bibliografičeskij obzor apokrifov v južnoslavjanskoj i russkoj pis'mennosti. (Spiski pamjatnikov). I. Apokrify vetchozavětnye (Izdanie otdělenija russkago jazyka i slovesnosti Rossijskoj akademii nauk), Petrograd 1921, 2; vgl. noch BEHRENDTS, A.: Studien über Zacharias-Apokryphen und Zacharias-Legenden, Leipzig 1895, 2–9; Text bei JACIMIRSKIJ: Bibliografičeskij obzor, Tabelle I, S. 32ff., Sp. I). Die '60 Bücher' gelten als Werk des 6. Jhs., aber der älteste greifbare Ort ist wohl das um eine Auswahl aus den 'Quaestiones et responsiones' des Anastasius Sinaita (gest. kurz nach 700) gruppierte Kompendium des 9. Jhs., das u. a. in Vat. Gr. 423 und Coislin gr. 120 steht und dessen Übersetzung der 'Izbornik Svjatoslava' ist. Soweit ich sehe, kommt Aseneth in keinem der Zeugen der '60 Bücher' außer Nikon vor.

32 Takt. 13 bei JAGIĆ, 105f.; JACIMIRSKIJ, A. I.: K istorii apokrifov i legend v južnoslavjanskoj pis'mennosti, Izvěstija otdělenija russkago jazyka i slovesnosti Imperatorskoj akademii nauk 14 II, 1909, 286f.; Bibliografičeskij obzor, 32. 34, Sp. II; '*indeksy*' bei JACIMIRSKIJ: Bibliografičeskij obzor, 32ff.; SYRKU, P. A.: Zamětki o slavjanskich i russkich rukopisjach v Bodleian Library v Oksfordě III, Izvěstija . . . 12 IV, 1908, 187. Vgl. noch LÜDTKE, WILLY: Beiträge zu slavischen Apokryphen, ZAW 31, 1911, 218–235, hier 230–235 (5. Zum sogen. Index des Anastasios).

Aus dem 12. und 13. Jh. kenne ich keine sichere neue Spur der griechischen Aseneth, falls man nicht die Vorlagen von L1 und L2 ins 12. Jh. rechnen muß[33]. Vom 14. Jh. ab, also erst in der kulturell bedeutenden, politisch niedergehenden Paläologenzeit (1261–1453), ist sie wieder nachweisbar und im 15.–17. Jh. ziemlich stark.

15. Ins 14. Jh. gehört die (direkte oder indirekte) Konstantinopeler Vorlage der Bilder von G, wenn G. VIKAN recht hat (s. unten V. 1).

16. Spätestens im 14. Jh. muß auch die bisher verlorene äthiopische Übersetzung entstanden sein, wenn sie 1424 zum erstenmal bezeugt ist. Vielleicht gehört sie aber noch in die erste Blütezeit der äthiopischen Literatur und wäre dann wie Syr und Arm älter als alle griechischen Handschriften (s. unten III. 5).

17. Aus dem 15. Jh. stammen vier Handschriften der Familie a (s. oben II. 9). P und Q müssen einen gemeinsamen Ahnen haben; R (vielleicht erst 16. Jh.) und C auch, wenn R nicht überhaupt von C abgeschrieben ist. Beide entstanden vielleicht auf dem Sinai; bei P kann man an den Athos denken.

18. Etwa gleichzeitig und vielleicht auch auf dem Athos entstand

E   Athos, Vatopedi, 600, f. 356r–360r, richtig 256r–260r.

E ist der älteste Vertreter der Gruppe b auf griechisch (s. oben II. 7). Sein Text ist allerdings stark zusammengestrichen; manche längeren Lücken werden mit ein paar neuen Worten überbrückt.

19. Zur gleichen Gruppe gehört im nächsten Jahrhundert

G   Virginia Beach, Virginia, Privatbesitz Mrs. Helen Greeley, f. 60r–
     108v, vor 1583.

Eine Luxusausgabe von LJos und JosAs, ist G die einzige griechische JosAs-Handschrift, deren Geschichte gut erforscht ist[34]. Sie wurde geschrieben und wahrscheinlich auch illuminiert von „Diakon Lukas dem Zyprioten" (Schreibersigel f. 108r). Lukas ist eine bekannte Gestalt. In Zypern erzogen, emigrierte er nach Rumänien, nachdem die Türken 1571 die Insel den Venezianern entrissen hatten, wurde spätestens 1583 Bischof von Buzău in der Walachei und spätestens 1603 Metropolit der Walachei in der Hauptstadt Tîrgoviște. Außer als Kirchenfürst wirkte er als Kalligraph und Lehrer seiner Kunst. Er starb 1629. Da er G als

---

[33] Die Palaea (11./12. Jh.?) kennt JosAs offenbar nicht: καὶ ἔλαβεν γυναῖκα τὴν Ἀσηνὲθ τὴν θυγατέραν Πεντεφρὶ τοῦ κυρίου αὐτοῦ καὶ ἐγέννησεν ἐξ αὐτῆς δύο υἱούς, τὸν Ἐφραὶμ καὶ τὸν Μανασσῆ (VASIL'EV, ALEKSANDR V.: Anecdota Graeco-Byzantina, I, Moskau 1893, 226). Daß die Tolkovaja Paleja (13. Jh., Rußland) JosAs benutzt hat (DE SANTOS OTERO, AURELIO: Die handschriftliche Überlieferung der altslavischen Apokryphen, I, PTS 20, Berlin–New York 1978, 25), scheint ein Irrtum zu sein.

[34] VIKAN: Diss., 607–611. 614–617.

Diakon zeichnete, produzierte er die Handschrift spätestens 1583, wohl nicht lange vorher und vielleicht im Auftrag der regierenden Wojewodenfamilie Mircea. Woher hatte er die Vorlage? Daß er sie aus Zypern mitbrachte, wäre denkbar. Aber vielleicht kam sie, nachdem die Walachei im späteren 14. Jh. in den Einflußbereich der Türken geraten war, durch dieselben Verbindungen aus Konstantinopel, durch die G später dorthin gelangte. Dessen Weg ist jedenfalls einigermaßen bekannt. Im frühen 17. Jh. war G im Besitz des Wojewoden Ioan Radu, später eines Protokanonarchen Andronikos. Auf f. 63 r oben rechts steht eine dreizeilige rumänische Randnotiz, die vom moldauischen Metropoliten Dosofteiu (s. unten V. 3) stammen soll[35]. Mitte des 18. Jhs. gehörte die Handschrift dem bibliophilen Fanarioten Nikolaus Karatzas (1705 – 1765) in Konstantinopel, dessen Familie schon lange für die Pforte auch in Rumänien tätig war. Anfang des 19. Jhs. war sie in der Sammlung von Frederic North, Earl of Guilford (cod. 234), aus der sie 1830 Sir Thomas Phillipps in Cheltenham kaufte (Phillipps 7706). 1945 wurde G mit anderen Phillippshandschriften an Robinson Ltd., London, verkauft[36] und 1950 von Colonel David McCandless McKell, Präsident einer Telefongesellschaft in Chillicothe, Ohio, erworben. Er hat die wissenschaftliche Untersuchung seines Schatzes freundlich gefördert. Nach seinem Tod erbte ihn Anfang der sechziger Jahre eine Enkelin.

Der Text hält nicht, was Lukas' feine archaisierende Hand verspricht. Schönheit ging ihm offenbar vor Orthographie. Das spricht nicht für sorgfältige Abschrift. Inhaltlich ist G jedenfalls eine oft neugriechisch überformte Bearbeitung[37]; ob von Lukas selber, weiß man natürlich nicht. Zum Beispiel fehlen 2, 3 b – 10, 1 a bis auf eine kurze neugriechische Brücke. Damit verändern sich die Maße der Erzählung. Josephs Anteil ist gemindert, das erotische Element fast weggefallen, Aseneths Bekehrung desto mehr hervorgehoben. Vor JosAs 1,1 (f. 60 r) fehlt ein Blatt; das Kolophon f. 108 r sagt ἕως ὧδε τὸ πέρας τοῦ παρόντος λόγου ἐγένετο τοῦ δικαιοτάτου Ἰωσὴφ τοῦ (+ τοῦ Dittographie) παγκάλου. Es ist deshalb nicht auszuschließen, daß JosAs titellos einfach LJos fortsetzte. Der Text hat möglicherweise mit Ngr (s. unten III. 7) einen gemeinsamen Ahnen γ (s. oben II. 13).

20. Eine ebenfalls zu b gehörende Bearbeitung, ohne neugriechische Einschläge, ist später als E und G belegt, ohne deswegen jünger sein zu müssen:

F   Bukarest, Biblioteca Academiei Republicii Socialiste Romania, Gr. 966, f. 126 r – 140 v, 17. Jh.
W   Sinai, Katharinenkloster, Gr. 1976, f. 53 r – 98 v, 17. Jh.
Rum   Rumänische Übersetzung, 17. oder 18. Jh. (s. unten III. 8)

Die drei Zeugen gehen unabhängig voneinander auf einen Archetyp φ zurück; F ist der relativ beste, Rum nur ein Kondensat. FW sind

---

[35] Mitteilung von Dr. GABRIEL ŞTREMPEL, Bukarest in NTSt 24, 1977/78, 83 f.
[36] In: A Selection of Precious Manuscripts, Historic Documents and Rare Books (Sale Catalogue no. 81), London 1950, lot 26, figuriert G als Kinderbuch.
[37] NTSt 24, 1977/78, 79 f.

Λόγος ἐκλεγεὶς ἐκ τῆς παλαιᾶς βίβλου περὶ ᾿Ασυνὲθ γυναικὸς γεγονυίας (> W) ᾿Ιωσὴφ τοῦ παγκάλου καὶ σώφρονος (καὶ σ. > W)

betitelt. Tatsächlich hat der Text viele kleine und mittlere Lücken, meist un-überbrückt, aber mit 21,10(?).11−13.15−18.21 auch Teile von Aseneths Psalm, der griechisch sonst nirgends erhalten ist (auch in Rum nicht, aber in Syr Arm L1 436). An drei Stellen gibt es paränetische Zusätze[38]:

a) Zwischen 7,6 und 7,7

> ἴδετε (-ται W, εἴδετε F) νουθεσίαν πατρός, ἴδετε (ebenso) σωφροσύνην παιδός (πατρός F), ἴδετε (ebenso) ἐγκράτει-αν καὶ ἀποχὴν τῆς ἁμαρτίας. ἴδετε (ebenso) πῶς οὐχ ἡττήθη οὔτε ὑπὸ χρυσίου ἢ (οὔτε ὑπὸ W) ἀργυρίου (-γύ-ρου F) ἢ κάλλους τοσούτων γυναικῶν ἐνοχλούντων(!) αὐτῷ (> W), ὁ ξένος, ὁ ἄπολις, ὁ αἰχμάλωτος. ἀλλὰ ταῦτα πάντα ἐποίει διὰ τὸν φόβον τοῦ θεοῦ. καὶ γὰρ ἔνδον ἐν τῇ καρδίᾳ εἶχε τὸν φόβον τοῦ θεοῦ (καὶ−θ. > W), καὶ ὁ τοῦ θεοῦ ἔρως ἐνίκα τῶν γυναικῶν πάντων(!) τὸν πόθον καὶ τὴν φιλίαν. ὀξύτερος γὰρ ἦν (ἐστιν W) ὁ τοῦ θεοῦ ἔρως, διὸ καὶ ἐνίκα (ἐνείκεισεν W). τοῦτον (+ τὸν μακά-ριον ᾿Ιωσὴφ W) καὶ ἡμεῖς μιμησώμεθα (vor καὶ W), τὸν πρὸ τῆς χάριτος, τὸν πρὸ τοῦ εὐαγγελίου, τὸν ξένον καὶ αἰχμάλωτον (τὸν πρὸ τῆς -αί.: ἀδελφοί, τὴν φρόνεσιν τοῦ νοός, τὴν ἀποχὴν τῆς σαρκός, τὴν ἐγκράτειαν εἰς τὴν σαρκικὴν ἐπιθυμίαν W). ἀλλ᾿ ἐπὶ τὴν ἀκολουθίαν (τὴν ἀ.: τὸ προκείμενον W) ἐπανέλθωμεν (-θομεν F).

b) Zwischen 21,9 und 22,1

> ἴδετε, ἀγαπητοί, πῶς ὁ φιλάνθρωπος καὶ κηδεμὼν (ἐλεή-μων W) θεὸς ἡμῶν (> W) τοὺς εἰς αὐτὸν ἐλπίζοντας καὶ τὰς ἐντολὰς αὐτοῦ πληροῦντας (-ρῶν W) οὐκ ἐᾷ ἀπο-λέσθαι (ἐᾷ ἀ.: ἀπολεῖται αὐτούς W), ἀλλὰ ἐκ τῶν πυθμέ-νων τοῦ ᾅδου ἐξάγει διὰ πολλὴν ἄβυσσον κριμάτων (ἀλλὰ−κ. > W). ἴδετε πῶς τὸν (ab hier unlesbar F, s. u.) πεπραγμένον(!) καὶ αἰχμάλωτον καὶ ἀπροστάτευκτον(!) καὶ μηδεμίαν ἀντίληψιν ἀνθρωπίνην (ἀν͞οῖν W) ἔχοντα, πῶς ᾤκτιρε ἐλεήσας (ἐλέησε F, vorher ab πεπραγμένον 3½ Zeilen unlesbar), πῶς τῆς φρουρᾶς (7 Buchstaben un-

---

[38] Grundlage F (zweispaltig, etwa 30 Buchstaben je Zeile; die oberen drei bis vier Zeilen der Außenspalten und Teile von weiteren sind auf dem Film unlesbar, vielleicht durch Wasserschaden). Es ist kein kritischer Text beabsichtigt, sondern nur Wiedergabe der beiden Zeugen; Notierung entsprechend Anm. 24. F faßt die ἴδετε-Sätze als Fragen. Aseneths Psalm ist im 2. Zusatz verarbeitet; Rekonstruktion aus allen Textzeugen außer W in UJosAs, 76−90.

lesbar F) ἐξήγαγε (ἐξέβαλεν W) καὶ ἄρχοντα πάσης (unlesbar F) γῆς Αἰγύπτου πεποίηκε (? F, κατέστησεν W).
ἴδετε πῶς μονώτατος ὢν εἰς τοσοῦτον πλῆθος λαοῦ καὶ
βασιλέων καὶ στρατηγῶν καὶ σατραπῶν καὶ ἀρχόντων τὸ
κῦρος εἴληφε καὶ τὸ νῖκος (τὸ κ.−ν.: τὴν τιμὴν καὶ τὸ ν.
ἔλαβεν W) καὶ πάντων ἐκράτει (καὶ−ἐ. > W). ἴδετε πῶς
τοὺς (+ εἰς τὰ W) εἴδωλα καὶ θεοὺς (θετιαὶ oder -ιὰ F)
καὶ (> W) βδελυκώτους (-τας W) καὶ νεκρὰ καὶ κωφὰ
(καὶ ν. καὶ κ.: κωφὰ καὶ W) βδελύγματα σεβομένους
μόνον θεὸν ζῶντα καὶ ἀληθῆ σέβων περιεγένετο (-γίνετο
F) καὶ τὴν εὐσέβειαν ἐφύλαξε καὶ οὐ προὔδωκε (προέδω-
κεν ἑαυτὸν τοῖς ἔθνεσι W). ἴδετε σωφροσύνην δικαίου,
πῶς οὐχ ἡττήθη παρὰ (ὑπὸ W) πολλῶν μεγίστων καὶ ἐν-
δόξων γυναικῶν ἑλκόντων(!) πρὸς (εἰς W) γάμον. καὶ (ab
hier > W, s. unten) οὐ μόνον διὰ σωφροσύνην ὑπέμεινεν,
ἀλλὰ καὶ διὰ τὰ κωφὰ καὶ νεκρὰ εἴδωλα σέβεσθαι τὰς
τοιαύτας Αἰγυπτίας γυναῖκας. καὶ γὰρ χρυσίον καὶ
ἀργύριον ἔπεμπον τὸν σώφρονα(!), ὅπως ἡττηθῆ· ἀλλὰ
οὐδαμῶς ἡττήθη, ἀλλὰ καὶ μεθ᾽ ὕβρεως ἔπεμπεν τοὺς
ἀγγέλους τοὺς τὰ δῶρα πέμποντας. ὄντως εἰ μὴ τὸν
θεὸν εἶχεν ἀρωγὸν (ἀρρ- F) καὶ [σκέ?]πην, οὐκ ἂν εἰς
ἀλλοτρίαν καὶ ξένην χώραν(· F) εἴδωλα νεκρὰ καὶ κωφὰ
καὶ ἑρπετὰ σεβομένους ἠδυνήθη ῥαδίως ὑπενεγκεῖν,
τοσούτου πλήθους ῥύμην· ἀλλ᾽ ἐπεὶ τὸν θεὸν εἶχεν ἐν
τῇ καρδίᾳ αὐτοῦ, καὶ ἐκεῖνα ἰδεῖν, ἃ εἶδε καὶ ἤκουσε(·
F; fehlt ein Verb?), καὶ ὧν ἠμοίρετο, ἐπέτυχε· τὰ αὐτὰ γὰρ
τὰ τοῦ θεοῦ καὶ πόλλῳ πλέον. ἡ γὰρ θρασεῖα καὶ ἀλαζὼν
καὶ ὑπερήφανος ταπεινωθεῖσα καὶ κατηφιώσασα καὶ
λυπηθεῖσα ἐπέγνω θεὸν ζῶντα καὶ ἰσχυρὸν καὶ πάσης
ὁρατῆς καὶ ἀοράτου δυνάμεως ἀνώτερον ὄντα. τούτους
χρὴ καὶ ἡμᾶς μιμεῖσθαι τοὺς πρὸ τῆς χάριτος, τοὺς πρὸ
τοῦ εὐαγγελίου, ὅπως καὶ τὰ αἰτήματα πλουσίως λαμ-
βάνομεν ὡς καὶ ἐκεῖνοι ἢ καὶ μειζόνως ὡς καὶ πλείονας
χάριτας καὶ δωρεὰς ἀπολελαυκότας (καὶ οὐ μόνον−ἀ.
> W).
ἄκουε τοίνυν καὶ τὴν ἐξομολόγησιν ἤτοι τὴν (> F) εὐχα-
ριστίαν τῆς Ἀσυνέθ. ἐπειδὴ γὰρ ἐπέγνω θεὸν ζῶντα καὶ
ἠλυτρώθη (ἐλητρώθηκα W) τῶν ἀλισγημάτων τῶν εἰδώλων [Apg 15,20] καὶ τὰ νεκρὰ καὶ κωφὰ ξόανα τῶν Αἰγυπτίων θεῶν ἀπείπατο (ἀπηπ- F; ἀλ.−ἀ.: ἀλγινῶν καὶ
κοφῶν καὶ νεκρῶν ξοάνων εἰδόλων τοῖς? τῶν Αἰγυπτίων

JosAs 21,10?   θεῶν W) καὶ, ἃ ἤθελεν, ἤνυσεν (καὶ−ἤ. > W), εὐχαριστοῦσα πρὸς τὸν ὕψιστον εἶπεν (ἔλεγεν W)·

21,11   ἥμαρτον, κύριε, ἐγὼ (+ ἡ δούλη σου ἡ W) Ἀσυνὲθ ἥμαρ-
12   τον· ἐνώπιόν σου ἥμαρτον. ἐγώ εἰμι ἡ (+ ὅρα γνώμην
ἀγαθὴν γυναικός, καὶ ἐξομολόγησιν F, f. 135 v unten rechts)

εὐθηνοῦσα ἐν τῷ οἴκῳ τοῦ πατρός μου καὶ ἤμην παρθένος
13 ἀλαζὼν καὶ ὑπερήφανος. καὶ ἐσεβόμην θεοὺς ἀλλοτρίους,
ὧν οὐκ ἔστιν ἀριθμός, καὶ ἤσθιον ἄρτον (ἄρτους F) ἐκ
15 τῆς θυσίας αὐτῶν. καὶ οὐκ ᾔδειν (εἶδον W) κύριον τὸν
θεὸν τοῦ οὐρανοῦ οὐδὲ ἐπεποίθειν (-πόθουν W) ἐπὶ τῷ
16 θεῷ τῷ ὑψίστῳ τῆς ζωῆς (τῆς ζ. > W). ἥμαρτον, κύριε,
πολλὰ ἥμαρτον (ἡμάρτικα W). ἐπεποίθειν γὰρ ἐπὶ τῷ
(> F) πλούτῳ τῆς δόξης μου (> W) καὶ ἐπὶ τῷ κάλλει μου
17 (> W) καὶ (> F) ἤμην ἀλαζὼν καὶ ὑπερήφανος. καὶ ἐξουθένουν πάντα ἄνδρα ἐπὶ τῆς γῆς, καὶ οὐκ ἦν ἀριθμός
(F, richtig ἄνθρωπος; καὶ–ἀ. > W), ὃς (ὡς W) ἄν τι (μὴ
18 W) ποιήσει (+ τίς W) ἐνώπιόν μου. ἥμαρτον, κύριε, πολλὰ
ἥμαρτόν σοι (ἥ. σοι > W). πάντας (ὅτι W) τοὺς μεμνη-
στευμένους με (μου W) ἐξουθένουν αὐτοὺς (> W) καὶ
21 κατέπτυον αὐτούς. ἕως οὗ ἦλθεν (+ ὁ W) Ἰωσὴφ ὁ
δυνατὸς τοῦ θεοῦ· αὐτός με καθεῖλεν ἀπὸ τῆς δυναστείας
μου καὶ ἐταπείνωσέ με ἀπὸ τῆς ὑπερηφανίας μου, καὶ τὸ
κάλλος αὐτοῦ (> F) ἤγρευσέ με (+ ὁ υἱὸς τοῦ θεοῦ F)
καὶ ἡ σοφία αὐτοῦ ὡς ἰχθὺν ἐπ᾿ ἀγκίστρῳ καὶ τῷ πνεύματι
αὐτοῦ ὡς δελεάσματι (-άματι W) ζωῆς, καὶ τῇ δυνάμει
αὐτοῦ ἐστήριξέ με (> F) καὶ ἤγαγέ με τῷ θεῷ τῶν αἰώνων
καὶ τῷ ἄρχοντι τοῦ θεοῦ τοῦ ὑψίστου, καὶ ἔδωκέ μοι
φαγεῖν ἄρτον ζωῆς καὶ ποτήριον σοφίας, καὶ ἐγενόμην
αὐτοῦ νύμφη εἰς τοὺς αἰῶνας (τ. αἰ.: τὸν αἰῶνα W).
τί οὖν καὶ (> W) ὁ δίκαιος καὶ σώφρων καὶ ... (zwei
Zeilen unlesbar F; ab καί > W, doch s. unten) καὶ κακίστῳ
(Wortende unsicher, dann etwa 15 Buchstaben unlesbar F,
lies κακίστων ἀνθρώπων καὶ τοὺς?) τὰ προστάγματα
αὐτοῦ ... (etwa 10 Buchstaben unlesbar F, lies πληροῦν-
τας?) ἐκ πολλῶν ἀνιαρῶν καὶ κινδύνων καὶ περιστάσεων
ῥύεται καὶ φυλάσσει ὁ πάντων κύριος. τί δὲ καὶ ἡ Ἀσυνέθ,
ἡ ἁγνὴ καὶ ἀδαὴς κόρη; καὶ γὰρ αὐτή, εἰ μὴ τὰ εἴδωλα καὶ
κωφὰ καὶ νεκρὰ ἀπεβάλλετο (lies -λ-?) καὶ σάκκῳ καὶ
σποδῷ καὶ τῆξιν καὶ σκληραγωγίαν σώματος ὑπέστη καὶ
νηστείαν καὶ ἀγρυπνίαν καὶ πᾶσαν ἄλλην ταπείνωσιν
ἤσκησεν, ὕστερον μέντοι γενναίαν ἐξομολόγησιν ἀνέφε-
ρεν, ἣν ἄνωθεν διεξιώσαμεν(?), οὐκ ἂν κατηξιώθη γνωρί-
σαι θεὸν ζῶντα (ab καί hinter σώφρων–ζ.: ἣν [ἦν W] αὐτὸς ηὔθυνε [ἤθηνε W] καὶ ἐκυβέρνα W). ἀλλ᾿ ἐπὶ τὸ προκείμενον ἐπανέλθωμεν (-θομεν F). τί οὖν μετὰ ταῦτα;

c) Hinter dem Ende des JosAs-Textes in 29,9 a

πάντας ἠκούσατε, ἀδελφοί, πῶς οὐ παρορᾷ ὁ κύριος
(nach νεωτέρῳ ἐν Αἰγύ[πτῳ 29,9 bis κύριος 2 Zeilen unlesbar F) πάντας (πάν unlesbar F) τοὺς εἰλικρινῶς αὐτὸν

(nach εἰλικρ bis Zeilenende etwa 13 Buchstaben unlesbar,
dann τας καὶ F) πιστεύοντας· καὶ πῶς ὁ πραθεὶς παρὰ
τῶν ἀδελφῶν καὶ αἰχμάλωτος εἰς Αἴγυπτον ἀπαχθεὶς
καὶ εἰς φυλακὴν βληθεὶς καὶ ὑπὸ τῆς κυρίας αὐτοῦ (> F)
συκοφαντηθεὶς καὶ τὴν σωφροσύνην φυλάξας καὶ θεοὺς
τῶν Αἰγυπτίων μὴ προσκυνήσας, πῶς τοῦτον ὁ θελητὴς
τοῦ ἐλέους ᾤκτιρε καὶ ὡς κόρην ὀφθαλμοῦ διετήρησε
(διεφύλαξεν W) καὶ βασιλέα(ν W) καὶ κύριον πάσης γῆς
Αἰγύπτου πεποίηκε(ν W) καὶ τοὺς ἀδελφοὺς προσκυνεῖν
παρεσκεύασε (παρεσέβασεν W)· καὶ πῶς τὴν Ἀσυνὲθ ἐκ
σκότους εἰδώλων ἐρρύσατο καὶ εἰς θεοῦ (θν̅ʹ [!] W) ἐπί-
γνωσιν ἤγαγε(ν W)· καὶ πάλιν, πῶς καὶ αὐτὴν ὁ φιλόψυ-
χος καὶ πανοικτίρμων κύριος (φ.−κ.: φιλοκτίρμων θεὸς
W) ἐκ τῶν παγίδων καὶ χειρῶν τοῦ υἱοῦ Φαραὼ (τοῦ υἱ.
Φ.: τῶν ἐχθρῶν αὐτῆς W) ἐρρύσατο καὶ ἐκ πολλοῦ πλήθους διέσωσε(ν W) καὶ ἐκ τῶν ἀδελφῶν τοῦ Ἰωσὴφ (+
καλὸν καὶ πονηρὸν ἴδεν W). ὄντως (οὕτως W) καλὸν ἐκ-
βοῆσαι τὸ προφητικὸν ἐκεῖνο(ν W) λόγιον· τίς λαλήσει
τὰς (+ τὰς F) δυναστείας τοῦ κυρίου, ἀκουστὰς ποιήσει
πάσας τὰς αἰνέσεις αὐτοῦ; [Ps 106,2 LXX] καὶ πάλιν μέγας
ὁ (> F) κύριος καὶ μεγάλη ἡ ἰσχὺς αὐτοῦ, ὅτι (ab hier unlesbar F, s. unten) ἐρρύσατο γυναῖκα (γηνὴ W) ἐκ χειρὸς
στερεωτέρων αὐτῆς καὶ ἀπὸ ἐνέδρας ἐναντίων (ὅτι−ἐ.:
2½ Zeilen unlesbar F) καὶ πονηρῶν ἀνδρῶν καὶ (δρῶν καὶ
unlesbar F) βασκάνων (καὶ β. > W). καὶ ἐκεῖνοι (νοι unlesbar F) μὲν ἔπεσον, αὐτὴ δὲ ἀνέστη καὶ ἀνωρθώθη καὶ
κατεπάτησε(ν W) τοὺς ἐχθροὺς αὐτῆς. καὶ ἡμεῖς τοίνυν,
ἀδελφοί, ἐὰν μὴ αὐτοὺς ἐκδικῶμεν ἀπὸ τῶν ἐναντίων
ἐχθρῶν ἡμῶν, ἀλλ᾽ εἰς θεὸν τὴν ἐκδίκησιν ἀνατιθῶμεν
καὶ ἐπιφέρωμεν, λαμπρὰ τὰ νικητήρια ἐξ αὐτοῦ ἕξομεν
(ἕξωμεν FW) καὶ οὐ μόνον ἤρεμον (ἥμερον W) καὶ ἡσύ-
χιον βίον (+ διάγωμεν καὶ W) ζήσομεν (ζήσωμεν FW)
[1 Tim 2,2], ἀλλὰ καὶ τῶν ἔνθεν δὲ (ἐ. δέ: ὅλων W) ἀπανα-
στάντες (ἐπ- W) εἰς σκηνὰς αἰωνίους καὶ ἀτελευτήτους
κατάξει (κατατάξει F) ἡμᾶς ὁ τῶν ὅλων δημιουργὸς καὶ
βασιλεὺς (+ ἡμῶν W)· ᾧ πρέπει (+ πᾶσα δόξα W) τιμὴ
καὶ προσκύνησις (+ σὺν τῷ πατρὶ καὶ τῷ υἱῷ καὶ τῷ
ἁγίῳ πνεύματι νῦν καὶ ἀεὶ καὶ W) εἰς τοὺς αἰῶνας τῶν
αἰώνων. ἀμήν. *Explic.* FW

Vielleicht kann ein Kenner der byzantinischen Homiletik anhand der Zusätze
genauer sagen, wann φ entstand. Den positiven Text scheint die Bearbeitung im
übrigen wenig verändert zu haben. Er hat einiges mit L1 gemeinsam.

21. Schließlich entstand die Bearbeitung, die in der Familie c vorliegt, kaum
vor dem Anfang der Neuzeit und vielleicht in Palästina:

H Jerusalem, Griechisch-Orthodoxes Patriarchat, Panhagios Taphos
73, S. 273–307, 17. Jh.
J Ebd., Saba 389, f. 92r–113v, 17. Jh.
K Ebd., Saba 593, S. 414–471, beendet 1. 9. 1802

Die drei Handschriften ähneln sich stark. Ihr Archetyp ζ war eine Bearbeitung, die sich bis 16,17y auf Kleinigkeiten, darunter gelegentliche Gräzisierungen, beschränkte. Ab 16,17y μυριάδες wird der Text neugriechisch und erzählt zwischen einer exegetischen Bemerkung zu den Bienen, die wunderbarerweise aus einer Honigwabe entstanden[39], und einer paränetischen Schlußbetrachtung über Joseph JosAs bis 21,9 kurz zu Ende[40]. Dabei geht es vor allem um den Besuch der himmlischen Gestalt, die Aseneth die Annahme durch Gott verkündet hatte, bei Joseph; JosAs 15,9; 19,6f.9 erwähnt diesen Besuch, er wird aber nicht beschrieben. Übrigens warnt auf dem oberen Rand von J, f. 92v, jemand (der Schreiber?) den Leser: τοῦτος ὁ λόγος ὅλος εἶναι ψεύματα καὶ μὴ πλανᾶσθαι ἄνθρωπος (-ποι?).

22. Im 16. Jh. entstand auf dem Athos die ebenfalls zu b gehörige neugriechische Übersetzung (s. unten III. 7), spätestens zu dieser Zeit in Serbien die serbisch-kirchenslawische (s. unten III. 6), die einzige, die nicht zu b gehört, sondern zu d (s. oben II. 10).

23. Abgesehen von Nikon (s. oben II. 12) hat kein griechischer Autor JosAs erwähnt, soweit wir wissen. Kenntnis verrät außer dem Unbekannten (s. oben II. 8) vielleicht das Lob Aseneths zwischen Rahel und Mirjam, Debora, Ruth u. a. im Synaxar der κυριακὴ τῶν Πατέρων vor dem Christfest[41]:

κάλλει παρῆλθεν ἥλιος μὲν ἀστέρας,
ἡ δ' Ἀσυνέθ μοι τὰς ὑφ' ἥλιον κόρας.

Die neugriechische Handschrift 671 hat die beiden jambischen Trimeter mit der Einführung διὰ τοῦτο καὶ κάπιος ποιητὴς ἐγγωμιάζοντάς την ἔλεγεν in JosAs 1,6 hinter εἰς ὅλην τὴν οἰκουμένην[42]. Sie erinnern an 1,5; 2,6.

---

[39] οἱ ὁποῖοι σύμβλοι τὸ πλῆθος αὐτῶν ἐσιμένασιν τὴν ἐσχάτην αὔξησιν τοῦ Ἰωσήφ, ἡ δὲ γλυκίτης τοῦ μέλητος τὴν χαρὰν ὁποῦ ἤθελεν λάβη ὁ πατὴρ τοῦ Ἰωσὴφ ἤγουν ὁ Ἰακώβ, ὅταν ἤθελεν λάβει τὰ εὐαγγέλια ὅτι ζῆ ὁ υἱός αὐτοῦ Ἰωσήφ (NTSt 24, 1977/78, 80). Die Bienenepisode 16,17–23 hat auch die Äthiopier (s. unten III. 5), Ngr (s. unten III. 7) und A. K. EMMERICK bzw. C. BRENTANO (s. unten IV. 2) besonders interessiert. Was sie ursprünglich bedeutet, ist unklar (vgl. unten VI. 2.c).
[40] Gedruckt NTSt 24, 1977/78, 80–83.
[41] SIBERUS, L. U. G.: Ecclesiae Graecae Martyrologium Metricum ex Menaeis, cod. Chiffletiano Actisque Sanctorum, Leipzig 1727, 436. Weitere Drucke offenbar desselben Textes bei FOLLIERI, HENRICA: Initia hymnorum Ecclesiae Graecae, II (Studi e Testi 212), Città del Vaticano 1961, 258; V, Pars altera (Studi e Testi 215 bis), 1966, 46. Wann entstanden? Auch die Äthiopier verehren Aseneth als Heilige (s. unten III. 5).
[42] ISTRIN, 146; NTSt 24, 1977/78, 74 (auch hier wohl eher ὑφ' als ἀφ' zu lesen). Ein zweites Zitat im gleichen Vers erwähnt Aseneth nicht: ὡς καθὼς τὸ λέγει καὶ κάπιος ποιητής·

24. Blickt man zurück, so hat man den Eindruck, daß sich JosAs von Ägypten aus nicht all- oder wenigstens vielseitig verbreitet hat, sondern auf einer Wanderung, die zuerst nach Syrien und Armenien ging, dann (als die makedonische Dynastie das byzantinische Reich im 9. und 10. Jh. wieder nach Osten erweitert hatte?) westlich nach Konstantinopel und schließlich von dort oder von Griechenland aus nach West- und Mitteleuropa, später auf den Balkan, irgendwann auch nach Palästina und auf den Sinai. Doch das setzt voraus, daß JosAs nur dort bekannt war, wo wir Spuren haben, und frühestens zu deren Zeit; daß anderswo und zu anderer Zeit keine sind, kann aber Zufall sein.

III. Die alten Übersetzungen von 'Joseph und Aseneth'

1. Syrische Übersetzung (Syr)

Syr ist nicht selber erhalten, sondern nur, was Pseudo-Zacharias Rhetor, Kirchengeschichte I 6, daraus gemacht hat[43]. Das ist eine als Weltchronik bezeichnete syrische Fortsetzung von Sokrates und Theodoret, nach 568/9 endgültig abgeschlossen. Der unbekannte Verfasser, Monophysit und vermutlich Mönch, schrieb vielleicht in Amida (Diyarbekir). Buch III−IV fußen auf einer historischen Monographie des Bischofs Zacharias Rhetor von Mitylene († nach 536), weswegen spätere Syrer das Gesamtwerk einem Zacharias von Melitene zuschrieben. Buch I gibt unverknüpfte Nachträge zu den älteren Historikern. JosAs wird mit zwei Briefen eingeführt. Mit dem ersten hatte ein Ungenannter JosAs an Moses von Aggel (Ingila, heute Eğil nord-nordwestlich von Diyarbekir, erste Hälfte des 6. Jhs.?)[44] geschickt (I 4)[45]:

Κάλλος ὄλβος τε καὶ γένος δάμαρσι μὲν ὄγκον εἰσάγει πέλωρον δόξης ἄγαν (Istrin, 147; NTSt 24, 1977/78, 74; gegen Ende auf dem Film vom 671 schwer lesbar). Woher?

[43] Brooks: Textus, IIf. 21−55; Versio, 15−39.

[44] Über ihn kurz Baumstark, Anton: Geschichte der syrischen Literatur mit Ausschluß der christlich-palästinensischen Texte, Bonn 1922 = Berlin 1968, 160f. 350. Moses soll Kyrill von Alexandriens Glaphyra (allegorisch-typologische Auslegung von Pentateuchstellen) übersetzt haben, was sowohl zu seiner unten zitierten Äußerung paßt als auch erklärt, warum ihn JosAs interessieren mochte.

[45] Brooks: Textus, 18; deutsch auch bei Ahrens-Krüger, *17. Die eckigen Klammern betreffen unlesbare, nicht fehlende Buchstaben.

ܕܡܬܩܪܐ ܕܐܣܝܬ ܐܫܟܚܬ ܕܟܬܝܒ ܒ[ܠܫܢ]ܐ ܝܘܢܝܐ. ܘܩܪܝܬ
ܐܝܣܛܘܪܝܐ ܒܠܚܘܕ ܕܝܠܗ. ܘܬܐܘܪܝܐ ܠܐ ܐܣܬܟܠܬ. ܘܡܛܠ
ܕܩܫܐ ܘܢܘܟܪܝ ܠܝ ܠܫܢܐ ܗܢܐ. ܡܛܠ ܗܢܐ ܫܕܪܬܗ ܠܚܘܒܟ ܕܐܝܟܢܐ
ܬܦܫܩܝܘܗܝ ܠܝ ܠܠܫܢܐ ܣܘܪܝܝܐ. ܒܐܝܣܛܘܪܝܐ ܕܝܠܗ ܟܠܗ. ܘܡܕܡ
ܡܕܡ ܡܢ ܬܐܘܪܝܐ ܕܝܠܗ ܬܦܫܩܠܝ. ܐܝܟ ܕܡܪܢ ܠܟ ܢܬܠ
ܐܝܕܥܬܐ.

„In der Bibliothek nämlich der des Gedächtnisses [würdig]en Bischöfe, welche genannt wurden die Familie *Bjt brw*" (Beröa?), aus der Stadt Resch ʿAina, bei einem jungen Mann, der ihrer Sippe nahesteht, dessen Name Marʿabdha (ist), der mir in unserem Herrn lieb (ist) und mir verbunden durch seine Vertrautheit von meiner[46] Kindheit an, habe ich ein kleines Buch, das sehr alt (ist), das genannt (wird) ʿ(Buch) der Asjath[47]', gefunden, das geschrieben (ist) [in] griechischer [Sprach]e. Und ich habe nur seine Geschichte (*'jsṭwrj'*, ἱστορία) gelesen, und den Sinn (*t'wrj'*, θεωρία) habe ich nicht verstanden. Und weil jene Sprache für mich schwer und fremd ist, deswegen habe ich es deiner Liebe geschickt, damit du mir es in die syrische Sprache übersetzt, mit seiner ganzen Geschichte, und auch einiges von seinem Sinn mir erklärst, wie der Herr Dir das Wissen gibt."

Moses tat wie gebeten und schrieb einen Brief zurück (I 5, zu ihm gleich). Syr ist die einzige Übersetzung, von deren Entstehung wir ein äußeres Zeugnis haben. Klar ist es nicht. Der Unbekannte könnte meinen, daß er in Resch ʿAina (Theodosiopolis südöstlich von Edessa an der Straße von Karrhai nach Nisibis) auf JosAs stieß, das Exemplar aber aus Beröa (Aleppo) stammte[48]. Jedenfalls war JosAs offenbar ein Buch für sich. Ob ʿalt' den Inhalt oder das Äußere meint, bleibt offen. Der Finder vermutete hinter dem Wortlaut (das meint ʿGeschichte', nicht einen Teil des Inhalts oder das Handlungsgerüst) ganz selbstverständlich auch einen tieferen Sinn, wie er das von den alttestamentlichen Geschichtsbüchern gewohnt war, und wandte sich deshalb, obwohl anscheinend selber Kleriker, an einen geeigneten Exegeten. Syr entstand also nicht lange vor dem Pseudo-Zacharias (wegen der Christologie des Begleitbriefs auch dann nicht, wenn Moses von Aggel nicht der uns bekannte war, sondern ein Mann gleichen Namens). Dies und daß die Briefe mitüberliefert sind, könnte bedeuten, daß der anonyme Histo-

46 Lies „seiner" (AHRENS-KRÜGER, 275)?

47 Übliche syrische Form, kaum so im griechischen Exemplar.

48 *"We may perhaps conjecture that on the expulsion of the Monophysites in 519 the bishop of Berrhœa (Antoninus) took his books or those of his see with him, and that in the writer's time they were in the possession of a young kinsman of his at Rhesaina"* (BROOKS: JosAs, XVII).

riker das Original vor sich hatte[49], vielleicht auch, daß er JosAs nicht anders behandelte als ein Abschreiber. Doch ist nicht auszuschließen, daß er den Text auch bearbeitet hat. Dazu müßte man mehr über seine Quellenbenutzung und seine Sprache wissen.

Moses hat in seinem Brief die älteste exegetische Bemerkung zu JosAs gemacht, die wir kennen[50]:

ܐܣܛܘܪܝܐ ܓܝܪ ܕܟܬܒܐ ܥܬܝܩܐ ܝܘܢܝܐ ܕܫܕܪܬ ܠܝ. ܩܪܝܬܗ̇
ܘܬܐܘܪܝܐ ܐܝܬ ܒܗ ܒܦܣܝܩܬܐ ܠܡܐܡܪ ܫܪܪܐ. ܕܐܠܗܢ ܘܡܪܢ
ܡܠܬܐ ܕܐܬܒܣܪ ܒܨܒܝܢܐ ܕܐܒܐ ܘܡܥܒܕܢܘܬܐ ܕܪܘܚܐ ܡܪܝܐ
ܩܕܝܫܐ. ܘܗܘܐ [ܒܪܢܫ] ܘܐܬܚܝܕ ܠܗ̇ ܠܢܦܫܐ ܒܪ̈ܓܫܝܗ̇ ܡܫܡܠܝܬܐ ...

„Die Geschichte (*'sṭwrj'*) nämlich des alten griechischen Buches, das du mir geschickt hast, habe ich gelesen, und Sinn (*t'wrj'*) ist vorhanden in ihm, (um) mit kurzen (Worten) die Wahrheit zu sagen[51], daß unser Gott (und) unser Herr, das Wort, das[52] Fleisch (wurde) durch den Willen des Vaters und die Tätigkeit des Geistes, des Herrn, des heiligen, und [Mensch?] wurde[53] und geeinigt (wurde) mit einer Seele, (die) in ihren Empfindungen vollkommen (war)[54] . . .“

Der Text bricht hier ab; der Rest stand auf einem Blatt, das heute in 2071 vor f. 10 fehlt. Deshalb ist die Syntax nicht klar. Moses scheint JosAs, genauer Josephs und Aseneths Vereinigung in 1–21, als allegorisch-typologische Darstellung eines Aspekts der Jungfrauengeburt im monophysitischen Sinn zu deuten. Der Gott-Logos, der in der Jungfrau zunächst Fleisch wurde (Joseph) – und zwar auf Grund göttlichen Willens, nicht Wesens, das als solches nicht zur Inkarnation drängt –, wurde dann Mensch, indem das Fleisch mit einer voll ausgestatteten und vollkommenen Seele (Aseneth) geeint wurde. Möglicherweise dachte Moses wie Philoxenos von Mabbug († 523) und vielleicht Severus von Antiochia († 538), seine Konfessionsgenossen, daß entsprechend einer zeitgenössischen physiologischen Anschauung auch beim Gott-Logos die Seele erst nach der Fleischwerdung (bei Philoxenos 40 Tage später) geschaffen und mit dem Fleisch-

[49] Ahrens-Krüger, XVIIf. XL, scheinen ihn für den Verfasser des Pseudo-Zacharias zu halten; vgl. Brooks: Versio, II.

[50] Brooks: Textus, 21; deutsch auch bei Ahrens-Krüger, *20.

[51] Mit Ahrens-Krüger gegen Brooks, der „Wahrheit“ als Nominativ nimmt.

[52] Mit Brooks gegen Ahrens-Krüger, die die folgenden Verbformen als Prädikate zu „Wort“ nehmen.

[53] Ergänzt von Ahrens-Krüger, 276, übernommen von Brooks; paßt zu vielen ähnlichen Formulierungen im Pseudo-Zacharias.

[54] Mit Ahrens-Krüger gegen Brooks, der Sejame ergänzt und auf „Empfindungen“ bezieht.

gewordenen vereinigt wurde[55]. Die Übersetzung scheint das übrigens nicht beeinflußt zu haben. Daß Moses JosAs auch für historisch hielt, wird man annehmen dürfen. Jedenfalls geriet Syr mit den ihretwegen geschriebenen beiden Briefen davor in den Pseudo-Zacharias und wurde Geschichtsschreibung.

Pseudo-Zacharias I 6 ist praktisch nur in einer Handschrift erhalten, der einzigen einigermaßen vollständigen des Werkes überhaupt. Sie entstand nur einige Jahrzehnte nach der Abfassung. Immerhin wurde JosAs im Mittelalter daraus noch einmal separat abgeschrieben:

2071 London, The British Library, Add. 17202, f. 10r–25v, Esṭrangela, um 600, durch Blattverlust fehlen JosAs 1,1–2,1a und 13,15–16,7; gedruckt von J. P. N. LAND und E. W. BROOKS

221 Ebd., Add. 7190, f. 319r–328v, Serṭo, 13. Jh.?, es fehlen 13,15–16,7 und 26,6b bis Ende

Als Übersetzung betrachtet ist Pseudo-Zacharias nicht immer genau. Der Text ist manchmal paraphrastisch, leicht erweitert, u.a. durch Wortdubletten, oder verkürzt, aber fast nie um ganze Verse. Ab 24,9 scheint das alles zuzunehmen. Wieweit es sich auf Moses, Pseudo-Zacharias und die Abschreiber verteilt, ist nicht zu sagen. 13,15–16,7 sind verloren. Trotzdem ist Syr kein schlechter Textzeuge und nicht nur wegen seines Alters wertvoll (s. oben II.7). BROOKS' Ausgabe ist gut.

An weiteren Nachwirkungen von Syr ist bislang nur wenig bekannt. Kurz vor 1300 erwähnte der berühmte Nestorianer Ebed Jeschu, Metropolit von Nisibis (Mitte des 13. Jhs.–1318), JosAs in einer Kanonsliste zwischen Josephus und Tobit am Ende des Alten Testaments[56]:

ܟܬܒܐ ܕܐܣܝܬ ܐܢܬܬ ܝܘܣܦ ܟܐܢܐ . ܒܪ ܝܥܩܘܒ

„Buch der Asjath, Frau Josephs des Gerechten (des) Sohnes Jakobs"

Er könnte also Syr gekannt haben, womöglich auch als Buch für sich und unabhängig vom – zudem monophysitischen – Pseudo-Zacharias, denn dort heißt der Titel anders[57].

---

[55] Vgl. LEBON, JOSEPH: Le monophysisme sévérien. Étude historique, littéraire et théologique sur la résistance monophysite au concile de Chalcédoine jusqu'à la constitution de l'église jacobite (Universitas Catholica Lovaniensis. Dissertationes ad gradum doctoris in Facultate Theologica consequendum conscriptae II 4), Louvain 1909 = New York 1978, 191–193; HALLEUX, ANDRÉ DE: Philoxène de Mabbog. Sa vie, ses écrits, sa théologie (Universitas . . . III 8), Louvain 1963; KARPP, HEINRICH: Textbuch zur altkirchlichen Christologie. Theologia und Oikonomia (Neukirchener Studienbücher 9), Neukirchen–Vluyn 1972, 142–145.

[56] ASSEMANUS, JOSEPHUS SIMONIUS: Bibliotheca Orientalis Clementino-Vaticana III 1, Rom 1725, 7; UJosAs, 25. Zur Person BAUMSTARK, 323–325. 354.

[57] Über I 6 steht ܬܫܥܝܬܐ ܕܝܘܣܦ ܟܐܢܐ ܘܕܐܣܝܬ ܐܢܬܬܗ „Erzählung von Joseph dem Gerechten und von Asjath seiner Frau", am Ende ܬܫܥܝܬܐ ܕܝܘܣܦ ܟܐܢܐ ܘܕܐܣܝܬ ܐܢܬܬܗ

Eine späte syrische Spur von JosAs findet sich in einem Text, der erst im 19. Jh. literarisch bezeugt ist, aber alte und letztlich jüdische Tradition verarbeitet[58]:

(Syrischer Text, 9 Zeilen, mit Zeilenmarkierung (75a) rechts oben; "cod." als Korrektur in Zeile 4.)

(Syrischer Text, weitere Zeilen, mit Zeilenmarkierung (75b).)

ܪ̈ܘܚܐ ܕܝܠܗ ܪܘܚܐ ܕܝܠ ܡܢ ܪܒܪ̈ܟܐ ܐܘܣܝܐ „Erzählung von Joseph und von Asjath der Frau von Joseph übersetzt aus der griechischen Sprache in die syrische Sprache".

[58] OPPENHEIM, 4f. (Nestorianisch, teilweise vokalisiert), nach Berlin, Staatsbibliothek, Sachau 70, f. 75r–76r, Serṭo, 1827 und später, Mossul. Lateinisch von OPPENHEIM, 6f., nachgedruckt von BATIFFOL: Prière d'Aseneth, 15f.; APTOWITZER, 248 Anm. 22; neuarmenisch SARGISEAN, 109f.; französisch PHILONENKO: JosAs, 34f. (von ihm die Paragrapheneinteilung). Eine zweite Handschrift (Woodbrooke, Selly Oak Colleges Library, Mingana Syr. 177, f. 227r–228r, um 1870) beschrieb BROCK: Notes, 206f. – Daß Aseneth Dinas Tochter und also Josephs Nichte war, ist verbreitete jüdische und christliche Exegese; PERLES; APTOWITZER, 243–256; vgl. UJosAs, 97 Anm. 3.

ܠܝܠܝ ܐܝܟ ܐܠ ܐܡܪ ܙܝ ܒܝܪܐ ܐܫܘܝܪ ܐܠ ܐܝܬ ܒܗܝ ܒܩܠܗ

3

4

1 „Untersuchung, die zeigt, warum Asjath die Frau Josephs des Schönen wurde. Was wir lernten von der Weisheit der Weisen, sagen wir (hiermit). Als Sichem, der Sohn Sichems [!], Dina geschändet hatte, die Schwester Simeons und Levis, und als gehört hatte Jakob: Schwanger ist Dina, gingen Simeon und Levi hinein (und) töteten ganz Sichem von Klein bis Groß [Gen 34]. Und sie drohten Dina: ʿNicht werde gesehen (etwas) vom Samen Sichems in deinem Schoß, daß du nicht stirbstʾ. Und als sich näherte der Tag, daß gebären sollte Dina, fürchtete sie sich und ging hinaus in die Wüste und

kniete und gebar dort ein Mädchen und wickelte es in Binden und legte es
hin und stand, während sie weinte seinetwegen, unter den Sträuchern, die
in der Wüste (sind) [Gen 21,14−16].
2   Und während sie schaute, da siehe, ein Adler, dessen Wohnung war im
Lande Ägypten und von den Opfern Ons, des Gottes der Ägypter, nährte
er sich. Und er flog mit seinen Federn und stieg herab (und) trug weg das
Mädchen, die Tochter Dinas, und (das), während sie, Dina, schaute. Und
zwar erhob er sich in seinem Flug oben in die Luft und trug es und legte es
auf den Altar Ons des Götzen, den verehrten die Ägypter, und (das) während seine Mutter nicht bemerkte und nicht wußte, wohin es getragen war.
Und als hinaufstieg Potipera, der Priester, daß er räuchere Wohlgeruch
seinem Gott, wie seine Gewohnheit (war), und sah es und zitterte und stieg
herab wieder in Eile viel, sagte zu ihm seine Frau: 'Warum in Eile kamst du
heute?' Er sagte zu ihr: 'Ein neues (Wunder)zeichen sah ich heute bei den
Göttern, daß, siehe, es fingen an die Götter zu gebären. Denn siehe, die
Türen (sind) geschlossen, und ein Mensch konnte bei den Göttern nicht ein-
treten, und ein Kind jedoch sah ich dort auf dem Altar'. Darauf standen sie
auf und waren recht furchtsam und öffneten die Tür und gingen hinein und
stiegen hinauf zum Altar und sahen jenen Adler, während ausgebreitet
(waren) seine Flügel und deckend auf dem Mädchen, damit er sie schütze.
Darauf verstanden sie, daß es durch den Adler (geschehen) war.
3   Und es nahm es (das Mädchen) die Frau dieses Priesters und führte ihm
eine Amme zu. Und sie freuten sich über es (mit) große(r) Freude, weil sie
hatten nicht Sohn und Tochter. Und als groß war das Mädchen, da baute er
(Potipera) ein großartiges Haus und ließ es wohnen in ihm [JosAs 2,1] und
bestellte Jungfrauen, die ihm dienen sollten [JosAs 2,6]. Und viele von den
Söhnen der Vornehmen begehrten es [1,6], weil es schön von Angesicht
war [1,4], und sie schenkte ihnen keine Gunst [2,1]. Und als hineinging
Joseph vor Pharao, ließ er ihn fahren auf dem Wagen, der sein (war), und
legte an [oder: in?] seine Hand das Siegel des Königreichs. Und es geleiteten
ihn die Ägypter auf dem Wagen in ganz Ägypten [Gen 41,42 f.], und es flog
sein Ruf in das Land. Und er (Pharao) gab ihm (zur) Frau die Tochter des
Priesters Potipera [Gen 41,45],
4   und er (Joseph) haßte nicht die Tochter seiner Schwester Dina. Und als
hineinging Jakob, sein Vater, nach Ägypten [Gen 46], da ging hinein (auch)
Dina, daß sie erfragte den Frieden [begrüßte] ihres Bruders Joseph. Und sie
erfragte (auch) den Frieden seiner Frau, und es erhitzte sich die Milch (oder:
Eingeweide) Dinas, der Schwester Josephs, und sie fragte sie: 'Wessen Tochter bist du?' Sie sagte: 'Tochter Potiperas, Fürsten der Priester, die Ons
(sind) des Gottes'. Und sie [wohl Dina] erkannte (erfuhr?) die Ursache ihrer
[Aseneths] Ankunft, wie sie der Adler brachte und legte sie auf den Altar
und wie sie war gewickelt in Binden. Und sie ging und brachte die Binden
ihrer Tochter[59], und es erkannte Dina sie, daß sie ihre Tochter (war). Und

---

[59] «De sa propre fille» (PHILONENKO: JosAs, 35). Aber Aseneth hat keine Tochter. Gemeint
wohl: die Binden, in die Dina seinerzeit ihre Tochter gewickelt hatte.

alle, die hörten, priesen Gott, der erhöht seine Verehrer, welchem (sei) Preis in Ewigkeit der Ewigkeiten, amen. Vollendet ist diese Erzählung über die Tochter Dinas."

P. BATIFFOL, V. APTOWITZER, M. PHILONENKO und andere halten dies für die Spätform einer alten jüdischen Legende, aus der auch JosAs entwickelt wurde, freilich mit Änderungen, denn Dina konnte nicht als exemplarische Proselytin fungieren, wie es Aseneth in JosAs tut[60]. Tatsächlich ist der Grundstock wohl alt[61]. Aber mit JosAs berührt sich nur der dritte Abschnitt und der nur mit JosAs 1 f. Deshalb wird umgekehrt der syrische Text von JosAs abhängen. Es ist aber keineswegs sicher, daß er auf Syr zurückgeht[62].

Der Briefwechsel zwischen dem Ungenannten und Moses von Aggel hat kurioserweise die moderne Forschung beeinflußt. BATIFFOL nahm die Unterscheidung von 'Geschichte' und 'Sinn' auf, wandte sie allerdings literarkritisch auf JosAs 1—21 an: die erste ist die Liebeshandlung, der zweite die sekundär eingearbeitete Bekehrungshandlung, und deutete diese als soteriologische Allegorie, nicht mehr als christologische: Joseph ist Christus, Aseneth die Jungfrau, die sich nicht nur bekehrt, sondern auch den Schleier nimmt[63].

2. Armenische Übersetzung (Arm)

In keiner Sprache ist JosAs soviel abgeschrieben und vermutlich gelesen worden wie auf altarmenisch. Die Existenz von Arm ist wohl schon früher bezeugt als der Text selber, und zwar durch eine Bücherliste, die Johannes Sarkavag („Diakon") von Hałbat (1045/55—1129?) zugeschrieben wird. Sie zählt Titel mit Längenangaben auf, erst das Neue und das Alte Testament, beide mit Apokryphen, dann *nurbkʿ* („feine", d.h. subtile oder tiefsinnige Bücher), philosophische und theologische Klassiker[64]. Zwischen den Makkabäerbüchern und Tobit, Judith, Esther, Esra steht, wenn der Text stimmt:

---

[60] BATIFFOL, 14—16; APTOWITZER, 264—266; PHILONENKO, 34—37. Sie finden Spuren der Legende z.B. in JosAs 1,5; 22,9; 23,14.

[61] Er oder eine ähnliche Legende könnte die vielbesprochene Miniatur der Wiener Genesis (s. unten V.1.a), f. 16 r, beeinflußt haben; vgl. u.a. LEVIN, MICHAEL D.: Some Jewish Sources for the Vienna Genesis, The Art Bulletin 54, 1972, 241—244.

[62] ܘܐܬܪܓܪܓܘ ܣܓܝܐܐ ܡܢ ܒ̈ܢܝ ܪܘܪ̈ܒܢܐ „und viele von den Söhnen der Vornehmen begehrten sie" heißt in JosAs 1,6 Syr ܗܘܘ ܡܫܒܚܝܢ ܠܗ ܐܝܟ ܗܢܘܢ „und es lobten sie alle Großen und Fürsten und die Söhne der Könige und alle starken Jünglinge". „Es lobten sie" Syr entspricht offenbar der Lesart ὕμνουν αὐτήν EFGW L1 Rum, „begehrten sie" dagegen dem ἐπεθύμουν αὐτήν der übrigen Überlieferung.

[63] BATIFFOL: Prière d'Aseneth, 7. 26—29.

[64] Hałbat liegt in der großarmenischen Provinz Gugarkʿ, heute ganz im Norden der SSR Armenien, etwa 10 km von Alaverdi. Das wohl im letzten Viertel des 10. Jhs. gebaute Kloster ist erhalten einschließlich des Bibliotheksraums, der aber wahrscheinlich erst aus dem 12. Jh. stammt; heute aufgegeben (MNATSAKANIAN, ST., ALPAGO-NOVELLO, A. u.a.: Haghbat, Documenti di Architettura Armena 1, Mailand 1974). Die Überlieferung der Liste ist indirekt und kompliziert, also unsicher. 1) Nach Anweisung der Liste schrieb

Enovk'ay tesiln	„Henochs Vision
Ktakk'n naxaharçn	Die Testamente der Erzväter
Asenit'i atōt'k'n	Aseneths Gebet"

Mxit'ar von Ayrivank' (um 1222–1307?) 1282/83 (AKINEAN: Mxit'ar, 122; 1282/85? STONE: Lists III, 297) in seinem Heimatkloster Ayrivank' (neuerer Name Gełarday vank' o. ä., etwa 40 km nw. von Eriwan nicht weit von Garni, heute aufgegeben, aber völlig erhalten; SAHINIAN, ALEXANDR, MANOUKIAN, ARMEN, ASLANIAN, T. A. u. a.: G(h)eghard, Documenti di Architettura Armena 6, Mailand 1973) den Riesenband, der heute Eriwan 1500 ist (JosAs 332, s. die Tabelle unten). 2) Die Liste selber gab Mxit'ar im Kolophon wieder, das aber nur indirekt erhalten ist in Beirut, Privatbesitz M. Gabriēlean, 4, f. 349v–351r, 1309/87 (gedruckt von AKINEAN: Mxit'ar). 3) Eine weitere, mindestens in Einzelheiten ursprünglichere Fassung der Liste steht unter 1085 n.Chr. hinter der Beschreibung der Kalenderreform, die Sarkavag in diesem Jahr einführte, in Mxit'ars Chronik von 1289/90, deren Autograph erhalten ist (Eriwan; gedruckt von PATKANEAN: Patmut'iwn, 33–36, nicht in loco, sondern im I. Teil der Chronik als Liste Nr. 34, übersetzt von PATKANOV: Istorija, 360–363; BROSSET: Histoire, 23–35; nach BROSSET ZAHN, 149f., und in Auszügen CARRIÈRE, 479f.; vgl. STONE: Lists III, 289 Anm. 2). Überschrift (PATKANEAN: Patmut'iwn, 33): Kargadrut'iwnk' groç srboç ork' stugabaneçan i Sarkavag vardapetēn ew greçan yinēn i tēr Mxit'ar Vardapetēs patmagrē i min tup' yawurs čh „Ordnung der heiligen Schriften, welche geprüft wurden von Sarkavag Vardapet [hoher geistlicher Titel] und geschrieben wurden von mir, Herr [Priester] Mxit'ar Vardapet, Geschichtsschreiber, in einen Band in 170 Tagen". stugabanel kann textkritische und Herausgebertätigkeit bezeichnen, wofür Sarkavag bekannt war (UJosAs, 32 Anm. 2; vgl. die Kolophonformel i stoyg ew əntir awrinakē „aus einem verläßlichen und erlesenen Exemplar" o. ä.: XAČIKYAN, L. S.: ŽD dari hayeren jeragreri hišatakaranner, Haykakan SSŘ Gitut'yunneri Akademiayi Institut. Nyut'er hay żołovrdi patmut'yan 2 / CHAČIKJAN, L. S.: Pamjatnye zapisi armjanskich rukopisej XIV veka, Institut istorii Akademii nauk Armjanskoj SSR. Materialy po istorii armjanskogo naroda 2, Eriwan 1950, 27.34.52.61. 65.69.73.74.75). i min tup' konnte unglaubhaft wirken, wo Eriwan 1500 nicht bekannt war (daher deutete z. B. ZAHN, 150f. nach BROSSET tup' als „Tabelle"), ist aber ebenfalls in Kolophonen geläufig (z. B. AKINEAN: Mxit'ar, 126; XAČIKYAN: Hišatakaranner, 192; Venedig 229 [JosAs 376, s. Tabelle], f. 630v; Wien 888 [JosAs 373], f. 255f.). 4) Außerdem hat sich anscheinend Grigor Sohn des Abas, der 1217/21 als Prior des Klosters Sanahin bei Hałbat (GHALPAKHTCHIAN, O. KH., ALPAGO-NOVELLO, ADRIANO u. a.: Sanahin, Documenti di Architettura Armena 3, Mailand 1970) starb, im Aufriß seines 'Girk' patčaraç' 'Buch der Ursachen', einer Einleitung in die biblische und kirchliche Literatur, an Sarkavag gehalten (wohl ungedruckt, vgl. TER-MOVSESJAN, 225–238; TAŠEAN, YAKOB: Çuçak hayerēn jeragraç matenadaranin Mxit'areançi Vienna, Mayr çuçak hayerēn jeragraç I 2 / DASHIAN, JACOB: Catalog der armenischen Handschriften der Mechitharisten-Bibliothek zu Wien, Haupt-Catalog der armenischen Handschriften I 2, Wien 1895, deutscher Teil 32–35, armenischer Teil 213–233; AKINEAN, NERSĒS: Matenagrakan hetazōtut'iwnner. K'nnut'iwn ew bnagir I, Azgayin Matenadaran 94, Wien 1922, 1–43). Text, Übersetzung und Erläuterung des alttestamentlichen Teils der Liste nach den drei ersten Zeugen bei STONE: Lists III, 292–300; vgl. außerdem SEK'ULAY, Ō.: Nor ktakarani grk'eru kargə hayoç k'ov / SZEKULA, A.: Die armenische Reihenfolge der Bücher des Neuen Testaments, Handēs Amsōreay 61, 1947, Sp. 97–106. 179–190. 289–299. 347–357. 483–489; ABRAHAMYAN, A. G.: Hovhannes imastaseri matenagrut'yunə / ABRAAMJAN, A. G.: Trudy Ovanesa imastasera, Eriwan 1956, 111f.; UJosAs, 32–34. Zum Begriff nurbk' XAČEREAN, Ł.: Über einige Ausdrücke der armenischen Bibliographie im Mittelalter [neuarmenisch], Banber Matenadarani (Eriwan) 10, 1971, 85–101. Eine Neuausgabe und Untersuchung der ganzen Liste würde sich wohl lohnen.

Wie die *nurbk*ʿ zeigen, ist die Liste nicht als Kanon im dogmatischen Sinn gemeint, sondern als Bibliographie theologischer Bildung, vielleicht auch als Programm für Klosterbibliotheken. Der Verfasser wird deshalb die genannten Bücher auf armenisch gekannt haben, wenn auch wohl mit Ausnahmen (zumindest ein Zeuge nennt das 4. Makkabäerbuch, das es armenisch nicht gibt). Dafür spricht die genannte Dreiergruppe selber. Sie stammt — wie die ganze Liste, was weiter geklärt werden muß — von griechischen Kanonsverzeichnissen ab. So schreiben die Stichometrie des Nikephoros und die Synopsis des Athanasius Ἐνώχ, Πατριάρχαι, Προσευχὴ Ἰωσήφ, der Kanon der 60 Bücher Ἐνώχ, Λάμεχ, Πατριάρχαι, Ἰωσὴφ Προσευχή (vgl. oben II.12). Es sieht so aus, als ob die armenische Liste 'Henoch' als 'Henochs Vision', ein nur armenisch belegtes Werk, und die (bis auf Zitate verlorene) 'Proseuche Josephs' als 'Aseneths Gebet' identifizieren wollte. Daß alle Titel der Liste von Sarkavag stammen, ist nicht unbezweifelbar. Andererseits spricht nichts dafür, daß erst Mxitʿar von Ayrivankʿ, der sie 1282/83 zuerst bezeugt, JosAs einführte[65]. War es Sarkavag, darf man vermuten, daß er dafür sorgte, daß die Bibliothek von Hałbat die Bücher der Liste und so auch JosAs in ordentlichen Exemplaren besaß.

Der Text von Arm ist zuerst im 13. Jh. belegt, in dem die armenische Handschriftenproduktion aufblühte, und bleibt es, solange armenische Bücher von Hand abgeschrieben wurden. Der Großteil stammt allerdings aus dem 17. Jh., das zur zweiten Blütezeit der armenischen Schreibkunst gehört[66]. Insgesamt sind bis jetzt 45 Handschriften bekannt, aus Armenien, Kilikien, Persien, der Türkei, Polen und vielleicht Palästina, einige übrigens mit Vignetten, die Joseph und Aseneth zeigen (s. unten V.1). 22 sind Bibeln, und das ist keine Überraschung. Die armenische Bibel enthält eine ganze Reihe von Pseudepigraphen und verwandten Schriften, und das schon, seit es armenische Vollbibeln gibt (13. Jh.). Deswegen und vielleicht auch dank Sarkavag ist JosAs armenisch überhaupt so reichlich belegt.

Die Handschriften zerfallen in mindestens 6 Gruppen. In der Reihenfolge des jeweils ältesten Vertreters[67]:

---

[65] STONE: Lists III, meint, daß die Liste im Grundstock echt ist, man aber bei Einzeltiteln weder sicher sein kann, daß schon Sarkavag ihn hatte, noch, daß er ihn auf armenisch kannte.

[66] Überblick über die armenische Handschriftenproduktion bei SANJIAN, AVEDIS K.: Colophons of Armenian Manuscripts, 1301–1480. A Source for Middle Eastern History, Cambridge, Mass. 1969, 1–41; BUSCHHAUSEN, HEIDE und HELMUT: Armenische Handschriften der Mechitharisten-Congregation in Wien. Katalog zur Sonderausstellung in der Österreichischen Nationalbibliothek, 2. Aufl., Wien 1981.

[67] Verbesserung und Ergänzung von UJosAs, 7–13 (Kataloge dort; 40 Nummern, davon Nr. 19 und 20, Jerusalem 939 und 1170, falsch; Nr. 25 Kalkutta ist wohl in Wirklichkeit Isfahan 17); ANASYAN, 170 (freundlich zugänglich gemacht von JEAN-PIERRE MAHÉ-Paris; 34 Nummern, davon neu Armaš 11 [TʿOPʿČEAN, Y.: Çuçak jeṙagraç Armaši vankʿin, Venedig 1962, 51–61, hier 55] und Ankara 102). Daten und Orte beziehen sich auf JosAs und gelten nicht immer für die ganze Handschrift. Bibeln sind als solche bezeichnet. Genaueres zu Textgeschichte, Qualität, Datum und den Erfordernissen einer Neuausgabe bei BURCHARD: Zur armenischen Übersetzung. Inzwischen ist der erste Band eines voll-

Arm^e

333   Jerusalem, Armenisches Patriarchat, 1925, f. 269r–275v, 1269, Erzincan (Türkei), Bibel
363   Eriwan, Matenadaran, 354, f. 339v–346v, 15./16. Jh.?, Aparanner
(bei Moks s. vom Van-See?), Bibel
3718   Jerusalem, 1934, f. 44r–52v, 1643–1646, Isfahan, Bibel
3714   Eriwan, 2587, f. 292r–300r, 1648, Isfahan, Bibel
3712   Eriwan, 189, f. 647r–656v, 1649, Isfahan, Bibel
376   Venedig, S. Lazzaro, 229, f. 60r–66r, 1655, Lwów (Lemberg)?,
Bibel; JosAs 22–29 gedruckt von A. Carrière
3715   Eriwan, 349, f. 598r–605r, 1686, Istanbul und Etschmiadzin (Armenien), Bibel
3713   Eriwan, 2126, f. 168r–184v, 1697, Muş (w. vom Van-See, Türkei)
Isfahan, Armenisches Kloster, 17, 17. Jh., Bibel (AT?)
379   Eriwan, 347, f. 34v–41v, 1657, Isfahan, Bibel
Aleppo, Armenische Schule, 28, S. 430–476 (477?), 17./18. Jh.

Arm^f

332   Eriwan, 1500, f. 239v–244v, 1282/83?, Kloster Ayrivank' (SSR Armenien), NT, AT, philosophische und theologische Klassiker

Arm^a

331   Oxford, Bodleian Library, Arm. e. 30, f. 111r–168v, 13. Jh.
341   Wien, Mechitharistenkongregation, 126, f. 48v–105r, 1388, T'ur-
kuran (w. von Mardin, Türkei)
373   Wien, 888, f. 96r–110v, 1626, Aleppo
Aleppo, 36, S. 353–420 (412?), 1629, Adana (Kilikien, Türkei)?

Arm^c

342   Eriwan, 346, f. 36r–41v, 1390, Kloster Noršin oder Manuk S. Nšani
(Provinz K'ajberunik' nö. vom Van-See, Türkei?, Rest der Handschrift 1400, Hizan, sw. vom Van-See), Bibel
351   Venedig, 280, f. 144v–152v, 1418–1422, Xlat' (nw. am Van-See,
Türkei), Bibel
353   Kayseri, Kloster S. Karapet (Kilikien, Türkei), 1, f. 414r–418r,
1482, Istanbul (oder abgeschrieben aus einer Bibel im Kloster Awag,
Kanton Daranałik', sw. von Erzincan, Türkei, und 1482 in Istanbul
angebunden?), Bibel; JosAs 21,11–22,19 handschriftlich von T. Palean, Handschrift selber verschollen?
M   Eriwan, 1665, f. 273v–285v, 15. Jh.?; JosAs 1,1–6; 21,5–9 gedruckt
von N. Marr: Sborniki, 21,11–21 von Marr: Iz lětnei poězdki

---

ständigen Katalogs der Eriwaner Handschriften erschienen, den ich aber noch nicht gesehen habe. Zur Frage der Kanonizität der in Bibelhandschriften überlieferten Apokryphen
und Pseudepigraphen Stone, Michael E.: Jewish Apocryphal Literature in the Armenian
Church, Muséon 95, 1982, 285–309, hier 288–291.

Armaš (bei Izmit, Westtürkei), Armaši vankʿ, 11, f. 80r−96r, 1597?, Sivas?, erhalten?

361   Venedig, 1309, S. 209−261, vor 1607, Aghen
375   Jerusalem, 1448, S. 45−110, 17. Jh.?, Lwów (Lemberg)?; Vorlage von 383?
      Jerusalem, 2558, f. 86r−91r (90v)?, 17. Jh.?, Van (ö. am Van-See, Türkei)?, Bibel
383   Venedig, 398, S. 1−90, um 1700, Abschrift von 375?
381   Jerusalem, 1537, S. 182−278, 1724, Kilis und Adana (Kilikien, Türkei)

Arm^d

354   Wien, 705, f. 189v−208r, 1403, Kloster Ancłnapat (sw. vom Van-See, Türkei)
352   Venedig, 679, S. 1−40, 15. (16.?) Jh.
3711 Eriwan, 5781, f. 260v−277r, 1626?

Arm^b

364   Eriwan, 6734, f. 1r−22v, 1570, Erzurum (Türkei)
362   Rom, Biblioteca Casanatense, 1988 (f. IV. 8), f. 50r−58bis r, 1589, Sis (alte Hauptstadt von Armenisch-Kilikien, heute Kozan, Türkei), Teil einer Bibel?; Vorlage von 391
372   Vatikanbibliothek, Vat. Arm. 1, f. 283r−290v, vor 1625, Istanbul, Bibel
378   Eriwan, 5008, f. 41r−67r, 1632
374   Wien, 115, f. 14r−24r, 1634 beendet?, Tokat (nw. Sivas, Türkei)?
3710 Eriwan, 188, f. 217r−222r, 1643, Istanbul, biblische Bücher?
3717 Jerusalem, 1927, f. 40v−46v, 1653 (1649?), Istanbul, Bibel
377   Eriwan, 205, f. 36v−43v, 17. Jh., Etschmiadzin (Armenien)?, Bibel
3716 Jerusalem, 501, f. 572v−576v, 17. Jh., Istanbul?, Bibel
      Jerusalem, 1929, f. 251r−255v (256r?), 17. Jh., Bibel
371   London, The British Library, Or. 8833, f. 37v−45r, 17. Jh., Bibel
384   Eriwan, 669, f. 84v−116v, 18. Jh.?
391   Venedig, 812, f. 225r−236v, 1858, Rom; Abschrift von 362, Grundlage des anonymen Drucks von 1885−1886 und der Ausgabe von S. Yovsēpʿeanç

Gruppenzugehörigkeit ungeklärt

Eriwan 8301, 1457, Barm kʿałakʿ (in der Provinz Vaspurakan ö. vom Van-See?)
Diyarbekir (nach unrichtiger armenischer Überlieferung Tigranakert), S. Kirakos, vermutlich verschollen
Ankara, Karmir vankʿ, 102, S. 645ff., erhalten?

Die Gruppen Arm^{a.b.c.d.e} sind Familien, d.h. sie haben je einen gemeinsamen Ahnen Arm^{α.β.γ.δ.ε}. Sie sind nicht nur durch ihre Textform charakterisiert. Arm^{a.d} kommen nie in Bibeln vor, die anderen oft und vor allem mit den älteren Ver-tretern. JosAs erscheint außerdem gern mit LJos[68] und den Testamenten der zwölf Patriarchen gekoppelt. In Arm[a.d.e] kommt LJos–JosAs–TestXII vor, in Arm[e] auch TestXII–LJos–JosAs; für Arm[b.c] ist TestXII–JosAs typisch, was auch 332 hat. Die Untersuchung von JosAs wirft also auch etwas für die armenischen Übersetzungen von LJos und TestXII und die Geschichte der armenischen Bibel ab und umgekehrt[69].

Die Verbindung LJos–JosAs ist griechisch belegt (s. oben II.6), wird also durch die Vorlage von Arm in die armenische Überlieferung gekommen sein (bedeutet das, daß beide Bücher vom gleichen Mann übersetzt wurden?). TestXII sind erst dort dazugetreten, zumal griechisch JosAs und TestXII in keiner Handschrift zusammenstehen. Damit sich TestXII–JosAs bilden konnte, mußte LJos von JosAs abgesprengt werden. Das erweist Arm[β.γ], die auch textlich verwandt sind, als jüngere Formen. Daß sie erst ab dem 16. bzw. dem 14. Jh. belegt sind, bestätigt das. Sie haben wohl einen gemeinsamen Ahnen, der eine Bibel, frühestens des 12., spätestens des 14. Jhs., gewesen sein dürfte und TestXII–JosAs enthielt. Auch Arm[α.δ], obwohl sehr verschieden und jeweils eigenwillig, dürften einen gemeinsamen Ahnen haben, der vermutlich LJos–JosAs–TestXII enthielt und älter als 331, d.h. wohl als alle bekannten Handschriften war. Sein Text hat sich abseits der Überlieferung der armenischen Bibel fortgepflanzt und ist vielleicht auch abseits entstanden. Arm[β.γ], Arm[α.δ] und Arm[ε] gehen letztlich auf denselben Archetyp Arm[ω] zurück. In allen fünf Gruppen fehlt JosAs 25,3 t'eew „auch wenn" – 27,11. Statt dessen steht dort ein Pasticcio aus Teilen von 25,4a; 26,5.8 (plus einem neuen Satz); 28,10; 27,3.6 (26,6?)[70]. Das war nicht schon im Original von Arm so. Denn A[f] mit dem bisher einzigen Vertreter 332 hat den vollen Text, ohne daß er etwa sekundär aufgefüllt worden wäre; jedenfalls sehe ich dafür keinen Anhalt. A[f] repräsentiert nun aber auch nicht den Text, aus

---

[68] Gedruckt von Srčuni, A. Y.: Srboyn Ep'remi i Yusep' Ewt'n Vahangi, Sion 47, 1973, 26–37. 137–144, nach Jerusalem 1925, f. 513v–521r mit Lesarten von und am Schluß ergänzt nach Jerusalem 1934, f. 38r–44r (bei JosAs 333 und 3718, s. die Tabelle). Weitere Handschriften bei Burchard: Zur armenischen Übersetzung, Anm. 32. Die übrige Überlieferung oben Anm. 21.

[69] Als Materialsammlung immer noch nützlich Ter-Movsesjan; ältere Literatur bei Leloir, Louis: Orientales de la Bible (Versions), II. Versions arméniennes, DBS VI, 1960, col. 810–818. Seither z.B. Johnson, Bo: Die armenische Bibelübersetzung als hexaplarischer Zeuge im 1. Samuelbuch (Coniectanea Biblica. Old Testament Series 2), Lund 1968 (dazu die Rezension von Stone, Michael E., RB 77, 1970, 259–264); Anasyan (dazu die Sammelrezension von Mahé, Jean-Pierre, Revue des Études Arméniennes 13, 1978–79, 409–420); Cox, Claude E.: The Armenian Translation of Deuteronomy (University of Pennsylvania. Armenian Texts and Studies 2), Chico, California 1981; Biblical Studies and the Armenian Bible, 1955–1980, RB 89, 1982, 99–113 (ohne JosAs); Stone: Jewish Apocryphal Literature (ohne Test XII und JosAs); Cowe, S. Peter: A Typology of Armenian Biblical Manuscripts, Revue des Études Arméniennes 18, 1984, 49–67. Die neue Genesisausgabe von A. Zeyt'unyan, Eriwan, habe ich noch nicht gesehen. – Daß jedenfalls in jüngerer Zeit die armenische JosAs-Familie Arm[b] einen Haftpunkt in Istanbul hat, Arm[c] am Van-See, Arm[e] in Isfahan, bestätigt parallele Beobachtungen über Lokaltypen von Cox: Biblical Studies, 110; Stone: Jewish Apocryphal Literature, 292.

[70] JSJ 10, 1979, 4f.

dem sich Arm$^{\alpha-\varepsilon}$ entwickelt hätten, denn sie sind aus inneren Gründen manchmal überlegen.

Wir können Arm also in mindestens zwei Textformen in die dunkle Zeit
vor dem 13. Jh. verfolgen. 332 ist die viel bessere (sie hat sogar teilweise die
dem Griechischen entsprechende Namensform *Asenet* statt der armenisch üblichen *Asanēt*, vgl. Sarkavag). Das ist übrigens auch in anderen Teilen der Handschrift so[71]. Diese genau 700 Jahre alte einbändige Bibliothek hätte schon deswegen eine Faksimileausgabe verdient. Wenn man spekulieren will: 332 enthält
ziemlich alles, was in Sarkavags Bücherliste steht. Hałbat ist nicht zu weit von
Ayrivank' weg, wo 332 geschrieben wurde. Wenn Mxit'ar die Liste kannte,
hatte er vielleicht auch Zugang zu den Büchern, die Sarkavag um 1100 in seiner
Bibliothek hatte.

Wie alt Arm wirklich ist, wissen wir noch nicht genau. Die Sprache gehört
nicht mehr zur Goldzeit (5. Jh.). In der Literatur liest man ziemlich einheitlich
das 6./7. Jh.[72], aber das müßte eingehender begründet werden. Arm ist bisher
philologisch kaum untersucht worden, nicht in sich und nicht im Vergleich mit
anderen, womöglich datierbaren armenischen Texten aus dem 6.–11. Jh. Ein
weiterer bisher nicht versuchter Zugang wäre, nach der Schrift der griechischen
Vorlage zu fragen: Majuskel oder Minuskel? Im zweiten Fall könnte die Vorlage
kaum vor dem 9. Jh. geschrieben worden sein; das wäre dann auch der terminus
ante quem non für Arm (so ist es übrigens bei TestXII). Im ersten Fall könnte
Arm älter sein, müßte aber nicht.

Arm ist eine gute und volle Übersetzung (s. oben II. 7). Eine kritische
Ausgabe fehlt (s. unten VI. 1; VI. 2.a), doch scheint der Weg dahin klar:
man sollte 332 folgen, abgesehen von der Rechtschreibung, und ihn da ändern
oder ergänzen, wo andere armenische Zeugen überlegen sind. Das läßt sich oft
nicht durch innerarmenischen Vergleich zeigen, sondern nur mit Hilfe der
übrigen Überlieferung, vor allem der griechischen und Syr L 2. Zunächst freilich
muß kollationiert werden. Als Grundlage empfiehlt sich 332. Dazu sollten nach
den bisherigen Erkenntnissen etwa 371 373 (Arm^a), 362 364 372 (Arm^b), 342
351 M (Arm^c), 354 3711 (Arm^d) und 333 376 379 (Arm^e) kommen. Von den
bisher nicht gesehenen Handschriften Eriwan 8301, Jerusalem 1929 2558, Isfahan
17 und, falls überhaupt erhalten, Diyarbekir ist vermutlich nichts Neues zu er-

---

[71] STONE, MICHAEL E.: The Old Armenian Version of Isaiah: Towards the Choice of the
Base Text for an Edition, Textus 8, 1973, 107–125; The Armenian Version of the Testa-
ment of Joseph (SBL. Texts and Translations 6, Pseudepigrapha Series 5), Missoula,
Montana 1975; The Armenian Version of IV Ezra (University of Pennsylvania. Armenian
Texts and Studies 1), Missoula, Montana 1979. Es gilt offenbar nicht für den armenischen
Philo, jedenfalls nicht 'De Jona', wenn man LEWY, HANS: The Pseudo-Philonic De Jona
(Studies and Documents 7), London etc. 1936, 7, folgen darf (übrigens schreibt GRIGOREAN,
G.: Die armenischen Kommentare zu Philo von Alexandrien [neuarmenisch], Banber Mate-
nadarani, Eriwan, 5, 1960, 95–115, Sarkavag einen Philokommentar zu); vgl. STONE,
MICHAEL E.: Some Observations on the Armenian Version of the Paralipomena of Jere-
miah, CBQ 35, 1973, 47–59, hier 56f.

[72] UJosAS, 34. Ein paar weitere Überlegungen bei BURCHARD: Zur armenischen Übersetzung.

warten, von Neuentdeckungen am ehesten dann, wenn sie älter sind als das 17. Jh. (das gilt freilich auch für Eriwan 8301). Bei dieser Überlieferungsdichte sollte man erwarten, daß JosAs in die armenische Literatur hineingewirkt hat. Wenn man nicht Sarkavag rechnen will, ist bisher nur ein Gedicht über die Frauen nach Jerusalem, Armenisches Patriarchat, 976, 17. Jh., bekanntgeworden[73]. Der Anfang:

Akanĵ drēkʿ ew lseçēkʿ,
ays banerus mtik arēkʿ,
govankʿn asem załēkʿ knoç,
tʿag u parcankʿ ē nay ayroç:

Yaṙaĵ govem kinn bari,
ayn Asanētʿ xelawkʿ ili,
hreštak gnaç xnamexōs,
ayn Yovsepʿay surb Gełeçki:

Urax paheç zayrn i yerkri,
kʿan zaregak mēĵ ašxarhi.
Yovsēpʿ hayēr uraxanayr,
ew iwr tarikʿn krkin linar:

Ov anəsgam knoç dipēr,
i mēĵ covun alekocer,
hašveç tʿē nay ašxarh çē ənker,
uraxutʿean ōr çē teser:

. . . . .

Es hat aber wohl mit JosAs zu tun, daß Aseneth als armenischer Eigenname vorkommt (s. unten V. 2). Es ist auch kein Zufall, daß sich an die Handschriften fast ohne Unterbrechung im 19. Jh. die Drucke anschlossen (s. unten VI. 1).

3. Lateinische Übersetzung I (L1) einschließlich Vinzenz von Beauvais (Vinz), Mittelenglischer Versnachdichtung (MEngl) und Epitome (Epit)

Ist Arm die verbreitetste Übersetzung, so hat L1 die größte Nachwirkung gehabt. Durch sie ist zwar nicht JosAs selber, aber sein Inhalt in fast allen

---

[73] Text bei Połarean, Norayr: Mayr Çuçak Jeṙagraç srboç yakobeanç / Bogharian, Norair: Grand Catalogue of the St. James Manuscripts (Calouste Gulbenkian Foundation Armenian Library), III, Jerusalem 1968, 571. Isahak Ankiwraçi, Yovsepʿay gełeçki Zroyckʿ ənd Asanetʿay amusnoy iwroy [Unterhaltungen des schönen Joseph mit seiner Gattin Aseneth], Jerusalem 1849 (Tašean, 1131), hat mit JosAs nichts zu tun (Carrière, 487 Anm. 3). Die TestXII kommen in einer Kanonsliste des Grigor von Tatʿev (1340– 1410) vor, die in Eriwan 351 (Text bei Ter-Movsesjan, 260–263) und Abschriften steht, und zwar fast am Schluß hinter Sirach, Sapïentia, Judith, Tobit, Makkabäerbüchern (Ter-Movsesjan, 263).

Nationalliteraturen West-, Mittel- und Osteuropas bekanntgeworden (s. unten IV. 2).

a. Von L1 gibt es bisher 9 Handschriften des 12.–14. Jhs., außer einer alle in England und Wales:

421   Cambridge, Corpus Christi College, 424, o. f., 12. Jh.?, England (Canterbury?); gedruckt von P. BATIFFOL mit unzuverlässigem Apparat aus 431

422   Cambridge, Trinity College, B. 1.30, f. 11r–23v, 12./13. Jh., wohl England (Canterbury?)

423   Oxford, Bodleian Library, Rawl. G. 38, f. 90r–96v, 12. Jh.

424   Paris, Bibliothèque Nationale, Lat. 14656, f. 151r–162v, Ende 12. Jh. (s. unten d)

431   Cambridge, Corpus Christi College, 288, f. 88r–97r, 13. Jh., wohl Canterbury

432   London, The British Library, Egerton 2676, f. 53r–65r, 13. Jh., wohl England

433   Ebd., Add. 18210, f. 49v–54v, Mitte 13. Jh.

441   Cambridge, Trinity College, O. 9. 28, f. 47r–54r, 14. Jh., wohl England

442   Aberystwyth, The National Library of Wales, Peniarth 335 A, f. 166r–182v, Mitte 14. Jh., Nordengland?

Die Handschriften und die Nebenüberlieferung (s. unten e–g) zerfallen in die zwei Gruppen 424 433 441 Vinz MEngl und 421 422 423 431 432 442 Epit(?). In der ersten Gruppe könnte 441 eine Abschrift von 433 sein; Vinz und MEngl stehen 424 nahe, hängen aber nicht von ihr ab. In der zweiten Gruppe gehören 423 432, vielleicht auch 422 442 und 421 431 enger zusammen, ohne daß die jüngeren Handschriften von den älteren abhingen (die Zusammengehörigkeiten lassen sich aus den Anmerkungen zur Synopse unten in f ablesen). Die Gruppen unterscheiden sich wenig; die erste ist vielleicht insgesamt etwas besser.

L1 oder jedenfalls der Archetyp der erhaltenen Zeugen ist kein Meisterwerk. Die Übersetzung hat Lücken. Gar nicht belegt sind 11,16–19; 12,13–13,11 Anfang; 18,2–19,1; 23,6–9.14.15b–16; 24,4–6.12f.16.18–19a; 25,2.5–8. Ab 26,5 Ende wird der Text fragmentarisch und paraphrastisch. 27,7–28,8a sind fast, 28,15–29,4 gar nicht da. Der Übersetzer war wohl auch nicht ganz sattelfest (also kein Grieche?), doch scheint dazu die Vorlage mindestens orthographisch nicht gut (also auch nicht sehr alt?) gewesen zu sein; ein Beispiel unten bei MEngl. Deshalb könnte schon sie für Lücken verantwortlich sein. Die Vorlage gehörte im übrigen zu b. Der relativ nächste Verwandte ist vielleicht φ (s. oben II. 20). BATIFFOLS Ausgabe ist nicht einwandfrei, aber vorläufig zu brauchen, weil die Überlieferung sehr geschlossen ist.

Daß die ältesten Handschriften so gut zusammenstimmen, läßt vermuten, daß ihr Archetyp nicht viel älter war, also auch noch ins 12. Jh. gehört. Das mag ebenfalls für die Übersetzung selber gelten. Es ist zwar nicht auszuschließen, daß dieses kopierfreudige Jahrhundert nur ein altes Werk neu aufgelegt hat. Doch machen auch allgemeine Erwägungen das 12. Jh. nicht unwahrscheinlich[74]. Zudem spricht das, was wir über die Vorlage von L1 wissen, zumindest nicht dagegen.

Was den Entstehungsort angeht, so deuten die Schreiborte der Handschriften auf England. Sie stammen möglicherweise alle dorther; nur bei 424 wäre zu prüfen, ob nicht auch Frankreich in Frage kommt. In England findet sich dazu noch im 12. Jh. die erste sichere Nachwirkung, wozu gleich. Doch ist spätestens in der Mitte des 13. Jhs. L1 auch in Frankreich bekannt. Hier oder dort sollte die Übersetzung entstanden sein, ohne daß ein Import aus Italien, Sizilien oder selbst Konstantinopel undenkbar wäre. Für Frankreich könnte sprechen, daß man im 12. Jh. dort nachweislich aus dem Griechischen übersetzt hat[75], in England erst im 13. Andererseits lassen die ʿGlossa ordinariaʾ, Petrus Comestor (gest. 1179/80) in seiner ʿHistoria Scholasticaʾ (1159/73, Paris) und Petrus Riga (um 1140—1209) in der ʿAuroraʾ (1170/1200, Reims?) nicht erkennen, daß sie JosAs kannten, obwohl sie Anlaß hatten, das Buch zu benutzen[76]. Also wohl doch England; wenn man einen Ort vorzuschlagen gezwungen wäre, eher Canterbury als einen anderen. Freilich ist schließlich auch nicht ausgeschlossen, daß wie in dem in Anm. 75 zitierten Fall ein Engländer in Frankreich arbeiten ließ. Wegen der Handschriften und Zeugnisse des 12. Jhs. kann nicht Robert Grosseteste (vor 1170—1253), seit 1235 Bischof von Lincoln und „der bedeutendste Förderer der griechischen Studien im nördlichen Abendland an der Wende vom hohen zum

---

[74] Vgl. JAMES: Greek Manuscripts; HASKINS, CHARLES H.: The Renaissance of the Twelfth Century, Cambridge, Massachusetts 1927; 2. Aufl. New York 1957; STEPHENS, G. R.: The Knowledge of Greek in England in the Middle Ages, Diss. Philadelphia 1933 (nicht gesehen); SIEGMUND, ALBERT: Die Überlieferung der griechischen christlichen Literatur in der lateinischen Kirche bis zum zwölften Jahrhundert (Abhandlungen der Bayerischen Benediktiner-Akademie 5), München-Pasing 1949; BERSCHIN, WALTER: Griechisch-lateinisches Mittelalter. Von Hieronymus zu Nikolaus von Kues, Bern und München 1980; KRISTELLER: Catalogus scheint JosAs behandeln zu wollen (merkwürdigerweise in I, 2.14 unter ʿApocrypha Novi Testamentiʾ registriert), hat es aber m. W. noch nicht getan.

[75] BERSCHIN, 276—279. Vgl. JAMES: Greek Manuscripts, 340 f.: "Certain versions from Greek were newly made in the twelfth century, but, alas, not by us; though it is an English writer, Herbert de Bosham, who gets an abbot of St. Denis to translate for him a set of ὑποθέσεις to the Pauline Epistles. It was a St. Denis scholar who made a version of the dialogue of Secundus the Philosopher which had a great vogue in England. I have wondered whether it was he or an Englishman who also rendered into Latin the History of Asenath, the wife of Joseph — which I now believe to have been so rendered in the twelfth century, and not by Grosseteste; all the manuscripts of the full version (not the abridgement which we find in Vincent of Beauvais) are of English origin." Zu Grosseteste s. unten Anm. 78.

[76] Glossa (MPL 113, 1879; 114, 1879); Historia Scholastica, Historia libri Genesis, vgl. bes. 92 (MPL 198, 1855, Sp. 1130); Aurora (BEICHNER, PAUL E.: Aurora. Petri Rigae Biblia versificata. A Verse Commentary on the Bible, Publications in Mediaeval Studies 19, 2 Bde., Notre Dame, Indiana 1965). Daß Hugo von St. Viktor (1096—1141) in der Apokryphenliste in De eruditione didascalica IV 15 (MPL 176, 1854, Sp. 787 f.) JosAs nicht erwähnt, besagt wohl nichts. Hugo folgt einfach dem ʿDecretum Gelasianumʾ, in dem JosAs nicht steht. Außerdem muß er JosAs nicht für ein Apokryphon gehalten haben.

späten Mittelalter"[77], wie bei TestXII die Übersetzung veranlaßt oder selbst gemacht haben[78]. Aber die Blüte der Bibelwissenschaft im 12. Jh. in Frankreich[79], deren Erbe auch Grosseteste war (er hatte zudem wohl in Paris studiert), mag indirekt zur Entstehung von L1 beigetragen haben. Wie auch immer: eine in England im 12. Jh. gemachte Übersetzung aus dem Griechischen ist kulturgeschichtlich bemerkenswert. Soweit ich mich belesen habe, ist keine andere belegt.

b. Ein Katalog der Bibliothek von Prior und Konvent in Durham, handschriftlich in Durham, Cathedral Library, B. IV. 24, frühes 12. Jh., enthält den Titel 'Putiphar'[80]:

> . . . *Vitæ Margaretæ Reginæ. Vitæ binæ Sancti Anselmi. Liber de Vitis Abbatum de Weremouth. Job glosatus. Putiphar. Liber Picturæ. Vita Sancti Brendani* . . .

Leider sind weder 'Putiphar' noch die umgebenden Titel, mit denen er in einem Band zusammengestanden haben kann, später in Durham nachweisbar[81]. Das wäre das früheste Lebenszeichen von L1 — wenn es L1 meint. Der Bibliothekar, falls Durham damals einen hatte, müßte die Titelaufnahme ziemlich oberflächlich gemacht haben. Was 'Putiphar' sonst sein könnte, ahne ich allerdings nicht.

c. Im (späteren?) 12. Jh. setzte ein Unbekannter unter vielen anderen Glossen ein Zitat von JosAs 1,4f. zu einer Miniatur des in der Mitte des 11. Jhs. (vor 1066?) geschriebenen altenglischen Hexateuchs London, The British Library,

---

[77] BERSCHIN, 294.

[78] So BATIFFOL: Prière d'Aseneth, 2f., auf Grund einer Vermutung von JAMES (zurückgenommen, s. oben Anm. 75), in der älteren Literatur und noch von CARTOJAN, II 59, nachgeschrieben; vgl. auch unten IV.2. Dagegen THOMSON, 242f.; UJosAs, 35 (zu Anm. 2 vgl. jetzt SAJAVAARA, KARI: The Middle English Translations of Robert Grosseteste's *Château d'Amour*, Mémoires de la Société Néophilologique de Helsinki 32, Helsinki 1967; eine Neuausgabe des anglo-normannischen Originals soll folgen). THOMSON, 242 Anm. §, meint übrigens, FRANCESCHINI: Roberto Grossatesta, 46 Anm. 3, habe BATIFFOLS Argument widerlegt, daß JosAs L1 sprachlich TestXII Lat sehr ähnele; FRANCESCHINI, der BATIFFOL nicht kannte, stellte aber nur fest, es entspräche nicht der Arbeitsweise des Bischofs, einen Text zu einer Form, wie sie bei Vinzenz von Beauvais erhalten ist (s. unten III.3.e), zusammenzustreichen. — Zu TestXII lateinisch genauer DE JONGE, HENK JAN: La bibliothèque de Michel Choniatès et la tradition occidentale des Testaments des XII Patriarches, Nederlands Archief voor Kerkgeschiedenis 53, 1973, 171−180 = in: Studies on the Testaments of the Twelve Patriarchs. Text and Interpretation. Edited by M[ARINUS]. DE JONGE (StVTPs 3), Leiden 1975, 97−106.

[79] SMALLEY, BERYL: The Study of the Bible in the Middle Ages, 2. Aufl., Oxford 1952 = Notre Dame, Indiana 1964; 3. Aufl. 1983 nicht gesehen.

[80] Catalogues of the Library of Durham Cathedral (Publications of the Surtees Society 7), London 1838, 3−10, vgl. I−IV. Der Hinweis stammt von HAMILTON, 143 Anm. 4.

[81] "*I have found the reference to the work* Putiphar *in our MS. B IV 24, but I cannot find it in any more recent catalogue of the Library. I have not been able to trace any of the other works which are mentioned in the same paragraph of B IV 24, either, so I wonder if the whole paragraph may refer to a manuscript now lost*" (JUNE COOLNIP, Assistant Librarian, brieflich am 31. 10. 1958).

Cotton Claudius B. IV, f. 60v (früher 61v)[82]. Die Miniatur zeigt Teile eines Hauses, Umrisse eines Wagens, Joseph und Aseneth vor dem thronenden Pharao kniend und zu dessen Linken einen Soldaten mit Schild und erhobenem Schwert. Der Bildinhalt geht also wohl über Gen 41,45 nicht hinaus. Die Glosse heißt:

> *De Joseph et annis uite eius. Joseph dux Egipti. per annos octoginta.*
> *Aseneth decem et octo annorum magna et speciosa. et pulchra ualde*
> *super omnes uirgines terre. sed erat per omnia similis filiabus he*
> *breorum. Erat magna ut Sara. speciosa ut Re[b? radiert ec radiert] bcca.*
> *formosa ut Rachel*

Das ist L1, leicht gekürzt, nicht Vinzenz oder die Epitome. Verwandtschaft mit einer bestimmten Handschrift läßt sich nicht feststellen.

d. 424 taucht bald nach der Entstehung in Frankreich auf. Am unteren Rand von f. 162v steht zudem von einer Hand, die nicht die des Schreibers ist: *Hunc librum acquisiuit monasterio sancti Victoris Parisiensi Fr. Iohannes la Masse dum esset prior eiusdem ecclesiae*[83].

e. Vinzenz von Beauvais (um 1190–1264) nahm einen Auszug von L1 in sein 'Speculum historiale' I 118–124 auf. Das 'Speculum', der dritte Teil von Vinzenz' 'Speculum maius', der größten allgemeinen Enzyklopädie des Abendlands vor DIDEROT, ist eine Weltgeschichte von der Schöpfung bis 1244, verlängert bis 1253[84]. L1, stark kondensiert und mit neuen Lücken (z. B. JosAs 11–13 und 20), dient in drei Teilen dazu, die Josephsgeschichte aufzufüllen[85]:

---

[82] DODWELL, CHARLES R., und CLEMOES, PETER: The Old English Illustrated Hexateuch. British Museum Cotton Claudius B. IV (Early English Manuscripts in Facsimile 18), Kopenhagen 1974, 15; Abbildungsteil, 60v. Text schon bei BATIFFOL: Prière d'Aseneth, 3 Anm. 1, der ihn ins 13. Jh. datierte.

[83] Dazu unten Anm. 85a.

[84] Zu Autor, Werk und Überlieferung ULLMAN, BERTHOLD L.: A Project for a New Edition of Vincent of Beauvais, Speculum 8, 1933, 312–326. Erstdrucke bei J. Mentelin, Straßburg 1473–1476, letzter Druck Douai 1624 (ULLMAN, 325f.), faksimiliert Vincentius Bellovacensis (Vincent de Beauvais), Speculum Quadruplex sive Speculum maius naturale / doctrinale / morale / historiale, Graz 1965. Zu einer Neuausgabe GUZMAN, GREGORY G.: A Growing Tabulation of Vincent of Beauvais' *Speculum historiale* Manuscripts, Scriptorium 29, 1975, 122–125. GUTTMANN, J.: Die Beziehungen des Vincenz von Beauvais zum Judenthum, MGWJ 39, 1895, 207–221, geht auf JosAs nicht ein.

[85] Bibliotheca mvndi. / sev / Specvli maioris / Vincentii Bvrgvndi / præsvlis Bellovacensis, / Ordinis Prædicatorvm, / theologi ac doctoris eximii, / tomvs quartvs, / qvi Specvlvm historiale inscribitvr: / In quo vniuersa totius orbis, omniumque populorum ab orbe condito / vsque ad Auctoris tempus Historia continetur, pulcherrimum / actionum ciuilium & ecclesiasticarum Theatrvm, Douai 1624 = Graz 1965, 42–45 (buchstäblich, nur Abkürzungen durch Klammern aufgelöst und fehlender Worttrennungsstrich am Zeilenende nicht beachtet, ohne Marginalien, im Original Kursives steil). I (in der Literatur und korrekter auch II zu lesen) 118–124 auch bei FABRICIUS und mit vielen Fehlern bei MACCRACKEN: Storie. Illustrationen s. unten V.1.c. Die Ausgabe von Douai scheint jedenfalls hier vom Erstdruck kaum abzuweichen. Weiter unten Anm. 85a.

De venditione Ioseph & liberatione de carcere.

C A P.   C X V I I.

Ioseph natus anno patris sui 91. ætatis tertiæ 251[?]. mundi vero
secundo millesimo. 199. cum sexdecim esset annorum, & pasceret
gregem, inuidiam & odium fratrum incurrit, propter familia-
re(m) erga se patris dilectionem & propter somniorum nar-
rationem, & propter ipsorum fratrum accusationem, qui eum
ad se missum tunica talari nudatum, in cisternam veterem de-
posuerunt; deinde consilio Iudæ extractum, Ismaelitis vendide-
runt, & simulantes eum occisum patri magnum luctum induxe-
runt. Inter hæc Iudas fornicario concubitu de Thamar nuru sua,
Phares & Zaram genuit, eamque deprehensam comparatione sui
iustificauit, quia non eam Sela filio suo tradiderat, cuius adoles-
centiam, eam in viduitate manentem expectare præceperat [.]
Madianitæ verò qui & Ismaelitæ vendiderunt Ioseph in Ægyp-
tum Putifari eunucho, magistro militiæ Pharaonis. Alij dicunt
Archimatero [lies -*magiro*] *id est principi coquorum; nec ab-*
horret à vero, quia apud plures nationes Dapiser [lies -*fer*] *Prin-*
cipis, honorabilior est, & Princeps militiæ; hunc Iosephus vocat
Putefrem, sed Hieronymus non bene translatum nomen asserit.
Hic habuit vxorem & liberos, quia & Ioseph filiam ipsius duxit
vxorem; nec de eunuchis regis fuit, qui paruuli castrabantur, sed
tradunt Hæbrei, quod videns Ioseph elegantem, emit eum vt ei
misceretur, Dominus autem custodiens Ioseph, illum adeo in-
frigidauit, vt deinceps impotens fuerit coire tanquam Eunuchus
esset. Itaque videntes eum adeo frigiditate[?] *arefactum de more*
suo eum Pontifice(m) Heliopoleos creauerunt; & honoratior fuit
quam ante erat in principatu [*Madianitæ – principatu* = Comestor, Lib. Gen. 88; MPL 198, 1855, Sp. 1126f.]. *Ioseph autem*
in Ægyptum ductus, & à Putifar emptus; in conspectu eius magni-
ficatur; sed propter morem castitatis, & fidei, à Domina sua
accusatus incarceratur. Somnia Pincernæ interpretatur, & inter-
pretationis veritate probata, iussu Pharaonis educitur, atque
ad eius somnium exponendum in eius præsentia sistitur.

De sublimatione eiusdem & arrogantia Asseneth.

C A P.   C X V I I I.

Ioseph triginta annorum erat quando stetit coram Pharaone,
somnioque eius exposito, sublimatus & dux Ægypti constitutus.
scilicet anno Iacob. 121. vt postea patebit, ac per hoc anno tertiæ
ætatis 281. mundi verò secundo millesimo 200. & 29. Dedit autem
ei Pharao vxorem Asseneth filia(m) Putifaris virginem, ex qua
nati sunt ei filij Manasses & Effraim. Inter hæc autem Apis rex
Argiuorum in Ægypto Menphin condidit.

Josas 1,1   Ex historia Asseneth. *In primo enim anno 7.*
2   *vbertatis, misit Pharao Ioseph, |vt congregaret frumenta, qui*
3   *venit in fines Heliopoleos, |cuius regionis Princeps erat Putifar*
sacerdos Princeps Satraparum, & Co(n)siliarius Pharaonis,
4   *|huius filia erat Asseneth pulchra super omnes virgines terræ,*
1,5; 2,1   *|per omnia similis filiabus Hebræorum, |elata, & superba, de-*
spiciens omnem virum, quam etiam nullus vnquam viderat
virorum. Erat enim turris coniuncta domui Putifaris magna &
excelsa, super quam erat cœnaculum habens thalamos decem,
2   *|quorum primus magnus & decorus, lapidibus porfireticis stra-*
tus, parietes lapidibus pre tiosis [sic] induti laquearea aurea;
3   *|& erant intus Dij Ægyptiorum aurei & argentei, quos colebat*
4   Asseneth, & timebat, & quotidie eis immolabat. *|Secundus*
thalamus seruabat ornatum Asseneth, in auro & argento, &
5   *lapidibus & linteaminibus pretiosis. |In tertio thalamo era(n)t*
6   *omnia bona terrę, erat enim promptuarium Asseneth,|reliqui 7.*
septem virginum erant, quæ illi seruiebant pulchræ nimis, qui-
7   *bus locutus non erat vir, neque puer masculus. |In thalamo*
Asseneth erant tres fenestræ, prima magna valde prospiciens
ad Orie(n)tem, secunda ad Meridiem, tertia ad Aquilonem:
8   *|Erat ibi lectus aureus stratus peplis purpureis, auro textis ex*
9   *iacintho & purpura, & bysso, |in quo dormiebat Asseneth sola,*
10   *& vir nunquam sederat super illum, |& erat atrium magnum in*
circuitu domus, cuius paries excelsus valde, lapidibus quadratis
11   *erat constructus, |in quo atrio erant quatuor portæ ferreæ, quas*
12   *custodiebant simul 18. viri fortissimi iuuenes armati, |erat in*
dextra parte atrij fons aquę viuentis, & deorsum fontis cisterna
suscipiens eius aquam & irrigans omnes arbores in atrio plantatas,
1,5   *quæ pulchræ erant, & fructiferæ. |Erat autem Asseneth magna*
vt Sara, speciosa vt Rebecca, formosa vt Rachel.

De hoc quod Ioseph eam de cultura idolorum redarguit.

C A P.   C X I X.

3,2   *Misit ergo Ioseph ad Putifarem nuncium, quod vellet diuertere*
3,3; 4,7   *ad domum eius, |& gauisus est Putifar, |& dixit filiæ suæ, quod*
4,8   *veniret Ioseph fortis Dei, |& vellet eam illi tradere in vxorem.*
9.11   *|Quæ indignata respondit, se nolle dari viro captiuo, |sed filio*
5,1   *regis. |Illis autem loquentibus venit qui diceret Ioseph adesse,*
5,2.4   *|[+ et?] fugit Asseneth in cænaculum sursum, |& venit Ioseph*
sedens in curru scilicet [lies secundo?] Pharaonis, qui erat totus
aureus, quem trahebant quatuor equi albi sicut nix, frenis de-
5   *auratis, |& erat Ioseph indutus tunica candida splendidissima, &*
pallio purpureo & auro texto, & corona aurea super caput eius,
& in circuitu coronę erant duodecim lapides electi, super quos
erant duodecim astra aurea, & virga regia in manu eius, &

7 *ramus oliuæ fructu pinguissimo.* |*Et venerunt Putifar & vxor*
6 *eius in occursum eius, & adorauerunt eum,* |*& intrauit Ioseph*
6,1 *in atrium, & clausa sunt ostia atrij,* |*& vidit Asseneth Ioseph,*
2 *& conturbata est super sermonem, quem dixerat de eo;* |*& dixit:*
3 *Ecce sol venit de cælo ad nos in curru suo,* |*nesciebam quod*
4 *Ioseph filius Dei erat.* |*Quis enim hominu(m) tantam potuit*
 generare pulchritudinem, aut quis venter mulieris tantum por-
7,1 *tare lumen.* |*Et intrauit Ioseph in domum Putifaris & lauerunt*
2 *pedes eius;* |*& ait Ioseph, quæ est mulier illa, quæ erat in cæna-*
 culo ad fenestram? abeat nunc de domo ista: timebat enim ne
3.4 *molesta esset illi,* |*sicut omnes aliæ* |*quæ certatim mittebant nun-*
 cios suos ei cum muneribus diuersi generis, quos proijciebat [sic]
7 *cum indignatione & iniuria:* |*& ait Putifar: Domine filia mea est*
 virgo, & odio habens omnem virum, quam nunquam vidit vir,
8 *nisi ego & tu hodie; si vis veniat & salutet te.* |*cogitans ergo*
 Ioseph, quod si odiebat omnem virum, nunquam ei importuna
 esset, ait patri eius, si virgo est filia vestra, diligo eam sicut
8,1 *sororem meam,* |*& ascendit mater eius, vt adduceret eam quam*
 statuit in conspectu Ioseph, & ait pater eius, saluta fratrem
 tuum, qui odit omnes mulieres alienigenas, sicut tu omnes viros;
2.3 |*& ait Asseneth: Aue benedicte à Deo excelso;* |*& ait Ioseph,*
4 *Benedicat te Deus qui viuificat omnia,* |*& dixit Putifar filiæ*
5 *suæ, vt oscularetur Ioseph,* |*quod cu(m) illa vellet facere, exten-*
 dit Ioseph manum suam, & posuit ad pectus eius dicens, non
 decet virum colentem Deum viuentem, & manducantem panem
 vitæ, & calicem incorruptionis bibentem, osculari mulierem
 alienigenam; osculantem ore suo idola surda & muta & mandu-
 cantem à mensa eorum panem Anchonis & bibentem de spon-
 gijs [lies *spondiis*] *eorum calicem anedras, calicem occultum, &*
 vngentem se oleo inscrutabili.

De poenitentia Asseneth & consolatione Angelica.

C A P.   C X X.

8,8 *Audiens Asseneth verba Ioseph contristata est valde & plorauit,*
9 *& misertus est eius Ioseph,* |*& posuit manum super caput eius &*
9,1 *benedixit eam,* |*& gauisa est Asseneth in benedictione sua, &*
 misit se super lectu(m) suum, & infirmata est præ timore &
2 *gaudio,* |*& egit pœnite(n)tiam à Dijs quos colebat, & abrenu(n)-*
3 *ciauit eis* |*Et manducauit Ioseph & bibit, & cum vellet recedere*
4.5 |*voluit eum Putifar retinere vna die* |*& non potuit, sed recessit*
10,8 *Ioseph promittens se octaua die reuersuru(m);* |*& accepit Asseneth*
 tunicam nigram, quod erat indumentum tristitiæ eius, quando
9.12 *mortuus erat frater eius minor,* |*& clauso super se ostio fleuit* |*&*
 proiecit omnia idola sua per fenestram, quæ respiciebat ad Aqui-
13.14 *lone(m),* |*& omnem cænam suam regiam proiecit canibus,* |*&*

15   *posuit cinerem super caput suum & super pauimentum,* |& *fleuit*
10,17; 11,1   *amare |per septem dies,* |[+ *et?*] *octaua die diluculo galli canta-*
1y?   *uerunt, & canes latrauerunt,* |& *prospiciens Asseneth per fene-*
14,1   *stram, quæ respiciebat ad Orientem,* |*vidit; & ecce stella lucifer,*
2.3 |& *prope eam fissum est cælum, & apparuit lux magna;* |& *vi-*
    dens Asseneth cecidit in faciem suam super cineres, & ecce vir
4   *descendens de cælo stetit super caput Asseneth;* |& *vocauit eam*
5.6   *ex nomine,* |*quæ præ timore non respondit;* |& *vocauit eam se-*
7   *cu(n)do Asseneth, Asseneth,* |*quæ respo(n)dit, ecce ego domine*
8   *quis es? annuncia mihi.* |*Qui ait; ego sum princeps domus Dei,*
    & princeps exercitus domini: surge & sta super pedes tuos &
9   *loquar ad te.* |*Et leuauit Asseneth caput, & ecce vir per omnia*
    similis Ioseph, stola, & corona, & virga regia, cuius vultus sicut
    fulgur, & oculi eius, sicut radij solis, capilli capitis vt flamma
10   *ignis,* |& *videns Asseneth timore percussa cecidit in faciem suam,*
11.12 |*quam confortans Angelus & eleuans ait,* |*depone cilicium istud*
    nigrum, quo induta es, & cinctorium tristitiæ tuæ, & saccum de
    lumbis tuis, & excute cinerem de capite tuo, & laua faciem
13   *tuam, & manus tuas aqua viuente, & orna te ornamentis tuis* |&
14.15   *loquar ad te,* |*quæ cum ornasset se* |*festinanter redijt ad Ange-*
15,1   *lum,* |*cui Angelus: Denuda caput tuum à teristro, quia virgo es,*
2.4 |*confortare* |& *gaude Asseneth virgo, quoniam nome(n) tuum*
    scriptum est in libro viuentium & non delebitur in æternum.
5 |*Ecce ab hodierna die renouata es & viuificata, & manducabis*
    panem benedictionis & potum bibes incorruptionis, quia vngeris
6.7   *chrismate sancto.* |*Ecce dedi te hodie sponsam Ioseph,* |& *nomen*
    tuum non vocabitur amplius Asseneth, sed multi refugij: nam
    pœnitentia exorauit pro te altissimum, quæ est filia altissimi,
8.12x |*virgo hilaris ridens se(m)per & modesta.* |*Cumque quæreret*
    Asseneth ab Angelo nomen eius; respondit, nomen meum scrip-
    tum est digito Dei in libro altissimi. & omnia quæ in libro illo
    scripta sunt ineffabilia sunt, nec conuenit homini mortali, vel
    audire illa, vel dicere.

De mensa & fauo, quem illa apposuit Angelo.

C A P.   C X X I.

15,14.13   *Et ait Asseneth tenens summitatem pallij eius,* |*si inueni gratiam*
14   *in oculis tuis,* |*sede nunc paululum super lectum istum, super*
15   *quem nemo vnquam sedit, & præparabo tibi mensam;* |& *dixit*
16,1; 15,14   *Angelus affer cito;* |& *apposuit panem* |& *vinum suaue olens*
16,1   *vetus;* |& *me(n)sam nouam; & ait Angelus, Affer mihi & fauum*
2   *mellis.* |*Cumque illa contristata staret, eo quod fauum non ha-*
3.5   *beret,* |*ait ei Angelus,* |*intra in cellarium tuum & in uenies* [sic]
8   *fauum mellis super mensam tuam,* |& *inuenit fauum candidum*
11   *sicut niuem, & mel mundissimum, & odor eius suauis;* |& *ait*

Asseneth; domine non habebam fauum, sed dixisti ore tuo
sancto, & factum est, vnde & odor eius est, sicut spiramen oris
12.13   tui; |& subrisit Angelus super intelligentiam Asseneth, |& ex-
14   tensa manu tetigit caput eius |dicens: beata es tu, quoniam di-
misisti idola & credidisti in Deum vnum, & beati aduenientes
domino Deo in pœnitentia, quoniam comedent de hoc fauo,
quem feceru(n)t apes paradisi Dei, de rore rosarum in paradiso,
& ex hoc comedunt omnes Angeli Dei; & quicunque ex illo
15   comederint non morientur in æternum; |& extensa manu confregit
de fauo partem minimam, & comedit ipse, reliquumque dedit in
16   os Asseneth, |& dixit: Ecce comedisti panem vitæ, & vncta es
chrismate sancto, & ab hodierno die carnes tuæ renouabuntur,
& ossa tua sanabuntur: & virtus tua erit indeficiens & iuuentus
tua senectutem non videbit, & pulchritudo tua non deficiet; &
eris sicut Metropolis ædificata omnium confugientium ad nomen
16x   domini Dei Omnipotentis Regis sæculorum: |& extendit manum,
& tetigit fauum, quem fregerat & factus est totus integer sicut
17   prius. |Extensaque manu dextera tetigit digito suo indice summi-
tatem mellis prospicientem versus orientem, & retraxit digitum
suum ad seipsum, & induxit super extremu(m) faui quod respiciebat ad occasum, & via digiti eius facta est in sanguinem.
Extendit manum suam secundò, & tetigit summitate digiti sui
fauum mellis, iuxta partem respicientem ad Aquilonem, & traxit
eum super partem respicientem ad meridiem; & facta est via
17x   digiti eius in sanguinem, |aspiciente Asseneth, & ait, inspice
17y.18   fauum; |& exierunt de fauo Apes multæ |candidæ sicut nix, &
19   alæ earum purpureæ sicut Hiacinthus; |circumdederunt omnes
20   Asseneth & operabantur in manibus eius fauum mellis, |& man-
ducauerunt ex eo, & ait Angelus apibus, ite in locum vestrum;
16,21; 17,1 |& abierunt omnes versus orientem in paradisum, |& ait Ange-
2.3   lus; |sic erunt omnia verba quæ locutus sum ad te hodie, |& ex-
tendit tertiò Angelus manum suam & tetigit fauum, & ascendit
4   ignis de mensa & comedit fauum, & mensam non tetigit,| |&
fragrantia incendij faui dulcis valde facta est.

De benedictione septem virginum & coniugio Asseneth.

CAP. CXXII.

Et dixit Asseneth ad Angelum, domine sunt mihi septem vir-
gines nutritæ mecum ab infantia mea, & vna nocte mecum
17,5   genitæ, vocabo eas & benedices eas sicut me, |quas ille iussit
6   vocari, |& benedixit eis, dicens; benedicat vos dominus Deus
7   altissimus, & sitis sicut columnæ septem ciuitatis refugij, |& iussit
8   Angelus Asseneth, vt leuaret mensam, |quam cum leuata(m)
deponere pergeret, recessit Angelus ab oculis eius; & reuersa,
vidit sicut currum quatuor equorum procedentem versus orien-

9.10 *tem in cælum.* |*Cumque oraret Asseneth* |*vt indulgeret ei, quod*
18,1 *tam audacter locuta fuerat cum eo:* |*ecce vnus adolescens ex fa-*
  mulis Putifaris nunciauit dicens; ecce Ioseph Dei fortis venit,
19,2 *iam enim præcu[r]sor eius est ad portam atrij vestri;* |*festinauitque*
3 *Asseneth in occursum Ioseph, & stetit in hipodromo domus,* |*&*
4−7 *cum intrasset Ioseph atrium,* |*salutauit eum Asseneth & dixit ei*
20,5; 21,2 *verba quæ erat locutus Angelus ad se;* |*& lauit pedes eius.* |*Cra-*
  stina die rogauit Ioseph Pharaonem, vt daret ei Asseneth in vxo-
5 *rem,* |*& dedit eam illi Pharao, & imposuit eis coronas aureas*
7.8 *meliores quas habebat,* |*& fecit eos osculari adinuicem,* |*& fecit*
  eis nuptias & cænam magnam vltra septem dies, & præcepit vt
4 *nemo faceret opus in diebus nuptiarum Ioseph,* |*& vocauit Ioseph*
  filium Dei & Asseneth filiam altissimi.
  Comestor [Lib. Gen. 92; MPL 198, 1855, Sp. 1130]. *Nati*
  sunt ei filij duo priusquam veniret fames, & vocauit primum,
  Manassem quod est obliuio, dicens, obliuisci me fecit Deus labo-
  rum meorum & domus patris mei; secundum, vocauit Effraim,
  quod est fructificatio, dicens: Crescere me fecit dominus in terra
  paupertatis meæ [Gen. 41,50−52].

  De descensu Israel in Ægyptum, & seductione Dan & Gad.

    C A P.   C X X I I I.

  Ex historia sacra. *Itaque cum per septem annos vbertatis colle-*
  gisset Ioseph frumentum, & ingrueret fames super omnem ter-
  ram, iuxta somnij coniecturam, aperuitque horrea, vendiditque
  Ægyptijs, insuper & his, qui de alijs ad emendum veniebant
  prouincijs; inter quos fratres suos agnoscens, sed ab eis in-
  cognitus, durius allocutus est eos, exploratores eos esse dicens:
  ideo exploratorum pœna dignos, maximeque si de Beniamin
  vera non dicerent; de quo timebat quod in eum aliquid deliquis-
  sent, quo tandem ab eis cum muneribus abducto, seipsum illis
  cum fletu innotuit, vultuque ac verbis placidissimum ostendit.
  Datis insuper muneribus priorem [lies patrem?] *ad se venire*
  mandauit, Iacob itaque per visionem à domino confortatus de-
  scendit in Ægyptum cum 66. animabus: ita quod ipse cum eis &
  Ioseph cum duobus filijs simul fuerunt 70. Eratque 130. anno-
  rum quando Ioseph eum, in conspectum Pharaonis introduxit;
  eique terram Gessen ad habitandum dedit.

JosAs 22,2 Ex parua Genesi. |*In anno secundo famis, mense secu(n)do*
  21. die mensis venit Israel in Ægyptum cum vniuersa cogna-
7 *tione sua, & intrauit terram Gessen,* |*viditque Asseneth Iacob,*
  & admiratá est quoniam senectus eius erat speciosa sicut iu-
  uentus. Erat quippe caput eius candidissimum sicut nix, & barba
  candida sedens super pectus eius, oculi eius fulgurantes, & nerui
  eius, & humeri, & brachia firma, genua, & crura, & pedes vt

9.10   *gigantis,* |*& benedixit eis Iacob, & osculatus est.* |*Et reuersi sunt*
12   *post prandium, Ioseph & Asseneth in domum,* |*& Leui cum eis*
23,1   *& Simeon.* |*Et cum vidisset filius Pharaonis Asseneth in domo*
23,2−4   *patris sui deambula(n)tem, exarsit, in pulchritudine eius,* |*&*
     locutus est Leui ac Simeon vt interficerent Ioseph, & haberet
     eam vxorem, quæ illi debebatur, & daret eis aurum & argentum
23,10−17;   *multum.* |*Qui non intenderunt in sermones eius,* |*& cæpit* [!]*filius*
24,1−7   *Pharaonis accusare Ioseph apud fratres suos Dan & Gad, qui*
8   *erant filij ancillarum Iacob; dicens,* |*se audisse Ioseph dicentem*
     apud Pharaonem, quod post mortem patris sui destrueret eos, ne
     essent hæredes cum fratribus suis, eo quod essent filij ancillarum,
9.14 |*& eum vendidissent Ismaelitis, & inuiderent ei,* |*persuasitque*
     eis vt interficerent Ioseph, & ipse interficeret Pharaonem prio-
25,1   *rem* [lies *patrem?*]*suum, qui erat tanquam pater Ioseph.* |*Quod*
     cum vellet facere nocte prohibuerunt eum custodes patris sui
3   *introire ad eum dicentes,* |*pater tuus doluit caput & modo dor-*
     mit, & prohibuit nobis, ne quis ad eum intret, nec etiam filius
4   *suus primogenitus,* |*& assumptis 50. viris armatis perrexit ad*
26,5   *locum insidiarum, vbi erant Dan & Gad,* |*quoniam illuc debe-*
     bant pergere Ioseph & Asseneth cum 600. viris, qui omnes ab
     insidijs trucidati sunt præter vnum, qui fugit ad Simeonem &
6   *Leui; Asseneth autem fugit in curru & cum ea Beniamin.* |*Sime-*
     o(n) autem & leui assumentes omnes qui secum erant armatos;
27,6   *persecuti sunt eos,* |*& irruerunt in eos subitò; & plurimos occide-*
28,8   *runt*[.] |*Dan autem & Gad absconsi sunt in densitate calami.*

De morte Pharaonis & Iacob & Ioseph.

C A P.   C X X I V.

Helinandus 7. lib. *Anno principatus Ioseph 12. mortuus est*
Pharao sub quo dux erat Ioseph, quem Comestor altero
nomine dicit appellatum Nefrem[.] *De huius autem morte*
sic dicit historia Asseneth: post illud bellum scilicet superius
JosAs 27,1   *memoratum, inter filium Pharaonis, & Simeonem, & Leui;* |*Ben-*
26,7−8   *iamin inquit sedens in curru cum Asseneth* |*videns filiu(m) Pha-*
27,2   *raonis venientem contra se vt tolleret Asseneth,* |*lapidem de*
3   *torrente arripiens, percussit eum in ceruice sinistra,* |*& deduxit*
28,8−9   *eum de equo super terram quasi mortuum.* |*Postea videns Ben-*
     iamin Simeonem & Leui venientes confortatus est, quia quære-
     bant fratres suos Dan, & Gad, vt interficerent eos, quorum iram
29,5   *compescuit;* |*illi vero leuantes filium Pharaonis à terra, laue-*
     runt plaga(m) eius, & ligauerunt eam, & duxerunt eum ad pa-
6   *trem suum Pharaonem, & narrauerunt omnia verba hæc.* |*Pha-*
7   *rao vero gratias egit, quia non interfecerunt eum.* |*Tertio vero*
8   *die mortuus est filius Pharaonis de vulnere.* |*Et Pharao no(n)*
     multo post mortuus est dolore mortis filij sui anno 29. & reliquit

9 *regnum suum Ioseph,* |*qui regnauit pro puero in Ægypto annis*
48. & post hæc dedit diadema filio Pharaonis, qui erat ad vbera,
quando mortuus est Pharao, & Ioseph nuncupatus est pater
eius in terra Ægypti.
Author. *Ipse vero Ioseph domino suo prudenter & fide-*
liter obsequens, venditione frumenti, Ægyptios omnes in serui-
tutem subdidit Pharaoni, qui vtique tali necessitati meruerant
addici. Denique Iacob cum esset, 147. annorum videns obitum
suum iminiere [sic]*, vocauit Ioseph, & vt eum in Abrahamio*
sepeliret, adiurauit, filijsque eius Manasse & Effraim cancella-
tis manibus benedixit, & ei præter sortem hæreditatis agrum
Sichen, quem acquisierat dedit. Conuocatis autem filijs suis
pluribus eorum benedixit, omnibus bene ac propheticè ven-
tura prædixit scilicet de diuisione terræ ad literam; & de
futuro tribuum statu, aptissime autem de vtroque Christi ad-
uentu; quæ omnia quia nota sunt breuitatis causa prætermitto,
& ta(n)dem collectis super lectulum suum pedibus obijt, quo
à filijs suis in terram propriam pertranslato & in spelunca du-
plici sepulto; Ioseph adiuratis fratribus, vt exeuntes Ægyptum
ossa eius deferrent, mortuus est & ipse, cum esset 110. annorum,
& repositus in loculo in Ægypto, anno scilicet ducatus sui 80.
à prima promissione Abrahæ facta in via Mesopotamiæ 286. à
natiuitate Abrahæ in qua tertia cæpit [!] *ætas 361. ab initio vero*
mundi secu(n)do millesimo 309. nec inde motus est donec egressi
sunt filij Israel de Ægypto. Alij fratres, (vt dicit Iosephus) quis-
que in obitu suo; deferebatur & sepeliebatur in Ebron, post
translati sunt in Sychen.

In 125–129 folgen Auszüge aus Grossetestes TestXII mit Namensnennung. Daß
vorher wirklich L1 benutzt ist, zeigt sich in 123f., wo deutlich der zusammen-
gestrichene Text dieser Übersetzung vorausgesetzt ist. Vinzenz steht 424 nahe,
übrigens der einzigen Handschrift, die JosAs eine 'historia' nennt ('Historia
Asenech filia Phutifaris uxoris Ioseph'). Ob Vinzenz selber L1 zusammengefaßt
und in seinem Zusammenhang untergebracht oder das Ganze übernommen hat,
läßt sich erst nach Untersuchung seiner Quellenbenutzung[85a] und anhand einer

[85a] Kurz vor dem Umbruch machte mich J. B. Voorbij (Groningen) liebenswürdigerweise
auf die neuere Vinzenzforschung und anderes aufmerksam, was mir als Amateur entgangen
ist (brieflich am 15.9. und 1.10.1986). Zur Entstehung des Speculum, die in mehreren
Stufen vor sich ging (der Druck Douai 1624 fußt auf der letzten, JosAs steht aber in allen)
s. Lusignan, S.: Préface au *Speculum Maius* de Vincent de Beauvais. Réfraction et dif-
fraction (Cahiers d'Études Médiévales 5), Montréal–Paris 1979; Voorbij, J. B.: The
Speculum Historiale: some aspects of its genesis and manuscript tradition, in: Vincent of
Beauvais and Alexander the Great. Studies on the *Speculum Maius* and its translations
into medieval vernaculars edited by W. J. Aerts, E. R. Smits & J. B. Voorbij (Mediaevalia Groningana 7), Groningen 1986, 11–55. Besonders wichtig ist Voorbijs Entdeckung,

kritischen Ausgabe sagen. So kümmerlich aber JosAs bei Vinzenz repräsentiert ist, Kondensat einer ohnehin lückenhaften und mäßigen Übersetzung: dies ist die Form, in der JosAs im Abendland am meisten gelesen wurde (s. unten IV. 2).

f. Am Anfang des 15. Jhs. entstand eine mittelenglische Nachdichtung (MEngl) von L1 in Versen, ein Unikum in der gesamten JosAs-Überlieferung. Sie steht nur in der aus England stammenden Handschrift San Marino, California, H. E. Huntington Library, EL. 26. A. 13, 15. Jh.[86]. Der Text besteht aus 122 siebenzeiligen gereimten Strophen (a b a b b c c) nebst 32 Zeilen Prolog, in dem der Dichter sagt, warum er schrieb[87]:

> *"As I on hilly halkes logged me late,*
> *Beside ny of a ladi sone was I war;*
> *La bele me desired in englysh to translate*
> *The latyn of that lady, Asneth putifar".*

daß Vinzenz seine Darstellung der Josephsgeschichte einschließlich Aseneth wie vieles andere aus Helinandus von Froidmont, Chronicon (1210–20, ungedruckt), Buch VII, entlehnt hat (The Legend of Guntram in Helinand of Froidmont's *Chronicon*, in: Non Nova, Sed Nove. Mélanges de civilisation médiévale dédiés à Willem Noomen édités par Martin Gosman et Jaap van Os, Mediaevalia Groningana 5, Groningen 1984, 261–277). Helinand hat nach eigenem Zeugnis JosAs selber kondensiert: *Quid autem de hac Ascenech legi [?] in quadam hystoria que ab eius nomine titulatur, quomodo eam Ioseph acceperit in uxorem et quomodo illa etiam, antequam acciperet Ioseph, amabat castitatem, quia ualde mira sunt et non parum delectantia, abbreuiare et in hoc loco inserere dignum duxi. Legitur enim ibi sic.* [Kapitelüberschrift] *Relatio de Asenech filia Phutipharis, quomodo per angelum edocta sit in unum deum credere. Capitulum X.* Am Rande steht *Ex hystoria Aseneth* (Voorbij am 1. 10. 1986). Helinand hat aber seine Kurzfassung wohl stückweise in der Josephsgeschichte untergebracht; Vinzenz hat sie, im einzelnen wörtlich, dann wieder kompiliert. Er bleibt insofern der Autor der Fassung, die dann nachgewirkt hat (s. unten IV.2); Separatabschriften von Helinand sind unwahrscheinlich. Ob 424 nicht doch Helinands Vorlage gewesen ist, muß genauer untersucht werden. Der auf f. 162 v unten genannte Johannes la Masse (gest. am 31. 5. 1458) hat die Bibliothek von St. Viktor um mehr als 100 Handschriften vermehrt (Delisle, Léopold: Le Cabinet des manuscrits de la Bibliothèque Nationale, I, Paris 1874, 217; 424 nicht erwähnt). Möglicherweise ist das ein Anhalt, um den früheren Ort von 424 zu ermitteln.

[86] De Ricci, Seymour, und Wilson, William J.: Census of Medieval and Renaissance Manuscripts in the United States and Canada, I, New York 1935, 131 f. Brown, C.: A Register of Middle English Religious & Didactic Verse, I, Oxford 1916, 467; II, 1920, 50, kennt nur diese eine Handschrift. Text gedruckt von MacCracken: Storie. Zu MEngl noch Hamilton; MacCracken: Source; Dwyer. Die Ausgabe oder die Handschrift (u und n sehen gleich aus) ist verbesserungsfähig (Dwyer, 120 f.). Dazu wohl Zeile 38. 45. 105 *"helinpoleos"* (heliup-?); 90 '*retardyng*' (rega-?); 162 *"Anf"* (And?); 462 *"refute"* (refuge?); 658 *"olinpoleos"* (eliup-?). Auch 762 *"perfore asneth now to me"* kann nicht stimmen, vgl. 23,4 L1 *et nunc coniungimini mihi*; statt *asneth* wohl ein Verb.

[87] MacCracken: Storie, 226 f. – Sieben in der Handschrift folgende Strophen (Zeile 885– 933), die nach ausführlicher Klage über den bösen Tod (*"Ha, cruell deeth! contrarious to creatures in kynde"*, Zeile 885) das frühe Sterben von *"my maystresse"* beklagen, hat MacCracken als Epilog angesehen und geschlossen, die Auftraggeberin sei über der Arbeit weggestorben. Nach Dwyer, 121, sind sie eher ein unabhängiges Gedicht. M. E. hat er recht, aber der Hinweis 122 Anm. 7 stimmt nicht.

JosAs 1,1−6 MEngl (vgl. Anm. 89)

1,1   *"Pharao the famus kyng of egipt land aboute,*
     The firste yeer of seven yeeris of plentevus abundance,
     The fifthe day, in þe secunde monthe, he sende Ioseph oute
     To purveie wete for þe peple of his obeisance;
 2   *And in the ferthe monthe, þe eyhtethe day, to make purveance*
     Ioseph cam into þe cuntre of helinpoleos^d,
     And gadered whete of that region, nobeli sprang his loos.

 3   *And in þat cite þere was a prince of Pharao the kynges,*
     That was wondir noble and riche, and of gret prudence,
     Sad of conseyl, meke, and wise, in alle maner thyngys;
     Chief cunseilour to Pharao for his intelligence.
     Above alle princes he was preferred for his excellence;
     Of Helinpoleos^g preest, Putifer, so men did hym calle,
     Honoured in alle egipt of gret and of smalle.

 4   *This prince hadde a dowter dere, Asneth was her name,*
     A virgine ful specious and semely of stature,
     Of eyhtene yeer age sche was, withoute ony blame,
     Florishyng in here beaute, the most comely creature
     Of egipt, and alle virgines sche passed in feture.
 5   *Not lyke the dowhtres of egipt in here resemblance,*
     But assemblyng the hebrees in colour and countenance.

     Of stature semeli as sair, specious as rebekke,
     Fair formed of feturis, assemblyng to rachel.
     Her cors was ful comely of hue, hed & nekke.
     Cumfortable, of cuntenance, hit becam here wel;
 6   *Of here souerain beaute al egipt gan tel,*
     And praysed here in alle þat lande, so noble was here fame,
     That bataile among princes children was ioyned for þat dame".

1 ^a)> 433 441   ^b)*septimi* 442   ^c)424 441, *-ta* 421 422 431 432 442 Bat, unentscheidbar 423 433
2 ^a)> 432   ^b)> 432   ^c)431 442 Bat, *-iop-* 423 432 Vinz, *-iůp-* 421, *El-* 422, *Eliop-* 424, *Elyop-* 433 441   ^d)Lies *-liup-*? S. oben Anm. 86.
3 ^a)424&, *iste* 421& Bat   ^b)> 441   ^c)*et p. et m.* > 423 432   ^d)Hinter *quoniam* 424& ^e)*u.i.* 421& Bat, *u.* 433 441, *uiri illius* 424   ^f)422 431 442 Bat, *-iop-* 423 432, *-iůp-* 421, *Eliop-* 424, *Elyop-* 433 441   ^g)Lies *-liup-*? S. oben Anm. 86.

JosAs 1,1−6 L1

*Et*ᵃ *factum est in primo anno septem*ᵇ *annorum ubertatis*
*in mense secundo quinto*ᶜ *die mensis*
transmisit Pharao Ioseph

*et*ᵃ *in quarto mense primi anni octauo decimo die mensis*
*uenit in*ᵇ *fines Heliupoleos*ᶜ
et erat congregans frumenta regionis illius sicut arenam maris.

et erat uir in illa ciuitate satrapa Pharaonis
*et hic*ᵃ *erat princeps omnium satraparum et maiorum Pharaonis*
*et erat uir diues ualde et*ᵇ *prudens et mitis*ᶜ
eratque consiliarius Pharaonis
*quoniam super omnes maiores Pharaonis erat*ᵈ *intelligens*
*et nomen uiro illi*ᵉ *Putifar sacerdos Heliupoleos*ᶠ

*eratque*ᵃ *illi filia nomine Aseneth*ᵇ
*uirgo*ᶜ *decem et octo annorum*ᵈ
magna et speciosa et pulchra ualde

super omnes uirgines terre
*et ipsa nihil habebat simile filiabus Egyptiorum*ᵃ
*sed erat*ᵇ *per omnia similis filiabus Hebreorum*

*eratque magna ut Sara*ᶜ *speciosa ut Rebecca*
*et*ᵈ *formosa ut Rachel*

*et abiit fama pulchritudinis illius*ᵃ *in*ᵇ *omnem terram Egypti*ᶜ *et usque ad terminos*
*terre*ᵈ *et laudabant*ᵉ *eam omnes filii maiorum et filii*ᶠ *omnium*ᵍ *satraparum et*
*filii omnium regum et iuuenes omnes fortissimi*ʰ *eratque contentio multa*ⁱ *in eis*ʲ *de*
*Aseneth*ᵏ *et arripuerunt bellum ad inuicem pro ea.*

4 ᵃ⁾424&, *erat* 421& Bat   ᵇ⁾422 423 431 Bat, -*ech* 421 424 433 441?, *Asse*- 442 Vinz, -*ec*
432   ᶜ⁾Hinter *filia* 432   ᵈ⁾*d. et o. a.*: *o. et d. annos habens* 432
5 ᵃ⁾421 422 431 432 Bat, *Egip*- 424, *Egipci*- 423 433 441 442   ᵇ⁾> 441   ᶜ⁾+ *et* 424
ᵈ⁾> 432
6 ᵃ⁾424& 432, *eius* 421 422 432 431 442 Bat   ᵇ⁾*per* 442   ᶜ⁾> 424&, anders offenbar MEngl
ᵈ⁾424&, *eius* 421& Bat   ᵉ⁾424&, -*auerunt* 421& Bat   ᶠ⁾> 422   ᵍ⁾> 441   ʰ⁾*o.f.: f.o.*
433 441   ⁱ⁾*magna* 423 (corr. *multa*) 432 441   ʲ⁾*in e.* > 423 432   ᵏ⁾422 423 431 Bat,
-*ech* 421 424& 432, *Asse*- 442

Herausgekommen ist nach H. N. MacCracken "*a curious hybrid of poetry, having the sing-a-song-of-sixpence lilt of* Gamelyn, *and the stanzaic form of Chaucer's* Troilus". Und: "*The numerous archaic words in the poet's dialect make one suspect in him an intentional affectation of an obsolete style*". Er lebte "*not far from Warwickshire, and not long after the death of Chaucer*"[88]. Es spricht nichts dafür, daß es John Lydgate gewesen wäre, von dem die Handschrift Gedichte enthält, aber von einer anderen Hand geschrieben, und der JosAs kannte (s. unten III.3.h). Dem Alter nach könnte die Handschrift das Autograph gewesen sein, sie war es aber nicht. Hinter Zeile 265 fehlen JosAs 8,7−9,4. Das Pergament ist unbeschädigt, aber der Strophenbau gestört. Es sind der Rest der mit Zeile 264 f. beginnenden und danach, nach L1 zu urteilen, möglicherweise noch drei Strophen ausgefallen. In der Strophe Zeile 663−667, die JosAs 21,4 b wiedergibt, fehlen nach Ausweis des Reimschemas die Zeilen 3 und 5, von MacCracken durch Sternchen angedeutet. Am Ende von Zeile 2 (664) fängt Pharao zu sprechen an "*endure with þe For ay*". Auf lateinisch sagte er *Benedicat te dominus deus, filia, et permaneat pulchritudo tua in eternum*. Da das Ende von Zeile 2 (664) offenbar *permaneat in eternum* aufnimmt, dürfte die verlorene Zeile 3 etwas enthalten haben, was dem Rest des Lateinischen entsprach. Zeilen 4 ff. (665−667) passen dagegen ziemlich genau zu dem, was in L1 folgt:

"*The rightful god of ioseph hath chose þe his spouse today,*

    ✳   ✳   ✳   ✳   ✳

And ioseph is called the sone of god of hih dignite
And þu schalt be called his owen spouse in perpetuite."

quoniam iustus est dominus deus Ioseph qui elegit te in sponsam eius, quoniam ipse est filius dei et tu filia altissimi uocaberis et sponsa Ioseph in eternum

Zeile 5 wird also ein inhaltlicher Zusatz gewesen sein, wie es auch Zeile 36. 46. 56 f. 103 f. 140. 152 f. 157. 189. 196 f. 220 f. 345 f. 351. 492. 542. 685 f. 716 und der Schluß 883 f. sind; hier und da gibt es kürzere Auffüllungen. Im übrigen folgt MEngl für ein Gedicht der Substanz der Vorlage erstaunlich treu und vollständig. Einen Eindruck gibt die Synopse von 1,1−6 (oben S. 602 f.)[89]. Nur 4,6; 16,3 sind nicht repräsentiert. Die Verse, die darüber hinaus in dem folgenden Parallelenregister fehlen, fehlen auch schon in L1.

---

[88] MacCracken: Storie, 224. 226. 224.
[89] MEngl Zeile 33−60 nach McCracken: Storie, 227−229. L1 auf Grund aller Handschriften, Vinzenz und Batiffol mit allen Varianten außer orthographischen und offenkundigen Fehlern; nichtgenannte Zeugen können erschlossen werden, Vinzenz nur im positiven Text. Text im allgemeinen nach 424 433 441. Schulorthographie. Dwyer, 119 f., stellt MEngl Zeile 365−407 und L1 12,1−13, 15 hintereinander.

1,1	33	6	182	11,1	333	14	440	4	577
2	37	7	185	1x	335	15	444	5	581
3	40			1y	337			6	581
4	47	6,1	190	3	339	15,1	446	7	585
5	52	2	192	4	342	2	449	8	586
6	58	3	198	5	344	3	452	9	590
7	61	4	201	6	347	4	454	10	591
8	64	5	205	7	349	5	456		
9	66	6	206	8	352	6	459	18,1	593
		7	207	9	353	7	461		
2,1	68	8	208	10	354	8	475	19,2	596
2	73			11	357	9	477	3	598
3	76	7,1	210	12	360	10	482	4	600
4	79	2	214	13	361	11	487	5	604
5	82	3	222	14	362	12	489	6	612
6	84	4	228	15	363	12x	493	7	614
7	89	5	230			13	503	8	616
8	93	6	235	12,1	365	14	506	9	618
9	95	7	236	2	367	15	514	10	621
10	96	8	241	3	374				
11	97			4	377	16,1	515	20,1	623
12	101	8,1	245	5	378	2	518	2	624
		2	250	6	383	4	519	3	626
3,1	105	3	252	8	384	5	521	4	627
2	106	4	254	9	388	6	523	5	632
3	110	5	255	11	391	7	525	6	636
4	113	6	264	12	394	8	526	7	640
5	117	[Lücke]				9	528	8	641
6	120	9,5	266	13,11	396	10	531	9	645
				12	398	11	534	10	651
4,1	129	10,1	270	13	399	12	538		
2	133	2	280	14	402	13	540	21,1	652
3	138	3	285	15	405	14	543	2	656
4	138	4	287			15	550	3	659
5	139	5	289	14,1	407	16	552	4	662
7	141	6	293	2	412	16x	559	5	668
8	144	7	296	3	414	17	560	6	671
9	145	8	297	4	416	17x	565	7	674
10	150	9	301	5	416	17y	567	8	675
11	158	10	303	6	417	18	567	9	682
12	159	11	311	7	418	19	568	10	684
		12	312	8	419	20	569	11	687
5,1	160	13	314	9	423	21	571	12	689
2	162	14	321	10	427			13	690
3	166	15	323	11	429	17,1	572	14	693
4	168	16	328	12	432	2	573	15	695
5	174	17	332	13	439	3	575	16	698

17	700	9	741	13	773	17	811	28,8?	849
18	703	10	742	15	779	19	811	27,1	850
19	704	11	743	17	780	20	823	2	852
20	707	12	745			25,1	824	3	853
21	708	13	747	24,1	781	3	827		
				2	784	4	829	28,8	859
22,1	717	23,1	748	3	787			9	860
2	719	2	753	7	789	26,1	832	10	862
3	724	3	757	8	791	2	835	14	863
4	726	4	762	9	795	3	837	29,5	869
5	727	5	765	10	797	4	838	6	872
6	730	10	767	11	799	5	838	7	873
7	732	11	771	14	801	6	843	8	874
8	738	12	773	15	806	27,6	847	9	878

Daß L1 die Vorlage war, nicht etwa L2 oder eine andere Übersetzung[90], zeigt sich, wenn nicht schon an den bisherigen Textstücken, deutlich in Zeile 461 f., die JosAs 15,7 Anfang entspricht. L1 übersetzt hier einen verderbten Text, MEngl folgt:

> *et nomen tuum non uocabitur adhuc Aseneth,*
> *sed erit nomen tuum multi refugii.*

> "*And þi name schal be called asneth no more*
> *But hit schal be moche-of-refute* [lies *refuge?*]."

Da nur 424 433 441 Vinzenz *multi refugii* haben, die anderen L1-Zeugen *multis refugii*, ist deutlich, wem die Vorlage von MEngl ähnelte. L1 setzt hier πολλῆς oder πολλοῖς καταφυγῆς voraus, richtig ist πόλις καταφυγῆς.

g. Schließlich ist eine Epitome von L1 erhalten (Epit):

1 Liège, Bibliothèque de l'Université, 184, f. 112v−118v, 15. Jh.
2 Oxford, Bodleian Library, Add. C. 108, f. 17v−20r, 2. Hälfte 15. Jh., Deutschland
3 Wien, Nationalbibliothek, 13707, f. 201r−202v, 15. Jh., Österreich?[91]

Der Text ist in 13 betitelte Kapitel geteilt und schließt mit der Überschrift des ersten *Quanto desiderio uiri flagrabant in Assenech uirginem* bruchlos an die wohl ebenfalls gekürzten TestXII (vermutlich Grosseteste) an. Vielleicht war er nie selbständig. Die Handschriften sind nahe beieinander. Es fehlt viel, der Schluß 29,5−9 ist durch *et cetera* ersetzt. Die Epitome ist aber länger und näher an L1 als Vinzenz. Die beiden haben wohl nichts miteinander zu tun. Die

---

[90] So schon DWYER, 118−120. Er kannte aber L2 nicht.
[91] UNTERKIRCHER, FRANZ: Die datierten Handschriften der Österreichischen National-bibliothek von 1451−1500 (Katalog der datierten Handschriften in lateinischer Schrift in Österreich 3), Wien 1974, 177.

Vorlage gehörte anscheinend nicht zu 424 433 441. Die Epitome ist möglicherweise ein deutsches Erzeugnis.

h. Die Nachwirkung bestätigt, daß L1 vor allem in England gelesen wurde, darüber hinaus in Frankreich, aber anscheinend nur wenig weiter östlich. Eine englische Spur ist noch John Lydgates 'To Mary, the Queen of Heaven', Strophe 5 (Zeile 33−40)[92]:

> "O bussh vnbrent, shewed to Moyses,
> Iudith the secounde, þat saued al Israel,
> Assenek off Egipt, of beute pereles,
> Souereyn Sara of refut cheeff Rachel,
> For our Sauacioun salued bi Gabriel,
> Reclinatorye throne of kyng Salamoun,
> Fro thy seruauntes al mescheeff do repelle,
> To thy .v. Ioies that haue deuocioun."

LYDGATE hat also JosAs gekannt (vgl. 1,5), aber in welcher Form? Es könnte Vinzenz gewesen sein, der Dichter hat das 'Speculum historiale' gelesen. Freilich paßt „Assenek" dazu nicht[93].

i. Auch in England ist Aseneth als Eigenname belegt (s. unten V. 2).

4. Lateinische Übersetzung II (L2)

L2 wurde erst vor gut 30 Jahren bekannt und noch nie gedruckt:

436   Uppsala, Universitetsbibliotek, C 37, f. 119r−124v, Anfang 13. Jh., Frankreich?
435   Vorau, Stiftsbibliothek, 136, f. 83v−88r, 13. Jh., Vorau oder Salzburg
445   Wien, Nationalbibliothek, 3490, f. 104r−112r, 14. Jh.
456   Graz, Universitätsbibliothek, Lat. 978, f. 177v−180v. 180v−184v, 1464; JosAs 18,1−21,9; 9,1−14,1 gemischt mit Vinzenz
455   Ebd., Lat. 1569, f. 105v−116v, 15. Jh.

Die Handschriften, die alle voneinander unabhängig sind, zerfallen in die Gruppen 436 und 435 445 455 456, beide mit Lücken und vielen Unterschieden im positiven Wortlaut. 435& enden mit 21,9. Die Beziehung der beiden Gruppen zueinander (und vielleicht zu L1) muß genauer untersucht werden. Wenn sie Abkömmlinge derselben Übersetzung sind, wie ich bisher annehme, kann man aus ihnen einen sehr vollen Text rekonstruieren; nicht belegt sind nur 15,1; 25,1b−

---

[92] MacCracken, Henry N.: The Minor Poems of John Lydgate, I (Early English Text Society. Extra Series 107), London 1911, 286. "I have not found any other references to her [Aseneth] in English literature" (MacCracken: Storie, 264).
[93] Vgl. Dwyer, 122. Vgl. noch oben Anm. 11.

2.7 Ende −8; 28,5 f. Die Vorlage stand denen von Syr und Arm näher als allen anderen Zeugen (s. oben II.7).

Die Handschriften 435& werden in Österreich geschrieben worden sein; bei 435 ist es sicher.

Über das frühe Schicksal von 436 hat Frau Dr. MONICA HEDLUND, Uppsala einiges mitgeteilt anhand von Federproben auf dem ehemaligen hinteren Spiegelblatt, die zwei mit *B.* abgekürzte Bischöfe von Skara und Linköping und König Magnus erwähnen. „Der Kodex ist inzwischen umgebunden worden, und das damalige hintere Spiegelblatt ist losgelöst und vorne (vor fol. 1) eingeheftet worden. Die Federproben dürften zeigen, daß der Kodex in den 80er Jahren des 13. Jhs. in Schweden war, denn die einzig mögliche Kombination zwischen einem König Magnus und Bischöfen von Linköping und Skara auf *B* deutet auf diese Zeit hin. Der König war Magnus Ladulås (1275−†1290), die Bischöfe waren Bo (1285−†1286) oder Bengt Birgersson (1286−†1291) von Linköping (der letzte war übrigens König Magnus' Bruder) bzw. Brynjulf Algotsson (1278−†1317) von Skara. Die Schriftzüge bestätigen diese Datierung. Die frühe schwedische Provenienz geht auch aus Federproben auf fol. 1 hervor; dort findet sich der schwedische Name *Inguarus* in einer Notiz, wohl auch aus dem 13. Jh. Ich bin aber ganz überzeugt, daß die Texte, die ja wesentlich älter als diese Federproben sind, nicht in Schweden geschrieben worden sind. So alte Dokumente einheimischer Produktion sind hier äußerst selten. Dieser Kodex hat dem Zisterzienserkloster Alvastra (in Östergötland, Bistum Linköping) gehört, und französische Provenienz dürfte wohl naheliegen."[94]

Falls L2 in Frankreich entstand, ist für die Datierung vielleicht oben III. 3.a zu beachten. Über Nachwirkung weiß ich nichts.

5. Äthiopische Übersetzung (Äth)

Eine äthiopische Übersetzung ist bisher nicht bekanntgeworden, trotz des Aufschwungs der Handschriftenstudien in den letzten Jahren. Aber es sind so viele Spuren von JosAs in der äthiopischen Literatur vorhanden, daß es Äth (Gə'əz) gegeben haben muß. Die folgenden Texte und Übersetzungen (Gə'əz außer e) sind bis auf die Übersetzung von d Dr. GETATCHEW HAILE, zur Zeit Cataloguer of Ethiopian Manuscripts, Hill Monastic Manuscript Library, St. John's University, Collegeville, Minnesota, zu verdanken[95]. b, c, e und f waren bisher unbekannt.

---

[94] Brieflich am 29.10.1980. − Vgl. noch ANDERSSON-SCHMITT, MARGARETE: Manuscripta mediaevalia Upsaliensia (Acta bibliothecae R. universitatis Upsaliensis 16), Uppsala 1970, 86 Nr. 1537 (Hinweis von Dr. DIETER GIRGENSOHN, Göttingen).

[95] Herr HAILE hat freundlicherweise auch die Fahnen mitgelesen; ich kann kein Äthiopisch. Die Erwähnung Aseneths in einem Menologiumsbruchstück und in einem Kanonsverzeichnis zwischen Judith und Esther (UJosAs, 40) wiederhole ich nicht. Es gibt m. W. keinen Hinweis darauf, daß JosAs je wie Hen und Jub in äthiopischen Bibeln vorkam. ULLENDORF,

a. Giyorgis von Sägla oder Gasəčča spielt in seinem 1424 beendeten 'Mäṣə-ḥafä məṣṭir' 'Buch des Geheimnisses' zweimal auf JosAs oder Stoff daraus an[96]. Das Buch ist ein Homiliar für das ganze Kirchenjahr, inhaltlich eine Auseinandersetzung mit 27 Häresien seit Sabellius[97]. In einer Reihe von symbolischen Weissagungen auf Jesus heißt es[98]:

Wå-sobä nəsämməyo ṣäqawə'a yəträkkäb ḥabä Asnet	"When we call him [Jesus, the word of God] a honey-comb, one finds him at/with Aseneth [vgl. JosAs 16]."

In einer Reihe von Heiligen, die Giyorgis anruft, damit sie Jesus preisen, steht auch Aseneth[99]:

Nə'i Asnet wålättä Peṭfra śawə' zä-Eləyopalis zä-fätäwki səno lä-Yosef kämä tastäbẓə'əyyo lä-Wåldä Maryam zä-yeśenni la-ḥəyu əm-wəludä əgʷalä əmä-ḥəyaw	"Come, Aseneth, daughter of Potiphera the priest [lit. "sacrificer"] of Heliopolis, (you) who desired the beauty [cf. Ps. 44(45), 12] of Joseph [vgl. JosAs 6], to bless the Son of Mary, who is fairer than the children of men [cf. Ps. 44(45),3]."

EDWARD: Ethiopia and the Bible (Schweich Lectures 1967), London 1968, erwähnt JosAs nicht, soweit ich sehe. Wohl aber hat G. HAILE als neuesten Fund noch ein Kanonsverzeichnis in EMML 6954 (Kirche Betä Gäbrə'el, Zentraläthiopien), Evangelien, 15. Jh., f. 9b, entdeckt: Asnet, 1 (brieflich am 21.8. und 15.9. 1986).

[96] So schon DILLMANN, C. F. AUGUST: Lexicon linguae Aethiopicae, Leipzig 1865 = Osnabrück 1970, Sp. 1417: „libellus Aseneth allegatur M.M. f. 117. 305". Er meinte eine Tübinger Handschrift, die seither verschollen zu sein scheint (UJosAs, 40 Anm. 2).

[97] Ungedruckt. Überlieferung bei HAILE, GETATCHEW: Religious Controversies and the Growth of Ethiopic Literature in the Fourteenth and Fifteenth Centuries, Oriens Christianus 65, 1981, 102−136; zur Person TAMRAT, TADESSE: Church and State in Ethiopia 1270−1527, Oxford 1972, 222 ff.

[98] HAILE brieflich am 18.3.1982 nach Ethiopian Monastic Manuscript Library, 1831, spätes 15. Jh. (A Catalogue of Ethiopian Manuscripts Microfilmed for the Ethiopian Manuscript Microfilm Library, Addis Ababa and for the Hill Monastic Manuscript Library, Collegeville. Vol. V: Project Numbers 1501−2000. Catalogue by GETATCHEW HAILE. Checklist by WILLIAM F. MACOMBER, Collegeville, Minnesota 1981, 286−292), f. 83 r. Kontext ist die Lesung für die Karfreitagsnon f. 80 r−90 v wider 'Aftikis' (Eutychius?), der lehrte, daß der Leib Christi aus dem Himmel stammt (Catalogue, 288).

[99] f. 175 v. Aus der Lesung für Himmelfahrt wider den Dyophysiten 'Fəlbəyanos' (Flavian von Konstantinopel?) f. 172 v−176 r (Catalogue, 289).

b. Giyorgis erwähnt Aseneth noch einmal in seinem 'Mäṣaḥafä sä'atat' 'Stundenbuch' in einem sälam bei der Vesper[100]:

Sälam läki, Sälamawit,	*"Salutation to you, O Peaceful One,*
zä-bä-dəngeländna ḥatəmt	*Who is sealed with virginity*
wä-bä qaddəsänna sərgut.	*And adorned with holiness.*
Nəhb zä-Asnet	*(You are) the bee of Aseneth,*
Zä-Sina 'əzät	*(You are) the bush of Sinai."*

c. Aseneth kommt auch in einem Stück der Marienwundersammlung 'Tä-'ammərä Maryam' (spätes 15. Jh.?) vor, das denselben Giyorgis betrifft. Ein Abt, der sich weigerte, Giyorgis' liturgische Texte, darunter das Stundenbuch, zu benutzen, wird auf einer Himmelsreise seiner Seele, bei der er den Abgelehnten im Kreis der Engel und Heiligen trifft, von Maria zur Einsicht gebracht[101]. Sie tritt als letzte und mit großem Gefolge auf[102]:

"Then, after all of them, came Our Lady, the holy twofold Virgin, the Ark of the Holy Spirit, Mary, who is Mariham in Hebrew, and together with her there were Hannah/Anne and Elizabeth, her faithful ones, and all the holy Virgins, Maria and Martha, Mary of Cleophas, (the other) Mary, Salome and Mary Magdalene, and Sts. Sophia, Eupraxia, Anatolia and Theocleia and Blessed Barbara and Juliana, and Ĭnbamärena and the Blessed Tekla, sister of Abba Esi. There, there were also our mother Eve, our mother Edna [Abraham's mother, Jub 11,14], our mother Baräka [Enoch's mother, Jub 4,16], and our Matriarch(s), Sarah, Rebekah, Rachel, Leah, Dinah, Deborah and Judith, together with Esther and Aseneth [Asnet]."

Aseneths Nähe zu Judith und Esther, zu denen sie historisch nicht gehört, erinnert an die in Anm. 95 und 110 erwähnten Texte.

d. In der zweiten Hälfte des 16. oder am Anfang des 17. Jhs. wurde das um 1400 aus dem Arabischen übernommene äthiopische Synaxar erweitert, weil es zu wenige äthiopische Heilige enthielt. Die neuen Heiligentexte laufen in sälamat aus oder bestehen aus solchen; auch die alten Heiligentexte erhielten

---

[100] In: O. VF., Mäzmurä Dawit, məslä Mäzmurä Krəstos [„Psalmen Davids, mit den Psalmen Christi"], Addis Ababa 1952 (äthiopischer Zählung, 1959/60 n. Chr.), 402; die Stundengebete auch in Gəbrä ḥəmamat [„Akten der Passion", Lektionar für die Karwoche], hg. von WÄLDÄ MIKA'EL BƎRHANÄ MÄSQÄL, 2. Aufl., Addis Ababa 1972, 469–477, hier 475. Das Lektionar handschriftlich in Ṭānāsee, 24 (Kebran, 24), 18./19. Jh.? (HAMMERSCHMIDT, ERNST: Die äthiopischen Handschriften vom Ṭānāsee 1, Verzeichnis der orientalischen Handschriften in Deutschland XX 1, Wiesbaden 1973, 137); Giyorgis' Gebete f. 174r–175v.

[101] Text und Übersetzung bei HAILE, GETATCHEW: On the Writings of Abba Giyorgis Säglawi from Two Unedited Miracles of Mary, Orientalia Christiana Periodica 48, 1982, 65–91, nach EMML 2275 (Kirche St. Maria von Däfäro, Ankobärr, Shoa), f. 233v–237v, erstes Drittel des 16. Jhs. nach einer Vorlage aus dem letzten Viertel des 15. Jhs. Weitere Überlieferung ebd., 68f.

[102] f. 236v; HAILE: On the Writings, 79.

sälamat. Darunter sind zum 1. Säne (etwa 26. Mai) zwei auf Joseph und Aseneth[103]:

Sälam lä-Yosef, zä-täbəhlä amsalu	*"Salutation to Joseph who was called the similitude*
lä-Ǝgziʾabḥer mälʾakä ḫaylu.	*Of the chief of the army of God* [cf. JosAs 14,8; 21,21].
lä-zə ṭäbib, ṣäware ʿənqʷ mäzgäbä bəʿlu	*All my bones sing to this wise man, the bearer of a gem*
ənzä yähalləyu aʿəzəmtəyä kʷəllu: Anti wəʾətu, Maryam, yəblu.	*The storehouse of his riches, saying ʿO Mary, he is thyself.'"*
Sälam lä-Asnet, kämä ẓäḥay ẓädala,	*"Salutation to 'Asnêt, whose splendour is like the sun,*
wå-kämä ṣəge räda qäyyəḥt əntä wåẓʾat əmənnä qʷäṣla.	*And like the flower of the red rose, which cometh forth from its leaves* [cf. JosAs 18,9].
Ǝllä sesäyaha anhəbt bä-aknafä mänfäs täləʿala.	*The bees who feed her ascend on the wings of the wind,*
Wå-əllä fäqäda kiyaha yaqʷsəla,	*And those who wish to inflict a wound in her*
wəstä mədr wådqa wå-gəbtä tähagʷla.	*Fall down upon the ground, and perish straigthway* [cf. JosAs 16,20– 22]."

Die zweite Zeile der Asenethstrophe nimmt καὶ τὰ χείλη αὐτῆς ὡς ῥόδον ζωῆς ἐξερχόμενον ἐκ τῆς κάλυκος αὐτοῦ JosAs 18,9 auf. Die Worte ἐξερχόμενον – αὐτοῦ bezeugen nur Syr Arm L2 (s. oben II.7), was einen Schluß auf die Vorlage von Äth erlaubt[104]. Wenn es stimmt, daß die meisten *sälamat* aus einem Hymnenbuch entlehnt wurden[105], steht zwischen dem Synaxar und Äth mindestens noch eine unbekannte Traditionsstufe.

e. In einem Tetraevangelium des 18. Jhs. (1720/45?) steht eine Randnotiz *"in crude Amharic"*, die einiges vom Inhalt von JosAs zu kennen scheint[106]:

Asnet bəʾəsitä Yosef yəʾəti, ṭaʿotawit näčč. Yosefən bä-säwənnät bä-wåddäqhut əyyaläčč sə-ttəmmäññ näb-	*"Aseneth was the wife of Joseph. She was an idolatress* [cf. JosAs 2,3 et al]. *She used to say (to herself), "I wish I*

---

103 GUIDI, IGNAZIO: Le Synaxaire éthiopien. Les mois de Sanê, Hamlê et Nahasê, I. Le mois de Sanê (Patrologia Orientalis I 5), Paris 1905, 531 f. (13 f.); danach englisch BUDGE, E. A. WALLIS: The Book of the Saints of the Ethiopian Church, Cambridge, I, 1928 = Hildesheim–New York 1976, xxxvii. GUIDIS französische Übersetzung auch UJosAs, 40.
104 S. gleich. Die Rosenmetapher auch bei Achilles Tatius, Leukippe und Kleitophon I 4,3.
105 AIGRAIN, RENÉ: L'hagiographie. Ses sources. Ses méthodes. Son histoire, Poitiers 1953, 87.
106 HAILE brieflich am 3.5.1982 nach EMML 650 (Patriarchatsbibliothek, Addis Ababa), f. 145 r (MACOMBER: Catalogue. Vol. II: Project Numbers 301–700, 1976, 399).

bär. Səlä-zzih ḥərmät gäbbaččənna sə-ttəsällǝy mäl'akä Ǝgzi(ʾabḥer) bä-af^wa əff aläbbat. Kä-zzih bä-ḫ^wala šä'ada nəhb af^wa wəst sä'ada mä'ar gaggärä. Yannän [MS yǝ''] bälta tä-amləkotä [MS ''ot] ṭa'ot anässat, Yosefən sättat. Kä-rsumm Efremənənna Mənasen wålläḍäčč, yəl^wall.

could sleep [lit. "fall"] *(with) Joseph in body."* [JosAs 6?] *While she was fasting and praying for this* [JosAs 9– 13], *the angel of God breathed in her mouth* [JosAs 16,8–11]. *After that a white bee* [JosAs 16,15] *made white honey in her mouth* [JosAs 16,19]. *When she ate that* [JosAs 16,15], *(God) purified her from idolatry (and) gave her Joseph* [JosAs 15,6]. *And from him she bore Ephraim and Manasseh, (so) they say* [JosAs 21,9]."

Der Verfasser hat aber kaum den Inhalt von JosAs gelesen.

f. ʿZenahu lä-Yosef ʿGeschichte Josephs', ein nach HAILES Urteil in der äthiopischen Literatur ungewöhnliches Stück, das in einer Handschrift des 14./ 15. Jhs. erhalten ist[107], zeigt im zweiten Teil Nachwirkungen von JosAs, darunter die bisher einzige von 22–29[108]:

". . . *(162r)* . . . *At once he called his wife Asnit* (sic) *from her palace and told her what he saw in his sleep* [i.e. "vision"] *and cried from the depths of his heart. His wife was disturbed by this and was very terrified and she shed tears from her eyes. Then he said to her, ʿBring me some water in order that I may wash myself.' She gave an order to her maiden to bring water in order that her master might take a bath. When Joseph had bathed and his whole body was clean (162v), he rose up, while his body was weak, and put on the shroud and girded up his loins and stood up to pray before God. His wife went out (of the room) and closed the door and remained outside (at) the door and listened to his prayer. Joseph lifted up his hands to God and opened his mouth and said, ʿ. . . (163r) . . . I also beseech Thee, O my God, that you be a help to my wife, my children and my brothers, for they are strangers in this land. Guard them from the hand(s) of these Egyptians and from the hand(s) of Sinutius [Sinutiyos] (163v), the Son of Pharaoh, because he thinks of serious evil against me and them in jealousy.'* [vgl. JosAs 22–29] *When his wife Asnet heard all what he has prayed, she could not be patient (any longer) but cried in a severe weeping and lamentation. She went back to him and fell down and prostrated herself before him and said, ʿWoe is me! I am miserable* [cf. Isaiah 6,5] *and grieved. It would be better for me if I had not*

---

107 EMML 1939 (Kloster Ḥayq Ǝsṭifanos, Ambassal, Wallo), f. 124r–168r, 14./15. Jh. (HAILE–MACOMBER: Catalogue V, 429–433, hier 432). Zwei Teile: f. 124r–162r Josephsgeschichte ohne Aseneth, f. 162r–168r Josephs Tod. Die Geschichte wäre im Zusammenhang der orientalisch-christlichen und islamischen (vgl. unten IV. 1) Josephsliteratur zu untersuchen.
108 HAILE brieflich am 16.3.1982.

been born into this world. Who can separate [me] from you, O Joseph, my
Lord? Woe is me, I, the poor stranger. I ask the Lord, to whom be glory, that
he send judgment upon me (so that) I follow you quickly.' When the righteous
Joseph saw the great sorrow [lit. *"burning of heart"*] *which befell her, he was*
extremely distressed. He stretched his hands and raised her up and started
comforting her.
. . . (164v) . . . At that time there came Asnet, the wife of Joseph, and she
prostrated herself before Pharaoh, weeping. The king did not know her
because he had never seen her. They told him that she is the wife of his [lit.
"your"] *servant Joseph. He said to her, 'Strengthen your heart and grieve*
not, (act) as though it would be good to you.' Joseph said to Pharao, 'I beg
you, O my lord, that you have my children brought to me from Arabia [i.e.
Arabian desert], *for they go to school there living with my brothers . . .'"*

Äth bleibt also ein Schemen. Die Übersetzung muß vor 1400 entstanden
sein, denn Giyorgis spricht so von der Honigwabe aus JosAs 16, als ob jeder
wüßte, was gemeint ist[109]. Wie alt sie war, ist ganz unsicher. Wenn wir die Sprache
ihrer Vorlage kennten, wäre wenigstens eine Vermutung möglich. War sie Griechisch (oder auch Syrisch), könnte Äth aus der Frühzeit der äthiopischen Literatur
stammen; war sie Arabisch, wie oft bei äthiopischer Übersetzungsliteratur,
müßte man eher an das Hochmittelalter denken (freilich gibt es JosAs auf arabisch bisher nicht). Die zweite Zeile der Asenethstrophe aus dem Synaxar, die
von allen Spuren einem Zitat am nächsten kommt, läßt sich leider in dieser Hinsicht nicht auswerten. Allerdings zeigt sie, daß die Vorlage von Äth zu einer
sehr alten Textform gehört, von der es keine griechische Handschrift mehr gibt,
wenn es auch als Vorlage von L2 im Mittelalter mindestens noch eine gegeben
haben muß (s. oben II.7). Es ist darum keineswegs ausgeschlossen, daß Äth sehr
früh übersetzt wurde. *"As I see it now, the Gəʿəz version of JosAs must have*
belonged to that class of the Aksumite literature (5th to 8th centuries) which was
unable to make it to our time. The life of an Ethiopic text lies in its being copied
continuously and repeatedly. To enjoy this kind of treatment, a text must have
some practical value, such as being used in daily prayer or service; JosAs is not
this type of literature."[110] Wenn das hohe Alter stimmt, kann der Textkritiker nur
hoffen, daß Äth doch noch wiedergefunden wird.

---

[109] Zu ihr vgl. auch oben Anm. 39.
[110] Haile brieflich am 3.5.1982. – Wohl nichts mit JosAs zu tun hat ein *sälam* auf Joseph
und Aseneth in London, The British Library, Or. 534, f. 176v (Wright, William:
Catalogue of Ethiopic Manuscripts in the British Museum, London 1877, 84): *Sälam lä-*
Yosef kämä bäkʷrä lahm sənu, / wå-lä-agʷltä Basan, Asnet, bəʾəsit zä-wəstä ḫəznu
"Salutation to Joseph whose beauty is like the first-born of a cow [cf. Dt 33,17?], / *And*
to the cub/colt of Bashan [vgl. Dt 32,14; Ps 22,13?], *Aseneth, the woman in his bosom"*
(Haile brieflich am 13.5.1982). Ebensowenig *Sälam lä-Maryam əḫätä Muse, lä-Asnet*
wå-lä-Aster, lä-Yodit wå-lä-Rut "Salutation to Miriam, sister of Moses, to Aseneth and
to Esther, to Judith and to Ruth" (Haile brieflich am 8.6.1982 nach EMML 2810, f. 67v–
68r).

6. Serbisch-kirchenslawische Übersetzung (Slaw)

Bekannt sind zwei Handschriften:

551   Belgrad, Narodna Biblioteka, Slav. 29, f. 141r−160r oder 160v,
       1. Hälfte des 15. Jhs., 1941 verbrannt; gedruckt von S. Novaković,
       wiederholt mit den Lesarten von 552 von Chr. Burchard: JosAs
       serbisch-kirchenslawisch
552   Bukarest, Biblioteca Academiei Republicii Socialiste Romania, Slav.
       306, f. 435(432)r−457(454)v, 15. Jh., vorher vielleicht im rumäni-
       schen Kloster Neamţ

Novaković hat in 551 den Einfluß der Schreibreform Konstantins von Kostenec
(Ende des 14.−Mitte des 15. Jhs.) vermutet, der ein Günstling des serbischen
Despoten Stefan Lazarević (1389−1427) war und dessen Biographie schrieb[111].
Die Vorlage gehört, wie erwähnt, zur griechischen Familie d (s. oben II. 10).
Deren ohnehin gekürztem Text fehlen in Slaw weitere Partien, z. B. 13,9−14,3;
15,7b−12; 18,6−20,1; 28,8−29,6. Dafür, daß eine altkirchenslawische Rezen-
sion die unmittelbare Grundlage für Slaw gewesen wäre, gibt es bisher keinen
Anhalt. Die Übersetzung wird in Serbien entstanden sein; wie lange vor den
Handschriften, ist nicht untersucht. Nachwirkung hat bisher niemand genannt[112].
Zwar existieren Fassungen von JosAs in slawischen Sprachen; sie gehen aber über
Zwischenglieder auf Vinzenz von Beauvais zurück[113]. Daß 'indeksy' Aseneth er-
wähnen, beruht auf Nikon Černogorec' 'Taktikon' (s. oben II. 12).

7. Neugriechische Übersetzung (Ngr)

Zwei Handschriften[114]:

661   Athos, Koutloumousiou, 100, f. 37v−43r, 16. Jh.; gedruckt von
       Chr. Burchard: JosAs neugriechisch
671   Oxford, Bodleian Library, Roe 5, f. 117v−186v, 1614; gedruckt
       von V. M. Istrin, Corrigenda NTSt 24, 1977/78, 77−79

Nur 671 vertritt den Text. 661 ist nur etwa ein Viertel so lang und eher eine In-
haltsangabe von Teilen der Handlung in neuen Worten, zwar nach einem Text
ähnlich 671, aber nicht 671 selber, wie die Daten zeigen. Beide sind illuminiert
(s. unten V. 1.a).
Wenn man nach 671 urteilen darf, dann ist Ngr nur mit Einschränkung eine
Übersetzung zu nennen. Aseneths Buße in JosAs 10−13 und die versuchte Ent-

---

[111] Novaković, 10−13.
[112] Oder doch (unten Anm. 221)? Vgl. noch oben Anm. 29.
[113] UJosAs, 43−45.
[114] Die neugriechische διήγησις ὡραιωτάτη Ἰωσὴφ τοῦ παγκάλου καὶ πῶς ἐπωλήθη ὑπὸ
τῶν ἀδελφῶν αὐτοῦ διὰ τριάκοντα ἀργύρια Athos, Vatopedi 83, f. 283r−294r, 1624,
ist nicht JosAs (gegen Denis, 42). Aseneth kommt nicht vor.

führung 22−29 sind nur sehr gedrängt zu lesen. Auch im vorhandenen Text sind immer wieder Sätze und Satzteile nicht wiedergegeben. Vieles ist paraphrasiert, dabei von christlicher Sprache beeinflußt. Besonders auffallend sind erläuternde oder erbauliche Zusätze[115], darunter die beiden oben in II.23 genannten Zitate. Ob das Ganze, für das im wesentlichen wohl der Übersetzer oder eher Bearbeiter veranwortlich ist, ein konsistentes und würdiges Stück neugriechischer Literatur geworden ist, kann ich nicht beurteilen. Die Vorlage gehörte zur Gruppe b (s. oben II.7).

Wenn G. VIKANs kunstgeschichtliche Folgerungen auch für den Text gelten, entstand Ngr im 16. Jh. auf dem Athos. 661 wurde wohl im Kloster Koutloumousiou geschrieben und gemalt, wo die Handschrift heute noch ist, 671 bei Konstantinopel. Nachwirkung ist nicht bekannt.

8. Rumänische Übersetzung (Rum)

Bisher haben wir drei Handschriften und einen Druck:

781   Bukarest, Biblioteca Academiei Republicii Socialiste România, Rom. 2338, f. 125r−139r, 1751, Kloster Ghighiu bei Ploeşti
782   Unidentifizierte Vorlage, Frühjahr 1753, des leicht modernisierten Drucks von C. BOBULESCU
783   Bukarest, Biblioteca Academiei, Rom. 1903, f. 87v−97v, 1779, Kloster Cernica, Walachei
791   Ebd., Rom. 5805, f. 129v−131v, 1803, Kloster Căldăruşani, Walachei

791 bricht in 17,8 ab (Seitenende), 782 geht nur bis 21,9 oder ist jedenfalls nur so weit gedruckt. Von den beiden übrigen Handschriften führt 781 JosAs 22−29 mit neuem Titel als neue Geschichte ein: 'Altă poveaste iar pentru Iosif şi Asineta foarte de folos' 'Eine andere Geschichte wiederum über Joseph und Aseneth sehr von Nutzen'. Mag sein, daß Rum ursprünglich so sagte. Der Eindruck konnte entstehen, wenn eine Handschrift wie F oder W (es war weder F noch W selber) die Vorlage bildete (s. oben II.20). Hier sind, wie erwähnt, 21,9 und 22,1 durch einen paränetischen Einschub getrennt, in dessen Verlauf 21,11−21 vorkommen. Nach dem Einschub leitet der Bearbeiter mit ἀλλ' ἐπὶ τὸ προκείμενον ἐπανέλθωμεν· τί οὖν μετὰ ταῦτα; zu 22,1 über. Der neue Titel in 781 bedeutet deshalb kaum, daß JosAs 22−29 rumänisch ursprünglich getrennt von 1−21 überliefert wurde.

Rum − wohl eher der Übersetzer als die griechische Vorlage, die selber schon zu einer gekürzten Textform gehörte − kürzt enorm, wenn auch selten durch längere Auslassungen, und ist weithin mehr Paraphrase als Übersetzung,

---

[115] NTSt 24, 1977/78, 74f. Statt 17,2(−4) hat Ngr: τότε λέγει την ὁ ἄγγελος· ἰδοὺ λοιπὸν ἀπὸ τοῦ νῦν οἱ μέλισσες αὐτὲς νὰ μὴν λείψουν ἀπεδῶ ἀπὸ τὰ δέδτρα, ὁποῦ εὑρίσκονται εἰς τὸν θάλαμόν σου, οὐδὲ νὰ χαθοῦσιν, ἀλλὰ νὰ εὑρίσκωνται εἰς ὅλην σας τὴν ζωὴν νὰ κάμουν τοιοῦτον μέλι νὰ εὐφραίνεσθε μετὰ τοῦ Ἰωσὴφ εἰς χρόνους ἀγαθοὺς τῆς ζωῆς σας; vgl. oben Anm. 39.

oft mit kleinen sachlichen Änderungen. Dafür gibt es anders als in Ngr kaum
Zusätze, abgesehen von den paränetischen Einschüben, die Rum mit FW teilt.
Für sich gelesen wirkt Rum (auch schon die Vorlage?) durchaus kohärent und
läßt volkserzieherische Absichten auf Kosten der antiquarischen Genauigkeit erkennen, wie mir Dr. IOAN VASILE LEB sagte, der die Handschriften kollationiert
hat und eine Ausgabe vorbereitet.

Daß Rum in Rumänien entstand, versteht sich, vielleicht in der Walachei[116]
und wohl nicht vor dem 17. Jh. Eine mögliche Nachwirkung, die gleichzeitig
das älteste Zeugnis für Rum wäre, s. unten V. 3.

9. Verlorene Übersetzungen?

a. Die Vorlage von Äth könnte arabisch gewesen sein wie bei einem guten
Teil der äthiopischen Übersetzungsliteratur[117]. Auf arabisch ist aber von JosAs
bisher keine Spur bekannt[118].

b. M. PHILONENKO sieht « *les traces hypothétiques d'une version copte* »[119]
auf einem fragmentarisch erhaltenen sahidischen Papyrus aus dem Mittelalter,
London, The British Library, Or. 20136, der unter anderem von Dina, Aseneth
und Joseph handelt, nach dem Herausgeber aus einem Kommentar oder einer
Homilie[120]. Der Text ist nicht JosAs. An JosAs erinnert aber:

. . .] ϢⲈⲈⲢⲈ ⲀⲨⲰ ⲀϤⲘⲞⲨⲦⲈ ⲈⲠⲈⲤⲢⲀⲚ ⲬⲈⲀⲤⲈⲚⲚⲈⲐ ⲈⲦⲈⲠⲈⲤⲞⲨⲰⲀⲘⲠⲈ
ⲢⲬⲈⲦⲈⲚⲦⲀⲤⲞⲨⲬⲀⲒ ⲈⲠⲘⲞⲨ

„. . . eine Tochter. Und er nannte ihren Namen Asenneth, wovon die Erklärung ist 'Sie ist sicher (oder: gerettet) vor dem Tod'.“

Doch das muß nichts mit JosAs 27,10 κύριε ὁ θεός μου ὁ ἀναζωοποιήσας με
καὶ ῥυσάμενός με ἐκ τῶν εἰδώλων καὶ τῆς φθορᾶς τοῦ θανάτου (PHILONENKO:
JosAs 27,8 κύριος ὁ θεός μου ὁ ζωοποιήσας με ἐκ τοῦ θανάτου) zu tun haben,
wie PHILONENKO meint[121], und wenn, dann nicht notwendig mit einer koptischen
Übersetzung. M. VAN ESBROECK erinnert an Aseneths Umbenennung in πόλις
καταφυγῆς JosAs 15,7, weil in den biblischen Asylstädten (Num 35; Jos 20f.;

---

[116] PAUL MIRON, Freiburg, urteilt, daß Rum „in einer anziehenden Sprache mit wallachischer
Färbung geschrieben wurde“ (brieflich am 3. 9. 1981).
[117] BATIFFOL: Prière d'Aseneth, 4; vgl. UJosAs, 41.
[118] Nichts bei GRAF, GEORG: Geschichte der christlichen arabischen Literatur (StT 118.
133. 146. 147. 172), 5 Bde., Vatikanstadt 1944–1953; doch s. oben Anm. 29. Nichts
mit JosAs zu tun hat die 'Historia Joseph translata de Arabico in Latinum per fratrem
Alfonsum Bonihominis' 1336, deren Nachgeschichte einmal JosAs berührt hat (UJosAs,
43; vgl. FAVERTY, 122–125).
[119] JosAs, 15.
[120] Beschreibung und Text bei CRUM, WALTER E.: Catalogue of the Coptic Manuscripts in
the British Museum, London 1905, 120f. und T. 8. Übersetzung von CARSTEN COLPE.
[121] JosAs, 15 Anm. 7.

1 Chr 6,42.52) dem Tod Verfallene ihr Leben retten können[122]. Er rechnet aber auch nicht ernstlich damit, daß JosAs in dem Papyrustext nachwirkt, weil der Aseneth als Dinas Tochter ansieht, was JosAs nicht tut. Die Namensdeutung bleibt freilich zu erklären. Die alten Etymologien, die ich kenne, deuten Aseneth im Gegenteil als *ruina* o. ä.[123]. O. von Lemm meinte, Aseneth sei volksetymologisch als α privativum + θάνατ(ος) = 'Αθανασία aufgefaßt[124]. Von Unsterblichkeit sagt der Text freilich nichts. Der Rest könnte stimmen und würde zu Dinas Tochter passen (s. oben III. 1).

IV. Literarische Fernwirkungen von 'Joseph und Aseneth'

1. 'Jussuf und Suleika'?

Durch Muhammed (um 570–632) kam die Josephsgeschichte in den Koran. Die heutige Sure 12 (wohl Mekka, 609/22) erzählt sie nach[125], neben Kain und Abel (Sure 5,27–32) die einzige biblische Geschichte, die der Prophet fortlaufend wiedergegeben hat[126]. Diese, wie oft zitiert, „schönste Geschichte (von allen)" (Sure 12,3)[127] ist dann eins der häufigsten Sujets der islamischen Literatur geworden.

Sure 12 selber ist eine haggadisch überformte Fassung der Josephsgeschichte, die nicht direkt aus der Bibel, sondern von jüdischen oder/und christlichen Gewährsleuten stammt[128], gleichwohl als Offenbarung Allahs an Muhammed vorgetragen wird. Josephs Heirat kommt nicht vor, Aseneth wird nicht erwähnt. Die islamische Überlieferung hat Joseph später eine andere zur Frau gegeben und konnte das, weil der Koran sie nicht festgelegt hatte: Potiphars namenloses Weib aus Gen 39, das jetzt Suleika (so gelegentlich auch jüdisch), seltener Raïl heißt und zu einer großen Liebenden geworden ist, die den Geliebten seinerzeit mit falschen Mitteln nicht gewinnen konnte, aber später durch lange Reue seiner

---

[122] 406f.

[123] UJosAs, 93; Philonenko: JosAs, 30f.

[124] Lemm, Oscar von: Koptische Miszellen I–C, Leipzig 1914, 3f. = Koptische Miscellen I–CXLVIII. Unveränderter Nachdruck der 1907–1915 im „Bulletin de l'Académie Impériale des Sciences de St. Pétersbourg" erschienenen Stücke, hg. von Peter Nagel unter Mitarbeit von Kurt Kümmel (Subsidia Byzantina 11), Leipzig 1972, Nr. V (143f. [3f.]).

[125] Paret, Rudi: Der Koran, Stuttgart usw. 1966, 190–200.

[126] Speyer, Heinrich: Die biblischen Erzählungen im Qoran, Gräfenhainichen 1931 = Darmstadt 1961, 223.

[127] Paret: Koran, 190, zieht „den besten Bericht" vor; doch vgl. Paret, Rudi: Der Koran. Kommentar und Konkordanz, Stuttgart usw. 1971, 246.

[128] Speyer, 187–224; MacDonald, John: Joseph in the Qur'ān and Muslim Commentary. A Comparative Study, The Muslim World 46, 1956, 113–131. 207–224; Paret: Kommentar, 246–256. S. noch unten Anm. 132.

würdig wurde[129]. Auch das hat wenigstens einen Ansatz im Koran, wieder auf Grund jüdisch-christlicher Haggada: die Frau von Josephs Herrn (beide sind hier ohne Namen) bekannte vor Pharao Josephs Unschuld, nachdem der Jüngling die Träume gedeutet hatte (Sure 12,51)[130]. Das Thema 'Jussuf und Suleika' haben viele Autoren in vielen Sprachen im Rahmen der ganzen Josephsgeschichte oder für sich behandelt[131], darunter in zwei berühmten Verserzählungen die großen Perser Firdausi (Ferdousi, 939−1020) 1009/20[132] und Dschami (Ǧāmi, 1414−1492) 1483[133].

Nach P. Batiffol hat JosAs Dschami „inspiriert"[134]. M. Philonenko geht noch weiter: *« Les rapports entre ces différentes versions du roman de* Youssouf et Zouleïkha *n'ont pas, à notre connaissance, fait l'objet d'études approfondies. On a toutefois reconnu assez tôt l'importance des sources juives de* Youssouf et Zouleïkha. *Ce qui est moins connu, c'est que le roman de* Joseph et Aséneth *est la source première du roman de* Youssouf et Zouleïkha *en ses diverses formes»*[135]. So umfassend stimmt das kaum. In 'Jussuf und Suleika' steht viel, was nicht aus JosAs stammen kann. Aber Parallelen sind vorhanden, jedenfalls zu Firdausi und Dschami[136]. Als verwitwete, gramgebeugte Alte, die nie aufgehört hat, Joseph zu lieben (ihre Verfehlung hatte sie schon vor Pharao bekannt), dringt Suleika zu dem nunmehrigen Vizekönig vor, nachdem sie ihr persönliches Götterbild mit einem Stein zerschlagen und sich bekehrt hat. Josephs Gebet gibt ihr die Schönheit zurück. Sie heiraten freilich nicht gleich. Bei Firdausi kann Joseph sich nicht entschließen, bei Dschami will Suleika sich nur dem einen Gott ergeben. Erst Gabriel sorgt dafür, daß die beiden zusammenkommen. Sie leben lange Jahre glücklich, und als Joseph stirbt, stirbt Suleika

---

[129] Soweit Korankommentare von Aseneth Notiz nehmen, erklären sie das für den Namen, den Moses Suleika gab (MacDonald, 211).

[130] Vgl. Näf, 73−75. Auch LJos (Assemani, 35).

[131] Zum Bestand Ethé, Hermann: Firdausîs Yûsuf und Zalîkhâ, in: Verhandlungen des VII. Internationalen Orientalisten-Congresses gehalten in Wien im Jahre 1886. Semitische Section, Wien 1888, 19−45; Faverty, 125−127; Hootkins, Hirsch: The Story of Joseph and Zalikha. A Comprehensive Study of a Hitherto Unpublished Arabic Sufi Manuscript, Diss. Ph. D. University of Michigan, Ann Arbor, Michigan, 1934; Hilscher (aus zweiter Hand, aber sehr ausführlich); Philonenko: JosAs, 117.

[132] Schlechta-Wssehrd, Ottokar: Jussuf und Suleicha. Romantisches Heldengedicht von Firdussi, Wien 1889. Zu jüdischen Traditionen Grünbaum, Max: Zu „Jussuf und Suleicha", in: Grünbaum, Gesammelte Aufsätze zur Sprach- und Sagenkunde, hg. von Felix Perles, Berlin 1901, 515−551; Zu Schlechta-Wssehrd's Ausgabe des „Jussuf und Suleicha", a.a.O. 552−593.

[133] Ich habe nur Edler von Rosenzweig, Vincenz: Joseph und Suleïcha; historisch-romantisches Gedicht aus dem Persischen des Mewlana Abdurrahman Dschami übersetzt und durch Anmerkungen erläutert, Wien 1824, zur Verfügung.

[134] 35f. Er spricht S. 35 von Nizami, aber gleichzeitig von *« le chef-d'œuvre de la littérature persane au XVe siècle»*. Der große Neẓami (um 1140−1209) hat den Stoff nicht bearbeitet. Nāẓim (1607−1670) hat, aber sein Werk (1648−1662, stark nach Firdausi) ist kein *« chef-d'œuvre»*. Batiffols Bemerkung bezieht sich also wohl auf Dschami.

[135] JosAs, 118.

[136] Philonenko: JosAs, 118−122, vor allem nach Dschami. Eine Einzelheit schon bei Näf, 73. Überblick über die beiden Dichtungen Hilscher, 92−102.

nach, bei Firdausi noch am gleichen Tag. So skizziert erscheinen Firdausi und Dschami freilich ähnlicher, als sie sind. Vor allem behandelt der Ältere die ganze Josephsgeschichte und Jakobs davor. Die Suleikaszenen sprengen das Ganze nicht. Suleikas Wiederbegegnung mit Joseph findet statt, als Jakob nach Ägypten kommt. Dschami konzentriert die Handlung auf das Paar. Suleika wird als Tochter von Taimus, König des Abendlands, eingeführt. Im Traum erscheint ihr dreimal ein schöner Jüngling, der sich als Aziz (Großwesir) von Ägypten vorstellt. Sie verliebt sich in ihn und weist alle Freier ab, so daß ihr ratloser Vater brieflich dem Großwesir von Ägypten ihre Hand anbietet. Suleika reist nach Memphis, aber der Erwählte ist nicht der, den sie im Traum sah. Erst jetzt nimmt Dschami mit Josephs Verkauf den Faden der Josephsgeschichte auf. Suleikas Wiederbegegnung mit ihm findet statt, als er nach seiner Erhöhung durch Ägypten reist (das paßt zu JosAs). Dann geht wie bei Firdausi die Erzählung relativ schnell zu Ende.

Trotz gewisser Ähnlichkeit ist Suleika doch nur eine weitläufige Verwandte von Aseneth. Wenn sie überhaupt eine ist. Vergleicht man Firdausi mit Dschami, dann könnte die monographische Behandlung von 'Jussuf und Suleika', die als solche an JosAs 1–21 erinnert, eine innerislamische Weiterentwicklung sein, also gerade nicht etwa durch JosAs verursacht. Und wenn z.B. Suleika ihren Götzen zerschlägt, dann nach Dschami wie einst Abraham[137]; hier muß also auch nicht JosAs 10,12; 11,4f.; 12,9.12; 13,11 dahinterstecken. Wenn nach der islamisch-hindustanischen (Urdu) Version des Amin (um 1600?) Suleika die goldenen Kleider des Götzenbildes und seine Trümmer den Armen schenkt, dann erinnert das stark an JosAs 10,11f.[138] Amin, der im großen ganzen Dschami zu folgen scheint, steht aber am Ende der Traditionskette. Solange die Traditionsgeschichte von 'Jussuf und Suleika' nicht genauer erforscht ist, als sie zu sein scheint, läßt man die Sache besser auf sich beruhen[139].

2. Vinzenz von Beauvais, Speculum historiale I 118–124 und seine Aufnahme in den europäischen Nationalliteraturen. Ein Beitrag zur Wirkungsgeschichte des 'Speculum historiale'

Erst Vinzenz von Beauvais hat JosAs richtig unter die Leute gebracht, freilich in seiner gerafften Fassung[140]. Speculum historiale I 118(117)–124 verbreitete sich unabhängig vom Gesamtwerk selber, das immerhin ins Mittelnieder-

---

[137] So auch Koran, Sure 21,58; 37,93. Vgl. schon Jub 12,12; ApcAbr 5,7ff.; Filastrius von Brescia, Div. her. liber 147,2; Palaea (VASIL'EV, 202); Rabbinisches bei SPEYER, 134–138. Hiob: TestHi 5,2.

[138] GARCIN DE TASSY, M.: Histoire de la littérature hindoui et hindoustani, I, Paris 1839, 58f.; II, 1847, 507–532, hier 522; PHILONENKO: JosAs, 121. Zu Amin kurz HILSCHER, 105.

[139] Wenn man spekulieren will: Könnte hinter Jussuf und Suleika die Koppelung LJos-JosAs stehen, unter der Voraussetzung gelesen, daß Potiphars Weib und Aseneth dieselbe Person unter verschiedenem Namen ist?

[140] UJosAs, 41–45.

ländische, Mittelfranzösische und Deutsche übertragen wurde[141]. Die Kapitel oder Teile von ihnen wurden oft für sich abgeschrieben[142] und darüber hinaus, unverändert oder verändert, bis ins 18. Jh. hinein auf dänisch, englisch, französisch, hoch- und niederdeutsch, isländisch, lateinisch, niederländisch, norwegisch, polnisch, russisch und tschechisch mit anderen Schriften wie den Testamenten der zwölf Patriarchen verbunden oder größeren Werken einverleibt[143]. Auf deutsch:

a. Der 'Große Seelentrost', eine vielgelesene, bis ins 18. Jh. abgeschriebene und gedruckte katechetische Beispielsammlung zu den Zehn Geboten, verarbeitet knapp zusammengefaßt Speculum historiale I 118–122 (JosAs 1–21) ohne Über- und Unterschrift oder Quellenangabe beim 6. Gebot, Exempel 11, das von Joseph handelt[144]. Der 'Seelentrost' war ursprünglich wohl mittelniederdeutsch (14. Jh.?)

---

[141] UJosAs, 42. Dort nicht genannt eine niederländische Prosaübersetzung Amsterdam 1515 und 1556, die außer Vinzenz selber auch Jacob van Maerlants mittelniederländische Versübertragung 'Spieghel historiael' (Ende des 13. Jhs.) verwendet (DEUSCHLE, 14 Anm. 2). Es handelt sich wohl um Den Spieghel Historiael, Antwerpen, Claes de Grave, 22. September 1515, der in Buch I 47 auch 'Die hystorie van Assenech' enthält (HENK JAN DE JONGE, Amsterdam, brieflich am 9. 9. 1982). JosAs ist ebenfalls enthalten in der großenteils auf Vinzenz fußenden Nürnberger Weltchronik von JOHANNES PLATTERBERGER D. J. und THEODORICUS TRUCHSESS, 1459 vollendet, wohl ungedruckt (DEUSCHLE, 14–19); eine Handschrift von Band I (II offenbar ganz verschollen) Nürnberg, Stadtbibliothek, Cent. II 86, 2. Hälfte 15. Jh., bei SCHNEIDER, KARIN, und ZIRNBAUER, HEINZ: Die deutschen mittelalterlichen Handschriften (Die Handschriften der Stadtbibliothek Nürnberg I), Wiesbaden 1965, 431 f. Zu der Chronik jetzt noch SCHNELL, RÜDIGER W. K.: Zur volkssprachlichen Rezeption des Speculum Historiale in Deutschland. Die Alexander-Geschichte in den Excerpta Chronicorum, in: Vincent of Beauvais and Alexander the Great (s. oben Anm. 85 a), 101–126.

[142] UJosAs, 42 Anm. 1. Dazu Greifswald, Bibliothek des geistlichen Ministeriums, XXXI.E. 75, f. 119v–121, wohl nur I 118–122 (LÜHDER, R.: Die Handschriften der Bibliothek des geistlichen Ministeriums zu Greifswald, o. Ort 1906, 299–301; Mitteilung von H.-G. THÜMMEL, Greifswald); Uppsala, Universitätsbibliotek, C 643, f. 103v–108r, I 118ff. mit dem Titel 'Ex ystoria Aseneth' inseriert in einen Traktat 'De caritate' (Mitteilung durch Dr. MONICA HEDLUND, Uppsala, brieflich am 29. 10. 1980; ist der Traktat ein Werk ähnlich dem gleich zu nennenden 'Seelentrost'? Vgl. noch ANDERSSON-SCHMITT o. Anm. 94). Ein Zitat in einem „preacher's manual" des 14. Jhs., Cambridge, Gonville and Caius College, 359, 14. Jh., f. 183r (JAMES, MONTAGUE R.: A Descriptive Catalogue of the Manuscripts in the Library of Gonville and Caius College, II, Cambridge 1907, 407). – Es ist bisher nicht geprüft, ob unter den Separatabschriften von Spec. hist. I 118–124 etwa welche sind, die von einer Vorlage Vinzenz' abstammen. S. noch Anm. 144.

[143] UJosAs, 42–45. Der merkwürdigste Ableger ist wohl 'Los Desposorios de Joseph', ein geistlicher Einakter aus 785 Versen in fünfzeiligen Strophen (a b b a b), der JosAs 1–21 dramatisiert (Aseneth heißt Senec); er wurde 1575 in Sevilla und Fronleichnam 1608 in Madrid gespielt. Gedruckt von ROUANET, LÉO: Coleccion de Autos, Farsas, y Coloquios del siglo XVI, Barcelona–Madrid 1901, I 331–357 (Text); IV 179–182 (Anmerkungen; die Hinweise auf Aseneth in anderen spanischen Stücken habe ich nicht verfolgen können).

[144] SCHMITT, MARGARETE: Der Große Seelentrost. Ein niederdeutsches Erbauungsbuch des vierzehnten Jahrhunderts (Niederdeutsche Studien 5), Köln–Graz 1959, 203–205; Überlieferung ebd. 11*–34*. Nach 130* steht eine ähnliche JosAs-Fassung mit der falschen (?) Zuschreibung „Scolastica seit", d. h. „Comestor sagt" (s. oben Anm. 76), in der sogenannten ersten niederländischen Historienbibel, Leiden, Maatschappij der Nederlandsche

und ging dann ins Oberdeutsche, Niederländische, Altschwedische (um 1350?)
und von dort ins Dänische über.

b. Eine neuhochdeutsche Übersetzung (16. Jh.?) von Speculum historiale I
117−124 Ende, also Vinzenz' Bearbeitung der ganzen Josephsgeschichte außer
den Auszügen aus TestXII, unter dem Titel 'Histori Assenath' o. ä. ist nur zusammen mit einer Übersetzung der Testamente der zwölf Patriarchen gedruckt
erhalten, war aber ursprünglich vielleicht selbständig. Gesehen habe ich nur das
Exemplar der Göttinger Universitätsbibliothek[145]:

> „Testament vnd Abschrifft / Der / Zwölf Patriarchen, der Söhnen Jacobs,
> wie / ein jeder vor seinem End seine Kinder gelehret, zur / Forcht GOTTES
> vnd Gottseligem Leben / vermahnet hat. / . . . / Auß dem gedruckten *Men-*
> *radi Molteri,* vnd *Augustini Lantzkroni* (hundert / vnd dreyzehen Jahr alten
> *Exemplar*) neulich verdolmetschet. / . . . / Im Jahr Christi M. D. XLIV."

Das Werkchen hat 64 Seiten. Darin steht S. 58−64 (wie im Inhaltsverzeichnis
S. 4 kurz angekündigt):

> „Folget / Die Histori Aßnath, Von Josephs Verkauffung / vnd wieder Erle-
> digung auß dem Kercker. Von seinem Heurath / vnd Außgang. Eine lieb-
> liche Histori voller Geheimnüs von / Christo vnd seiner Gespons; / Auß
> alten lang verborgen gehaltenen Büchern vnd Schrifften / erfunden, ver-
> teutscht vnd ans Licht gebracht. Gantz tröstlich / vnd lieblich zulesen."

Das Ganze ist zusammen gedruckt mit und angebunden an 'Geistliche Schöpffung
Vnd Reise deß wahren Israels auß Egypten', Frankfurt, Christoff le Blon, 1664,
aber mit eigenen Seitenzahlen[146]. Ein 'Kurtzer Bericht an den Leser', S. 2, der

---

Letterkunde te Leiden, A (Nr. 231), 15 Jh., offenbar ungedruckt. Der 'Seelentrost' hängt
nicht von ihr ab, aber vielleicht beide von einer gemeinsamen Vorlage. Ebenso erzählt
die flämische Historienbibel London, The British Library, Add. 38122 (Huth 9), Mitte
des 15. Jhs., f. 61 r, JosAs 1−21, also wohl Spec. hist. I 118−122, nach; keine Quellenangabe, aber vorher eine Notiz über Potiphar aus 'Scolastica' (zur Miniatur f. 61 v s.
unten V. 1.c). Kein Einfluß von JosAs ist festzustellen bei ISING, GERHARD: Die nieder-
deutschen Bibelfrühdrucke. Kölner Bibeln (um 1478). Lübecker Bibel (1494). Halber-
städter Bibel (1522), I. Genesis-Leviticus (Deutsche Texte des Mittelalters 54/1. I), Berlin
1961, 234f. (Gen 41,45. 50). 266f. (Gen 46,20).
[145] Schrägstrich hier und im folgenden für Zeilenende; originale Schrägstriche sind als Komma
wiedergegeben. Kursiv für Antiqua im Frakturkontext.
[146] Göttinger Signatur 8° Th. Th. I 778/53. Weitere, offenbar selbständige Drucke der deutschen Testamente samt Aseneth bei LINDHORST, 163: Basel 1539, 1569, Straßburg 1539,
1569, 1596, 1604, 1637, Augsburg 1544 (auch schon 1520?). Aus einem Druck von 1563
abgeschrieben in London, The British Library, Harleian 1252, f. 138 r−161 r, 1660
(SINKER, 18 Anm. 1). S. noch unten Anm. 148. Der Frankfurter Druck ist der letzte
bekannte. Aseneth ist nach LINDHORST, 110f., recht genau, aber mit etlichen Über-
setzungs- und Flüchtigkeitsfehlern wiedergegeben. Außerdem ist der Text im Lauf der
Druckgeschichte bis zu Frankfurt 1664, den auch LINDHORST vorwiegend benutzt hat,
schlechter geworden. − MOLTER ist wohl der Heilbronner Mitreformator (gest. 1558;
BOSSERT, GUSTAV: Molther, Menrad, RE XIII, 1903, 303). Er hat mehrfach theologische
Raritäten herausgegeben, so auch Grossetestes lateinische TestXII (s. oben Anm. 78)

offenbar vom Verfasser oder Herausgeber der Geistlichen Schöpfung stammt und
die Testamente einschließlich der 'Histori Aßnath' meint, sagt:

> „Diß Tractälein [sic] ist vor mehr als hundert Jahren in alter Teutscher
> Sprach außgangen; Dieweil es aber nicht mehr zubekommen, auch die dar-
> innen Verhandelte Sachen sich zu denen in vorgehendem Werck begrieffen
> nicht übel reimen, als hab solches hierbey zufügen für gut erachtet. Obwohl
> dabey nicht in abred bin, daß darinnen jederweilen solche Sachen fürkom-
> men, welche in etwas seltzam lauten, und der Jüdischen Rabiner brauch
> nach[147] (viel mehr als Pauli 2. Cor. 12. v. 1.) über dem rühmen der Thorheit,
> ja gar der unwarheit ähnlicher scheinen; So ist gleichwohl auch nicht zu
> leugnen daß andere gute Lehren und Erinnerungen mit eingestreuet werden.
> Derowegen damit ich, mit einiger Außmusterung über eines andern Schrifft,
> mich nicht zu grosser Fromheit anmasste, hab alles, wie es mir zu handen
> kommen beysammen gelassen."

Die „mehr als hundert Jahre" und die Jahreszahl 1544 deuten auf die Ausgabe
Augsburg 1544 als Vorlage. Es gibt das Buch offenbar auch niederländisch und
dänisch, vielleicht niederdeutsch, aber nicht lateinisch[148]. Seine Entstehung und

Hagenau 1532, per Iohannem Secerium. Hier ein Nachwort (von MOLTER?), das im
Deutschen offenbar als Vorrede fungiert und über Grossetestes Arbeit informiert (S. 3).
Daß er die TestXII auch übersetzt hätte, ist nicht bekannt. Den Hinweis auf ihn verdanke
ich HEINZ SCHEIBLE, Heidelberg. Ein gemeinsamer lateinischer Druck von TestXII und
JosAs ist bisher nicht aufgetaucht.

[147] Vgl. unten GRIMMELSHAUSEN.

[148] Niederländische Drucke (in Klammern je ein Bibliotheksnachweis) nach HENK JAN DE
JONGE (brieflich am 28.8.1982): ohne Ort, etwa 1540 (Den Haag, Koninklijke Biblio-
theek, 228. G. 31); ohne Ort, 1543 (ebd., 3173. G. 11); Kampen 1544 (ebd., 1175. C. 12);
Antwerpen 1588 (Amsterdam, Universitätsbibliothek, 968. H. 15); Delft 1597 (Den
Haag, a.a.O., 1174. F. 42); Utrecht 1597 (Gent, Universitätsbibliothek); Amsterdam 1615
(Amsterdam, a.a.O., 329. G. 23); Amsterdam 1623 (ebd., 1085. F. 17); Amsterdam 1679
(Leiden, Universitätsbibliothek, 1225. F. 8). Herr DE JONGE weist darauf hin, daß die
Liste den ersten und den letzten bekannten Druck der niederländischen TestXII und also
auch der 'Historie Assenath' (eine Separatausgabe ist nicht nachgewiesen) enthält, in diesen
Grenzen aber womöglich unvollständig ist (brieflich am 9.9.1982). Der Asenethtext ist
nicht derselbe wie der oben in Anm. 141 genannte. Es gibt die TestXII niederländisch oft
auch ohne Aseneth, aber mit einem 'Testament Jacobs', das aus Gen 49 entweder nach
der verbreiteten Bibelübersetzung von NICOLAAS VAN WINGHE oder meist nach Vinzenz
von Beauvais, Speculum historiale I 124 besteht (DE JONGE brieflich am 28.8.1982; zu
einem ähnlichen 'Testament Jakobs' in Verbindung mit TestXII JAMES: Testament of
Abraham, 155–161; NTSt 12, 1965/66, 248; STONE, MICHAEL E.: The Armenian Testament of Jacob, Revue des Études Arméniennes 5, 1968, 261–270; DERS., Two Additional
Notes on the Testament of Jacob, ebd. 6, 1969, 103f.; vgl. DENIS, 32. 34f.; CHARLES-
WORTH: Pseudepigrapha and Modern Research, 131–133; Zusammenhang?). Ob die niederländische Fassung des Buches aus der deutschen geflossen ist oder umgekehrt, läßt
sich bisher nicht sicher sagen; die Erstdruckdaten geben leider keinen Hinweis. Näheres
ergibt sich vielleicht aus der Untersuchung der niederländischen TestXII, die Herr DE
JONGE zusammen mit A. WELKENHUYSEN, Leuven, vorbereitet. Die 26 niederländischen
Drucke, die SINKER, ROBERT: A Descriptive Catalogue of the Editions of the Printed Text
of the Versions of the Testamenta XII Patriarcharum, Cambridge und London 1910

Überlieferung ist trotz der Bemühungen von E. LINDHORST noch nicht ganz aufgeklärt[149].

c. Dieses Buch hat PHILIPP VON ZESEN (1619–1689) für seinen bedeutendsten Roman benutzt[150]:

> „Filips von Zesen / Assenat; / das ist / Derselben, und des / Josefs / Heilige / Stahts= Lieb= und Lebens-geschicht, / mit mehr als dreissig schönen Kupferstükken / gezieret. / Zu Amsterdam, / Bei, und in verlegung Kristian von Hagen, / Kupferstecher, im 1670 heiljahre."

Plan und Vorarbeiten erwähnte ZESEN schon 1651 zum erstenmal. Der Roman handelt freilich mehr von Joseph als von seiner Titelheldin, die durch literarische Konvention zu dieser Ehre kam. Oder hat mitgespielt, daß ZESEN dank der 'Histori Assenath' Neues über sie mitteilen konnte? Er nennt sie jedenfalls in der Vorrede ausdrücklich:

> „Hierbei sol man auch dieses wissen, daß wir, da, die heilige Schrift entweder zu kurtz redet, oder aber gar schweiget, in vielen den Schriften der Araber, und Ebreer, und dan des weltberühmten Atanasius Kirchers, im meisten aber der Assenat Geschicht, und der Verfassung des letzten Willens der zwölf Ertzväter, der Söhne Jakobs, gefolget. Diese zwo letzte Schriften haben die Jüden, aus neide, wie man schreibet, lange zeit verborgen gehalten. Endlich seind die Griechen darhinter kommen, und bemühet gewesen, sie in die Griechische sprache überzusetzen. Hierinnen seind sie so lange geblieben, bis sie ein Englischer Linkolnischer Bischof, Robert der zweite, aus Griechenland bekommen, und im 1242 jare, mit hülfe Niklasens des Griechen, und des Albanischen Abts Geheimverpflegers, in die Lateinische sprache übergetragen: daraus man sie nachmahls auch in die Hoch- und Nieder-deutsche gebracht."

(nicht gesehen), nennt, sind nach DE JONGE zum Teil 'ghost-editions', andere fehlen. – Eine „niederdeutsche" Fassung, offenbar einen Druck von 1543, in Roskilde, Sjællands Stiftsbibliotek (wirklich niederdeutsch oder identisch mit dem niederländischen Druck von 1543 oben?) erwähnt JACOBSEN, JENS PETER: Danske Folkebøger I. Apokryfe Bibelhistorier, Kopenhagen 1915, XI: „Die Testamenten der tvvelf Patriarchen die Sonen Jocobs. Die Historie Assenath, voll misterien ende verborgentheyden van Christo ende syn Bruyt . . .;" f. G VII v kommt „Die Historie Assenath. Geuonden wt olden Boecken." Dänische Übersetzung von MOGENSEN, HANS: Te Tolff Patriarchers Jacobs Sønners Testamenter, Kopenhagen 1580 und öfter bis 1626; JosAs faksimiliert bei JACOBSEN, III–XVII.3–25. 195–199 mit Einleitung und Kommentar, 229–240 Druckgeschichte von R. PAULLI. Nach JACOBSEN, X–XII, ist unklar, ob die Vorlage nieder- oder hochdeutsch war. Älteste Separatausgabe von JosAs: Josephs Historia, Kopenhagen 1657, jüngste 1786.

[149] Worauf beziehen sich z.B. die 113 Jahre des Titelblatts? Ist 1664 nicht das Jahr des Erstdrucks der Geistlichen Schöpfung?

[150] Faksimile von V. MEID s. unten VII.4. Über spätere Auflagen und zwei dänische Übersetzungen MEID: Nachwort des Herausgebers, 1*–54*, hier 13*–15*. 32*f., vgl. auch JACOBSEN, XII–XVI. Zu den Kupferstichen s. unten V.1.c.

Große Teile der 'Histori' hat ZESEN im Text verarbeitet, andere wörtlich in den gelehrten Anmerkungen zitiert, die er zeitgemäß dem Roman anhängte, einige in beiden[151]. Das hat LINDHORST gegen die ältere Literatur nachgewiesen[152]. ZESENS Vorlage war nicht der oben in IV.2.b genannte Druck von 1664. Nach LINDHORST hat ZESEN die Testamente, soweit nicht über GRIMMELSHAUSEN (zu ihm gleich), in einer niederländischen Übersetzung benutzt; da er die 'Histori Assenath' niederländisch nicht nachweisen konnte, folgerte er, ZESEN habe sie wohl getrennt von den Testamenten vor sich gehabt und hochdeutsch[153]. Nun schließt aber ZESEN, wie oben zitiert, in die Übersetzungsgeschichte der Testamente, die er aus deren Vorrede hat, auch die 'Histori Assenath' ein und schreibt deren lateinische Vorlage auch Grosseteste zu, was sie selber nicht tut und zu Recht nicht (s. oben III.3.a). Darauf konnte einer wohl nur kommen, wenn er die Testamente zusammen mit der 'Histori' vor sich hatte. Da es nun niederländische Drucke des beide Schriften enthaltenden Buches gibt (s. oben Anm. 148), wird ZESENS Vorlage für Aseneth (und die Testamente) unter ihnen zu suchen sein. Übrigens bezeugt ZESEN ja selber, daß beide Werke ins Niederdeutsche, nach dem Sprachgebrauch der Zeit also wohl Niederländische, übertragen worden seien. Seine Quelle ist also noch nicht auf Wort und Jahr genau bestimmt; LINDHORST ist ihr aber sehr nahe gekommen.

d. Daß ZESEN die 'Histori' für historisch hielt, rieb ihm J. J. CHR. GRIMMELSHAUSEN (um 1622-1676) im ersten Band seines 'Wunderbarlichen Vogelnests' 1672 unter die Nase[154]. Er war freilich Partei. In seiner 'Histori vom Keuschen Joseph in Egypten' 1666, dem ersten deutschen Josephroman[155], hatte er

---

[151] Zu ZESENS Quellen MEID, 18*-23*. Von KIRCHER vor allem dessen Oedipus Aegyptiacus hoc est Universalis Hieroglyphicae veterum doctrinae temporum iniuria abolitae instauratio, Rom 1652.

[152] LINDHORST, 106-124 (mit falschen Vorstellungen über die übrige Überlieferung von JosAs) gegen z.B. GARTENHOF, 33-35. 47-49, der ZESEN direkt mit BATIFFOL vergleicht. Synopse von 6,1-8,1a und 2,1-12 nach ZESEN, 205. 413f. (Anmerkungen), 'Histori Aßnath' 1664, 60. 59 und Vinzenz bei LINDHORST, 112-114a.

[153] LINDHORST, 125-127.

[154] Das wunderbarliche / Vogel-Nest, / Der Springinsfeldischen / Leyrerin, / . . . außgefertigt / Durch / Michael Rechulin von / Sehmsdorff, Montbéliard 1672; nachgedruckt Tübingen 1970, 1-141, hier 99-103. Den Hinweis verdanke ich GOTTFRIED HOLTZ, Rostock.

[155] Exempel / Der unveränderlichen Vor-/sehung Gottes. / Unter einer anmutigen und / ausführlichen Histori / vom / Keuschen Joseph / in Egypten, Ja-/cobs Sohn. / . . . erstlich / Teutsch zusammen getragen / durch den / Samuel Greifnson vom / Hirschfeld, Nürnberg 1667 (vorausdatiert, erschienen 1666). Nachdruck der 2. Ausgabe Des Vortrefflich / Keuschen Josephs / in Egypten, / Erbauliche, recht ausführliche / und viel-vermehrte / Lebensbeschreibung, / . . . / erstesmals mit grosser und unverdroßner / Mühe zusammen getragen / von / Samuel Greifnson von / Hirschfeld. / Nunmehro aber wiederumb aufs / neue vom *Autore* übersehen, verbessert, / und samt des unvergleichlichen Josephs / getreuen Schaffners Musai / Lebens-Lauff. / Vermehret, . . ., Nürnberg 1671, von BENDER, WOLFGANG hg.: GRIMMELSHAUSEN: Des Vortrefflich Keuschen Josephs in Egypten Lebensbeschreibung samt des Musai Lebens-Lauff (GRIMMELSHAUSEN. Gesammelte Werke in

die 'Histori' nicht benutzt, und ZESEN hatte das notiert. Außerdem beklagt sich GRIMMELSHAUSEN, daß ZESEN ihn ungenannt als Quelle gebrauchte und nicht immer korrekt. Immerhin ist er der erste, soweit wir wissen, der die Geschichtlichkeit von JosAs bezweifelte[156]:

„Der Asaneth Geschichte, so ich zwar nicht gesehen, halte ich vor ein Gedicht irgend eines alten Rabi, dardurch er die jüdische Jüngling zur Tugend und Keuschheit ansporren wollen, damit ihnen GOtt, wann sie darin beständig verharreten, solche so wol als dem keuschen Joseph mit einem eben so keuschen Gemahl belohne; So ist auch nicht zuverwerffen, wann umb dieser Ursach, und deß unvergleichlich-keuschen Josephs eigenen Tugenden und Meriten willen ihme eine so vortrefflich aufferzogene Gemahlin angedichtet worden."

„Daß auch diese beyde Schrifften [die Testamente und die Histori Assenath] auß Neid der Juden, wie der Autor in seiner Vorred sagt, so lange verborgen gehalten worden, fält mir schwer zu glauben, wann ich betrachte, daß die Hebreer die *Cabalam* so geheim gehalten, daß sie vor *Esdræ* Zeiten niemand schreiben: nachgehends aber, als sie *Esdras* auß Göttlichem Befelch schrifftlich verfast, nicht ein jeder lesen dörffen; und daß dannoch dieselbe *Cabala* in 70. Büchern bestehend, nach *Garzoni* Zeugnüß so gemein worden, daß sie auß Pabst *Sixti IV.* Anordnung in der Lateinischen Sprach in offenen Druck kommen [4 Esra].

Viel, ja die meiste Hebreer halten darvor, Potiphar habe den Joseph seiner Schönheit wegen zum Mißbrauch erkaufft, und seye deßwegen untüchtig worden, ehe er sein sündlichs Vorhaben vollbringen können, solches bezeugt auch die vom *Autor* am vierhundert und achten Blat angezogene Geschicht der Assenat[157]; Wann nun diesem also wäre, so ist die Verfassung deß Josephs letztern Willens falsch, als welche außdrücklich meldet, daß Joseph auß Anstalt deß Potiphars Gemahlin erkaufft worden, wie hier bey diesem *Autor* am 441. 442. 443. Blat und anderswo mehr zu lesen [Test-Jos 12—16].

Verbleibe dennoch bey meinem gefasten Wahn, daß die Geschichte der Assaneth mit sampt dem verfasten letzten Willen der Ertzvätter er [sic] erst lang nach Josephs Zeiten, von einigen jüdischen Rabinern auffgesetzt worden, mehr der Meinung, die Jugend anzureitzen, deß Josephs Tugenden nachzufolgen, als ihnen die Warheit der Geschicht sollen darzu legen.

Welches Potiphars Tochter=Mann Joseph aber worden seye, bezeugt die Heilige Schrifft und der Jüdische Geschichtschreiber Josephus so Sonnenklar, daß mich niemand überreden kan, deß erleuchten *Augustini* Mei-

---

Einzelausgaben), Tübingen 1968. Der 'Musai' enthält übrigens ein langes Gespräch mit Aseneth über die ägyptische Religion und andere Orientalia.

[156] Vogelnest, 100f. 102f.

[157] Die 'Histori' oder vielmehr Vinzenz I 117 fußt hier auf Comestor, nicht auf JosAs. ZESEN und GRIMMELSHAUSEN haben nicht nur nicht gemerkt oder beachtet, daß die 'Histori' ein Exzerpt aus Vinzenz ist, sondern auch nicht, daß dieses Exzerpt ein Konglomerat ist.

nung abzustehen, wie mir dann ohne das gebühret, einem so heiligen Mann
mehr zu glauben, als denen so die Assaneth=Geschichte, und Josephs letz-
teren Willen gedichtet; und über diß ist mir allerdings wie dem gelehrten
Vossio, mit welchem ich rund nicht fassen und glauben kan, daß der jenig,
dem dieser *Autor* [ZESEN] selbst nicht unweißlich das Hermlin zum Sinn-
bild gibt, seine reine Haut so leicht beflecken, und die jenige heyrathen
würde, deren Vatter an ihm zu einem Sodomiten: ihre Stieffmutter aber zu
einer Ehebrecherin werden wollen: vornemlich zu der Zeit, als er Herr in
Egypten war, grosse Ehr und Reichthumb besasse, und unter allem Frauen-
zimmer deß Königreichs die Wahl hatte; . . ."

e. Danach scheint JosAs jedenfalls für die deutsche Literatur uninteressant geworden zu sein, obwohl Joseph ein Thema blieb[158].

Kenntnis zeigen aber die Visionserzählungen der ANNA KATHARINA EMME-
RICK (1774–1824) oder vielmehr, was CLEMENS BRENTANO (1778–1842), der
die Stigmatisierte von 1819 an aus der Nähe erlebte, daraus gemacht hat[159].
Aseneth ist beschrieben (nur?) in Band IX von BRENTANOS Emmerickmaterial
('Tagebuch'), und zwar in Heft 1, das alttestamentliche Stoffe enthält, also nicht
in den datierten Texten der Bände I–III und IV–VII[160]. Eine philologische
Ausgabe gibt es nicht. Die alttestamentlichen Texte wurden zum erstenmal wohl
in der Bearbeitung von C. E. SCHMÖGER gedruckt[161]. Näher am Original, aber
ausgewählt und auch stilistisch korrigiert ist A. BRIEGER[162]. BRENTANO hat sich
auch zu Brief- und Gesprächspartnern über Aseneth und ihre Heirat geäußert[163].
Aus dem veröffentlichten Tagebuchstoff deckt sich, meist sehr verfremdet, mit
JosAs[164]:

> *„Tagebuch Bd. IX, Heft 1/Seite 62*
>
> *Asenath, Dinas Tochter vom Sichemiten, wird mit Gold*
> *einer Amme gegeben, die sie ans Rote Meer bringt und dort*
> *lebt. Diese verkauft sie an Potiphar als Magd. Sie ist schön,*

---

[158] FRENZEL; NABHOLZ-OBERLIN. Möglichen Nachwirkungen ZESENS bei JOACHIM MEIER,
JAHN TENNIS u. a. bin ich nicht nachgegangen; vgl. LUCERNA, 51f.; MEID, 29*–32*.
Nach dem, was DE JONGE, HENK J.: Die Patriarchentestamente von Roger Bacon bis
Richard Simon, in: Studies, hg. von M. DE JONGE, 3–42, an früher wissenschaftlicher
Beschäftigung mit TestXII ausgegraben hat, bin ich nicht mehr so sicher, daß JosAs
ganz unbemerkt blieb.

[159] Überblick bei HÜMPFNER, WINFRIED: Emmerick (*Emmerich*), Anna *Katharina*, Neue
Deutsche Biographie 4, 1959 = 1971, 483f.; Emmerich (Anne-Catherine), Dictionnaire
de Spiritualité IV 1, 1960, Sp. 622–627. Zur Quellenfrage HÜMPFNER: Glaubwürdigkeit.

[160] Überblick über die Bände bei HÜMPFNER: Glaubwürdigkeit, 69–73.

[161] Das arme Leben, 58–65 (16. Joseph und Aseneth).

[162] Gotteskreis, 459f. 460–463.

[163] HÜMPFNER: Glaubwürdigkeit, 247f.

[164] BRIEGER: Gotteskreis, 460–463 (par. SCHMÖGER, 59a–61a); letzte Absatz, den BRIE-
GER nicht hat, aus SCHMÖGER, 61a. SCHMÖGER hat im übrigen in dem Joseph und Ase-
neth-Kapitel offenbar allen(?) einschlägigen Stoff in eigener Reihenfolge zusammengestellt.

*erhaben, weissagend, schreibt viele Bücher, die bei den Heiden
verderbt sind, wovon die Juden einiges Richtige haben. Sie sieht
und weiß alles, treibt Viehzucht und Prophezeiung, heißt
Mutter aller. Trauert über verfälschte Bücher. Joseph weiß
nicht, daß sie seine Nichte.*

Tagebuch Bd. IX, Heft 1/Seiten 63—65

JosAs 5 ff.
      Ich sah Joseph bei dem Götzenpriester, bei welchem
Asenath, die Tochter Dinas und des Sichemiten, als eine Pro-
2,3.6   phetin und Götzenschmückerin mit sieben anderen Mägdlein
lebte. Sie war in ihrem fünften Jahr von ihrer Amme, die mit
ihr von Jakob ans Rote Meer geschickt worden war, damit seine
Söhne das Kind nicht ermorden sollten, verkauft worden. Ich
sah sie als ein schönes, nacktes Kind mit einer Binde um den
Leib ihm verkaufen.

2,1   Joseph kannte sie nicht. Sie war ein ganz ernstes, abge-
1,4   sondertes Wesen und haßte bei ihrer großen Schönheit die
8,1—5 Männer[165]. Ich erinnere mich nicht, warum sie Joseph nahte
und ihn küssen wollte, doch war es keine Frechheit, denn es
war vor dem Götzenpriester, und sie war wie heilig gehalten.

8,5—9   Ich sah aber, daß Joseph sie mit vorgestreckter Hand zu-
9,1ff.   rückschob und ernste Worte zu ihr sprach. Da sah ich sie sich
sehr erschüttert in ihre Stube zurückziehen und in Trauer und
Buße leben.

      Ich sah in ihrer Stube links ihr Lager, dessen Decken auf-
gerollt [S. 461] waren, und rechts stand Asenath hinter einem
14,15   offenen Vorhang bei einem Becken mit warmem und einem mit
kaltem Wasser und wusch sich. Ein Götzenbildchen, wie ein
goldenes Möpschen, mit gewickeltem, unten gerolltem Leib
schaute nach ihr.

      Sie war nackt, nur ihr Unterleib war eingehüllt, und über
ihrem Haupt hatte sie eine Bahn Zeug hängen, um sich abzu-
trocknen. Sie war schlank und mächtig, und ihre Farbe war
bräunlich schimmernd. Sie hatte einen spitzen Kopf und ein
längliches Gesicht. Ihre Haare hingen lang und reich nieder und
waren am Ende gelockt. Sie hatte eine starke Brust und auf der
Magenhöhle ein wunderbares Zeichen.
    . . . . .[166]

---

[165] Danach schiebt SCHMÖGER, 59a—60a, weiteren Asenethstoff ein, u.a. über die spätere
Verehrung Aseneths und Josephs als Isis und Osiris (vgl. BRIEGER, 463). Der Satz „Wenn
Putiphar opferte, ging Aseneth auf einen Thurm, wo sie wie in einem Gärtchen war, und
sah bei Mondlicht nach den Sternen" 59b erinnert vage an JosAs 2.

[166] SCHMÖGER, 60a: „In einer Figur, wie eine herzförmige Schale, stand ein Kind mit aus-
gebreiteten Armen, das in der einen Hand eine kleine Schale, in der andern einen Becher

Jakob war dieses Zeichen bekannt, dennoch mußte er Asenath fortschaffen, um sie vor dem Zorn seiner Söhne zu bewahren. Als er aber zu Joseph nach Ägypten kam und dieser ihm alles vertraute, erkannte er seine Enkelin an diesem Zeichen. Joseph hatte auch ein seltsames Mal in der Magengegend. An einem Faden oder Stiel war ihm da wie ein Träubchen gewachsen, mit vielen kleinen Knötchen, welche auf seine vielen Nachkommen deuteten.

(Man nennt solche Mäler bei den Bauern hierzulanden Veen ... und meint, sie bedeuten den Kindern Glück. Mein Vater hatte so ein Mal an der Wade. Er war doch nicht glücklich. Sie binden es den Kindern bei uns ab. Ich brachte auch eines in Gestalt einer Kornähre auf die Welt, das mir die Mutter abgebunden. Es war eine Weissagungsähre.)

So sah ich nun Asenath sich waschend stehen und sah

15,14   einen Engel auf ihrem Lager sitzen, schön und festlich gekleidet. Er hatte einen Arm in der Seite stehen und hatte in der

14,9   anderen [Hand] eine geheimnisbedeutende Blume. Es sind seltsame Blumen von getrennten Geschlechtern, gelb, unter dem Wasser. Sie tauchen hervor, kommen zusammen und vereini-

14,4ff.   gen sich gleich. Es ist Lotos. Der Engel grüßte Asenath. Sie

14,15   schaute nach ihm und verhüllte sich. Ich weiß seine Worte nicht

14,11ff.   mehr, aber er befahl ihr, nicht mehr zu trauern und sich fest-

16,1   lich zu schmücken, und begehrte Speise von ihr.

14,15   Sie ging aber und kehrte schön gekleidet [zurück] und

16,1   brachte auf einem leichten, niederen Tischchen Wein und kleine platte [S. 462] Brote, in der Asche gebacken. Sie war nicht scheu, ganz einfältig und demütig, so wie Abraham und andere Altväter mit heiligen Erscheinungen taten, und der Engel

15,1f.   sprach mit ihr. Da entschleierte sie sich.

16,1f.   Er begehrte Honig von ihr, da sagte sie, sie habe keinen

16,5   Honig wie andere Jungfrauen, die ihn aßen. Da sagte ihr der Engel, sie solle in ihre Kammer gehen, da werde sie Honig zwischen den Götzenbildern finden. Es standen da solche kleine gewickelte Bilder mit Tierköpfen, einige auch mit unten geschlungenen Schlangenleibern. Sie machte selbst solche Figuren.

16,8   Da fand sie nun eine schöne hostienweiße, großzellige

16,15   Honigwabe und brachte sie dem Engel. Der Engel ließ sie da-

17,3   von essen. Er segnete den Honig, und ich sah ihn leuchten und wie zwischen ihnen auflodern.

oder Kelch hielt. In der Schale waren drei weiche aus der Hülse brechende Aehren und die Figur einer Taube, die nach der Traube in dem Kelche auf der andern Hand des Kindes zu picken schien."

Ich kann die Bedeutung dieses himmlischen Honigs[167] nicht mehr ganz aussprechen, denn wenn man solche Dinge sieht, weiß man alles, weil man die Dinge wirklich weiß. Jetzt aber scheint einem der Honig wieder das, was man Honig heißt, ohne daß man weiß, was Blumen, Biene und Honig eigentlich sind. Ich kann nur so viel sagen: Asenath hatte wirklich nur Brot und Wein und keinen Honig in sich, und sie kam durch diesen Honig erst vom Götzendienst ab, und das Jüdische fand in ihr einen Aufgang. Es war dabei, daß sie vielen helfen solle, daß viele wie Bienen um sie bauen sollten. Sie sagte selbst, sie wolle nun keinen Wein mehr trinken, der Honig sei ihr nötiger. (In Midian bei Jethro sah ich vielen Honig, viele Immen.)

16,17   Der Engel segnete die Honigwabe, die sie zwischen ihren Götzenbildern gefunden, nach allen Weltgegenden mit seinem Finger. Das bedeutete, daß sie mit ihrem Dasein, ihrer Vorbildlichkeit und mit dem Geheimnis ihres Inhalts so vielen sollte eine Mutter und eine Führerin sein. Als man sie nachher selbst göttlich verehrte[168] und sie mit so vielen Brüsten abbildete, war dieses auch ein Mißverstehen ihrer eigenen Gesichte, wie sie so viele ernähre.

15,6   Der Engel sagte ihr auch, daß sie die Braut Josephs sei und mit ihm eins werden werde, wie die Lotosblumen zusammen schwimmen und eins werden.

Er segnete sie auch, und zwar in dieser Linie: Er fuhr von ihrem [S. 463] Haupt gerade nieder über die Mitte ihres Leibes, dann über die rechte Brust, dann über die linke zur Herzgrube, dann von der rechten Hüfte und der linken zum Schoß:

Es war dieses augenscheinlich ein Segnen ihres Empfangens, Gebärens und Ernährens, denn er segnete ihren Schoß und ihre Brust.

(Merkwürdig ist, daß die Seherin selbst und noch eine stigmatisierte frühere Italienerin ein solch doppeltes Kreuz auf der Brust hatten, welches oft erschien und blutete.)

19,1ff.   Ich hatte später ein Bild, wie Joseph wieder zu Potiphar kam, Asenath zum Weibe zu begehren, und erinnere mich nur,
5,5   daß er wie der Engel eine Lotosblume in Händen trug.

[SCHMÖGER, 61 a] Er wußte von ihrer großen Weisheit, aber ihre beiderseitige Verwandtschaft war ein Geheimnis und war es auch für Aseneth.

23,1ff.   Ich sah auch, daß der Sohn Pharaos Aseneth liebte und daß sie sich verborgen halten mußte; daß in diesem Handel es

---

[167] Vgl. oben Anm. 39.
[168] Vgl. oben Anm. 165 und unten VI.1 zu A. VON OW.

24–26 durch Juda verhindert wurde, sonst hätten Dan und Gad, von Pharaos Sohn dazu aufgehetzt, der sich mit ihnen in einen Hinterhalt legte, den Joseph umgebracht. Ich meine, Juda hatte eine göttliche Warnung in einem Gesichte und sagte Joseph, 27,1ff. daß er auf einem anderen Wege reisen solle. Ich erinnere mich, daß auch Benjamin in dieser Sache sich ein Verdienst erworben und Aseneth vertheidiget hat. Dan und Gad erlitten eine Strafe, es starben ihnen Kinder. Sie waren auch von Gott gewarnt, ehe noch Jemand etwas davon wußte."

Soweit ich sehe, ist unter den Partien, für die JosAs als Quelle in Frage kommt, nichts, was nicht auch Vinzenz brachte. BRENTANO hat anderswo nachweislich J. A. FABRICIUS' 'Codex Pseudepigraphus Veteris Testamenti', in dem Vinzenz steht, benutzt[169]. Vermutlich erklären sich auch die Berührungen des Tagebuchs mit JosAs so[170]. Was BRENTANOS Heilige über Aseneth gesagt hat, bleibt unsicher. Um ihr Kenntnis von JosAs zuzutrauen, müßte man wohl wissen, was in der Erbauungsliteratur stand, mit der sie in Berührung kam. Trotzdem: was BRENTANO über Aseneth schrieb, wenn er es schrieb, wurde gelesen, weil ANNA KATHARINA EMMERICKS Name darüber stand, und gehört so nicht weniger zu ihrer Wirkungsgeschichte als alles andere.

V. Nichtliterarische Nachwirkungen von 'Joseph und Aseneth'[171]

1. Bilder[172]

a) Der mittelbyzantinische 'Leben Josephs'/'Joseph und Aseneth'-Zyklus

Wie erwähnt, sind LJos und JosAs in G, 661 und 671 bebildert. G hat 63 Miniaturen zu LJos, 17 zu JosAs, 661 21 und 3, 671 28 und 19 (dazu zwei Leerfelder)[173]. Die drei Zyklen überschneiden sich nur teilweise, bei JosAs nur manchmal. Nach G. VIKAN sind insgesamt in LJos 75, in JosAs 35 (doch s. gleich) Szenen illustriert.

Die JosAs-Bilder[174]:

A1 1,1 G, f. 60r (vor dem Vers): Joseph auf dem Thron (nach VIKAN nicht das Frontispiz).

---

[169] HÜMPFNER: Glaubwürdigkeit, 232–234. – Kannte BRENTANO ZESEN?
[170] Woher der übrige Asenethstoff stammt, bleibt offen. Zu einer Einzelheit (Aseneths Muttermal) HÜMPFNER: Glaubwürdigkeit, 434f. Vgl. noch unten VI.1 zu A. VON OW.
[171] S. auch oben II.2.
[172] Auch Jussuf und Suleika (s. oben IV.1) ist bebildert worden.
[173] PÄCHT–PÄCHT; PELEKANIDIS u.a.; VIKAN.
[174] Mit VIKANS Nummern und dem illustrierten Vers; falls das Bild nicht in ihm steht, ist das angegeben. G und 661 sind einspaltig, 671 zweispaltig, die Bilder meist einspaltig.

A2   671, f. 177v (zweispaltig vor dem Titel): Joseph auf dem
            Wagen mit Vorreitern.
A3   2,1   G, f. 62r: Turm.
A4   3,4   671, f. 178v/b (vor dem Vers): Pentephres, sitzend, gibt dem
            Haushofmeister Anweisungen, in der Tür sieben Soldaten
            Josephs.
A5   4,2   671, f. 179r/a (vor V. 1): Aseneth zwischen ihren Eltern,
            Pentephres gibt ihr Obst.
A6   5,1   671, f. 179r/b: Ein Bote meldet Pentephres, seiner Frau und
            Aseneth Josephs Ankunft.
A7   5,3   671, f. 179v (zweispaltig vor dem Vers): Pentephres und Fa-
            milie empfangen den auf dem Wagen sitzenden Joseph,
            Aseneth sieht durch ein Fenster über dem Hoftor zu. 661,
            f. 38v (vor 6,1): ähnlich[175].
A8   7,1   671, f. 180r/b: Pentephres gießt Joseph Wasser über die
            Füße.
A9   8,5   671, f. 180v/b: Joseph weist Aseneth zurück, die Hand auf
            ihrer Brust[176].
A10   9,4   671, f. 181r/a: Joseph auf dem Wagen sitzend, von einem
            Reiter begleitet[177].
A11   10,1 G, f. 64r: Aseneth, golden angezogen, Krone auf dem Kopf,
            hebt kniend ihre Hände zur Sonne (die also untergeht).
A12   10,11 G, f. 65v (in V. 10): Aseneth wirft ihre Kleider auf die
            Straße.
A13   11,15 G, f. 69v: Aseneth vor dem Turm stehend im Gebet. 671,
            f. 181v/a (in dem kurzen Gebet, das 10,8−13,15 ersetzt):
            Aseneth in ihrem Schlafzimmer stehend im Gebet.
A14   14,1 G, f. 75v: Der Engel kommt zu der knienden Aseneth, hin-
            ter ihr der Turm, während gleichzeitig Elemente von Innen-
            ausstattung vorhanden sind. 671, f. 181v/b (vor dem Vers):
            Aseneth in ihrem Zimmer hingestreckt vor dem Engel.
A15   15,1 G, f. 77v: Aseneth, neugekleidet vor dem Engel stehend,
            scheint den freilich nicht sichtbaren Schleier abzunehmen.
A16   15,2ff.? 671, f. 182r/b (in V. 1, der in Ngr erweitert ist): Aseneth
            neugekleidet mit Krone und Umhang vor dem Engel, der
            mit ausgestreckter Hand auf sie weist.
A17   16,1 G, f. 82r (nach V. 15[178]): Aseneth, hinter einem Tisch mit
            Becher und Brot(?) stehend, streckt die Hand nach dem
            sitzenden Engel aus. 671, f. 182v/b: Aseneth bietet kniend
            dem sitzenden Engel ein Tablett an.

---

[175] Ähnlich in einer flämischen Historienbibel (s. unten V.1.c).
[176] Vgl. NTSt 24, 1977/78, 77.
[177] Diener (VIKAN: Diss., 321f.)? Falsch wohl Pentephres (NTSt 24, 1977/78, 75).
[178] VIKAN: Diss., 331−333. 363f.; bezieht die Miniatur auf 16,1. PÄCHT−PÄCHT, 44, deuten
sie aus dem vorliegenden Kontext.

A18   16,13   671, f. 183 r/a (vor dem Vers): Der Engel gibt stehend der knienden Aseneth zu essen, im Hintergrund die Honigwabe(?) auf einem Tischchen.

A19   17,9   671, f. 183 v/b: Leerrahmen (VIKAN: Aseneth und die sieben Jungfrauen in Proskynese, während der Engel gen Himmel fährt?).

A20   18,9   G, f. 87r: Aseneth streckt die Hände über eine Schüssel, die ein Dienstbote hält, der gleichzeitig aus einer großen Kanne eingießt.

A21   18,11   671, f. 184 r/b (vor dem Vers): Aseneth sitzend mit Krone, in der Rechten ein Blütenzweig(?)[179], vor ihr der Haushofmeister.

A22   19,2   671, f. 184 v/a (vor dem Vers): Aseneth mit sieben Mädchen hinter sich begrüßt Joseph am Fuß der Treppe zu ihrem Turm. 661, f. 40 v (vor Umformulierung von 20,1 f.): Aseneth mit zwei Mädchen trifft im Hof Joseph mit zwei Begleitern.

A23   19,10   G, f. 88r und 671, f. 184 v/b (vor dem Vers): Joseph und Aseneth umarmen sich.

A24   20,5   671, f. 185 r/a (vor dem Vers): Aseneth wäscht Joseph die Füße.

A25   21,2   G, f. 90r: Joseph vor Pharao.

A26   21,4   G, f. 90v: Joseph[180] mit erhobenen Händen vor Pharao, der die Arme nach oben streckt.

A27   21,5   671, f. 185 v/a (vor dem Vers): Pharao setzt Joseph und Aseneth, die beide schon Kronen tragen, Kränze auf.

A28   21,6   G, f. 91r (vor dem Vers): Pharao legt Joseph und Aseneth die Hände auf die Schultern.

A29   21,9   G, f. 91v (vor dem Vers): Hochzeitstafel, dahinter Pharao mit Aseneth und einem alten Mann rechts neben sich, Joseph und einem jungen links[181].

A30   22,8   G, f. 93r: Aseneth verbeugt sich, anscheinend zum Handkuß, vor Jakob, der im Freien auf einem kleinen Hügel sitzt.

A31   23,6   G, f. 95r: Der Erstgeborene Pharaos, das Schwert in der Rechten erhoben, vor Simeon und Levi.

A32   23,14   G, f. 96v (vor dem Vers): Simeon mit gezogenem, hinter ihm Levi mit in der Scheide steckendem Schwert vor dem zurückweichenden Erstgeborenen Pharaos.

A33–34   27,3   671, f. 186 r/a (vor 26,7): Der rückwärts vom Pferd fallende Erstgeborene Pharaos vor Aseneth auf ihrem Wagen. 661, f. 42 r (vor 26,5.7): Aseneth auf ihrem Wagen, vor ihr Ben-

---

[179] Das Szepter, das Ngr aber nicht erwähnt?
[180] Versehentlich für Aseneth (VIKAN: Diss., 343 f.)?
[181] Der Alte wohl Jakob, der Junge wahrscheinlich Benjamin (VIKAN: Diss., 346–348). Die sind aber noch nicht in Ägypten. Der Alte Pentephres?

jamin mit Stein in der wurfbereiten Rechten, im Vordergrund der Erstgeborene Pharaos zu Boden gestürzt mit Krone und Schläfenwunde; links hinten und rechts zwei Abteilungen Lanzenreiter, ein großer Reiter hinter Aseneth durchsticht mit überlanger Lanze ein schwertschwingendes Pendant rechts[182].

A35   29,2   671, f. 186 v/a: Leerrahmen (VIKAN: Levi hält Benjamin davon ab, den Erstgeborenen Pharaos zu erschlagen?).

Die Bilder sind lange nicht beachtet worden, was wohl daran liegt, daß die drei Handschriften spät sind und nur 671 in einer öffentlichen Bibliothek zugänglich ist[183]. G, der die beiden Neugriechen künstlerisch weit überragt, wurde als erster untersucht. O. und J. PÄCHT führten die Miniaturen auf einen Archetyp zurück, der in die Nähe der Wiener Genesis (Wien, Nationalbibliothek, Theol. Gr. 31, 6. Jh., Syrien) gehören, aber auf noch älteren Vorlagen beruhen sollte[184]. G. VIKAN hat sich dann vor einigen Jahren alle drei Handschriften vorgenommen[185], mit anderem Endergebnis. Lukas' Miniaturen in G sind italobyzantinisch. In Rumänien ist dergleichen sonst nicht belegt, vielleicht brachte er seine Kunst aus dem venezianisch beherrschten Zypern mit. Hinter G sieht VIKAN ein Modell aus der späteren Hälfte der buchverliebten Paläologenzeit (1261–1453)[186], das vielleicht im 14. Jh. im Konstantinopeler Hodegonkloster entstand und wie G für private Andacht bestimmt war. Die archaisierende Minuskel könnte Zeit und Ort bestätigen[187]. Für 661 und 671 nimmt VIKAN einen türkisch-byzantinischen Ahnen mit neugriechischem Text an, der wohl noch im 16. Jh. und auf dem Athos

---

[182] Falsch PELEKANIDIS u.a., 459: die beiden Reiter wohl Benjamin und der Erstgeborene Pharaos, der Gestürzte wahrscheinlich einer der Begleiter Aseneths. Nach VIKAN: Diss., 351–354. 369f. und Abb. 151f., sind zwei Bilder kombiniert: die beiden Reitergruppen im Hintergrund und rechts stammen aus einem nicht mehr vorhandenen Bild zu 27,6 (die Leasöhne erschlagen die 2000 Mann, mit denen Dan und Gad, Naphthali und Asser gegen Aseneth im Hinterhalt lagen). Aber nach dem Text von 661, in dem V. 6 gleich auf V. 3 folgt, schlagen Aseneths Knappen zu, nicht die Leasöhne. Das Bild entspricht also seinem jetzigen Kontext. Da weder G noch 671 27,6 illustrieren, fällt VIKANs Episode A 34 wohl aus dem Zyklus aus.

[183] Die bisherige Literatur bei VIKAN: Diss., 610f. 612. 613.

[184] Zustimmend WESSEL, KLAUS: Joseph, Reallexikon zur byzantinischen Kunst III, Stuttgart 1978, Sp. 655–665, hier 660f. (nur Bedenken gegen den syrischen Ursprung des Archetyps). PÄCHT, OTTO: Ephraimillustration, Haggadah und Wiener Genesis, in: Festschrift Karl M. Swoboda zum 28. Januar 1959, Wien–Wiesbaden 1959, 213–221, bringt für JosAs nichts.

[185] Mein Irrtum, Ngr gehöre zu a statt wie G zu b (berichtigt NTSt 24, 1977/78, 69. 75f.), hat VIKAN leider in einige unnötige Erwägungen gestürzt.

[186] Zu ihr allgemein BELTING, HANS: Das illuminierte Buch in der spätbyzantinischen Gesellschaft (AAH. Phil.-hist. Klasse 1970, 1), Heidelberg 1970. Das Bild soll nicht das Gelesene illustrativ verstärken, sondern ist „'Ikone' im Buch". Illuminierte geistliche Bücher waren eher für reiche Laien als für Kleriker und Klöster bestimmt.

[187] POLITIS, LINOS: Eine Schreiberschule im Kloster τῶν Ὁδηγῶν, ByzZ 51, 1958, 17–36. 261–287, T. I–III. XIII–XVIII, hier 282f. T. XVIII = in: DERS., Paléographie et littérature byzantine et néo-grecque, London 1975; vgl. BELTING, 55f.

41*

entstand, aber auch ikonographische Elemente aus mittel- und spätbyzantinischer Zeit enthielt. Hinter allem vermutet VIKAN einen Archetyp des 11. Jhs. in Konstantinopel. Er hatte vermutlich mehr Bilder, als erhalten sind; andererseits müssen die erhaltenen nicht alle aus ihm stammen. Ältere Vorstufen für den Gesamtzyklus findet VIKAN nicht. Ein Teil der Bilder zu LJos, das ja aus Bibelstoff gemacht ist, wenn auch legendarisch aufgefüllt, hat Vorlagen in der Septuagintaillustration, und zwar vom Typ der Cotton Genesis (London, The British Library, Cotton Otho B. VI, 6. Jh., Alexandria?, 1731 stark angebrannt). JosAs ist im Archetyp von G 661 671 vermutlich zum ersten und, soweit wir wissen, im griechischen Bereich einzigen Mal bebildert worden.

Trotz VIKANs immenser Untersuchung ist die Arbeit wohl noch nicht zu Ende. Was rein ikonographisch zu tun wäre, kann ich nicht sagen. Beim Verhältnis der Bilder zum Text läßt sich weiterkommen. Die Bildinhalte passen öfter nicht genau zu ihrer jetzigen Umgebung, sondern reflektieren ältere und zum Teil längere Überlieferungsstufen; daran ändert der Einwand gegen VIKANs Deutung von Nr. A34 nichts. Eine genauere Untersuchung der Überlieferung der illustrierten Textstellen in allen Zeugen, besonders der b-Gruppe, müßte erlauben, manche Bildelemente noch genauer zu bestimmen und zu datieren. Umgekehrt lassen sich die Bilder wohl für die Überlieferungsgeschichte des Textes auswerten[188]. Es wäre zu sehen, ob sich der von VIKAN vermutete Archetyp des 11. Jhs. (vgl. oben II. 13) textlich charakterisieren läßt; zu b dürfte er gehört haben[189].

b) Vignetten in Arm

Manche armenischen JosAs-Handschriften haben neben anderen Verzierungen Vignetten, die Joseph und/oder Aseneth zeigen, so (in Klammern die Siglen, s. oben III. 2) Wien, Mech. 705, f. 189v (354); Eriwan 188, f. 217r (3710); 2587 (3714); Jerusalem 1927, f. 40v (3717)[190]; Eriwan 349 (3715); 205 (377); London, British Library, Or. 8833, f. 37v (371).

c) Illustrationen zu Vinzenz und seiner Nachwirkung

Sonst kenne ich Bilder zu JosAs nur aus der Wirkungsgeschichte von Vinzenz' von Beauvais Kurzfassung. Es gibt illustrierte Exemplare des 'Speculum historiale' auf französisch, die auch JosAs bebildern[191]. Eine Miniatur in der oben in Anm. 144 genannten flämischen Historienbibel, f. 61v, zeigt Joseph in Pharaos Wagen und Aseneth aus dem Fenster eines turmähnlichen Gebäudes sehend (vgl.

---

[188] Es ist aber zu beachten, was BELTING, 3–17, über lockere Verbindung zwischen Text und Illumination sagt.

[189] Anders VIKAN: Diss., 428 – mein Fehler.

[190] Veröffentlicht von STONE: Encyclopedia Judaica IV, 1971, Sp. 862.

[191] DELISLE, LÉOPOLD: Exemplaires royaux et princiers du Miroir historial (XIVe siècle), Gazette Archéologique 11, 1886, 87–101 und T. 13–16, hier 92. 98 und T. 14; VIKAN: Diss., 383.

JosAs 5,2f.; 6,1)[192]. Vielleicht gehört hierher auch eine Miniatur in London, The British Library, Add. 19992, Anfang 14. Jh., f. 9v. Die Handschrift enthält 'Hystoires de la vie ioseph usques a la sepulture de iacob'. Die Miniatur zeigt Joseph, «comment le roy le marie a assenech» (Gen 41,45; JosAs 21)[193]. Ich habe aber weder Text noch Bild gesehen.

Schließlich hat der aus Bremen stammende KRISTIAN VON HAGEN die erste Auflage von ZESENS 'Assenat' 1670 mit 30 ganzseitigen Kupferstichen geschmückt, die aber nicht sehr originell ausgefallen zu sein scheinen. „Während der Stecher in den meisten Fällen an die Tradition der Bibelillustration oder an die Typik herkömmlicher höfisch-repräsentativer Szenen anknüpfen konnte, so standen Werke Athanasius Kirchers für die 'wissenschaftlichen' Illustrationen Pate"[194]. ZESEN selber war auch nicht zufrieden. HAGENs Stiche, die „seine ersten früchte seind", halten sich trotz genauer Anweisung nicht eng genug an den Text. „Doch wo iemand diese stummen Gemälde nicht vergnügen, da werden es die beigefügten redenden tuhn. Aus denen wird man genug verstehen, wie sie sein solten, und wie die sache selbsten sich befindet." (Vorrede). Fünf betreffen Stoff, der auf JosAs fußt: S. 111 Potiphars Garten, 207 Aseneth vor Joseph, 223 Joseph und Aseneth als Verlobte, 245 Aseneth in der Brautkammer, 293 Aseneth im Hinterhalt.

d) Sonstiges

Abgesehen von den Illustrationen zu JosAs kommt Aseneth auf Darstellungen vor allem zur Josephsgeschichte in der Genesis und deren Nacherzählungen vor. VIKAN hat einige mittelalterliche Bilder zusammengestellt, darunter auch die oben III.3.c erwähnte Miniatur mit dem Zitat aus L1[195]. Einfluß von JosAs ist freilich nur zu erwägen, wenn ein Bildinhalt gegen das, was die Bibel sagt oder erschließen läßt, mit JosAs übereinstimmt (und dann muß man überlegen, ob der Maler JosAs gekannt haben kann oder der Einfluß mit der Bildtradition gegeben war). Das gilt zum Beispiel nicht für die vielen Jakobssegen[196], auf denen Aseneth gegen Gen 48, aber auch ohne Anhalt in JosAs zu sehen ist,

---

[192] O. VF., Catalogue of the Fifty Manuscripts & Printed Books Bequeathed to the British Museum by Alfred H. Huth, London 1912, 11f. und T. 8 Abb. c.
[193] O. VF., Catalogue of Additions to the Manuscripts in the British Museum in the Years MDCCCLIV–MDCCCLX, I, London, 1875, 26.
[194] MEID, 15*–18*, hier 16*. Die weiteren Auflagen enthalten Nachahmungen.
[195] Diss., 381–383. 391–394. Weiteres Material bei RUPPRECHT, FRIEDERIKE: Die Ikonographie der Josephsszenen auf der Maximinianskathedra in Ravenna, Diss. theol. Heidelberg 1969, I, 170–193; II, 75–87 (masch.); NILGEN, URSULA: Joseph von Ägypten, Lexikon der christlichen Ikonographie, II, Rom usw. 1970, Sp. 423–434; WESSEL, FABRICIUS, ULRICH: Die Legende im Bild des ersten Jahrtausends der Kirche. Der Einfluß der Apokryphen und Pseudepigraphen auf die altchristliche und byzantinische Kunst, Kassel 1956, berücksichtigt JosAs offenbar nicht.
[196] UJosAs, 134 Anm. 1. LEBRAM, JÜRGEN C. H.: Jakob segnet Josephs Söhne. Darstellungen von Genesis XLVIII in der Überlieferung und bei Rembrandt, in: The Priestly Code and Seven Other Studies, hg. von J. G. VINK u. a. (OTS 15), Leiden 1969, 145–169, bespricht vor allem literarische, auch rabbinische und samaritanische Quellen.

von einem Sargdeckel des 4. Jhs. aus der San Callisto-Katakombe über die
Wiener Genesis, f. 23 r, zu Rembrandts berühmtem Bild von 1656 (Staatliche
Gemäldegalerie, Kassel) und vermutlich weiter. Sichere Spuren von JosAs gibt
es bisher kaum[197].

2. Aseneth als Personenname

Aseneth kommt gelegentlich als Name vor. Alte oder mittelalterliche jüdische
Belege kenne ich nicht[198]. Auch unter Christen scheint er nicht sehr verbreitet
gewesen zu sein. Auf griechisch steht ʾΑσενέθ viermal in einer ägyptischen
Steuerliste des frühen 8. Jhs.[199]. Da mag Lokalpatriotismus mitgewirkt haben,
nicht notwendig Kenntnis von JosAs. Armenierinnen heißen Asanēt῾ vom 15. Jh.
an, offenbar bis in die neueste Zeit[200]. Dazu dürfte JosAs beigetragen haben. Aus
England sind einige Belege des 17. und 18. Jhs. bekannt[201]. Auch daran könnte
JosAs beteiligt sein, am ehesten in Vinzenz' Abkürzung; allerdings wüßte man
vorher gern, ob und in welcher Gestalt der Text in England damals noch gelesen
wurde[202].

[197] Fraglich sind die Hinweise von VOSS, HELLA: Studien zur illustrierten Millstätter Genesis
(Münchener Texte und Untersuchungen zur deutschen Literatur des Mittelalters 4), München 1962, 19. 74. 161. 165f. und Abb. 2 (Klagenfurt, Kärntner Landesarchiv, Geschichtsverein 6/19, f. 60v, um 1200); STICHEL, RAINER: Außerkanonische Elemente in byzantinischen Illustrationen des Alten Testaments, RQ 69, 1974, 159–181, T. 5–16, hier 176 (dazu NTSt 24, 1977/78, 76 Anm. 3).

[198] Keine im Corpus Papyrorum Judaicarum und bei DELLING, GERHARD: Biblisch-jüdische Namen im hellenistisch-römischen Ägypten, Bulletin de la Société d'Archéologie Copte 22, 1974/75, 1–52. Im heutigen Israel wird der Name gebraucht, aber nicht häufig (Mitteilung von Frau RUTH BLUM, Heidelberg).

[199] London, The British Library, Pap. 1442, f. 4r. 19r. 24v, nach 716 n. Chr. (BELL, H. IDRIS: Greek Papyri in the British Museum. Catalogue, with Texts, IV. The Aphrodite Papyri, London 1910, 166–230, hier 182. 201. 214).

[200] Belege aus Handschriftenkolophonen des 15.–18. Jhs. und einer Bauinschrift von 1694 im Wörterbuch der armenischen Eigennamen von AČAṘYAN, HRAČ῾EAY: Hayoç anjnanunneri baṙaran, I (RSS d'Arménie. Université Molotov à Eriwan. Travaux scientifiques 21), Eriwan 1942, 221; dazu ein Kolophon von 1449 bei XAČ῾IKYAN, L. S.: ŽE dari hayeren jeṙagraç hišatakaranner, I (1401–1450 t῾t῾.) / CHAČIKJAN, L. S.: Pamjatnye zapisi armjanskich rukopisej XV veka, I (1401–1450 gg.) (Institut Istorii akademii nauk Armjanskoj SSR. Materialy po istorii armjanskogo naroda 6), Eriwan 1955, 631. Nichts bei SANJIAN.

[201] WITHYCOMBE, ELIZABETH G.: The Oxford Dictionary of English Christian Names, Oxford, 2. Aufl. 1950, 32, s. v. Asenath (f.): *"It was occasionally used, like most other Old Testament names, in the 17th C, and there was an Asenath Angel in Shropshire in 1798. The gipsy name As(h)ena may be derived from it."*

[202] Aseneth nicht bei BACH, ADOLF: Deutsche Namenskunde, 2 Bde., Heidelberg 1952–1956; MACKENSEN, LUTZ: Das große Buch der Vornamen (Ullstein Ratgeber 4159), Frankfurt a. M.–Berlin–Wien 1980. Im spanisch-portugiesischen Sprachbereich kennt man Aseneth als Personennamen nicht (ARNOLD ROTHE, Heidelberg, brieflich am 29. 1. 1980). *"I have never heard any Ethiopian woman called by Asnet. It would be interesting to check in the royal chronicles for which I do not have the time. But your question gave*

Läßt sich der Gesamtbefund erklären? Vielleicht sagt die Bibel nicht genug über Aseneth, um sie als Namenspatronin zu empfehlen. JosAs konnte das nur da gutmachen, wo das Buch auch in Bibeln stand wie bei den Armeniern und/ oder stark verbreitet war, und zwar nicht nur als Klosterlektüre.

3. Joseph und Aseneth in Trauagenden

Einige liturgische Nachwirkungen von JosAs sind schon zur Sprache gekommen (s. oben II.23; III.5). Gehören dazu auch Trauagenden?

a. M. R. JAMES sah eine Beziehung zwischen JosAs 1,5 καὶ ἦν μεγάλη ὡς Σάρρα καὶ ὡραία ὡς Ῥεβέκκα καὶ καλὴ ὡς Ῥαχήλ (L1 eratque magna ut Sarra et [?] speciosa ut Rebecca et formosa ut Rachel) und der Wendung sit amabilis ut Rachel viro, sapiens ut Rebecca, longaeva et fidelis ut Sarra, die so oder ähnlich seit ältester Zeit bis heute in der römischen Brautmesse und abgeleiteten Formularen steht; da er JosAs spät ansetzte, erwog er Abhängigkeit vom Meßtext[203]. Denkbar ist die Sache nur umgekehrt, weil JosAs älter ist. Doch sind sowohl die Reihenfolge wie die Attribute der Erzmütter verschieden. Ich sehe nicht, warum die beiden Texte nicht unabhängig voneinander auf Sarah, Rebekka und Rahel gekommen sein sollten, als sie Vergleiche suchten, zumal die Wendung zumindest in dieser Form westlich zu sein scheint und JosAs bis ins Hochmittelalter im Westen nicht nachgewiesen ist.

b. Wie JAMES andeutet, erwähnen viele Trauagenden Joseph und Aseneth, auch getrennt, neben anderen gesegneten Paaren der Bibel in Gebeten oder Benediktionen. Zum Beispiel der byzantinische Ritus[204]:

---

me the idea of suggesting it to Ethiopian families in this country who look for special names for their children" (HAILE brieflich am 8.6.1982).

[203] Testament of Abraham, 128: "The resemblance here seems to me close: and when it is coupled with the frequent allusions made to Joseph and Aseneth in some of the Marriage Rites, it seems to be a possible explanation that the two lines of documents [sc. Agenden und Apokryphen] are here independent [lies 'not independent' oder 'interdependent'?]. 'Aseneth' is not an early book, though I should hesitate to place it as late as the fifth century, with M. Batiffol: it is not impossible, then, that the author of Aseneth was the borrower." Belege für sit amabilis . . . bei RITZER, KORBINIAN: Formen, Riten und religiöses Brauchtum der Eheschließung in den christlichen Kirchen des ersten Jahrtausends (LQF 38), Münster 1962, 343. 347. 350 (induant caritatem sarre; penitentiam rebeccae: amorem racel, gracia[!] et caritatem susanne). 358. 368. 373 (2. Aufl. 1981 nicht gesehen). Vgl. im byzantinischen Ritus: καὶ σύ, Νύμφη, μεγαλύνθητι ὡς ἡ Σάῤῥα, καὶ εὐφράνθητι ὡς ἡ Ῥεβέκκα, καὶ πληθύνθητι ὡς ἡ Ῥαχήλ, εὐφραινομένη τῷ ἰδίῳ ἀνδρί, φυλάττουσα τοὺς ὅρους τοῦ νόμου, ὅτι οὕτως εὐδόκησεν ὁ θεός (LODI, 1393; erinnert übrigens von fern an JosAs 21,6). Nicht im Book of Common Prayer.

[204] LODI, 1389. Weitere Belege bei CONYBEARE, F[REDERICK]. C.: Rituale Armenorum, Oxford 1905, 113; RAES, ALPHONSUS: Le mariage, sa célébration et sa spiritualité dans les Églises d'Orient (Collection Irénikon), Gembloux 1959, 17. 34. 42 (koptisch), 51. 61 (byzantinisch), 132 (syrisch), 189 (chaldäisch). Ich habe bisher nur östliche Belege gefunden.

ὁ τὸν Ἰωσὴφ καὶ τὴν Ἀσυνὲθ συζεύξας, καρπὸν παιδοποιΐας αὐτοῖς τὸν Ἐφραὶμ καὶ τὸν Μανασσὴν χαρισάμενος,

oder das äthiopische ʿMäṣəḥafä täklilʾ²⁰⁵:

Zä-aʿəbäyo lä-Yosef wå-astäẓamäro bä-Asnet, wå-bomu konä kʷəllu ḫaylä Gəbṣ nəsəʾəläkkä, Ǝgziʾo, səmʿannä wå-täśahalännä

"Thou [lit. ʿHeʾ], who exalted Joseph and joined him with Aseneth, and through whom the miracles of Egypt occurred, we beseech thee, O Lord, hearken to us and have mercy upon us".

Mir scheinen weder die Formulierungen noch die Kontexte von JosAs beeinflußt zu sein. Das schließt nicht aus, daß Joseph und Aseneth ins Formular kamen, weil man JosAs kannte, aber der Beweis wird schwer zu führen sein.

Es mag auf der Agende beruhen, wenn der moldauische Metropolit Do-SOFTEI (bis 1673 und 1676–1687) in seinem ʿLeben der Heiligenʾ, einem Jahresmenologium, am Ende einer Widmung an seinen Landesherrn Ioan, König der Moldau und Ukraine, schreibt, die Heiligen möchten ihn und seine Familie segnen, „cumŭ au blagoslovitŭ pre Iosifŭ şi Asinetha cu acĭa înţăléptâ şi Dumne-ḑăréscâ" („wie sie gesegnet haben Joseph und Aseneth mit der(artiger) Weisheit und Herrschaft")²⁰⁶. Ähnlich in zwei fast identischen Vorworten DOSOFTEIS von 1681 und 1683: "cumŭ au blagoslovitŭ pre Avraamŭ, şi Isakŭ, şi Iacovŭ. şi cumŭ au blagoslovitŭ pre Iosifŭ, cu Asinetha, şi cuconii lorŭ"²⁰⁷. Allerdings scheint DOSOFTEI JosAs gekannt zu haben, wie aus einer rumänischen Randglosse in G, f. 63r, hervorgeht (s. oben II.19). Falls seine Vorworte von JosAs beeinflußt sind, müßte man an G als Quelle denken, nicht etwa an Rum.

VI. ʿJoseph und Asenethʾ in der Forschung

Im 19. Jh. verebbt die Wirkungsgeschichte von JosAs und fängt die Forschungsgeschichte an. Doch wie diese einige Vorläufer hatte, in der Neuzeit neben GRIMMELSHAUSENS Bemerkungen vor allem J. A. FABRICIUS' Druck von Vinzenz und C, so jene hier und da noch ein Nachspiel.

JosAs ist der Wissenschaft später aufgefallen als fast die ganze übrige Literatur des antiken Judentums, soweit sie nicht wie die Qumranbibliothek noch in

---

²⁰⁵ HAILE brieflich am 8.6.1982 nach EMML 3012, f. 14r, 17.–18. Jh. (vgl. die koptische Parallele bei RAES, 34).

²⁰⁶ Viaţa şi petrĭacerĭa svinţilorŭ, Iaşi 1682–1686 (dazu BIANU, IOAN, und HODOŞ, NERVA: Bibliografia Românéscă veche 1508–1830, I. 1508–1716, Bukarest 1903, 240–246); das Zitat nach BIANU–HODOŞ, 244. CARTOJAN, 57 = 2. Aufl. 74, führt den Satz auf JosAs zurück.

²⁰⁷ Molitvănic fr ʾnţăles, Iaşi 1681, wieder gedruckt in Parimiile preste anŭ, Iaşi 1683, (BIANU–HODOŞ, 268).

der Erde ruhte, später auch als die Testamente der zwölf Patriarchen[208], mit denen wenigstens Vinzenz' Kurzfassung in Europa seit der Reformationszeit verbunden war. Man kann verstehen, daß Vinzenz keinem Gelehrten imponierte, zumal anders als bei den Testamenten keine Vorrede auf die Vorgeschichte hinwies. Doch die Handschriften von L1 und L2 lagen seit ihrer Entstehung in europäischen Bibliotheken. Ihre Vorlagen mögen früh verschollen sein, aber spätestens seit der Renaissance sind im Westen wieder griechische JosAs-Handschriften. Das Buch muß jedenfalls hin und wieder Gelehrten unter die Augen gekommen sein, die sich für es hätten interessieren können, zumal es Bibliothekskataloge nicht erst seit gestern gibt. Daß trotzdem niemand von JosAs angezogen worden zu sein scheint, mag unter anderem daran liegen, daß die griechische und lateinische Literatur der alten Kirche JosAs weder zitiert noch überhaupt erwähnt. So war niemand auf das Buch gefaßt. Es konnte nicht einfach wiederentdeckt, es mußte überhaupt erst entdeckt werden.

Die Forschung hat D. SÄNGER ausführlich dargestellt[209]. Ich skizziere sie nur und nenne dann einige Probleme, die heute diskutiert werden.

1. Zur Forschungsgeschichte

Sie besteht im 19. Jh. vor allem darin, daß der volle Text von JosAs entdeckt wird, und zwar samt allen Übersetzungen außer L2. Den Anfang machten nicht zufällig die Armenisten. Y. ZŌHRAPEAN (ZOHRAB), der Herausgeber der armenischen Bibel[210], hatte schon 1806 eine Ausgabe von TextXII und JosAs nach 376 fertig, die 'Girk' mnaçordaç' 'Paralipomena' heißen sollte wie manchmal TestXII[211], aber nicht erschien; erst 1886 druckte und übersetzte A. CARRIÈRE daraus JosAs 22–29[212]. 1842 fand R. CURZON, der spätere LORD ZOUCHE, JosAs und andere Pseudepigraphen in armenischen Bibelhandschriften; er besaß 371, übersetzte JosAs ins Englische und veranlaßte den bedeutenden Venediger Mechitaristen Ł. ALIŠAN zu einer italienischen Übersetzung[213]. 1848 entdeckte M. BROSSET JosAs als armenischen Roman, « dont j'ignorais jusqu'au nom »[214]. Die Venediger druckten dann 1885–1886 den ganzen Text nach 361/391, 1896 wie-

---

[208] Vgl. H. J. DE JONGE: Die Patriarchentestamente (ob. Anm. 158). Jetzt besonders M. J. DE JONGE, The Testaments of the Twelve Patriarchs: Central Problems and Essential Viewpoints, ob. in diesem Band (ANRW II 20,1), 359ff.

[209] Antikes Judentum und die Mysterien, 11–87. Überblick auch bei SMITH: JosAs, 4–17. Vgl. kurz auch N. WALTER, Jüdisch-hellenistische Literatur vor Philon von Alexandrien (unter Ausschluß der Historiker), ob. in diesem Band (ANRW II 20,1), 104.

[210] A(stua)cašunç matean hin ew nor ktakaranaç, Venedig 1805. Bis heute nur teilweise ersetzt, vgl. oben Anm. 69.

[211] Angekündigt in der Bibelausgabe, Anhang, Einleitung, 3; einbändige Ausgabe, 1.

[212] Das Manuskript scheint danach verschollen zu sein.

[213] Armenia, 225f.; vgl. SINKER, VIII. Beide Übersetzungen wohl nicht gedruckt und verschollen. Sie waren nicht dabei, als CURZONS Tochter DAREA BARONESS ZOUCHE 1917 371 und andere Handschriften dem Britischen Museum vermachte; jedenfalls weiß es nicht, wo sie geblieben sein könnten (CYRIL MOSS brieflich am 16. 10. 1957).

[214] Etudes, 41f.; Résumé, 22.

derholt von S. YOVSĒP'EANÇ in seiner Apokryphensammlung, die J. ISSAVERDENS 1900 nicht ganz zuverlässig ins Englische übersetzte. N. MARR gab 1891 und 1894 Textproben aus M. T. PALEAN 1896 aus 353. 1897 erschien N. O. ĒMINS 1876 geschriebene russische Übersetzung von 364. ĒMIN hatte übrigens YOVSĒP'EANÇ' Unternehmen angeregt und mit einem Legat gefördert. 1898 veröffentlichte B. SARGISEAN einen Einleitungsband zu YOVSĒP'EANÇ, in dem er als erster C L1 Syr Arm miteinander verglich; da er vom griechischen Text nur FABRICIUS kannte, konnte nichts Bleibendes herauskommen.

Noch vor dem vollen Text von Arm war Syr 1870 in J. P. N. LANDS Ausgabe des Pseudo-Zacharias erschienen, 1886 lateinisch durch G. OPPENHEIM, Slaw 1877 in S. NOVAKOVIĆ' Druck von 551[215].

Auch Vinzenz wirkte noch. In einem 1830 geschriebenen Essai hob F. A. SAINT-MARC GIRARDIN, später Mitglied der Académie Française, die Schönheiten von JosAs hervor und erzählte den Inhalt auf Grund von FABRICIUS nach. 1850 übersetzte der ebenso gelehrte wie verstiegene L. NOACK (1819–1855), über dessen unglückliche Außenseiterexistenz man einiges bei A. SCHWEITZER lesen kann[216], unter einem Pseudonym FABRICIUS' Texte. 1856 gab G. BRUNET Vinzenz französisch. 1858 veröffentlichten L. MOLAND und C. D'HÉRICAULT 'De l'Ystoire Asseneth' aus Jean de Vignays mittelfranzösischer Übersetzung des 'Speculum historiale' von 1317/27 nach Paris, Bibliothèque Nationale, Fr. 6938, 1333[217].

Erst 1889–1890 erschien P. BATIFFOLS griechische Editio princeps nach A. Sie enthält auch L1 nach einer Abschrift von 421 mit Kollation von 431 durch M. R. JAMES. JAMES ist in seinen Arbeiten zu den Apokryphen wie auch anderswo immer wieder kurz auf JosAs zurückgekommen und hat sich im übrigen durch seine großen Kataloge der lateinischen Handschriften vieler englischer Bibliotheken um Aseneth verdient gemacht. Die Ausgabe von A und L1 ist die wichtigste der vier Veröffentlichungen des 19. Jhs., die bis heute unentbehrlich sind; die anderen sind NOVAKOVIĆ, YOVSĒP'EANÇ und ISTRIN (zu ihm gleich).

BATIFFOL war der eigentliche Wiederentdecker Aseneths und verhinderte gleichzeitig, daß ihr wahrer Wert erkannt wurde, denn er erklärte JosAs für eine christliche Schrift des 5. Jhs. aus Kleinasien. Aseneth brauchte mehr als 60 Jahre, um sich zu rehabilitieren. Zwar hatte BATIFFOL auf L. DUCHESNES Rezension hin schon 1898 zugestanden, daß JosAs ein jüdisches, wenn auch vielleicht christlich retuschiertes Buch aus der Zeit Jesu oder früher sei. Alle selbständig urteilenden Fachleute haben das seither im Prinzip bestätigt, aber was in der Ausgabe stand, wirkte offenbar weiter. JosAs fehlt in den beiden klassischen Sammlungen der alttestamentlichen Apokryphen und Pseudepigraphen von E. KAUTZSCH und R. H. CHARLES[218]. Bis in die Mitte dieses Jahrhunderts haben

---

215 Daß JosAs bemerkt wurde, ist KOZAK, 136f., zu verdanken.
216 Geschichte der Leben-Jesu-Forschung, 2. Aufl., Tübingen 1913 = 6. Aufl. 1951, 173–179.
217 Vgl. unten Anm. 221.
218 KAUTZSCH, EMIL: Die Apokryphen und Pseudepigraphen des Alten Testaments, 2 Bde., Tübingen 1900 = Darmstadt 1962=1975; CHARLES, ROBERT H. ed.: The Apocrypha and Pseudepigrapha of the Old Testament, 2 Bde., Oxford 1913.

sich nur wenige Forscher näher mit JosAs beschäftigt, ziemlich isoliert voneinander und meist aus der falschen Fakultät. Den Hauptgewinn hatte wiederum der Text. 1898 druckte V. M. ISTRIN B und synoptisch daneben 671. Er hätte die Forschung anregen können, weil er eine textkritische Alternative zu BATIFFOL vorschlug, indem er, M. PHILONENKO vorwegnehmend (s. unten VI. 2.a), die von B vertretene „kurze Redaktion", also δ, für die ursprüngliche erklärte. Aber die meisten westlichen Gelehrten konnten auch damals kein Russisch, und eine Autorität wie K. KRUMBACHER hatte ISTRIN wegen Schlamperei verrissen[219]. Ein Fortschritt war dagegen E. W. BROOKS' gute englische Übersetzung von 1918. Zwar liegt BATIFFOL zugrunde, aber BROOKS gibt Fußnoten aus BD Syr Arm L1 Slaw und einen Anhang mit über BATIFFOL überschießenden Stücken aus 11, 15–18; 12,8b; 15,12x; 16,17–17x; 20,5b.6b; 21,10–21; 23,6b, die er für ursprünglich hielt. Er ließ 1919 eine gute Neuausgabe des Pseudo-Zacharias und 1924 deren lateinische Übersetzung folgen. P. RIESSLERs deutsche Übersetzung von BATIFFOL 1922 reicht philologisch nicht hin, sollte wohl auch eher lesbar als exakt sein, aber sie trug noch mehr als BROOKS dazu bei, JosAs bekannter zu machen. Neben diesen Arbeiten zum Text gab es einige stoff- und religionsgeschichtliche Studien. Von ihnen bleibt V. APTOWITZER 1924 neben dem älteren Aufsatz von J. PERLES 1891 als Sammlung der rabbinischen Äußerungen über Aseneth und Parallelen zu JosAs nützlich. Dagegen sind A. WIRTH 1892 (JosAs eine Variation der Danaesage aus der Zeit nach 500 n. Chr.) und H. PRIEBATSCH 1937 (JosAs eine valentinianische Schrift des 2. Jhs.) mangels Methode unergiebig. Kuriositäten sind die wohl auf Zeitschriftenartikeln fußenden Bücher von A. FREIHERR VON OW 1906 und 1918. Er benutzt die Emmerick-Visionen nach C. E. SCHMÖGER und JosAs nach Vinzenz (mehr kennt er nicht) als historische Quellen. Aseneth und Joseph, die euhemeristisch vergöttert in Ägypten als Isis und Osiris verehrt wurden, sind Vorverkörperungen des präexistenten, später dann in Maria und Jesus Fleisch gewordenen Heilsgeheimnisses. Das einzige Verdienst dieser Mesalliance einer romantischen Idee mit religionsgeschichtlichem Dilettantismus ist, daß sie wider Willen auf Quellen aufmerksam gemacht hat, die BRENTANO benutzte[220]. Der fromme Freiherr gehört nicht in die Forschungsgeschichte, sondern ist ein Spätling in der Wirkungsgeschichte von JosAs. Die endet im übrigen, wenn man nicht RIESSLER rechnen will, 1921 mit CAMILLA LUCERNA. Ihre auf BATIFFOL fußende, aber auch Elemente aus Arm, Slaw und Ngr verwendende Übertragung von JosAs 1–21 soll „den poetisch-mystischen Gehalt" der Erzählung herausheben. Es ist meines Wissens der letzte Versuch, JosAs literarisch wiederzubeleben, ohne Erfolg[221].

---

[219] Rezension von ISTRIN, ByzZ 8, 1899, 228f.

[220] HÜMPFNER: Glaubwürdigkeit, 244–247. 251–253.

[221] „Stellen aus unserer Legende hat Jagoda Truhelka, eine kroatische Schriftstellerin, in ihrem Roman aus der bosnischen Geschichte 'Vojača' (Sarajevo, 1900) angeführt. Julius Zeyer, der große tschechische Dichter, hat im Lumir 1895 nach einer französischen Quelle [MOLAND–D'HÉRICAULT?] in seiner Art eine Bearbeitung des Stoffes gegeben, die bewundert wurde. (Deutsch im Gral). Ich halte sie nicht für glücklich" (LUCERNA, 52). Ich habe das nicht nachprüfen können. — THOMAS MANN, Joseph und seine Brüder, 1933–1943,

1952 haben G. D. KILPATRICK und J. JEREMIAS mit zwei Miszellen Aseneth endgültig aus dem hagiographischen Exil befreit. Zum erstenmal gingen zwei Neutestamentler ernsthaft auf JosAs ein und gewannen das Buch als wichtigen neuen Zeugen der Umwelt des Neuen Testaments. JEREMIAS regte zudem die UJosAs an, in denen die Überlieferung gesammelt und provisorisch gesichtet ist, und sorgte so dafür, daß Aseneth auch zu ihrem eigenen Recht kam. Gleichzeitig wurde M. PHILONENKO auf JosAs aufmerksam. Sein Buch, das bisher umfassendste, enthält außer Text, Übersetzung und Wortindex die Grundzüge eines Kommentars (auf PHILONENKO fußen die JosAs-Übersetzungen von A. SUSKI, M. DE GOEIJ, R. MARTÍNEZ FERNÁNDEZ—A. PIÑERO und D. COOK). Seitdem ist Aseneth wieder, wo sie hingehört, in der Literatur der griechischsprachigen Diaspora nach der Septuaginta. JosAs ist in den Sammlungen berücksichtigt, die KAUTZSCH und CHARLES ersetzen sollen[222], und kommt in den entsprechenden Handbüchern (A.-M. DENIS, J. H. CHARLESWORTH, G. W. NICKELSBURG) und Forschungsberichten (G. DELLING, J. H. CHARLESWORTH, D. J. HARRINGTON) vor. Einzelstudien, selbständig (monographisch E. W. SMITH, D. SÄNGER) oder nicht (s. unten VII. 4), bemühen sich um Aseneth. In Untersuchungen über das antike Judentum und das Urchristentum gehört JosAs heute zu den selbstverständlichen Quellen. Insgesamt ist das Interesse der Neutestamentler am stärksten. JosAs hat sich für eine ganze Reihe von urchristlichen Vorstellungen und neutestamentlichen Einzelstellen als interessant erwiesen und natürlich umgekehrt (z. B. unten VI. 2.c); das neutestamentliche Griechisch profitiert ebenfalls. Auch Altphilologen und Althistoriker nehmen Notiz (S. WEST, T. SZEPESSY, A. MOMIGLIANO, K. PLEPELITS). K. KERÉNYI (1897—1973) hat in seinem (glaube ich) letzten Buch „die Einordnung des jüdisch-griechischen missionierenden Romans 'Joseph und Aseneth' in die antike Romanliteratur" durch PHILONENKO „die wichtigste Erweiterung unseres Wissens auf diesem Gebiete" genannt[223]. Insgesamt teilt JosAs zwar immer noch das Schicksal dieser Art Literatur, schlecht herausgegeben zu sein und eher ausgebeutet als bearbeitet zu werden, aber es hat angefangen, sich zu wenden.

2. Einige Probleme

a) Der Text

Das meiste ist schon gesagt (s. oben II. 7, 9f., 18ff.). Die erhaltene Überlieferung scheint im wesentlichen beisammen zu sein. Die griechischen Handschriften außer Rehdig. 26 hat DIETER SÄNGER kollationiert, die lateinischen HORST KRÜGER, die rumänischen IOAN VASILE LEB. Für Arm gibt es Probekollationen, die die Textgeschichte überblicken lassen. Syr ist gut herausgegeben,

---

kannte Firdausi und Dschami (s. oben IV.1; HILSCHER, 92—102), hat aber JosAs wohl nicht benutzt.

[222] Angekündigt sind Übersetzungen von JosAs ins Japanische und Französische von T. MURAOKA und MICHEL TESTUZ.

[223] Der antike Roman, 9.

Ngr und Slaw sind gedruckt zugänglich, wenn auch umständlich. L1 ist mäßig gedruckt, aber eine Neuausgabe ist nicht so wichtig. Arm ist bis auf JosAs 25—29 sehr schlecht veröffentlicht, L2 gar nicht. Ausgaben von Arm und L2 sind dringend, weil sie wichtige Textzeugen sind (s. oben II. 7).

Die Überlieferung ist sehr uneinheitlich, teils durch Bearbeitungen, teils durch natürliche Verwitterung und Schwund. Trotzdem scheint durch die Zeugen(gruppen) a b c d eine gemeinsame Werkstruktur und an vielen Stellen mindestens der Tenor eines gemeinsamen Wortlauts durch. Deshalb läßt sich sinnvoll nach dem gemeinsamen Archetyp ω fragen und hinter ihm nach dem Original, falls er das nicht selber war. JosAs ist ein Autorenwerk, nicht eine Volkserzählung, die viele Väter hat oder keinen. Es muß einen Urtext gegeben haben.

Der Archetyp ω muß über die Ahnen der Zeugengruppen erreicht werden. Soviel ist sicher, daß α eine mittelbyzantinische Bearbeitung war und ζ eine spätbyzantinische oder noch spätere, die zudem nur 1,1—16,17 so aufnahm, daß sie Textzeuge ist. δ, die kürzeste ältere Textform, ist nach M. PHILONENKO die älteste erhaltene, praktisch der Urtext. δ wurde zu β erweitert, β zu ζ bearbeitet und ζ zu α. Diese Folge kann nicht stimmen, weil α im positiven Text näher bei δ steht als bei den anderen. Auch ist die Kürze von δ oft sekundär. Mir scheinen α und δ von einem gemeinsamen Ahnen abzustammen, der im Umfang eher wie α, im Wortlaut eher wie δ aussah (s. oben II. 9f.). Er war nicht ω, denn viele Lesarten aus der b-Gruppe und/oder ζ sind besser. Das weitere ist unklar. Haben die b-Zeugen(gruppen) Syr-Arm-L2, γ, φ-(L1), E einen Ahnen β? Wenn ja, wofür manches spricht, wie verhält er sich zu α δ ζ? Wenn nicht, was dann? Hier ist noch eine Menge Arbeit übrig. Ich habe sie früher unterschätzt. Ohne sie lassen sich in vielen Fällen die ältesten Lesarten finden, meist, wie gesagt, in b. Aber um sie in einen laufenden Text zu integrieren und die vielen, insbesondere die Kleinvarianten zu entscheiden, bei denen innere Textkritik nichts hilft, muß man die Textgeschichte ganz kennen. Wenn ω rekonstruiert ist, kommt die Frage, wie er sich zum Urtext verhält. Er muß ihn ja nicht unbeschädigt wiedergeben. Es wäre auch zu sehen, ob man wie z.B. bei TestXII mit frühen, textkritisch nicht nachweisbaren christlichen Änderungen und Interpolationen rechnen muß (zuletzt T. HOLTZ), obwohl mich das bisher nicht überzeugt.

Mit anderen Worten, wir haben keine zureichende Ausgabe von JosAs, und fürs erste ist sie auch noch nicht möglich. Ich habe aber einen vorläufigen Text zu machen versucht (VorlT), weil ich für JSHRZ und CHARLESWORTH' 'Pseudepigrapha' einen brauchte[224]. Er fußt im wesentlichen auf folgenden Annahmen: a) Der älteste erreichbare Text steht bis zum Beweis des Gegenteils bei den b-Zeugen, und wenn sie im positiven Text gespalten sind, bei den von außen gestützten (doch ist die Kombination Syr Arm L2 besonders zu beachten). b) Voller Text (d.h. der längere bei Umfangsvarianten oberhalb der Syntagmenebene) ist bis zum Beweis des Gegenteils älter als kurzer; dies gilt auch gegen die b-Zeugen. VorlT ist, wenn nicht ein Fortschritt, dann doch Kontrast und Ergänzung zu BATIFFOL und PHILONENKO. Die b-Lesarten und die über α δ überschießenden Stücke waren griechisch bisher nur zum Teil zugänglich. Daß VorlT

---

[224] Eine Editio minor ist in Arbeit.

der längste bisher rekonstruierte Text ist und allen Stoff enthält, der nicht ganz offenkundig aus textkritischen Gründen sekundär ist, halte ich für einen pragmatischen Vorzug; es werden leichter sekundäre Teile aus einem Text ausgeschieden als primäre aus einem Apparat in den Text befördert. Trotzdem ist VorlT weder ω noch gar der Urtext − videant consulentes.

b) 'Joseph und Aseneth' ein Roman?

Der Ausdruck ist früh gefallen. Literaturkenner haben schon seit längerem Beziehungen zum hellenistischen Liebesroman (Chariton, Xenophon von Ephesus, Longus, Achilles Tatius, Heliodor; Apuleius)[225] festgestellt[226]. Aber erst M. PHILONENKO hat systematisch Motivparallelen notiert und JosAs zur Gattung gerechnet, ohne Unterschiede zu übersehen. S. WEST hat Ähnliches von altphilologischer Seite getan[227]. Ein Beispiel aus Chariton, dem wohl ältesten vollständig erhaltenen Exemplar, das neuerdings ins 1. Jh. v. Chr. hinaufdatiert wird und jedenfalls nicht nach 150 n. Chr. entstanden ist[228].

Chariton I 1,1 b−2; 2,1	JosAs 1,3−6
(1,1 b) Ἑρμοκράτης ὁ Συρρακουσίων στρατηγός, οὗτος ὁ νικήσας Ἀθηναίους,	(3) καὶ ἦν ἀνὴρ ἐν τῇ πόλει ἐκείνῃ σατράπης τοῦ Φαραώ· καὶ οὗτος ἦν ἄρχων πάντων τῶν σατραπῶν καὶ τῶν μεγιστάνων τοῦ Φαραώ. καὶ ἦν ὁ ἀνὴρ οὗτος πλούσιος σφόδρα καὶ φρόνιμος καὶ ἐπιεικὴς καὶ ἦν σύμβουλος τοῦ Φαραώ, ὅτι ἦν ὑπὲρ πάντας τοὺς μεγιστάνας Φαραὼ συνιών. καὶ τὸ ὄνομα τῷ ἀνδρὶ ἐκείνῳ Πεντεφρῆς ἱερεὺς Ἡλιουπόλεως. (4)

---

225 Zur Orientierung zuletzt MÜLLER, CARL WERNER: Der griechische Roman, in: ERNST VOGT u.a., Griechische Literatur (Neues Handbuch der Literaturwissenschaft 2), Wiesbaden 1981, 377−412.

226 Vgl. schon GARTENHOF, 38: „Hält man sich die Herkunft der Geschichte der Aseneth vor Augen, dann scheint die Annahme nicht ungerechtfertigt, daß der griechische Roman einen unmittelbaren Einfluß auf ihre Gestaltung ausgeübt haben könnte"; mit einigen Details LINDHORST, 106f. 130f.

227 Ich habe wegen gewisser Strukturähnlichkeiten von JosAs 1−21, Xenophon I 1−9, Amor und Psyche bei Apuleius, Metamorphosen IV 28−VI 24 und Lucius' *reformatio* Metam. XI erwogen, ob gemeinsamer und ursprünglich mythischer Stoff vorliegen könnte (Zeuge, 59−87, mit Synopse; hier auch ein Vergleich mit Apg 9,1−19). Das geht vielleicht zu weit.

228 MOLINIÉ, GEORGES: Chariton. Le roman de Chairéas et Callirhoé (Collection Budé), Paris 1979, 50; nur orthographisch abweichend BLAKE, WARREN E.: Charitonis Aphrodisiensis De Chaerea et Callirhoe amatoriarvm narrationvm libri octo, Oxford 1938, 1. Die Frühdatierung bei PAPANIKOLAOU, ANTONIOS DEM.: Chariton-Studien. Untersuchungen zur Sprache und Chronologie der griechischen Romane (Hypomnemata 37), Göttingen 1973.

εἶχε θυγατέρα
Καλλιρρόην τοὔνομα,
θαυμαστόν τι χρῆμα παρθένου καὶ
ἄγαλμα τῆς ὅλης Σικελίας.
(2) Ἦν γὰρ τὸ κάλλος οὐκ ἀνθρώ-
πινον
ἀλλὰ θεῖον οὐδὲ Νηρηῖδος ἢ Νύμφης
τῶν ὀρειῶν ἀλλ' αὐτῆς Ἀφροδίτης
Παρθένου.

Φήμη δὲ τοῦ παραδόξου θεάματος
πανταχοῦ διέτρεχε
καὶ μνηστῆρες κατέρρεον εἰς Συρρα-
κούσας, δυνάσται τε καὶ παῖδες τυ-
ράννων, οὐκ ἐκ Σικελίας μόνον, ἀλλὰ
καὶ ἐξ Ἰταλίας καὶ Ἠπείρου καὶ
ἐθνῶν τῶν ἐν ἠπείρῳ....²²⁹ (2,1) Οἱ
γὰρ μνηστῆρες ἀποτυχόντες τοῦ γάμου λύπην ἐλάμβανον μετ' ὀργῆς.
Τέως οὖν μαχόμενοι πρὸς ἀλλήλους
ὡμονόησαν τότε, διὰ δὲ τὴν ὁμόνοιαν,
ὑβρίσθαι δοκοῦντες, συνῆλθον εἰς
βουλευτήριον κοινόν· ἐστρατολόγει
δὲ αὐτοὺς ἐπὶ τὸν κατὰ Χαιρέου πόλεμον ὁ Φθόνος.

καὶ ἦν θυγάτηρ αὐτῷ παρθένος ἐτῶν
ὀκτωκαιδέκα μεγάλη καὶ ὡραία καὶ
καλὴ τῷ εἴδει σφόδρα ὑπὲρ πάσας
τὰς παρθένους ἐπὶ τῆς γῆς.
(5) καὶ αὕτη οὐδὲν εἶχεν ὅμοιον τῶν
παρθένων τῶν Αἰγυπτίων, ἀλλὰ ἦν
κατὰ πάντα ὁμοία ταῖς θυγατράσι
τῶν Ἑβραίων, καὶ ἦν μεγάλη ὡς
Σάρρα καὶ ὡραία ὡς Ῥεβέκκα καὶ
καλὴ ὡς Ῥαχήλ. καὶ ἦν τὸ ὄνομα τῆς
παρθένου ἐκείνης Ἀσενέθ.
(6) καὶ ἀπῆλθεν ἡ φήμη τοῦ κάλλους
αὐτῆς εἰς πᾶσαν τὴν γῆν ἐκείνην καὶ
ἕως περάτων τῆς οἰκουμένης. καὶ
ἐμνηστεύοντο αὐτὴν πάντες οἱ υἱοὶ
τῶν μεγιστάνων καὶ υἱοὶ τῶν σατραπῶν καὶ υἱοὶ πάντων τῶν βασιλέων
καὶ νεανίσκοι πάντες καὶ δυνατοί.
καὶ ἦν ἔρις πολλὴ ἐν αὐτοῖς περὶ
Ἀσενέθ καὶ ἐπειρῶντο πολεμεῖν πρὸς
ἀλλήλους δι' αὐτήν.
Nach 1,7–9 bat der Erstgeborene Pharaos seinen Vater um Aseneths Hand,
erhielt sie aber nicht; er sei mit der
Tochter des Moabiterkönigs Joakim
verlobt, die solle er heiraten. Das hat
zunächst keine Folgen, legt aber den
Grund für den Entführungsversuch
in 23–29.

Nun wird der Romanbegriff auch weiter gefaßt. Er schließt dann so verschiedene
Texte wie Aḥiqar, Esther, Judith, den Alexanderroman, die 'Vita Aesopi', Teile
der hellenistischen Geschichtsschreibung, z. B. Josephus' Wiedergabe von Potiphars Weib Ant 2,40–59, die christlichen Apostelakten und anderes mit ein.
Es gibt deshalb Gattungsbestimmungen, die JosAs auch einen Roman nennen
(oder nennen könnten), aber nicht mit den Liebesromanen als nächsten Verwandten. G. D. KILPATRICK setzt JosAs zu Ruth, Esther, Tobit, Judith, entfernt

---

²²⁹ Inzwischen war Kallirhoe bei einem Gang in den Aphroditetempel, ihrem ersten Auftreten außer Haus, dem schönen jungen Chaireas, Sohn Aristons, des zweiten Mannes
von Syrakus, zufällig auf der Straße begegnet. Die beiden hatten sich beim bloßen Anblick
ineinander verliebt, anscheinend hoffnungslos, weil Kallirhoes Vater Hermokrates mit
Ariston politisch verfeindet war. Als Chaireas vor Kummer verfiel und nicht mehr ins
Gymnasium ging, bewog die Volksversammlung in ordentlicher Sitzung (νόμιμος ἐκκλησία I 1,11, vgl. Apg 19,39) Hermokrates, der Heirat zuzustimmen.

Jona. Etwas umfassender faßt P. WEIMAR Judith, Esther, 3 Makkabäer, JosAs, Tobit, den Aristeasbrief, die Artapanusfragmente und TestJos 2–9 als jüdische Romane zusammen. T. SZEPESSY sieht einen „religiösen Proselytenroman" ähnlich den Apostel-, besonders den Paulusakten ('Paulus und Thekla'). R. PERVO, für den der antike Roman, *"probably the most formless of all ancient genres"*, eher ein Schmelztiegel verschiedenster Formen als eine gefestigte Gattung mit eigenständiger Entwicklung ist[230], hält JosAs für eine Weiterbildung der älteren *"Sapiential Novel"* (z.B. Aḥiqar, Tobit, Dan 1–6) anhand von Strukturelementen des Liebesromans.

Der Begriff Roman ist nicht unangemessen. Auch Kenner wie KERÉNYI und PLEPELITS gebrauchen ihn. Aber in welchem Sinn ist er angemessen? Die zitierten Bestimmungen haben alle etwas Richtiges, aber keine befriedigt ganz. Da JosAs jüdisch ist und der Verfasser die Septuaginta kannte, legt sich in der Tat mit KILPATRICK die Frage nahe, ob er etwas Ähnliches machen wollte wie Ruth, Esther, Judith oder Tobit[231]. Sie ähneln JosAs gelegentlich im Aufbau (vgl. Aseneths Psalm 21,10–21 mit Tob 13; Jdt 16), weibliche Heldinnen spielen eine Rolle, Heirat mit Fremden (oder, bei Tobit, gerade nicht), die Beziehungen des Judentums zur Umwelt, in der es seine Religion zu bewähren hat. Aber nirgends ist eine Liebesgeschichte so konstitutiv wie in JosAs 1–21. Sie verbindet das Buch eher mit den Liebesromanen, ebenso Aseneths Gefährdung in 22–29, das Oberschichtmilieu, der Historikertouch, wenn auch in biblischem, nicht griechischem Stil, und viele Einzelzüge. PHILONENKO hat hier die Forschung sehr vorangebracht. Nimmt man aber andererseits etwa die Merkmale der Gattung, die C. W. MÜLLER aufstellt: zwei Liebende als gleichberechtigte Handlungsträger, endlose Gefährdungen in der Fremde als spannendes, unbedingte Liebe der Partner zueinander als bewahrendes Moment, endliche Wiedervereinigung und Heimkehr als bleibende Rechtfertigung privater Liebe und ihres Daseinsrechts in der Welt[232], dann treffen sie JosAs gerade nicht. Joseph steht im Hintergrund. Die Liebesgeschichte wird schon in 1–21 von der Bekehrungsgeschichte beiseitegedrängt, in 22–29 wirkt sie fast nicht mehr nach. Hier ist die Fabel romanhaft. Aber die Helden reden mehr, als daß sie handeln. Historische Kulisse fehlt. Die Abenteuer, mit denen die Romane Seiten füllen, sind nur in Form einer einzigen Episode da, die auch nicht in der Fremde spielt. Die Wiedervereinigung und das bleibende Glück des Paares werden nicht erwähnt; zuletzt herrscht Joseph als König, nachdem er bis dahin unangefochten Vizekönig war. So verglichen ist JosAs eher eine Doppelnovelle. Nicht zuletzt deshalb ist das Buch viel kürzer als selbst Xenophon und Chariton[233]. SZEPESSY auf der anderen Seite scheint mir

---

[230] PERVO, 172; vgl. auch MÜLLER, 377.

[231] Oder auch wie die Josephsgeschichte, auch wenn sie kein selbständiges Buch ist.

[232] MÜLLER, 383. 386.

[233] Etwa 16.550 bzw. 34.900 Wörter; zu JosAs s. oben Anm. 26. Das gilt erst recht, wenn der erhaltene Xenophontext gekürzt sein sollte, wie seit BÜRGER, KARL: Zu Xenophon von Ephesus, Hermes 27, 1892, 36–67, viele annehmen; doch vgl. HÄGG, TOMAS: Die Ephesiaka des Xenophon Ephesios – Original oder Epitome, Classica et Mediaevalia 37, 1966, 118–161.

den Bekehrungsaspekt zu sehr zu betonen. Aseneth wird mehr als bekehrt. Außerdem gibt es in JosAs keine Bekehrerfigur. Joseph ist das nicht; er betet für Aseneths Bekehrung (8,9) und akzeptiert sie, als sie geschehen ist (19), aber während sie geschieht, sammelt er Korn. Bei PERVO schließlich kommt die Bekehrung zu kurz. So romanhaft überformt sie sein mag, sie scheint einem Muster zu entsprechen, wie man eine Wendung zum Judentum zu erzählen hat, besonders die eines vorbildlichen Auserwählten, und Aseneth ist mehr als das (15,7). Dafür sprechen jüdische und christliche Bekehrungsgeschichten, vor allem, soweit sie Visionen o. ä. berichten (K. BERGER) wie TestHi 2–5; ApcAbr 1ff.; Apg 9,1–19 par. (s. oben Anm. 227), aber auch Dan 4, besonders V. 33a–34 LXX; 9; Lk 7,36–50 (U. WILCKENS); Mt 16,16–18 (vgl. JosAs 16,14; CHR. KÄHLER). Trotzdem mag PERVO im Prinzip recht haben: man sollte vielleicht nicht eng nach der einen und einzigen literarischen Gattung oder Untergattung suchen, zu der JosAs gehört, sondern Gemeinsamkeiten anerkennen, wo immer welche sind. Will man den begonnenen *tour d'horizon* fortsetzen, dann sollten vielleicht auch die Formen der zeitgenössischen Biographie nicht unverglichen bleiben[234].

c) Das Brot des Lebens

G. D. KILPATRICK und J. JEREMIAS ging es in ihren Miszellen um JosAs 8, 5.9; 15,5; 16,16; 19,5; 21,13f.21 und ihre Bedeutung für das christliche Abendmahl. Die Stellen sind seither unter diesem Gesichtspunkt wie auch für sich in der Diskussion geblieben[235]. Sie gehören zum Interessantesten, was JosAs zu bieten hat. Es versteht sich, daß man sie sprechen läßt, bevor man sie ausbeutet.

Nach JosAs 7,1 war Joseph bei seinem ersten Besuch in Heliopolis, wie es sich gehört, bewirtet worden:

καὶ εἰσῆλθεν Ἰωσὴφ εἰς τὴν οἰκίαν Πεντεφρῆ καὶ ἐκάθισεν ἐπὶ τοῦ θρόνου. καὶ ἔνιψαν τοὺς πόδας αὐτοῦ καὶ παρέθηκαν αὐτῷ τράπεζαν κατ’ ἰδίαν, διότι Ἰωσὴφ οὐ συνήσθιε μετὰ τῶν Αἰγυπτίων ὅτι βδέλυγμα ἦν αὐτῷ τοῦτο.

Als der Gastgeber Joseph seine Tochter vorstellte, läßt Joseph sich das gefallen, wehrt aber in 8,5–7 ihren Kuß ab, obwohl er rein schwesterlich gemeint war, und sagt:

---

[234] Sie werden neuerdings auch in der Evangelienforschung wieder beachtet, vgl. LÜHRMANN, DIETER: Biographie des Gerechten als Evangelium. Vorstellungen zu einem Markus-Kommentar, WuD 14, 1977, 25–50; SCHENK, WOLFGANG: Evangelium – Evangelien – Evangeliologie. Ein »hermeneutisches« Manifest (ThEx 216), München 1983; DIHLE, ALBRECHT: Die Evangelien und die biographische Tradition der Antike, ZThK 80, 1983, 33–49.

[235] Über sie zuletzt SÄNGER: Antikes Judentum und die Mysterien, 167–187; KLAUCK (bei ihm auch das Material über Mysterienmahle).

(5) οὐκ ἔστι προσῆκον ἀνδρὶ θεοσεβεῖ,
    ὃς εὐλογεῖ τῷ στόματι αὐτοῦ τὸν θεὸν τὸν ζῶντα
    καὶ ἐσθίει ἄρτον εὐλογημένον ζωῆς
    καὶ πίνει ποτήριον εὐλογημένον ἀθανασίας
    καὶ χρίεται χρίσματι εὐλογημένῳ ἀφθαρσίας,
φιλῆσαι γυναῖκα ἀλλοτρίαν,
    ἥτις εὐλογεῖ τῷ στόματι αὐτῆς εἴδωλα νεκρὰ καὶ κωφὰ
    καὶ ἐσθίει ἐκ τῆς τραπέζης αὐτῶν ἄρτον ἀγχόνης
    καὶ πίνει ἐκ τῆς σπονδῆς αὐτῶν ποτήριον ἐνέδρας
    καὶ χρίεται χρίσματι ἀπωλείας.
(6) ἀλλ’ ἀνὴρ θεοσεβὴς φιλήσει τὴν μητέρα αὐτοῦ καὶ τὴν ἀδελφὴν τὴν
ἐκ τῆς μητρὸς αὐτοῦ καὶ τὴν ἀδελφὴν τὴν ἐκ τῆς φυλῆς καὶ τῆς συγγενείας αὐτοῦ καὶ τὴν γυναῖκα τὴν σύγκοιτον αὐτοῦ, αἵτινες εὐλογοῦσι τῷ
στόματι αὐτῶν τὸν θεὸν τὸν ζῶντα.
(7) ὁμοίως καὶ γυναικὶ θεοσεβεῖ οὐκ ἔστι προσῆκον φιλῆσαι ἄνδρα
ἀλλότριον, διότι βδέλυγμά ἐστι τοῦτο ἐνώπιον κυρίου τοῦ θεοῦ.

Die Sätze sind eine zweiteilige Verhaltensregel. Deren Inhalt überrascht nicht.
Was die Form angeht, so gibt es in JosAs noch mehrere Regeln, die genauso eingeleitet werden (21,1; 23,9.12; 29,3). Diskutiert wird über die je vier Relativsätze, die den gottesfürchtigen Juden und die götzendienerische Nichtjüdin
charakterisieren und begründen, warum er sie nicht küssen darf (den Kern der
Begründung nennt 8,7 Ende). Dazunehmen muß man die unten zitierten ähnlichen Wendungen in 8,9; 15,5; 16,16; 19,5; 21,21, die sagen, daß Aseneth Lebensbrot, Unsterblichkeitsbecher und Unverweslichkeitssalbe bekommen wird
oder bekommen hat. Nach den bisher vorgeschlagenen Deutungen[236] bezeichnet
der Gebrauch dieser drei Dinge

  a) ein Kultmahl als Aufnahme- und/oder ständigen Ritus bzw. die als Kult-
  mähler aufgefaßten täglichen Mahlzeiten einer jüdischen Sondergruppe oder
  -richtung, entweder einer bekannten, nämlich der Essener (1QS 6,4–6;
  1QSa 2,17–21; Josephus, Bell. 2,129–133; z.B. RIESSLER) oder Therapeuten (Philo, De vita cont. 37ff.69ff.; z.B. K.G. KUHN, M. DELCOR),
  oder einer aus JosAs zu erschließenden (z.B. KILPATRICK, PHILONENKO,
  vgl. W. NAUCK);
  b) die täglichen Mahlzeiten der Juden, sofern sie durch die vorgeschriebenen
  Benediktionen geheiligt sind (z.B. JEREMIAS, BURCHARD: UJosAs, SÄN-
  GER[237]);

---

[236] Abgesehen von denen, die JosAs oder zumindest 8,5 usw. für christlich halten; vgl. UJosAs,
123. – Man spricht übrigens besser nicht von ʽMahlformelʼ (so noch KLAUCK). Abgesehen von der Frage, ob die Texte für ʽFormelʼ stabil genug sind: die Relativsätze in 8,5
charakterisieren kein Mahl, sondern eine Person und nicht nur als Esser. Das gilt nicht
für 8,9 usw., aber wenn man dort von ʽMahlformelʼ spricht, ist 8,5 nicht mehr eingeschlossen. Im übrigen setzt ʽMahlʼ eine Interpretation voraus, die nicht die einzig mögliche ist (s. unten).
[237] Über 16,16 denkt er anders (s. unten).

c) besondere jüdische Mahlzeiten mit besonderem Charakter, etwa anläß-
lich eines Übertritts (z. B. H. THYEN, H.-J. KLAUCK[238]);
d) symbolisch die gesamte Lebensweise des frommen Juden, der an Gott
glaubt, dem Gesetz gehorcht und dadurch die Verheißung ewigen Lebens
hat (z. B. R. SCHNACKENBURG).

Bei allen Deutungen kann man Mysterieneinfluß auf die Sprache der Texte, wenn
nicht auf die gemeinte Sache erwägen. Bei a–c kann man überlegen, ob Salböl
immer zusammen mit Brot und Becher gebraucht worden sein muß und ob es
nicht überhaupt auf eine weitere Begehung deutet. Bei a und c fällt gern das
Stichwort 'Sakrament' (vgl. zuletzt KLAUCK).

Was die Götzendienerin in 8,5 kennzeichnet, wird nicht immer mit bedacht;
an weiteren Stellen steht nur 21,13f. zur Verfügung. Beide verstehen sich wohl
am besten von Opfermahlzeiten oder jedenfalls Mahlzeiten im Tempel[239], doch
ist auch das tägliche heidnische Essen nicht ausgeschlossen[240].

Mir scheint, daß b in die richtige Richtung geht, aber nicht weit genug.
JosAs läßt nirgendwo erkennen, daß das Judentum, das die Schrift vertritt, eine
Sonderform neben anderen ist; das spricht gegen a. Die präsentische und allgemeine Fassung der Relativsätze in 8,5 spricht nicht für c. Weiter muß man wohl
beachten, daß diese Sätze mit einer Aussage über 'Segnen' anfangen und die drei
folgenden über Essen, Trinken und Salben dieses Wort wiederholen. Ich fasse das
so auf, daß der erste Satz eine Grundaussage macht, für die die drei folgenden
Sätze wichtige, nicht notwendig erschöpfende Beispiele geben. 'Segnen' meint
dabei vermutlich, die Benediktionen zu sagen, die das jüdische Leben durchziehen. Mit diesem 'Segnen' oder verwandten Vokabeln kann das Judentum im
Unterschied zum Heidentum charakterisiert werden, wobei der Tischsegen ein
markantes Beispiel ist wie z. B. im Mund der bußfertigen Niniviten bei Ps-Philo,
De Jona 32[241]:

„Welcher Vater seit (unseren) Vorvätern hat seine Söhne unterwiesen?
Welche Hochzeit(sgesellschaft) hat am Hochzeitstag eine Danksagung ab-
gehalten? (Bei) welcher Geburt wurde dem Schöpfer dafür gedankt, daß das
Kind wohlgestaltet ist? Und über welchem Tisch wurde Gott gepriesen?"

Daß das 'Segnen' von Essen und Trinken gegen heidnische Opfer gesetzt werden
kann, zeigt Sib IV 24–30[242]:

---

[238] 196: „Für das Mahl muß man annehmen, daß der Verfasser weder mit theologischen
Abstrakta arbeitet noch die Banalität des Alltäglichen für ausreichend erachtet, sondern
dem Mysterienmahl ein jüdisches Kultmahl zur Seite stellt, sei es das Paschamahl der
Diaspora, ein häusliches Sabbatmahl, ein Mahl in der Synagoge oder ein besonderes Fest-
mahl aus Anlaß des Übertritts zum Judentum, wie J. Jeremias ansprechend vermutet."
[239] Zu ihnen die Kommentare zu 1 Kor 8; 10,23–11,1; KLAUCK.
[240] Für die heidnische Aseneth, die Priesterin ist (JosAs 2,3), fallen Opfer und mindestens
ihr δεῖπνον zusammen (10,13).
[241] SIEGERT, FOLKER: Drei hellenistisch-jüdische Predigten, I (WUNT 20), Tübingen 1980,
30f.
[242] KURFESS, ALFONS: Sibyllinische Weissagungen, München 1951, 112.

ὄλβιοι ἀνθρώπων κεῖνοι κατὰ γαῖαν ἔσονται,
ὅσσοι δὴ στέρξουσι μέγαν θεὸν εὐλογέοντες
πρὶν πιέειν φαγέειν τε πεποιθότες εὐσεβίησιν·
οἳ νηοὺς μὲν ἅπαντας ἀπαρνήσονται ἰδόντες
καὶ βωμούς, εἰκαῖα λίθων ἀφιδρύματα κωφῶν,
αἵμασιν ἐμψύχων μεμιασμένα καὶ θυσίησιν
τετραπόδων ...

Freilich nennt JosAs neben Brot und Becher die Salbe. Ich erkläre mir das aus
den vielen Stellen, die den menschlichen Unterhalt in 'Brot (o. ä.), Wein (o. ä.),
Öl' zusammenfassen und ihrerseits mit 'Korn, Wein Öl' o. ä. als Summe der
Landesprodukte zusammenhängen[243]. JosAs sagt aber wohl nicht zufällig 'Becher'. Es kommt offenbar nicht darauf an, was drin ist, Wein sicher nicht jeden
Tag. Dann wird 'Brot' das Zubrot einschließen, also soviel wie 'Essen' sein.
'Salbe' ist ohnehin wohl nicht nur Öl. Was jüdisches Essen, Trinken und Salben
vom heidnischen unterscheidet, ist dann nicht die Diät und eine bestimmte Salbe,
sondern das 'Segnen'. Das spricht alles für b, nur ist b zu eng. Die Salbe wird
ebenso selbstverständlich genannt wie Brot und Becher; man hat sich aber nicht
bei jeder Mahlzeit gesalbt. Benediktionen waren nicht nur bei förmlichen Mahlzeiten zu sprechen (sie haben nicht dieselbe Funktion wie üblicherweise unser
Tischgebet). Deshalb wird man die Sätze über Essen, Trinken und Salben nicht
eng auf Mahlzeiten als soziale Vorgänge beziehen, sondern weit auf den gebene-
deiten Gebrauch von Brot, Becher und Salbe überhaupt. Hierin und daß dieser
Gebrauch jedenfalls in JosAs 8,5 als wesentliches Beispiel der vom Segnen gekenn-
zeichneten jüdischen Existenz genannt wird, liegt das Wahrheitsmoment von d.
d ist aber insofern zu weit, als JosAs Leben, Unsterblichkeit und Unverweslich-
keit, die Juden gegeben sind, nicht an ihren Glauben und Gesetzesgehorsam
knüpft, sondern speziell an Brot, Becher und Salböl. Gesegnet bringen sie Leben,
vielleicht weil der Segen das Gesegnete mit πνεῦμα ζωῆς (JosAs 16,14) auflädt.
An eine Transformation ist sicher nicht gedacht. Immerhin ist es nicht unange-
bracht, einen solchen Gebrauch 'sakramental' zu nennen (das zugehörige Sub-
stantiv wäre eher 'Sakramentale' als 'Sakrament').

Wenn jemand, der Jude wird, vom ungesegneten Genuß von Brot, Becher
und Salbe zum gesegneten übergehen muß, um vom Tod zum Leben zu kommen,
dann ist dieser Übergang ein markantes Zeichen des Übertritts. Deshalb wundert
es nicht, daß Joseph in 8,9, wo er für Aseneths Bekehrung betet, auch sagt:

σύ, κύριε, εὐλόγησον τὴν παρθένον ταύτην
καὶ ἀνακαίνισον αὐτὴν τῷ πνεύματί σου
καὶ ἀνάπλασον αὐτὴν τῇ χειρί σου τῇ κρυφαίᾳ
καὶ ἀναζωοποίησον αὐτὴν τῇ ζωῇ σου

---

[243] Für die erste Gruppe vgl. z. B. Dan 10,3; Philo, Spec leg I 179 (Getreide, Wein, Öl „die
nützlichsten und für den Bedarf des Menschen unentbehrlichsten Lebensmittel"), für die
zweite z. B. Ps 104,14f.; Apuleius, Metam. IX 33,2. Mehr UJosAs, 128f.; SÄNGER:
Antikes Judentum und die Mysterien, 173.

καὶ φαγέτω ἄρτον ζωῆς σου
καὶ πιέτω ποτήριον εὐλογίας σου
καὶ συγκαταρίθμησον αὐτὴν τῷ λαῷ σου . . .,

und daß der Engelfürst, der Aseneths auf dieses Gebet hin begonnene Buße als
Bekehrung ratifiziert, ihr in 15,5 verheißt:

ἰδοὺ δὴ ἀπὸ τῆς σήμερον ἀνακαινισθήσῃ καὶ ἀναπλασθήσῃ καὶ ἀναζωοποιηθήσῃ καὶ φαγεῖς ἄρτον εὐλογημένον ζωῆς καὶ πιεῖς ποτήριον
εὐλογημένον ἀθανασίας καὶ χρισθήσῃ χρίσματι εὐλογημένῳ τῆς ἀφθαρσίας.

Das trifft in JosAs 16 ein, allerdings anders, als man nach dem bisherigen
Wortlaut erwartet. Der Engel läßt sich von Aseneth zum Essen einladen, bittet
aber auch um ein Stück Wabenhonig. Aseneth hat keinen, findet auf des Engels
Wort hin ein Stück in ihrer Vorratskammer und bekennt, es müsse aus seinem
Mund hervorgegangen sein. Der Engel quittiert das in 16,14−16:

(14) μακαρία εἶ σύ, Ἀσενέθ, διότι ἀπεκαλύφθη σοι τὰ ἀπόρρητα μυστήρια τοῦ ὑψίστου καὶ μακάριοι πάντες οἱ προσκείμενοι κυρίῳ τῷ θεῷ
ἐν μετανοίᾳ ὅτι ἐκ τούτου τοῦ κηρίου φάγονται. διότι τοῦτο τὸ κηρίον
ἐστὶ πνεῦμα ζωῆς· καὶ τοῦτο πεποιήκασιν αἱ μέλισσαι τοῦ παραδείσου
τῆς τρυφῆς ἐκ τῆς δρόσου τῶν ῥόδων τῆς ζωῆς τῶν ὄντων ἐν τῷ παραδείσῳ τοῦ θεοῦ, καὶ πάντες οἱ ἄγγελοι τοῦ θεοῦ ἐξ αὐτοῦ ἐσθίουσι καὶ
πάντες οἱ ἐκλεκτοὶ τοῦ θεοῦ καὶ πάντες οἱ υἱοὶ τοῦ ὑψίστου, ὅτι κηρίον
ζωῆς ἐστι τοῦτο καὶ πᾶς ὃς ἂν φάγῃ ἐξ αὐτοῦ οὐκ ἀποθανεῖται εἰς τὸν
αἰῶνα χρόνον.
(15) καὶ ἐξέτεινεν ὁ ἄνθρωπος τὴν χεῖρα αὐτοῦ τὴν δεξιὰν καὶ ἀπέκλασεν ἀπὸ τοῦ κηρίου μέρος μικρὸν καὶ ἔφαγεν αὐτὸς καὶ τὸ κατάλοιπον
ἐνέβαλε τῇ χειρὶ αὐτοῦ εἰς τὸ στόμα Ἀσενὲθ καὶ εἶπεν αὐτῇ· φάγε, καὶ
ἔφαγεν.
(16) καὶ εἶπεν ὁ ἄνθρωπος τῇ Ἀσενέθ· ἰδοὺ δὴ ἔφαγες ἄρτον ζωῆς καὶ
ἔπιες ποτήριον ἀθανασίας καὶ κέχρισαι χρίσματι ἀφθαρσίας. ἰδοὺ δὴ ἀπὸ
τῆς σήμερον αἱ σάρκες σου βρύουσιν ὡς ἄνθη ζωῆς ἀπὸ τῆς γῆς τοῦ
ὑψίστου καὶ τὰ ὀστᾶ σου πιανθήσονται ὡς αἱ κέδροι τοῦ παραδείσου
τῆς τρυφῆς τοῦ θεοῦ καὶ δυνάμεις ἀκάματοι περισχήσουσί σε καὶ ἡ
νεότης σου γῆρας οὐκ ὄψεται καὶ τὸ κάλλος σου εἰς τὸν αἰῶνα οὐκ
ἐκλείψει καὶ ἔσῃ ὡς μητρόπολις τετειχισμένη πάντων τῶν καταφευγόντων ἐπὶ τῷ ὀνόματι κυρίου τοῦ θεοῦ τοῦ βασιλέως τῶν αἰώνων.

Die Gelehrten sind sich einig, daß 16,14 den Honig als Manna identifiziert (vgl.
Ex 16; Neh 9,15; Ps 78,25; 105,40; Sap 16,20; 19,21; 1 Kor 10,3; b. Joma 75b
Bar. u. a.). Umstritten ist wiederum, was es bedeutet, daß Aseneth diesen Honig
ißt. Nach den bisherigen Vorschlägen ist das

a) die Ätiologie eines Brauchs, der im Umfeld von JosAs praktiziert wurde;
er kann kaum als alltäglich gedacht werden, sondern nur als 'Honigkommu-

nion' (z. B. PHILONENKO, S. ANANDAKUMARA, W.-D. BERNER, SÄNGER)[244], die in, mit und unter wirklichem Honig lebengebendes Manna und womöglich mit dem Manna verbundene weitere Gaben wie die Weisheit (so besonders SÄNGER) vermittelt;

b) narrative Exegese des Lebensbrotessens entsprechend 8,5 usw.; je nach Deutung würde also z. B. das tägliche jüdische Brot (UJosAs) oder das bei einem Kultmahl Genossene (KLAUCK) als Manna identifiziert;

c) die symbolische Darstellung von Aseneths Begabung mit dem Gesetz (ANANDAKUMARA) oder Gottes Wort im allgemeinen (DELLING: Einwirkungen, 54), die beide metaphorisch oder im Vergleich 'Honig' heißen können.

Wesentlich scheint mir zu sein, daß die deutenden Worte am Anfang von 16,16 das Honigessen in eine Linie mit 8,5.9; 15,5 setzen. Aseneth bekommt mit dem Honig, was nach 8,5 den frommen Juden kennzeichnet, was Joseph nach 8,9 für sie erbat und der Engel in 15,5 ihr zusagte. Das spricht gegen a und c. Wenn das Honigessen in 16 eine 'Honigkommunion' meinte, dann müßte wohl schon mit Brot, Kelch und Salböl in 8,5 Honig gemeint sein. Das behauptet m. W. niemand; warum auch sollte 8,5 den Honig nicht nennen, wenn er gemeint oder auch gemeint wäre? Wenn der Honig in 16 das Gesetz oder Gottes Wort symbolisierte, müßten Brot, Kelch und Salböl das auch tun; das ist behauptet worden (SCHNACKENBURG), aber kaum mit Recht. Das bedeutet nicht, daß b richtig ist; ich habe zu schnell von Aseneth auf jedermann geschlossen. Was JosAs 16 von Aseneth erzählt, betrifft zunächst einmal sie (das ist auch zu beachten, wenn man 8,5 usw. auf ein Kultmahl und 16 auf eine 'Honigkommunion' deutet). Sie besteht eine Probe[245], wird mit Manna belohnt, das für sie bei diesem ersten Essen Lebensbrot usw. vertritt, erhält dadurch ewige Jugend und Schönheit (die in 18,9 an ihr sichtbar werden), wird zur Zufluchtsstadt für die Proselyten und bekommt schließlich (wenn man das freilich schwierige Bienenwunder 16, 17–23 so deuten darf) die Gabe, durch ihren Mund, das heißt kraft Wortes, Lebensbrot zu produzieren. Diese sofortige Wirkung des Mannas an Aseneth ist kaum die Wirkung, die man von der alltäglichen jüdischen Lebensweise (oder auch von einem Kultmahl) erwartet hat, so gewiß Aseneths in 16,16 zugesprochene und in 18,9 realisierte übernatürliche Vitalität zeigt, was jeder Fromme in Ewigkeit erwarten darf. Deshalb kann Aseneths Honigessen in JosAs 16 kaum besagen sollen, daß jeder, der more judaico lebt, faktisch Manna bekommt, so gewiß er es im Himmel essen wird (16,14). Wohl aber scheint die Erzählung zu besagen,

---

[244] Vgl. weiter unten d. – SÄNGER: Missionsliteratur, 232–237, meint, daß der Honig die Weisheit ist und Aseneth zur Weisheit macht (vgl. auch 17,6 mit Prov 9). Es ist richtig, daß z. B. Philo das biblische Manna auf die Weisheit deutet und auch sonst die Begabung mit Weisheit metaphorisch als Essen und Trinken dargestellt wird. Nur fällt das Stichwort 'Weisheit' in JosAs 16 nicht (der Honig verleiht 'Leben'), sondern erst in 19,11 in anderem Zusammenhang (dazu gleich). Für SÄNGER spricht allerdings ποτήριον σοφίας in 21,21, doch ist der Bezug unklar.

[245] Die Seligpreisung 16,14 erkennt m. E. die Probe an und soll nicht oder jedenfalls nicht nur Aseneth als 'Offenbarungsträgerin' einsetzen; ebenso Mt 16,17 (anders KÄHLER).

daß der, der Lebensbrot ißt, Unsterblichkeitsbecher trinkt und sich mit Unver-
weslichkeitsöl salbt, zumindest der Proselyt, das dank und ähnlich Aseneths
Honigessen und mit den gleichen persönlichen Folgen als Ziel im ewigen Leben
tut und daß er in Erinnerung an ihr Essen weiß, was sein Tun bedeutet und
wohin es führt. In diesem Sinn, der weniger ist als Identität und mehr als Analogie, legt JosAs 16 die Stellen 8,5 usw. erzählend aus.

Die übrigen eingangs genannten Stellen fügen sich der vorgeschlagenen
Deutung ein. Sie seien wenigstens zitiert: In 19,5 erzählt Aseneth Joseph bei
seinem zweiten Besuch:

ἄνθρωπος ἦλθε πρός με ἐκ τοῦ οὐρανοῦ σήμερον καὶ ἔδωκέ μοι ἄρτον
ζωῆς καὶ ἔφαγον καὶ ποτήριον εὐλογίας καὶ ἔπιον.

In 21,13f. beklagt sie rückblickend:

ἐσεβόμην θεοὺς ἀλλοτρίους, ὧν οὐκ ἦν ἀριθμός, καὶ ἤσθιον ἄρτον ἐκ τῶν
θυσιῶν αὐτῶν. . . . ἄρτον ἀγχόνης ἔφαγον καὶ ποτήριον ἐνέδρας ἔπιον
ἀπὸ τῆς τραπέζης τοῦ θανάτου.

In 21,21 schließlich:

ἔδωκέ μοι φαγεῖν ἄρτον ζωῆς καὶ πιεῖν ποτήριον σοφίας (unklar, ob das
Subjekt der Engelfürst oder Joseph ist).

Zur Abrundung zwei Stellen, die indirekt das Thema betreffen. Nachdem
Aseneth Joseph vom Besuch des Engels erzählt hat, umarmt er sie; darauf in
19,11:

καὶ κατεφίλησεν ὁ Ἰωσὴφ τὴν Ἀσενὲθ καὶ ἔδωκεν αὐτῇ πνεῦμα ζωῆς
καὶ κατεφίλησεν αὐτὴν τὸ δεύτερον καὶ ἔδωκεν αὐτῇ πνεῦμα σοφίας καὶ
κατεφίλησεν αὐτὴν τὸ τρίτον καὶ ἔδωκεν αὐτῇ πνεῦμα ἀληθείας.

Das mag bedeuten, daß einem Proselyten auch Weisheit und Wahrheit zuteil
werden, aber nicht durch Brot, Becher und Salböl (die geben Leben und Unsterblichkeit), sondern durch den Mund von Juden[246]. Schließlich erfährt in
20,6−8 auch Aseneths Familie, was geschehen ist, und erkennt es an:

(6) καὶ ἦλθον ὁ πατὴρ καὶ ἡ μήτηρ αὐτῆς καὶ πᾶσα ἡ συγγένεια αὐτῆς
ἐκ τοῦ ἀγροῦ τῆς κληρονομίας αὐτῶν. καὶ εἶδον τὴν Ἀσενὲθ ὡς εἶδος
φωτὸς καὶ ἦν τὸ κάλλος αὐτῆς ὡς κάλλος οὐράνιον. καὶ εἶδον αὐτὴν
καθημένην μετὰ τοῦ Ἰωσὴφ καὶ ἐνδεδυμένην ἔνδυμα γάμου.
(7) καὶ ἐθαμβήθησαν ἐπὶ τῷ κάλλει αὐτῆς καὶ ἐχάρησαν καὶ ἔδωκαν
δόξαν τῷ θεῷ τῷ ζωοποιοῦντι τοὺς νεκρούς.
(8) καὶ μετὰ ταῦτα ἔφαγον καὶ ἔπιον καὶ εὐφράνθησαν . . .

---

[246] Anders SÄNGER: Antikes Judentum und die Mysterien, 205−208; Jüdisch-hellenistische
Missionsliteratur, 240−242. KLAUCK, 352f., beachtet 19,11 im Zusammenhang mit dem
Heiligen Kuß (1 Kor 16,20 u.ö.) wie beiläufig schon HOFMANN; THRAEDE, KLAUS: Ursprünge und Formen des ›Heiligen Kusses‹ im frühen Christentum, JAC 11−12, 1968−
1969, 124−180.

20,7 scheint zu besagen, daß auch die Familie sich bekehrt (vgl. Röm 4,17; Mt 5,16; 1 Petr 2,12). Joseph gibt jedenfalls seine in 7,1 berichtete Separation auf. Wenn diese erste Mahlzeit Aseneths mit einem Juden in 20,8 mit einer geläufigen Wendung bezeichnet wird (z. B. 1 Kön 4,20; Tob 7,10; Lk 12,19), dann war jedenfalls sie kein Kultmahl.

Wenn JosAs 8,5 usw. nicht von einem Kultmahl redet und wohl überhaupt nicht von Mahlzeiten als sozialem Vorgang, dann bedeutet JosAs nichts für den Ursprung des christlichen Abendmahls. KILPATRICKS Vorschlag, mit dem die moderne JosAs-Forschung begann, daß nämlich ein durch JosAs und nur hier bezeugtes jüdisches Gemeinschaftsmahl eine Alternative zu der von J. JEREMIAS ausführlich begründeten Herleitung des letzten Mahles Jesu aus dem Passaritus sei[247], hat sich nicht bewährt. Meines Wissens zieht heute niemand JosAs heran, wenn es um die speziellen Wurzeln des Abendmahls geht. Daß JosAs erklären hilft, warum im Christentum eine Mahlzeit zum zentralen Ritus wurde, bleibt unberührt; nur braucht man dazu die Schrift eigentlich nicht.

Wohl aber läßt sich erwägen, ob das Verständnis jüdischer Lebensweise, das JosAs zeigt, nicht an urchristlichen Deutungen und Gestaltungen des Abendmahls mitgewirkt hat oder sie jedenfalls besser verstehen hilft, vor allem Joh 6 und 1 Kor 10; 11,17−34[248]. Sprachliche Berührungen sind nicht zu übersehen und haben sich schon KILPATRICK aufgedrängt. Nach Johannes nennt Jesus sich ὁ ἄρτος τῆς ζωῆς (6,35.48), genauer: ἐγώ εἰμι ὁ ἄρτος ὁ ζῶν ὁ ἐκ τοῦ οὐρανοῦ καταβάς· ἐάν τις φάγῃ ἐκ τούτου τοῦ ἄρτου, ζήσει εἰς τὸν αἰῶνα (6,51), was an JosAs 16,14 erinnert. Paulus nennt den Abendmahlsbecher τὸ ποτήριον τῆς εὐλογίας ὃ εὐλογοῦμεν (1 Kor 10,16), wozu insbesondere JosAs 19,5 eine Parallele bietet; Manna (Ex 16) und Wasser aus dem Felsen (Ex 17,1−7; Num 20, 1−13) sind πνευματικὸν βρῶμα und πνευματικὸν πόμα (1 Kor 10,3f.), was in JosAs zwar nicht vorkommt, aber an πνεῦμα ζωῆς denken läßt, wie in 16,14 der Honig heißt. Die τράπεζα δαιμονίων, d. h. der Götzen, an der man nicht gleichzeitig sitzen kann, wenn man von der τράπεζα κυρίου ißt (1 Kor 10,21b), kommt in JosAs 11,9; 12,5 als τράπεζα der Götzen und in 21,14 als τράπεζα τοῦ θανάτου vor. Das mag noch nicht viel besagen, wenn auch JosAs die einzigen wörtlichen Parallelen zum johanneischen 'Lebensbrot' aus den Bereichen hergibt, zu denen überhaupt Beziehungen denkbar sind (SCHNACKENBURG), und Paulus' ποτήριον τῆς εὐλογίας außerchristlich auf griechisch wohl auch nur in JosAs belegt ist. Doch verbindet die Texte mehr als das Vokabular. In allen wird sakramentales Essen und Trinken von gewöhnlichen Lebensmitteln, die in dieser Art genossen zu ewigem Leben verhelfen sollen, und zwar im ausgesprochenen Gegensatz zu einer anderen Art, die Verderben bringt, auf eine grundlegende erste

---

[247] JEREMIAS, JOACHIM: Die Abendmahlsworte Jesu, Göttingen, 4. Aufl. 1967. Nach KILPATRICK gehen JosAs und Jesus unabhängig voneinander auf einen älteren jüdischen Mahlritus zurück.

[248] Nach KUHN hat JosAs, weil er hier das Gemeinschaftsmahl der Therapeuten findet, eine gewisse Bedeutung für das Verständnis des Gemeinschaftsmahles der Essener und auf diesem Weg für das Verständnis der Form (nicht des Inhalts) von Mk 14,22−24. Das ist zumindest in dieser Weise nicht zu halten, wenn JosAs nicht therapeutisch ist.

Spendung, bei der ein himmlischer Gesandter den sakramentalen Gehalt pur oder konzentrierter zu essen und zu trinken gab, zurückgeführt und darüber hinaus mit dem Manna in Beziehung gesetzt. Sieht man näher hin, ergeben sich in mehreren Hinsichten natürlich auch große Unterschiede. JosAs begründet eine sakramentale Deutung der jüdischen Lebensweise (nur hier kommt das Salböl vor); Johannes und Paulus reden von einem besonderen sakramentalen Essen der Christengemeinde, auch wenn es jedenfalls bei Paulus gleichzeitig Abendessen war oder mit einem Abendessen verbunden. JosAs 16 und Joh 6 kann man als ätiologische Erzählungen vergleichen; 1 Kor 10f. ist Paränese. Bei Johannes heißt eine historische Person 'Lebensbrot', in JosAs täglich gegessene Nahrung; Paulus hat den Ausdruck nicht, wenn auch Verwandtes. Bei ihm ist das Mannawunder in der Wüste Vorwegnahme des Abendmahls, in JosAs kommt Manna nur als Stoff vor (der Exodus spielt ja später); Johannes betont, daß das 'Lebensbrot' Jesus gerade nicht Manna ist, denn die Väter, die es aßen, starben (6,49.58; trotz seiner oder, wie beim Götzenessen, deswegen?). Dennoch dürfte es sich lohnen, JosAs (besonders 16), Joh 6 und 1 Kor 10f. genauer zu vergleichen als bisher geschehen[249].

d) Ein jüdisches Übertrittsritual?

JosAs 1−21 handelt hauptsächlich von Bekehrung zum Judentum und beschreibt Aseneths Bekehrung in Einzelheiten. Übertritte gehören offensichtlich zur Erfahrung des Autors wie seiner Leser und sind erwünscht. Dabei scheint das Judentum, das sich in JosAs darstellt, nicht eigentlich missionarisch zu sein und das Buch insoweit auch keine 'Missionsschrift', obwohl es oft so genannt wird. Joseph wirbt nicht für seinen Glauben oder sein Volk. Er verkörpert den idealen, vom Gott Israels sichtbar ausgezeichneten Juden, und zwar in einer Vollkommenheit von Schönheit, Weisheit, Geist und Kraft (21,21; vgl. WUELLNER), die nicht jedem zuteil wird (als solcher heißt er „Sohn Gottes" o. ä. 6,3.5; 13,13; 18,11; 21,4; 23,10[250]); seine bloße Erscheinung erschüttert Aseneth (6). Er betet dann für ihre Bekehrung (8,9). Das reicht, um sie zur Abkehr von den Götzen zu bringen (9,1f.) und sich sieben Tage in Sack und Asche zu tun (10). Aber die positive Richtung gibt ihr, was sie über die Barmherzigkeit des Gottes der Hebräer „viele sagen hörte" (11,10), doch wohl nicht in Missionspredigten. Angenommen wird sie durch den Engelfürsten dank der Fürbitte einer Himmelsgestalt namens Metanoia (15,7f.), die Gott ähnlich nahesteht wie in anderen antiken jüdischen Texten die Weisheit (aber anders als sie nicht wie z.B. Sap 6−9 in den Menschen eingeht). Joseph ist derweil beim Kornsammeln. Als alles vorbei ist, nimmt er Aseneths Bekehrung zur Kenntnis und gibt ihr, aber erst dann, mit drei Küssen Geist des Lebens, der Weisheit und der Wahrheit (19,11). Vermutlich spiegelt sich hier ein Muster, nach dem viele Bekehrungen in der Umwelt

---

[249] UJosAs, 130−133, genügt nicht. SCHNACKENBURG konzentriert sich auf den Begriff 'Lebensbrot'. Ein Versuch, etwas mehr zu sagen, in NTSt 33, 1987.

[250] Zu dieser Bezeichnung BYRNE; SÄNGER: Antikes Judentum und die Mysterien, 199−204; Jüdisch-hellenistische Missionsliteratur, 237−240; JSHRZ II 4, Einleitung 6.5.

zustande kamen. Die Begegnung mit lebendigen Juden wirkte anziehend, ihre Denk- und Lebensformen vermittelten sich eher durch Osmose als durch Propaganda, und der förmliche Übertritt, der folgenschwer war, weil er die bisherige Lebensgemeinschaft zerriß[251], wurde von jüdischer Seite gern akzeptiert, aber nicht evangelistisch beschleunigt.

Es ist aber natürlich, daß man gefragt hat, ob in JosAs nicht über eine allgemeine Struktur hinaus bestimmte Formalien des Übertritts verarbeitet sind, was das Buch auch in dieser Hinsicht zu einer wertvollen Quelle machen würde. Freilich muß man von vornherein beachten, daß Aseneth nicht einfach für jedermann steht. Erstens ist sie eine Frau. Frauen wurden nicht beschnitten (weswegen sie leichter übertraten als Männer); ob die Proselytentaufe, die bei ihnen mehr bedeutete als bei Männern, schon zu JosAs' Zeiten praktiziert wurde, ist fraglich. Zweitens wird Aseneth nicht einfach Jüdin, sondern eine „Zufluchtsstadt" für alle, die sich wie sie bekehren (15,7; 16,16; 19,5.8), und die grundlegende Mittlerin des Lebensbrots (wenn man 16,19f. so verstehen darf). Sie erhält einen Rang, der sie Abraham (Jes 51,1f.; AntBibl 23,4f.), Petrus (Mt 16,16–18) und den „Säulen" Petrus, Jakobus, Johannes (Gal 2,9) vergleichbar macht (CHR. KÄHLER), in bestimmter Hinsicht sogar Jesus. Alle folgenden Bekehrungen finden nicht nur in Analogie zu ihrer statt, sondern auch im Anschluß an sie, d.h. an die jüdische Gemeinde, deren Ahnfrau sie ist. Drittens wird Aseneth mit einer ewigen Kraft und Schönheit begabt (16,16; 18,9), die die übrigen Bekehrten zwar im Jenseits erwarten dürfen, aber auf Erden höchstens exemplarisch und gewiß nicht kraft Verwandlung beim Übertritt bekommen. Trotzdem läßt sich fragen, was an Aseneths Übertritt zum Judentum etwa zeitgenössische Praxis spiegelt.

Manche nehmen an, daß die Bekehrungshandlung oder Teile von ihr einem Ritus oder Riten nachgebildet sind, womöglich einer solennen Initiation, in der sich Judentum als Mysterienreligion darstellt. Die oben in VI.2.c besprochenen Lebensbrotstellen 8,5 usw. können einbezogen werden, müssen aber nicht. Wer R. MERKELBACHS Interpretationslinie folgt, nach der die Romane in Erzählung umgesetzte Mysterienhandlung sind[252], wird dergleichen ohne weiteres für denkbar halten und noch über die Bekehrungshandlung hinausgehen. Aber auch wenn man eher von der Kritik an MERKELBACH beeindruckt ist, muß man sich fragen, ob und wieweit wenigstens die offen als solche erzählte Bekehrung Aseneths nachbildet, was bei einem Übertritt zum Judentum praktiziert wurde.

M. PHILONENKO findet in JosAs die «liturgie initiatique» in ein mysterienhaft aufgefaßtes Judentum[253]. Ihr Kern war die (erstmalige) Teilnahme an einer

---

251 Knapp und scharf von der Gegenseite Tacitus, Hist. V 5: *transgressi in morem eorum idem usurpant, nec quicquam prius inbuuntur quam contemnere deos, exuere patriam, parentes liberos fratres vilia habere.*

252 MERKELBACH, REINHOLD: Roman und Mysterium in der Antike, München–Berlin 1962.

253 PHILONENKO notiert das als Bestätigung der religionsgeschichtlichen Forschungen von GOODENOUGH, ERWIN R.: By Light, Light. The Mystic Gospel of Hellenistic Judaism, New Haven, Conn. 1935, 8.259–262; Jewish Symbols in the Greco-Roman Period (Bollingen Series 37), VI. Fish, Bread, and Wine, New York 1956, 206f.

sakramentalen Kultmahlzeit, bei der Brot, Kelch und eine Salbung verabreicht wurden (8,5 usw.). Davor stand wahrscheinlich eine Honigkommunion als Zulassungsakt (16). Reue, Fasten und Sündenbekenntnis des Initianden (9−13) leiteten das Ganze ein. Um agendarische Einzelheiten kümmert PHILONENKO sich nicht.

W. D. BERNER bestreitet den Mysteriencharakter des in JosAs geschilderten Übertritts zum Judentum, u.a. weil nach 15,2−4 die Aufnahme des Neulings im Himmel vollzogen wird, ohne daß ihr ein ritueller Akt auf Erden entspräche, und redet deshalb nicht von Initiation. Wohl aber findet er „rituelle Begleithandlungen", die ein „kultisches Schema" bilden, aber nicht eigentlich „kultische Handlungen" sind:

> Siebentägiges Bußfasten (10,17)
> Buß- und Bittgebet (12f.)
> Honigkommunion (16,14−16)
> Geistverleihung (19,11)
> Heiliges Kultmahl (8,5 usw.)

Dazu kommen möglicherweise ein Fürbittgebet (8,9), festliche Einkleidung (15, 10; 18,6) und eine nicht weiter untersuchte Handlung, die hinter der Hochzeit (21) steckt.

S. ANANDAKUMARA rekonstruiert neben Fragmenten anderer 'Liturgien' aus JosAs 8−21 in allen Einzelheiten eine dreiteilige *Liturgy for Initiation or Proselytization*', wiederum ohne Mysteriencharakter. Sie bestand aus Vorbereitung (8), siebentägiger Bußzeit (9−13) und der eigentlichen Aufnahme (14−21). Im ersten Teil spielen Joseph, im dritten außer ihm der Engel und Pharao die Rolle des jüdischen Priesters oder Synagogenvorstehers, den zweiten bestreitet der Neuling allein. Texte wie 8,5.9; 15,2ff.; 16,16; 17,6; 21,4.6 hält ANANDAKUMARA für kaum veränderte agendarische Stücke.

D. SÄNGER findet in JosAs Elemente eines „Proselyten-Aufnahmeformulars" verarbeitet:

> Sündenbekenntnis des Konvertiten vor der Gemeinde (12f.)
> Verkündung seiner Aufnahme und der ihm zustehenden Heilsgüter (15,2ff.)
> Umbenennung (15,7)
> Anlegen eines (Novizen-)Gewandes (15,10)
> Vorbereitung einer Honigkommunion (16,17?)
> Seligpreisung des Übertretenden (16,14)
> Honigkommunion (16,15)
> Deutung (16,16)
> vielleicht Kuß durch die Gemeinde (19,11)

Auf die Abfolge legt er sich nicht fest. Die Honigkommunion ist der eigentlich wirksame Akt, die übrigen Elemente rahmen. Das Formular macht den Übertritt aber nicht zur Initiation in ein Mysterium, von dem SÄNGER sich anhand der Überlieferung über Eleusis und der Isisweihe nach Apuleius, Metam. XI einen Begriff gemacht hat. Initiation ist nach ihm der *ex opere operato* wirkende Vollzug eines heilsmitttelnden Ritus, die in JosAs gefundene Proselytenaufnahme der „rituelle Nach-Vollzug" einer von Gott gefällten Entscheidung (15,2−4). Auch fehlt in JosAs die Arkandisziplin. SÄNGER kommt unabhängig von BERNER zu vergleichbaren Ergebnissen, ist aber eingehender, ausführlicher dokumentiert und in den agendarischen Elementen konkreter.

Mir scheinen SÄNGER und BERNER darin recht zu haben, daß JosAs keine Initiationsliturgie nach Mysterienart verarbeitet (man kann dann jedenfalls daraus auch kein entsprechend verfaßtes Judentum als Mutterboden erschließen). Aber Riten anderer Art finde ich bisher auch nicht bewiesen. Daß ANANDAKUMARA mangels Methode zu weit geht, ist offensichtlich. Er postuliert einfach; auf diese Art kann man jede Bekehrungsgeschichte als Agende deuten. Aber auch SÄNGER und BERNER haben Methodenprobleme. Wie übersetzt man Romanhandlung in liturgische zurück, die vielleicht darin verarbeitet ist? Beim normalen Übertritt kam kein Engel zu Besuch, ebensowenig wie bei Isisweihen Rosenkränze gegessen wurden (Apuleius XI 6,1; 12,1−13,4). Wenn hinter den übernatürlichen Begebenheiten, die JosAs erzählt, Rituelles steckt, wie kriegt man es heraus, und wenn sie romanhaft sind, welche sind es nicht? Ich will damit nicht grundsätzlich bestreiten, daß JosAs Handlungen spiegelt oder erzählt, mit denen ein Übertritt zum Judentum begangen wurde oder werden konnte, im Gegenteil. Mag sein, daß er durch Fasten, Meditation und Gebet eingeleitet, durch Waschungen, Kleiderwechsel oder Namensänderung unterstrichen und mit einem Essen gefeiert wurde. Wenn sich Heiden und Juden wesentlich im Essen unterscheiden (s. oben VI.2.c), dann mußte die erste jüdische Mahlzeit eines Konvertiten etwas Besonderes sein. Aber hier ist weitere Forschung nötig. Sie sollte nicht nur an Riten, sondern auch an Bräuche denken und als Rahmen nicht nur an die Synagoge mit versammelter Gemeinde.

BIBLIOGRAPHIE ZU JOSEPH UND ASENETH

Sie ersetzt das Literaturverzeichnis Nr. 13, 658-667, das oben nicht wieder abgedruckt ist. Erfaßt sind die Arbeiten, die JosAs einschließlich der alten Übersetzungen zum Thema haben. Arbeiten, die JosAs unter anderem und nur kurz berühren, sind bis in die sechziger Jahre berücksichtigt, seither nur noch (soweit gefunden), wenn sie nicht bloß erwähnen oder referieren; im Zweifel lieber ein Name zuviel als zu wenig. Zugefügt sind einige Titel, die JosAs nicht berühren, aber Vertiefung erlauben. Handschriftenkataloge u.ä., bibliographische Nachschlagewerke u.ä., Kommentare, Wörterbücher u.ä. einschließlich ThWNT, Rezensionen sind im allgemeinen vernachlässigt.

Die Abschnitte 1-3 sind chronologisch angelegt, 4 alphabetisch. Titel in nicht-lateinischer oder -griechischer Schrift sind transliteriert (kursiv). Abkürzungen im allgemeinen wie in TRE (S. Schwertner, Internationales Abkürzungsverzeichnis für Theologie und Grenzgebiete, Berlin, 2. Aufl. 1992).

1. Der griechische Text (Ausgaben, Konkordanzen und moderne Übersetzungen)

FABRICIUS, JOHANNES ALBERTUS: Codex Pseudepigraphus Veteris Testamenti, 2. Aufl., II, Hamburg-Leipzig 1722, 85-102

AKIBON, RICH. (Pseudonym für LUDWIG NOACK): Die Testamente der zwölf Patriarchen, der Söhne Jakobs, und die Geschichte der Asenath, der Frau Josephs. Aus alten verborgenen Schriften in's Deutsche übertragen, Kassel 1850, 121-133 (nach Fabricius)

BATIFFOL, PIERRE: Le livre de la Prière d'Aseneth, in: DERS.: Studia Patristica. Études d'ancienne littérature chrétienne, Paris 1889-1890, 1-87

ISTRIN, V. M.: *Apokrif ob Iosifě i Asenefě*, in: *Drevnosti. Trudy slavjanskoj kommissii Imperatorskago moskovskago archeologičeskago obščestva*, II, Moskau 1898, 146-199

BRODRICK, M.: The Life and Confession of Asenath the Daughter of Pentephres of Heliopolis, narrating how the all-beautiful Joseph took her to Wife. Prepared by M. BRODRICK, from Notes supplied by the late Sir PETER LE PAGE RENOUF, London 1900 (Hinweis von COOK, Joseph and Aseneth, 472, nicht gesehen)

BROOKS, ERNEST W.: Joseph and Asenath. The Confession and Prayer of Asenath Daughter of Pentephres the Priest (TED II. Hellenistic-Jewish Texts 7), London 1918

LUCERNA, CAMILLA: Asseneth. Eine apokryphe Erzählung aus den Werdezeiten des Christentums, Wien 1921

— Aseneta. Po staroj predaji, Zagreb 1922 (Übersetzung des Vorigen?, nicht gesehen)

RIESSLER, PAUL: Joseph und Asenath. Eine altjüdische Erzählung, ThQ 103, 1922, 1-22.145-183 ≈ Joseph und Asenath, in: DERS.: Altjüdisches Schrifttum außerhalb der Bibel, Augsburg 1928 = 4. Aufl., Heidelberg 1979, 497-538.1303f. = in: WEIDINGER, ERICH (hg.): Die Apokryphen. Verborgene Bücher der Bibel, Augsburg 1988, 231-255

BURCHARD, CHRISTOPH: Untersuchungen zu Joseph und Aseneth. Überlieferung – Ortsbestimmung (WUNT 8), Tübingen 1965, 49-90 (Textproben)

— Zum Text von „Joseph und Aseneth", JSJ 1, 1970, 3-34 = oben Nr. 1

—   Ein vorläufiger griechischer Text von Joseph und Aseneth, DBAT 14, Oktober 1979, 2-53, übernommen in: DENIS – JANSSENS: Concordance, 851-859 (s. unten; Druckfehler nach den folgenden Verbesserungen berichtigt) = oben Nr. 7 (Textänderungen aus den folgenden Verbesserungen in Anmerkungen berücksichtigt)

—   Verbesserungen zum vorläufigen Text von Joseph und Aseneth (DBAT 14, 1979, 2-53), ebd. 16, Dezember 1982, 37-39 (oben in Nr. 7 berücksichtigt)

—   Joseph und Aseneth (JSHRZ II 4), Gütersloh 1983

—   Joseph and Aseneth, in: JAMES H. CHARLESWORTH (ed.): The Old Testament Pseudepigrapha, II, Garden City, NY 1985, 177-247 (kürzere Fassung des Vorigen)

—   Joseph und Aseneth, in: MARINUS DE JONGE (ed.): Outside the Old Testament (Cambridge Commentaries on Writings of the Jewish and Christian World 200 BC to AD 200), Cambridge 1985, 92-110 (Auszüge)

PHILONENKO, MARC: Joseph et Aséneth. Introduction, texte critique, traduction et notes (SPB 13), Leiden 1968 (mit Wortindex)

—   Joseph et Aséneth, in: ANDRÉ DUPONT-SOMMER – MARC PHILONENKO (éds.): La Bible. Écrits intertestamentaires (Bibliothèque de la Pléiade 337), Paris 1987, cxxii-cxxv. 1559-1601 (Übersetzung wie oben, kürzere Fußnoten)

SUSKI, ANDRZEJ: Józef i Asenet. wstęp, przekład z greckiego, komentarz (STV 16), 1978 (nr 2), 199-240 (44 S.) (nach Philonenko)

LODI, ENZO: Enchiridion euchologicum fontium liturgicorum (BEL.S 15), Rom 1979, 51 (JosAs 8,9 nach Philonenko)

OGAWA, AKIRA: Yosefu to asenate, in: KENJI TOKI (hg.): Seisho Gaiten Giten [Apokryphen und Pseudepigraphen der Bibel], Ergänzungsband I, Tokio 1979, 259-311

DE GOEIJ, M.: Jozef en Aseneth. Apokalyps van Baruch (De Pseudepigrafen 2), Kampen 1981 (nach Philonenko)

MARTÍNEZ FERNÁNDEZ, RAMON – PIÑERO, ANTONIO: José y Asenet, in: ALEJANDRO DÍEZ MACHO (ed.): Apócrifos del Antiguo Testamento, III, Madrid 1982, 191-238 (nach Philonenko)

CAVALLI, M.: Storia del bellissimo Giuseppe e della sua sposa Aseneth (La memoria 76), Palermo 1983 (nicht gesehen)

COOK, D.: Joseph and Aseneth, in: H. F. D. SPARKS (ed.): The Apocryphal Old Testament, Oxford 1984, 465-503 (nach Philonenko); daraus JosAs 1-21 in: KRAEMER, Maenads (unten unter 4), 263-279

ṢWRN, G. [ZORN, G.]: Hwwydwy whtpylh 'šr l'snt bt Ptypr' hkhn, Dpym lmḥqr bsprwt 2, 1985, 82-113 (nach Philonenko; Einleitung s. Flusser, nicht gesehen)

DENIS, ALBERT-MARIE – JANSSENS, YVONNE: Concordance grecque des Pseudépigraphes d'Ancien Testament, Louvain-la-Neuve 1987

SACCHI, PAOLO (ed.): Apocrifi dell'Antico Testamento, II (Classici delle religioni 2: La religione ebraica), Turin 1989 (nicht gesehen)

PFABIGAN, ALFRED (hg.): Die Andere Bibel mit Altem und Neuem Testament (Die Andere Bibliothek 68), Frankfurt a. M. 1990 = 1991, 47-63 (JosAs 1-19 bearbeitet, nach Rießler?)

2. Die alten Übersetzungen (Ausgaben und moderne Übersetzungen)

a) Syrisch

LAND, JAN PIETER NICOLAAS: Zachariae episcopi Mitylenes aliorumque scripta historica Graece plerumque deperdita. Syriace edidit (Anecdota syriaca 3), Leiden 1870, 18-46 (Syr) = 4 Bde. in 2, 1989

OPPENHEIM, GUSTAV: Fabula Josephi et Asenethae apocrypha e libro Syriaco Latine versa, Diss. phil. Berlin 1886

BROOKS, ERNEST W.: Historia ecclesiastica Zachariae Rhetori vulgo adscripta, I (CSCO.S 83, III 5 [38], Textus), Paris 1919 = 1953, 21-55

— Historia..., I (CSCO.S 87, III 5 [41], Versio), Louvain 1924 = 1953, 15-39

b) Armenisch

O. VF.: Patmut'iwn Yovsep'ay ew knoǰ nora Asanet'i dstern Petap'rē k'rmi Areg k'ałak'i, Pazm. 43, 1885, 200-206; 44, 1886, 25-34

CARRIÈRE, ANDRÉ: Une version arménienne de l'Histoire d'Asséneth, in: Nouveaux Mélanges Orientaux (PELOV II 19), Paris 1886, 471-511 (JosAs 22-29 armenisch und französisch)

MARR, NIKOLAJ: Iz lětnej poězdki v Armeniju. Zamětki i izvlečenija iz armjanskich rukopisej (Zapisok Vostočnago otdělenija Imperatorskago russkago archeologičeskago obščestva V), o. Ort und Datum, 211-245, auch sep., 28f. 27 Anm. 2 = Amařnayin ułeworut'iwniç dēp i Hays. Nkatołut'iwnner ew k'ałuacner haykakan jeřagreriç, HandAm 5, 1891, Sp. 260-271, hier 270a. 269b Anm. 2 (Textproben)

— Sborniki pritč Vardana. Materialy dlja istorii srednevěkovoj armjanskoj literatury, III, St. Petersburg 1894, 62 (Textproben)

PALEAN, TRDAT: Awrhnut'iwn xostovanut'ean Asanet'ay, Kajseri 1896, 4 S. (unveröffentlichter Artikel bei der Redaktion von Handēs Amsōreay, Wien; Textprobe)

YOVSĒP'EANC', SARGIS: T'angaran hin ew nor naxneac', I. Ankanon girk' hin ktakaranac', Venedig 1896, ŽAf. 152-198

ĖMIN, N. O.: Pověst' ob Iosifě i Asenefě [1876], in: Perevody i stat'i N. O. Ėmina po duchovnoj armjanskoj literaturě (Ėtnografičeskij fond imeni N. O. Ėmina 3), Moskau 1897, 97-108.347-349 (Arm russisch)

ISSAVERDENS, JACQUES: The History of Assaneth, Venedig 1900

— The Uncanonical Writings of the Old Testament, Venedig 1900, 91-160 (Nachdrucke)

BURCHARD, CHRISTOPH: Joseph und Aseneth 25-29 armenisch, JSJ 10, 1979, 1-10 = oben Nr. 4

c) Lateinisch I

[JAMES, MONTAGUE R.]: Liber de Aseneth, in BATIFFOL: Prière d'Aseneth, 89-115

d) Lateinisch II

Unveröffentlicht

e) Äthiopisch (s. oben Nr. 13, S. 608-613)

DILLMANN, C. F. AUGUST: Lexicon Linguae Aethiopicae, Leipzig 1865 = Osnabrück 1970, Sp. 1417 Z. 45-47

PIOVANELLI, PIERLUIGI: Une nouvelle citation de la version éthiopienne de *Joseph et Aséneth*, Henoch 15, 1993, 43-46

— Les aventures des apocryphes en Éthiopie, Apocrypha 4, 1993, 197 - 224, hier 207 - 209

f) Serbisch-kirchenslawisch

NOVAKOVIĆ, STOJAN: Srpsko-slovenski zbornik iz vremena despota Stefana Lazarevića, Starine 9, 1877, 1-47, hier 27-42

BURCHARD, CHRISTOPH: Joseph und Aseneth serbisch-kirchenslawisch. Text und Varianten (DBAT.B 2), Dielheim 1980 = oben Nr. 3

g) Neugriechisch

ISTRIN: *Apokrif* (Text von 671)

BURCHARD, CHRISTOPH: Joseph und Aseneth neugriechisch, NTS 24, 1977/78, 68-84 = oben Nr. 2

h) Rumänisch

BOBULESCU, CONSTANTIN: Istoria frumosului Iosif şi a prea frumoasei Asineta. După un manuscris din 1753 (Biblioteca pentru popor 15), Bukarest 1922

i) Nachwirkungen von Lateinisch I

1. Mittelenglisch

MACCRACKEN, HENRY N.: The Storie of Asneth. An Unknown Middle English Translation of a Lost Latin Version, JEGP 9, 1910, 224-264

2. Hélinand von Froidmont – Vinzenz von Beauvais

FABRICIUS, Codex, I, 1713 = 2. Aufl. 1722, 774-784

AKIBON: Testamente, 133-141

BRUNET, GUSTAVE, in: JEAN-PIERRE MIGNE (éd.): Dictionnaire des Apocryphes, I, Paris 1856, 705-712

MOLAND, LOUIS – D'HÉRICAULT, CHARLES: Nouvelles françoises en prose du XIVe siècle publiées d'après les manuscrits, Paris 1858, XVf. 3-13 (Jean du Vignay)

3. Die Miniaturen zu Joseph und Aseneth

PÄCHT, JEANNE – PÄCHT, OTTO: An Unknown Cycle of Illustrations of the Life of Joseph, CAr 7, 1954, 35-49, T. XII-XVI

STONE, MICHAEL E.: Bible, Translations, Armenian, EJ IV, 1971, Sp. 862f., hier 862

PELEKANIDIS, STYLIANOS M. – CHRISTOU, P. – TSIOUMIS, CH., – KADAS, S.: The Treasures of Mount Athos. Illuminated Manuscripts. Miniatures – Headpieces – Initial Letters I, Athen 1974, 456.458f., Abb. 339-341

VIKAN, GARY K.: Illustrated Manuscripts of Pseudo-Ephraem's *Life of Joseph* and the *Romance of Joseph and Aseneth*, Diss. Ph. D. Princeton University 1976, 3 Bde. (masch.)

— Illustrated Manuscripts of the Romance of Joseph and Aseneth, in: GEORGE MACRAE (ed.): Society of Biblical Literature. 1976 Seminar Papers (SBL.SPS 10), Missoula, MT 1976, 193-208, 15 Abb.

MENTRÉ, MIREILLE: Joseph en Égypte dans l'iconographie juive et chrétienne de l'antiquité tardive et du Moyen Âge, in: D. TOLLET (éd.): Politique et religion dans le judaïsme ancien et médiéval, Paris 1989, 141-153

SCHUBERT, KURT: Jewish Pictorial Traditions in Early Christian Art, in: HEINZ SCHRECKENBERG - KURT SCHUBERT: Jewish Historiography and Iconography in Early and Medieval Christianity (CRINT III.2), Assen/Maastricht-Minneapolis 1992, 139- 277

4. Sekundärliteratur

AČAŔEAN, HRAČEAY: *Hayerēn nor baŕer ankanon groc' mēj*, Pazm. 1925, 200-204

ADAM, ALFRED: Die Psalmen des Thomas und das Perlenlied als Zeugnisse vorchristlicher Gnosis (BZNW 24), Berlin 1959, 55

ADAMCZYK, MARIA: Biblijno-apokryficzne narracje w literaturze staropolskiej do końca XVI wieku (Uniwersytet im. Adama Mickiewicza w Poznaniu. Seria Filologia polska 19), Posen 1980

AHRENS, KARL - KRÜGER, GUSTAV: Die sogenannte Kirchengeschichte des Zacharias Rhetor in deutscher Übersetzung (Scriptores sacri et profani 3), Leipzig 1899

AKINEAN, NERSĒS: *Mxit'ar Ayrivanec'woy Čaŕəntiri Noragiwt Yišatakaranə*, Akōs (Beirut) 13, 1946, 120-126

ALFARIC, PROSPER: Origines sociales du Christianisme, Paris 1959 = Die sozialen Ursprünge des Christentums, Darmstadt 1963, 106f.

ANANDAKUMARA, SUNANDA: The Gentile Reactions to the Christ-Kerygma – The Problems Involved in the Reception of the Christ-Kerygma in the Young Gentile Christianity in the New Testament, Diss. theol. Hamburg 1975, 29-91.316-335 u.ö. (masch.)

ANASYAN, HAKOB S.: *Haykakan matenagitut'yun e- žə dd*, II, Eriwan 1976, Sp. 169-174

ANDERSEN, FRANCIS I.: Pseudepigrapha Studies in Bulgaria, JSP 1, 1987, 41-55

APTOWITZER, VICTOR: Asenath, the Wife of Joseph. A Haggadic Literary-Historical Study, HUCA 1, 1924, 239-306

ARANDA PÉREZ, G.: Apócrifos del Antiguo Testamento en lengua copta, in: Il Simposio Bíblico, Valencia - Cordoba 1987, 515 - 526

ARCHER, LEONIE J.: Her Price is Beyond Rubies. The Jewish Woman in Graeco-Roman Palestine (JSOT.S 60), Sheffield 1990

ASSEMANUS, JOSEPHUS SIMONIUS: Bibliotheca Orientalis Clementino-Vaticana III.1, Rom 1725, 7f.631

AUGUSTIN, MATTHIAS: Der schöne Mensch im Alten Testament und im hellenistischen Judentum (BEAT 3), Frankfurt/M.-Bern-New York 1983

BALCH, DAVID L.: Let Wives Be Submissive. The Domestic Code in I Peter (SBL.MS 26), Chico, CA 1981

BAMBERGER, BERNARD J.: Proselytism in the Talmudic Period, Cincinnati 1939 = New York 1968, 180f.210f.

BAMMEL, ERNST: Das Judentum als eine Religion Ägyptens, in: MANFRED GÖRG (hg.): Religion im Erbe Ägyptens. Beiträge zur spätantiken Religionsgeschichte zu Ehren von Alexander Böhlig (Ägypten und AT 14), Wiesbaden 1988, 1-10

BATIFFOL, PIERRE: Rezension von TaS 5, RB 7, 1898, 302-304

—   L'eucharistie, la présence réelle et la transsubstantiation, Paris, 10. Aufl. 1930, 190 Anm. 1

BECKWITH, R. T.: The Solar Calendar of Joseph and Asenath: A Suggestion, JSJ 15, 1984, 90-111

BEER, GEORG: Pseudepigraphen des Alten Testaments, RE 3. Aufl. XVI, 1905, 229-265, hier 262f.

—   Joseph und Aseneth, RGG 2. Aufl. III, 1929, Sp. 379

BERGER, KLAUS: Die Gesetzesauslegung Jesu. Ihr historischer Hintergrund im Judentum und im Alten Testament, I: Markus und Parallelen (WMANT 40), Neukirchen-Vluyn 1972, 424-431 u.ö.

—   Jüdisch-hellenistische Missionsliteratur und apokryphe Apostelakten, Kairos 17, 1975, 232-248

—   Die Auferstehung des Propheten und die Erhöhung des Menschensohnes. Traditions-geschichtliche Untersuchungen zur Deutung des Geschickes Jesu in frühchristlichen Texten (StUNT 13), Göttingen 1976

—   Manna, Mehl und Sauerteig. Korn und Brot im Alltag der frühen Christen, Stuttgart 1993, 133f. u.ö.

BERGMEIER, ROLAND: Glaube als Gabe nach Johannes. Religions- und theologiegeschicht-liche Studien zum prädestinatianischen Dualismus im vierten Evangelium (BWANT VI 12 [112]), Stuttgart-Berlin-Köln-Mainz 1980

BERNER, WOLF DIETRICH: Initiationsriten in Mysterienreligionen, im Gnostizismus und im antiken Judentum, Diss. theol. Göttingen 1972 (masch.), 156-172

BETZ, OTTO: Geistliche Schönheit. Von Qumran zu Michael Hahn, in: OTTO MICHEL – ULRICH MANN (hg.): Die Leibhaftigkeit des Wortes. Theologische und seelsorgerli-che Studien und Beiträge als Festgabe für Adolf Köberle zum 60. Geburtstag, Ham-burg 1958, 71-86

—   Donnersöhne, Menschenfischer und der davidische Messias, RdQ 3, 1961-62, 41-70, hier 46

BEYER, KLAUS: Woran erkennt man, daß ein griechischer Text aus dem Hebräischen oder Aramäischen übersetzt ist?, in: MARIA MACUCH – CHRISTA MÜLLER-KESSLER – BERT G. FRAGNER (hg.): Studia semitica necanon iranica, Festschrift Rudolph Macuch, Wiesbaden 1989, 21-31

BIANU, IOAN – HODOŞ, NERVA: Bibliografia Românéscă veche 1503-1830, I. 1508-1716, Bukarest 1903, 244

BINDEMANN, WALTHER: Theologie im Dialog. Ein traditionsgeschichtlicher Kommentar zu Römer 1-11, Leipzig 1992, 111-113.194f.

BLACK, MATTHEW: The Scrolls and Christian Origins, London 1961 = New York 1961, 105f.

BOHAK, GIDEON: Asenath's Honeycomb and Onias' Temple: The Key to Joseph and Asenath, in: Proceedings of the Eleventh World Congress of Jewish Studies. Division A.
The Bible and its World, Jerusalem 1994, 163-170

—   Joseph and Aseneth and the Jewish Temple in Heliopolis, Ph. Diss. Princeton University, 1994

BONWETSCH, NATHANAEL, in: ADOLF HARNACK: Geschichte der altchristlichen Litteratur bis Eusebius, I, Leipzig 1893 = 1958, 915

BOUSSET, WILHELM: Die Offenbarung Johannis (KEK 16), Göttingen, 5. Aufl. 1896; 6.
Aufl. 1906 = 1966, 381

—   Die Testamente der zwölf Patriarchen, ZNW 1, 1900, 141-175.187-209, hier 208

BRANDENBURGER, EGON: Die Auferstehung der Glaubenden als historisches und theologisches Problem, WuD 9, 1967, 16-33 = in: DERS.: Studien zur Geschichte und Theologie des Urchristentums (Stuttgarter Biblische Aufsatzbände 15), Stuttgart 1993,
133-153

—   Fleisch und Geist. Paulus und die dualistische Weisheit (WMANT 29), Neukirchen-
Vluyn 1968, 64 Anm. 4; 120 Anm. 3; 125; 166 Anm. 2.4; 182 Anm. 2; 186 Anm. 1;
188 Anm. 4; 202; 207 Anm.2

—   Pistis und Soteria. Zum Verstehenshorizont von »Glaube« im Urchristentum, ZThK
85, 1988, 165-198, hier 180f.184f. = in: DERS.: Studien, 251-288

BROCK, SEBASTIAN P.: Rezension von Burchard: Untersuchungen, JThS 18, 1967, 179-182

—   Notes on Some Texts in the Mingana Collection, JSS 14, 1969, 205-226, hier 206f.

BRONGERS, HENDRIK A.: De Jozefsgeschiedenis bij Joden, Christenen en Mohammedanen,
Wageningen 1962, 97-109

BROSSET, MARC F.: Rapports sur un voyage archéologique dans la Géorgie et dans
l'Arménie, exécuté en 1847-1848, St. Petersburg 1849-1851, hier III. Études sur la
Bibliothèque d'Etchmiadzin et sur les antiquités arméniennes, 41f.; Résumé, 22

—   Histoire chronologique par Mkhitar d'Aïrivank, XIIIe s. (Mémoires de l'Académie
Impériale des Sciences de St.-Pétersbourg, série VII, XIII, 5), St Petersburg 1869

BUNDY, DAVID: Pseudepigrapha in Syriac Literature, in: Society of Biblical Literature.
1991 Seminar Papers (SBL.SPS 30), Atlanta, GA 1991, 745 - 765

BURCHARD, CHRISTOPH: Εἰ nach einem Ausdruck des Wissens oder Nichtwissens Joh 9 25,
Act 19 2, I Cor 1 16, 7 16, ZNW 52, 1961, 73-82 = oben Nr. 8

—   Zur armenischen Überlieferung der Testamente der zwölf Patriarchen, in: DERS. -
JACOB JERVELL – JOHANNES THOMAS: Studien zu den Testamenten der Zwölf
Patriarchen (BZNW 36), Berlin 1961, 1-29

—   Der dreizehnte Zeuge (FRLANT 103), Göttingen 1970, 59-91 u.ö.

—   Rezension von Philonenko: Joseph et Aséneth, ThLZ 95, 1970, Sp. 253-255

—   Joseph et Aséneth. Questions actuelles, in: W[ILLEM] C. VAN UNNIK (éd.): La
littérature juive entre Tenach et Mischna. Quelques problèmes (RechBib 9), Leiden
1974, 77-100 = oben Nr. 9

—   Fußnoten zum neutestamentlichen Griechisch, ZNW 61, 1970, 157-171; II, ZNW 69,
1978, 143-157

—   Zur armenischen Übersetzung von Joseph und Aseneth, REArm 17, 1983, 207-240.
Summary, 709 = oben Nr. 5

—   1 Korinther 15 39-41, ZNW 75, 1984, 233-258, hier 255-258

—   A Note on ῥῆμα in JosAs 17:1 f.; Luke 2:15, 17; Acts 10:37, NT 27, 1985, 281-295 = oben Nr. 10

—   Der jüdische Asenethroman und seine Nachwirkung. Von Egeria zu Anna Katharina Emmerick oder von Moses aus Aggel zu Karl Kerényi, in: ANRW II 20.1, 1987, 543-648 = oben Nr. 13

—   The Importance of Joseph and Aseneth for the Study of the New Testament: A General Survey and a Fresh Look at the Lord's Supper, NTS 33, 1987, 102-134 = oben Nr. 11

—   The Present State of Research on Joseph and Aseneth, in: JACOB NEUSNER – PEDER BORGEN – ERNEST S. FRERICHS – RICHARD HORSLEY (eds.): New Perspectives on Ancient Judaism, II. Religion, Literature, and Society in Ancient Israel. Formative Christianity and Judaism, Lanham, MD-New York-London 1987, 31-52 = oben Nr. 12

—   Joseph und Aseneth, TRE 17, 1988, 246-249

—   More about the Armenian Text of *Joseph and Aseneth*, JSAS 5, 1990-1991, 65-80 = neubearbeitet oben Nr. 6

BUSSMANN, CLAUS: Themen der paulinischen Missionspredigt auf dem Hintergrund der spätjüdisch-hellenistischen Missionsliteratur (EHS.T 3), Bern-Frankfurt a.M. 1971; 2. Aufl. 1975

BUTTENWIESER, MOSES: Asenath, UJE I, 1939 = 1948, 536f.

BYRNE, BRENDAN: 'Sons of God' – 'Seed of Abraham'. A Study in the Idea of the Sonship of God of All Christians in Paul against the Jewish Background (AnBib 83), Rom 1979, 49-54 u.ö.

CARTOJAN, NICOLAE: Cărţile populare în literatura românească, I. Epoca influenţei sudslave, Bukarest 1929, 53; II. Epoca influenţei greceşti, Bukarest 1938, 57-60 = 2. Aufl. 1974, 74-78

CAVALLIN, HANS C. C.: Life after Death. Paul's Argument for the Resurrection of the Dead in I Cor 15,1. An Enquiry into the Jewish Background (CB.NT 7,1), Lund 1974, 155-160

CHALAT'JANC, G.: Einleitung (russ.) zu ÉMIN (oben unter 2), XIV-XX

CHARLES, ROBERT H.: A Critical and Exegetical Commentary on the Revelation of St. John, II (ICC 19,2), Edinburgh 1920, 10

CHARLESWORTH, JAMES H., assisted by PATRICIA DYKERS: The Pseudepigrapha and Modern Research (SCSt 7), Missoula, MT 1976; 2. Aufl. (SCSt 7s), Chico, CA 1981

—   A History of Pseudepigrapha Research: The Reemerging Importance of the Pseudepigrapha, in: ANRW II 19.1, Berlin-New York 1979, 54-88

—   The Portrayal of the Righteous as an Angel, in: JOHN J. COLLINS – GEORGE W.E. NICKELSBURG (eds.): Ideal Figures in Ancient Judaism. Profiles and Paradigms (SCSt 12), Chico, CA 1982, 135-151

—   Prayer of Manasseh, in: DERS. (ed.): The Old Testament Pseudepigrapha, II, Garden City, NY 1985, 625-637, hier 631

—   The Old Testament Pseudepigrapha and the New Testament (MSSNTS 54), Cambridge-London-New York u.a., 1985, 132-137 u.ö.

CHESNUTT, RANDALL D.: The Social Setting and Purpose of Joseph and Aseneth, JSP 2, 1988, 21-48

— Bread of Life in Joseph and Aseneth and in John 6, in: J. E. PRIEST (ed.): Johannine Studies in Honor of Frank Pack, Malibu, CA 1989, 1-16

— Revelatory Experiences Attributed to Biblical Women in Early Jewish Literature, in: AMY-JILL LEVINE (ed.): „Women Like This". New Perspectives on Jewish Women in the Greco-Roman World (SBL. Early Judaism and its Literature 1), Atlanta, GA 1991, 107-125

— Joseph and Aseneth, Anchor Bible Dictionary, III, New York 1992, 969-971

— From Death to Life. Conversion in Joseph and Aseneth (JSP.S 16), Sheffield 1995

COHEN, SHAYE J. D.: Crossing the Boundary and Becoming a Jew, HThR 82, 1989, 13-33

COLLINS, JOHN J.: Between Athens and Jerusalem. Jewish Identity in the Hellenistic Diaspora, New York 1982, 89-91.211-218

— A Symbol of Otherness: Circumcision and Salvation in the First Century, in: JACOB NEUSNER – ERNEST S. FRERICHS (eds.): „To See Ourselves As Others See Us". Christians, Jews, „Others" in Late Antiquity, Chico, CA 1985, 163-186, hier 176f.

DEL CORNO, D.: [Jewish and Greek elements in JosAs, 15pp.], in: CAVALLI: Storia (oben unter 1)

CURZON, ROBERT: Armenia: A Year at Erzeroom, and on the Frontiers of Russia, Turkey, and Persia, 3. Aufl. London 1854, 225f.

DAXELMÜLLER, CHRISTOPH: Ester und die Ministerkrisen: Wandlungen des Esterstoffes in jüdischdeutschen und jiddischen Purimspielen, in: LINK (hg.): Paradeigmata, I, 431 - 463

DELANGE, N.: Apocrypha. Jewish Literature in the Hellenistic Age, New York 1978, 68-78

DELCOR, MATHIAS: Les Hymnes de Qumran (Hodayot) (Autour de la Bible, sans n.), Paris 1962, 97.156.223.236.238f.309.317

— Un roman d'amour d'origine thérapeute: Le Livre de Joseph et Asénath, BLE 63, 1962, 3-27

— Le vocabulaire juridique, cultuel et mystique de l',,initiation" dans la secte de Qumrân, in: HANS BARDTKE (hg.): Qumran-Probleme (SSA 42), Berlin 1963, 109-134, hier 129f.134

— José y Asénet, Historia de, Enciclopedia de la Biblia, Barcelona, IV, 1965, Sp. 638

— Rezension von Burchard: Untersuchungen, RdQ 5, 1964 - 66, 590-596

— The Apocrypha and Pseudepigrapha of the Hellenistic Period, in: WINTON D. DAVIES – LOUIS FINKELSTEIN (eds.): The Cambridge History of Judaism, Cambridge etc., II, 1989, 409-503, hier 500-503

DELLING, GERHARD: Partizipiale Gottesprädikationen in den Briefen des Neuen Testaments, StTh 17, 1963, 1-59

— Perspektiven der Erforschung des hellenistischen Judentums, HUCA 45, 1974, 133-176

— Die Bezeichnung „Söhne Gottes" in der jüdischen Literatur der hellenistisch-römischen Zeit, in; JACOB JERVELL – WAYNE A. MEEKS (eds.): God's Christ and his People. Studies in Honour of Nils Alstrup Dahl, Oslo 1977, 18-28

—   Einwirkungen der Sprache der Septuaginta in „Joseph und Aseneth", JSJ 9, 1978, 29-56

—   Die Kunst des Gestaltens in „Joseph und Aseneth", NT 26, 1984, 1-40

DENIS, ALBERT-MARIE: Introduction aux Pseudépigraphes grecs d'Ancien Testament (SVTP 1), Leiden 1970, 40-48 u.ö.

DERPMANN, MANFRED: Die Josephsgeschichte. Auffassung und Darstellung im Mittelalter (MLJB.B 13), Ratingen-Kastellaun-Düsseldorf 1974, 146-154.218

DEUSCHLE, MARTHA J.: Die Verarbeitung biblischer Stoffe im deutschen Roman des Barock, Diss. phil. Amsterdam 1927

DILLMANN, AUGUST: Pseudepigraphen des Alten Testaments, RE 2. Aufl. XII, 1883, 341-367

DORAN, ROBERT: Narrative Literature, in: ROBERT A. KRAFT – GEORGE W. E. NICKELSBURG (eds.): Early Judaism and its Modern Interpreters, Philadelphia, PA = Atlanta, GA 1986, 287-310, hier 290-293

DOTY, SUSAN E. H.: From Ivory Tower to City of Refuge: The Role and Function of the Protagonist in „Joseph and Aseneth" and Related Narratives, Ph. Diss. University of Denver, Denver, CO 1989

DOUGLAS, REES CONRAD: Liminality and Conversion in Joseph and Aseneth, JSP 3, 1988, 31-42

DSCHULNIGG, PETER: Gleichnis vom Kind, das zum Vater flieht (JosAs 12,8), ZNW 80, 1989, 269-271

—   Überlegungen zum Hintergrund der Mahlformel in JosAs. Ein Versuch, ZNW 80, 1989, 272-275

DUBOIS, JEAN-DANIEL: Joseph et la vertu, dans le judaïsme hellénistique et le christianisme ancien, FV 86, 1987, 25-33

DUCHESNE, LOUIS: Rezension von Batiffol: Prière d'Aseneth, Bulletin critique 10, 1889, 461-466

DÜSTERDIECK, FRIEDRICH: Kritisch-exegetisches Handbuch über die Offenbarung Johannis, Göttingen 1859, 462; 4. Aufl. 1887, 458

DWYER, R. A.: Asenath of Egypt in Middle English, MAe 39, 1970, 118-122

EGGER, BRIGITTE MARIA: Women in the Greek Novel: Constructing the Feminine, Ph. Diss. University of California, Irvine 1990

[EMMERICK, ANNA KATHARINA]: Das arme Leben und bittere Leiden unseres Herrn Jesu Christi und seiner heiligsten Mutter Maria nebst Geheimnissen des alten Bundes nach den Gesichten der gottseligen Anna Katharina Emmerich. Aus den Tagebüchern des Clemens Brentano herausgegeben von CARL E. SCHMÖGER, Regensburg, New York und Cincinnati 1881

—   Der Gotteskreis aufgezeichnet von Clemens Brentano in erstmaliger genauer Veröffentlichung der Urtexte ausgewählt, herausgegeben und eingeleitet von Dr. ANTON BRIEGER, München 1960, 459-463; 2. Aufl. 1966

ENERMALM – OGAWA, A.: Un langage de prière juif en grec. Le témoignage des deux premiers livres des Maccabées (CB.NT 17), Stockholm 1987

ESBROECK, MICHEL VAN: Rezension von Burchard: Untersuchungen, und Philonenko: Joseph et Aséneth, AnBoll 80, 1968, 404-410

—   Gli Apocrifi georgiani, Aug. 23, 1983, 145-159

FANDER, MONIKA: Die Stellung der Frau im Markusevangelium unter besonderer Berück-sichtigung kultur- und religionsgeschichtlicher Hintergründe (MThA 8), Altenberg 1989

FELDMAN, LOUIS H.: Jew and Gentile in the Ancient World. Attitudes and Interactions from Alexander to Justinian, Princeton, NJ 1993

FERNÁNDEZ, MIGUEL PÉREZ: La apertura a los gentiles en el judaísmo intertestamentario, EstB 41, 1983, 83-106, hier 92-100

FISCHER, GÜNTER: Die himmlischen Wohnungen. Untersuchungen zu Joh 14,2f (EHS.T 38), Bern-Frankfurt a.m. 1975, 186-189 u.ö.

FISCHER, ULRICH: Eschatologie und Jenseitserwartung im hellenistischen Diasporajuden-tum (BZNW 44), Berlin 1978, 106-123

FLUSSER, DAVID: Psalms, Hymns and Prayers, in: MICHAEL E. STONE (ed.): Jewish Writ-ings of the Second Temple Period. Apocrypha, Pseudepigrapha, Qumran Sectarian Writings, Philo, Josephus (CRINT II.II), Assen-Philadelphia, PA 1984, 551-577, hier 564f.

—   Rwmn yhwdy hlnysṭy Jwsp w'snt, Dpym lmḥqr bsprwt 2, 1985, 73-81

FRANCESCHINI, E.: Roberto Grossatesta, vescovo di Lincoln, e le sue traduzioni latine, AIVS.M 93, 1933/34, II, 1-138, hier 46 Anm. 3 = in: DERS., Scritti di Filologia La-tina Medioevale, I.2, Padua 1976, 409-544

FRENZEL, ELISABETH: Stoffe der Weltliteratur. Ein Lexikon dichtungsgeschichtlicher Längsschnitte (KTA 300), 2. Aufl. Stuttgart 1963, 320-323; 4. Aufl. 1976, 365-368; 6. Aufl. 1983

FRIZZELL, LAWRENCE E.: Education by Example: A Motif in Joseph and Maccabee Litera-ture of the Second Temple Period, in: RUTH LINK-SALINGER (ed.): Of scholars, savants, and their texts, New York, Frankfurt, Paris 1989, 103-112

GABRIEL, JOHANNES: Asenath, LThK 2. Aufl. I, 1957, Sp. 922

GALLAGHER, EUGENE V.: Conversion and Community in Late Antiquity, JR 74, 1994, no. 3, 1-15

GARTENHOF, KASPAR: Die bedeutendsten Romane Philipps von Zesen und ihre literarge-schichtliche Stellung, Programm Nürnberg 1912

GASTER, MOSES: The Apocrypha and Jewish Chap-Books, in: DERS.: Studies and Texts in Folklore, Magic, Medieval Romance, Hebrew Apocrypha and Samaritan Archaeol-ogy, I, London 1925-1928, 280-287, hier 285

GAVENTA, BEVERLY R.: From Darkness to Light. Aspects of Conversion in the New Tes-tament (Overtures to Biblical Theology 20), Philadelphia, PA 1986

GAVIN, F.: The Jewish Antecedents of the Christian Sacraments, London 1928 = New York 1969

VON GEMÜNDEN, PETRA: Vegetationsmetaphorik im Neuen Testament und seiner Umwelt. Eine Bildfelduntersuchung (NTOA 18), Freiburg/Schweiz-Göttingen 1993, 95f. u.ö.

GEORGI, DIETER: Die Gegner des Paulus im 2. Korintherbrief. Studien zur religiösen Pro-paganda in der Spätantike (WMANT 11), Neukirchen-Vluyn 1964, 52 Anm. 2; 97 Anm. 1f.; The Opponents of Paul in Second Corinthians, Philadelphia, PA 1986, 70 n. 81; 183f. n. 62f.

GEWALT, DIETFRIED: Petrus. Studien zur Geschichte und Tradition des frühen Christentums, Diss. theol. Heidelberg 1966, 27-29

GINZBERG, LOUIS: The Legends of the Jews, Philadelphia, PA, I, 1909; II, 1910; III, 1911; IV, 1913; V, 1925; VI, 1928; VII. Index by BOAZ COHEN, 1938 (viele Nachdrucke)

GISPERT-SAUCH, G.: Bṛhadāraṇyaka Upaniṣad 1.3.28 in Greek literature?, Vidyajyoti 40, 1976, 177-180

GLASSEN, ERIKA: Die Josephsgeschichte im Koran und in der persischen und türkischen Literatur, in: LINK (hg.): Paradeigmata, II, 169 - 179

GOLDSTEIN, A. S.: Conversion to Judaism in Bible Times, in: D. M. EICHORN (ed.): Conversion to Judaism. A History and Analysis, New York 1965, 9-32

GOODMAN, MARTIN: Joseph and Asenath, in: EMIL SCHÜRER: The History of the Jewish People in the Age of Jesus Christ (175 B.C.-A.D. 135). A New English Version Revised and Edited by GEZA VERMES – FERGUS MILLAR – MARTIN GOODMAN, III/1, Edinburgh 1986, 546-552

—   Proselytizing in Rabbinic Judaism, JJS 40, 1989, 175-185

GOUDOEVER, J. VAN: Biblical Calendars, Leiden 1959 = 2. Aufl. 1961, 120f.

GRIMMELSHAUSEN, JOHANN JAKOB CHRISTOPH: Das wunderbarliche Vogelnest, hg. von ROLF TAROT (Grimmelshausen. Gesammelte Werke in Einzelausgaben), Tübingen 1970

HADORN, WILHELM: Die Offenbarung des Johannes (ThHNT 18), Leipzig 1928, 150

HÄGG, TOMAS: Den Antika Romanen, Uppsala 1980; revised, The Novel in Antiquity, Oxford 1983 = Berkeley-Los Angeles, CA 1983

HAMILTON, GEORGE L.: The Latin Historia Assenech, JEGP 11, 1912, 143f.

HANSON, J. S.: Dreams and Visions in the Greco-Roman World and Early Christianity, ANRW II 23.2, 1395-1427

HARRINGTON, DANIEL J.; Research on the Jewish Pseudepigrapha During the 1970s, CBQ 42, 1980, 147-159

HEININGER, BERNHARD: Metaphorik, Erzählstruktur und szenisch-dramatische Gestaltung in den Sondergutgleichnissen bei Lukas (NTA N.F. 24), Münster 1991, hier 57-61.184 Anm. 26

HELDERMAN, JAN: Die Anapausis im Evangelium Veritatis. Eine vergleichende Untersuchung des valentinianisch-gnostischen Heilsgutes der Ruhe im Evangelium Veritatis und in anderen Schriften der Nag Hammadi-Bibliothek (NHS 18), Leiden 1984

HELLER, BERNHARD: Neuere Literatur zur jüdischen Sagenkunde, MGWJ 70, 1926, 476-500, hier 479-481

HEMPEL, HEINZ-LUDWIG: Zum Problem der Anfänge der AT-Illustration, ZAW 69, 1957, 103-131, hier 128

HENGEL, MARTIN: Anonymität, Pseudepigraphie und «Literarische Fälschung» in der jüdisch-hellenistischen Literatur, in: O. REVERDIN (éd.): Pseudepigrapha I. Pseudopythagorica – Lettres de Platon – Littérature pseudépigraphique juive (Entretiens sur l'Antiquité Classique XVIII), Vandœuvres/Genève 1972, 229-308, hier 157-160 u.ö.

—   Der Sohn Gottes. Die Entstehung der Christologie und die jüdisch-hellenistische Religionsgeschichte, Tübingen 1975 = 2. Aufl. 1977, 70

HERRMANN, WOLFRAM: Duo augmina emendantia, VT 41, 1991, 342-344

HOENIG, S. B.: Conversion during the Talmudic Period, in: D. M. EICHORN (ed.): Conversion to Judaism. A History and Analysis, New York 1965

HOFIUS, OTFRIED: Katapausis. Die Vorstellung vom endzeitlichen Ruheort im Hebräerbrief (WUNT 11), Tübingen 1970, 30f.50.52f. 67 u.ö.

— „Erwählt vor Grundlegung der Welt" (Eph 1 4), ZNW 62, 1971, 123-128

— Eine altjüdische Parallele zu Röm. IV. 17b, NTS 18, 1971/72, 93f.

— Herrenmahl und Herrenmahlsparadosis. Erwägungen zu 1 Kor 11, 23b - 25, ZThK 85, 1988, 371-408 = in: DERS.: Paulusstudien (WUNT 51), Tübingen 1989 = 2. Aufl. 1994, 203-240

HOFMANN, KARL-MARTIN: Philema hagion (BFChTh II 38), Gütersloh 1938, 70-72

HOFRICHTER, PETER: Johanneische Thesen, BiLi 54, 1981, 212-216

— Im Anfang war der „Johannesprolog". Das urchristliche Logosbekenntnis – die Basis neutestamentlicher und gnostischer Theologie (BU 17), Regensburg 1986, 137-141

HOLTZ, TRAUGOTT: Christliche Interpolationen in ‚Joseph und Aseneth‘, NTS 14, 1967/68, 482-497 = in: ECKART REINMUTH – CHRISTIAN WOLFF (hg.): HOLTZ: Geschichte und Theologie des Urchristentums. Gesammelte Aufsätze (WUNT 57), Tübingen 1991, 55-71

— Rezension von Burchard: Untersuchungen, ThLZ 93, 1968, Sp. 837-839

— Rezension von Philonenko: Joseph et Aséneth, OLZ 67, 1972, 49-55

— „Euer Glaube an Gott". Zu Form und Inhalt von 1 Thess 1,9f, in: RUDOLF SCHNACKENBURG – JOSEPH ERNST – JOACHIM WANKE (hg.): Die Kirche des Anfangs. Festschrift für Heinz Schürmann zum 65. Geburtstag (EThSt 38), Leipzig 1977, 459-488 = in: HOLTZ: Geschichte, 270-296

HORN, FRIEDRICH WILHELM: Das Angeld des Geistes. Studien zur paulinischen Pneumatologie (FRLANT 154), Göttingen 1992, 43-45

HORSLEY, G. H. R.: Name Change as an Indication of Conversion in Antiquity, Numen 34, 1987, 1-17

HORT, F. J. A.: Aseneth, History of, DCB I, 1877, 176f.

HÜMPFNER, WINFRIED: Clemens Brentanos Glaubwürdigkeit in seinen Emmerick-Aufzeichnungen. Untersuchung über die Brentano-Emmerick-Frage unter erstmaliger Benutzung der Tagebücher Brentanos, Würzburg 1923

HUMPHREY, EDITH M.: The Ladies and the Cities. Transformation and Apocalyptic Identity in Joseph and Aseneth, 4 Ezra, the Apocalypse and The Shepherd of Hermas (JSP.S 17), Sheffield 1995

ISAAC, EPHRAIM: The Ethiopic History of Joseph. Translation with Introduction and Notes, JSP 6, 1990, 3-125

JAMES, MONTAGUE R.: The Testament of Abraham. The Greek Text Now First Edited with an Introduction and Notes (TaS 2,2), Cambridge 1892, 31.120.124.128

— Apocrypha Anecdota, II (TaS 5,1), Cambridge 1897, LXXXI. LXXXIX. XCIV. 160

— Asenath, DB(H) I, 1898, 162f.

— The Lost Apocrypha of the Old Testament. Their Titles and Fragments (TED I. Palestinian-Jewish Texts [Pre-Rabbinic] 14), London 1920, XIV.25f.

—   Greek Manuscripts in England before the Renaissance, The Library N.S. 7, 1926/27, 337-353

JEREMIAS, JOACHIM: The Last Supper, ET 64, 1952/53, 91f.

—   Die missionarische Aufgabe in der Mischehe (I Cor 7 16), in: WALTHER ELTESTER (hg.): Neutestamentliche Studien für Rudolf Bultmann zu seinem siebzigsten Geburts- tag am 20. August 1954 (BZNW 21), Berlin 1954 = 2. Aufl. 1957, 255-260 = in: DERS.: Abba. Studien zur neutestamentlichen Theologie und Zeitgeschichte, Göttin- gen 1966, 292-298; neugriechisch: Τὸ ἱεραποστολικὸν ἔργον εἰς τοὺς μικτοὺς γάμους, Thessaloniki 1960

—   Die Kindertaufe in den ersten vier Jahrhunderten, Göttingen 1958, 39-41; auch engl., franz.

JOLY, R.: Note sur *metanoia*, RHR 160, 7-12. 1961, 148-156

KÄHLER, CHRISTOPH: Zur Form- und Traditionsgeschichte von Matth. XVI. 17-19, NTS 23, 1976/77, 36-58

KARRER, MARTIN: Die Johannesoffenbarung als Brief. Studien zu ihrem literarischen, hi- storischen und theologischen Ort (FRLANT 140), Göttingen 1986, 143-146

—   Der Gesalbte. Die Grundlagen des Christustitels (FRLANT 151), Göttingen 1990, 232.386-388 u.ö.

KAŠER, MENAḤEM.: *Tora š^{e}lema*, Tel Aviv, VII 1938, zu Gen 41:48

KEE, HOWARD C.: The Socio-Religious Setting and Aims of „Joseph and Asenath", in: G. MACRAE (ed.): Society of Biblical Literature. 1976 Seminar Papers (SBL.SPS 10), Missoula, MT 1976, 183-192

—   The Socio-Cultural Setting of Joseph and Asenath, NTS 29, 1983, 394-413

KERÉNYI, KARL: Der antike Roman. Einführung und Textauswahl (Libelli 315), Darmstadt 1971, 9f.

KILPATRICK, GEORGE D.: Rezension von Burchard: Untersuchungen, und Philonenko: Jo- seph et Aséneth, NT 12, 1970, 233-236

—   The Last Supper, ET 64, 1952/53, 4-8

—   The Eucharist in Bible and Liturgy. The Moorhouse Lectures 1975, Cambridge etc. 1983, 59-68 u.ö.

KLASSEN, WILLIAM: The Sacred Kiss in the New Testament. An Example of Social Boundary Lines, NTS 39, 1993, 122-135

KLAUCK, HANS-JOSEF: Herrenmahl und hellenistischer Kult. Eine religionsgeschichtliche Untersuchung zum ersten Korintherbrief (NTA N.F. 15), Münster 1982, 187-196.352- 356

KLINGHARDT, MATTHIAS: Gemeinschaftsmahl und Mahlgemeinschaft. Sozialgeschichte und Gestalt frühchristlicher Mahlfeiern, Diss. theol. habil. Heidelberg 1994 (masch.)

KLUMBIES, PAUL-GERHARD: Die Rede von Gott bei Paulus in ihrem zeitgeschichtlichen Kontext (FRLANT 155), Göttingen 1992, 71-74 u.ö.

KOHLER, KAUFMANN: Asenath, Life and Confession or Prayer of, JE II 1902, 172-176

KOLLMANN, BERND: Ursprung und Gestalt der frühchristlichen Mahlfeier (GTA 43), Göt- tingen 1990, 25f.115f. u.ö.

KOROL, DIETER: Die frühchristlichen Wandmalereien aus den Grabbauten in Cimitile/Nola. Zur Entstehung und Ikonographie alttestamentlicher Darstellungen (JAC.E 13), Münster 1987, 104-109.119-122

KOZAK, E.: Bibliographische Uebersicht der biblisch-apokryphen Literatur bei den Slaven, JPTh 18, 1892, 127-158, hier 136f.

KRAEMER, ROSS S.: A Response to [ANN MCGUIRE:] Virginity and Subversion, in: KAREN L. KING (ed.): Images of the Feminine in Gnosticism (Studies in Antiquity and Christianity, no no.), Philadelphia, PA 1988, 259-264

—   Maenads, Martyrs, Matrons, Monastics. A Sourcebook on Women's Religions in the Greco-Roman World, Philadelphia, PA 1988 (s. auch COOK oben unter 1)

—   Monastic Jewish Women's Religions among Pagans, Jews, and Christians in the Greco-Roman World, Signs: Journal of Women in Culture and Society 14, 1989, 342-370

—   Jewish Women in the Diaspora World of Late Antiquity, in: JUDITH R. BASKIN (ed.): Jewish Women in Historical Perspective, Detroit, IL 1991, 43-67

—   Women's Authorship of Jewish and Christian Literature in the Greco-Roman Period, in: AMY-JILL LEVINE (ed.): „Women Like This". New Perspectives on Jewish Women in Greco-Roman World (SBL. Early Judaism and its Literature 1), Atlanta, GA 1991, 221-242

—   Her Share of Blessings. Women's Religions among Pagans, Jews, and Christians in the Greco-Roman World, New York-Oxford 1992, 110-113 u.ö.

—   The Book of Aseneth, in: ELISABETH SCHÜSSLER FIORENZA (ed.): Searching the Scriptures, II. A Feminist Commentary, Atlanta, GA 1994, 787-816

KRISTELLER, PAUL OSKAR: Catalogus Translationum et Commentariorum I-II, Washington, D. C. 1960-1971

KRUMBACHER, KARL: Rezension von Istrin: Apokrif, ByZ 8, 1899, 228f

KUBO, SAKAE: I Corinthians VII. 16: Optimistic or Pessimistic?, NTS 24, 1977/78, 539-544, hier 540f.

KÜCHLER, MAX: Schweigen, Schmuck und Schleier. Drei neutestamentliche Vorschriften zur Verdrängung der Frauen auf dem Hintergrund einer frauenfeindlichen Exegese des Alten Testaments im antiken Judentum (NTOA 1), Freiburg/Schweiz-Göttingen 1986, 136-138.148f. u.ö.

KUGEL, JAMES L.: In Potiphar's House: The Interpretive Life of Biblical Texts, San Francisco, CA 1990

—   The Story of Dinah in the Testament of Levi, HThR 85, 1992, 1-34

—   Levi's Elevation to the Priesthood in Second Temple Writings, HThR 86, 1993, 1-64

KUHN, KARL GEORG – STEGEMANN, HARTMUT: Proselyten, PRE.S IX, 1962, Sp.1248-1283

KUHN, KARL GEORG: Repas cultuel essénien et cène chrétienne, in: Les manuscrits de la Mer Morte. Colloque de Strasbourg 25-27 mai 1955 (Travaux du Centre d'Études supérieures spécialisées d'Histoire des Religions de Strasbourg), Paris 1957, 75-92, hier 87-91 ≈ The Lord's Supper and the Communal Meal at Qumran, in: KRISTER STENDAHL (ed.): The Scrolls and the New Testament, New York 1957 = London 1958, 65-93.259-265, hier 74-77.261f.

LANGFORD, SALLY O.: On Being A Religious Woman: Women Proselytes in the Greco-Roman World, in: PETER J. HAAS (ed.): Recovering the Role of Women. Power and Authority in Rabbinic Jewish Society, Atlanta, GA 1992, 61-83, hier 71-74 u.ö.

LATTKE, MICHAEL: Hymnus. Materialien zu einer Geschichte der antiken Hymnologie (NTOA 19), Freiburg/Schweiz-Göttingen 1991, 109

LEANEY, A. ROBERT C.: The Jewish and Christian World 200 BC to AD 200 (Cambridge Commentaries on Writings of the Jewish and Christian World 200 BC to AD 200, VII), Cambridge 1984, 169f.

LEFKOWITZ, MARY R.: Did Ancient Women Write Novels?, in: AMY-JILL LEVINE (ed.): „Women Like This". New Perspectives on Jewish Women in the Greco-Roman World (SBL. Early Judaism and its Literature 1), Atlanta, GA 1991, 199-219

LÉGASSE, SIMON: Le pain de vie, BLE 83, 1982, 243-261

LEVESQUE, EUGÈNE: Aseneth, DB(V) I, 1895, Sp. 1082f.

LINDARS, BARNABAS: ,Joseph and Asenath' and the Eucharist, in: BARRY P. THOMPSON (ed.): Scripture. Meaning and Method, Essays Presented to Anthony Tyrrell Hanson on His Seventieth Birthday, Hull 1987, 181-199

LINDHORST, EBERHARD: Philipp von Zesen und der Roman der Spätantike. Ein Beitrag zu Theorie und Technik des barocken Romans, Diss. phil. Göttingen 1955 (masch.)

LINDIJER, C. H.: Die Jungfrauen in der Offenbarung des Johannes XIV 4, in: Studies in John Presented to Professor Dr. J. N. Sevenster on the Occasion of His Seventieth Birthday (NT.S 24), Leiden 1970, 124-142, hier 128

LINK-HEYDEMANN, ANNEMARIE: Altägyptische Präfigurationen zu den biblischen Geschichten von Joseph, Moses und David, in: LINK (hg.): Paradeigmata, I, 487-510, hier 503

LINK, FRANZ (?): Möglichkeiten einer Typologie des Alten Testaments, in: DERS. (hg.): Paradeigmata. Literarische Typologie des Alten Testaments, Erster Teil: Von den Anfängen bis zum 19. Jahrhundert (Schriften zur Literaturwissenschaft 5/1), Berlin 1989, 11-31, hier 17

—   Erträge einer literarischen Typologie des Alten Testaments, in: DERS. (hg.): Paradeigmata, Zweiter Teil: 20. Jahrhundert (Schriften zur Literaturwissenschaft 5/2), Berlin 1989, 853-944, hier 885-887.935

LOHFINK, GERHARD: Eine alttestamentliche Darstellungsform für Gotteserscheinungen in den Damaskusberichten (Apg 9;22;26), BZ 9, 1965, 246-257

—   Paulus vor Damaskus. Arbeitsweisen der neueren Bibelwissenschaft dargestellt an den Texten Apg 9,1-19;22,3-21;26,9-18 (SBS 4), Stuttgart 1965; 3. Aufl. 1967, 56f. u.ö.

LOHMEYER, ERNST: Die Offenbarung des Johannes (HNT 16), Tübingen 1926 = 2. Aufl. 1953, 123

LOHSE, EDUARD: Joseph und Aseneth, RGG 3. Aufl. III, 1959, Sp. 864

LÜHRMANN, DIETER: Henoch und die Metanoia, ZNW 66, 1975, 103-116

LUZ, ULRICH: Fiktivität und Traditionstreue im Matthäusevangelium im Lichte griechischer Literatur, ZNW 84, 1993, 153-177, hier 170

MAAHS, C. H.: The Makarisms in the New Testament. A Comparative Religious and Form-Critical Investigation, Diss. theol. Tübingen 1965, 53

MACCRACKEN, HENRY N.: The Source of The Story of Asneth, JEGP 11, 1912, 291f.

MACDONALD, DENNIS R.: Corinthian Veils and Gnostic Androgynes, in: KAREN L. KING (ed.): Images of the Feminine in Gnosticism (Studies in Antiquity and Christianity, no no.), Philadelphia, PA 1988, 276-292

MACH, MICHAEL: Entwicklungsstadien des jüdischen Engelglaubens in vorrabbinischer Zeit (TSAJ 34), Tübingen 1992, 265-278 u.ö.

MARMORSTEIN, ARTHUR: Studien zum Pseudo-Jonathan Targum. 1. Das Targum und die apokryphe Literatur, Pressburg (Bratislava, Poszony) 1905, 31-35

MARTÍNEZ, FLORENTINO GARCÍA: The Dead Sea Scrolls Translated. The Qumran Texts in English, Leiden-New York-Köln 1994

MASSEBIEAU, L.: Rezension von Batiffol: Prière d'Aseneth, ABT 2, 1889, 161-172

MCKNIGHT, SCOT: A Light among the Gentiles. Jewish Missionary Activity in the Second Temple Period, Minneapolis, MN 1991

MÉLÈZE-MODRZEJEWSKI, JOSEPH: Les juifs d'Egypte. De Ramsès II à Hadrien, Paris 1991; auch englisch

MELL, ULLRICH: Neue Schöpfung. Eine traditionsgeschichtliche und exegetische Studie zu einem soteriologischen Grundsatz paulinischer Theologie (BZNW 56), Berlin-New York 1989, 226-249 u.ö.

MEŠČERSKIJ, N. A.: Les Apocryphes de l'Ancien Testament dans la littérature slave ancienne, Bulletin d'Études Karaïtes 2, 1989, 47-64

MOMIGLIANO, ARNALDO: Alien Wisdom. The Limits of Hellenization, Cambridge 1971

— Hochkulturen im Hellenismus. Die Begegnung der Griechen mit Kelten, Juden, Römern und Persern (Beck'sche Schwarze Reihe 190), München 1979, 139-141

NÄF, HEINRICH: Syrische Josef-Gedichte, Diss. phil. Zürich 1923

NAUCK, WOLFGANG: Die Tradition und der Charakter des ersten Johannesbriefes (WUNT 3), Tübingen 1957, 169-171 u.ö.

NICKELSBURG, GEORGE W. E.: Jewish Literature between the Bible and the Mishnah. A Historical and Literary Introduction, Philadelphia, PA 1981, 258-263.271f.274f.

— Stories of Biblical and Early Post-Biblical Times, in: MICHAEL E. STONE (ed.): Jewish Writings of the Second Temple Period. Apocrypha, Pseudepigrapha, Qumran Sectarian Writings, Philo, Josephus (CRINT II.II), Assen-Philadelphia, PA 1984, 33-87, hier 65-71.86

NISSEN, ANDREAS: Gott und der Nächste im antiken Judentum. Untersuchungen zum Doppelgebot der Liebe (WUNT 15), Tübingen 1974

NOLLAND, J.: Uncircumcised Proselytes?, JSJ 12, 1981, 173-194

O'NEILL, JOHN C.: The Theology of Acts in Its Historical Setting, London 1961, 162f. u.ö.; 2. Aufl. 1970, 155f. u.ö.

— What is Joseph and Aseneth about?, Henoch 16, 1994, 189-198

ORLANDI, TITO: Gli Apocrifi copti, Aug. 23, 1983, 57 - 71

OW, ANTON FREIHERR VON: Hom der falsche Prophet aus noachitischer Zeit. Eine religionsgeschichtliche Studie, Leutkirch 1906, 408-412 u.ö.

— Joseph von Ägypten und Aseneth, Regensburg 1918, 108-119

PAAP, CAROLIN: Die Josephsgeschichte Genesis 37-50. Bestimmungen ihrer literarischen Gattung in der zweiten Hälfte des 20. Jahrhunderts (EHS.T 534), Frankfurt usw. 1995

P[ATKANEAN]., K'.: *Mxit'aray Ayrivanec'woc'* [recte *-oy*] *Patmut'iwn žamanakagrakan* (*Trudy Vostočnago otdělenija Imperatorskago russkago archeologičeskago obščestva* 14), St. Petersburg 1867

PATKANOV, K. [DERS.]: *Chronografičeskaja istorija sostavlennaja otcom Mechitarom, vardapetom Ajrivanskim*, St. Petersburg 1869

PATSCH, HERMANN: Abendmahl und historischer Jesus (CThM 1), Stuttgart 1972, 26-28.238

PAX, ELPIDIUS: Beobachtungen zur Konvertitensprache im ersten Thessalonicherbrief, SBFLA 21, 1971, 220-262

PERLES, JOSEPH: La légende d'Asnath fille de Dina et femme de Joseph, REJ 22, 1 - 6. 1891, 87-92

PERVO, RICHARD I.: Joseph and Asenath and the Greek Novel, in: G. MACRAE (ed.): Society of Biblical Literature. 1976 Seminar Papers (SBL.SPS 10), Missoula, MT 1976, 171-181

—   Aseneth and Her Sisters. Women in Jewish Narrative and in the Greek Novels, in: AMY-JILL LEVINE (ed.): „Women Like This". New Perspectives on Jewish Women in the Greco-Roman World (SBL. Early Judaism and its Literature 1), Atlanta, GA 1991, 145-160

PHILONENKO, MARC: Le *Testament de Job* et les Thérapeutes, Sem. 8, 1958, 41-53, hier 52

—   Joseph und Asenath, BHH II, 1964 = Studienausgabe von I-II in einem Band, 1994, Sp. 889f.

—   Initiation et mystère dans Joseph et Aséneth, in: C. JOUCO BLEEKER (ed.): Initiation. Contributions to the Theme of the Study-Conference of the International Association for the History of Religions Held at Strasburg, September 17th to 22nd 1964 (SHR 10), Leiden 1965, 147-153

—   Joseph and Asenath, EJ X, 1971, Sp. 223f.

—   Joseph et Aséneth. Questions actuelles, in: W[ILLEM] C. VAN UNNIK (éd.): La littérature juive entre Tenach et Mischna. Quelques problèmes (RechBib 9), Leiden 1974, 73-76

—   Un mystère juif?, in: Mystères et Syncrétismes (EtHR 2), Paris 1975, 65-70

PIETSCHMANN, R.: Aseneth, PRE II, 1896, Sp. 1533

PIÑERO SÁENZ, ANTONIO: José y Asenet y el Nuevo Testamento, in: N. FERNÁNDEZ MARCOS – I. TREBOLLE BARRERA – I. FERNÁNDEZ VALLINA (eds.): Simposio Bíblico Español, Madrid 1984, 623-635

PINES, SHLOMO: *M'plh l'wr gdwl*, in: *Mḥqrj sprwt mwgsjm lŠm 'wn Hlqjn* (Simon Halkin-Fschr.), Jerusalem 1973, 173-179 = From Darkness into Great Light, Immanuel 4, 1974, 47-51

PIPER, JOHN: ‚Love your enemies'. Jesus' love command in the synoptic gospels and in the early Christian paraenesis. A history of the tradition and interpretation of its uses (MSSNTS 38), Cambridge usw. 1979, 16.37-39.64.183f.

PLEPELITS, KARL: Achilleus Tatios. Leukippe und Kleitophon (BGrL 11), Stuttgart 1980, 19

POIRIER, PAUL-HUBERT: Le sermon pseudo-éphrémien *In pulcherrimum Ioseph*. Typologie et Midrash, in: Figures de l'Ancien Testament chez les Pères (CBiPa 2), Strasbourg 1989, 107-122

PRIEBATSCH, HANS: Die Josephsgeschichte in der Weltliteratur. Eine legendengeschichtliche Studie, Breslau 1937

RANSOME, H. M.: The Sacred Bee in Ancient Times and Folklore, London 1937

READER, WILLIAM W.: Die Stadt Gottes in der Johannesapokalypse, Diss. theol. Göttingen 1971

REEVES, J. C. (ed.): Tracing the Threads. Studies in the Vitality of Jewish Pseudepigrapha (SBL. Early Judaism and its Literature 6), Atlanta, GA 1994

REITZENSTEIN, RICHARD: Die hellenistischen Mysterienreligionen nach ihren Grundgedanken und Wirkungen, 3. Aufl. Leipzig 1927 = Darmstadt 1956 = 1980, 248f.; The Hellenistic Mystery-Religions (PTMS 15), Pittsburg, PA 1978

RICHARDSON, ROBERT D.: Supplementary Essay. A Further Enquiry into Eucharistic Origins with Special Reference to New Testament Problems, in: HANS LIETZMANN: Mass and Lord's Supper. A Study in the History of the Liturgy, Leiden 1979, 217-699, hier 343-347 (erschienen in Fasc. 6, 1964)

RISSI, MATHIAS: Studien zum zweiten Korintherbrief. Der alte Bund – Der Prediger – Der Tod (AThANT 56), Zürich 1969, 8-11.73.78

RÖHSER, GÜNTER: Metaphorik und Personifikation der Sünde. Antike Sündenvorstellungen und paulinische Hamartia (WUNT 2. Reihe 25), Tübingen 1987, 171f. u.ö.

RÖNSCH, HERMANN: Das Buch der Jubiläen oder die kleine Genesis, Leipzig 1874 = Amsterdam 1970, 159.163.333.486f.

ROHLAND, JOHANNES PETER: Der Erzengel Michael. Arzt und Feldherr. Zwei Aspekte des vor- und frühbyzantinischen Michaelskultes (BZRGG 19), Leiden 1977

ROSSO UBIGLI, LILIANA: Gli apocrifi (o pseudepigrafi) dell'Antico Testamento. Bibliografia 1979 - 1989, Henoch 12, 1990, 259 - 321

ROTHSCHILDT, MAX M.: Israelites and Aliens-VI. The Story of Joseph and Aseneth, Dor le Dor 14, 1985/86, 237-241

ROUANET, LÉO (ed.): Colección de autos, farsas, y coloquios del siglo XVI (Bibliotheca hispánica V-VIII), Barcelona-Madrid 1901 = Hildesheim 1979, I, 331-357; IV, 179-182

ROWLAND, CHRISTOPHER: The Vision of God in Apocalyptic Literature, JSJ 10, 1979, 137-154

— The Open Heaven, New York 1982

— A Man Clothed in Linen. Daniel 10. 6ff. and Jewish Angelology, JSNT 24, 1985, 99-110

RUPPERT, LOTHAR: Liebe und Bekehrung: Zur Typologie des hellenistisch-jüdischen Romans *Josef und Asenat*, in: LINK (hg.): Paradeigmata, I, 33-41

RUSSELL, D.S.: The Old Testament Pseudepigrapha. Patriarchs and Prophets in Early Judaism, Philadelphia, PA = London 1987, 91-94

SAINT-MARC GIRARDIN, FRANÇOIS AUGUSTE: Histoire apocryphe de Joseph, ou la sagesse antique [1830], in DERS.: Essais de littérature et de morale, Paris, 1845, 129 - 141; 2. Aufl., II, Paris 1853, 93-121; 1877

SANDELIN, KARL-GUSTAV: Måltidens symboliska betydelse i den alexandrinska judendomen. Ett bidrag till frågan om den kristna eukaristins bakgrund, in: Kommunion och kommunikation. Teologiska studier tillägnade Helge Nyman och Åke Sandholm (Meddelanden från Stiftelsens för Åbo Akademi Forskningsinstitut 56), Åbo 1980, 128-134

— Wisdom as Nourisher. A Study of an Old Testament Theme, Its Development within Early Judaism and Its Impact on Early Christianity (AAAbo.H 64/3), Åbo 1986, 151-157 u.ö.

SANDERS, E. P.: The Covenant as a Soteriological Category and the Nature of Salvation in Palestinian and Hellenistic Judaism, in: Jews, Greeks and Christians – Religious Cultures in Late Antiquity. Essays in Honor of William David Davies (SJLA 21), Leiden 1976, 11-44

SÄNGER, DIETER: Bekehrung und Exodus. Zum jüdischen Traditionshintergrund von „Joseph und Aseneth", JSJ 10, 1979, 11-36

— Antikes Judentum und die Mysterien. Religionsgeschichtliche Untersuchungen zu Joseph und Aseneth (WUNT 2. Reihe, 5), Tübingen 1980

— Phänomenologie oder Geschichte? Methodische Anmerkungen zur religionsgeschichtlichen Schule, ZRGG 32, 1980, 13-27

— Jüdisch-hellenistische Missionsliteratur und die Weisheit, Kairos 23, 1981, 231-243

— Erwägungen zur historischen Einordnung und zur Datierung von »Joseph und Aseneth«, ZNW 76, 1985, 86-106 ≈ in: ANDRÉ CAQUOT (éd.): La littérature intertestamentaire, Paris 1985, 181-202

SARGISEAN, BARSEŁ: Usumnasirut'iwnk' hin ktakarani anvawer groc' vray, Venedig 1898, 101-132

SCHNACKENBURG, RUDOLF: Das Brot des Lebens, in: GERT JEREMIAS – HEINZ-WOLFGANG KUHN – HARTMUT STEGEMANN (hg.): Tradition und Glaube. Das frühe Christentum in seiner Umwelt. Festgabe für Karl Georg Kuhn zum 65. Geburtstag, Göttingen 1971, 328-342

SCHNEIDER, GERHARD: Neuschöpfung oder Wiederkehr? Eine Untersuchung zum Geschichtsbild der Bibel, Düsseldorf 1961, 41-43

SCHÜRER, EMIL: Geschichte des jüdischen Volkes im Zeitalter Jesu Christi, III, Leipzig, 4. Aufl. 1909 = Hildesheim 1964, 399-402 (s. auch oben GOODMAN)

SCHWARTZ, JACQUES: Recherches sur l'évolution du roman de Joseph et Aséneth, REJ 143, 1-12.1984, 273-285

— Cléopâtre et Aséneth, RHPhR 65, 1985, 457-459

— Remarques littéraires sur le roman de Tobit, RHPhR 67, 1987, 293-297

SCROGGS, ROBIN: Paul and the Eschatological Woman: Revisited, JAAR 47, 1974, 532-537

SELLIN, GERHARD: Der Streit um die Auferstehung der Toten. Eine religionsgeschichtliche und exegetische Untersuchung von 1 Korinther 15 (FRLANT 138), Göttingen 1986, 85f. u.ö.

SINKER, ROBERT: Testamenta XII Patriarcharum: Appendix, Cambridge 1879, VIII.7.17. 21f.23f.

ΣΙΩΤΙΣ, ΜΑΡΚΟΣ/SIOTIS, M.: Ἡ φροντὶς τῆς πρώτης ἐκκλησίας ὑπὲρ τῶν ὀρφανῶν κορασίδων. Βάσις ἑρμενείας τοῦ χωρίου Α΄ Κορ. Ζ΄ 36-38, in: Ἐπιστημονικὴ Ἐπετηρὶς τῆς Θεολογικῆς Σχολῆς τοῦ Πανεπιστημίου Ἀθηνῶν 15 (Festschrift N. Luvaris), Athen 1964; auch sep., Athen 1964, 45. 102

SMITH, D.: Jewish Proselyte Baptism and the Baptism of John, RestQ 25, 1982, 13-32, hier 18f.24f.

SMITH, EDGAR W., JR.: Rezension von Philonenko: Joseph et Aséneth, JBL 89, 1970, 257f.

—   The Form and Religious Background of Romans VII 24-25a, NT 13, 1971, 127-135

—   *Joseph and Asenath* and Early Christian Literature: A Contribution to the Corpus Hellenisticum Novi Testamenti, Ph. D. Diss. Claremont Graduate School, Claremont, CA 1974

—   Joseph Material in Joseph and Asenath and Josephus Relating to the Testament of Joseph, in: GEORGE W. E. NICKELSBURG (ed.): Studies on the Testament of Joseph (SCSt 5), Missoula, MT 1975, 133-137

SMITS, EDMÉ R.: A Contribution to the History of Pseudo-Philo's *Liber Antiquitatum Biblicarum* in the Middle Ages, JSJ 23, 1992, 197-216, hier 202

STÄHLIN, OTTO: Die hellenistisch-jüdische Litteratur, in: WILHELM SCHMID – OTTO STÄHLIN: Wilhelm von Christs Geschichte der griechischen Literatur, II 1 (HKAW VII 2,1), München 1920, 587f. §631 = sep. München 1921, 587f. §631

STANDHARTINGER, ANGELA: „Um zu sehen die Töchter des Landes". Die Perspektive Dinas in der jüdisch-hellenistischen Diskussion um Gen 34, in: LUKAS BORMAN – KELLY DEL TREDICI – ANGELA STANDHARTINGER (eds.): Religious Propaganda and Missionary Competition in the New Testament World. Essays Honoring Dieter Georgi (NT.S 74), Leiden 1994, 89-116

—   Das Frauenbild im Judentum der hellenistischen Zeit. Ein Beitrag anhand von 'Joseph und Aseneth' (AGJU 26), Leiden usw. 1995

STANLEY, ARTHUR P.: Lectures on the History of the Eastern Church, 2. Aufl. London 1862, 7

STAUFFER, ETHELBERT: γαμέω, γάμος, ThWNT I, 1933, 646-655, hier 654f.

STEGEMANN, EKKEHARD: "Das Gesetz ist nicht wider die Verheißung!" Thesen zu Galater 3,15-29, in: GERHARD FREUND – EKKEHARD STEGEMANN (hg.): Theologische Brosamen für Lothar Steiger zu seinem fünfzigsten Geburtstag gesammelt (BDBAT 5), Heidelberg 1985, 389-395

STEHLY, R.: Une citation des Upanishads dans Joseph et Aséneth, RThPh 55, 1975, 209-213

STONE, MICHAEL E.: Armenian Canon Lists III – The Lists of Mechitar of Ayrivank' (c. 1285 C.E.), HThR 70, 1977, 289-300

—   Jewish Apocryphal Literature in the Armenian Church, Muséon 95, 1982, 285-309 = in: DERS.: Selected Studies in Pseudepigrapha and Apocrypha. With Special Reference to the Armenian Tradition (SVTP 9), Leiden etc. 1991, 3-27

STROTMANN, ANGELIKA: „Mein Vater bist Du" (Sir 51,10). Zur Bedeutung der Vaterschaft Gottes in kanonischen und nichtkanonischen frühjüdischen Schriften (FTS 39), Frankfurt a.M. 1991, 254-276 u.ö.

STUCKENBRUCK, LOREN T.: Angel Veneration and Christology. A Study in Early Judaism and in the Christology of the Apocalypse of John (WUNT 2. Reihe 70), Tübingen 1995, 168-170 u.ö.

STUHLMACHER, PETER: Erwägungen zum ontologischen Charakter der καινὴ κτίσις bei Paulus, EvTh 27, 1967, 1-35, hier 17-21

SZEPESSY, TIBOR: Jószef és Aszeneth története és az antik regény, ATa 20, 1973, 158-68 = L'Histoire de Joseph et d'Aseneth et le roman antique, Acta Classica Universitatis Scientiarum Debreceniensis 10-11, 1974-1975, 121-131

TACHAU, PETER: „Einst" und „Jetzt" im Neuen Testament. Beobachtungen zu einem urchristlichen Predigtschema in der neutestamentlichen Briefliteratur und zu seiner Vorgeschichte (FRLANT 105), Göttingen 1972, 52-58 u.ö.

TELFER, P.: „Bees" in Clement of Alexandria, JThS 28, 1926-1927, 167-178

TER-MOVSESJAN, MESROP: Istorija perevoda biblii na armjanskij jazyk, St. Petersburg 1902, 215f. u.ö.

THEIßEN, GERD: Psychologische Aspekte paulinischer Theologie (FRLANT 131), Göttingen 1983, hier 162-167.178

THOMSON, ROBERT W.: A Bibliography of Classical Armenian Literature to 1500 AD (CChr), Turnhout 1995

THOMSON, SAMUEL H.: The Writings of Robert Grosseteste, Bishop of Lincoln. 1235-1253, Cambridge 1940, 43f. 242f.

THRAEDE, KLAUS: Ursprünge und Formen des „Heiligen Kusses", JAC 11-12, 1968-1969, 124-180

THYEN, HARTWIG: Studien zur Sündenvergebung im Neuen Testament und seinen alttestamentlichen und jüdischen Voraussetzungen (FRLANT 96), Göttingen 1970, 126-128 u.ö.

—   Versuch über Metanoia, in: Elementarisierung theologischer Inhalte und Methoden, Band 2, Abschlußbericht, Ergebnisse der Untersuchungen, hg. vom Comenius-Institut Münster, vorgelegt von HANS STOCK – HANS BERNHARD KAUFMANN, Münster 1977, 103-153

—   „... nicht mehr männlich und weiblich...". Eine Studie zu Galater 3,28, in: FRANK CRÜSEMANN – HARTWIG THYEN (hg.): Als Mann und Frau geschaffen. Exegetische Studien zur Rolle der Frau (Kennzeichen 2), Gelnhausen-Berlin und Stein/Mfr. 1978, 107-201, hier 141f.

TICHONRAVOV, NIKOLAJ S.: Sočinenija, I, Moskau 1898, Anhang, 79

TREBILCO, PAUL R.: Jewish Communities in Asia Minor (MSSNTS 69), Cambridge etc. 1991

VERHEYDEN, J.: Les Pseudépigraphes d'Ancien Testament. Textes latins. À propos d'une Concordance [latine des Pseudépigraphes d'Ancien Testament, par Albert-Marie Denis, Turnhout 1993], EThL 71, 1995, 383-420, hier 389f.

VERGOTE, JOZEF: Joseph en Égypte (OBL 3), Louvain 1959, 148-150

VOICU, SEVER J.: Gli Apocrifi armeni, Aug. 23, 1983, 161-180

WALTER, NIKOLAUS: Jüdisch-hellenistische Literatur vor Philon von Alexandrien (unter Ausschluß der Historiker), in: ANRW II 20.1, Berlin-New York 1987, 67-120, hier 104f.

WEDDERBURN, ALEXANDER J. M.: Hellenistic Christian Traditions in Romans 6?, NTS 29, 1983, 337-355

— Baptism and Resurrection. Studies in Pauline Theology against Its Graeco-Roman Background (WUNT 44), Tübingen 1987, 157f.218-222 u.ö.

WEIMAR, PETER: Formen frühjüdischer Literatur, in: JOHANN MAIER – JOSEF SCHREINER (hg.): Literatur und Religion des Frühjudentums, Würzburg-Gütersloh 1973, 123-162, hier 130-135

WEST, S.: Joseph and Asenath: A Neglected Greek Romance, CQ 24, 1974, 70-81

WILCKENS, ULRICH: Vergebung für die Sünderin (Lk 7,36-50), in: PAUL HOFFMANN – NORBERT BROX – WILHELM PESCH (hg.): Orientierung an Jesus. Zur Theologie der Synoptiker. Für Josef Schmid, Freiburg-Basel-Wien 1973, 394-424

WILLS, LAWRENCE M.: The Jewish Novel in the Ancient World (Myth and Poetics, no no.), Ithaca, NY-London 1995, 158-184 u.ö.

WIRE, ANTOINETTE CLARK: The Social Functions of Women's Asceticism in the Roman East, in: KAREN L. KING (ed.): Images of the Feminine in Gnosticism (Studies in Antiquity and Christianity, no no.), Philadelphia, PA 1988, 308-323

— The Corinthian Women Prophets. A Reconstruction through Paul's Rhetoric, Minneapolis, MN 1990

WIRTH, ALBRECHT: Danae in christlichen Legenden, Wien-Prag-Leipzig 1892, 27-29. 85. 94

WOLTER, MICHAEL: Rechtfertigung und zukünftiges Heil. Untersuchungen zu Röm 5, 1-11 (BZNW 43), Berlin-New York 1978, 67-69. 164-166. 199

WUELLNER, WILHELM: Ursprung und Verwendung der σοφός-, δυνατός-, εὐγενής-Formel in 1Kor 1,26, in: E[RNST]. BAMMEL – C[HARLES]. K. BARRETT – W[ILLIAM]. D. DAVIES (eds.): Donum gentilicium. New Testament Studies in Honour of David Daube, Oxford 1978, 165-184

YEE, GALE A.: Asenath, The Anchor Bible Dictionary, New York, I, 1992, 476

ZAHN, THEODOR: Ueber einige armenische Verzeichnisse kanonischer und apokrypher Bücher, in: DERS.: Paralipomena (FGNK 5. I), Erlangen und Leipzig 1893, 109-157

ZARPHANALEAN, GAREGIN: Catalogue des anciennes traductions arméniennes (Siècles IV-XIII) (arm.), Venedig 1889, 183-185.190-192.757f.

ZERBE, GORDON M.: Non-Retaliation in Early Jewish and New Testament Texts. Ethical Themes in Social Contexts (JSPE.S 13), Sheffield 1993

ZERVOS, G. T.: History of Joseph, in: JAMES H. CHARLESWORTH (ed.): The Old Testament Pseudepigrapha, II, Garden City, NY 1985, 467-475, hier 470

ZESEN, PHILIPP VON: Assenat. 1670, hg. von VOLKER MEID (Deutsche Neudrucke. Reihe: Barock 9), Tübingen 1967

ZŌHRAPEAN, YOVHANNĒS: Ācašunč' matean hin ew nor ktakaranac', Venedig 1805, vierbändige Ausgabe, Anhang, 3; einbändige Ausgabe = Astuatsashunch' matean hin ew nor ktakaran[a]ts' (Scriptures of the Old and New Testaments). Edited by Hovhann Zohrapian. A Facsimile Reproduction of the 1805 Venetian Edition with an Introduction by Claude Cox, Delmar, NY 1984, Anhang, 1

REGISTER[1]

1. Textkritisch besprochene oder hergestellte oder nach Handschriften gedruckte JosAs-Stellen[2]

---

[1] Zitiert werden Kapitel und Verse von JosAs nach Rießler (Philonenkos Verse lassen sich über Nr. 7 finden), die Aufsätze dieses Bandes mit laufender Nr. und den alten Seiten, soweit dort angegeben.

[2] Stellen, die allein eine der alten Übersetzungen betreffen, sind nur ausnahmsweise aufgenommen. Die in Burchard, Untersuchungen, behandelten Stellen (als JA mit Batiffols Seiten und Zeilen zitiert) sind mit UJosAs eingeschlossen.

2. Andere nachgedruckte oder bearbeitete Texte und Textstücke (außer Bibel einschließlich Apokryphen und Pseudepigraphen)